Mirjam Meuser
Schwarzer Karneval – Heiner Müllers Poetik des Grotesken

Hermaea

―

Germanistische Forschungen
Neue Folge

Herausgegeben von
Christine Lubkoll und Stephan Müller

Band 149

Mirjam Meuser
Schwarzer Karneval – Heiner Müllers Poetik des Grotesken

DE GRUYTER

Zugl. Diss. 2017 an der Humboldt-Universität zu Berlin im Fach Neuere deutsche Literatur

ISBN 978-3-11-073671-7
e-ISBN (PDF) 978-3-11-061655-2
e-ISBN (EPUB) 978-3-11-061502-9
ISSN 0440-7164

Library of Congress Control Number: 2018964344

Bibliografische Information der Deutschen Nationalbibliothek
Die Deutsche Nationalbibliothek verzeichnet diese Publikation in der Deutschen
Nationalbibliografie; detaillierte bibliografische Daten sind im Internet über
http://dnb.dnb.de abrufbar.

© 2020 Walter de Gruyter GmbH, Berlin/Boston
Dieser Band ist text- und seitenidentisch mit der 2019 erschienenen
gebundenen Ausgabe.
Druck und Bindung: CPI books GmbH, Leck

www.degruyter.com

Die Poësie ist das ächt absolut
Reelle. Dies ist der Kern meiner
Philosophie. Je poëtischer, je wahrer.
Novalis

Sprache der Terror ist, der gegen mich
ausgeübt wurde und wird und den ich
wieder ausüben will und nur wieder
ausüben kann in meiner Sprache die mir
nicht gehört.
Heiner Müller

Ungeheuer ist viel. Doch nichts
Ungeheurer als der Mensch.
Hölderlin

Danksagung

Diese Dissertation hat eine lange Geschichte und hätte ohne Anregungen und Unterstützung von vielerlei Seiten nicht geschrieben und vollendet werden können. Mein ganz besonderer Dank gilt Prof. Dr. Frank Hörnigk, der die Arbeit an der Humboldt-Universität zu Berlin über Jahre hinweg mit großer fachlicher und moralischer Unterstützung begleitet hat und aufgrund seines unerwarteten Todes im Januar 2016 das Promotionsverfahren nicht mehr zu Ende führen konnte. Mit ihm habe ich einen außergewöhnlichen Mentor und Lehrer verloren.

Zu großem Dank verpflichtet bin ich daher auch Prof. Dr. Roland Berbig von der Humboldt-Universität zu Berlin und Prof. Dr. Hans Richard Brittnacher von der Freien Universität Berlin, die sich nach Frank Hörnigks Tod bereit erklärt haben, die Betreuung der Dissertation zu übernehmen, und mir damit aus einer misslichen Lage geholfen haben. Sehr verbunden bin ich außerdem Prof. Dr. Michael Rohrwasser von der Universität Wien, der mir bei der Suche nach einem neuen Betreuer mit Rat und Tat zur Seite gestanden hat. Ohne ihn hätte ich mich nicht so schnell wieder auf den Abschluss der Dissertation konzentrieren können.

Zu danken habe ich darüber hinaus Prof. Dr. Rüdiger Steinlein von der Humboldt-Universität Berlin, der inzwischen leider ebenfalls verstorben ist. Er hat mich vor allem in der Anfangsphase der Dissertation mit viel Engagement beraten. Beratende Unterstützung erhielt ich zudem von Dr. Ralf Klausnitzer, Dr. Zachary Sng, und Dr. Jens Pohlmann. Dr. Stephan Krause hat das Lektorat der Dissertation übernommen und mit mir inhaltliche und konzeptionelle Fragen diskutiert. Für diese unschätzbare Hilfe gilt ihm mein ganz besonderer Dank.

Zu bedanken habe ich mich auch für zahlreiche Gespräche über Leben und Werk Heiner Müllers, die meine Perspektive auf sein dramatisches Schaffen bedeutend geschärft haben – insbesondere bei Dr. Frank Raddatz, Dr. Jens Pohlmann, Dr. Janine Ludwig und vor allem bei den Dramatikern Igor Kroitzsch und Werner Buhss.

Für ihren moralischen Beistand, vor allem in der schwierigen Endphase der Dissertation, danke ich aufrichtig meinen Freundinnen Rosi und Ulla, Lisa für ihre Zuversicht, Uwe für seinen Pragmatismus und Hugo für seine Liebe. M. F. danke ich dafür, dass er bis zum Schluss an mich geglaubt hat.

Nicht zuletzt danke ich Prof. Dr. Christine Lubkoll und Prof. Dr. Stephan Müller für die Aufnahme der Schrift in die Reihe ‚Hermaea' im De Gruyter Verlag. Dr. Anja-Simone Michalski, Susanne Rade und Jens Lindenhain vom Verlag De Gruyter habe ich für die umsichtige Betreuung meines Textes zu danken. Ohne die finanzielle Unterstützung meiner Eltern wiederum hätte diese Publikation nicht verwirklicht werden können – dafür gilt ihnen mein besonderer Dank.

Berlin, im Juli 2018   Mirjam Meuser

Inhalt

I Heiner Müller und die Konjunktur des Grotesken im
20. Jahrhundert —— 1

II Das Groteske im dramatischen Werk Heiner Müllers –
Transformationen eines ästhetischen Krisenphänomens —— 9

II.1 Das Groteske in Renaissance und Romantik – Ein Phänomen des kulturellen Umbruchs —— 9
II.2 Das Groteske als ästhetische Kategorie —— 25
II.3 Das Groteske als Kondensat der Poetik Heiner Müllers —— 30

III Der Schrecken als erste Erscheinung des Neuen – Explosion des Grotesken in ‚Leben Gundlings Friedrich von Preussen Lessings Schlaf Traum Schrei' —— 47

III.1 Greuelmärchen und Groteske —— 47
III.2 Literarische Motive und Traditionen des Grotesken —— 49
III.2.1 Die Körper und die Macht —— 49
III.2.1.1 Bachtins Modell des *grotesken Realismus* —— 49
III.2.1.2 Groteske Körper in ‚Leben Gundlings' —— 57
III.2.1.3 Heiner Müllers Modell des grotesken Körpers —— 77
III.2.1.4 Heiner Müllers Abkehr vom grotesken Körper —— 80

Denkens —— 90
III.2.2.1 Kaysers Modell der Verfremdung der Welt —— 90
III.2.2.2 Die Nachtseiten der Vernunft —— 94
III.2.2.3 Die Versöhnung mit der Vernunft —— 105
III.2.3 Das Lachen und der schwarze Humor —— 110
III.2.3.1 Müllers Lachen der Zerstörung —— 110
III.2.3.2 Das Lachen des Siegers —— 115
III.2.3.3 Das Lachen als Triumph des Bösen —— 119
III.3 Strukturelle Merkmale grotesker Poetiken —— 125
III.3.1 Müllers synthetisches Fragment —— 127
III.3.2 Die Dramaturgie der Überschwemmung —— 131
III.3.2.1 Überschwemmung und Anachronismus —— 131
III.3.2.2 Müllers Schockdramaturgie —— 133
III.3.2.3 Der Traum als groteskes Strukturprinzip —— 137
III.3.2.4 Apokalypse als Ausweg? —— 146

III.3.3	Die Inkongruenz von Form und Inhalt – Parodie und Travestie —— 150	
III.4	Von ‚Germania Tod in Berlin' zur ‚Hamletmaschine' – Der ‚Gundling' als Schwellentext —— 161	
III.4.1	Multiple Eingänge in das Kunstwerk – Moderne und postmoderne Lesarten des ‚Gundling' —— 161	
III.4.2	Müllers ästhetische und inhaltliche Neuorientierung in den 1970er-Jahren —— 173	
III.4.2.1	Die Verquickung von Karneval und Nächtlichkeit – ‚Germania Tod in Berlin' —— 173	
III.4.2.2	Die ästhetische Zäsur Mitte der 1970er-Jahre —— 184	
III.4.2.3	Von der Polyphonie zur Befreiung der Bilder – Die Atomisierung des Grotesken in ‚Die Hamletmaschine' und ‚Bildbeschreibung' —— 193	
III.4.3	Die funktionalen Äquivalenzen von grotesker und polyphoner Dramaturgie —— 211	
IV	**Entdeckung der Form als Schrecken – Die 1950er- und 1960er-Jahre —— 221**	
IV.1	Karneval des Beginnens – Heiner Müller und das Groteske im Kommunikationsraum der frühen DDR —— 221	
IV.2	Müllers Annäherung an Motive und Traditionen des Grotesken in ‚Die Umsiedlerin oder das Leben auf dem Lande' —— 229	
IV.2.1	Revolution als Karneval – Wehrhafte Körper in ‚Die Umsiedlerin' —— 229	
IV.2.1.1	Der Mensch als Nutztier – Die Bauern —— 232	
IV.2.1.2	Barocke Askese und Verausgabung – Flint und Fondrak —— 261	
IV.2.1.3	Die Utopie des Weiblichen – Niet und Flinte 1 —— 286	
IV.2.1.4	Die Dorfgemeinschaft als karnevalesker Volkskörper —— 294	
IV.2.2	Das Lachen wider die Agelasten der Partei —— 296	
IV.2.2.1	Die Komik der Herab- und der Heraufsetzung —— 298	
IV.2.2.2	Schwarzer und versöhnlicher Humor —— 307	
IV.2.2.3	Das Lachen als Skandalon —— 311	
IV.3	Müllers „gestischer Jambus" – Groteskes in der Textur der ‚Umsiedlerin' —— 315	
IV.3.1	Die Quellen des ‚Umsiedlerin'-Jambus —— 315	
IV.3.2	Das groteske Potential des „gestischen Jambus" —— 320	
IV.4	‚Die Umsiedlerin' als *Metakomödie* —— 329	
IV.4.1	Die Komödienstruktur als Hort des Grotesken —— 329	
IV.4.2	‚Die Umsiedlerin' als (unfreiwilliges) Komödien-Fragment —— 337	

IV.4.3	Die Sprengung der Komödie —— 342	
IV.5	Mit Brecht zu Shakespeare – Die Auswicklung der *Poetik des Grotesken* —— 356	
IV.5.1	Brecht und Shakespeare im Intertext der ‚Umsiedlerin' —— 356	
IV.5.2	Brechts ‚Büsching' und die Entdeckung des Paradoxen – ‚Der Lohndrücker' —— 374	
IV.5.3	Der ‚Umsiedlerin'-Skandal – Heiner Müllers Abschied vom Realismus? —— 399	
IV.5.4	Vom lichten zum *Schwarzen Karneval* – ‚Mauser' als Lehrstück und Tragödie —— 417	
V	Von ‚Die Umsiedlerin' über ‚Leben Gundlings' zur ‚Wolokolamsker Chaussee' – Wandlungen der müllerschen *Poetik des Grotesken* als einer *Poetik der Utopie* —— 453	

Siglenverzeichnis —— 465

Bibliographie —— 467
    Quellen —— 467
    Forschungsliteratur —— 471

Personenregister —— 483

I Heiner Müller und die Konjunktur des Grotesken im 20. Jahrhundert

Das Groteske spielt als Medium ästhetischer Produktivität im zwanzigsten Jahrhundert eine besondere Rolle, das machen die Werke unzählbarer, ganz unterschiedlicher Künstler und Kunstformen deutlich.[1] Als charakteristische Stilform der Moderne und besonders des Dramas, das unter den literarischen Gattungen zum Grotesken eine spezielle Beziehung pflegt, beschreibt es Thomas Mann 1926 – im Rückgriff auf einen im Jahre 1907 erschienenen Roman Joseph Conrads:

> [G]anz allgemein und wesentlich scheint mir die Errungenschaft des modernen Kunstgeistes darin zu bestehen, daß er die Kategorien des Tragischen und des Komischen, also auch etwa die theatralischen Formen und Gattungen des Trauerspiels und des Lustspiels, nicht mehr kennt und das Leben als Tragikomödie sieht. Das genügt, um das Groteske zu seinem eigentlichsten Stil zu machen, und zwar in dem Grade, daß selbst das Großartige heute kaum anders als in der Gestalt des Grotesken erscheint. Es wird erlaubt sein, das Groteske den eigentlich antibürgerlichen Stil zu nennen […].[2]

Thomas Mann macht einen Zusammenhang zwischen der allgemeinen Weltwahrnehmung des modernen Künstlers und der ästhetischen Konjunktur des Grotesken aus, der sogar den Verlust der dramatischen Leitgattungen am Ende ihrer zweieinhalbtausendjährigen Geschichte zur Folge hat. Selbst das „Erhabene" als kunsttheoretische Kategorie, bei Thomas Mann das „Großartige", erfahre fast nur

---

[1] Hier seien nur beispielhaft und ohne Anspruch auf Vollständigkeit einige Rezeptionslinien aufgezeigt. Affinitäten zum Grotesken zeigen in der bildenden Kunst die Maler des Symbolismus (etwa Arnold Böcklin, James Ensor, Edvard Munch), Expressionismus (z. B. George Grosz, Otto Dix, Egon Schiele) und Surrealismus (so Salvador Dalí, Max Ernst, Giorgio de Chirico), in der Literatur die Dramatiker Bertolt Brecht, Eugène Ionesco, Samuel Beckett, Friedrich Dürrenmatt und Peter Weiss sowie u. a. Autoren wie Joseph Conrad, Franz Kafka, Jean Genet, Günter Grass, Heinrich Böll. Auch in Musik (Alban Berg und Paul Ravel, Rock und Hard Rock) und Film (Federico Fellini, David Lynch, Lars von Trier, Quentin Tarantino) lassen sich Elemente des Grotesken ausmachen sowie in vielen Facetten der Alltagskultur (Mode, Lebensstile). Siehe dazu Rosen, Elisheva: Grotesk. In: Ästhetische Grundbegriffe. Hrsg. von Barck, Karlheinz u. a. Bd. 2. Stuttgart 2001, S. 876–900, hier S. 877 f.
[2] Mann, Thomas: Vorwort zu Joseph Conrads Roman ‚Der Geheimagent' [1926]. In: Mann: Werke. Das essayistische Werk. Bd. 1: Schriften und Reden zur Literatur, Kunst und Philosophie. Hrsg. von Bürgin, Hans. Frankfurt am Main 1968, S. 262–271, hier S. 267 f.

noch im Grotesken seine zeitgenössische Gestalt und stemme sich so gegen das einstmals mit ihm verbundene bürgerliche Freiheits- und Humanitätsideal.[3]

Ihr beinahe sinngemäßes Echo findet diese Diagnose des „modernen Kunstgeistes" etwa dreißig Jahre und einen Weltkrieg später bei einem ästhetisch so weit von Mann entfernten Autor wie Friedrich Dürrenmatt. Er geht davon aus, dass die zweite Hälfte des zwanzigsten Jahrhunderts angesichts einer ins Chaos driftenden, gestaltlosen Welt, die den Verlust des tragischen Helden sowie die Unauffindbarkeit von Schuld nach sich ziehe, keine reine Tragödie mehr zulasse, und sucht sein Heil als Dramatiker in eben der von Thomas Mann beschworenen Tragikomödie. Er begreift sie als eine von tragischen Elementen durchsetzte Form der Komödie, die – ähnlich wie bei Mann – viel mit dem Grotesken zu tun hat.[4] Die Unermesslichkeit, ja die Abstraktheit von Macht, die sich in historischen Personen wie Hitler oder Stalin verkörpert, untergräbt Dürrenmatts Ansicht nach das individuelle Drama. Einzig mit einer Komödie, die dem Paradoxen Raum gebe und somit unter die Kategorie der „Groteske"[5] falle, sei der Welt ästhetisch noch beizukommen:

---

3 Vgl. Schiller, Friedrich: Über das Erhabene [1801]. In: Schiller: Werke. Nationalausgabe. Bd. 21. Philosophische Schriften. 2. Teil. Hrsg. von von Wiese, Benno. Weimar 1963, S. 38–54, hier S. 52: „Die Fähigkeit, das Erhabene zu empfinden, ist also eine der herrlichsten Anlagen in der Menschennatur, die sowohl wegen ihres Ursprungs aus dem selbstständigen Denk- und Willens-Vermögen unsre *Achtung*, als wegen ihres Einflusses auf den moralischen Menschen die vollkommenste Entwickelung verdient." Schillers Perspektive auf das Erhabene ist deutlich beeinflusst von Kants Ausführungen in der ‚Kritik der Urteilskraft' (vgl. Kant, Immanuel: Kritik der Urteilskraft [1790]. In: Kant: Werkausgabe Bd. X. Hrsg. von Weischedel, Wilhelm. Frankfurt am Main 1974, S. 194). Auf strukturelle Ähnlichkeit der Affekte, die durch das Erhabene und das Groteske ausgelöst werden, ist zurückzukommen.
4 Vgl. Dürrenmatt, Friedrich: Theaterprobleme [1955]. In: Dürrenmatt: Gesammelte Werke. Bd. 7. Zürich 1996, S. 28–69, hier S. 57 ff. Auf die enge Verbindung zwischen Tragikomödie und Groteske ist auch in der Forschung wiederholt hingewiesen worden, am prominentesten bei Wolfgang Kayser (Ders.: Das Groteske. Seine Gestaltung in Malerei und Dichtung. Nachdruck der Ausgabe von 1957. Tübingen 2004, S. 56). Arnold Heidsieck wiederum kritisiert diese Gleichsetzung: „Die groteske Form schließt Tragik, Komik wie auch Tragikomik ganz aus. Weder kollidiert ein im Konflikt zweier objektiver Forderungen schuldig gewordenes noch ein vereinseitigtes, törichtes Bewusstsein mit der sittlichen Macht [...], noch auch gilt wie im Tragikomischen das Lächerlich-Schlimme als restlos determiniert und unabänderlich. Die sittliche Macht, die allein in einer vernünftigen Gesellschaft ihre objektive Instanz hätte, wird in der grotesken Form als willentlich und planmäßig pervertiert gezeigt. Die Idee einer ewigen Schicksalsmacht, wie sie in der klassischen Tragödie und noch in der Tragikomödie vorkam, wird ätzend verspottet. Das transzendente Schicksal als groteskes Machwerk von Menschen: das ist seine vollendete Travestie" (Heidsieck Arnold: Das Groteske und das Absurde im modernen Drama. Stuttgart 1969, S. 82. f.).
5 Vgl. dazu auch Profitlichs Annahme, „daß das Wort *Groteske*, wenn nicht mit *Komödie* gleichbedeutend, so jedenfalls eine Komödien-Spezies bezeichnet" (in: Komödientheorie. Texte

I Heiner Müller und die Konjunktur des Grotesken im 20. Jahrhundert — 3

> Unsere Welt hat ebenso zur Groteske geführt wie zur Atombombe, wie ja die apokalyptischen Bilder des Hieronymus Bosch auch grotesk sind. Doch das Groteske ist nur ein sinnlicher Ausdruck, ein sinnliches Paradox, die Gestalt nämlich einer Ungestalt, das Gesicht einer gesichtslosen Welt, und genau so, wie unser Denken ohne den Begriff des Paradoxen nicht mehr auszukommen scheint, so auch die Kunst, unsere Welt, die nur noch ist, weil die Atombombe existiert: Aus Furcht vor ihr.[6]

Auch im Theater des nur wenig jüngeren ostdeutschen Dramatikers Heiner Müller, der wie Dürrenmatt bei Brecht in die Schule gegangen ist, spielt das Paradox und mit ihm das Groteske als Medium dramatischer Zuspitzung eine herausragende Rolle, ebenso die Auseinandersetzung mit den beiden dramatischen Leitgattungen. Wo dieser, was den verheerenden, chaotischen Weltzustand und den Verlust des tragischen Helden angeht, Dürrenmatt wohl beipflichten würde, zieht er aus dieser Erkenntnis doch vollkommen andere Schlüsse. Müller, als einer der wenigen Dramatiker des 20. Jahrhunderts, der sich „intensiv für die Dimension des Tragischen interessiert"[7], favorisiert gerade die von Dürrenmatt verabschiedete Tragödie und bemüht sich diese, um sie zu retten, von der Zentrierung auf das tragische Subjekt zu befreien und auf eine kollektive Basis zu stellen. Wenngleich beide, Dürrenmatt und Müller, der brechtschen Theatertheorie vieles verdanken, so ähneln ihre Dramaturgien einander zu keinem Zeitpunkt – vielmehr stehen den klar strukturierten Parabelstücken Dürrenmatts Müllers disparate dramatische Fragmente gegenüber. Auch in Müllers poetologischen Aufzeichnungen und Äußerungen finden sich kaum Bemerkungen zum Begriff des Grotesken, geschweige denn irgendwelche Hinweise auf die Theaterproblematik des Schweizers, was angesichts der auch kulturpolitisch ausgetragenen ideologischen Grabenkämpfe des Kalten Krieges kaum verwunderlich scheint. Die

---

und Kommentare. Vom Barock bis zur Gegenwart. Hrsg. von Profitlich, Ulrich. Reinbek bei Hamburg 1998, S. 253).

6 Dürrenmatt [1955], S. 59. Heidsieck hält diese Passage allerdings für kaum mehr als einen Aphorismus, der sich im Hinblick auf Dürrenmatts dramatisches Werk nicht einlöse: „Das spezifische des Grotesken ist nur vage angesprochen. So mag es durchaus ein ‚sinnliches Paradox' genannt werden – dies aber vor allem in Hinsicht auf die Ethik, den konkreten Widerspruch ‚Entstellung des Menschen' bezeichnend, keinesfalls nur in Hinsicht auf die Logik, wie es bei Dürrenmatt lautet [...]. So, nur logisch verstanden, wäre das sinnliche Paradox nichts anderes als ein Zusammen des Disparaten im Kunstwerk und fiele damit unter den [...] ganz allgemeinen Begriff des Manieristischen" (Heidsieck 1969, S. 87). Dieser bedenkenswerte Einwand findet in Müllers dramatischem Werk seine Bestätigung.

7 Vgl. Müller-Schöll, Nikolaus: Tragik, Komik, Groteske. In: Heiner Müller Handbuch. Hrsg. von Lehmann, Hans-Thies/Primavesi, Patrick. Stuttgart 2003, S. 82–88, hier S. 83.

Analyse von Müllers dramatischem Werk jedoch deutet auf ihre Rezeption hin, freilich mit kritischem Impetus.[8]

Müller hat im Gegensatz etwa zu Brecht, Dürrenmatt oder Peter Hacks keine eigens niedergelegte, kohärente Theatertheorie hinterlassen. Seine Poetik muss insofern aus den dramatischen Texten extrapoliert werden – unter Zuhilfenahme seiner sporadischen, oft in Arbeitszusammenhängen erfolgten und mitunter auch widersprüchlichen Äußerungen in ästhetischen Anmerkungen, Schriften, Interviews und Gesprächen.[9] Dabei zeigt sich, dass Müllers Ästhetik offensichtlich auf eine lange Tradition des literarischen und bildkünstlerischen Grotesken zurückgreift. Sie bewegt sich in einem Diskursfeld der literarischen Moderne, das sich deutlich absetzt von allen Versuchen einer ideologischen Vereinnahmung von Gattungstheorien, wie sie in der DDR – man nehme das Beispiel Peter Hacks – nicht nur von offizieller Seite praktiziert wurden.[10] Erst vor dem Hintergrund dieser Traditionsaufnahme wird Müllers Ästhetik in ihrer wahren Dimension und Zuspitzung erkennbar. Das Frappante an seinem Rückgriff auf groteske Motive und Strukturen, die in unterschiedlicher Quantität, Auswahl und Funktion die gesamte dramatische Produktion des Autors durchziehen, ist dabei nicht nur die Tatsache, dass dessen Betrachtung es erlaubt, seine Poetik und ihre Wandlungen wie unter einem Brennglas zu konzentrieren, sondern auch, dass sie allgemeine Aussagen über das Schicksal der dramatischen Gattung im 20. Jahrhundert zulässt, die weit über die Überlegungen bei Mann und Dürrenmatt hinausgehen. Ganz im Sinne von Hans Robert Jauß' evolutionärem Konzept der Literaturgeschichte soll es hier also im Kontext von Müllers literarischer Rezeption des Grotesken – unter Berücksichtigung synchroner und diachroner literarhistorischer Bezüge – um eine Einrückung des müllerschen Œuvres in seine *„literari-*

---

[8] Müller ist – ähnlich wie Brecht – dafür bekannt, wichtige ästhetische Einflüsse gern zu verschleiern. Siehe dazu Raddatz, Frank: Der Demetriusplan oder wie sich Heiner Müller den Brechtthron erschlich. Berlin 2010, S. 14.

[9] Vgl. dazu Keller, Andreas: Drama und Dramaturgie Heiner Müllers zwischen 1956 und 1988. Frankfurt am Main u. a. 1992, S. 33.

[10] Hacks verabschiedet sich mit dem Hinweis auf das angebliche Verschwinden aller antagonistischen Widersprüche in der sozialistischen Gesellschaft von der Tragödie, deren Wirkung er geringschätzig als *„weinerliche[s] Vergnügen"* bezeichnet. Stattdessen wendet er sich dem sogenannten *„lächerliche[n] Vergnügen"* zu, mithin der Komödie, die zur „Kunst einer Klasse, welche damit beschäftigt ist, die Mißstände der Welt mittels technischer und gesellschaftlicher Unternehmungen objektiv zu überwinden" dagegen in direkter Beziehung stehe. Vgl. Hacks, Peter: Einige Gemeinplätze über das Stückeschreiben. In: Neue deutsche Literatur 4 (1956), Heft 9, S. 119–126, hier S. 123 f. Zur ästhetischen Auseinandersetzung zwischen Müller und Hacks vgl. Weber, Ronald: Peter Hacks, Heiner Müller und das antagonistische Drama des Sozialismus. Ein Streit im literarischen Feld der DDR. Berlin/Boston 2015, hier besonders S. 269 f.

sche Reihe'", um die Erkenntnis „*seine[r] geschichtliche[n] Stelle und Bedeutung im Erfahrungszusammenhang der Literatur*"[11] gehen.

Wie Mann und Dürrenmatt zu unterschiedlichen Zeitpunkten und von ästhetisch divergierenden Standpunkten aus feststellen, scheint die Konjunktur des Grotesken in der Moderne – und besonders im 20. Jahrhundert – mit einer historischen Entwicklung zusammenzuhängen, die unweigerlich Einfluss auf die Weltwahrnehmung der Künstler und auf die von ihnen bevorzugten ästhetischen Formen ausübt.[12] Kaum ein Jahrhundert war so stark geprägt von zeitlich schnell aufeinanderfolgenden wissenschaftlich-technischen, gesellschaftlichen und politischen Umbrüchen wie das eben vergangene zwanzigste. Hinzu kommen die traumatischen Erfahrungen einer sich beschleunigenden Industrialisierung, der Weltwirtschaftskrise von 1929, des Ersten und Zweiten Weltkriegs, des Faschismus sowie des nach 1950 stetig zunehmenden Bedrohungsszenarios durch den Kalten Krieg und das Atomzeitalter.[13] Die letzte große Zäsur bildet schließlich der Zusammenbruch des Ostblocks und der damit einhergehende Siegeszug der westlich-kapitalistischen Welt und ihres ökonomischen Systems. Nicht was die Geschwindigkeit der aufeinanderfolgenden Umbrüche, aber was die Tragweite der kulturellen Verwerfungen angeht, gesellen sich dem 20. Jahrhundert in der Neuzeit wohl am ehesten das 15./16. Jahrhundert, also der Übergang vom Mittelalter zur Renaissance, und die Schwelle vom 18. zum 19. Jahrhundert, die

---

Frankfurt am Main 1992, S. 189 ff.

12 Es handelt sich hierbei um eine materialistische Literaturauffassung, die den Künstler als grundsätzlich in seine Epoche involviert begreift und im 20. Jahrhundert gegenüber einem idealistischen Literaturbegriff, wie ihn etwa Gottfried Benn vertritt, weite Verbreitung findet. Auch Müller nimmt diese für sich in Anspruch. Theoretisch fundiert ist sie u. a. bei Jean-Paul Sartre (Sartre, Jean Paul: Was ist Literatur? 6. Aufl. Reinbek bei Hamburg 2006, S. 27) und, wenn auch kritisch auf Sartre bezogen, bei Theodor W. Adorno (Adorno, Theodor W.: Engagement. In: Adorno: Gesammelte Schriften Bd. 11. Noten zur Literatur III. Hrsg. von Tiedemann, Rolf. 3. Aufl. Frankfurt am Main 1990, S. 409–430). Adorno macht die belebende Spannung der Kunst in dem ihr eigenen Zusammenspiel von Realitätsgehalt und Idealität aus (ebd., S. 410). Nicht zu verwechseln ist dieses Literaturverständnis mit Georg Lukács' idealistischer Wiederspiegelungstheorie, die – grundlegend für den Sozialistischen Realismus – vom Kunstwerk einen genauen Spiegel der Realität in ihrer „objektiven Totalität" fordert (Lukács, Georg: Es geht um den Realismus [1938]. In: Lukács: Werke. Bd. 4: Probleme des Realismus I. Essays über Realismus. Neuwied/Berlin 1971, S. 313–343, hier S. 319).
13 Auf den Zusammenhang zwischen den rasanten gesellschaftspolitischen Umbrüchen und der Konjunktur des Grotesken im 20. Jahrhundert machen zuerst Ingeborg Drewitz (Dies.: Groteske Literatur – Chance und Gefahr. In: Merkur. Deutsche Zeitschrift für europäisches Denken, Heft 205 (1965), 19. Jg., S. 338–347) und Margret Dietrich (Dies.: Das moderne Drama. Stuttgart 1974, S. 684) aufmerksam.

kulturgeschichtlich mit dem Widerstreit von Aufklärung und Romantik verbunden ist.[14] Beiden Epochen zeigen ebenfalls eine gegenüber anderen auffällige Konjunktur künstlerischer Bezugnahmen auf das Groteske.[15]

Bei Heiner Müller handelt es sich nun, neben Brecht, nicht nur um den Dramatiker des 20. Jahrhunderts, der sein Schaffen ganz der abendländischen Geschichte, insbesondere deren Revolutionen und historischen Umbruchsphasen gewidmet hat – immer mit Blick auf ihre Ausschläge in die Gegenwart. Außerdem hat er selbst zwei Revolutionen – die sozialistische Kulturrevolution nach 1949 in der DDR sowie deren Zusammenbruch 1989/90 – und drei verschiedene politische Systeme erlebt. „[E]in seltener Glücksfall"[16] für einen Dramatiker, den, wie Müller

---

14 Besonders augenscheinlich wird diese Gegenüberstellung vielleicht anhand der umstrittenen freudschen These von den drei existentiellen Kränkungen der Menschheit, die, ihrem Urheber zufolge, ungefähr in die fraglichen Zeiträume fallen bzw. als deren Folge betrachtet werden können. An erster Stelle steht bei Sigmund Freud die „*kosmologische* Kränkung". Die koperni-
kanische Wende im 16. Jahrhundert versetzt den Menschen aus dem Mittelpunkt des Universums und weist ihm an selnem Übergangang, von Gott zum Herrscher der Welt bestimmt zu sein. Dieser
folgt im 19. Jahrhundert die „*biologische* Kränkung", die Darwins Erkenntnis von der animalischen Abstammung des Menschen begleitet und ihm seine schöpfungsgeschichtliche Vormachtstellung im Reich der Lebewesen abspricht. Als schmerzlichste Kränkung macht Freud zuletzt die „*psychologische*" aus. Sie hängt zusammen mit seiner eigenen Lehre von der Macht des Unbewussten, die – Freud verweist hier auf die Vorläuferschaft der schopenhauerschen Willensphilosophie – gegenüber der Vernünftigkeit die Triebhaftigkeit des menschlichen Handelns in den Vordergrund rückt und „*das Ich*" mit der Tatsache konfrontiert, „*nicht Herr [...] in seinem eigenen Haus*" zu sein. Vgl. Freud, Sigmund: Eine Schwierigkeit der Psychoanalyse [1917]. In: Freud: Gesammelte Werke. 12. Bd.: Werke aus den Jahren 1917–1920. Hrsg. von Freud, Anna u. a. Frankfurt am Main 1947, S. 1–12, hier S. 7 ff. Freuds Thesen und seine Argumentation haben vielfach Kritik und wiederkehrende Verweise auf Vorläufer (besonders Schopenhauer) hervorgerufen. Dazu beispielhaft: Pauen, Michael: Was ist der Mensch? Die Entdeckung der Natur des Geistes. München 2007, S. 30–39 und Vollmer, Gerhard: Die vierte bis siebte Kränkung des Menschen. Gehirn, Evolution und Menschenbild. In: Aufklärung und Kritik 1/1994, S. 81–92. Vollmer ergänzt die Reihe der Kränkungen bis ins 21. Jahrhundert noch um sechs weitere (die ethologische, die epistemologische, die soziobiologische, die vom Computermodell des Geistes ausgehende, die ökologische und die neurobiologische Kränkung), die bereits auf die enorme wissenschaftlich-technologische Beschleunigung aufmerksam machen, die das 20. Jahrhundert prägt und weiterhin anhält. Man mag Freud in den Details seiner Ausführungen folgen wollen oder nicht, das Bezeichnende seiner Beobachtung ist doch, dass es sich hier um drei für die europäische Kulturgeschichte einschneidende wissenschaftliche Erkenntnisse handelt, die allesamt in einer Atmosphäre vehementen gesellschaftlichen Umbruchs zu Tage treten bzw. diese mit bedingen.

15 Vgl. Kayser [1957], S. 202 f.; Oesterle, Günther: Zur Intermedialität des Grotesken. In: Kayser, Wolfgang: Das Groteske. Seine Gestaltung in Malerei und Dichtung. Nachdruck der Ausgabe von 1957. Tübingen 2004, S. VII–XXX, hier S. IX.

16 HMW 11, S. 774.

I Heiner Müller und die Konjunktur des Grotesken im 20. Jahrhundert — 7

selbstironisch bemerkt, nicht einmal Shakespeare für sich beanspruchen konnte. Er verweist damit auf den Materialwert historischer Umbrüche für die Dramatik und das Theater: „Theater ist Krise. Das ist eigentlich die Definition von Theater – sollte es sein. Es kann nur als Krise und in der Krise funktionieren, sonst hat es überhaupt keinen Bezug zur Gesellschaft außerhalb des Theaters."[17] Nicht zuletzt deshalb prädestiniert der hier zugrunde gelegte materialistische Literaturbegriff das dramatische Werk Heiner Müllers in besonderem Maße für eine Untersuchung im Hinblick auf Traditionen des Grotesken.[18] Die Frage, in welchem Maße sich die in Renaissance und Romantik vorgeprägten Themen, Motive und ästhetischen Formen des Grotesken in Müllers Werk niederschlagen und damit auf eine Kontinuität bzw. Diskontinuität bestimmter ästhetischer Mittel in historischen Umbruchsphasen verweisen, macht zudem den literarhistorischen bzw. kulturgeschichtlichen Reiz der Arbeit an und mit seiner Dramatik aus. Bevor also im folgenden Kapitel das Groteske als Kondensat der Poetik Heiner Müllers in den Blick genommen wird, soll daher zunächst ein kurzer Überblick über die Spielarten des Grotesken in Renaissance und Romantik erfolgen, um seine literarhistorischen Quellen in Müllers Werk einsichtig zu machen – gefolgt, soweit Begriff und Forschung dies zulassen, von einem kurzen definitorischen Umriss, auch um methodische Fragen zu klären.

---

[17] HMW 12, S. 810 f.
[18] Während Victor Hugo das Groteske bei Shakespeare als „unverzichtbares Kennzeichen" seiner „Genialität" begreift, wird er von Bachtin dahingehend korrigiert, dass dies „zutreffender allen Werken und ihren Autoren zuzuschreiben" sei, „die wahrheitsgetreu und eingehend eine weltgeschichtliche Umbruchsperiode darstellen, denn diese Autoren haben es mit einer unfertigen, in Umwälzung begriffenen Welt zu tun" (Bachtin, Michail: Rabelais und seine Welt. Volkskultur als Gegenkultur. Hrsg. von Lachmann, Renate. Frankfurt am Main 1995, S. 172).

II Das Groteske im dramatischen Werk Heiner Müllers – Transformationen eines ästhetischen Krisenphänomens

II.1 Das Groteske in Renaissance und Romantik – Ein Phänomen des kulturellen Umbruchs

Die politischen und gesellschaftlichen Umbrüche an der Schwelle vom Mittelalter zur Neuzeit bedingen eine einschneidende Veränderung des bislang gültigen Weltbildes im europäischen Raum. Verantwortlich hierfür sind vor allem die bahnbrechenden Errungenschaften auf den Gebieten der Naturwissenschaften und Technik, die dem Menschen erstmals das Bewusstsein vermitteln, sich aus sämtlichen Beschränkungen befreien zu können. Mit der Renaissance beginnt die beispiellose Emanzipation des neuzeitlichen Menschen von der Natur und der christlichen Metaphysik. Eine wichtige Voraussetzung für diese Entwicklung ist die Auflösung des stufenartigen mittelalterlichen Weltbildes im Zuge des mit Kopernikus einsetzenden Übergangs vom geozentrischen zum heliozentrischen Weltbild, dessen hierarchische Schichtung nicht nur den Kosmos, sondern „auch die moralische und metaphysische Weltordnung"[1] betraf. Mitsamt der Erde tritt der Mensch nun aus dieser Hierarchie heraus und findet sich innerhalb einer neuen Vorstellung von Raum und Zeit wieder, die nicht mehr vertikal (nach oben/unten, göttlich/teuflisch, himmlisch/irdisch/unterirdisch), sondern horizontal (weltlich/historisch) organisiert ist – die Konzepte von Vergangenheit und Zukunft gewinnen an Interesse.[2] „An diesem neuen Modell arbeiten Philosophie und Wissenschaft, die menschliche Praxis und die Kunst"[3] zu gleichen Teilen mit. Hier nimmt die bis heute wirksame Idee der Geschichte, geprägt vom historischen (moralischen, ökonomischen) Fortschritt, ihren Ausgang.

Ab jetzt rückt der Mensch also in ganz anderer Weise ins Zentrum der Weltbetrachtung als im Mittelalter, wo ihm als Mittelpunkt des Universums die göttliche Aufmerksamkeit sicher schien. Im Verbund mit der Wiederentdeckung der antiken Philosophie – unter anderem befördert durch die im Zuge der Eroberung Konstantinopels 1453 vor den Türken nach Italien fliehenden griechischen Gelehrten – versuchen sich die Humanisten an einer Verbindung der sittlichen

---

1 Bachtin 1995, S. 446.
2 Vgl. ebd., S. 449 f.
3 Ebd., S. 449.

Lehren des Evangeliums mit der Ethik der nicht-christlichen Antike und entwickeln die Idee vom harmonischen System der Welt. Der „*Kosmos*" erscheint ihnen „als ein[] *für den Menschen nicht bedrohliche[s] eigene[s] Haus*"[4], an dem dieser Anteil hat, sofern er – als *uomo universale* – all seine Anlagen und Fähigkeiten zum Besten entwickelt. Dazu gehört auch das Bestehen auf seiner Autonomie als eines diesseitigen, seine Welt selbst gestaltenden Lebewesens.

Rasche Verbreitung finden die neuen Ideen durch die Popularisierung der Bildung und die ungeheure mediale Revolution im 15. Jahrhundert. Hatte sich seit der Ersetzung des teuren Pergaments durch Papier als Schriftträger bereits ein Jahrhundert zuvor die Schriftlichkeit mehr und mehr durchgesetzt, so stehen nun mit der Erfindung des Buchdrucks (um 1450) völlig neue Verbreitungsmöglichkeiten für das wissenschaftliche Denken zur Verfügung. Der Widerstreit der mittelalterlichen und der neuzeitlichen Weltanschauung schlägt sich zudem auf dem Feld der Sprache nieder.[5] Erstmals lockert sich die strikte Trennung zwischen dem klerikalen Latein, das zuvor nahezu als alleinige Schriftsprache fungierte, und den nationalen Volkssprachen. Nach und nach greift diese Liberalisierung auch auf die Wissenschaften über. Immer mehr volkssprachige Schulen entstehen und beginnen, der geistlich-lateinischen Kultur den Rang streitig zu machen. In der literarischen und philosophischen Schriftkultur entwickelt sich zudem eine ungeheuer produktive „Zweisprachigkeit", die stetig den endgültigen „Sprachwechsel" vorbereitet.[6]

Durch die einmalige, „wechselseitige Durchdringung und Erhellung der Künste und Wissenschaften in der Theorie und Praxis der Renaissance"[7] verbreiten sich das neue Weltbild und die Rezeption der antiken Quellen auch in den schönen Künsten. Gemeinsam mit den Wissenschaften erfahren diese im 15. und 16. Jahrhundert eine ungeheure Blütezeit – befördert durch das freigiebige Mäzenatentum vieler Fürsten (wie etwa der *signori* der italienischen Stadtrepubliken). Im Zuge der allmählich voranschreitenden Säkularisierung – im deutschen Raum mit der Reformation – lösen sich selbstbewusste Stadtrepubliken und Fürstenhöfe von der mittelalterlichen, kirchlich-feudalen Herrschaft und bedingen damit die Herausbildung einer ersten weltlichen, aristokratisch-bürgerlichen Kultur. Diese Entwicklung verdankt sich einem bemerkenswerten Wohlstand, für den vor allem der prosperierende Handel im mediterranen Raum verantwortlich ist. Der Beitrag der ökonomischen Verhältnisse zum Wandel des Weltbildes hängt

---

4 Ebd., S. 410.
5 Vgl. ebd., S. 511.
6 Ebd., S. 510 f.
7 Scholl, Dorothea: Von den „Grottesken" zum Grotesken: die Konstituierung einer Poetik des Grotesken in der italienischen Renaissance. Münster 2004, S. 32.

dabei in mehrfacher Hinsicht mit der Entstehung des Kreditwesens zusammen. Ab dem 15. Jahrhundert versperrt das Vordringen der Türken nach Mitteleuropa die Landrouten nach Osten und macht die Erforschung neuer See- und Handelswege notwendig. Begünstigt werden diese Unternehmungen durch die Verbreitung des antiken Wissens um die Kugelform der Erde, das den Gelehrten des Mittelalters trotz der gängigen Abbildungen der Erdscheibe nicht verloren gegangen war. Bei dem Versuch, einen Seeweg nach Indien zu finden, entdeckt Kolumbus den amerikanischen Kontinent, Vasco da Gama umrundet das Kap der guten Hoffnung. Die geographischen Entdeckungen neuer Länder verändern und erweitern jedoch nicht nur die Vorstellungen von der Weltkarte und beschwören koloniale Eroberungszüge herauf, in ihrem Gefolge wandelt sich auch die Handelsstruktur. Durch die verlängerten Handelswege, die einen direkten Austausch von Geld und Ware verunmöglichen, ist erstmalig ein umfassendes System der Kreditvergabe nötig, das den Beginn des europäischen Kapitalismus einläutet.

Während die Türken immer weiter nach Mitteleuropa vorrücken und 1529 Wien belagern, verwüsten die Erbfolgekriege zwischen dem Heiligen Römischen Reich Deutscher Nation und Frankreich ebenfalls weite Landstriche. 1527 kommt es dabei durch das ungeschickte Taktieren von Papst Clemens VII. zu einem so schwerwiegenden Ereignis wie dem Sacco die Roma, der Belagerung und blutigen Plünderung Roms durch die auf Seiten Kaiser Karls V. kämpfenden deutschen Landknechte – der nicht zufällig auch als „blutiger Karneval"[8] bezeichnet wird. Neben diesen bewaffneten Auseinandersetzungen und zivilisatorischen Ausfäl-

auf eine harte Probe stellen, wütet zudem die bereits überwunden geglaubte Pest. In ihrem Zusammenfallen mit der Kopernikanischen Revolution und der damit einhergehenden Entwicklung der Physik und Astronomie lösen diese Verunsicherungen auch eine schwerwiegende Krise des Wissens aus – nicht zuletzt auf dem Feld der Metaphysik.[9] Wo die einschneidenden gesellschaftspolitischen Ereignisse und Umwälzungen in der Bevölkerung einerseits eine wachsende Frömmigkeit und Heilssehnsucht entfachen, führen die kirchlichen Missstände, die Inquisition und der Ablasshandel andererseits zu massiver Kritik an der geistlichen Kaste. In Deutschland findet diese Entwicklung ihren Höhepunkt in den 95 Thesen Martin Luthers, dessen Reformvorschläge, die dem Einzelnen spirituelle Selbstverantwortung zugestehen, trotz Wormser Edikt und Bannspruch eine Massenbewegung auslösen. Vielfach kommt es zur Auflehnung gegen die

---

8 Vgl. Reinhardt, Volker: Blutiger Karneval. Der Sacco die Roma 1527 – eine politische Katastrophe. Darmstadt 2009.
9 Vgl. dazu Stollmann, Rainer: Groteske Aufklärung. Studien zu Natur und Kultur des Lachens. Stuttgart 1997, S. 97.

kirchlichen Institutionen, zu Bilderstürmen. Mit den Wiedertäufern spaltet sich erstmals eine christliche Sekte von der Kirche ab. Die Übertragung der lutherschen Thesen auf die weltlichen Unterdrückungsverhältnisse, wie etwa die Leibeigenschaft, bedingt unter anderem die bäuerlichen Erhebungen, die zum großen deutschen Bauernkrieg von 1525 führen – dessen Resultat für Bertolt Brecht und in der Folge auch für Heiner Müller den Beginn und das Sinnbild der „deutschen Misere"[10] sowie der Isolierung der Linken in Deutschland symbolisiert. Die geistige Welt der Renaissance erfährt somit neben einer ungeheuren Aufbruchsstimmung auch eine tiefgreifende In-Frage-Stellung ihrer Grundfesten, die bereits auf die Kehrseite der emanzipatorischen Revolution verweist: Die der metaphysisch-theologischen Sicherheit entkleidete Welt wird fremd, unheimlich, unbeherrschbar.[11]

Wo die gesellschaftlichen Kräfte dieser Epoche „[s]ozialgeschichtlich gesehen [...] nie zu mehr als einem labilen und vorübergehenden Gleichgewicht" finden, erfasst auch die Künstler der Renaissance eine „Unruhe [...], die sich in allen materiellen und geistigen Aspekten des Lebens widerspiegelt"[12]: „Dieses Bewußtsein (und Unterbewußtsein) einer Gefährdung vermittelt sich künstlerisch in den Katastrophenvisionen, den Capriccio, der Ruinenthematik, der Fragmentarisierung und Chaotisierung, der Memoria sowie der literarischen Thematisierung von Brüchigkeit, Zerfall und Vergänglichkeit"[13], also in ästhetischen Varianten des Grotesken. Dorothea Scholl stellt dementsprechend einen „ursächlichen Zu-

---

10 HMW 10, S. 131, vgl. auch ebd., S. 369: „[E]s gibt in den Anmerkungen von Brecht zu ‚Mutter Courage' die Bemerkung: Mit dem Bauernkrieg, dem größten Unglück der deutschen Geschichte, wurde der Reformation der Reißzahn gezogen. Ich halte diesen Akzent für wichtig. Die Bauernkriege sind das größte Unglück der deutschen Geschichte gewesen. Es war die früheste Revolution in Europa und wurde deshalb am massivsten niedergewalzt. Davon hat sich dieses Volk nicht erholt. Dann kam der Dreißigjährige Krieg, der den Volkscharakter wiederum niedergewalzt hat. Auch davon hat sich Deutschland nie erholt. Dann hatte man 1848 eine letzte Chance, den Anschluß an Europa zu gewinnen. Doch die bürgerliche Revolution ist auch niedergebügelt worden. So hat Deutschland nie den Anschluß an Europa gefunden. Und nun hängt das Land immer zwischen Ost und West, und immer hat es Angst, keine Identität zu haben. Und aus der Angst, keine Identität zu haben, entsteht der Todestrieb. Also der Wunsch, auszulöschen oder ausgelöscht zu werden."
11 Vgl. dazu Die Geschichte der Schönheit. Hrsg. von Eco, Umberto. München 2006, S. 225: „Die Erschütterung des Menschen angesichts der Entdeckung, nicht der Mittelpunkt des Universums zu sein, verbindet sich mit dem Untergang der humanistischen Utopien, eine friedliche und harmonische Welt schaffen zu können. Die politischen Krisen, ökonomischen Revolutionen, die Kriege des ‚eisernen Jahrhunderts' und die Rückkehr der Pest: All dies trägt zu der Entdeckung bei, daß der Mensch nicht das Maß des Universums und weder sein Gestalter noch sein Herr ist."
12 Ebd., S. 216.
13 Scholl 2004, S. 582.

sammenhang" zwischen dem „melancholischen Weltempfinden" des Renaissancekünstlers und der Verwendung grotesker Motive und Strukturen her.[14] Die Melancholie ist es, die den „‚dichterische[n] Wahnsinn' und die grotesken ‚Fieberträume' des Dichters und Künstlers"[15] adelt und ihnen eine „Vorreiterrolle für Ästhetiken im Zeichen der Moderne"[16] sichert.

Im allgemeinen kunsthistorischen Verständnis jedoch steht die Renaissance eigentlich im Zeichen einer Wiederentdeckung und -belebung der Antike. Dem bildkünstlerischen Nachempfinden eines Ideals der Natur korrespondieren auf literarischer Ebene die Schriften des Humanismus, die sich im Dienste einer Verbesserung der Welt auf Basis einer wiederauflebenden antik-christlichen Bildung verstehen. Doch mit der klassisch vollendeten Antike rezipiert die Renaissance auch deren um 1480 in der römischen Domus Aurea wiederentdeckte, groteske Ornamentik, und gewahrt so die „Schatten des Idealen"[17]. Unbewusst stellt sie damit auch eine Kontinuität zu den künstlerischen Auseinandersetzungen mit dem Hässlichen im Mittelalter her.[18] Für den mittelalterlichen Menschen sind Darstellungen grotesker Mischwesen, zerstückelter und neu zusammengesetzter Körper in bildender Kunst und Literatur ein durchaus alltäglicher Anblick.[19] Besonders im religiösen Kontext ist er mit ihnen konfrontiert. Von den Fassaden der Gotteshäuser herunter blecken sie ihn an, werden als Körperfragmente in Form von Reliquien[20] verehrt oder treten ihm in den christlichen Mysterienspielen (Diablerien) entgegen, zu deren Motiven häufig *„zerstückelte[] Körper"* sowie deren *„Braten, Anzünden und Verschlingen"*[21] gehören. Ursprünglich basieren die ästhetischen Vorstellungen des von Krieg und Glauben b

---

14 Ebd. Vgl. auch Roeck, Bernd: „Traumwerck". Die Kunst der Groteske im konfessionellen Zeitalter. In: Melancholie und Heiterkeit. Hrsg. von Borchmeyer, Dieter. Heidelberg 2007, S. 55–80, hier S. 61.
15 Scholl 2004, S. 583. Vgl. auch die Bewertung der phantastischen „sogni di pittori" durch Rosen 2001, S. 882.
16 Scholl 2004, S. 581.
17 Ebd., S. 580.
18 Vgl. ebd., S. 53 und 586: „In der epochenbegleitenden und -übergreifenden Ästhetik des Grotesken erweist sich die Kontinuität zwischen Antike, Mittelalter, Renaissance und Moderne." Vgl. auch Spitzer, Leo: Besprechung von: Wolfgang Kayser: Das Groteske. Seine Gestaltung in Malerei und Dichtung [1958]. In: Das Groteske in der Dichtung. Hrsg. von Best, Otto F. Darmstadt 1980, S. 50–68, nach dessen Ansicht das Mittelalter „die Requisitenkammer grotesker Formen für die abendländische Groteskkunst bereitgestellt" hat (ebd., S. 56).
19 Vgl. Bachtin 1995, S. 389.
20 Vgl. ebd., S. 392.
21 Ebd., S. 390.

geschüttelten Mittelalters jedoch auf den platonischen Ideen, ohne großes Interesse an der Wirklichkeit zu zeigen:

> Dieses Festklammern an einer rein idealen Vorstellung von Harmonie ist charakteristisch für eine Epoche tiefgreifender Krisen, wie sie die ersten Jahrhunderte des Mittelalters kennzeichneten. Man suchte Zuflucht im Bewusstsein stabiler und ewiger Werte, während alles, was mit der Körperlichkeit, den Sinnen und der physischen Welt zu tun hatte, mit Misstrauen betrachtet wurde.[22]

Diese Tendenz gipfelt in dem Versuch vieler mittelalterlicher Mystiker, Theologen und Philosophen – so etwa Augustinus, Hrabanus Maurus oder Alexander von Hales – auch dem allgegenwärtigen Hässlichen und Monströsen seinen Platz in der Harmonie der göttlichen Schöpfung zuzuweisen.[23] Und nicht einmal ablehnende Haltungen gegenüber der Darstellung von Monstern und Mischwesen in sakralen Räumen und an ebensolchen Gebäuden – ein einschlägiges Beispiel findet sich bei Bernhard von Clairvaux[24] – können sich deren Faszination entziehen.

> So finden die Monster, zugleich geliebt und gefürchtet, zurückgehalten und often zugelassen, mit ihrer ganzen schrecklichen Faszination immer mehr Eingang in die Literatur und Malerei, angefangen von der Beschreibung der Hölle bei Dante bis hin zu den Gemälden des Hieronymus Bosch.[25]

Diese Monster, die „uns heute als Ausgeburten der Phantasie" beeindrucken, stellten „für die Zeitgenossen [...] die Enthüllung der noch nicht gänzlich erforschten" bzw. unterdrückten und verdrängten, also unheimlichen „Geheimnisse der Natur" dar.[26] Darin offenbart sich nicht zuletzt ihre ideelle Verbindung zum Grotesken der Neuzeit.

Das Mittelalter ablösend, ist, Scholl zufolge, die gesamte „Kultur der Renaissance" bereits „in all ihren Lebensäußerungen [...] von der Ästhetik des Grotesken" geprägt:

> Es finden sich groteske Elemente im Karneval, bei Umzügen, Triumphzügen, feierlichen Einzügen, Festen, Intermezzi, Kostümen, Aufführungen der Commedia dell'arte, akrobati-

---

22 Eco 2006, S. 91.
23 Vgl. ebd., S. 147.
24 Vgl. Clairvaux, Bernhard von: Apologia ad Guillelmum abbatem. In: Clairvaux: Sämtliche Werke lateinisch/deutsch. Bd. 2. Hrsg. von Winkler, Gerhard B. Innsbruck 1992, S. 145–201, hier S. 197.
25 Eco 2006, S. 148.
26 Ebd., S. 152. Vgl. auch Scholl 2004, S. 582.

schen Vorstellungen, Moriskentänzen, in den Kunst- und Wunderkammern und schließlich gab es Groteskmaler [...], die die exotische Tierwelt der Menagerien und Volieren oder monströse Wesen aus Berichten über ferne Länder und mythische Zeiten in die ornamentale Groteskengestaltung eingebunden haben.[27]

Im Unterschied zum Mittelalter beginnt mit der Entdeckung der spätrömischen „Grottesken" (von ital. grotta: Grotte, Höhle) im 15. Jahrhundert auch erstmals eine ästhetische Reflexion des Phänomens, was auf seine zentrale Bedeutung für die künstlerische Auseinandersetzung der Epoche mit ihrem Alltag schließen lässt.[28] Bildende Künste und Literatur wurden – in Anlehnung an die „ut pictura poesis"-Lehre des Horaz – „von den damaligen Künstlern und Theoretikern selten isoliert betrachtet"[29], auch aufgrund der vielen Mehrfachbegabungen (Michelangelo, Bronzino etc.). Insofern ist es nicht verwunderlich, dass die Ästhetik des Grotesken, ausgehend von der Malerei, einen unmerklichen Übergang von einer Kunstform zur nächsten vollzieht.[30] Im Zuge dieser Entwicklung bildet sich bereits im 16. Jahrhundert das Adjektiv und Adverb „grotesk" heraus und macht deutlich, dass die Wurzeln für die ästhetisch-weltanschauliche Reflexion des Grotesken im 19. Jahrhundert entgegen der allgemeinen Annahme schon in der Renaissance liegen.[31] Der Begriff „grotesk" steht hier für „alles in irgendeiner Form Abweichende in Verhalten, Gestik, Intonation, Habitus usw., das eine gesteigerte Aufmerksamkeit auf sich zieht und Lachen oder sogar Unbehagen hervorrufen kann".[32] Scholl erkennt dementsprechend in der Renaissance eine *Poetik des Grotesken* „im Zeichen der Capriccio"[33], die die geistigen Krisensymptome der Zeit

> Diese Poetik ist selbstreflexiv. In ihr ist der Mensch entheroisiert. Er erscheint als in seiner Wahrnehmung begrenztes, kapriziöses Wesen, das tragisch und komisch zugleich ist und dessen Affekte gemischt sind. Er bewegt sich zwischen dem Erhabenen und dem Grotesken und ist dem inneren und äußeren Wandel unterworfen. Er ist im Labyrinth der Welt von widersprüchlichen Zeichen umgeben und unfähig, das Buch der Natur zu entschlüsseln.[34]

Die Ästhetik des Grotesken hat ihren Ort in der Renaissance also nicht ausschließlich in der Karnevalskultur und der Sprache des Marktplatzes, wie Michail

---

27 Scholl 2004, S. 16.
28 Vgl. Rosen 2001, S. 883.
29 Scholl 2004, S. 30.
30 Vgl. Rosen 2001, S. 884.
31 Scholl 2004, S. 8; vgl. auch Rosen 2001, S. 883.
32 Rosen 2001, S. 883 f.
33 Scholl, S. 579 (ital. capriccio = Laune).
34 Ebd. Vgl. auch Kayser [1957], S. 22.

Bachtin glauben machen will, auch wenn deren Einfluss – besonders auf die Literatur – nicht zu unterschätzen ist. Nach Jens Aage Doctor kommt es im 15./16. Jahrhundert durch die radikalen Veränderungen des sozialen Lebens zu einer Störung des ursprünglichen mittelalterlichen Wechsels zwischen Karneval und Alltagsleben, festlicher und gewöhnlicher Zeit. Die Grenzlinie zwischen beiden wird unterwandert, die Verhältnisse scheinen grundsätzlich von einer fundamentalen Umstülpung ergriffen.[35] Dieses Empfinden spiegelt sich nicht zuletzt in den Künsten – insbesondere in der von Bachtin beschriebenen *Karnevalisierung der Literatur*.[36] Angesichts einer menschheitsgeschichtlich einzigartigen Annäherung von Volks- und Hochkultur erfolgt dabei eine Transposition „folkloristischer, karnevalesker Elemente aus dem Leben, aus der mündlichen und rituellen Tradition in das Medium der Literatur, wobei Handlungsabläufe neben Karnevalsmotiven strukturell übernommen werden"[37]. Für Bachtin steht diese *Karnevalisierung der Literatur* in maßgeblichem Zusammenhang mit den Idealen des Humanismus; die „folkloristische[n] Mittel der ‚verkehrten Hierarchie', der ‚auf den Kopf gestellten Welt', der ‚positiven Verneinung'"[38], wie sie etwa in den großen Romanen von François Rabelais und Miguel de Cervantes, in den Novellen eines Giovanni Boccaccio und den Dramen William Shakespeares zu finden sind, dienen in seinen Augen wesentlich der Etablierung des neuen Weltbildes, verkörpern ein Stück realisierter Utopie.[39] Die ambivalenten, von Verkehrung bestimmten Motive reagieren in diesem Sinne auf ein Epochenproblem der Literatur der Renaissance, das Bachtin in der Suche „nach Konventionen und Formen" verortet, „die eine *extreme Freiheit und Offenheit in Gedanken und Wort* ermöglichten und rechtfertigten":

> Es ging darum, dem Gedanken und dem Wort die Bedingungen zu schaffen, damit sie die Welt von ihrer anderen Seite erreichen könnten, von einer Seite, die bisher verdeckt war, über die man überhaupt nicht oder nicht wirklich sprach und die in Worten und Formen der herrschenden Weltanschauung keinen Platz gefunden hatte. [...] Gedanke und Wort suchten hinter dem sichtbaren Horizont der herrschenden Weltanschauung eine neue Realität. Man stellte Worte und Gedanken mit Absicht auf den Kopf, um zu erfahren, was sich hinter ihnen

---

35 Vgl. Doctor, Jens Aage: Shakespeares Karneval. Aarhus 1994, S. 419.
36 Bachtin 1995, S. 315. Bachtin verortet die grundlegende Erfahrung für die Literatur der Renaissance in der „karnevalesken Erfahrung des Mittelalters" (ebd., S. 74). Vgl. auch Hilker, Annette: Karnevalisierung als Medium der Aufklärung. Fontenelle – Fénelon – Voltaire – Diderot. Hannover 2006, S. 16.
37 Symmank, Markus: Karnevaleske Konfigurationen in der deutschen Gegenwartsliteratur. Würzburg 2002, S. 40.
38 Bachtin 1995, S. 449.
39 Vgl. Lachmann, Renate: Vorwort. In: Bachtin, Michail: Rabelais und seine Welt. Volkskultur als Gegenkultur. Hrsg. von Lachmann, Renate. Frankfurt am Main 1995, S. 7–46, hier S. 24.

verbirgt, wie ihre Rückseite aussieht. Man suchte eine Position, von der aus man die Kehrseite der herrschenden Werte sehen konnte und von der aus man die eigene Situation in der Welt auf neue Art wahrnehmen könnte.[40]

Wo sich Rabelais zur Etablierung geistiger Freiheiten der volkstümlich-festlichen Formen bediente,[41] nutzt Boccaccio die Ausnahmesituation der Pest als äußeren Rahmen für die innere Ungezwungenheit. Andere, wie Cervantes oder Shakespeare, wählen ambivalente Themen wie den Wahnsinn oder die Torheit.[42] Die von Bachtin beschriebene, vom Grotesken wesentlich durchdrungene Karnevalsatmosphäre findet ihr Zentrum also in einer aus dem Mittelalter herkommenden volkstümlichen Lachkultur,[43] die sich auf die Seite der Vergänglichkeit alles Seienden schlägt, es im Lachen vernichtet und erneuert, und somit „zur Form für ein neues, freies und kritisches *Geschichtsbewusstsein*"[44] wird. Insofern spiegelt sich in der karnevalesken Literatur der Renaissance – Bachtin zufolge – eine organische Verbindung von *„volkstümliche[r] Lachkultur* und [...] *neue[r] experimentelle[r] Wissenschaft"*[45].

Die enthierarchisierte, enttabuisierte, „familiäre Aneignung der Welt"[46], die sich in den Werken der großen Renaissance-Dichter niederschlägt, lässt auch die Grenze zwischen volkstümlicher und hoher Literatur verblassen, befördert das schon mit dem Mittelalter einsetzende Eindringen volkstümlicher, ehemals „niederer Formen"[47] in die letztere weiter. Annette Hilker verweist in diesem Zusammenhang besonders auf die Wiederentdeckung des „subversiven Potentials"

---

40 Bachtin 1995, S. 313.
41 Wie Bachtin erläutert, entstand der ‚Pantagruel' während einer Naturkatastrophe (nämlich der Dürreperiode von 1532 in Frankreich), die zur Wiederbelebung kosmischer Ängste und eschatologischer Vorstellungen führte, und sollte der wiederaufkeimenden, unaufgeklärten Frömmigkeit den materialistischen Lachaspekt, also die Erinnerung an die Relativität alles Seins, entgegensetzen: „Der *Pantagruel* war in entscheidendem Maß Replik auf diese Ängste und religiös-eschatologischen Stimmungen. Er ist ein Stück Renaissance-Publizistik auf volkstümlicher Marktplatz-Grundlage, die kämpferische Reaktion auf Tagesereignisse, auf aktuelle Gedanken und Stimmungen in einem bestimmten historischen Moment" (ebd., S. 381 f.).
42 Vgl. ebd., S. 313 ff. Es kommt so in der Renaissance verstärkt – etwa bei Rabelais, Cervantes, Fischart, Shakespeare und Sterne – zu einer Wiederbelebung der seit der Antike bekannten Figuren Schelm, Narr, und Dummkopf, die sich gegen das ernsthafte monologische Wort stemmen (vgl. Hilker 2006, S. 42 f.).
43 Vgl. Bachtin 1995, S. 316.
44 Ebd., S. 146.
45 Ebd., S. 426.
46 Ebd.
47 Ebd., S. 146: „Das volkstümliche Lachen drängt ins Epos und ins Mysterienspiel, Gattungen wie die Moralität, die Sottie und die Farce blühen auf."

bestimmter antiker Gattungen wie des sokratischen Dialogs und der menippeischen Satire, deren dialogische Struktur ebenfalls an der Einebnung von Hierarchien interessiert ist – etwa bei Erasmus von Rotterdam, Thomas Morus, Rabelais, Cervantes, Hans Jakob Christoffel von Grimmelshausen und Francisco de Quevedo.[48] Zur Entwicklung des Romans wiederum trägt maßgeblich die „parodistische Zerstörung bestehender Romanwelten"[49] bzw. Gattungskonventionen bei, wie sie sich etwa an der satirische Brechung der Machart des Ritterromans durch Cervantes oder an der Bindung der „klerikale[n], polyglotte[n] Gelehrsamkeit an eine skatologische Motivsprache"[50] bei Rabelais zeigt. Indem sie von Vornherein ein polyphones Erzählen unterstützen, das sich nicht auf eine Haltung festlegen lässt, avancieren Satire und Parodie zu maßgeblichen Elementen der Renaissance-Literatur. Wie Bachtin konstatiert, konnte „[d]er Epoche der großen astronomischen, mathematischen und geographischen Entdeckungen, die die mittelalterliche verbal-ideologische Zentralisierung zerstört haben, [...] nur ein galileisches sprachliches Bewusstsein angemessen sein"[51], das sich auf der strukturellen Ebene in der prinzipiellen Unabgeschlossenheit des Erzählens widerspiegelt. Seine inhaltliche Entsprechung jedoch findet es – vor allem bei Rabelais – in einer grotesken körperlichen Exzentrik, die mit dem neuen medizinischen wie künstlerischen Interesse am Körper[52] korrespondiert und im Gegensatz zum klassischen Körperkanon ebenfalls eine veränderte Sicht auf die Welt erlaubt[53]:

> Bachtin reformuliert hier den Gedanken der Renaissance, die den Menschen als etwas Werdendes, in sich nicht abgeschlossenes begreift, als eingespannt in eine Korrespondenzbeziehung von Mikro- und Makrokosmos, die ihre geltenden Hierarchien von oben und unten vertauscht hat. In diesem Gestus der Umstülpung der Welt kehrt die karnevaleske Variante der obszönen Körperdarstellung wieder: unten statt oben, Hintern und Unterleib statt Kopf.[54]

Neben dem ambivalent-vitalistischen Lachen, das die von Bachtin beschriebene Renaissance-Groteske durchdringt, existiert in der Literatur der beginnenden Neuzeit aber auch ein, wie Scholl ergänzt, anderes, destruktiveres, das der in-

---

48 Hilker 2006, S. 40.
49 Ebd., S. 41.
50 Symmank 2002, S. 41.
51 Bachtin, Michail: Das Wort im Roman. In: Bachtin: Die Ästhetik des Wortes. Hrsg. von Grübel, Rainer. Frankfurt am Main 1979, S. 154–300, hier S. 293. Zitiert nach Hilker 2006, S. 40.
52 Vgl. Lachmann 1995, S. 35.
53 Vgl. Hilker 2006, S. 45.
54 Ebd., S. 44 f.

tellektuellen Zerrissenheit der Epoche Rechnung trägt, „ein Lachen, das sich zwischen Heiterkeit und Ernst bewegt und über das sich unabhängig von Stand und Würde der Person ein durch Melancholie geprägtes Weltverhältnis artikuliert"[55]. Auffindbar ist dieses unreine, misstönende Lachen wohl am prominentesten in den Dramen Shakespeares, die unverwechselbar die Spannungen und Gefährdungen der Epoche als geistiger Krisenzeit festhalten und bereits die Antithetik des Barock vorwegnehmen, indem sie dem entleerten Himmel ein groteskes Erdentreiben gegenüberstellen. Auch Shakespeares Stücke leben von der *Karnevalisierung des Alltags*.[56] Allerdings verarbeiten sie neben volkstümlich-festlichen Motiven auch andere szenische Formen des Mittelalters. Eine wichtige Inspirationsquelle für Shakespeare stellen die mittelalterlichen Moralitätsspiele dar; der diese charakterisierende Zweikampf von Gut und Böse, Chaos und Ordnung in der menschlichen Seele (die *psychomachia*) kehrt als Grundmotiv seiner Stücke wieder.[57] Im Versuch der Entwicklung seiner göttlichen Talente – so kann man den Elisabethaner verstehen – mobilisiert der Mensch in ähnlicher Weise seine dunklen, Übel versprechenden Kräfte und Neigungen.[58] Diese Ambivalenz ist es, die bei Shakespeare immer wieder, etwa in ‚Titus Andronicus' oder ‚Richard III.' – beides für Müller wesentliche Stücke –, zu einer Verschmelzung von Karneval und Schrecken führt. Sein Menschenbild hält so, um den Duke of Albany aus ‚King Lear' zu zitieren, eine düstere Prophezeiung für die bürgerliche Gesellschaft der kommenden Jahrhunderte bereit:

> If that the heavens do not their visible spirits
> Send quickly down to tame these vile offences,
> It will come.
> Humanity must perforce prey on itself,
> Like monsters of the deep.[59]

Seine zweite Hochphase in der Geschichte der neuzeitlichen Literatur erlebt das Groteske in der Romantik. Bemerkenswert ist dabei die Verwandtschaft der intellektuellen Verunsicherungen und der auf diese reagierenden ästhetischen Strategien zwischen den etwa dreihundert Jahre auseinander liegenden Epochen.

Wenn Friedrich Schlegel in seinem berühmten ‚Athenäumsfragment 216' „[d]ie Französische Revolution, Fichtes Wissenschaftslehre, und Goethes Meister" als

---

[55] Scholl 2004, S. 583.
[56] Vgl. Doctor 1994, S. 419.
[57] Vgl. ebd., S. 418.
[58] Vgl. ebd., S. 431.
[59] TOS, S. 931, Szene 16, Vers 45–49. Vgl. dazu Doctor 1994, S. 431.

„die größten Tendenzen des Zeitalters"⁶⁰ ausmacht, so ist in dieser Aufzählung schon die ganze Zerrissenheit der romantischen Epoche aufgehoben. Es ist der „langwierige[] verwickelte[] Prozeß"⁶¹ der Revolution in Frankreich, der die Gemüter der Zeit wohl am heftigsten bewegt und sie schließlich bei Schlegel (und anderen) „als politisches Ereignis [...], als universelles Erdbeben und als Revolution schlechthin"⁶² zum Inbegriff der Groteske avancieren lässt:

> Man kann sie [...] betrachten als den Mittelpunkt und den Gipfel des französischen Nationalcharakters, wo alle Paradoxien desselben zusammengedrängt sind; als die furchtbarste Groteske des Zeitalters, wo die tiefsinnigsten Vorurteile und die gewaltsamsten Ahndungen desselben in ein grauses Chaos gemischt, zu einer ungeheuren Tragikomödie der Menschheit so bizarr als möglich verwebt sind.⁶³

Doch zunächst hatte ein starkes Gefühl der „geistigen Teilhabe"⁶⁴ an der Revolution, die unter deutschen Intellektuellen als Sieg der aufklärerischen Vernunft über die absolutistische Herrschaft gefeiert wurde, auch die jungen Romantiker (neben Schlegel etwa Novalis, Ludwig Tieck und Wilhelm Heinrich Wackenroder) enthusiastisch für die Ereignisse in Frankreich eingenommen. Mit einem neuen Nationalgefühl und Geschichtsbewusstsein – die Massen betreten zum ersten Mal die Bühne⁶⁵ – etabliert sich ein neues Politikverständnis, in dem gesellschaftliches Engagement zur „Herzensangelegenheit"⁶⁶ wird. Die Formung der Wirklichkeit nach dem menschlichen Gedanken ist es, die sowohl Kant als auch Hegel „von der französischen Revolution an eine neue Epoche in der Menschheitsgeschichte"⁶⁷ datieren lässt.

---

60 Schlegel, Friedrich: Athenäumsfragment 216. In: Kritische Friedrich Schlegel Ausgabe. Bd. II. Hrsg. von Eichner, Hans. München u. a 1967, S. 198.
61 Safranski, Rüdiger: Die Romantik. Eine deutsche Affäre. 2. Aufl. München 2007, S. 30.
62 Rosen 2001, S. 888 f.
63 Schlegel, Friedrich: Athenäumsfragment 424. In: Kritische Friedrich Schlegel Ausgabe. Bd. II. Hrsg. von Eichner, Hans. München u. a 1967, S. 247 f., hier S. 248.
64 Safranski 2007, S. 32.
65 Vgl. ebd., S. 35. Insbesondere in den Bühnenwerken Heinrich von Kleists, aber auch in Schillers ‚Wilhelm Tell' oder Goethes ‚Natürlicher Tochter' und seinen ‚Aufgeregten' gewinnen die Massen an Prominenz. Im Laufe des 19. Jahrhunderts folgen Büchners ‚Dantons Tod' sowie Grabbes und Hebbels Historien- und Hauptmanns Sozialdramen. Vgl. dazu auch Rothe, Wolfgang: Deutsche Revolutionsdramatik seit Goethe. Darmstadt 1989, S. 15–19.
66 Safranski 2007, S. 35.
67 Ebd., S. 31. Vgl. Kant, Immanuel: Der Streit der Fakultäten [1798]. In: Kant: Schriften zur Anthropologie, Geschichtsphilosophie, Politik und Pädagogik 1. Werkausgabe Bd. XI. Hrsg. von Weischedel, Wilhelm. Frankfurt am Main 1977, S. 261–393, hier S. 360–362 und HW 12, S. 529 ff.

Die Berichte über den zunehmenden jakobinischen Terror jedoch, der vorgibt, im Namen der Freiheit zu agieren, führen schließlich zur Abwendung vieler von der Revolution.[68] Die Erfahrung der Diskrepanz zwischen den Ansprüchen der Revolutionäre und den realen Verhältnissen in Frankreich lassen auch die Erkenntnis über die zerstörerische Kehrseite der Vernunft wachsen. Mit dem Überhandnehmen einer „tyrannischen Vernunft", die sich als „unhistorische Vernunft [...] anmaßt, alles neu und besser zu machen", die sich herausnimmt, „ein wahres Menschenbild zu entwerfen" und „vorgibt zu wissen, was im allgemeinen Interesse liegt", die „im Namen des Allgemeinwohls ein neues Regime der Unterdrückung etabliert"[69], erscheint die Revolution immer mehr als „Tragikomödie, in der", wie August Klingemanns satirische ‚Nachtwachen' konstatieren, „ein König unglücklich debütierte, und der Hanswurst, als Freiheit und Gleichheit, lustig Menschenköpfe, statt der Schellen schüttelte"[70].

Die Ausstrahlung sowohl der Errungenschaften wie auch der Schrecken der Revolution nach Deutschland, wo „[b]innen weniger Jahre [...] die alte Staatenordnung zusammen[brach], das Heilige Römische Reich Deutscher Nation versank, und [...] sich [...] ein neues Staatensystem herausbildete[...]"[71], setzt zudem noch eine weitere Entwicklung in Gang: den Aufstieg des Bürgertums zur kulturtragenden und ökonomisch führenden Schicht.[72] Unter dem nun aufkommenden, bürgerlichen Nützlichkeitsprimat wird die aufklärerische Vernunft, die in den Augen der Romantiker generell zur Verabsolutierung des Rationalen tendiert, von einem rein instrumentellen Vernunftgebrauch bedroht. Das Rationale und Rationelle neigen zur Verdrängung alles Geheimnisvollen, Poetischen, scheinbar Unbrauchbaren. Die Romantiker stemmen sich gegen eine solche „*Entzauberung* der Welt", die sich für Max Weber schließlich zum „stahlharte[n] Gehäuse" der Moderne verdichten wird.[73] Ihren Prototyp findet diese Entwicklung im sogenannten „Philister", dem verabscheuungswürdigen Vertreter eines schrankenlosen Pragmatismus: „Der Philister ist ein Mensch des Ressentiments,

---

68 Vgl. Safranski 2007, S. 32.
69 Ebd., S. 34.
70 Klingemann, August: Nachtwachen von Bonaventura. Hrsg. und mit einem Nachwort versehen von Schillemeit, Jost. Frankfurt am Main 1974, S. 177.
71 Safranski 2007, S. 31.
72 Vgl. Scheidweiler, Alexander: Maler, Monstren, Muschelwerk. Wandlungen des Grotesken in der Literatur und Kunsttheorie des 18. und 19. Jahrhunderts. Würzburg 2009, S. 76.
73 Weber, Max: Die protestantische Ethik und der Geist des Kapitalismus. In: Weber: Gesammelte Aufsätze zur Religionssoziologie I. Tübingen 1988, S. 17–205, hier S. 94 und 203. Vgl. dazu auch Safranski 2007, S. 193 f.

der das Außerordentliche gewöhnlich nimmt und das Erhabene kleinzumachen versucht [...], [der] sich das Staunen und die Bewunderung verbiete[t]".[74]

Mit den Spielräumen der Phantasie schwindet für die Romantiker auch die Ausdifferenzierung der Welt und führt zu einem „Verlust [von] Mannigfaltigkeit"[75], durch den nur noch der Kalkulierbarkeit der Erscheinungen sowie der Banalität des Alltäglichen Rechnung getragen wird. Auch dies vermehrt das Unbehagen, das sich angesichts der zunehmenden Verabsolutierung der Vernunft im Gefolge der Französischen Revolution bemerkbar macht. Gegen eine solche „Wüste der Entzauberung", die zudem in erschreckender Weise die Nachtseiten der Vernunft zum Vorschein bringt und den Bedeutungsverlust der Metaphysik vorantreibt, nützen in den Augen der Romantiker „nur wieder die zauberischen Geheimnisse". Es ist also die aufziehende „Gefahr des modernen Nihilismus", gegen die sie „eigentlich kämpfen, wenn sie das Geheimnis verteidigen".[76] Mit der neuerlichen Verbindung von „Gefühl *und* [...] Vernunft" als einer „Verbindung, die nicht darauf zielt, die Widersprüche auszuschließen oder die Antithesen (endlich/unendlich, Ganzes/Bruchstück, Leben/Tod, Geist/Herz) aufzulösen, sondern danach, sie in einer gemeinsamen Anwesenheit aufzuheben"[77], soll der Macht des logischen Ausschließlichkeitsdenkens entgegengewirkt werden. Von dieser „gemeinsamen Anwesenheit" glauben die Romantiker einstmals den Mythos und die Kunst des Mittelalters durchdrungen. Dorthin projizieren sie ihre Vorstellungen von und Sehnsüchte nach einer ursprünglich intakten menschlichen Gemeinschaft, während ihnen selbst nur die Innerlichkeit den wahren Raum der individuellen Selbstverwirklichung zu bieten scheint.

Ästhetisch machen sich diese geistigen Verwerfungen in einer Abkehr von allen klassischen oder aufklärerischen Geschlossenheitspostulaten bemerkbar. Die offene Form, die nie mehr sein kann als ein stetiges Streben nach Vollendung, erfährt eine jähe ästhetische Aufwertung, die Sprengung der Gattungsgrenzen und damit der Aufbruch in die Unabschließbarkeit einer „progressive[n] Universalpoesie"[78] bestimmt zum Beispiel das ästhetische Programm der Schlegelbrüder. Das Fragment erlebt erstmalig seinen Aufstieg zur eigenen Gattung. In einem gesteigerten Sinn für das Individuelle, in einer ungeheuren Sehnsucht nach dem

---

74 Safranski 2007, S. 199.
75 Ebd., S. 201 f. Schlegel spricht von der „tyrannisch revolutionäre[n] Gleichheit" (Schlegel, Friedrich: Lessings Gedanken und Meinungen [1804]. In: Kritische Friedrich Schlegel Ausgabe. Bd. III. Hrsg. von Eichner, Hans. München u. a 1975, S. 46–102, hier S. 102).
76 Safranski 2007, S. 207.
77 Eco 2006, S. 299.
78 Schlegel, Friedrich: Athenäumsfragment 116. In: Kritische Friedrich Schlegel Ausgabe. Bd. II. Hrsg. von Eichner, Hans. München u. a 1967, S. 182 f., hier S. 182.

Unendlichen, nach einem Verschmelzen des Geistes mit der Natur, findet der vehemente Subjektivismus der Romantiker, theoretisch fundiert in der fichteschen Ich-Philosophie, Eingang in die Literatur. Mit der Entwicklung der romantischen Ironie eröffnet sich ihnen zudem eine Möglichkeit die beengende Wirklichkeit durch die unerschöpfliche Willkür des Geistes spielerisch zu überwinden. Melancholische Grundhaltung und ihre spöttische Überbietung gehen oftmals Hand in Hand. Unter dem Einfluss von Fichtes Ich-Philosophie und nach dem Vorbild von Goethes ‚Wilhelm Meister' entwickelt sich der Künstler- und Entwicklungsroman zur Hauptgattung der Romantik. Die Wiederentdeckung der Volksdichtung und des Mythos sowie das Interesse am Unbewussten wiederum öffnet die romantische Poesie für das Irrationale, Wunderbare und Mystische (unter anderem erfahrbar in ihrer Affinität zu den Lehren Jakob Böhmes und des Mesmerismus) und führt schließlich mit dem Kunstmärchen zur Herausbildung einer neuen Gattung. Es sind diese Merkmale, die bis heute den Rahmen dessen abstecken, was kunsthistorisch gemeinhin unter dem Term „romantisch" verstanden wird:

> Er umfasst all das, was fern, magisch und unbekannt ist, einschließlich des Unheimlichen und Irrationalen. Spezifisch romantisch ist vor allem die „Sehnsucht" nach diese Dingen: Und deshalb ist jede Kunst, die eine solche Sehnsucht ausdrückt, oder vielleicht die gesamte Kunst, insoweit sie nichts anderes als eine derartige Sehnsucht ausdrückt, romantisch. Die Schönheit hört auf, eine Form zu sein, und wird zum formlosen, zum chaotisch Schönen.[79]

Im Zusammenhang mit dem „chaotisch Schönen" und der romantischen Emphase gegen den Neoklassizismus gewinnt auch die ästhetische Reflexion über das Groteske an Prominenz.[80] So nutzt etwa Friedrich Schlegel – ausgehend von der grotesken Ornamentik des Morgenlandes – die Bedeutungsvielfalt des Begriffs im ‚Gespräch über die Poesie' zur spielerischen Erprobung seiner inhaltlichen Beweglichkeit, erhebt seine Ambivalenz zur kritischen Methode, in der Ästhetik und Philosophie eine Verbindung eingehen: Das Chaotische (handhabbar gemacht im Spiegelbegriff des Grotesken, der Arabeske) dient der Läuterung des alten und der Hervorbringung „ein[es] neue[n] Denken[s]"[81]. Ein eher alltagssprachliches Verständnis des Grotesken steht hier neben ausgefeilten metho-

---

79 Eco 2006, S. 303. Vgl. dazu auch Müller, Ernst: Romantisch/Romantik. In: Ästhetische Grundbegriffe. Hrsg. von Barck, Karlheinz u. a. Bd. 5. Stuttgart 2003, S. 315–344, hier S. 325, der die „romantische Denkstruktur" als „fragmentarisch-unsystematischen Ansatz" charakterisiert, der „das Oszillieren zwischen Begriffen, zwischen Endlichem und Unendlichem zwischen Differenz und Identität" einschließt.
80 Vgl. Rosen 2001, S. 888 f.
81 Ebd., S. 889.

disch-poetischen Überlegungen und macht deutlich, dass das Groteske „für Schlegel ebenso aus einer Poetik des Werkes wie einer Poetik des Denkens"[82] hervorgeht. Wie allerdings bereits seine Charakterisierung der Französischen Revolution zeigte, verfügt Schlegel spätestens in den ‚Athenäumsfragmenten' auch über ein ästhetisches Verständnis des Grotesken, das in seiner „bizarre[n] Vermischung" gegensätzlicher Elemente „eine sowohl komische als auch deprimierende Komponente" erkennt.[83]

Angesichts der Greuel der Französischen Revolution und ihrer Folgen halten also auch die Kehrseite des Schönen und mit ihr sowohl die unheimliche als auch die satirische Facette des Grotesken Einzug in die Literatur der Romantik. Damit radikalisiert sich wiederum eine Entwicklung, die sich bereits in der Ästhetik der Aufklärung angekündigt hatte. Dort teilte „sich [...] das Universum des ästhetischen Wohlgefallens in zwei Provinzen, die des Schönen und die des Erhabenen, auch wenn [...] die Erfahrung des Erhabenen einen Großteil der Eigenschaften über[nahm], die zuvor der des Schönen zugeschrieben wurden"[84]. Ein steigendes Interesse an der Konstitution des Schönen befreite in der Folge auch den Schrecken „aus seiner moraldidaktischen Dienstbarkeit"[85] und brachte ihn im Kontext einer Naturbetrachtung, die ein Empfinden für die bedrohlichen, schauderhaften Aspekte der Natur herausbildete, in eine Beziehung zum Erhabenen.[86] Angesichts der ambivalenten Affekte von Abstoßung und Anziehung, die sowohl der Rezeption des Erhabenen wie der des Grotesken eignen, wird damit der Boden für ein ästhetisches Hervortreten des Letzteren bereitet.

Die Bestürzung über die politischen Vorgänge in Frankreich erschüttert zum einen die aufklärerische Überzeugung, dass für die menschliche Sittlichkeit gute Vernunftgründe zu finden seien, und macht zum anderen die Leerstelle besonders fühlbar, die die verschwundene Metaphysik als Grundlage der Moral hinterlassen hat. Der Schrecken zerschlägt eine weltliche Sinngebung, die sich nicht mehr auf Gott als letzte Instanz berufen kann. Dies führt zu der besonderen Verbindung der Erfahrungen der zeitgenössischen Wirklichkeit mit dem romantischen Hang zum Irrationalen und Unheimlichen, die heute als Schwarze Romantik rezipiert wird. Die Kategorien des „Abstoßenden, [...] Überspannten und Schrecklichen"[87] ziehen

---

82 Ebd.
83 Ebd.; Vgl. auch Kayser [1957], S. 55 f.
84 Eco 2006, S. 281 f.
85 Eibl, Karl: Abgrund mit Geländer. Bemerkungen zur Soziologie der Melancholie und des ‚angenehmen Grauens' im 18. Jahrhundert. In: Die Kehrseite des Schönen. Hrsg. von Eibl, Karl. Hamburg 1994, S. 3–14, hier S. 4.
86 Vgl. ebd., S. 9 f.
87 Eco 2006, S. 321.

in die Kunst ein, insbesondere bei E. T. A. Hoffmann und Bonaventura (d. i. August Klingemann) greift das Dämonische in den Texten Raum. Ihre „Nachtstücke" erweisen sich als „Produkte einer geistigen Krisenzeit":

> Der Mensch steht auf Messers Schneide. Alles menschliche Sein erscheint marionettenhaft. Das logisch-kausale Geschehen weicht einer zerstörenden Mathematik der Unlogik. Der Optik des Menschen fehlt die lucide Einsicht in die Vorgänge, die sein Leben bestimmen. Seine Existenz ist fragwürdig geworden – es zeichnet sich der Wirklichkeitsverlust des modernen Menschen ab. In einem heterodox gewordenen Weltbild gehen die Bezüge zu den festgeformten Normen verloren. Die negative Seite der Dinge und des Daseins ist prävalent. Der Mensch verfällt geistigen und seelischen Aberrationen. Die Dissonanz, die Disharmonie und die Zwieschlächtigkeit, die sein Leben von außen und von innen her bestimmen, verwirren sein Denken, seine Willensentscheidungen und sein Handeln.[88]

Es ist diese Krisenerfahrung zu Beginn des 18. Jahrhunderts, das Empfinden einer existentiellen Gefährdung, das Hannes Leopoldseder 1973 – und damit im Zentrum des hier relevanten Untersuchungszeitraumes – zu der Erkenntnis kommen lässt, dass, was die „geistige[] Stoßkraft" angehe, „[d]ie Romantik unserer [atomwaffenstarrenden; M. M.] Zeit näher" sei „als je zuvor".[89] Nicht zuletzt macht er damit bereits unwillkürlich auf die Verwandtschaft zwischen Romantik und Postmoderne aufmerksam, die für Müllers Werk und seine Rezeption eine wichtige Rolle spielt:

> Die Krise des romantischen Menschen spiegelt sich in der Dissonanz unserer Gegenwart. Die Dimensionen haben sich zwar geändert, die Problematik ist geblieben. Im Wirklichkeitsverlust der schwarzen Romantik sind die Gegensätze und Spannungen am markantesten zum Ausdruck gekommen, die jene vergangene Epoche mit unserer Zeit verknüpfen.[90]

II.2 Das Groteske als ästhetische Kategorie

Die Geschichte des Begriffs „grotesk" beginnt Ende des 15. Jahrhunderts. Als Bezeichnung wird er zuerst verwendet für die kaum fassbare und schwer einzuordnende antike Ornamentik, die in dieser Zeit bei Ausgrabungen in Italien zu Tage tritt. Als Umschreibung für die seltsamen Malereien, die pflanzliche, tierische und menschliche Elemente miteinander verbinden, stellt die Gattungsbezeichnung „Grotteske" allerdings eine Verlegenheitslösung dar und ist damit von

---

[88] Leopoldseder Hannes: Groteske Welt. Ein Beitrag zur Entwicklungsgeschichte des Nachtstücks in der Romantik. Bonn 1973, S. 190.
[89] Ebd., S. 1.
[90] Ebd. Vgl. auch Safranski 2007, S. 208.

Anfang an unbestimmt.[91] Daran ändert sich auch nichts, als der Begriff über die folgenden Jahrhunderte mehr und mehr auf sämtliche Gebiete des Ästhetischen vordringt und ab dem 16. Jahrhunderts sowie schließlich bei den Romantikern, theoretisch vielfach fundiert, immer deutlicher als Stilbegriff bzw. ästhetische Kategorie wahrgenommen wird.[92] Es ist vielmehr diese Unbestimmtheit, verbunden mit einer beispiellosen Assimilations- und Integrationsfähigkeit, die dem Grotesken seinen schleichenden aber doch stetigen Siegeszug durch sämtliche Bereiche der europäischen Kultur ermöglicht. Sie erst führt zur Erfahrung der ungeahnten artistischen Freiheiten, die das Groteske für viele Künstler besonders attraktiv erscheinen lässt.[93] So betont Elisheva Rosen das dem Grotesken zugrunde liegende „Prinzip aktiver Schöpfung", das bis heute zum Fehlen einer „wirklich maßgebende[n] Definition des Begriffs" geführt hat.[94] Scholl wiederum kennzeichnet das Groteske aufgrund seiner Langlebigkeit und schrankenlosen Aktualisierbarkeit treffend als „Para-Ästhetik"[95], die sich mal affirmativ (Romantik, Surrealismus), mal oppositionell (Aufklärung, Klassizismus) zu den dominierenden ästhetischen Strömungen verhält und jeweilige Konjunkturhöhepunkte erlebt:

> Wie eine *linea serpentinata* begleitet, umspielt und konterkariert das Groteske in den bildenden Künsten wie auch in der Literatur den Wechsel und die Aufeinanderfolge verschiedener Ästhetiken und Ausdrucksformen und sichert die Kontinuität bspw. zwischen der römischen Spätantike und dem Mittelalter oder zwischen dem Mittelalter und der Renaissance.[96]

Ungleich etwa dem Komischen oder dem Tragischen bleibt das Groteske lange Zeit ein ästhetisches „Rand-Phänomen"[97], das jedoch Auswirkungen auf das jeweils ästhetisch Dominierende haben kann. Die Deutungen des Grotesken in-

---

91 Vgl. Rosen 2001, S. 876, 880.
92 Vgl. ebd., S. 876.
93 Vgl. ebd., S. 881.
94 Ebd., S. 880. Vgl. auch Scholl 2004, S. 585: „Es gibt keine befriedigende Definition des Grotesken, oder aber es gibt so viele Definitionen, wie es Erscheinungsformen gibt, die in irgendeiner Weise als ‚grotesk' bezeichnet werden können."
95 Scholl 2004, S. 17, 589.
96 Ebd., S. 17 f.
97 Rosen 2001, S. 886. Vgl. auch Scheidweiler 2009, S. 11 f.: „Ein Rand-Phänomen, kein Randphänomen, d. h. daß das Groteske eine Erscheinung des Liminalen darstellt, eine Erscheinung der Margen und Ränder, von denen es auf das Zentrum zurückschlägt, sowie der Grenzen, die es überschreitet. [...] Das Prinzip ist aber stets das gleiche: Was am Rande steht – häufig deshalb, weil es dorthin bewußt abgedrängt wurde – wird als grotesk wahrgenommen und diskreditiert, egal ob das Wort schon vorhanden ist oder nicht."

nerhalb der ästhetischen Reflexion verlaufen somit diskontinuierlich und variieren augenscheinlich hinsichtlich des jeweiligen Selbstverständnisses bestimmter Epochen bzw. der Zugehörigkeit des Deutenden zu einer bestimmten philosophischen Schule.[98] So erfährt es beispielsweise vehemente Ablehnung durch Hegel (bzw. den deutschen Idealismus), der sich eher dem Humor zuwendet und der Ungebärdigkeit der Erscheinungsformen des Grotesken nichts abgewinnen kann.[99] Seine jeweiligen Definitionen und die Aufnahme oder Ablehnung grotesker Motive oder Strukturen hängen zudem stark von subjektiven Kriterien ab, zu denen beispielsweise historische Prägung, Sozialisation, Lesegewohnheiten, Geschlecht und persönliche Empfindsamkeit des Rezipienten zählen.[100] Dem Grotesken eignet insofern eine Vielschichtigkeit der Bedeutung, die seiner „langen Geschichte" Rechnung trägt und deutlich „geprägt ist von der jeweiligen Anpassung an neue ästhetische Reflexionen".[101]

In der literarischen Analyse lässt sich das Wort „grotesk" sowohl auf die Haltung des Autors, auf das Werk als solches wie auch auf dessen Wirkung beziehen.[102] Im Grunde – darauf verweisen Autoren wie Wolfgang Kayser, Carl Pietzcker oder Michael Steig – ist es jedoch nur anhand letzterer möglich, die groteske Tendenz eines Werkes zu beschreiben.[103] Das verleiht seiner Betrachtung angesichts der Mehrdeutigkeit von Sprachkunstwerken und der individuellen Vorprägungen des jeweiligen Rezipienten generell einen stark subjektiven Charakter.[104] Allerdings haben sich in der literarischen Geschichte des Grotesken Struktur- und Motivkonstanten herausgebildet,[105] die auf eine innere Gesetzlichkeit grotesker Gestaltungsformen (Ambivalenz, Verfremdung) schließen lassen und einer möglichst objektiven Untersuchung dienlich sein können.[106] Um

---

98 Vgl. Roebling Irmgard: Groteske. In: Historisches Wörterbuch der Philosophie. Hrsg. von Ritter, Joachim. Bd. 3. Basel 1974, S. 900–902, hier S. 902.
99 Siehe dazu Kayser [1957], S. 108 ff.
100 Vgl. Naumann, Manfred: Zum Problem der Wirkungsästhetik in der Literaturtheorie. In: Naumann: Blickpunkt Leser. Literaturtheoretische Aufsätze. Leipzig 1984, S. 149–170, hier S. 166 f.
101 Rosen 2001, S. 880; siehe dazu auch Sinic, Barbara: Die sozialkritische Funktion des Grotesken. Frankfurt am Main 2003, S. 30.
102 Vgl. Kayser [1957], S. 194.
103 Ebd.; Pietzcker Carl: Das Groteske [1971]. In: Das Groteske in der Dichtung. Hrsg. von Best, Otto F. Darmstadt 1980, S. 85–102, hier S. 85–90; Steig, Michael: Zur Definition des Grotesken: Versuch einer Synthese [1970]. In: Das Groteske in der Dichtung. Hrsg. von Best, Otto F. Darmstadt 1980, S. 69–84, hier S. 69.
104 Vgl. Thomson, Philip: Funktionen des Grotesken [1972]. In: Das Groteske in der Dichtung. Hrsg. von Best, Otto F. Darmstadt 1980, S. 103–115, hier S. 114 f.
105 Vgl. Kayser [1957], S. 195 und Leopoldseder 1973, S. 170.
106 Vgl. Leopoldseder 1973, S. 5 f., 128.

also im Einzelfall darüber zu entscheiden, ob ein Kunstwerk bzw. sein Autor sich der Ästhetik des Grotesken bedient, müssen aufgrund der großen Beweglichkeit seiner Phänomene zunächst diese Konstanten aufgesucht werden – grundsätzlich begleitet von einer kritischen Selbstbefragung des Rezipienten, die Voraussetzungen seiner Analyse betreffend. Nur so kann den „dialektischen Beziehungen [...] zwischen der Produktion und der Konsumption"[107] eines literarischen Werkes sowie deren Fundierung in der jeweiligen historischen Realität angemessene Beachtung widerfahren.

Arnold Heidsieck bestimmt das Groteske als „literarisches wie zugleich reales Phänomen, das anscheinend erst mit der Zeit stärker hervorgetreten ist und mit dem die Kategorien der klassischen Ästhetik, die bisher als Oberbegriffe für das Groteske dienen mußten: komisch, tragisch, lächerlich, satirisch, usf. nicht mehr in Deckung zu bringen sind"[108]. Wichtig ist hierbei die Unterscheidung zwischen dem Grotesken als realem und ästhetischem Phänomen, die auf die wechselseitige Einflussnahme der beiden Erscheinungsformen und damit auf die materialistische Grundlage des Grotesken in der Kunst verweist. Da es sich bei diesem allerdings nicht um eine feststehende Entität, sondern um ein Phänomen handelt, dessen An- bzw. Abwesenheit stark vom Empfinden des Rezipienten abhängt,[109] kann von seinem stärkeren Hervortreten über die Zeit keine Rede sein. Eine Zunahme des Grotesken wäre allenfalls anhand eines stärkeren Niederschlags der ihm zugehörigen Motive und Strukturen im Bereich des Ästhetischen

---

[107] Naumann 1984/3, S. 163. Vgl. dazu auch Jauß 1992, S. 168–171.
[108] Heidsieck 1969, S. 7.
[109] Mit diesem Aspekt beschäftigt sich besonders die Untersuchung von Carl Pietzcker, der das Groteske als „Struktur einer Weltbegegnung" definiert (Pietzcker 1971, S. 86). Es geht ihm dabei vornehmlich um den Bewusstseinsakt, der die Erwartungshaltung des Rezipienten enttäuscht und seine Weltorientierung versagen lässt: „Wir sagen deshalb ,ein Werk wirkt grotesk', wenn es bei einem Leser jenen Bewußtseinsakt auslöst, und ,ein Werk ist grotesk', wenn es zum Zeitpunkt seines Entstehens jenen Akt unserer Meinung nach mit Erfolg intendierte" (ebd., S. 88). Vgl. auch Kayser [1957], S. 32; Thomson [1972], S. 114 f. sowie Symmank 2002, S. 41: „Das Satirische ist, wie das Groteske ,nichts unmittelbar Gattungshaftes, sondern eine Kategorie der Perzeption, eine Kategorie der Welterfassung und Weltgestaltung', eine ,literarische Intention' (Arntzen) oder, nach Schiller, eine Empfindungsweise." Symmank zitiert hier Kayser, Wolfgang: Das sprachliche Kunstwerk. Eine Einführung in die Literaturwissenschaft. 9. Aufl. Bern/München 1963, S. 384 und Arntzen, Helmut: Satire in der deutschen Literatur. Geschichte und Theorie. Bd. 1. Vom 12. bis zum 17. Jahrhundert. Darmstadt 1989, S. 17. Das Schiller-Zitat verweist auf Schiller, Friedrich: Über naive und sentimentalische Dichtung [1795/96]. In: Schiller: Werke. Nationalausgabe. Bd. 20. Philosophische Schriften. 1. Teil. Hrsg. von von Wiese, Benno. Weimar 1962, S. 413–503, hier S. 442. Zu den Gründen für die unterschiedliche Rezeption bestimmter Werke zu verschiedenen Zeiten bzw. durch verschiedene Leser vgl. Naumann, Manfred: Autor – Adressat – Leser. In: Naumann: Blickpunkt Leser. Literaturtheoretische Aufsätze. Leipzig 1984, S. 139–148, hier S. 140.

auszumachen, der wiederum auf seine vermehrte Wahrnehmung in der Realität schließen ließe:

> Das Groteske ist eine Reaktion des bildenden Künstlers oder des Dichters auf das Seiende. Es ist die künstlerische Reaktion auf eine Welt, die als Chaos erfahren wird. [...] Das Groteske in Kunst und Literatur ist eine Form der Daseinsbewältigung des in der Einsamkeit verlorenen, nach Orientierung suchenden Individuums.[110]

In den traditionellen Ästhetiken der vergangenen Jahrhunderte wurde allerdings oftmals versucht, das Groteske unter anderweitige ästhetische Kategorien zu subsumieren,[111] was gegenwärtig – aufgrund seiner potenzierten Wahrnehmung – nicht mehr angebracht erscheint.

Allgemein versteht man heute unter dem Grotesken ein Darstellungsmittel, das auf die Aufhebung bestimmter Ordnungssysteme abzielt – worunter zum Beispiel hierarchische, traditionelle, religiöse, moralische, ästhetische, ideologische, begrifflich-kategorielle usw. zu rechnen wären –, und das als ästhetisches Phänomen häufig unter dem Begriff „Deformation" zusammengefasst wird.[112] Ein wichtiges Merkmal dieses Vorgangs zeigt sich im Hervorrufen eines vom Rezipienten als gefahrvoll empfundenen Angriffs auf die persönliche Weltordnung und Sinngebung,[113] das Groteske erscheint als „Ausdruck der nichtgelingenden Vermittlung von Subjektivität und der als objektiv erfahrenen weltimmanenten Strukturen"[114]. Die dabei intendierte Wirkung bewegt sich in einem ambivalenten Spannungsfeld von Abstoßung und Anziehung, Grauen und Komik, wobei sich beide Pole in graduellen Abstufungen gegeneinander verschieben können.[115] Die in diesem Zusammenhang relevanten Motivkonstanten reichen unter anderem von einem Hang zur normabweichenden, exzentrischen Körperlichkeit über die Vermischung von Organischem und Nicht-Organischem bzw. Menschlichem,

---

110 Scholl 2004, S. 23.
111 Vgl. dazu bspw. Jean Pauls Subsumierung des Grotesken unter den Humor (Ders.: Vorschule der Aesthetik nebst einigen Vorlesungen in Leipzig über die Parteien der Zeit. In: Paul: Werke. Historisch-Kritische Ausgabe. Bd. V. Hrsg. von Bambeck, Florian. Berlin u. a. 2015, hier Bd. V.I, S. 188 bzw. 189): „Die vernichtende oder unendliche Idee des Humors [...] ist der zweite Bestandtheil des Humors, als eines umgekehrten Erhabenen. Wie Luther im schlimmen Sinn unsern Willen eine *lex inversa* nennt: so ist's der Humor im guten; und seine Höllenfahrt bahnet ihm die Himmelfahrt." Vgl. auch Kayser [1957], S. 56 f.
112 Vgl. Heidsieck 1969, S. 11.
113 Vgl. Sinic 2003, S. 35, 70. Diese Definition verbindet sämtliche weiteren Bestimmungsmerkmale des Grotesken. Siehe auch Kayser [1957], S. 199.
114 Roebling 1974, S. 901.
115 Vgl. Heidsieck 1969, S. 17.

Tierischem und Mechanischem bis hin zu mannigfachen Spielformen des Wahnsinns und des Lachens.[116] Wiederkehrende Strukturelemente stehen im Zusammenhang mit Momenten der Umkehrung und des Paradoxen – zu finden beispielsweise in einer deutlichen Tendenz zu Polyphonie und Fragmentarisierung sowie im Rückgriff auf Merkmale von Parodie und Travestie.[117] Von der Distanzwirkung des bloß Komischen wiederum grenzt Kayser das Groteske folgendermaßen ab: „Bei der echten Groteske nehmen wir an irgendeiner Stelle teil, an irgendeiner Stelle haben die Vorgänge eine spezifische Geltung. Bei der Komik wahren wir mit dem Abstand die Sicherheit des Unbeteiligtseins."[118]

Der Begriff des Grotesken drückt folglich ebenso ein Paradox aus, wie er eines beinhaltet: Er steht für den Zerfall kategorieller Einordnungsmöglichkeiten, versteht sich zugleich allerdings als Kategorie, die beansprucht, diesen Vorgang beschreibbar zu machen. Dieser selbstreferentielle Widerspruch macht zum einen die Unschärfe des Begriffs in ihrer ganzen Dimension deutlich, enthält aber auch einen entscheidenden Aspekt der Attraktivität des Grotesken, da es so „als Bestimmung der Wirklichkeit wie der ästhetischen Form [...] rationalisierbar"[119] ist. Als ästhetisches Grenz- und Krisenphänomen, das in seiner Doppelfunktion ästhetische und kulturdiagnostische Aspekte in sich vereint,[120] avanciert es derart geradewegs zu einem Paradigma der künstlerischen Moderne.

II.3 Das Groteske als Kondensat der Poetik Heiner Müllers

Heiner Müllers dramatisches Werk wird in der Forschung immer wieder durch eine Gliederung in vier, mitunter sogar fünf unterschiedliche Phasen strukturiert. Die mittlerweile gebräuchlichen Kategorisierungen von Produktions-, Antiken-, Lehr- und Deutschlandstücken sowie der Verweis auf die vermeintlich postmodernen Textflächen der späteren Jahre dienen der Müller-Forschung oftmals zum Nachvollzug einer Werkbiographie, obwohl diese Phasen sich nicht klar voneinander abgrenzen lassen und zahlreiche Überschneidungen aufweisen.[121] Die

---

116 Vgl. Leopoldseder 1973, S. 170 ff.
117 Vgl. Bachtin 1995, S. 59 f.
118 Kayser [1957], S. 128. Vgl. auch Dietrich 1974, S. 730.
119 Heidsieck 1969, S. 13.
120 Vgl. Oesterle 2004, S. XXV.
121 Siehe bspw. Teraoka, Arlene Akiko: The Silence of Entropy or Universal Discourse. The Postmodernist Poetics of Heiner Müller. New York u. a. 1985, S. 9 – 11. Teraoka teilt Müllers Werk in drei Phasen ein, wobei sie sich vornehmlich an inhaltlichen Gesichtspunkten orientiert: 1. Produktionsstücke (frühe 1950er-Jahre bis etwa 1964), 2. Lehrstücke (‚Philoktet' 1964 bis ‚Zement'

Schwierigkeit einer nach inhaltlichen bzw. motivischen Gesichtspunkten vorgenommenen Einteilung der müllerschen Dramatik besteht nicht zuletzt darin, dass bestimmte Texte bereits in den 1950er-Jahren geschrieben und erst Anfang der 1970er-Jahre veröffentlicht wurden, sich also einer auch nur relativ eindeutigen Zuordnung entziehen.[122] Zudem suggeriert ein solches Verfahren die zweifelhafte Annahme, Müller habe sich zunächst mit dem einen, dann mit dem nächsten Stoff oder Modell beschäftigt – abgesehen davon, dass es sich als unmöglich erweist, alle Stücke Müllers passgenau einer der jeweiligen Kategorien zuzuordnen.

Demgegenüber scheint eine Periodisierung anhand ästhetischer Gesichtspunkte – die mit der motivischen lediglich partiell zusammenfällt – nicht nur mit Blick auf die inhaltlichen Schnittmengen von Müllers Stücken größeren Erfolg zu versprechen, sondern auch hinsichtlich der von ihm selbst für sein Werk in Anspruch genommenen spiralförmigen „Auswicklung" seiner künstlerischen Techniken höhere Aussagekraft zu bergen.[123] So macht etwa Andreas Keller drei

---

1972, wobei Letzteres schon in die nächste Werkphase hineinreicht), 3. Postmoderne Phase (ab ‚Germania Tod in Berlin' 1971). Problematisch ist daran einerseits, dass diese Einteilung sie zwingt, Werke, die sich ihrer Periodisierung widersetzen, als Übergangsstücke zu betrachten (bspw. ‚Zement', ‚Leben Gundlings'), zum anderen, dass sie nicht umhin kommt, vor allem hinsichtlich der letzten Phase doch ästhetische Merkmale in Betracht ziehen zu müssen. Kritiklos übernommen und erweitert wird eine derartige Einteilung in Norbert Otto Ekes Standardwerk, das Müllers Werk u. a. in „Stücke aus der Produktion", „Stücke nach der Antike – Lehrstücke", Shakespearebearbeitungen und „Deutsche Alpträume" gliedert. Dass sich dieses Schema spätestens mit Ende der 1970er-Jahre als nicht mehr tragfähig erweist, zeigt sich allerdings schon an Ekes Übertitelung der nächsten Phase: „Arrangements der Abwesenheit" (Eke, Norbert Otto: Heiner Müller. Stuttgart 1999, Inhaltsverzeichnis).

122 Vgl. Hörnigk, Frank: „Ich sehe Müllers Werk als ein aufklärerisches". In: Ludwig, Janine: Ich ist ein Anderer. Heiner Müller in den Augen der Anderen. Freunde, Weggefährten, Wissenschaftler im Interview. Berlin 2003, S. 11–29, hier S. 25: „Ich habe durch die Einsichtnahme in den Nachlass vieles an feststehenden Urteilen über Müllers Werk korrigieren gelernt. Augenfällig ist das Phänomen, dass wesentliche der uns heute bekannten Texte schon sehr früh da waren, also geruht haben, und dann in einem unterbrochenen Prozess weiter- und ausgeschrieben worden sind. Bis dahin hatte ich immer Schwierigkeiten, bei Zeitangaben von 1951 bis 1974 nicht zu denken, vielleicht habe er etwas vordatiert, um ‚immer schon so gewesen' zu sein. Aber die Auswertung von tausenden Seiten belegt eine enorme Frühreife, auch eine unbewusste. Es war ja nicht immer verboten, die Texte früher zu veröffentlichen, sondern es gab offensichtlich auch für ihn nicht gleich einen Anlass, diese Texte loszuwerden."

123 Müller selbst hat sich vehement gegen sogenannte „Werkbiographien" bzw. Periodisierungen gewehrt (wobei er sich jedoch gerne in Widersprüche verstrickt). Ihm lag daran, eher von „Auswicklung" als von „Entwicklung" der ästhetischen Fähigkeiten eines Autors zu sprechen (vgl. etwa HMW 11, S. 102, 336, 600). Textgeschichte erfolgt für ihn in einer Spiral-, nicht in einer linearen Bewegung (HMW 10, S. 458): „Ich meine zum Beispiel von LOHNDRÜCKER bis ZEMENT, danach fängt dann etwas anderes an. Oder es wird in einer anderen Schicht gearbeitet und mit

Phasen in Müllers Werk aus, deren Übergänge sich an sogenannten ästhetischen „Nullpunkt[en]"[124] vollziehen, die das Krisenhaft-Werden zuvor etablierter künstlerischer Mittel indizieren. Da sie in bestimmten historisch-politischen Situationen den wirkungsästhetischen Intentionen des Autors nicht mehr oder nicht mehr allein gerecht werden können, muss nach neuen Ausdrucksformen gesucht werden, die eine gesellschaftliche Perspektivierung des Theaters weiterhin gewährleisten.[125] Keller konstruiert sein Phasenmodell allerdings auf Basis von Müllers eigenen werkästhetischen Aussagen, ohne sie am Werk selbst zu überprüfen. Das Bild, dass sich so ergibt – 1. Werkschicht: „Produktions- und Lehrstücke" von ‚Der Lohndrücker' (1956/57) bis ‚Zement' (1972), 2. Werkschicht: „Textmontagen und Collagen" von ‚Germania Tod in Berlin' (1956/71) bis ‚Der Untergang des Egoisten Johann Fatzer' (1978), 3. Werkschicht: komplexe „Textkonstruktionen" von ‚Der Auftrag' (1979) bis ‚Bildbeschreibung' (1984)[126] – zeigt schon auf den ersten Blick, dass hier besonders in den ersten beiden Phasen eine ganze Reihe formal äußerst heterogener Theatertexte (wie etwa Produktions- und Lehrstücke bzw. repräsentativ und polyphon organisierte Texte) in einen Zusammenhang gebracht werden, der sich so nicht halten lässt.[127] Zudem erübrigt sein Modell keinen Raum für die Texte der ‚Wolokolamsker Chaussee' (1983–1987), die somit wohl eine vierte Phase konstituieren müsste. Mit Keller allerdings kann man voraussetzen, dass es die Formen sind, die bei Müller das eigentlich Veränderliche darstellen, wohingegen seine Inhalte letztlich um wenige grundlegende Themenkomplexe kreisen. Blickt man mit dieser Prämisse auf das Werk des Dramatikers, lassen sich in der Tat drei ästhetische Wendepunkte erkennen, die jedoch gänzlich anders markiert werden müssen als in Kellers Entwurf. Sie können auf den Beginn der 1960er-, die Mitte der 1970er- und den Beginn der

---

anderen Mitteln. Das geht wieder bis zu einem Punkt, und dann setzt man da wieder an, wo man angefangen hat. Natürlich auf einer neuen Ebene."

124 Keller 1992, S. 37, vgl. auch HMW 10, S. 457.

125 Vgl. Keller 1992, S. 38. Keller trägt hierbei auch dem von Müller immer wieder betonten „Schichtungsgefüge" seines Werkes Rechnung, das „den Vorteil [hat], auch die Kontinuitäten zwischen den Werkphasen" zu erfassen (ebd., S. 39).

126 Ebd., S. 41.

127 Es zeigt sich darüber hinaus, dass Keller im Verlauf seiner Argumentation in eine motivische Gliederung zurückfällt. Die Zusammenschau der Texte in der ersten Werkschicht wird demzufolge mit ihrem Bezug zur „kulturellen und kulturpolitischen Praxis in der DDR" bzw. zur „marxistischen Gesellschaftstheorie" begründet (ebd., S. 67 f.), während er in den beiden folgenden Phasen eine Erweiterung dieser Perspektive zuerst „auf die deutsche und europäische Historie (2. Werkphase)", sodann auf „Universalgeschichte [...] (3. Werkphase)" erkennt (ebd., S. 88). Dass diese Thesen nicht nur angesichts der metaphorisch dicht gebauten Lehrstückversuchsreihe zu kurz greift, muss nicht eigens betont werden.

1980er-Jahre datiert werden und stehen zudem in direkter Beziehung zum Einsatz des Grotesken.

Um 1961, am Ende der ersten Werkphase, wendet sich Müller von einer klassisch realistischen Dramenform ab, die eine Einteilung in Szenen, stringente Figurencharaktere und mehrere Konfliktschauplätze beinhaltet, und beginnt, seine Texte in Auseinandersetzung mit der brechtschen Lehrstücktheorie modellartig auf ein kleines Personal und einen zentralen Konflikt hin zuzuspitzen.[128] Ab Anfang/Mitte der siebziger Jahre verlagert sich demgegenüber seine Konzentration vornehmlich auf die Herstellung synthetischer Fragmente[129] und eine breitere Öffnung des Kunstwerkes für ein koproduzierendes Verhältnis des Publikums. Die Phase, die damit eingeleitet wird, ist häufig als Müllers Eintritt in das Feld postmoderner Literaturpraxis beschrieben worden[130] – eine These, die es zu überprüfen gilt. Mit Beginn der 1980er-Jahre erfolgt schließlich, ausgelöst durch das Empfinden, ästhetisch in eine Sackgasse geraten zu sein, ein neuerliches Umdenken, das in der Suche nach dramatischen Formen resultiert, die Dialog und Handlung wieder mehr zu ihrem Recht kommen lassen. Alle damit verbundenen stilistischen Akzentuierungen setzen sich grundsätzlich mit den zuvor entwickelten Techniken auseinander und erfolgen so auf Basis von Müllers vollständig ausgewickelten ästhetischen Strategien.

Der erste Einschnitt und damit Müllers kritische Weiterentwicklung der brechtschen Lehrstücktheorie, der er sich bereits in seinen frühen Stücken verpflichtet fühlt, wird vor dem Hintergrund eines zum Stalinismus pervertierten kommunistischen Projekts in Osteuropa nachvollziehbar. Zudem erfolgt er im Anschluss an den Skandal um seine Komödie ‚Die Umsiedlerin oder das Leben auf dem Lande' (1956/61), der ihn in eine beruflich wie existentiell prekäre Lage bringt und für beinahe zehn Jahre jeglicher Publikationsmöglichkeiten für seine dramatische Produktion in der DDR beraubt.[131] Sogar vom „Ende des realistischen

---

128 Beginnend bei ‚Philoktet' (1958/64). ‚Prometheus' (1967/68), ‚Horatier' (1968) und ‚Mauser' (1970) schließen sich an.
129 Vgl. HMW 8, S. 175.
130 Vgl. etwa Teraoka 1985, S. 9–11; Lehmann, Hans-Thies: Postdramatisches Theater. Frankfurt am Main 1999, S. 25; Müller-Schöll, Nikolaus: Das Theater des „konstruktiven Defaitismus". Lektüren zur Theorie eines Theaters der A-Identität bei Walter Benjamin, Bertolt Brecht und Heiner Müller. Frankfurt am Main/Basel 2002, S. 536 bzw. 580; Heeg, Günther: Heiner Müller – ein Autor zu entdecken. In: Theatrographie. Heiner Müllers Theater der Schrift. Hrsg. von Heeg, Günther/Girshausen, Theo. Berlin 2009, S. 11–14, hier S. 11 f.
131 Siehe dazu Braun, Matthias: Drama um eine Komödie. Das Ensemble von SED und Staatssicherheit, FDJ und Ministerium für Kultur gegen Heiner Müllers „Die Umsiedlerin oder das Leben auf dem Lande" im Oktober 1961. Analysen und Dokumente 4. Berlin 1995.

Dramas in der DDR"[132] hat Müller im Rückblick auf die heftigen Repressionen gesprochen, die auf die Uraufführung folgten. Eine ästhetische Teilhabe am Aufbau des Sozialismus scheint mit den bislang verfolgten künstlerischen Mitteln nicht mehr möglich. In seinem Werk resultiert dies in einer Zuspitzung der dramatischen Konflikte und dem Aufeinanderprallen unüberwindbar erscheinender Widersprüche – zum Beispiel in der Lehrstückversuchsreihe (,Philoktet', ,Horatier' und ,Mauser') –, die eine Wirklichkeit spiegeln, welche die an sie gestellten Ansprüche von Humanität und Vernünftigkeit gründlich enttäuscht. Vielfach verlagern sich die Stoffe in mythische Themenkomplexe, formal ist diese Periode geprägt von der spannungsreichen Komprimierung des zu Verhandelnden in einem durchgehenden Blankvers. Müller macht seine Stücke noch mehr als zuvor zur Probebühne für den Zusammenstoß gesellschaftlicher Antagonismen, die sich der sozialistischen Doktrin zufolge eigentlich schon überlebt haben sollten. Die damit einhergehende Auseinandersetzung mit dem Tragischen, das auch die Texte seiner Lehrstückversuchsreihe bestimmt, bringt im gleichen Zeitraum die ersten beiden Versuche einer „Proletarischen Tragödie im Zeitalter der Konterrevolution"[133] hervor – das Experiment also, das Tragische auf der Bühne trotz des Verschwindens des singulären tragischen Helden, das auch Dürrenmatt konzediert hatte,[134] zu bewahren. Unvermeidlich ist dabei, dass der scharfsichtige Zugriff des Autors auf die drängenden Probleme des Sozialismus immer wieder zu Auseinandersetzungen mit der politischen Klasse führt. Das langjährige Verbot von ,Mauser' gibt dafür nur das prominenteste Beispiel ab.[135]

1977 allerdings wendet sich Müller – zumindest bis auf Weiteres – explizit vom Lehrstück ab: Erst wenn sich wieder Geschichte ereigne, so der Autor, sei ans Lernen wieder zu denken. Zwischen den Zeilen seiner ,Verabschiedung des Lehrstücks' lässt sich deutlich die Diagnose historischer Stagnation herauslesen: „[D]ie Geschichte" habe „den Prozess auf die Straße vertagt [...], der Humanismus" komme „nur noch als Terrorismus vor, der Molotowcocktail" avanciere zum „letzte[n] bürgerliche[n] Bildungserlebnis".[136] Man kann einen Zusammenhang annehmen zwischen dem ästhetischen und inhaltlichen Umdenken, das sich in diesen Jahren in Müllers Werk vollzieht, und der Erfahrung einer massiven politischen Desillusionierung. Die gewaltsame Unterdrückung der Prager Reformbe-

---

132 HMW 12, S. 250.
133 Müller subsumiert hierunter ,Germania Tod in Berlin' (1956/71) und ,Zement' (1972), den dritten Versuch bildet schließlich ,Wolokolamsker Chaussee I–V' (vgl. HMW 5, S. 247).
134 Dürrenmatt [1955], S. 47 f.
135 Das 1970 entstandene Stück galt als „konterrevolutionär" und wurde in der DDR erst 1988 veröffentlicht. Zu einer Aufführung kam es vor dem Fall der Mauer dort nicht (vgl. HMW 4, S. 527).
136 HMW 8, S. 187.

wegung (1968) und die Niederschlagung der polnischen Streikbewegungen in Gdańsk und Szczecin (1970) enttäuschen auch seine Hoffnungen auf demokratische Reformen innerhalb der sozialistischen Staaten.[137] Zudem fällt in diesen Zeitraum die immense Ernüchterung, die das Ende der Entspannungsphase nach dem Machtantritt Erich Honeckers (1971) für die DDR-Intellektuellen bedeutet und die mit der Ausbürgerung Wolf Biermanns (1976) ihren traurigen Höhepunkt findet. Die Erfahrung des westdeutschen Terrorismus bzw. der Vorwehen des deutschen Herbstes (1977) macht darüber hinaus die ganze Aussichtslosigkeit der verzweifelten gewaltsamen Aktionen isolierter revolutionärer Gruppen im kapitalistischen Westen offenbar, die gegen einen übermächtigen Staat antreten. Müllers erster längerer USA-Aufenthalt (1975–1976) ermöglicht ihm außerdem eine Erfahrung von Tuchfühlung mit dem Kapitalismus die sich in seinen Texten auch motivisch niederschlägt. Sein inhaltliches Interesse verschiebt sich hin zur Stellung des Individuums (des Intellektuellen) im Geschichtsprozess, formal tendiert er immer mehr zur künstlichen Fragmentierung seiner Texte.[138] Er experimentiert mit komplexen monologischen Sequenzen ohne Figurenzuordnung und probt das Versagen der Sprache bis hin zu stummen Pantomimen und Puppenspielen. Beide Verfahren sollen den Texten größere interpretatorische Räume eröffnen – abseits eines Theaters der bloßen Repräsentation, wie es die Postmoderne kritisiert.[139] Eingeleitet wird damit eine Phase, die als seine künstlerisch komplexeste und ideologisch umstrittenste gilt.[140]

Zu Beginn der 1980er-Jahre wiederum sieht sich Müller genötigt, dramatisch neu anzusetzen. Die ästhetischen Strategien der Postmoderne, die den Begriff der Gattung selbst ins Wanken bringen, haben ihn mit Blick auf die Dramatik in eine Sackgasse geführt – die Suche nach Möglichkeiten der Rückkehr zu festen Figurencharakteren und traditionellen dramatischen Strukturen wie Handlung und Dialog beginnt. Die in den drei vorangegangenen Phasen ausgewickelten ästhetischen Strategien bestimmen in dieser Zeit weiterhin Müllers Formenrepertoire,

---

[137] Siehe dazu Domdey, Horst: „Der Tod eine Funktion des Lebens". Stalinmythos in Texten Heiner Müllers. In: Dialektik des Anfangs. Spiele des Lachens. Literaturpolitik in Bibliotheken. Über Texte von Heiner Müller, Franz Fühmann, Stefan Heym (Jahrbuch zur Literatur in der DDR Bd. 5). Hrsg. von Klussmann, Paul-Gerhard/Mohr, Heinrich. Bonn 1986, S. 65–89, hier S. 65.
[138] ‚Die Schlacht' und ‚Traktor' etwa betrachtet Müller jeweils als Versuche „ein Fragment synthetisch herzustellen" (HMW 8, S. 175).
[139] Vgl. HMW 10, S. 96.
[140] Vgl. zum ästhetischen Komplex Teraoka 1985, S. 11. Zur Frage der ideologischen Problematik siehe Domdey 1986 und Herzinger, Richard: Masken der Lebensrevolution. Vitalistische Zivilisations- und Humanismuskritik in Texten Heiner Müllers. München 1992, S. 39–77 bzw. Ders.: Der Tod ist die Maske der Utopie. Heiner Müller und die Mission des romantischen Modernismus. In: Heiner Müller. Text und Kritik III. Hrsg. von Arnold, Heinz Ludwig. München 1997, S. 51–71.

finden allerdings parallel zu seinen historisch-politischen Überlegungen jeweilige Kulminationsmomente. So wendet sich Müller etwa – im Umfeld des Reformprozesses in der Sowjetunion und der Wahl Michail Gorbatschows zum Generalsekretär der KPdSU auf neuerliche historische Bewegung hoffend – mit ‚Wolokolamsker Chaussee I–V' erneut dem Lehrstück zu, das er gleichzeitig als „dritte[n] Versuch in der Proletarischen Tragödie im Zeitalter der Konterrevolution"[141] klassifiziert.

Historisch-politische Weltwahrnehmung und ästhetische Erfahrung fallen demzufolge bei Müller, der sein Theater einmal im blochschen Sinne als „Laboratorium sozialer Phantasie"[142] bezeichnet hat, in eins. Insofern ist es bemerkenswert, dass der welthistorische Umbruch von 1989/90 ihn nicht nur seines literarischen Bezugsfeldes, sondern auch seiner dramatischen Sprache zu berauben scheint. Von Schreibblockade ist die Rede, Müller tritt nun überwiegend als öffentliche Person in Erscheinung: als letzter Präsident der Ostberliner Akademie der Künste, als Intendant und Regisseur des Berliner Ensembles, in einer Vielzahl von (Fernseh-)Interviews und Gesprächen. Erst der Nachlass fördert zu Tage, dass der Autor in seinen letzten Jahren offensichtlich das Genre wechselt und sich zunehmend der Lyrik zuwendet. Mit dem einzigen Nachwende-Stück ‚Germania 3 Gespenster am Toten Mann', 1996 posthum veröffentlicht, knüpft er zudem überraschenderweise an seine Ästhetik der frühen 1970er-Jahre an und enttäuscht damit viele Rezipienten, die sich von ihm eine deutlichere ästhetisch-politische Positionierung gegenüber der veränderten historischen Situation erhofft hatten.

Von Beginn seiner literarischen Karriere an greift Müller in seiner dramatischen Produktion auf Motive und Strukturen des Grotesken zurück. Dabei bedient er sich in vielerlei Hinsicht aus dem Formenarsenal seiner beiden dominanten Spielarten: Nicht nur finden sich auffällige Spuren einer exzentrischen, karnevalesken Körperlichkeit, die das komische Moment betont, sondern auch Motive der unheimlichen Variante des Grotesken mit ihrer Vorliebe für das Hintergrün-

---

141 HMW 5, S. 247.
142 HMW 8, S. 176. Mit diesem häufig ihm selbst zugeschriebenen Diktum zitiert Müller eigentlich den Philosophen Wolfgang Heise (vgl. HMW 10, S. 104), der selbst wiederum wohl auf Ernst Blochs Beschreibung des Brecht-Theaters anspielt (Bloch, Ernst: Das Prinzip Hoffnung. In fünf Teilen. 5. Aufl. Frankfurt am Main 1998, S. 482): „Das Brechtsche Theater beabsichtigt, eine Art von variierenden Herstellungsversuchen des richtigen Verhaltens zu sein. Oder, was das gleiche heißt: Ein Laboratorium von richtiger Theorie-Praxis im kleinen, in Spielform, gleichsam im Bühnenfall zu sein, der dem Ernstfall experimentierend unterlegt wird. Als Experiment in re und doch ante rem, das heißt, ohne die realen Fehlfolgen einer gleichsam undurchprobten Konzeption [...] und mit der Pädagogik, solche Fehlfolgen dramatisch vorzuführen."

dige, Dämonische und Grauenvolle. Indem er diese beiden Strömungen radikal voneinander trennt und als separate Traditionslinien der Literaturgeschichte definiert, macht Bachtin in der beachtlichen Affinität des 20. Jahrhunderts zum Grotesken zwei Entwicklungen aus: die sogenannte „modernistische" und die „realistische" Version des Grotesken. Die modernistische Linie, die ihre Theorie bei Kayser findet, habe sich unter dem Einfluss des Existenzialismus herausgebildet und schließe an die Tradition der Schwarzen Romantik an, die das unheimliche Fremd-Werden der Welt ins Zentrum rückt. Ihr fühlten sich – so Bachtin – Surrealismus und Expressionismus verbunden. Die Linie hingegen, die er als die realistische bezeichnet, entstamme der von ihm favorisierten Tradition des *grotesken Realismus* und der karnevalesken Volkskultur, auf die in der Renaissance bereits Rabelais zurückgegriffen habe. Dieser Überlieferung folgten so unterschiedliche Autoren wie etwa Thomas Mann, Bertolt Brecht und Pablo Neruda.[143] Trotz der zuweilen ebenso heftigen wie nachvollziehbaren Kritik an dieser Aufspaltung der Erscheinungsformen des Grotesken in separate Traditionslinien,[144] die man auch Dürrenmatt zum Vorwurf machen könnte,[145] sollen die beiden Spielarten hier aus strategischen Gründen ebenfalls zunächst getrennt betrachtet

---

[143] Bachtin 1995, S. 97. Siehe hierzu auch Sinic 2003, S. 41 ff., die weitere Unterscheidungsversuche der Phänomene des Grotesken zusammenfasst. So ortet Kayser eine phantastische (romantische) und eine radikal-satirische (karnevaleske) Linie des Grotesken (Kayser [1957], S. 201), während Arthur Clayborough die Spielarten des Grotesken gemäß seines psychologischen Entwurfs unter die Begriffe einer progressiv-negativen (satirisches Moment) und einer regressiv-negativen Kunst (phantastisches Moment) bringt (Clayborough, Arthur: Ein psychologisch orientierter Ansatz [1965]. In: Das Groteske in der Dichtung. Hrsg. von Best, Otto F. Darmstadt 1980, S. 138–140). Beide Unterscheidungen lassen sich in etwa mit der von Bachtin in Übereinstimmung bringen.

[144] Zur Kritik an Bachtins Konzeption vgl. bspw. Scholl 2004, S. 20 ff., die zu Recht sowohl Bachtin als auch Kayser die Ausschließlichkeit ihrer jeweiligen Perspektive – hier komme nur das vitalistische, dort nur das unheimliche Moment des Grotesken zum Tragen – vorwirft (ebd., S. 28): „Kayser schrieb im Paradigma des Existenzialismus und der Philosophischen Reflexion über das Absurde, er ist auch der Psychoanalyse und der Nachfolge Freuds verbunden und betont die einsame Individualität des Subjekts in seiner Ab- und Ausgegrenztheit. Bachtin schrieb im Paradigma des dialektischen Materialismus und betont die Utopie einer schranken- und klassenlosen Familiarität unter den Menschen. Beide Theoretiker engen durch ihre Definition das Groteske ein. Das Groteske kann Ausdruck von Entfremdung sein, ebenso, wie es Ausdruck eines karnevalesken Weltgefühls sein kann." Scheidweiler vermutet hinter der bachtinschen Terminologie zudem eine Anpassung an die ideologischen Prämissen der sowjetischen Kulturpolitik (vgl. Scheidweiler 2009, S. 59–61).

[145] In seinen ‚Anmerkungen zu Komödie' schreibt Dürrenmatt 1952 (in: Ders.: Gesammelte Werke. Bd. 7. Zürich 1996, S. 22–27, hier S. 26): „Es ist wichtig, einzusehen, daß es zwei Arten des Grotesken gibt: Groteskes einer Romantik zuliebe, das Furcht oder absonderliche Gefühle wecken will […], und Groteskes eben der Distanz zuliebe, die *nur* durch dieses Mittel zu schaffen ist."

werden, da sich auf diese Weise die Untersuchung der müllerschen Texte deutlich vereinfacht. Denn obwohl der Autor sich aus beiden Traditionen bedient und deren Varianten, ergänzt durch weitere Techniken grotesker Textproduktion, auf unterschiedliche Weise in sein Werk einfließen, mischen sie sich doch nicht immer, spalten sich manchmal sogar bewusst oder werden an anderer Stelle dezidiert verweigert. Verstärkt machen sie sich zudem im Zusammenhang mit bestimmten, für Müllers Dramatik konstitutiven Themenkomplexen bemerkbar, wie etwa dem Aufstand des Körpers gegen seine rationalistische Domestizierung oder der Enthüllung der kollektiven Verdrängung von Geschichte. Die Untersuchung nimmt sich somit Rosens Vorschlag zum Ausgangspunkt, die Positionen Kaysers und Bachtins als „konträr und zugleich komplementär"[146] zu betrachten, und will darüber hinaus besonders auf ihre gegenseitige Bedingtheit hinweisen.

Auf Basis seiner poetologischen Äußerungen lässt sich der Einfluss des Grotesken auf Müllers Werk allerdings kaum nachvollziehen. Hier scheint, wie so oft bei diesem Autor, Verschleierung literarischer Einflüsse am Werk zu sein. Denn obwohl das Wort „grotesk" in seinen Schriften und Interviews eher selten auftaucht, kann angesichts seiner zeitweilig exzessiven Verwendung grotesker Motive und Strukturen an ihrer Relevanz als ästhetischem Bezugs- und Reibungspunkt seines Theaters kein Zweifel bestehen. Diese Motive und Strukturelemente gilt es zunächst aufzusuchen, um sie dann mit Müllers poetischen Strategien in Abgleich zu bringen.

Schon in den 1950er-Jahren entstehen die ersten Szenen für ‚Die Schlacht' (1951/74) und ‚Germania Tod in Berlin', Stücke, die sich durch den massiven Einsatz grotesker Motive und Strukturen auszeichnen, bleiben aber bis zur abschließenden Überarbeitung dieser Texte in den 1970er-Jahren unsichtbar. Allerdings zeigen sowohl ‚Die Umsiedlerin oder das Leben auf dem Lande' als auch ‚Der Lohndrücker', die in unterschiedlicher Weise die komische Linie des Grotesken betonen, dass der Autor bereits in seinem Frühwerk an dramaturgisch entscheidenden Stellen auf das Formenarsenal des Karnevalismus zurückgreift. Der Prolog zum ‚Philoktet' (1958/64) hingegen, der den Grenzraum zur zweiten Werkphase markiert, rückt die Dimension des Grauenerregenden schon stärker in den Vordergrund.

Diese Tendenz zur Verwendung grotesker Motive nimmt innerhalb der ersten beiden Werkphasen nicht nur kontinuierlich zu, sie zeigt auch die schrittweise Zusammenführung karnevalesker und schwarz-romantischer Motive. Ihr Einsatz wird in ‚Germania Tod in Berlin' zum ersten Mal für die dramatische Struktur bestimmend und findet seinen Höhepunkt fünf Jahre später in ‚Leben Gundlings

---

[146] Rosen 2001, S. 878.

Friedrich von Preußen Lessings Schlaf Traum Schrei' (1976), dem Stück, das den ästhetischen Wendepunkt in Müllers Dramatik der 1970er-Jahre kennzeichnet. Mit dem ‚Gundling' verabschiedet er sich – zumindest für einige Zeit – von der „Zentralperspektive" und damit auch vom Anspruch des Bühnengeschehens auf Repräsentation der Wirklichkeit in Form eines einheitlichen Konzepts von Wahrnehmung. Einige Jahre später wird Müller dieses Projekt an seinem umstrittenen Text ‚Bildbeschreibung' verdeutlichen: „Wenn man diesen Text [...] aus der Zentralperspektive angeht – und das ist die Tradition des europäischen Theaters –, dann ist er pathetisch oder grotesk oder romantisch oder schief. Man muß aber schief rangehen, nie eins zu eins."[147] Diese Entscheidung hängt unmittelbar mit dem zuvor erreichten Kulminationspunkt grotesker Textverfahren zusammen. Er markiert eine Phase kontinuierlicher Krisenerfahrung, in der der Autor der ihm entgegentretenden Wirklichkeit ästhetisch offenbar nicht mehr Herr werden kann und nach neuen künstlerischen Ausdrucksformen suchen muss. Das Groteske – so viel sei hier schon angedeutet – wird nun als Medium sozialkritischer Analyse und utopischer Perspektivierung in den Hintergrund gedrängt, verliert allerdings seine Produktivität dadurch nicht, dass es den Ausgangspunkt für die Suche nach neuen Formen bildet. Müller stellt also nicht die geschichtsphilosophische Prämisse der Veränderbarkeit von Welt in Frage, sondern nur die Art ihrer ästhetischen Vermittlung.

Auch wenn das Groteske mit dieser Neuorientierung vorübergehend seine Funktion verliert, ganz verschwindet es nicht aus Müllers Repertoire. Besonders augenfällig wird der Rückgriff auf Motive karnevalistischer und schwarz-romantischer Provenienz erneut in ‚Auftrag', ‚Quartett' (1980/81) und ‚Anatomie Titus Fall of Rome Ein Shakespearekommentar' (1983/84). Im Kontext der Rückbesinnung auf das Lehrstück und das Modell der antiken Tragödie in ‚Wolokolamsker Chaussee' wiederum treten Unheimliches und Komisches im Kontext von Tragödie und Satyrspiel zutage.

Während Müller in den 1980er-Jahren der Tragödie bzw. dem Lehrstück und damit der unheimlichen Variante des Grotesken deutlich den Vorzug gibt, distanziert er sich nach 1989/90 zumindest poetologisch nachdrücklich von beiden.[148] Das schwarz-romantische Groteske tritt für ihn nun in einen eklatanten Gegensatz zum Karnevalesken, das er aufgrund seiner emanzipatorischen wirkungsästhetischen Potenzen der mangelnden Vitalität des ersteren vorzieht:

> Bosch ist eine Verkümmerung. Das Groteske ist eine Einengung des Blickfelds. Wenn man Bosch beispielsweise mit Tintoretto vergleicht, sieht man sofort, in welchem Maß Bosch

---

147 HMW 8, S. 345.
148 Vgl. HMW 11, S. 549.

> geistigen und psychischen Zwängen unterworfen ist. Die Renaissance ist viel freier, in ihr gibt es kaum groteske Ansätze. Das wirklich Interessante am Mittelalter ist das Karnevaleske. Es ist ein Überschußprodukt der Volkskultur, ein Überschuß an Vitalität. Im Karnevalesken revoltiert die Volkskultur gegen die Autorität von Staat und Tod. Dagegen ist das Groteske Ausdruck einer reduzierten, verarmten Realität. Es ist eine Form der Angst und der Unfreiheit.[149]

Kunsthistorisch muss Müllers Charakterisierung der Renaissance, die in seinen Augen vorrangig vom Karnevalesken bestimmt war, widersprochen werden,[150] von Interesse sind allerdings die Schlüsse, die sich aus seinen poetologischen Überlegungen ziehen lassen. Argumentativ schlägt er sich nach 1989/90 offenbar erneut auf die Seite des von Bachtin präferierten *grotesken Realismus*, der bereits sein Frühwerk dominierte, und plädiert drei Jahre später aus produktionsästhetischer Sicht sogar für einen „karnevalistischen Klassizismus"[151]. Vergleicht man diese Überlegung mit der Entwicklung des müllerschen Frühwerks, zeigt sich hier eine gegenläufige Bewegung, die durch die historischen Ereignisse von 1989/90 ausgelöst worden zu sein scheint. In seiner dramatischen Produktion dieser Zeit bildet sich dieses Plädoyer allerdings nicht ab. ‚Germania 3 Gespenster am Toten Mann' (1990 – 1995), erneut ein synthetisches Fragment, bedient sich sowohl karnevalesker als auch schwarz-romantischer Motive und erinnert so an ‚Germania Tod in Berlin' oder ‚Leben Gundlings'. Es verweist damit auf eine ästhetisch völlig anders akzentuierte Werkphase. Als dramatische Reaktion auf die politischen Umwälzungen von 1989/90, die seine Wahrnehmung der politischen Verhältnisse und poetischen Perspektiven nach dem Ende des Kalten Krieges spiegeln könnte, gibt ‚Germania 3' somit nicht viel her – abgesehen von der Tatsache, dass Müllers Rückgriff auf eine Textpraxis, von der er sich schon in den 1970er-Jahren verabschiedet hatte, deutlich macht, dass die Implosion des Sozialismus für ihn offenbar einen ungeheuren historischen Rückschritt bedeutet. Nicht zuletzt hier wird jedenfalls klar: Von einer Kongruenz der sich im dramatischen Werk abzeichnenden ästhetischen Strategien und Müllers poetologischen Überlegungen kann nicht grundsätzlich die Rede sein.

Als Ausgangspunkt für die Untersuchung grotesker Motive und Strukturen im Drama Heiner Müllers bietet sich die Analyse von ‚Leben Gundlings Friedrich von Preußen Lessings Schlaf Traum Schrei' besonders an. Nicht nur erweist sich der Text als Kulminationspunkt grotesker Schreibverfahren, er spiegelt zudem auf inhaltlicher wie auf ästhetischer Ebene selbstreflexiv Müllers poetologisches

---

149 HMW 12, S. 8 f.
150 Vgl. Scholl 2004.
151 HMW 8, S. 490.

Umdenken Mitte der 1970er-Jahre. Das Stück steht sichtbar an einem Wendepunkt innerhalb seiner Ästhetik, da hier einerseits das Verfahren zur Herstellung synthetischer Fragmente – einer Textpraxis, die in ihrer Funktion (der Verunsicherung herkömmlicher Rezeptionsmuster) deutliche Affinitäten zum Grotesken aufweist – zu einem Höhepunkt gelangt, Müller sich andererseits zugleich formal neue Wege erschließt, die ein Jahr später in ‚Hamletmaschine' zu einer neuen dramatischen Textform kristallisieren und spätestens mit ‚Bildbeschreibung' an ihre Grenzen stoßen. Ästhetisch schlägt sich dies ab dem zweiten Teil des ‚Gundling' in einer Zersetzung der dramatischen Handlung, der Auflösung von Dialog und Figuren nieder, die die Revolutionierung der Gattung, ihre Verschiebung hin zur polyphonen Textfläche, zum postmodernen Rhizom[152] beinhaltet. Das Groteske ist an dieser Entwicklung unmittelbar beteiligt, insofern es Sprengsätze an die Fundamente der dramatischen Gattung legt. Müller nutzt das große Materialangebot grotesker Schreibtraditionen der Romantik und Renaissance, aus dem er sich bis dato in Texten wie ‚Germania Tod in Berlin' und ‚Schlacht' ausgiebig bedient hatte, im ‚Gundling' unübersehbar als Steinbruch für die Suche nach neuen Ausdrucksformen, die der erfahrenen Krise der ästhetischen Repräsentation, die seine dramatische Produktion in der historischen Stagnationsphase der Mittsiebzigerjahre bestimmt, entgegentreten können.

Im Anschluss an das erste, theoretisch grundlegende Kapitel, das die stark überarbeitete und erweiterte Version meiner Magisterarbeit[153] darstellt, folgt ein weiteres, das den Übergang von der ersten in die zweite Werkphase behandelt. Diese Anordnung hat nicht nur strategisch den Sinn, zunächst eine umfassende theoretische Analyse grotesker Strukturmerkmale am Beispiel des ‚Gundling' zu leisten. Sie soll auch einer genealogischen Werkgeschichte der müllerschen Dramatik widersprechen und des Autors eigene These von der Gleichzeitigkeit der ästhetischen Mittel in seinem Werk stärken.

Im Zentrum der Analyse dieser Werkphase steht ‚Die Umsiedlerin', die durch ihr gesellschaftspolitisches Schicksal den unfreiwilligen ersten Wendepunkt in Müllers Ästhetik markiert. Als einzige Komödie des Autors zeigt sie, dass ihm das Groteske um 1960 vornehmlich zur Unterstützung des Komischen dient, wenn auch Tendenzen zum schwarzen Humor nicht zu leugnen sind. Inadäquate Situationen, gesellschaftliche Missstände und individuelle Fehler werden ausge-

---

[152] Vgl. dazu Deleuze, Gilles/Guattari, Felix: Rhizom. In: Deleuze/Guattari: Tausend Plateaus. Kapitalismus und Schizophrenie II. Berlin 1997, S. 11–42.
[153] Vgl. Meuser, Mirjam: Die Utopie liegt in der Form – Groteske Motive und ihre Funktion in LEBEN GUNDLINGS FRIEDRICH VON PREUSSEN LESSINGS SCHLAF TRAUM SCHREI. Magisterarbeit zur Erlangung des akademischen Grades Magistra Artium im Fach Neuere Deutsche Literatur. Eingereicht an der Humboldt-Universität zu Berlin am 6. 12. 2006.

stellt und verlacht, im Lachen soll das ideale Gegenbild antizipiert werden. Durch die selbstreflexive Unterwanderung der Komödienstruktur, die vom Grotesken maßgeblich beeinflusst wird, widersetzt sich Müller allerdings auch hier schon jeder regelpoetischen Festlegung: Die Komödie wird zur *Metakomödie*. Spielte vor der ‚Umsiedlerin', wie sich an ‚Lohndrücker' zeigt, das Groteske, literarhistorisch bedingt, noch eine untergeordnete Rolle, so schiebt sich hingegen nach den folgenreichen Querelen um seine Revolutionskomödie und der damit verbundenen vorübergehenden beruflichen Ächtung des Autors die Dimension des Grauenerregenden gegenüber der zuvor dominierenden Satire in den Vordergrund. Die auf die ‚Umsiedlerin' folgende, dicht konstruierte Lehrstückversuchsreihe zeigt, dass Müllers Interesse nun verstärkt einem *Lernen durch Schrecken*[154] gilt, wie an ‚Philoktet' und vor allem an ‚Mauser' exemplifiziert werden kann. Beide Texte sind zudem bereits deutlich von dem Vorhaben geprägt, das Tragische auf der Bühne zu revitalisieren. Die schwarz-romantischen Motive zur Unterfütterung des tragischen bzw. lehrhaften Schreckens überwiegen deutlich und unterlaufen wiederum das Fundament der Gattung: Auch hier erweist sich Tragödie zugleich als *Metatragödie*. Beleuchtet wird die sich so abzeichnende *Poetik des Grotesken* in diesem Kapitel zudem im Spannungsfeld der ästhetischen Entwürfe Brechts und Shakespeares, die als die für Müllers Œuvre wohl bedeutsamsten Einflüsse an ihrer Entwicklung maßgeblichen Anteil haben.

Müllers dramatischer Neuansatz zu Beginn der 1980er-Jahre hält demgegenüber mit Blick auf das Groteske nur wenig Neues bereit. Mit dem Versuch der Rückkehr zu traditionellen dramatischen Strukturen nach ‚Hamletmaschine' bzw. ‚Bildbeschreibung', die für ihn einen ästhetischen „Endpunkt oder Nullpunkt"[155] darstellen, gewinnt auch das Lehrstück, von dem er sich 1977 aufgrund der diagnostizierten historischen Stagnation bis auf Weiteres verabschiedet hatte, wieder an Bedeutung – und mit ihm das Groteske als Medium des lehrhaften, tragischen Schreckens. Schon im ‚Auftrag' tauchen wieder traditionelle dramatische Strukturen und damit auch kalkulierte Motive des Grotesken, sowohl karnevalesker als auch schwarz-romantischer Provenienz, auf. Der beginnende Reformprozess in der Sowjetunion scheint für Müller Geschichte wieder in Bewegung zu bringen und, wie ‚Wolokolamsker Chaussee' zeigt, die erneute Beschäftigung mit dem Lehrstück und der Tragödie zu ermöglichen.[156] Dabei wird die enge Verbindung von Lehrstück bzw. Tragödie und Groteskem erneut sichtbar, die auch ‚Mauser' charakterisiert – allerdings in formal anderer Akzentuierung, da die fünf Blank-

---

154 HMW 10, S. 287.
155 Ebd., S. 457.
156 Vgl. ebd., S. 463 f.

versdramen der ‚Wolokolamsker Chaussee' zwar dialogische Strukturen aber keinerlei Figurenzuordnung besitzen und so, wie Müller vorschlägt, auch als reine Chortexte behandelt werden können.[157] Müllers Festhalten an einer „Trost-losen"[158] Form der Tragödie, die auch die Lehrstückversuchsreihe prägt, zeigt sich darüber hinaus in der Kritik an der antiken (und christlich-kathartischen) Tragödienform, die ‚Wolokolamsker Chaussee' als überdehnte Tetralogie leistet – das Modell von tragischer Trilogie und Satyrspiel mündet im fünften Teil wieder in die Tragödie. Dabei bestimmen die in den drei vorangegangenen Phasen ausgewickelten ästhetischen Strategien in den 1980er-Jahren weiterhin Müllers Formenrepertoire und finden parallel zu seinen gesellschaftspolitischen Überlegungen ihre jeweiligen Kulminationsmomente. Auch wenn historisch-politische Weltwahrnehmung und ästhetische Erfahrung somit in Müllers dramatischem Werk verschränkt bleiben und sich sein inhaltliches Interesse am Lehrstück gegenüber dem aktiven Vollzug der Revolution in ‚Mauser' in ‚Auftrag' und ‚Wolokolamsker Chaussee' zu einem Erinnerungsdiskurs hin verschiebt – wesentliche ästhetische Neuerungen im Zusammenspiel von Tragödie und Groteskem zeigt sein „dritte[r] Versuch in der Proletarischen Tragödie im Zeitalter der Konterrevolution", der von der Rezeption oft als ästhetischer Rückschritt empfunden wurde,[159] nicht. Auch hier erfolgt die selbstreflexive Sprengung des tragischen Genres durch das Aussetzen der Katharsis, das Kathartische wiederum wird im Lehrstückgedanken aufgehoben.

Welche Entwicklung diese ästhetische Strategie in dem von Müller nach ‚Wolokolamsker Chaussee' geplanten, aber durch die historische Zäsur von 1989/90 nicht mehr realisierten Hitler-Stalin-Stück[160] genommen hätte, ist nicht erkennbar. ‚Germania 3 Gespenster am Toten Mann' gibt darüber keinen Aufschluss,

---

157 Vgl. ebd., S. 462.
158 Marcuse, Ludwig: Die marxistische Auslegung des Tragischen [1954]. In: Tragik und Tragödie. Hrsg. von Sander, Volkmar. Darmstadt 1971, S. 99–108, hier S. 104.
159 Vgl. Eke 1999, S. 246. Dies bezeugen nicht zuletzt die wiederholten Fragen nach der durchsichtigen Struktur der Texte (vgl. etwa HMW 10, S. 461 bzw. 382 f.). Dazu gehört auch der verärgerte Kommentar Heinz-Dieter Kittsteiners, der unumwunden die Überholtheit der müllerschen Szenenfolge konzediert (vgl. Kittsteiner, Heinz-Dieter: Und draußen ging die Welt an uns vorbei. Überlegungen zu Heiner Müllers Stück *Wolokolamsker Chaussee*. In: Spiele und Spiegelungen von Schrecken und Tod. Zum Werk von Heiner Müller. Sonderband zum 60. Geburtstag des Dichters. Hrsg. von Klussmann, Paul Gerhard/Mohr, Heinrich. Bonn 1990, S. 11–28, hier S. 11, 20). Matias Mieth hingegen entdeckt gerade in der Schwierigkeit, die ‚Wolokolamsker Chaussee' dem Werksystematiker aufgibt, den Reiz der Beschäftigung mit dem Text (vgl. Mieth, Matias: Die Masken des Erinnerns. Zur Ästhetisierung von Geschichte und Vorgeschichte der DDR bei Heiner Müller. Frankfurt am Main 1994, S. 15).
160 Vgl. HMW 11, S. 340 bzw. 516.

obwohl es offensichtlich nicht nur einzelne Szenen aus diesem Stückplan enthält, sondern sich darüber hinaus deutlich als Kompilation vieler nachweislich meist schon vor 1989 entstandener Szenen zu erkennen gibt. Als wirklich originäres, explizit auf die neue historisch-politische Situation zugeschnittenes Stück kann es somit nicht gewertet werden – zumal dort nach dem Modell von ‚Germania Tod in Berlin' unzählige karnevaleske und schwarz-romantische Motive miteinander verschmelzen.

Die Auseinandersetzung mit der vierten Werkphase würde somit dem Bild der müllerschen *Poetik des Grotesken* nur noch Facetten hinzufügen, die auf den zuvor gemachten Erfahrungen mit diesem ästhetischen Medium beruhen und für die Einschätzung der literarhistorischen Bedeutung seines Werkes vergleichsweise geringe Relevanz besitzen. Es muss davon ausgegangen werden, dass Müllers ästhetische Strategien bis zur ‚Hamletmaschine' – in der Bewegung von einer stringenten dramatischen Handlung zum Fragmentarischen, vom Dialogischen zum Monologischen, von festen Figurencharakteren hin zu flexiblen Identitäten und zurück – ihre vollständige Auswicklung erfahren haben und ab Ende der 1970er-Jahre entsprechend der diagnostizierten historisch-politischen Gegebenheiten und der damit verbundenen Wirkungsintentionen variabel eingesetzt werden können. Müllers *Poetik des Grotesken* lässt sich daher in ihren Grundzügen und ihrer problematischen Zuspitzung sowie in ihrer Interaktion mit den dramatischen Leitgattungen Komödie und Tragödie anhand der Betrachtung ihres Kulminations- und Umschlagmoments in der dritten und ihrer mit Brecht und Shakespeare erfolgenden Genese in der ersten und zweiten Werkphase vollständig umreißen. Sie erweist sich dabei als Meilenstein in der Geschichte der dramatischen Rezeption des Grotesken im 20. Jahrhundert.

Angesichts der Tatsache, dass das Groteske in Müllers dramatischem Werk eine der wichtigsten Stilformen darstellt, ist es überraschend, dass es in der mittlerweile unüberschaubaren Forschungsliteratur noch kaum wissenschaftliche Reflexion erfahren hat. So dringen Horst Domdey und Nikolaus Müller-Schöll als zwei der wenigen Autoren, die dem ästhetischen Phänomen bei Müller überhaupt Beachtung schenken, in ihrer verallgemeinernden motivischen Betrachtung – bei Domdey wird der Blick zudem durch die Polemik verstellt – nicht zu dessen konstitutiver Bedeutung für seine Poetik vor.[161] Während Domdey sich nur auf chimärische Erscheinungen konzentriert, beschäftigt sich Müller-Schöll hauptsächlich mit formalen Aspekten und Gattungsunsicherheiten. Der Rekurs

---

161 Vgl. Domdey, Horst: Sinnstiftung. Zur Funktion des Grotesken in Texten Heiner Müllers. In: Momentum Dramaticum. Festschrift für Eckehard Catholy. Hrsg. von Dietrick, Linda S. Waterloo 1990, S. 535–552, hier S. 536 und Müller-Schöll 2003, S. 82.

auf die literarhistorischen Traditionen des Grotesken, der bei Müller eine große Rolle spielt, entgeht beiden. Einzig bei Thomas Weitin[162] hält das Groteske als ästhetische Kategorie direkt Einzug in die Untersuchung von ‚Germania Tod in Berlin'. Seine Analyse und literaturgeschichtliche Kontextualisierung des Grotesken bietet insofern einen fruchtbaren Ansatz für die Erweiterung der Perspektive auf Müllers gesamtes dramatisches Werk – auch und besonders im Hinblick auf Weitins Thesen zu seinem ästhetischen Umdenken ab Mitte der 1970er-Jahre. Einige weitere anregende Hinweise auf Müllers Rezeption des Karnevals und eines närrischen Lachens, das die Agelasten der DDR-Kulturpolitik das Fürchten lehren und „die wissenschaftlichen Grundlagen der marxistisch-leninistischen Ästhetik ins Wanken"[163] bringen sollte, finden sich bei Thomas Zenetti sowie – im Kontext einer Diskussion der Postmoderne – bei Gerrit-Jan Berendse.[164] Bezugnahmen auf Müllers auffällige Tendenz zur Verwendung grotesker Motive, Struktur- und Texturelemente schlagen sich darüber hinaus latent im größten Teil der einschlägigen Sekundärliteratur nieder, selbst dort, wo nicht eigens mit der Vokabel „grotesk" auf sie hingewiesen wird – prominent etwa bei Genia Schulz, Wolfgang Emmerich, Jost Hermand, Helen Fehervary, Marianne Streisand, Matias Mieth, Theo Girshausen, Bernhard Greiner, Norbert Otto Eke und Frank Raddatz. Die vorliegende Analyse der müllerschen Dramatik nutzt diese Latenz auf breiter Basis und stellt sich der Aufgabe, sie in eine systematische Betrachtung des Grotesken in seinem Œuvre einzubetten.

Denkbar scheint allerdings, dass eine Wahrnehmung des Werkes unter einem so dezidiert wirkungsästhetischen Aspekt in den erhitzten Diskussionen um vorhandene oder nicht vorhandene Sympathien Müllers für die ästhetischen Strategien der Postmoderne, die die Rezeption in den vergangenen zwanzig Jahren bestimmt haben, aus dem Blick geraten ist. Vor dem Hintergrund solcher Erörterungen wird somit auch zu fragen sein, inwieweit das Groteske noch als beschreibungsmächtige Kategorie hinsichtlich seiner späteren dramatischen Arbeiten gewertet werden kann, die zum Teil eine auch nur ansatzweise mimetische Spiegelung von Welt grundsätzlich verweigern.

---

162 Vgl. Weitin, Thomas: Notwendige Gewalt. Die Moderne Ernst Jüngers und Heiner Müllers. Freiburg im Breisgau 2003, S. 288–304.
163 Berendse, Gerrit-Jan: Karneval in der DDR. Ansätze postmodernen Schreibens 1960–1990. In: Postmoderne Literatur in deutscher Sprache: Eine Ästhetik des Widerstands? Hrsg. von Harbers, Henk. Amsterdam/Atlanta GA 2000, S. 233–256, hier S. 238.
164 Vgl. Zenetti, Thomas: Das Drama im Bauch der Komödie. Komik in Heiner Müllers *Die Umsiedlerin oder Das Leben auf dem Lande*. In: treibhaus. Jahrbuch zur Literatur der fünfziger Jahre. Bd. 8: Komik, Satire, Groteske. Hrsg. von Häntzschel, Günter/Hanuschek, Sven/Leuschner, Ulrike. München 2012, S. 247–261, hier besonders S. 258 ff. und Berendse 2000, S. 233–239.

Die Motive und Strukturen des Grotesken jedenfalls, die sich durch Müllers gesamtes Werk ziehen, enthalten ein Kondensat, aber auch eine Provokation seiner poetischen Überlegungen in den verschiedenen Werkphasen. Im Interesse dieser Untersuchung liegt es somit, groteske Textverfahren, auch in ihrer Beweglichkeit, als konstitutiven Bestandteil der müllerschen Poetik zu beschreiben und sie als Seismographen für seinen Blick auf Wirklichkeit, auf geschichtliche Realitäten und ihre Veränderbarkeit, auf die Möglichkeit von Utopie auszuweisen:

> Das Groteske ist polymorph, polyvalent und polyfunktional. Daher ist die Fragestellung relevant, ob und warum das Groteske das Weltbild eines Künstlers vollkommen beherrscht und sein Werk prägt oder ob und warum es nur temporär und funktional in das Werk einbezogen ist. Eine durch das Groteske inspirierte Lektüre verändert jeweils den Blick auf das Ganze und die Kognition des Ganzen. Fängt man erst einmal damit an, ein Werk in der Perspektive des Grotesken zu lesen, so erschließen sich Sinnzusammenhänge und ästhetische Qualitäten, die im Paradigma einer klassischen oder realistischen Konzeption nicht wahrgenommen werden und häufig gerade aufgrund hegemonialer Perspektiven nicht beachtet oder verkannt wurden.[165]

Im Nachvollzug dieser von Brüchen und Verwerfungen gekennzeichneten Traditionsaufnahme kann also auch ein völlig neuer, originärer Zugang zu Müllers Dramatik eröffnet werden, der sie als wesentlichen Bestandteil der epochemachenden *Arbeit am Grotesken* im 20. Jahrhundert ausweist. Darüber hinaus ermöglicht er eine Charakterisierung der kulturhistorischen Dimension dieser *Arbeit* im Unterschied zu der in Romantik oder Renaissance. Die Untersuchung leistet somit nicht nur einen wichtigen Beitrag zur Groteskenforschung, die sich grundsätzlich als Werkforschung versteht,[166] sondern hofft, auch einer Kulturgeschichte des Grotesken neue Aspekte hinzuzufügen.

---

[165] Scholl 2004, S. 586.
[166] Siehe dazu Rosen 2001, S. 880.

III Der Schrecken als erste Erscheinung des Neuen – Explosion des Grotesken in ‚Leben Gundlings Friedrich von Preussen Lessings Schlaf Traum Schrei'

III.1 Greuelmärchen und Groteske

1976 schreibt Heiner Müller das „Greuelmärchen" ‚Leben Gundlings Friedrich von Preußen Lessings Schlaf Traum Schrei'. Mit diesem Text widmet er sich aufs Neue einem der zentralen Anliegen seines dramatischen Schaffens, der Ergründung subkutaner Verwerfungen von Geschichte, die auf die Gegenwart zurückschlagen und ein Fortschreiten des Geschichtsprozesses zugunsten einer humanistischen Gesellschaftsordnung torpedieren.[1] Müller richtet seinen Blick auf das Preußen des 18. Jahrhunderts, das Zeitalter der beginnenden Aufklärung und des propagierten aufgeklärten Absolutismus. Im Zentrum seines Interesses stehen dabei die Figuren Friedrich II. von Preußen, Heinrich von Kleist und Gotthold Ephraim Lessing. Dass Müller den Text mit der Gattungsbezeichnung „Greuelmärchen" versieht, kommt nicht von ungefähr. Bei Matias Mieth findet sich eine einschlägige Definition des Terms:

> „Greuelmärchen" ist eine jüngere, abwertende Bezeichnung für den Märchentyp des Warnmärchens [...]. Sie gilt als ästhetisch entwertet durch ihre in der Alltagskommunikation übliche politische Verwendung, in der mit ihr Angriffe auf das eigene System als Erfindungen des Gegners desavouiert werden sollen.[2]

Müllers Greuelmärchen legt es also nicht darauf an, historische Fakten über das absolutistische Preußen zu kolportieren. Vielmehr entlarvt sich der Text durch seinen Untertitel als eine zur Abschreckung gedachte literarische Fiktion.[3] Innerhalb dieses Vorgangs gibt es allerdings einen Kniff, der es Thomas Eckardt

---

1 Schulz, Genia: Heiner Müller. Stuttgart 1980, S. 8 f.
2 Mieth 1994, S. 215.
3 Als „Exponent der deutschen Misere" dient Müllers Friedrich-Figur dementsprechend als polemischer Gegenentwurf zu den in Kaiserreich und Nationalsozialismus verbreiteten nationalistischen und militaristischen, zur Kriegspropaganda missbrauchten Klischees: „Friedrichs aggressive Machtpolitik erscheint in Filmen der 20er und 30er Jahre [...] als Verteidigungshaltung gegen eine überwältigende Feindesverschwörung. Sein patriarchales Regime wird zu einer Mischung aus altpreußischem Feudalismus und Nazi-Scheinsozialismus" (vgl. Mieth 1994, S. 145 f.).

wiederum erlaubt, „Greuelmärchen" mit „Groteske" zu übersetzen.⁴ Müller erhebt nämlich durchaus den Anspruch, wenn auch nicht durch historische Tatsachen, so doch durch zum Teil krass überzeichnete Szenen aus dem Leben seiner Protagonisten – oder besser, Szenen, die ihrer Biographie entnommen sein könnten – die Tiefenstruktur von Geschichte zu erforschen und dadurch Aussagen über die zeitgenössische Realität zu treffen. Ein solches Verfahren ähnelt stark dem des Grotesken. Auch dieses will Wirklichkeit anhand ästhetisch erzeugter Entstellungen derselben beschreiben, welche nicht in die Verlegenheit kommen können, für Realität gehalten zu werden: „Das groteske Bild der Welt [...] stellt sich als das Bild einer grotesken Welt dar."⁵ Müller arbeitet also, was die Gattungsbezeichnung des ‚Gundling' angeht, mit einer doppelten Negation, einem raffinierten Täuschungsmanöver, das auch der Ironie nicht entbehrt: Das Dargestellte wird zunächst durch die Kategorie „Greuelmärchen" desavouiert; die Erkenntnis allerdings, dass es sehr wohl an der Realität teilhat, wenn auch nicht in Form eines einfachen Abbildungsrealismus, lässt diese Kategorie als Maske des Grotesken hervortreten.

Ein Vorbild für dieses Prozedere liefert unter anderem Brechts Parabelstück ‚Die Rundköpfe und die Spitzköpfe'⁶, das 1932 bis 1936 (also größtenteils bereits im Exil) mit der Intention entstand, die Rassenideologie des deutschen Faschismus als Fassade gewöhnlicher Klassenkämpfe zu entlarven. Auch hier findet sich die Gattungsbezeichnung „Greuelmärchen" – in identischer Verwendung wie beim ‚Gundling'. Setzt man beide Texte in Beziehung, zeigt sich jedoch, dass Müller mit seinem Preußenstück einen Gegenentwurf zu Brechts Faschismusparabel präsentiert, der vielfach Naivität im Umgang mit der „Eigendynamik des Antisemitismus"⁷ sowie Buchstabentreue gegenüber den Faschismustheorien der Komintern vorgeworfen wurde. Müller ergänzt nicht nur die rein ökonomische Begründung des Faschismus bei Brecht durch das Problem der psychischen Unterdrückung, wie Ingo Breuer meint⁸; vielmehr dekonstruiert er mit der für ‚Leben Gundlings' konstitutiven Rückkehr zu den Wurzeln aufklärerischen Denkens im

---

4 Eckardt, Thomas: Leben Gundlings Friedrich von Preußen Lessings Schlaf Traum Schrei. In: Heiner Müller Handbuch. Hrsg. von Lehmann, Hans-Thies/Primavesi, Patrick. Stuttgart 2003, S. 239–243, hier S. 239.
5 Heidsieck 1969, S. 15.
6 Ähnlichkeit in funktionaler Hinsicht zeigt Müllers Verwendung des Begriffs auch zu Brechts Stück ‚Furcht und Elend des dritten Reiches' (1937/38), das ursprünglich den Titel ‚Deutschland – Ein Greuelmärchen' trug (vgl. Mieth 1994, S. 119).
7 Kirsch, Sebastian: Die Rundköpfe und die Spitzköpfe. In: Brecht Lexikon. Hrsg. von Kugli, Ana/Opitz, Michael. Stuttgart/Weimar 2006, S. 89–90, hier S. 89.
8 Breuer, Ingo: Theatralität und Gedächtnis: Deutschsprachiges Geschichtsdrama seit Brecht. Köln u. a. 2004, S. 356 f.

18. Jahrhundert, die vor den „dunklen Seiten der Aufklärung, ihre[n] Schamteilen"[9] nicht zurückschreckt, den unbedingten Glauben an die Vernunft, den Brecht noch im Sinne einer theatralen Pädagogik nutzbar machen zu können glaubte. Bei Müller kommt es so zu einer ungeheuren Häufung und gegenseitigen Überlagerung grotesker Motive und Strukturen, die das Vernunftpostulat der Aufklärung als erweitertes Machtsystem dialektisch in Frage stellt. Die beiden traditionellen Facetten des Grotesken, karnevaleske Körperlichkeit und unheimliche Weltverfremdung, gehen dabei eine komplexe Synthese ein.

III.2 Literarische Motive und Traditionen des Grotesken

III.2.1 Die Körper und die Macht

III.2.1.1 Bachtins Modell des *grotesken Realismus*

In ‚Rabelais und seine Welt' bestimmt Michail Bachtin den *grotesken Realismus* als die in der Renaissance vorherrschende ästhetische Konzeption.[10] Er rechtfertigt die Ausschließlichkeit dieser These mit der Geisteshaltung, die die Epoche in seinen Augen charakterisiert und die sich als „ganz elementar dialektisch[] und materialistisch[]" von der abstrakten, vernunftbasierten unterscheidet, die für die romantische oder modernistische Groteske verantwortlich zeichnet.[11] Der Einfluss dieser Stilrichtung „auf die große realistische Literatur der folgenden Jahrhunderte", so Bachtin, sei kaum zu überschätzen:

> Das ganze Feld der realistischen Literatur der letzten 300 Jahre ist buchstäblich übersät mit Relikten des grotesken Realismus, und diese vermeintlich toten Reste können oft neue Aktualität gewinnen. Meist handelt es sich um Motive, die den positiven Aspekt und die Verbindung zum universalen Ganzen der werdenden Welt teilweise oder ganz verloren hatten. Ihre wahre Bedeutung versteht man nur auf dem Hintergrund des grotesken Realismus.[12]

Die „Sprache der Karnevalsformen und -symbole", die in Bachtins Konzeption das Fundament des *grotesken Realismus* bildet, folgt einer „Logik der ‚Umkehrung'"[13] und kann anhand von vier grundlegenden Prinzipien beschrieben werden: Familiarisierung (Suspendierung jeglicher Hierarchie), Exzentrik (Ausstellung von Verborgenem und Tabuisiertem), Mésalliance (Mischung von

---

9 HMW 9, S. 161.
10 Bachtin 1995, S. 69.
11 Ebd., S. 90, 103.
12 Ebd., S. 74, siehe auch S. 103.
13 Ebd., S. 59.

Gegensätzen wie oben und unten, heilig und profan), Profanation („lästernde[], parodistische[], obszöne[] Umkehrung"). Diese sogenannten „Karnevalskategorien" sind es, die die *Karnevalisierung der Literatur* organisieren.[14]

Dem Element des Leiblich-Körperlichen, als Moment der Manifestation des Universalen, wird dabei im *grotesken Realismus* ein zentraler Stellenwert zugesprochen. Der Körper wird von Bachtin eindeutig positiv besetzt und reicht in Dimensionen des Utopischen hinein.[15] Seine zutiefst vitalistischen, lebensbejahenden Züge erhält der *groteske Realismus* seiner Ansicht nach aus dem Erbe der „volkstümlichen Lachkultur" des Mittelalters wie der Antike.[16] Diese ermöglichen es ihm, im Zerbrechen der alten Hierarchien das Potential für eine grundsätzlich neue Weltordnung anzulegen.[17]

Diversen asketischen Praktiken der Körperablehnung, wie sie im religiösen Mittelalter, aber auch in der Neuzeit zu finden sind und die er für nicht utopiefähig hält, stellt Bachtin sein Konzept einer „grotesken Gestalt des Leibes" gegenüber, das dem in Rabelais' ‚Gargantua und Pantagruel' vorgefundenen korrespondiert.[18] Das sich im Körper des Menschen manifestierende Erdverbundene und Ursprüngliche rückt dabei in einen Gegensatz zu jeglichem Spiritualismus, wodurch Bachtin den wohl zentralsten Grundzug des *grotesken Realismus* in allen Formen der Herabsetzung erkennt. „[D]ie Übersetzung alles Hohen, Geistigen, Idealen und Abstrakten auf die materiell-leibliche Ebene, in die Sphäre der untrennbaren Einheit von Körper und Erde"[19] ist Ziel aller grotesken Darstellung in der Renaissance und kann auf parodistische oder nicht-parodistische Weise erfolgen.[20] Das Moment der Degradierung wird dabei maßgeblich durch eine vitalistische Ambivalenz bestimmt: Annäherung an die Erde bedeutet immer auch

---

14 Hilker 2006, S. 14. Vgl. auch Lachmann 1995, S. 31.
15 Bachtin 1995, S. 99.
16 Ebd., S. 68.
17 Ebd., S. 85; ebenso Sinic 2003, S. 67 f.
18 Lachmann 1995, S. 16. Eine ähnliche Aufwertung des Leiblichen findet sich bei Friedrich Nietzsche. In ‚Also sprach Zarathustra' wendet sich Zarathustra gegen die „Verächter des Leibes": „Der Leib ist eine grosse Vernunft, eine Vielheit mit einem Sinne, ein Krieg und ein Frieden, eine Heerde und ein Hirt. / Werkzeug deines Leibes ist auch deine kleine Vernunft, mein Bruder, die du ‚Geist' nennst, ein kleines Werk- und Spielzeug deiner grossen Vernunft. / ‚Ich' sagst du und bist stolz auf dieses Wort. Aber das Grössere ist, woran du nicht glauben willst – dein Leib und seine grosse Vernunft: die sagt nicht Ich, aber tut Ich" (Nietzsche, Friedrich: Also sprach Zarathustra. Kritische Studienausgabe Bd. 4. Hrsg. von Colli, Giorgio/Montinari, Mazzino. 8. Aufl. München 2002, S. 39).
19 Bachtin 1995, S. 70.
20 Vgl. ebd., S. 72.

Annäherung an ein lebenspendendes und zugleich verschlingendes Prinzip. Negation und gleichzeitige Affirmation des Lebens fallen in eins:

> Degradierung ist Beerdigung und zugleich Zeugung, die Vernichtung geht der Neugeburt von mehr und Besserem voraus. Degradierung bedeutet auch Hinwendung zum Leben der Organe des Unterleibs, zum Bauch und den Geschlechtsorganen, folglich auch zu Vorgängen wie Koitus, Zeugung, Schwangerschaft, Geburt, Verschlingen und Ausscheiden. Die Degradierung gräbt ein Körpergrab für eine neue Geburt.[21]

Bachtin spricht ferner von „Akte[n] des Körperdramas", die er in „Essen, Trinken, Ausscheidungen [...], Begattung, Schwangerschaft, Niederkunft, Körperwuchs, Alter, Krankheiten, Tod, Zerfetzung, Zerteilung [und] Verschlingung durch einen anderen Leib" verortet.[22] All diese Vorgänge vollziehen sich, dem Autor zufolge, „an den Grenzen von Leib und Welt, an der Grenze des alten und des neuen Leibes".[23]

Folglich basiert die groteske Gestaltung auf „eine[r] besondere[n] Vorstellung vom körperlichen Ganzen und von dessen Grenzen [...]. Die Grenzen zwischen Leib und Welt und zwischen Leib und Leib verlaufen in der grotesken Kunst ganz anders als in der klassischen oder naturalistischen"[24]. Einheitlichkeit und Abgeschlossenheit eines individuellen Körpers kennt der *groteske Realismus* nicht, Träger des materiell-leiblichen Prinzips ist bei Bachtin nicht der einzelne Mensch, sondern der Volkskörper.[25] Der individuelle Leib hingegen „wächst über sich hinaus und überschreitet seine Grenzen"[26], bildet gleichsam ein Gefäß für den zyklischen Durchgang von Leben und Tod[27]:

> Er betont diejenigen Körperteile, die entweder für die äußere Welt geöffnet sind, d. h. durch die die Welt in den Körper eindringen oder aus ihm heraustreten kann, oder mit denen er selbst in die Welt vordringt, also die Öffnungen, die Wölbungen, die Verzweigungen und Auswüchse: der aufgesperrte Mund, die Scheide, die Brüste, der Phallus, der dicke Bauch, die Nase.[28]

---

21 Ebd., S. 71.
22 Bachtin, Michail: Die groteske Gestalt des Leibes [1969]. In: Das Groteske in der Dichtung. Hrsg. von Best, Otto F. Darmstadt 1980, S. 195–202, hier S. 197. Vgl. auch Bachtin 1995, S. 359.
23 Bachtin [1969], S. 197.
24 Ebd., S. 195.
25 Bachtin 1995, S. 69.
26 Ebd., S. 76.
27 Bachtin [1969], S. 197.
28 Bachtin 1995, S. 76; siehe dazu auch Bachtin [1969], S. 196.

In Bachtins Konzeption des *grotesken Realismus* tritt somit das grauenerregende Moment des Grotesken bis auf ein Minimum zurück.[29] Vielmehr sind seine Elemente auf ein Zerbrechen der alten Weltordnung gerichtet; die Abkehr und das Verlachen von allem Geistigen, Ideellen, Erhabenen und Individuellen werden für eine neue Perspektive produktiv gemacht. Der Tod der einen Ordnung öffnet das Tor zur Geburt einer neuen.

> Das Grab ist das materiell-leibliche und kollektive Korrektiv zu individuellen und abstrakt-geistigen Ansprüchen; außerdem ist es das volkstümliche Lachkorrektiv zu dem einseitigen Ernst jener geistigen Ansprüche (das absolute Unten lacht immer, es ist der gebärende, lachende Tod).[30]

Damit ist klar, dass das Lachen in der bachtinschen Renaissance-Groteske im Vordergrund steht. Es ist der Inbegriff jener grundlegenden weltanschaulich-utopischen Ambivalenz von Tod und Erneuerung, die das Zentrum seiner Konzeption des *grotesken Realismus* ausmacht. Im Lachen wird die Autorität des Todes untergraben, und damit diejenige aller Herrschaft schlechthin, die Tod und Ende einkalkuliert.[31] Selbst beschreibbar als groteske körperliche Reaktion,[32] arbeitet das Lachen ebenso an der Entgrenzung des Leibes mit wie die Degradierungsmotive des *grotesken Realismus*. Das Karnevalslachen ist kollektiv, universal und ambivalent, es negiert und bestätigt zugleich.[33] Basierend auf „d[er] karnevaleske[n] Erfahrung" des Mittelalters, ihren volkstümlich-festlichen, szenischen Formen, macht es sich auch deren Funktion zu eigen, den Menschen aus seinen Beklemmungen zu befreien.[34]

Es geht Bachtin also vorrangig um die Darstellung einer vitalistischen Alternative, eines „Anti-Systems"[35] zum klassischen literarischen Kanon (der in der Renaissance wie auch in der Moderne sein Monopol behauptete und im 20. Jahrhundert mit der Doktrin des Sozialistischen Realismus im sowjetischen Einflussbereich eine neue Regelpoetik hervorbrachte), um eine Antwort auf eine

---

29 Rosen 2001, S. 879.
30 Bachtin 1995, S. 72.
31 Lachmann 1995, S. 15.
32 Vgl. Stollmann 1997, S. 59: „Man lacht also nicht erst *über* Unsinn, sondern das *Lachen selbst ist Unsinn*, in dem eine vom Zwerchfell, d. h. der Mitte, der Trennung in Ober- und Unterleib, ausgehende Bewegung den ganzen Körper grotesk (,Bauchhöhle') schüttelt, alles ohne Zusammenhang steuerungslos wackelt, so daß man von Platzen und Bersten spricht."
33 Bachtin 1995, S. 60 f.
34 Ebd., S. 74, 77. Erwähnt seien hier nur die Narrentage, das Charivari, der Karneval und die Marktplatzszenerien des Fronleichnamsfestes. Vgl. auch Hilker 2006, S. 14.
35 Rosen 2001, S. 879.

systemstabilisierende „Ästhetik des Schönen", die durch die ungebärdige Hässlichkeit des grotesken Körpers herausgefordert werden soll. Der subversive Impuls des Lachens und der Schadenfreude, der sich aus dem Bewusstsein der Vergänglichkeit alles Menschlichen speist und dem Herrschenden – sei es nun das Spirituelle (die Kirche, die Vernunft), das Erhabene (ein (Kunst-)Ideal) oder die politische Macht – entgegentritt, steht im Zentrum seiner Erörterungen.[36] Das Lachen im Grotesken wie auch das Lachen über das Groteske werden zum Garanten des Lebens, eines Lebens jenseits überkommener Hierarchien und Ordnungsstrukturen. Im Bewusstsein der Relativität aller herrschenden Zwänge verweist es auf die *„lebendige Möglichkeit* der Wiederkehr des saturnischen Goldenen Zeitalters"[37]. Der Körper wiederum, als Verbindung des Menschen zu seinem Ursprung, als Auslöser und Medium des Lachens, steht bei Bachtin für die manifeste „Teilhabe an einer möglichen anderen Welt"[38].

Scholl zufolge entwickelt Bachtin damit jedoch keine eigene Theorie des Grotesken. Angesichts seiner Ablehnung von dessen romantischer bzw. modernistischer Ausprägung subsumiert er es lediglich – wie viele vor ihm – unter eine andere ästhetische Kategorie: die des Karnevalesken.[39] Die Gründe dafür mögen in der Vorliebe des Karnevals für „groteske Gestalten" liegen, die diesen als „Narren, Zwerge, Riesen, Männer in Frauenkleidung oder umgekehrt" bevölkern, ergänzt durch „groteske Verhaltensweisen wie Prügelszenen, Beschimpfungen, obszöne Gesten und Worte, blasphemische Flüche und vor allem das Karnevalslachen".[40] Ohne Zweifel handelt es sich dabei jedoch um eine Umkehrung des Verhältnisses von Karneval und Groteskem sowie um eine Beschränkung seiner Entfaltungsmöglichkeiten:

> Despite the controversies over its usage, the term ‚grotesque' is still a more capacious label for the century-old culture of antithesis and inversion than the carnival which actualizes this culture in the limited setting of festivity.[41]

Dass karnevaleske Weltgefühl stellt neben dem (romantischen) Sensorium für das Unheimliche nur eine Facette des Grotesken dar, ebenso wie sich das Groteske in

---

[36] Vgl. Stollmann 1997, S. 87 f.; Lachmann 1995, S. 9 f.
[37] Bachtin 1995, S. 99.
[38] Ebd., S. 100.
[39] Vgl. Scholl 2004, S. 25; ebenso Coronato, Rocco: Jonson versus Bakthin. Carnival and the Grotesque. Amsterdam/New York 2003, S. 36 f.
[40] Scholl 2004, S. 24.
[41] Coronato 2003, S. 37. Vgl. auch Scholl 2004, S. 585.

der Ästhetik der Renaissance nicht einzig auf die Karnevalskultur beschränkte[42]: „Carnival is a server, that connects us to the multifarious corpus of the Renaissance grotesque."[43]

Zudem konfligieren in Bachtins Konzeption des Grotesken gelegentlich weltanschauliche und kulturdeskriptive Aspekte.[44] So ist etwa, Scholl und Lachmann zufolge, in der Renaissance kaum ein Unterschied feststellbar zwischen „offizieller und inoffizieller Festkultur"[45], wodurch sich Bachtins „Opposition zwischen karnevalesker Volkskultur und offizieller Kultur der Seriosität" als ein mit der politischen Situation in der Sowjetunion verbundenes „ideologisches Konstrukt" entpuppt.[46] Der Karneval zeigt vielmehr Merkmale eines Rituals, das alle möglichen Teilnehmer unabhängig von ihrem sozialen Status anspricht und so auch als Moment einer Verbreiterung des sozialen Lebens gelesen werden kann, in der sich Oben und Unten mischen.[47] Scheidweiler weist in diesem Zusammenhang auf weitere Inkonsistenzen in Bachtins Argumentation hin (beispielsweise arbeitet er zuweilen mit einem historischen, dann wieder mit einem zyklischen Zeitbegriff) und stellt die Vermutung auf, dass diese der Taktik entspringen, zumindest der Anschein von Konformität mit den ideologischen Postulaten des Sozialistischen Realismus zu erwecken.[48] Im Zuge einer ähnlichen Kritik identifiziert Rocco Coronato in Bachtins Karnevalsverständnis eher eine Allegorie des unhintergehbaren Freiheitswillens der Massen denn ein heuristisches Modell.[49] Der Karneval dürfe insofern nur als Kapitel einer größeren Historie

---

[42] Beide Einschränkungen haben allerdings in der literaturwissenschaftlichen Forschung weite Kreise gezogen, ebenso wie die Annahme, das Groteske habe sich seit seiner ersten literarischen Erscheinungsform bei Rabelais „in karnevalisierten Formen und grotesken und skatologischen Körperkonzeptionen bis heute" tradiert (Scholl, S. 28). Dies mag auch daran liegen, dass die theoretische Reflexion des Grotesken in der Renaissance aufgrund der für diese Epoche bezeichnenden, „wechselseitigen Durchdringung" der verschiedenen Künste und Wissenschaften „vorwiegend in kunsttheoretischen und kunstphilosophischen Schriften" erfolgte und deshalb von der Literaturwissenschaft bislang kaum wahrgenommen wurde (ebd., S. 46).
[43] Coronato 2003, S. 36.
[44] Lachmann 1995, S. 18 f.
[45] Ebd., vgl. auch Scholl 2004, S. 29.
[46] Scholl 2004, S. 30.
[47] Coronato 2003, S. 17.
[48] Vgl. Scheidweiler 2009, S. 59 ff. Darauf weist auch Bachtins Begrifflichkeit hin, etwa der Term des *grotesken Realismus*, der dem des Sozialistischen Realismus in seiner inhaltlich anti-klassischen Stoßrichtung zuwiderläuft. Ähnlich verhält es sich mit der Opposition einer „realistischen" und einer „modernistischen Linie" des Grotesken. Der Gedanke an die sogenannte Formalismusdiskussion und die Ablehnung der historischen Avantgarde (Expressionismus, Futurismus, Surrealismus etc.) durch die sowjetische Kulturpolitik liegt jedenfalls nahe.
[49] Coronato 2003, S. 25.

verstanden werden, nicht jedoch als deren grundlegendes Gesetz.[50] Lachmann wiederum vermutet hinter Bachtins in den 1930er-Jahren entstandenem Entwurf sogar eine grundsätzliche, verklausulierte Kritik am Stalinismus.[51] Nicht übersehen werden sollte bei der historischen Kontextualisierung des Rabelais-Buches allerdings Bachtins aufrichtige Suche nach einem elementar subversiven, herrschaftszersetzenden Element in der kulturellen Geschichte des Abendlandes, die über eine „bloße Verkleidung" des eigentlich Gemeinten weit hinaus geht:

> Man wird in Bachtins Buch keine Anspielung, keinen Hinweis finden, daß, was es über den Staat, die Kirche, Herrschaft und Macht im 16. Jahrhundert sagt, auf Bachtins Gegenwart bezogen werden soll. Die Opposition gegen das, was man gewöhnlich Stalinismus nennt, ist in diesem Buch so fundamental, daß es solche Gesinnungsduftmarken nicht braucht. Bachtins Buch liegt zu allen Verhältnissen, Wertungen, Grenzen des offiziellen kulturellen Lebens quer, und das nicht qua Gesinnung, sondern in seiner Haltung und in seinen historischen, analytischen Erkenntnissen.[52]

Die Renaissance als „Kultur der Dialogizität und Polyphonie"[53] rezipierte im Gegensatz zu Bachtins Auffassung nicht nur die klassische, sondern auch die grotesk-unheimliche Antike, die den ästhetischen Kanon der Epoche unterlief und störte. Die mannigfachen Versuche, mit dem Grotesken eine der Renaissance gegenläufige Tendenz zu benennen, in die sich der bachtinsche Entwurf einreiht, erübrigen sich somit, da diese Strömung „von Anfang an mit der Renaissance untrennbar verbunden"[54] war: „Das über die Entdeckung des Grotesken entwickelte Selbstverständnis", so Scholl, ist zudem „bereits in dem Sinne ‚romantisch oder modern', in dem es von Bachtin erst für die Romantik und die Moderne anerkannt wird".[55] Von einer „Geburt des Grotesken aus dem Geiste des Karnevals"[56], wie Bachtin sie vertritt, kann also keine Rede sein:

> Im Karneval besteht die Freiheit von Zwängen nur unter der Maske und nur für bestimmte Zeit. Angesichts der für das Groteske konstitutiven Norm- und Formabweichung ist der von Bachtin geprägte Begriff des „grotesken Realismus" im Sinne einer mimetischen Widerspiegelung für das Verständnis, das die Theoretiker, Künstler und Dichter der Renaissance vom Grotesken entwickelt haben, nur bedingt tragfähig, ebenso wie die Begriffe des Karnevalesken und der Karnevalisierung auf die Kunstformen und die literarischen Texte der

---

50 Ebd., S. 216.
51 Vgl. Lachmann 1995, S. 9.
52 Stollmann 1997, S. 85 f.
53 Scholl 2004, S. 53.
54 Ebd.
55 Ebd., S. 48.
56 Ebd., S. 58.

Renaissance nur bedingt angewendet werden können. Im Paradigma des Grotesken der Renaissance ist die Karnevalsmaske silenisch und apotropäisch.[57]

Oder, wie Coronato das Groteske in Antithese zu Bachtin beschreibt: „It is form rather than content; style, rather than practice"[58] und: „It is the principle of antithesis, rather than a ritual or social application of a single dyad. In its multiform application, it resists the reduction to a simple metaphor or metonymy of change"[59]. Coronato weist unter anderem darauf hin, dass sich im Gefolge der bachtinschen Rabelais-Interpretation eine auch auf die Literaturwissenschaft erstreckende, sozialkritische Lesart des Karnevals als Gegenkultur entwickelt habe, die das ursprünglich systemstabilisierende Moment der Narrentage, das in der Zerstörung bestimmter Regeln auf Zeit dieselben neu in Kraft setze, gänzlich außer Acht lasse: „Carnival parodies those rules and rituals, that must be respected in order to appreciate the temporary law breaking: it is an authorised transgression."[60] Zudem blendet Bachtin in seiner Suche nach einer subversiven und zugleich zutiefst humanen, vitalistischen Gegenströmung zur herrschenden Kultur, die deren monologischer Struktur „eine zweite Wahrheit", nämlich „diejenige der Relativität alles Bestehenden" entgegensetzt,[61] die destruktiven Elemente des Karnevals vollkommen aus.[62] Der historisch belegte, wiederholte Umschlag des närrischen Treibens in Gewaltexzesse bzw. in den „blutigen Ernst"[63] des Pogroms spielen in seinem Entwurf keine Rolle oder werden, insofern sie auch bei Rabelais nur unter dem Lachaspekt nachzuweisen sind, grundsätzlich im Sinne seines vitalistischen Ansatzes interpretiert.[64] Allerdings gelangt gerade diese Facette des Karnevalstreibens, was die literarische Karnevalisierung anbelangt, in der durch Faschismus, Holocaust und Krieg geprägten Literatur des 20. Jahrhunderts zu erheblicher Bedeutung[65] – wofür nicht zuletzt, wie sich erweisen wird, das dramatische Werk Heiner Müllers steht.

---

57 Ebd., S. 583.
58 Coronato 2003, S. 37.
59 Ebd., S. 216.
60 Ebd., S. 16, vgl. auch Hilker 2006, S. 14.
61 Hilker 2006, S. 15.
62 Vgl. Stollmann 1997, S. 95.
63 Hilker 2006, S. 14.
64 So etwa die Episode von Hans Hackepeters Kampf um den Klosterweinberg, der zu einem wahren Gemetzel unter den pikrocholinischen Mordbrennern ausartet (Rabelais, François: Gargantua und Pantagruel. Hrsg. von Heintze, Horst und Edith. 8. Aufl. Frankfurt am Main/Leipzig 1994, S. 108–113). Vgl. dazu Bachtin 1995, S. 235 f.
65 Vgl. Danow, David K.: The spirit of carnival. Kentucky 1995, S. 5.

Das Verdienst von Bachtins Untersuchung liegt insofern nicht so sehr in seinem ahistorischen Entwurf einer die Zeiten überdauernden, subversiven karnevalesken Volkskultur, sondern vielmehr in der damit verbundenen Beschreibung der anarchischen, jegliche Form monologischer Herrschaft zersetzenden Struktur eines ambi- bzw. polyvalenten Sprechens in der Kultur der Renaissance, das auch in den Poetiken der Romantik und – interessanterweise – denen der Postmoderne wieder begegnet.[66] Der reiche Fundus von mit dem grotesken Körper verbundenen literarischen Motiven, Strukturen und Sprechweisen, den sie bereitstellt, macht seine Analyse des rabelaisschen Werkes unersetzbar für die literaturwissenschaftliche Auseinandersetzung mit dem Karnevalesken als Spielart des Grotesken.

III.2.1.2 Groteske Körper in ‚Leben Gundlings‘

Die karnevalistische Körperkonzeption regiert die Figuren in Müllers ‚Gundling‘ in besonderem Maße, wenn auch von einer ausschließlich utopischen Codierung des Körpers, wie sie von Bachtin vertreten wird, dort keine Rede sein kann. Wenn bei Müller Momente der Verflechtung von Körper und Utopie entstehen, so werden diese immer mehrfach gebrochen und lassen nie eine rein antizipierende Deutung zu. Damit nähern sie sich zwei interessanten Beobachtungen, die Heidsieck angesichts des zunehmenden In-Erscheinung-Tretens grotesker Deformationen im modernen Drama macht:

> Nicht eine Laune der Natur gilt uns grotesk, sondern solche Entstellung, die das Schreckliche und Lächerliche auf die Spitze, zum unerträglichen Widerspruch treibt: die produzierte Entstellung des Menschen, die vom Menschen verübte Unmenschlichkeit.[67]

Der Schluss liegt nahe, dass „[d]ie groteske Form" somit „ihre Inhalte nicht nur zu zeigen, sondern sie als barbarische zu negieren" sucht:

> Entstellung des Menschen bezeichnet in ihr zum einen den genitivus obiectivus: der Mensch wird vom Menschen ganz selbstverständlich verstümmelt [...]. Sie bezeichnet zum anderen den genitivus subiectivus, die Perversion des Menschen, der entstellt, den Schlächter [...] oder das gewissenlose Werkzeug der Vernichtung.[68]

---

66 Vgl. Coronato 2003, S. 36.
67 Heidsieck 1969, S. 17.
68 Ebd., S. 113.

Exakt diese zwei Momente grotesker Körperlichkeit sind es, die auch Müllers Umgang mit den Körpern seiner Protagonisten im ‚Gundling' charakterisieren. Zum einen treten Figuren auf, die durch die Demütigung anderer selbst groteske körperliche Deformationen davontragen (Friedrich Wilhelm, Soldaten, Friedrich II., Professor), zum anderen werden die grotesken körperlichen Abwehrreaktionen und Entstellungen der Figuren porträtiert, die diesen Misshandlungen ausgesetzt sind (Gundling, Friedrich II., Sächsin, Bauern, Künstler, Insassen des Irrenhauses). Täter und Opfer sind dabei grundsätzlich nicht sauber voneinander zu unterscheiden.

Das Regiment des preußischen Königs Friedrich Wilhelm beschreibt Müller im ‚Gundling' als groteskes Abbild einer Erziehungsdiktatur,[69] der das preußische Volk ebenso unterworfen ist wie der Hofgelehrte Gundling und der eigene Sohn.[70] Körperliche und seelische Erniedrigung dienen Friedrich Wilhelm zur bedingungslosen Unterjochung seiner Untertanen. Bereits die erste Szene im Tabakskollegium macht deutlich, welche Verachtung der Soldatenkönig ihnen entgegenbringt. Den Privatgelehrten Jakob Paul Freiherr von Gundling, den er soeben zum neuen Präsidenten der Königlichen Akademie ernannt hat, unterzieht er mit Hilfe seiner Offiziere einer Reihe von Misshandlungen, die zum Ziel haben, seinen Willen zu brechen und seine Identität auszulöschen, um ihn so zu einem funktionierenden Teilchen in der Mechanik der Herrschaft zu machen.[71] Indem sie seinen intellektuellen Anspruch wiederholt mit einer obszönen Leiblichkeit konfrontieren, degradieren die Offiziere des Königs Gundling gleich im Anschluss an seine Beförderung wieder zum Hofnarren.[72] Sie machen ihn betrunken und zwingen ihn zum Tanz mit einem verstümmelten Bären.[73] Das Zurschaustellen des

---

69 Eke 1999, S. 188.
70 HMW 4, S. 511–514.
71 Vgl. Eke 1999, S. 188. Zu Müllers historischen Quellen zählt diesbezüglich Hegemann, Werner: Das steinerne Berlin [1930]. 3. unveränd. Aufl. Braunschweig/Wiesbaden 1979, S. 108.
72 Vgl. Emmerich, Wolfgang: *Der Alp der Geschichte.* „Preußen" in Heiner Müllers *Leben Gundlings* ... In: Deutsche Misere einst und jetzt. Die deutsche Misere als Thema der Gegenwartsliteratur. Das Preußensyndrom in der Literatur der DDR (Jahrbuch zur Literatur in der DDR Bd. 2). Hrsg. von Klussmann, Paul-Gerhard/Mohr, Heinrich. Bonn 1982, S. 115–158, hier S. 126–127. Vgl. dazu auch Hegemann [1930], S. 108.
73 Gundlings Trunksucht ist historisch belegt, während die Szene mit dem Bären zu der mehrfach literarisch verarbeiteten und auch von Emmerich kolportierten Gundling-Legende zu gehören scheint: Dieser zufolge wurde der Gelehrte von Friedrich Wilhelms Schergen in einen Bärenzwinger gesteckt, dessen Bewohner man zuvor „mit Feuerwerkskörpern wildgemacht hatte" (Emmerich 1982, S. 127). Vgl. dazu Isaacsohn: Gundling. In: Allgemeine Deutsche Biographie. Hrsg. durch die historische Commission bei der königlichen Akademie der Wissenschaften. Bd. 10. Leipzig 1879, S. 126–129. In der ‚Neuen Deutschen Biographie' wird zudem auch die von Hegemann verbreitete Erzählung von Gundlings Hofnarrenrolle und seinem Begräbnis „in einem

männlichen Geschlechts, Körperzeichen von Potenz und Macht, fungiert als Leitmotiv der Szene. Während sich Gundling – durch den beträchtlichen Alkoholeinfluss bereits seiner Mannbarkeit beraubt – gerade noch hilflos an den Hosenlatz greifen kann, urinieren die vier Offiziere in Stellvertretung des Königs genussvoll auf den hilflosen Gelehrten, der wie ein Käfer auf dem Rücken liegt. Das groteske Schauspiel dient dem König aber nicht nur dazu, dem intellektuellen Emporkömmling den ihm gemäßen Platz anzuweisen, es fungiert vor allem auch als erzieherische Präsentation für den eigenen Sohn[74]:

> FRIEDRICH WILHELM *lacht:* Nehm Ers als ein Exempel, was von den Gelehrten zu halten. Und für die Regierungskunst, die Er lernen muß, wenn ich zu meinem Gott eingehe, wie der Hofprediger sagt, oder in mein Nichts. Dem Volk die Pfoten gekürzt, der Bestie, und die Zähne ausgebrochen. Die Intelligenz zum Narren gemacht, daß der Pöbel nicht auf Ideen kommt. Merk Er sichs, Er Stubenhocker, mit seinen Puderquasten- und Tragödienkram. Ich will, daß Er ein Mann wird. Kaut Er wieder seine Nägel? Ich werd ihm.[75]

Ein Mann soll aus Friedrich werden. Wie Frank Raddatz treffend feststellt, ist die Kategorie „Mann" in diesem Zusammenhang als Komponente eines spezifischen ideologischen Systems zu verstehen: „[S]ie definiert sich durch eine antiintellektuelle Stoßrichtung, Menschenverachtung und Gewaltanwendung nach innen. Die Glorifizierung des ‚Mannes', des soldatischen Ideals ist hier also Ausdruck einer bestimmten Form von politischer Herrschaft."[76] Verstümmelung[77] und Körperdressur, das sind die Mittel, denen sich das preußische System zur Heranzüchtung einer Gattung von „Maschinen-Soldaten"[78] bedient, ein Konzept, das Vorbildcharakter auch für das Alltagsleben und das zivile Erziehungswesen besitzt. Friedrich Wilhelm zögert nicht, dieses Erziehungsmodell auch auf seinen eigenen Sohn anzuwenden, um ihm nicht nur seine latent homosexuelle, sondern auch seine schöngeistige Neigung auszutreiben.[79] Der Vater zerbricht Friedrichs

---

Weinfaß" angezweifelt. Vgl. Klein, Thomas: Gundling. In: Neue Deutsche Biographie. Hrsg. von der historischen Kommission bei der Bayerischen Akademie der Wissenschaften. Bd. 7. Berlin 1966, S. 317–318, hier S. 318.
74 Emmerich 1982, S. 128.
75 HMW 4, S. 513.
76 Raddatz, Frank Michael: Dämonen unterm roten Stern. Zur Geschichtsphilosophie und Ästhetik Heiner Müllers. Stuttgart 1991, S. 98–131, hier S. 105.
77 Den verstümmelten Bären etwa, dessen Tatzen „gekürzt", dem „die Zähne ausgebrochen" worden sind, präsentiert Friedrich Wilhelm als Metapher für seine Untertanen (HMW 4, S. 513).
78 Raddatz 1991, S. 107.
79 Die Verachtung des Soldatenkönigs für die Neigungen des Sohnes ist historisch belegt. Ludwig Reiners zitiert Friedrich Wilhelm mit den Worten: „Er ist mir ein Greuel, aber ich werde ihn schon zur Raison bringen. Der Teufel soll mich holen, wenn ich ihn nicht zu seinem Vorteil

Flöte und tritt in deren doppelter Konnotation seine künstlerischen Interessen wie seine Triebnatur unter den Stiefel – für Friedrich Wilhelm ein und dasselbe.[80] Der Phallus begegnet hier erneut als Motiv potentieller Selbstermächtigung, der zu Herrschaftszwecken unterworfen werden muss. Da der junge Friedrich nicht dazu in der Lage ist, es den Offizieren gleichzutun und sich über Gundling zu entleeren, wird er vom Vater öffentlich bloßgestellt:

> FRIEDRICH WILHELM Ha. Ein preußischer Offizier und kann nicht pissen, wenn sein König es befiehlt. Ist er ein Mann? Degradieren den Schlingel. Und knöpft ihm den Latz auf.[81]

Im Gegensatz zu Gundling allerdings, der sein Los in stillem Leiden erträgt – was auch als Kritik am Opportunismus der preußischen Intellektualität zu werten ist –, wehrt sich der junge Friedrich, wenn auch zaghaft, gegen den Despotismus des Vaters. Dieser Widerstand spielt sich nicht nur an der Oberfläche des Bewusstseins ab, vielmehr versucht auch seine unterdrückte Triebnatur unbewusst zu ihrem Recht zu kommen. Friedrich kaut an den Fingernägeln – ein Zeichen von Masochismus, mit dem sich der Körper von dem angestauten Druck der Selbstdisziplinierung zu entlasten sucht. Wie ein kleines Kind spielt er zudem „am Beinkleid"[82]. Im Phädra-Spiel mit Katte und dem imaginierten Vatermord bahnen sich Friedrichs unbewusste Wünsche ihren Weg an die Oberfläche[83]: „Die Bereiche der Spielwirklichkeit und die Bereiche einer Ernstwirklichkeit gehen ineinander über, das Spiel schlägt plötzlich in Ernst um und wird zur Wirklichkeit [...]."[84] Keine Frage, dass der alte König, in dessen Augen „[d]ie innere Natur und ihre spontanen Regungen [...] den eigentlichen Hauptfeind der Zivilisation als Kriegsmaschine"[85] darstellen, dagegen energisch vorgeht:

> FRIEDRICH WILHELM [...] Ich werd Ihm das Arschficken austreiben und das Französischparlieren. Halt Er sich gerade. Ich will einen Mann aus Ihm machen und einen König. Und wenn ich Ihm alle Knochen im Leib zerbrechen muß dazu.[86]

---

umstülpe. Ich werde ihn auf eine Weise traktieren, auf die er nicht gefaßt ist." Die „Weise" bestand belegtermaßen aus „Prügeln, Brüllen, Erzwingen von Liebesbeweisen" und Bloßstellung in „aller Öffentlichkeit" (Reiners, Ludwig: Friedrich. München 1952, S. 39 f., hier zitiert nach Emmerich 1982, S. 130).
80 Vgl. Emmerich 1982, S. 128.
81 HMW 4, S. 514.
82 Ebd., S. 511.
83 Eke 1999, S. 189.
84 Leopoldseder 1973, S. 180.
85 Raddatz 1991, S. 107.
86 HMW 4, S. 516.

Mit der Erschießung Kattes, bei der zuzusehen Friedrich von seinem Vater gezwungen wird, zerbricht der Soldatenkönig seinem Sohn zwar nicht wörtlich „alle Knochen im Leib", zerstört jedoch, indem er ihn „die Tötung des Freundes [...] als Tötung seiner selbst erleben" lässt, seine individuelle Identität.[87] Müller spitzt diese historisch verbürgte Begebenheit derart zu, dass er Friedrich Wilhelm in der Erschießungsszene gar seinen sadistischen Spaß mit dem Sohn treiben lässt. Friedrich muss, zunächst in dem Glauben selbst erschossen zu werden, nicht nur die Angst und den Schmerz beim Anblick des gefesselten Freundes ertragen, sondern auch dessen Todesangst am eigenen Leib erfahren. Nicht zufällig erinnert diese Episode an den Schluss des kleistschen ‚Prinz von Homburg', wo der Kurfürst ebenfalls eine Scheinhinrichtung dazu benutzt, den Eigensinn des Thronfolgers zu brechen. „Sire, das war ich", die Replik des jungen Prinzen auf des Vaters lakonische Feststellung: „Das war Katte"[88] bezeichnet Müller in seiner Autobiographie als den zentralen Satz des Stückes. Er sei auch der erste gewesen, der ihm zu Beginn des Schreibprozesses eingefallen sei.[89] Die „Vernichtung des ‚eigensinnigen' Sohnes [...] im geliebten Anderen" markiert im ‚Gundling' die „entscheidende Etappe auf dem Erziehungsweg des zukünftigen Königs".[90]

Das Regiment Friedrich Wilhelms zeichnet sich somit nicht nur durch eine Erziehungs-, sondern in besonderem Maße auch durch eine „Körper-Diktatur"[91] aus, der sowohl der Hofgelehrte Gundling als auch der junge Friedrich exemplarisch unterworfen sind. Wo erstere auf die „Demütigung und Entwürdigung" ihres Objekts zielt, arbeitet letztere an der Dressur des Leibes:

> In beiden Fällen ist der menschliche Körper Feld des Politischen. Im ersten soll er als rohe und blinde Naturkraft möglichst nah an seine animalische Abstammung [...] gebunden bleiben, im zweiten Fall soll er maschinisiert und damit dem Willen unterworfen werden. Verhindert werden sollen Humanisierung und Kultivierung des Leibes.[92]

Die seelischen Verheerungen, die diese autokratische Gewalt bei den Unterdrückten, aber auch bei den Unterdrückern hinterlässt, werden von Müller in Form einer exzentrischen Körperlichkeit sichtbar gemacht, die im Falle Friedrichs außerdem von verzweifelter Gegenwehr zeugt. Täter und Opfer sind von der

---

[87] Emmerich 1982, S. 132.
[88] HMW 4, S. 516.
[89] HMW 9, S. 211.
[90] Eke 1999, S. 189.
[91] Eke, Norbert Otto: Körperspuren im Theater der Geschichte. Heiner Müllers Anthropologie des Körpers. In: Heiner Müller: Probleme und Perspektiven. Hrsg. von Labroisse, Gerd/Knapp, Gerhard P./Visser, Anthonya. Bath-Symposion 1998. Amsterdam 1998, S. 69–88, hier S. 77.
[92] Raddatz 1991, S. 106.

„Körper-Diktatur" gleichermaßen betroffen, was nicht selten zum Rollentausch führt.

Auch die körperliche und seelische Konstitution des Soldatenkönigs bleibt vom eigenen Regiment nicht unbeschadet. Seine Abneigung gegenüber jeglicher Kultivierung des Leibes äußert sich Flatulenzen, die Friedrich dazu veranlassen, sich angewidert die Nase zuzuhalten.[93] In Vater und Sohn stehen sich bei Müller offenbar „zwei unterschiedliche Traditionen der Affekt- und Trieborganisation" gegenüber, die auch die Unterschiede ihrer beider Herrschaftsformen beeinflussen.[94] Das Furzen bleibt das einzige, direkte Körperzeichen, mit dem sich Müller auf die Figur Friedrich Wilhelm bezieht. Darüber hinaus gibt es allerdings eine ganze Reihe von Körperzeichen der Stellvertretung, die auf die gravierende körperliche und seelische Deformation des alten Königs schließen lassen und das preußische Erziehungssystem als Erbschaft mehrerer Generationen ausweisen. Die Rolle des Soldatenkönigs beschränkt sich bei Müller darauf, seinen Offizieren zu den beabsichtigten Quälereien Anweisungen zu erteilen. Diese übernehmen als gut dressierte Automaten das Handeln für ihn, tragen also auch statt seiner die damit verbundenen Deformationen davon. Die ihnen in den Szenen ‚Leben Gundlings' und ‚Preußische Spiele 2' am häufigsten zugewiesene Regieanweisung lautet „*lachen*" (fünf Mal). Darüber hinaus delektieren sich die Soldaten derart oft an bösen Späßen auf Kosten ihrer Opfer, dass die Anweisung „*lachen*" noch einige Male mehr impliziert wird. In dieses zynische, grauenerregende Lachen, das „den ganzen Körper grotesk [...] schüttelt"[95], stimmt auch Friedrich Wilhelm zweimal ein. Stellvertretend für den König stellen die Soldaten seine Macht zur Schau, exponieren sich als potente Männer (wenn auch nur zum Pissen) und stellen das virile Versagen Gundlings und Friedrichs öffentlich bloß. Das enthüllte Geschlechtsteil aber verhält sich in seinen Konnotationen ambivalent: Es fungiert nicht nur als Körperzeichen der Macht, gleichzeitig erscheint es auch als ein deplatziertes, lächerliches Anhängsel des Menschenkörpers. So degradiert es die Offiziere wieder zu bloßen Triebwesen, rückt sie in die Nähe komischer Mischgestalten menschlicher und tierischer Natur: „Die Emanzipation vom Tier zum Menschen schlägt durch die Maschinisierung der inneren Natur in ihr Gegenteil um und zeitigt eine neue Quelle der Inhumanität."[96] Raddatz' Beobachtung kann auch als Aussage über die – von Müller kaum ausgearbeitete – Trieborganisation Friedrich Wilhelms herhalten, umso mehr, wenn man die ohne jegliche indivi-

---

93 HMW 4, S. 511.
94 Weitin 2003, S. 309; siehe dazu auch Raddatz 1991, S. 105.
95 Stollmann 1997, S. 59. In diesem gewaltsamen Zusammenhang erhält Stollmanns körperliche Definition des Lachens eine besondere Bedeutung.
96 Raddatz 1991, S. 130.

duelle Pinselstriche gezeichneten Offiziere als Stellvertreterfiguren des Königs begreift.

Körperliche Deformation beschränkt sich also in Müllers ästhetischer Konzeption nicht nur auf die Charakterisierung der Opfer, sondern wird auch wesentlich zur Erstellung von Täterprofilen herangezogen. Exemplarisch lässt sich dies an Friedrich II. zeigen, der sich seiner Opferrolle gegenüber dem Vater schließlich entledigt und im Laufe der eigenen Regentschaft zu einem mindestens ebenso grausamen Potentaten heranreift.[97] Aufgrund dieser ambivalenten Persönlichkeitsstruktur bezeichnet Müller Friedrich in seiner Autobiographie „fast" als „Identifikationsfigur"[98] und vermerkt in seinen Notizen zum ‚Gundling':

> F2: Geschichte des Stücks / sensibler Begabter durch Erziehung zum Verbrecher / erster (einziger) Zyniker auf dem / hohen Thron / die anderen zu dumm / Leitbild mit Verachtung, (Hunde wollt ihr ewig leben –) / unter andern ein Verbrecher / was ihn auszeichnet: daß er es wußte.[99]

Müller scheint sich also besonders für die Folgen der Schwarzen Pädagogik zu interessieren, der Friedrich in seinen Jugendjahren ausgesetzt war. Das zeigt sich unter anderem am szenischen Aufbau der Friedrichbilder. Schlaglichtartige Momentaufnahmen aus dem Leben des Preußenkönigs, die das Augenmerk des Rezipienten auf eine Art seelische Entwicklungsgeschichte des Protagonisten lenken, werden hier ohne narrativen Zusammenhang aneinandergereiht. Ein einschlägiges Beispiel dafür bietet das kurze Triptychon ‚Preußische Spiele': Auf Friedrichs Abwehrreaktion gegen die oktroyierte Körperdressur in der ersten Szene folgt in der zweiten mit der Erschießung Kattes eine Gegenmaßnahme des Soldatenkönigs. ‚Preußische Spiele 3' schließlich zeigt Friedrich bereits als König von Preußen, der seine Soldaten in den Siebenjährigen Krieg treibt. Schulz vermerkt dazu: „Reduktion des Selbst auf ein Nichts oder, um mit Freud zu reden, die ‚Identifizierung mit dem Angreifer', erscheinen als zwei Varianten, auf die Entwürdigung und Vernichtung der Subjektivität zu reagieren."[100] Hatte Müller in der Figur des Gundling die erste Kompensationsvariante vorgeführt, so portraitiert er in Friedrich II. die zweite. In beiden Fällen folgt er einer der Psychoanalyse verpflichteten Deutung gewaltsamer Traumatisierungen.[101] Wo Gundling in einen

---

[97] Siehe dazu Hauschild, Jan-Christoph: Heiner Müller oder das Prinzip Zweifel. Berlin 2003, S. 356.
[98] HMW 9, S. 211.
[99] HMW 4, S. 591.
[100] Schulz 1980, S. 143.
[101] Vgl. Emmerich 1982, S. 131.

destruktiven Masochismus verfällt, gewinnen bei Friedrich die sadistischen Anlagen immer mehr die Oberhand.¹⁰²

Zunächst erscheint diese „Identifikation mit dem Aggressor"¹⁰³, die sich in der Persönlichkeit des jungen Königs vollzieht, allerdings noch ambivalent. Während Friedrich einerseits heftig gegen den Despotismus seines Vaters rebelliert, scheint ihm andererseits dessen Gewaltsamkeit nicht völlig fremd zu sein. So legt Müller schon in dem widerständigen Kind, das interessiert Gundlings „Tanz" mit dem Bären verfolgt, die Möglichkeit des Sadismus an.¹⁰⁴

> FRIEDRICH *hoffnungsvoll:* Wird er ihn zerreißen, Papa?¹⁰⁵

Die Umarbeitung des Prinzen zur „seelenlosen Machtmaschine", die durch diese Neigung eigentlich begünstigt werden sollte, verläuft dennoch nicht ohne Störungen. Nachdem Friedrich im dritten Teil des Erziehungstriptychons seine Soldaten in die Schlacht geprügelt hat, muss er sich beim Anblick des blutig verfärbten Schnees übergeben. Es ist der „unbestimmte[] (körperliche[]) Rest jener [...] (störenden) Natur"¹⁰⁶, der sich hier noch einmal bemerkbar macht. Der Körper Friedrichs versucht sich durch eine groteske Konvulsion, eine letzte verzweifelte Abwehrreaktion, des bereits verinnerlichten Herrschaftssystems zu entledigen. Der körperliche Reflex beutelt den König so heftig, dass er sich plötzlich die Kaltblütigkeit des Vaters herbeiwünscht:

> FRIEDRICH Ich wollt, ich wär mein Vater.¹⁰⁷

Der ersehnte Rollentausch macht deutlich, wie sehr der junge König sich bereits mit der vom Vater oktroyierten Rolle des im Dienste der Staatsräson mechanisch funktionierenden Herrschers identifiziert hat und wie unangenehm ihm der Widerstand seines anarchischen, den „‚herzlosen' Staat in Frage stellende[n]" Körpers inzwischen ist. Emmerich erkennt in diesem Vorgang die vollendete Perversion seiner individuellen Neigungen und analysiert diese vor dem Hintergrund von Klaus Theweleits Muster des „soldatischen Mannes" im 20. Jahrhundert: „Aus dem Wunsch zu *lieben* ist der zu *töten* geworden, aus der Produktion lebendiger

---

102 Vgl. Schulz 1980, S. 147.
103 Raddatz 1991, S. 107.
104 Vgl. Emmerich 1982, S. 128.
105 HMW 4, S. 513.
106 Eke 1998, S. 82.
107 HMW 4, S. 517.

Wirklichkeit die Antiproduktion: die Produktion von Tod."[108] Friedrich will seiner inneren Haltung durch ein literarisches Stimulans nachhelfen und lässt sich, während in seinem Rücken die Schlacht fortdauert, von seinem Adjutanten Catt aus Racines ‚Britannicus' vorlesen, einem Werk, in dem „[d]ie besondere Aufmerksamkeit des Autors [...] der ‚Entstehung des Monsters' (‚le monstre naissant') und der akribischen Inszenierung seines Sadismus"[109] gilt. Die durch den Vater erfahrene Körperdressur hat sich in Selbstdisziplinierung und damit in Selbstverstümmelung verwandelt.

In der Szene ‚Ach wie gut daß niemand weiß daß ich Rumpelstilzchen heiß oder Die Schule der Nation', der ersten des Stücks, die sich, was die Behauptung eines vordergründigen Naturalismus' angeht, vollständig von den vorhergehenden unterscheidet, erhält dieser Prozess seine metaphorische Zuspitzung. Die Regieanweisung verortet Friedrich in einer surrealen, ja annähernd apokalyptischen Schlachtszenerie, in der er den blessierten „*Soldaten (Puppen)*" je nach Grad und Schwere ihrer Verwundungen Zensuren erteilt:

> *5 (ungenügend) für Versehrtheit oder leichte Verwundungen, bessere Noten (4–2) für jede schwere Blessur bzw. Verlust von Gliedmaßen, 1 (ausgezeichnet) für die Toten.*[110]

Friedrichs verinnerlichte „dezidiert antikörperliche Einstellung" erlaubt es, die Menschen durch Marionetten zu ersetzen,[111] lässt die Produktion von Verstümmelung und Tod am zur Verfügung stehenden Menschenmaterial, mithin den Krieg zur sinnstiftenden Instanz pervertieren.[112] Der Preußenkönig gebärdet sich als sadistisches Rumpelstilzchen, das „‚der Königin ihr Kind', also den Müttern die Söhne" stiehlt, dem „etwas Lebendes [...] lieber ist, als alle Schätze der Welt".[113] Wie das Rumpelstilzchen des Volksmärchens singt Friedrich ein „seltsame[s] Kinderlied", dem Müller in seiner Autobiografie eine ähnlich zentrale Funktion zuschreibt wie der Replik „Sire, das war ich"[114]:

---

108 Emmerich 1982, S. 134, zitiert nach Theweleit, Klaus: Männerphantasien. Bd. 1: Frauen, Fluten, Körper, Geschichte. Frankfurt am Main 1977, S. 269 f.
109 Schwarz, Gottfried: Racine: Britannicus. In: Kindlers Literatur Lexikon. Hrsg. von Jens, Walter. Bd. 13. München 1988, S. 874–875.
110 HMW 4, S. 517.
111 Emmerich 1982, S. 136.
112 Raddatz 1991, S. 107. Vgl. dazu auch Hegemann [1930], S. 123.
113 Kinder- und Hausmärchen gesammelt durch die Brüder Grimm. Hrsg. von Rölleke, Heinz. Frankfurt am Main 1999, S. 250–253, hier S. 252; vgl. dazu Emmerich 1982, S. 137.
114 HMW 9, S. 211.

> FRIEDRICH Auf Wiesen grün
> Viel Blumen blühn
> Die gelben den Schweinen
> Die blauen den Kleinen
> Der Liebsten die roten
> Die weißen den Toten.[115]

Emmerich zieht eine Parallele zwischen diesem merkwürdigen Singsang und einem Motiv aus Karl Philipp Moritz' psychologischem Roman ‚Anton Reiser'. Moritz erzählt die Geschichte eines preußischen Jungen, dessen Sadismus sich im Zerstören von Gegenständen äußert, die er als Menschen imaginiert: Zu seinen Opfern zählen unter anderem zahlreiche Papiersoldaten, zwei Armeen von Obstkernen sowie gelbe und weiße Wiesenblumen.[116] Schulz macht außerdem auf Friedrichs zunehmenden Infantilismus aufmerksam, der die Persönlichkeit des Königs an den Rand des Wahnsinns treibt.[117] Friedrich geriert sich wie ein „steckengebliebene[s] Kind, das seine Triebbedürfnisse kompensatorisch-sadistisch befriedigen muß, wo ihnen eine nicht-aggressive, humane Erfüllung im Sozialisationsprozeß ausgetrieben worden ist"[118]. Dem eingeschrieben ist auch die märchenhaft-mythologische Struktur der Selbstzerreißung, die das Bild vom Rumpelstilzchen impliziert. Sie verweist nicht nur auf die Identitätsstörung des Preußenkönigs, sondern nimmt auch die Geschichte der verspäteten deutschen Nation – deren Wiegenlied sein Gesang repräsentieren könnte – bis ins 20. Jahrhundert hinein vorweg. Denn das surreale Szenenbild beschränkt sich nicht auf die preußische Perspektive:

> *Auf der anderen Seite teilen überlebensgroß John Bull und Marianne die Welt, indem sie mit Messern, die sie aus toten Indianern und Negern herausziehn, an einem Globus Messerstich spielen. Bei jedem Treffer schneidet der Sieger eine Scheibe heraus und verleibt sie sich ein. Satt sehen beide, sich (manchmal einander) den Bauch reibend, rülpsend und furzend dem kleinen Friedrich zu, der mit seinen Soldaten Krieg spielt.*[119]

Das Bild zitiert das ‚Vorspiel in den höheren Regionen' aus Brechts ‚Schweyk im Zweiten Weltkrieg' und erweitert dessen historische Perspektive auf den Kolonialismus als Vorläufer und Impulsgeber des deutschen Faschismus. Dass die

---

115 HMW 4, S. 518.
116 Vgl. Moritz, Karl Philipp: Anton Reiser. In: Moritz: Sämtliche Werke. Kritische und kommentierte Ausgabe. Bd. 1. Hrsg. von Wingertszahn, Christof. Tübingen 2006, S. 28. Siehe dazu Emmerich 1982, S. 137.
117 Vgl. Schulz 1980, S. 141 f.
118 Emmerich 1982, S. 137.
119 HMW 4, S. 518.

Zwischenspiele seines ‚Schweyk' „im Stil des Gruselmärchens"[120] inszeniert werden sollten, hat Brecht in einer Bemerkung zum Stück ausdrücklich verlangt:

> *Kriegerische Musik. Hitler, Göring, Goebbels und Himmler um einen Globus. Alle sind überlebensgroß außer Goebbels, der überlebensklein ist.*
>
> HITLER
> Meine Herrn Parteigenossen, nachdem ich jetzt Deutschland
> Unterworfen habe mit eiserner Hand
> Kann ich darangehen, nunmehr die ganze Welt zu unterwerfen
> Meiner Meinung eine Frage von Tanks, Stukas und guten Nerven.
> *Er legt seine Hand auf den Globus. Es verbreitet sich darauf ein blutiger Fleck. Göring, Goebbels und Himmler rufen „Heil".*[121]

Bei Müller leistet Friedrich durch die Dressur des preußischen Volkes die Vorarbeit für die von Brecht in den Blick genommenen großen Menschheitskatastrophen des 20. Jahrhunderts, während sich England und Frankreich genüsslich die Welt einverleiben und den Erben des Preußentums die Rolle der ewig Zuspätgekommenen zuweisen. Kolonisation bedeutet in Preußen Kolonisation der eigenen Bevölkerung.[122] Die Welt erscheint hier als Spielball, Menschen als Marionetten; beide stehen dem Zeitvertreib der dehumanisierten, infantilen Herrschenden zur freien Verfügung.

Die Imagination Friedrichs als „gar zu lächerliches Männlein"[123], wie das Rumpelstilzchen im Märchen erscheint, setzt sich in der Folgeszene fort. Der Infantilismus des Königs erfährt sogar noch eine Steigerung. ‚Herzkönig Schwarze Witwe' beginnt vermeintlich als Kinderzimmerszene: Friedrich spielt liebevoll mit einer *„Preußenpuppe mit Friedrich-Wilhelm-Maske, wiegt streichelt küßt sie vor dem Spiegel"*. Die Puppe verkörpert für den König offenbar Vater, Volk und eigenes Ich zugleich – denn im nächsten Moment schleudert er sie plötzlich wutentbrannt zu Boden und tanzt auf ihr herum.[124] Schließlich landet die Puppe wieder unsanft im Schrank, wie ein Spielzeug, an dem er die Lust verloren hat. Anschließend bohrt Friedrich in der Nase, eine Karikatur infantil-selbstbezüglichen Lustempfindens, und fühlt sich peinlich ertappt, als die tief verschleierte Sächsin den Raum betritt. Das Bild beschreibt eine drastische Spaltung des emotionalen Bewusstseins. Noch Jahre nach dem Tod des Vaters ist es Friedrich nicht möglich,

---

120 GBA 7, S. 182.
121 Ebd., S. 183. Deutlich wird mit dem „blutigen Fleck" auch die motivische Parallele zur Kleist-Szene in ‚Leben Gundlings'.
122 Vgl. Raddatz 1991, S. 116.
123 Rölleke 1999, S. 252.
124 Vgl. Emmerich 1982, S. 138.

seinen triebhaften körperlichen Regungen ohne schlechtes Gewissen nachzugeben. Die Verkehrung dieses Schuldkomplexes in Sadismus stellt die Witwenszene zur Schau.

Es ist ein alberner, aber auch ein dämonischer Geist, den Müller in Friedrich II. vorführt.[125] Durch seine unterdrückte Homosexualität und die körperliche Selbstkastration ist er unempfindlich gegen die Reize der Sächsin, die sich ihm im Tausch gegen das Leben ihres Mannes (eines desertierten sächsischen Offiziers) anbietet. Friedrich flüchtet vor der Frau, was eine karnevaleske Verfolgungsjagd nach sich zieht. Die den beiden Figuren zugewiesenen Regieanweisungen zeigen dabei einen spezifischen Kontrast in ihrer Körpersprache. Die Sächsin fällt in Ohnmacht, sie fleht, weint, heult, bittet, wirft sich auf die Knie, mit einem Wort, sie erniedrigt sich in ungeheurem Maße vor dem König. Friedrich hingegen gewinnt allein aus den Spielanweisungen das Gebaren eines wildlachenden Dämons, der ein ganzes Repertoire an Rollen vor seinem Opfer ausbreitet. Das Leid der Frau vollkommen missachtend, spielt er zunächst den Staatsmann, konterkariert diesen im nächsten Moment durch den lächerlichen Melancholiker, den vermeintlich die Last der Staatsräson erdrückt, und produziert sich zuletzt mit einem grotesk verunglückenden Selbstmordversuch, der abermals auf den Kastrationskomplex verweist.

> FRIEDRICH *tritt zurück, zieht seinen Degen:* Ah
> Wie diese Brust nach diesem Trost verlangt! –
> Gekrönte Häupter! Faulendes Europa!
> Euch dieses Beispiel wie ein König stirbt!
> *Will den Degen an die Brust setzen, die Arme sind zu kurz, der Degen ist zu lang, er trifft die Mitte.*[126]

Er entreißt der betenden Frau den Schleier, legt ihn sich selbst über den Kopf und tanzt einen grauenerregenden Veitstanz, der erneut an das Rumpelstilzchen erinnert:

> FRIEDRICH *tanzt:* Ich bin der Witwenmacher. Weiber
> Zu Witwen machen, Weib, ist mein Beruf.
> Ich leer die Betten aus und füll die Gräber.[127]

---

125 Müller selbst hat Friedrich II. in einem Interview von 1993 als „Gnom" und „Hofzwerg" bezeichnet (HMW 12, S. 465). Hegemann wiederum zitiert Johann Wilhelm Ludwig Gleim und Ernst Moritz Arndt, die beide vom „bösen Geist Deutschlands" sprechen (Hegemann [1930], S. 109).
126 HMW 4, S. 520.
127 Ebd., S. 521 f.

Er lacht, schüttelt sich, weint, sprüht vor Pathos und all das gleichzeitig. Schließlich gefällt er sich in der Rolle des unverstandenen Kindes, das von der Sächsin auf groteske Weise Trost dafür erschleicht, dass es gemäß der Staatsräson handeln muss:

> SÄCHSIN [...] *Hebt Friedrich auf, nimmt ihm die Augenbinde ab, trocknet mit dem Schleier sein Gesicht, bedeckt ihr Gesicht wieder mit dem Schleier, stellt den Stuhl ans Fenster, Richtung Publikum, setzt sich, nimmt Friedrich auf den Schoß, wiegt ihn und singt [...].*[128]

Das perverse, verstörende Moment der Szene liegt darin, dass es Friedrich mit seinem grotesken Schauspiel gelingt, die um Gnade flehende Frau von der Notwendigkeit der Hinrichtung ihres Mannes zu überzeugen. Friedrich ist kein klassischer „Herzkönig" nach dem Vorbild von Lewis Carrolls ‚Alice's Adventures in Wonderland', der dort gelegentlich einen Untertanen vor dem Köpfungswahn seiner Frau bewahrt.[129] Selbst herzlos, kann er allerdings durch seine wahnwitzigen Verstellungskünste das naive Herz der Sächsin rühren. Indem er sich als Opfer seiner staatlichen Funktion geriert, drängt er die hilflose Frau, die durch ihr Einverständnis sein Handeln billigt, in die Täterrolle. Sie, die eigentlich Liebende, wird so zur „schwarzen Witwe"[130], zur Spinne, die ihr Männchen opfert und das ursprüngliche Liebes- in ein Tötungsobjekt pervertiert.

Dadurch, dass der Preußenkönig die Sächsin zwingt, der Exekution ihres Mannes beizuwohnen, wiederholt er an ihr die Erschießung Kattes, die mit anzusehen er selbst genötigt war.[131] Die Gewalt des Vaters, die seinen Körper und dessen psycho-physische Regungen vollständig den Notwendigkeiten des Staatsdienstes unterworfen hat, hat Friedrich in einem Maße verinnerlicht, dass er diesen Dressurakt nun an der Sächsin wiederholt. Der Körper und seine natürlichen Bedürfnisse erscheinen nun auch ihm als disziplin- und somit staatsgefährdende Elemente, die es auszuschalten gilt. Im Gegensatz zu Friedrich Wilhelm, der die Methode roher Domestikation bevorzugte, vollzieht sich dieser Prozess bei seinem Sohn allerdings in Form „bewußte[r] Reflexionen über Ungenügen und Sinn des neuen Territoriums der politischen Macht"[132]. Friedrich II.

---

[128] HMW 4, S. 522.
[129] Vgl. Emmerich 1982, S. 138. Vgl. die gleichnamige Figur in Carroll, Lewis: Alice's Adventures in Wonderland [1865]. London 2006, S. 81.
[130] Emmerich 1982, S. 138 f.
[131] Vgl. ebd., S. 138.
[132] Raddatz 1991, S. 107 f.

äußert Bedauern über die Unmöglichkeit der vollkommenen Automatisierung des Menschen[133]:

> FRIEDRICH [...] Welch wunderbares Bildwerk ist der Mensch
> [...] Wenn die Natur ihn nicht geschaffen hätte
> [...] Der Mensch hat einen Fehler:
> Preußisch wäre die Welt, wenn meine Preußen
> Nicht fressen saufen huren scheißen würden.[134]

Während der Erschießungsszene vollführen Friedrich und die Sächsin jedoch einen weiteren Rollentausch, bei dem der König die Partie der schwarzen Witwe wieder übernimmt. In fiebernder Erwartung der Exekution *„springt"* Friedrich zunächst vom Schoß der Frau und ihr dann mit dem Krachen der Gewehre wie ein bösartiger Dämon in den Nacken. Wieder fühlt man sich an das Rumpelstilzchen erinnert, das sich mit sadistischer Lust am Schmerz seines Opfers weidet. Friedrichs Todesfaszination steigert sich durch das spritzende Blut annähernd zur sexuellen Ekstase, die nur gewaltsam ausgelebt werden kann: Der König würgt die Sächsin mit dem Schleier, was beide in einer grotesken Szenerie samt Stuhl zu Boden stürzen lässt. Wie bereits das Phädra-Spiel zeigte, liegt Friedrich auch die Rolle der männermordenden Megäre nicht fern.[135] Zum Ende der Witwenszene verkörpert er nun ganz das Bild des Spinnenweibchens, das sich das Männchen einverleibt, nachdem dieses im Liebesakt seine vitale Pflicht erfüllt hat. Ähnlich der Hitlerfigur in ‚Germania Tod in Berlin', die allerdings ihre „Männer" im Wortsinne verspeist,[136] entsorgt Friedrich diese, nachdem sie ihren Dienst am Staate abgeleistet haben oder aufgrund unerwünschter psycho-physischer Dispositionen zu seiner ordnungsgemäßen Erfüllung nicht mehr in der Lage sind.[137] Ein anderes Existenzrecht besitzen sie seiner Meinung nach nicht.

> FRIEDRICH *mit Adlermaske:* Meine Kanonen brauchen Futter, Weib.
> Wozu sonst hat sie ein Geschlecht im Leib.[138]

Im Kontext eines solchen Menschenbildes wird, wie Heidsieck ausführt, „der lebendige Mensch, der ein Selbstzweck sein, um seiner selbst Willen dasein soll, [...]

---

[133] Emmerich 1982, S. 139.
[134] HMW 4, S. 521.
[135] Müller betont zudem in einer dramaturgischen Anmerkung, dass Friedrich II. von einer Frau dargestellt werden könne (ebd., S. 537).
[136] Ebd., S. 353.
[137] Emmerich 1982, S. 139.
[138] HMW 4, S. 523.

wie ein beliebiges Material verarbeitet, zum technischen Produkt entstellt"[139] und seiner grotesken Entfremdung Vorschub geleistet.

Um die Perversion des humanistischen Menschenbildes der Aufklärung geht es Müller auch in der Szene ‚Et in Arcadia ego: Die Inspektion'. Für dieses Porträt einer Inspektionsreise, die Friedrich II. in Begleitung des Philosophen Voltaire unternimmt, standen dem Dramatiker „ein Schulbuch aus der wilhelminischen Zeit, in dem eine Inspektionsfahrt Friedrichs des Großen aufs Land beschrieben wird" und „ein Bericht aus dem ‚Neuen Deutschland' über eine Inspektionsreise von Walter Ulbricht aufs Land" Pate.[140] Das Horaz-Zitat im Titel verweist auf das Bild einer bukolischen Landidylle, das sich schon in der ersten Regieanweisung als trügerisch erweist:

Rübenacker. Bauernfamilie kriecht in den Furchen[141]

Die Idylle ist einzig als Karikatur in den zynischen Kommentaren des alternden Königs anwesend, der sich sein persönliches Arkadien als gedeihliches Nebeneinander von ländlicher Arbeit und bürgerlicher Kunst eigens produziert. Die Episode verdeutlicht, wie sehr sich Friedrichs Herrschaftssystem auf die hierarchischen Strukturen des preußischen Volkskörpers übertragen hat. Die gebückte Haltung der Bauern erweist sich nicht nur als Ehrerbietung gegenüber dem König, sie ist auch die innerhalb der bäuerlichen Familienstruktur einzig geduldete körperliche Position. Der aufrechte Gang ist dementsprechend nur noch als Gebrechen darstellbar, dem mit Gewalt abgeholfen werden muss – oder als militärischer Automatismus.

Der Bildhauer Schadow bearbeitet den Marmorblock, ab und zu die Bäuerin maßnehmend, wenn sie sich in der Furche aufrichtet und den Rücken streckt. Wenn sie sich nicht mehr bücken kann, weil der Rücken steif ist, hilft ihr der Bauer mit einem Faustschlag zurück in die Furche.[142]

Soldatisch stramm steht der Bauer mit seiner Familie vor dem König und bezahlt sein besserwisserisches Aufbegehren gegen dessen Vorstellungen vom preußischen Arkadien mit körperlicher und intellektueller Demütigung. Durch das Verspeisen einer von Friedrich zur Orange deklarierten Rübe, das den Bauern die Zähne kostet, inkorporiert er zwangsweise das preußische Autokratiesystem. Der Preußenkönig verkehrt in dieser Szene den berühmten Ausspruch des französi-

---

139 Heidsieck 1969, S. 17.
140 HMW 9, S. 210 f.
141 HMW 4, S. 529.
142 Ebd., S. 530.

schen Absolutisten Ludwig XIV.: „l'état c'est moi" in die vermeintlich aufgeklärte Version: „Das Volk bin ich, wenn Sie wissen, was ich meine", wobei eine Ambivalenz zum Tragen kommt, die die Reziprozität der Unterdrückungsmechanismen zwischen Herrschendem und Beherrschten enthüllt: „Die Strukturen von Autorität und Unterwerfung, der Austreibung des persönlichen Willens definieren das Subjekt Volk in der gleichen Weise wie seinen Unterdrücker, den König, die Staatsmacht."[143]

Widerstand gegen diese Zustände duldet Friedrich allenfalls unter eigener Regie und ästhetisch entschärft: Der rebellische Bauerntanz, den er die Landarbeiter zu Ehren des französischen Gastes aufführen lässt, folgt dem Flötenspiel des Königs.[144] Dass den Bauern dazu Hahnenköpfe aufgesetzt werden, zeigt Friedrichs Zynismus auf dem Höhepunkt.[145] Der König gibt damit nicht nur die Ideale von Aufklärung und Französischer Revolution der Lächerlichkeit preis, sondern verhöhnt indirekt auch seinen Gast und die übrigen anwesenden Intellektuellen. Schiller, der an der Rampe sein Ergebenheitsgedicht ‚Der Spaziergang' rezitiert, wird ohnehin bereits zu Beginn der Szene ein Rübensack über den Kopf gestülpt, da den König sein Vortrag zu langweilen beginnt. Auffällig häufig rückt Müller in dieser Szene den Kopf als das den Intellekt symbolisierende Körperteil ins Zentrum des Interesses. Auch einem der Maler, die angetreten sind, Friedrichs Arkadien zu porträtieren, wird die Leinwand über dem Kopf zertrümmert und das Gesicht geschwärzt, als er das klassizistische Schönheitsideal des Königs verfehlt. Eigenständiges Denken gehört nicht zu den Eigenschaften, die Friedrich von einem guten Untertanen erwartet. Künstler und Intellektuelle haben ebenso wie das Volk nur in repräsentativ-funktionalem Zusammenhang eine Existenzberechtigung. Wer sich diesem Diktat nicht zu fügen weiß, dem bleibt im friderizianischen Preußen nur übrig, unter einem Rübensack kaum hörbar vor sich hin zu husten.[146]

Die Verinnerlichung der körperreglementierenden Gewalt durch die Gesellschaft überdauert im Falle Friedrichs II. sogar dessen Hinscheiden. Bei Müller stirbt der Preußenkönig den Tod einer Maschine:

---

[143] Emmerich 1982, S. 145 f.
[144] Vgl. ebd., S. 146.
[145] Der Hahn erlangte seine Konsekration zum französischen Nationalsymbol für Freiheit und Brüderlichkeit mit der Französischen Revolution. Nur zwischenzeitlich ließ Napoleon ihn durch den Adler ersetzen, der ihm ein kraftvolleres nationales Emblem verkörperte. Der Adler ist auch Friedrichs Zeichen (vgl. HMW 4, S. 523).
[146] Vgl. dazu auch Hegemann [1930], S. 110.

III.2 Literarische Motive und Traditionen des Grotesken — 73

Zimmerflucht auf eine schmale Tür in Sanssouci. Vorn der Staatsrat: Kreaturen und Räte, mit Papier. Herzton und Atem des sterbenden Königs. Flüsterchor des Staatsrats, anschwellend: Er krepiert Er krepiert Er krepiert. *Herzton und Atem aus. Stille.*[147]

Im Anschluss weht Papier über die Bühne und in den Zuschauerraum, Emmerich zufolge Müllers Chiffre für den Beginn von Bürokratie und Apparatherrschaft.[148] Mit dem Tod des Königs verschwindet somit nur die körperliche Manifestation eines deformierten Menschenbildes, seine geistige Hinterlassenschaft lebt fort. Das Modell einer Erziehungsdiktatur, basierend auf Körperdisziplin und -dressur, überdauert gespeichert in den Körpern der preußischen Bevölkerung und wird noch über Jahrhunderte hinweg die deutsche Geschichte bestimmen.[149]

Wie tief sich das Herrschaftssystem Friedrichs II. in die Gesellschaft seiner Zeit einschreibt, entwickelt Müller darüber hinaus in ‚Lieber Gott mach mich fromm weil ich aus der Hölle komm' am Beispiel des preußischen Irrenhauses.[150] Der Protagonist der Szene, ein Psychiater, verkörpert nach Gundling, der sich der Macht andient, Friedrich, der sie internalisiert, und den Künstlern der Arkadien-Szene, die die Misshandlungen des Herrschers ohne oder mit nur mäßigem Protest über sich ergehen lassen, einen vierten Typus des Intellektuellen in Konfrontation mit der Macht. Seine Haltung eines zynischen Vollstreckers scheint der des Preußenkönigs zu ähneln, doch bei genauerem Hinsehen zeigt sich, dass die Dimension von Verinnerlichung der preußischen Erziehungsdiktatur, die den Professor auszeichnet, über Friedrichs offensiven Sadismus noch hinausgeht. Denn während sich bei Friedrich die physische und psychische (Selbst-)Vergewaltigung deutlich durch körperliche Rebellion, den Infantilismus und die Verwandlung in einen dämonischen Gnom äußert, ist der Professor anhand von Körperzeichen überhaupt nicht mehr charakterisierbar. Die Figur erscheint als bloßer Produzent von Sprache. Der Text bietet keinen Hinweis auf seine körperliche Gestalt und auch physische Reaktionen auf äußere Reize sind nur spärlich zu beobachten. Der Professor sticht somit aus der Figurenführung, die sich in Müllers ‚Leben Gundlings' durch eine hohe Konzentration von Körperzeichen auszeichnet, auffällig hervor: Seine Deformation besteht in der Entkörperung, in

---

[147] HMW 4, S. 532. Das Bild weist darüber hinaus Parallelen zum Tod Stalins auf, der 1953 unter grotesken Umständen im Kreise seiner Funktionäre starb, nachdem zuvor ein Schlaganfall nicht rechtzeitig behandelt worden war (vgl. Breuer 2004, S. 328).
[148] Vgl. Emmerich 1982, S. 147.
[149] Eke 1999, S. 193. Ein weiteres Beispiel für diese These findet sich in Michael Hanekes 2009 erschienenem Film ‚Das weiße Band – Eine deutsche Kindergeschichte', der den Ersten Weltkrieg und den Faschismus mit den verheerenden gesellschaftlichen Auswirkungen der jahrhundertelang praktizierten Schwarzen Pädagogik in Verbindung bringt.
[150] Vgl. Emmerich 1982, S. 142.

der Auflösung in blanke Rationalität. Ein einziges Mal stimmt der Mediziner in das Lachen seiner reichlich albernen Studenten ein; ein andermal ist es das Versagen seiner rationalen Berechnungen, das ihm einen kurzen Wutanfall entlockt, der sich allerdings im anhaltenden pseudo-wissenschaftlichen Dialog zwischen Professor und Studenten schnell wieder verflüchtigt. Die Figur erscheint als Manifestation vollkommener körperlicher Selbstkontrolle, als Prototyp des von den Romantikern kritisierten Philisters, des Zynikers, der durch kaum ein Ereignis mehr zu erschüttern ist. In der Forschung wird sie wiederholt mit dem bekannten Arzt und Pädagogen Daniel Gottlob Moritz Schreber (1808–1861), dem Erfinder der Masturbationsbandage und Begründer der Schrebergartenbewegung, identifiziert,[151] da die fixen Ideen von Domestikation und „Kasernierung"[152] der Körpernatur im Dienste der menschlichen Selbstbestimmung das Denken des Professors manisch beherrschen. Als „Lautsprecher eines seinerseits wahnhafte Züge annehmenden Systems des Social engineering, das mit der Vorstellung, die Disziplinierung des Körpers sei Bedingung und Beweis der emanzipatorischen Selbstbefreiung des Menschen aus seiner selbstverschuldeten Unmündigkeit, im sozialen Zwang die Idee der Selbstbestimmung abfeiert"[153], wünscht er sich den Menschen im Grunde als Maschine.[154] Seine Beschreibung der dialektischen Funktionsweise der Zwangsjacke führt den aufklärerischen Autonomiebegriff ad absurdum:

> PROFESSOR [...] Die Zwangsjacke. Ein Instrument der Dialektik, wie mein Kollege von der philosophischen Fakultät schließen würde. Eine Schule der Freiheit in der Tat. [...] Je mehr der Patient sich bewegt, desto enger schnürt er sich selbst, er sich selbst wohlgemerkt, in seine Bestimmung. Jeder ist sein eigener Preuße, populär gesprochen. Darin liegt der erzieherische Wert, das Humanum sozusagen, der Zwangsjacke, die ebensogut Freiheitsjacke genannt werden kann.[155]

Ihm stehen die Insassen der Irrenanstalt gegenüber, die zunächst als traumatisierte, körperlich entstellte Opfer der preußischen Erziehungsdiktatur und des friderizianischen Militarismus geschildert werden:

---

151 Vgl. Schulz 1980, S. 145; Raddatz 1991, S. 108; Emmerich 1982, S. 143. Müller selbst behauptet, den „Fall Schreber" zur Zeit der Niederschrift des ‚Gundling' nicht gekannt zu haben (HMW 9, S. 210).
152 Emmerich 1982, S. 143.
153 Eke 1999, S. 190.
154 Man fühlt sich an Julien Offray de La Mettrie erinnert, einen der Hausphilosophen Friedrichs II., der in seinem Hauptwerk ‚L'homme machine', vom Menschen als einer sich selbst steuernden Maschine spricht (vgl. Emmerich 1982, S. 143).
155 HMW 4, S. 526.

Preußisches Irrenhaus. Kriegskrüppel spielen Krieg. Veteranen üben Stechschritt und Spießrutenlauf. Rattenjagd. Mann in Käfig. Kind in Bandage. Frau in Stupor.[156]

Zu den ehemaligen Soldaten, die den militärischen Drill derart inkorporiert haben, dass sie auch als verstümmelte Kriegsheimkehrer nicht aufhören können, die seelenlosen Abläufe des Soldatenalltags mechanisch zu wiederholen, gesellen sich Patienten, die durch Traumatisierungen im zivilen Leben dem Wahnsinn anheimgefallen sind: der „Mann im Käfig", ein Lehrer und ehemaliger Korporal aus dem Siebenjährigen Krieg, der den militärischen Drill im Schulalltag auf brutalste Weise umgesetzt hat; das „Kind in Bandage", ein Knabe, dem es nicht gelungen ist, die phallische Phase der frühkindlichen Sexualentwicklung zu überwinden[157] und die „Frau im Stupor", die durch das schwere körperliche und seelische Trauma einer wiederholt misslungenen Hinrichtung in die Wachstarre gefallen ist.[158] Die groteske Szenerie, die diese Figuren abgeben, erinnert sofort an das Personal des ‚Marat/Sade' von Peter Weiss.[159]

Die natürlichen Triebregungen, die bei diesen Patienten zivilisatorisch ungefiltert und in durchaus karnevaleskem Gestus zum Ausdruck kommen, lässt der Professor ohne Umschweife unterbinden, wobei sich der „Sieg der Vernunft über den rohen Naturtrieb" schnell als blanke Gewalt entpuppt. So ist der hysterische Ausbruch der „Frau im Stupor" nur durch gewaltsames Einschnüren in die Zwangsjacke zu bändigen, der zwanghaft onanierende Knabe wird durch die Masturbationsbandage zur Raison gebracht. Der Freiheitsdrang und rebellische Glücksanspruch der Patienten allerdings erweist sich als unbezähmbar. Durch die Masturbationsbandage an der Ausübung seiner sexuellen Praxis gehindert, ver-

---

156 Ebd., S. 523
157 Siehe dazu Freud, Sigmund: Abriss der Psychoanalyse [1938]. In: Freud: Gesammelte Werke. 17. Bd.: Schriften aus dem Nachlass. Hrsg. von Freud, Anna u. a. Frankfurt am Main 1941, S. 63–138, hier S. 76 f. Zudem erinnert dieser Junge an Fritz von Kalb, den Sohn Charlotte von Kalbs und ungebärdigen Schüler Friedrich Hölderlins, der seinen Lehrer durch sein despektierliches Verhalten zur Verzweiflung brachte. Vgl. Hölderlins Brief an die Mutter vom Juli 1794, zitiert in Bertaux, Pierre: Friedrich Hölderlin. Eine Biographie. Frankfurt am Main/Leipzig 2000, S. 53.
158 Dieses Gebrechen ruft unweigerlich die 1950 erfolgte Hinrichtung des erst 19-jährigen Bankräubers Werner Gladow, Anführer der legendären Gladow-Bande, in Erinnerung, die erst beim dritten Anlauf erfolgreich gewesen sein soll. Müller versteht Gladows kriminelle Energie u. a. als Gegenkraft zum Produktivitätspostulat der DDR-Aufbauphase (vgl. HMW 11, S. 225, HMW 9, S. 68).
159 Vgl. Weiss, Peter: Die Verfolgung und Ermordung Jean Paul Marats dargestellt durch die Schauspielgruppe des Hospizes zu Charenton unter Anleitung des Herrn de Sade. In: Weiss: Stücke I. Frankfurt am Main 1976, S. 155–255, hier S. 157 f. Vgl. auch Schulz 1980, S. 145; Emmerich 1982, S. 140.

legt sich das Kind auf orale Ausdrucksmöglichkeiten seiner Person. Es streckt den Anwesenden die Zunge heraus und spuckt nach ihnen, woraufhin man ihm gewaltsam den Mund verbindet. Aus der Bandage befreit, greift der Knabe sofort wieder nach seinen Genitalien, was durch noch festeres Einschnüren abgewendet wird. Die exzessive Körperlichkeit des jungen Patienten wird vom Professor nicht nur als Affront gegen die Errungenschaften von Rationalität und Zivilisation empfunden, sie stellt zugleich eine Gefahr für sein persönliches Selbstverständnis dar. Dementsprechend scheint das merkwürdige Volkslied, mit dem die stuporische Frau die Szene eröffnet, einen Hinweis auf die Motivation des Psychiaters zu enthalten, stellt es doch eine „exzessiv ausgelebte Zerstörungsphantasie gegenüber dem bedrohlichen Lebendigen"[160] zur Schau. Nach Friedrichs körperlicher Rebellion erscheint der Körper hier also zum zweiten Mal als Möglichkeit des Widerständigen und Subversiven – und wird damit utopisch konnotiert. Er tritt in Gegensatz zur Vernunft, die in der Irrenhausszene zum Mittel bloßer Naturbeherrschung degeneriert ist:

> Die Vertreter der Rationalität tendieren nicht mehr zur politischen Emanzipation, sondern die Vernunft dient allein dazu sich von der Natur zu befreien bzw. sie zu beherrschen. Die Naturbeherrschung am Körper aber kommt seiner Domestizierung gleich, Rationalität verschmilzt mit Herrschaft – (innere[]) Natur mit Freiheit. Nicht länger kann Vernunft als Wissenschaft emanzipatives Potential sein, sondern emanzipativ wäre hiernach allein eine Wiederaneignung des Leiblichen.[161]

Mit der Figur des Zebahl und dessen christlich geprägter Körperökonomie stellt Müller dem vehement auf seine körperlichen Glücksansprüche beharrenden Kind – als einem traditionellen Träger von Utopie – eine weitere Form der Selbstkasteiung zum Zwecke einer höheren Seligkeit gegenüber. Unterdrückte pädophile Sehnsüchte gegenüber seinem Lieblingsschüler äußerten sich bei dem ehemaligen Lehrer erst in Gewalt gegen das eigentliche Liebesobjekt und schlagen nach dessen Zerstörung innerhalb eines Schuld- und Schamkomplexes in die Selbstgeißelung des eigenen Körpers um. So führt Müller in der Irrenhausszene die beiden zentralen Heilsgeschichten des Abendlandes, Christentum und Aufklärung, anhand eines Dämoniums des Menschenkörpers ad absurdum. Beide scheinen offenbar, wie der Schlussmonolog des Zebahl deutlich macht, von der gewaltsamen Zerstörung der ihnen unheimlichen (Körper-)Natur besessen. Die Erde selbst ist schon die Hölle – der Titel der Szene verweist darauf – und der

---

160 Emmerich 1982, S. 141.
161 Raddatz 1991, S. 110 f.

Mensch hat sie sich eigenhändig geschaffen.[162] Zebahl bleibt somit am Ende der Szene nur noch der Schrei – als letzte, durchdringende körperliche „Artikulationsmöglichkeit jenseits aller sprachlichen Mittel in einer individuell und historisch ausweglosen Situation"[163].

III.2.1.3 Heiner Müllers Modell des grotesken Körpers

Müllers Figurenführung im ersten Teil von ‚Leben Gundlings' bedient sich also ausgiebig aus der von Bachtin überlieferten „karnevalistischen Tradition der grotesken Körperdarstellung"[164]. Allerdings erscheinen die Körper im ‚Gundling' keineswegs als Manifestation einer universalen Einheit von Mensch und Welt.[165] Auch die heitere Relativität des Bestehenden, die sich laut Bachtin in der lachenden Dekonstruktion konkreter Herrschaftsverhältnisse manifestiert, kommt dort nicht zum Ausdruck. Vielmehr verwendet Müller die Körper seiner Figuren als Folie, in die die Macht sich einschreibt. Ihre karnevalesk-körperliche Exzentrik steht prinzipiell in Zusammenhang mit gewaltsamer Demütigung und Deformation, die Denunziation der Macht erfolgt dadurch oft nur indirekt und selten in komischer Weise. Herrschaft wird nicht im volkstümlichen Lachen überwunden, sondern durch zynisches Gelächter zementiert. Degradierung erleiden Täter wie Opfer der Gewalt. Zur Familiarisierung kommt es angesichts festgefügter Hierarchien nicht. Von Mésalliance und Profanation kann lediglich mit Blick auf die christliche Heilsgeschichte und die humanistischen Ideale der Aufklärung gesprochen werden. Keine Spur von Tod und vitalistischer Erneuerung der alten Ordnung. Müllers Karneval ist ein *Schwarzer Karneval*.

Mit dem ‚Gundling' setzt der Autor somit seine spezifische Variante einer Dramatisierung der Geschichte des Körpers fort, mit der er bereits Ende der 1950er-Jahre begonnen hat. Seine Figurenkörper dienen ihm als materielle Basis für die Zurschaustellung physischer und psychischer Deformationen, wie sie in der preußischen Version des Zivilisationsprozesses offenkundig werden.[166] „Der

---

162 Vgl. Leopoldseder 1973, S. 111.
163 Emmerich 1982, S. 145. Vgl. auch Breuer 2004, S. 365.
164 Klein, Christian: „Drama kann man nicht im Sitzen schreiben". Die Sprache des Körpers im Theater Heiner Müllers. In: Heiner Müller – Rückblicke, Perspektiven. Hrsg. von Buck, Theo/Valentin, Jean-Marie. Frankfurt am Main 1995, S. 153–166, hier S. 159. Vgl. ebenso Weitin 2003, S. 294. Klein und Weitin beziehen sich in ihrer Argumentation zwar auf ‚Germania Tod in Berlin', das tut der These allerdings keinen Abbruch, da beide Texte, was die Figurenkonzeption anbelangt, zahlreiche Parallelen aufweisen.
165 Vgl. Weitin 2003, S. 294.
166 Vgl. Raddatz 1991, S. 99.

Körper", so vermerkt er 1993 in einem Gespräch mit Thomas Assheuer, „ist immer ein Einspruch gegen Ideologien".[167] Dementsprechend treten die Körper auch im ‚Gundling' in einen Gegensatz zu den körperablehnenden Praktiken des friderizianischen Disziplinarsystems und wehren sich gegen eine Pervertierung des aufklärerischen Geistes, die die Vernunft zum Mittel blanker Naturbeherrschung verkommen lässt. Müllers Augenmerk liegt dabei besonders auf zwei Aspekten: Indem er die Mächtigen in ihrer grotesken Körperlichkeit zur Schau stellt, sie dadurch der Lächerlichkeit preisgibt und auf die grauenvollen Deformationen hinweist, die die Ausübung von Gewalt nach sich zieht, brandmarkt er ihre Herrschaftspraktiken. Darüber hinaus aber betont er wiederholt anhand anarchischer Körperzeichen das nicht gänzlich zu unterjochende Freiheitsbedürfnis der Unterdrückten. Denn wo „die anarchischen Vitaltriebe (,fressen saufen huren scheißen') aus Sicht des Staates die Verwertbarkeit des Menschen [...] einschränken, erscheinen sie umgekehrt zugleich als ein Hoffnungsmoment des Subversiven und Widerständigen gegen die preußische Moral der Geschichte"[168]. In diesem Spannungsfeld kommt es durchaus zu komischen Zusammenstößen von Körper und Macht – man denke an den zwanghaft masturbierenden Knaben im Irrenhaus –, allerdings kann sich die subversive Kraft des Lachens in der düsteren Szenerie des ‚Gundling' selten behaupten. Der Freiheitsgestus der Gedemütigten gewinnt nicht die Oberhand. Es liegt allerdings auch nicht in Müllers Interesse, moralisch saubere, undifferenzierte Opferfiguren zu zeichnen. Die Verantwortung für die Katastrophe liegt – darin besteht Müllers Realismus – in ‚Leben Gundlings' nicht nur bei den Herrschenden. Ihren Opfern ist die Gewalt, die sie erfahren, nicht völlig fremd; sie inkorporieren diese und geben sie weiter.[169] Insofern überrascht es kaum, dass Müller 1989 in einem Interview zu Protokoll gibt, ihn interessierten an der Geschichte eigentlich nur die Täter.[170] Da es seiner Ansicht nach weder reine Täter- noch reine Opferfiguren gibt, kann zur Unterbrechung des Kreislaufs der Gewalt nur beim Verständnis der Täter angesetzt werden.

Die utopische Konnotation des natürlichen Menschenkörpers, dessen groteske Funktionen Bachtin zufolge in der karnevalisierten Literatur dazu dienen, die bestehenden ideologisch-hierarchischen Ordnungen in Frage zu stellen und außer Kraft zu setzen, tritt in Müllers Text auf ein Minimum zurück. Zwar kommt es durchaus wiederholt zur Betonung der „Akte des Körperdramas" (Pissen,

---

[167] HMW 9, S. 406.
[168] Eke 1999, S. 192. Vgl. zudem Pietzcker [1971], S. 69 hinsichtlich der anarchischen Komponente des Grotesken.
[169] Vgl. Schulz 1980, S. 143.
[170] Vgl. GI 2, S. 172.

Kotzen, Masturbation, Tod), diese ereignen sich allerdings nicht an der Grenze von Leib und Welt, sondern genau an der Demarkationslinie zum gegenteiligen Extrem, an der Schnittstelle von Mensch und Maschine. Nicht der einzelne Körper und das ihn umgebende Universum schicken sich zur Vereinigung an, vielmehr wird das verletzliche Individuum in seinem einsamen Kampf gegen die Automatisierung gezeigt (Gundling, der junge Friedrich, die Sächsin). Zudem treten immer wieder Figuren auf, die die Verschmelzung von Mensch und Maschine schon hinter sich zu haben scheinen (Friedrich Wilhelm, der alte Friedrich, Psychiater, Offiziere, Soldaten, Bauern). Der Topos „Maschine" erscheint hier, wie Domdey erläutert, als „der Inbegriff der Entfremdung", er verkörpert einerseits „die Negation des Humanen", den „Mensch[en], der nur noch funktioniert", andererseits den „politische[n] Apparat, der die Geschichte exekutiert".[171] Im Gefolge dieses Motivs rücken die düsteren, grauenerregenden Momente in der Auseinandersetzung mit dem grotesken Körper gegenüber den lächerlichen drastisch in den Vordergrund, können kaum mehr durch ihr Verlachen in die Distanz verwiesen und für den Vor-Schein einer anderen Welt produktiv gemacht werden. Besonders die Sterbeszene des Monarchen macht dies deutlich, indem sie die Erziehungs- und Körperdiktatur des friderizianischen Autokratiesystems in den Papierbergen der Bürokratenherrschaft überdauern lässt. Der karnevaleske Körper erscheint nicht bedingungslos als manifeste Teilhabe an einer anderen Welt, sondern verweist in seiner Gegnerschaft zur instrumentellen Vernunft vielmehr auf das von Müller 1982 beschriebene, zerstörerische Verhältnis, das Ideen zu Körpern einnehmen können: „Das ist in der Tat mein Punkt im Theater: Körper und ihr Konflikt mit Ideen werden auf die Bühne geworfen. Solang es Ideen gibt, gibt es Wunden, Ideen bringen den Körpern Wunden bei."[172] Ähnlich sieht dies auch Eke, der Müllers späte Stücke gegen eine Rezeption in Schutz nimmt, die in ihnen den romantischen Wunsch des Autors nach einer Rückkehr zum natürlichen Ursprung des Menschen erkennen möchte:

> Die Gegenwelt der anarchischen Körpernatur in den späten Stücken Müllers nährt nicht das Versprechen auf einen wilden Naturzustand oder eine zu befreiende Triebenergie, die das von der Vernunft verlassene Feld der Revolution aufs Neue besetzt, verweist vielmehr auf die notwendige Redialektisierung des Verhältnisses von Körper und Vernunft als Voraussetzung einer neuen utopischen (Blick-)Öffnung.[173]

---

171 Domdey, Horst: ‚Maschine' in späteren Texten Heiner Müllers. In: Domdey: Produktivkraft Tod: das Drama Heiner Müllers. Köln 1998, S. 180–194, hier S. 180.
172 HMW 10, S. 211.
173 Eke 1998, S. 86.

Der Körper als Hort von Utopie beginnt im Zuge seiner stetigen Automatisierung in ‚Leben Gundlings' langsam zu verschwinden. Die apotropäische Wirkung, die bei Bachtin zum Wesen der karnevalesken Körperkonzeption gehört, lässt sich kaum mehr erzeugen. Müller entwickelt im ‚Gundling' einen „kalten Blick auf das Erdentreiben", der es „als ein leeres, sinnloses Puppenspiel, ein fratzenhaftes Marionettentheater" zeigt, das Kayser mit Verweis auf den Topos vom *theatrum mundi* einer vom Grauen bestimmten Perspektive auf das Groteske zurechnet.[174] Ist die Welt in Müllers grotesken Szenerien auch nicht einem unheimlichen, metaphysischen „Es"[175] unterworfen, so ist es doch der „‚kalte[] Blick' auf den [menschlichen] Terror"[176], der seine Perspektive leitet. Angesichts dieser Negativität scheint die groteske Darstellung, die ja immer auch auf die Aufhebbarkeit ihrer Phänomene, auf die Antizipation des ganz Anderen zielt, als ästhetischer Spiegel der Wirklichkeit bald nicht mehr zu genügen.

III.2.1.4 Heiner Müllers Abkehr vom grotesken Körper

Bezieht man nun die letzten beiden Szenen des ‚Gundling' in die Analyse mit ein, so wird klar, dass Müller sich dort aufgrund der zuvor formulierten Einsichten von der den ersten Teil charakterisierenden karnevalesken Körperkonzeption zu verabschieden beginnt, ohne dabei jedoch auf ihre Motive ganz zu verzichten. Was paradox klingt, soll sich im Folgenden erhellen.

Selbstzerstörung ist das Thema des kurzen Intermezzos ‚Heinrich von Kleist spielt Michael Kohlhaas', das eine Scharnierfunktion zwischen dem ersten großen Szenenblock über das Preußen Friedrichs II. und dem Lessing-Triptychon ‚Schlaf Traum Schrei' erfüllt. Den Text der Szene bildet die Anweisung zu einer Pantomime.[177] Müller kombiniert in der darin agierenden Figur biographische und literarische Motive aus Leben und Werk Heinrich von Kleists[178] und lässt sie den Typus des anarchistisch-terroristischen Selbsthelfers nachvollziehen, den Kleist selbst im ‚Michael Kohlhaas' angelegt hat. Damit porträtiert Müller unter anderem jenen „Aspekt der scheiternden romantischen Intelligenz"[179], der sich im Widerstand gegen die herrschende Ordnung selbst zerstört, und stellt den Dichter Kleist und seinen Versuch, die aufklärerischen Ideale im Gefühl zu retten,[180] in einen

---

[174] Kayser [1957], S. 200.
[175] Ebd., S. 199.
[176] Siehe dazu Müller-Schöll 2003, S. 86.
[177] Vgl. Weitin 2003, S. 305.
[178] Vgl. ebd., S. 305.
[179] Schulz 1980, S. 146; Emmerich 1982, S. 149.
[180] Vgl. Teraoka 1985, S. 69.

übergeordneten geschichtlichen Zusammenhang. Sowohl an der historischen Person Kleist wie auch an der literarischen Figur Kohlhaas sind psychologische Dispositionen auszumachen, die denen der zuvor portraitierten Opfer der preußischen Erziehungsdiktatur sichtlich ähneln.[181] Beide verweigern sich der gesellschaftlichen Norm, geleitet von einer Empörung, die „in beiden Varianten, den Strukturen verhaftet bleibt, die sie beseitigen will"[182].

Müllers Kleistfigur erscheint als „groteske Personalunion von Lebendem und Totem"[183], der Unterschied zwischen Menschenkörper und funktionalisierter Puppe ist aufgehoben. Scheint es zunächst, als sei es die personale Figur Kleist, die Kleistpuppe, Frauenpuppe und Pferdepuppe erst berührt und liebkost, seine Spielgefährten kurz darauf allerdings in einer wahnwitzigen Zerstörungsorgie in Stücke reißt, so verwandelt spätestens dieser Furor die Kleistfigur selbst in eine Puppe. Als sie sich die Pulsadern aufbeißt, ist es nur Sägemehl, das ihrem Arm entrieselt. Wenig später *„wird ein graues Tuch über die Szene geworfen, auf dem ein roter Fleck sich schnell ausbreitet"* und den Eindruck erweckt, als würde darunter doch ein Mensch verbluten. Stephan Schnabel kommentiert den Vorgang folgendermaßen:

> Der Dichter kann seine Figuren nicht beleben, die Zeiten von Pygmalion und Aphrodite sind endgültig vorbei. Wenn sich Kleist durch die Sprache seiner Figuren nicht mehr verkörpern kann, wenn er von Gott und der Welt verlassen ist und im Vakuum Fluchtverwandlungen misslingen, dann muss die Geschichte bis zum bitteren Ende durchgespielt werden, dann ist Selbstzerstörung der einzige Ausweg und Protest.[184]

In dem exzessiven Destruktionsrausch, in dem er zunächst in den Spielpuppen seine eigenen literarischen Figuren zerreißt und sich schließlich selbst – als groteskes belebt-unbelebtes Mischwesen – in einem formlosen roten Fleck auflöst, zerstört Kleist auch die Integrität des Figuren-Körpers. Auf der formalen Ebene bewirkt diese Destruktionsorgie zudem die Sprengung der gesamten Stückstruktur. Durch den Einbruch der Kleist-Szene in den Stückzusammenhang wird im ‚Gundling' Ganzheit schlechthin zerschlagen[185]: Im Spiegel der materiellen Destruktion vollführt Müller also auch einen Angriff auf die „Repräsentationsform des Thea-

---

[181] Kleist selbst stand zunächst im preußischen Militärdienst, den er später auf eigenen Wunsch verließ. Ohne Existenzgrundlage nahm er sich am Morgen des 21. November 1811 zusammen mit Henriette Vogel am Ufer des Kleinen Wannsee bei Berlin das Leben.
[182] Emmerich 1982, S. 149.
[183] Weitin 2003, S. 306.
[184] Schnabel, Stefan: Adler Flieg. In: Kalkfell Zwei. Hrsg. von Hörnigk, Frank. Berlin 2004, S. 97–105, hier S. 104.
[185] Siehe dazu Weitin 2003, S. 312.

ters"[186]. Mit der Kleistfigur wendet er sich einer Form der Selbstreflexion des Autors im literarischen Text zu, die mit der theatralen Konzeption, der noch der Friedrich-Teil gefolgt war, nichts mehr zu tun hat. Wenn der Dichter seine Figuren nicht mehr beleben kann, es ihm nicht mehr gelingt, sie als einer historischen Situation angemessen Sprechende und Handelnde zu gestalten, scheint die Auflösung der traditionellen dramatischen Figurenkonzeption der einzige Ausweg. Im Lessing-Triptychon existieren Körper somit nur noch als Text- und Sprachhüllen, die variabel gefüllt und in ihrer Mehrdeutigkeit durch keine spezifische ästhetische Kategorie mehr erfasst werden können, da sich ihre einfache Repräsentanz in der Vielfalt der Verweisungsräume verflüssigt: „Ist die Kleistszene als stummer Einschub selbst schon eine Unterbrechung des dialogischen Dramas der Aufklärung, initiiert ihr Ende eine weitere Wendung: den Umschlag zu einem Bühnengeschehen, das die ‚Schrift als *Drama*' hervortreten läßt."[187]

Die grotesk verzerrte Darstellung abgeschlossener, individueller Körper erweist sich als „Anti-System" zum klassischen literarischen Kanon (bzw. zum Diktat des Sozialistischen Realismus) und im Zusammenhang mit Müllers persönlichem geschichtlichem Erleben als nicht mehr radikal genug – abgesehen davon, dass bei zu exzessivem Gebrauch die Wirkmächtigkeit des grotesken Effekts der Gewöhnung weichen könnte.[188] Wo die Ohnmachtserfahrung des Individuums in der Konfrontation mit dem Geschichtsprozess überhandnimmt, scheinen die Mittel der Subversion und Austreibung der alten Ästhetik machtlos zu werden und fordern die Selbstreflexion des Autors und seiner ästhetischen Prämissen. Legt Kayser seine Deutung der grotesken Darstellung im Spannungsfeld von Bild und Begriff, Bild und Text an,[189] so ist es gerade dieses Phänomen, das Müller hier zu kritisieren beginnt. Ähnlich wie Bachtin macht Kayser das entscheidende Merkmal des Grotesken in seiner apotropäischen Wirkung aus: „Das Dunkle ist gesichtet, das Unheimliche entdeckt, das Unfaßbare zur Rede gestellt. [...] [D]ie Gestaltung des Grotesken ist der Versuch, das Dämonische in der Welt zu bannen und zu beschwören."[190] Diese auf die kultischen Ursprünge des

---

186 Ebd., S. 313.
187 Ebd.
188 Vgl. Sinic 2003, S. 38.
189 Vgl. Oesterle 2004, S. XIV.
190 Kayser [1957], S. 202. Siehe hierzu Scholl 2004, S. 26 f.: „So archaisch diese These anmuten mag, sie behält doch ihre Gültigkeit, denn das Groteske ist eine provozierte und provokative Ästhetik zugleich. Die Kategorie der Verfremdung oder Verseltsamung kann zum einen im Sinne Sklovskijs (*"ostranenie„*) als künstlerisches Verfahren zur Entautomatisierung, Erneuerung und Intensivierung der ästhetischen Wahrnehmung verstanden werden. Zum anderen impliziert sie auch die auf Hegel, Adorno, Herbert Marcuse und andere zurückgehende Vorstellung, daß Verfremdung durch Kunst Entfremdung im Leben erst bewußt machen kann. In seiner provokativen

Theaters zurückgehende[191] Annahme einer Aufhebbarkeit des Dargestellten in der Darstellung scheint für Müller am Ende der 1970er-Jahre nicht mehr zu gelten. Seine historische Erfahrung veranlasst ihn, an einer neuen Konzeption des theatralen Körpers zu arbeiten, die unter den Begriff „grotesk" (ebenso wie unter andere ästhetische Kategorien) nur noch bedingt subsumierbar ist. Einen ersten Ausdruck findet diese ‚Krise der Repräsentation' im Lessing-Triptychon, das zugleich Abschluss und Katastrophe des Stücks markiert.

Die erste der drei dazugehörigen Szenen, ‚Lessings Schlaf', zeigt einen Schauspieler, der geschminkt und kostümiert wird. Er soll in der Maske Lessings den Aufklärungsdichter darstellen, aber nicht mit diesem identifiziert werden – die eindeutige Zuordnung von Sprecher und dramatischer Figur wird unterbunden. Zudem soll der Schauspieler den Lessing-Text nicht frei rezitieren, sondern vom Blatt ablesen: Es ist also nicht sein eigener Text, den er da vorträgt. Indem Müller darüber hinaus die fiktive Selbstbetrachtung des Aufklärungsdramatikers im Text mit einer literarischen Selbstreflexion verschränkt,[192] und somit auch in der Sphäre des literarischen Gedankenflusses die Bezugsgrenzen verschwimmen, treibt er das Spiel mit der Multiperspektivität noch einen Schritt weiter.[193] Georg Wieghaus berichtet von einem Gespräch mit Müller aus dem Jahre 1979, das belegt, wie nahe sich der Autor der historischen Person Lessing und deren, wie er es nennt, tapferer „Existenz"[194] auch biographisch gefühlt haben muss:

> Einen Tag nach der Uraufführung von „Leben Gundlings" in Frankfurt am Main (26. Januar 1979) fragte ich Heiner Müller nach eventuellen Verbindungslinien zwischen ihm und Lessing. Seine Antwort hielt ich zunächst nur für eine ironische Replik auf die akademische Frage eines Germanisten. „Der ist in Sachsen geboren, ich auch. Der ist geboren 1729 und ich 1929, beide im Januar; ja, allerdings er Ende Januar und ich am Anfang.[195]

Funktion geht das Groteske in der Kunst und Literatur gegen das Groteske in der Wirklichkeit an. In diesem Sinne kann man es auch heute noch als apotropäisch bezeichnen."
191 Vgl. Oesterle 2004, S. XIII.
192 Emmerich, Wolfgang: Gotthold Ephraim Lessing. In: Heiner Müller Handbuch. Hrsg. von Lehmann, Hans-Thies/Primavesi, Patrick. Stuttgart 2003, S. 129–131, hier S. 129–130. Fuhrmann erkennt zudem in dieser Überblendung, die einen „ungewöhnlich starken autobiographischen Charakter zugleich verb[i]rg[t] und offenbar[t]", einen deutlichen intertextuellen Hinweis auf Becketts Monodrama ‚Krapp's Last Tape'. Könne man „Krapp als eine erfundene Maske Becketts" betrachten, so erscheine „Lessing als eine historische Maske Müllers" und offenbare in der Folge „eine Doppelidentifikation Müller/Lessing/Beckett" (Fuhrmann, Helmut: Warten auf „Geschichte": der Dramatiker Heiner Müller. Würzburg 1997, S. 127 f.).
193 Vgl. Schulz 1980, S. 147.
194 HMW 10, S. 376. Vgl. auch Hauschild 2003, S. 356 f.
195 Wieghaus, Georg: Heiner Müller. München 1981, S. 105.

Darüber hinaus gibt es noch weitere biographische Merkmale, die Müller mit Lessing verbinden. Nicht nur, dass sie im Abstand von 200 Jahren die Lebensdaten und die Geburtsregion teilen und beide „einen Traum vom Theater in Deutschland geträumt" haben, der von einem vehement aufklärerischen Impuls getragen wurde; ebenso wie Lessing, dessen Frau Eva 1776 starb, hat auch Müller in Inge Müller, die sich 1966 das Leben nahm, seine Frau verloren,[196] was der Text des Lessing-Darstellers unmissverständlich reflektiert.

> SCHAUSPIELER *liest:* [...] Ich habe die Hölle der Frauen von unten gesehen: Die Frau am Strick Die Frau mit den aufgeschnittenen Pulsadern Die Frau mit der Überdosis AUF DEN LIPPEN SCHNEE Die Frau mit dem Kopf im Gasherd.[197]

Mit dieser Passage, die auch in weiteren autobiographisch gefärbten Texten des Autors aus den 1970er-Jahren wiederzufinden ist,[198] inszeniert Müller in ‚Lessings Schlaf' einen „personell mehrfach besetzt[en] Abschied"[199], der auch in mehrfachem Sinn verstanden werden muss:

> SCHAUSPIELER *liest:* [...] 30 Jahre lang habe ich versucht, mit Worten mich aus dem Abgrund zu halten, brustkrank vom Staub der Archive und von der Asche, die aus den Büchern weht, gewürgt von meinem wachsenden Ekel an der Literatur, verbrannt von meiner immer heftigeren Sehnsucht nach Schweigen. [...] Ich fange an, meinen Text zu vergessen. Ich bin ein Sieb. Immer mehr Worte fallen hindurch. Bald werde ich keine andere Stimme mehr hören als meine Stimme, die nach vergessenen Worten fragt.[200]

So distanziert sich nicht nur der Dramatiker Lessing in fiktiver Weise von seinem Lebenswerk, das dem „Abgrund" der Wirklichkeit nicht (mehr) gewachsen scheint, auch der Autor Müller stimmt in diesen Abschied mit ein. Vorgelesen allerdings von einem Schauspieler in Lessing-Maske verliert der Text seine konkrete Zuordenbarkeit. Es handelt sich somit nicht nur um ein „Werk", eine literarisch-moralische Vision, von der hier Abstand genommen wird, sondern zugleich auch um ein damit verbundenes dramatisches Konzept. Theater als Medium der Repräsentation bestimmter Figurenhaltungen durch spezifische Körper scheint sich überlebt zu haben. Der Schauspieler, Lessing und Lessing als Projektionsfigur des Autors[201] gehen im Text eine untrennbare Einheit ein. Der

---
196 Vgl. Emmerich 2003, S. 131.
197 HMW 4, S. 533 f.
198 So zum Beispiel in ‚Todesanzeige' (1975/76) und ‚Hamletmaschine' (1977).
199 Weitin 2003, S. 314; Vgl. dazu auch Wilke, Sabine: „Auf Kotsäulen [ruht] der Tempel der Vernunft". Heiner Müllers Lessing. In: Lessing Yearbook 22 (1990), S. 143–157, hier S. 147.
200 HMW 4, S. 534.
201 Vgl. Emmerich 2003, S. 129.

Körper des Schauspielers, als ihr für den Rezipienten sichtbares theatrales Medium, ist nicht mehr als materielle Manifestation einer fest umrissenen Figurenpersönlichkeit ansprechbar. Ebenso die Repräsentanten der „Freunde", die gegen Ende der Szene die Bühne betreten: Sie erscheinen als stumme Funktionsträger, denen ihre jeweilige Aufgabe erst vom Textträger zugewiesen wird.

> SCHAUSPIELER *liest:* [...] Freunde treten auf, debattieren lautlos, besetzen die Stühle. Das sind meine Freunde. Freunde verbeugen sich. Seit einiger Zeit fange ich an, ihre Namen zu vergessen. Freunde ziehen Strumpfmasken über Gesichter.[202]

Als Figurenhüllen, die je nach Bedarf mit (Text-)Inhalt gefüllt werden können, begründen diese Körper ein Verfahren, das im nächsten Bild noch plastischer wird.

‚Lessings Traum' – dessen surreale Szenerie von Ferne an die modernen kapitalistischen USA erinnert – exponiert eine von Körpern übervölkerte Szenerie. Auch hier sind es Körper, die dem Rezipienten kein selbstbestimmtes Handeln mehr vorführen.

> *Autofriedhof. Elektrischer Stuhl, darauf ein Roboter ohne Gesicht. Inzwischen unter den Autowracks in verschiedenen Unfallposen klassische Theaterfiguren und Filmstars. [...] Lessing mit Nathan dem Weisen und Emilia Galotti, Namen auf dem Kostüm.*[203]

Ohne die Repräsentanz bestimmter Figurencharaktere ähneln die menschlichen Körper den Autowracks. Sie haben (geschichtliche) Unfälle erlitten, die die Rechtfertigung ihres Daseins jenseits bloßer Kulisse, als Friedhof, in Frage stellen. Selbst wenn sie als vermeintlich handlungsfähige Figuren auftreten, wie dies bei Nathan und Emilia der Fall ist, trifft der mehrfach kodierte Lessing-Repräsentant sie nur noch als monologisierende Textträger an, deren Namensschilder auf dem Kostüm von ihrer verflossenen Bedeutung zeugen. In der apokalyptischen Szenerie des Autofriedhofs, eines Schrottplatzes für ausgediente Maschinen, verlieren die klassische Dramenkonzeption der Aufklärung und – im Gefolge seiner exemplarischen Protagonisten – ihr Präzeptor Lessing die Kraft zum Verweis auf die Wirklichkeit. Ähnlich sieht das auch Weitin:

> In d[]er Aussetzung [des Dialogs] inszeniert der Text seine Auseinandersetzung mit der klassischen Ästhetik. Er zitiert die tugendhaften Repräsentanten des Lessingschen Theaters

---

[202] HMW 4, S. 534.
[203] Ebd., S. 534 f.

herbei, ohne sie als Identifikation ermöglichende, selbstbewußte Handlungsträger zu figurieren.[204]

Der Tod der von Beginn an zu bloßen Zitaten von Gewalt und Toleranz herabgestuften Figuren Emilia und Nathan bringt somit „den Abschied von einer Dramatik auf den Punkt, deren Verläufe durch die innere Motivation ihrer Protagonisten bestimmt werden"[205].

> *Polizeisirene. Emilia und Nathan vertauschen ihre Köpfe, entkleiden umarmen töten einander.*[206]

Der Kopftausch zwischen Nathan und Emilia symbolisiert allerdings wohl nicht die gegenseitige Identitätsauslöschung, wie Emmerich meint,[207] sondern einen Texttausch, ein gegenseitiges Lernen,[208] das als Lösung für die Problematik der einfachen Repräsentanz erprobt wird, ebenfalls scheitert, und erst dann in die gegenseitige Tötung resultiert. Domdey wertet dieses Motiv als Figuration des Grotesken,[209] was angesichts der Rahmenbedingungen der Szene mehr als fraglich scheint. Der Kopftausch lässt sich nicht mehr (nur) als Vereinigung heterogener, körperlicher Elemente beschreiben, sondern verweist in Verbindung mit der Umarmung und gegenseitigen Tötung auf das Erproben und Verwerfen bestimmter Textverfahren. Dabei entwickelt sich die „Fragmentarisierung der dramatischen Figur und des dramatischen Wortes [...] zum Ausgangspunkt [der müllerschen] Anstrengungen, einen neuen Sinnzusammenhang zwischen Autor, dramatischer Figur und dramatischem Wort zu stiften"[210], der sich nicht mehr auf bloße ästhetische Kategorisierung beschränken soll. Denn „[e]rst im Zusammenhang, als Teil einer Struktur und als Träger eines Gehaltes, bekommt die einzelne Form Ausdruckswert und gehört sie zum ‚Grotesken'"[211]. Entfällt dieser Kontext, greift auch die ästhetische Kategorie ins Leere. Mit dem Tod des gesichtslosen Roboters auf dem Elektrischen Stuhl, dem Tod des „Sinnbild[s] der

---

204 Weitin 2003, S. 317.
205 Ebd.
206 HMW 4, S. 535.
207 Vgl. Emmerich 1982, S. 151.
208 Vgl. Domdey 1990, S. 541.
209 Vgl. ebd., S. 540.
210 Neuland, Brunhild: „Arbeit an der Differenz". Zu Heiner Müllers Dramaturgie von „Lessings Schlaf Traum Schrei". In: Das zwanzigste Jahrhundert im Dialog mit dem Erbe. Hrsg. von Schmutzer, Ernst. Jena 1990, S. 138–149, hier S. 144.
211 Kayser [1957], S. 60.

‚Maschine Mensch' im Apparat des seriellen Tötens"[212], stirbt also auch das Drama der Repräsentanz und mündet in die neu entstandene Struktur der seriellen Zitationsmaschine. So erst kann am Schluss der Szene eine apokalyptische Vereinigung menschlicher, tierischer und gegenständlicher Körper erfolgen, die nur noch auf der Ebene des Textes stattfindet – als Zitat verschiedener revolutionärer und avantgardistischer Traditionen.

> STIMME (UND PROJEKTION)
> STUNDE DER WEISSGLUT TOTE BÜFFEL AUS DEN CANYONS GESCHWADER VON HAIEN ZÄHNE AUS SCHWARZEM LICHT DIE ALLIGATOREN MEINE FREUNDE GRAMMATIK DER ERDBEBEN HOCHZEIT VON FEUER UND WASSER MENSCHEN AUS NEUEM FLEISCH LAUTREAMONT MALDOROR FÜRST VON ATLANTIS SOHN DER TOTEN[213]

Auch diese vitalistisch-apokalyptische Vision zeigt einen Bezug zur Motivik der Karnevalstradition, die ebenfalls „das Bild einer kosmischen Wende []zeichnet, eines Feuers, das die alte Welt verbrennt, und die Freude über die erneuerte Welt", über die „‚[b]essere[n] Zeiten'", die „nach der Katastrophe und Welterneuerung" anbrechen werden.[214] Bei Müller allerdings wird kein syntaktischer bzw. semantischer Zusammenhang zwischen den einzelnen Motiven hergestellt, der es ermöglichen würde, eine repräsentative Geschichte der Apokalypse zu erzählen. Allenfalls assoziative Verbindungen stellen sich zwischen den einzelnen Elementen ein. Waren es im ersten Teil des ‚Gundling' die Figuren-Körper, die versuchten, das Machtsystem Herrscher-Beherrschte durch mehr oder weniger expliziten Widerstand gegen die leibliche Domestikation zu unterlaufen, so sind es in ‚Lessings Traum' die Text-Körper, die sich gegen ein strukturell äquivalentes Herrschaftsgefüge auflehnen. Indem sie die Repräsentation einer festen, durch literarische Kategorien mehr oder minder eindeutig beschreibbaren Entität verweigern, wehren sie sich gegen die Herrschaft des Begriffs über das dramatische Bild. Der letzte Rest einer figürlichen Körperkonzeption geht nach dem Selbstzerstörungsakt der Nathan- und Emilia-Repräsentanten in einer projizierten Textfläche auf, die sich nun, nachdem die dialogische Struktur des Dramas bereits verlassen wurde, auch nicht mehr den grammatischen oder semantischen Strukturforderungen der Sprache unterwirft. Müller sucht, da ihm das Groteske als Mittel ästhetischer Subversion nicht mehr radikal genug verfährt, nach neuen

---

212 Weitin 2003, S. 318.
213 HMW 4, S. 535.
214 Bachtin 1995, S. 278. Vgl. außerdem die Nähe des Motivs zur Vision des „grosse[n] Mittag[s]" bei Nietzsche (Nietzsche 2002, S. 408).

„Inseln der Unordnung"[215], die er gegen die Herrschaftssysteme des westlichen Denkens – seien sie historischer, politischer, gesellschaftlicher, philosophischer, sprachlicher oder ästhetischer Natur – mobilisieren kann. Dabei nähert er sich merklich der von Bachtin beschriebenen *Karnevalisierung der Rede*, deren polyphone Qualität er als Medium zur Erschließung neuer Spielräume der Utopie erprobt:

> Die Wörter haben Urlaub, sie sind vom Druck der Logik, des Sinns und der sprachlichen Normen befreit. Sie gehen ungewohnte Beziehungen ein und schaffen neue Kontexte; zwar sind die so entstandenen Wortverbindungen meist nicht von Dauer, doch die kurze Koexistenz der Wörter und Dinge außerhalb der gewohnten Sinnvorgaben erneuert sie, deckt ihre innere Ambivalenz, ihre Bedeutungsvielfalt und ihre Möglichkeiten auf.[216]

Während Müller also die Konzeption des grotesken Körpers als dramatisches Mittel aufgibt, versucht er die antizipatorische Funktion des Grotesken durch eine neue ästhetische Strategie – das polyphone Sprechen – aufzuheben. Indem er das maximale Bedeutungspotenzial des aller hierarchischen Sinnzusammenhänge entkleideten Wortes auslotet, erhofft er sich eine Erneuerung seiner ursprünglichen Qualitäten.

Mit der Szene ‚Schrei', der letzten des Triptychons, entführt Müller den Rezipienten am Ende wieder in die Welt der Pantomime. Dichter und Denker, deren Geschöpfe in der vorhergehenden Szene in Unfallposen auftraten, erscheinen nun ebenfalls nicht mehr als vitale, handlungsfähige Individuen. Ihre Häupter zieren die Wüste (der Geschichte) nur als Gipsbüsten – ohne agierenden, lebenden, leidenden Körper. Die Lessing-Figur wühlt im Sand und findet Hände und Arme, zusammen mit den Köpfen also Fragmente, die ohne ihre körperliche Integrität nicht mehr produktiv werden können. Während mit dem Spartakus-Torso eine dreifach konnotierte Ruine revolutionärer Haltung langsam unter dem Sand verschwindet – er verweist ebenso auf das von Lessing hinterlassene ‚Spartakus'-Fragment wie auf den von den Römern niedergeschlagenen Sklavenaufruhr im Jahre 71 v. Chr. und den 1919 erfolglos verlaufenen Spartakusaufstand[217] –, gehen die lebendigen Inhalte literarischer und philosophischer Produktion angesichts der fragmentarischen Manifestationen monumentalisierter Erinnerung im Lärm des Applauses unter. Es sind dienende Randfiguren, Kellner, die die Büsten platzieren und schließlich – geschützt durch Helme, um sich nicht mit dem aufklärerischen Geist zu infizieren – auch Lessing eine solche „verpassen". Ebenso

---

[215] Vgl. Fiebach, Joachim: Inseln der Unordnung. Fünf Versuche zu Heiner Müllers Theatertexten. Berlin 1990.
[216] Bachtin 1995, S. 469.
[217] Emmerich 2003, S. 130.

funktional besetzte Figuren sind die als Theaterbesucher verkleideten Bühnenarbeiter, die mit dem Spartakus-Torso die Hoffnung auf politische Veränderung begraben. Der Text zeigt nur noch fragmentierte, durch Versteinerung, Zerstückelung oder Mechanisierung deformierte Menschenkörper. Von diesen hebt sich der in der ‚Schrei'-Szene agierende Lessing deutlich ab, ebenso wie von den Lessing-Figuren der vorangegangenen beiden Szenen.[218] Im Gegensatz zu dem resignierenden Zyniker der ‚Schlaf'- und dem passiven Dulder der ‚Traum'-Szene erscheint er als verzweifelt Suchender, heftig bemüht, der Instrumentalisierung durch den Kulturbetrieb zu entkommen. Dabei enthüllt er einen Intertext, der den gesamten ‚Gundling' im Untergrund begleitet: Die ‚Nachtwachen von Bonaventura'. Müllers Lessing erinnert an den Narren in der zwölften Nachtwache, der, um berühmt zu werden, unter anderem mit Lessings Perücke einherstolziert. Die zeitgenössische Vergipsung der Klassiker ist damit prophetisch vorweggenommen:

> „Freund was hat man von dieser Unsterblichkeit, wenn nach dem Tode die Perücke unsterblicher ist, als der Mann der sie trug? – Vom Leben selbst will ich nicht einmal reden, denn während seines Daseins stolzirt nur der sterblichste Schlucker unsterblich einher, während man nach dem Genius, wo er sich blicken läßt, mit Fäusten ausschlägt – erinnere er sich an das Haupt, das vor mir in dieser Perücke steckte! [...]" –[219]

Lessing, der zuvor der Inszenierung eines polyphonen Sprachkörpers diente bzw. als Textmedium hinter seinen literarischen Geschöpfen verschwand, kann bei dieser letzten Rebellion allerdings nur verlieren. Müller bemüht hier noch einmal den Apparat der grotesken Körperdarstellung – allein, um ihr Ungenügen zu demonstrieren. Ähnlich wie dem wahnsinnigen Weltenschöpfer Zebahl bleibt Lessing am Ende nur ein kreatürlicher Schrei zur Artikulation seiner verzweifelten Gegenwehr. Der ist zwar noch hörbar, was wiederholt als Hoffnungsmoment interpretiert wurde,[220] unter der Büste tönt er aber bereits *„dumpf"* und geht bald im Applaus der kostümierten Bühnenarbeiter und Kellner unter. Die Texte des Auf-

---

218 Neuland 1990, S. 147; Müller selbst macht auf diesen Unterschied aufmerksam, indem er in der Stückanmerkung fordert, dass „Lessing 3 (Apotheose) vom Darsteller des Prinzen Friedrich und Kleist", dagegen „Lessing 1 (Schauspieler, der zu Lessing geschminkt wird) und Lessing 2 (Lessing in Amerika) vom gleichen Darsteller" gespielt werden sollten, der am besten zugleich auch Gundling, den Psychiater und Schiller verkörpere (HMW 4, S. 537). Diese Rollenverteilung zeigt deutlich, dass Müller eine Auseinandersetzung mit bestimmten Typen von Intellektualität anstrebt, die sich zwar nicht in ihrem Scheitern, aber doch in dessen Art unterscheiden: Dem Andienen an die Macht steht hier die Selbstzerstörung gegenüber.
219 Klingemann 1974, S. 143.
220 So etwa Schulz 1980, S. 148; Emmerich 1982, S. 152.

klärungsdichters finden im über seinen Nachruhm schwadronierenden, zeitgenössischen Kulturbetrieb keine Stimme mehr. Ihre Ent-Körperung erscheint Müller folglich als einzige Möglichkeit, ihnen wieder Gewicht zu verleihen. Damit ist jedoch nicht nur der Entzug eines traditionellen repräsentativen Aufführungsrahmens und festgelegter Figurencharaktere gemeint, der den Texten ermöglicht, in den Dialog mit anderem Textmaterial zu treten, sondern auch der einer fixierbaren Autorpersönlichkeit, die der dargestellten, unverbindlichen Art des literarischen Erbens unterworfen werden könnte. Mit anderen Worten: Der Tod des Autors.[221] Die Nähe dieser Strategie zu den ästhetischen Prinzipien der Postmoderne soll zu einem späteren Zeitpunkt reflektiert werden.

III.2.2 Die Degeneration der Vernunft und des aufgeklärten Denkens

III.2.2.1 Kaysers Modell der Verfremdung der Welt

Heiner Müller bedient sich in ‚Leben Gundlings' nicht nur aus dem motivischen Repertoire des Karnevalismus, er greift auch immer wieder Motive und Strukturen des Grotesken auf, die ihre größte Konjunktur in der Schwarzen Romantik bzw. in den diese rezipierenden avantgardistischen Bewegungen (Expressionismus, Surrealismus) erfahren haben – wenn sie auch in der Antiken- und Mittelalterrezeption der Renaissance bereits vorgeprägt waren. Im Mittelpunkt steht dabei der Motivkomplex Mensch-Maschine, der zu Beginn des 19. Jahrhunderts im Zusammenhang mit dem Widerstand gegen die Verdinglichung des Menschen und die Auswüchse eines rein instrumentellen Vernunftgebrauchs zu einiger Prominenz gelangte. Die beiden Facetten dieses Motivs, das „Mechanische, [das sich] verfremdet [...], indem es Leben gewinnt" und das „Menschliche, wenn es sein Leben verliert", also die „Vermischung des Mechanischen mit dem Organischen", werden von Kayser als zentrale Topoi der romantischen Groteske beschrieben. Zu ihren Erscheinungsformen zählen auch bei Müller unter anderem „zu Puppen, Automaten, Marionetten erstarrte[] Leiber" sowie „zu Larven und Masken erstarrte[] Gesichter".[222] Zu der (alp-)traumhaften Atmosphäre des ‚Gundling' (wie auch zahlreicher anderer Müller-Texte) trägt darüber hinaus wiederholt der Einfall von Gespenstern bei. Sie gehören in der Dramengeschichte nicht erst seit Shakespeare „zum eisernen Bestand der Theatereffekte": „Ob als Prophet oder Mahner – der Auftritt des Geistes aus dem Reich der Toten ergänzt, besser: durchlöchert die Gegenwart der Bühnenhelden, Bote einer Vergangenheit, die

---

221 Vgl. HMW 8, S. 211 bzw. Teraoka 1985, S. 179.
222 Kayser [1957], S. 197 f. Vgl. auch Leopoldseder 1973, S. 171.

eine Zukunft verlangt."²²³ Die Masse der Motive lässt die Rede vom „Gespenster-Müller" (analog zum „Gespenster-Hoffmann") zu²²⁴ – im Gegensatz zu Hoffmann allerdings, der an der Erzählung als dem traditionellen Medium des Grotesk-Unheimlichen in der Romantik arbeitete, orientiert sich Müller am Drama in der Tradition Shakespeares. Seine Formel vom Drama als „Totenbeschwörung"²²⁵, zu deren festen Bestandteilen das groteske Gespenstermotiv gehört, unterstreicht zudem die exorzistische bzw. apotropäische Funktion des Dramatischen seit der Antike.²²⁶

In Kaysers einschlägigem Werk, das sich vornehmlich den Phänomenen des Grotesken in der Moderne widmet, wird dieses als Struktur einer Weltverfremdung beschrieben: „Dazu gehört, daß, was uns vertraut und heimisch war, sich plötzlich als fremd und unheimlich enthüllt. Es ist unsere Welt, die sich verwandelt hat."²²⁷ Dabei bildet die Plötzlichkeit (Bohrer) der Verwandlung eine wesentliche Konstituente des Grotesken. Das, was da in unsere Welt „einbricht", und sie verfremdet, stellt sich als ein „[U]nfaßbar[es], [U]ndeutbar[es], [I]mpersonal[es]" dar, es ist – mit Kaysers Worten – „die Gestaltung des ‚Es'".²²⁸ Diese Definition des Grotesken will Bachtin verständlicherweise nur für die modernistische und in Grenzen für die romantische Groteske gelten lassen, da sie das aus der karnevalesken Tradition herkommende Erbe der grotesken Darstellung, „das materiell-leibliche Prinzip und seine Unerschöpflichkeit und ewige Erneuerungskraft"²²⁹ bzw. dessen ursprünglich ambivalente Tiefenstruktur, vernachlässigt und stattdessen ihre furchteinflößenden, grauenerregenden Momente betont.²³⁰ Kaysers deutlich an Freuds Aufsatz über das Unheimliche²³¹ geschulte Perspektive zeugt insofern von einer ähnlich „reduktive[n] Definition"²³² wie die Bachtins, aller-

---

223 Lehmann, Hans-Thies: Müllers Gespenster. In: Lehmann: Das politische Schreiben. Essays zu Theatertexten. 2. erw. Aufl. Berlin 2012, S. 329–346, hier S. 330.
224 Ebd., S. 332.
225 HMW 10, S. 514: „Marx spricht vom Alpdruck toter Geschlechter, Benjamin von der Befreiung der Vergangenheit. Das Tote ist nicht tot in der Geschichte. Eine Funktion von Drama ist Totenbeschwörung – der Dialog mit den Toten darf nicht abreißen, bis sie herausgeben, was an Zukunft mit ihnen begraben worden ist."
226 Vgl. Lehmann 2012, S. 332.
227 Kayser [1957], S. 198.
228 Ebd., S. 199.
229 Bachtin 1995, S. 100.
230 Vgl. ebd., S. 98 ff. Vgl. auch Lachmann 1995, S. 11; Oesterle 2004, S. XXV.
231 Vgl. Freud, Sigmund: Das Unheimliche [1919]. In: Freud: Studienausgabe. Bd. IV: Psychologische Schriften. Hrsg. von Mitscherlich, Alexander/Strachey, James/Richards, Angela. 7. Aufl. Frankfurt am Main 1989, S. 241–274, hier S. 244.
232 Scholl 2004, S. 23.

dings in einem zu dessen Erörterungen komplementären Sinn. Während Bachtin die inhaltlichen Konnotationen des Unheimlichen und Absurden für die ‚wahre' Groteske kategorisch ablehnt, geht Kayser von einer „Schwächung"[233] der grotesken Wirkung durch das komische Moment aus, da dieses aus einer Haltung der Distanz bzw. der Souveränität entstehe. Somit finden auch die volkstümlichen Grotesken, der Karneval und das Jahrmarktstreiben bei ihm keinerlei Beachtung.[234] In ihrer kulturtheoretischen Perspektive auf das Groteske als ästhetisches Phänomen der Daseinsbewältigung jedoch treffen sich beide Autoren.

Im Gegensatz zu Bachtin, der beim Blick auf das Groteske immer das Überschreiten der Wirklichkeit auf ein utopisches Ideal hin vor Augen hat, kommt es bei Kayser durch die starke Anlehnung an Freud, für den die Empfindung des Unheimlichen durch das Verschwimmen der Grenze zwischen Phantasie und Wirklichkeit hervorgerufen wird,[235] zu einer spezifischen Entgegensetzung von Realismus und Groteske, der er mit Begriffen wie „Es" und „Verfremdung" Rechnung trägt.[236] Seine Terminologie und die dazugehörige Weltanschauung, der im Übrigen auch Leopoldseder folgt,[237] sind mit dem Hinweis darauf, dass es beim Grotesken vielmehr um „Konteridealisierung"[238] gehe, häufig kritisiert worden:

> Von „Verfremdung der bestehenden Welt" kann nicht die Rede sein, wenn das Groteske nicht auf die Realität einer vorher oder daneben bestehenden, durch die groteske Kunst verfremdeten Normalwelt verweist, wenn es vielmehr dank der ihm eigenen „Realität des Irrealen", als Gegenbild des Schönen und Guten, die eigentümliche Wirkung erzielt, daß „einem das Lachen vergeht".[239]

„Gekoppelt werden" müssen somit statt „‚Realismus und Groteske'" vielmehr „‚Idealismus und Groteske'", wobei „das Groteske als das, was wir heute in ihm sehen, erst dann erscheinen kann, wenn das dogmatisch fixierte idealistische

---

233 Kayser [1957], S. 66. Vgl. dazu Scholl 2004, S. 22. Wie Scholl kritisiert auch Steig die Überbetonung der Angst bei Kayser und wirft ihm zu Recht eine völlige Unterschätzung und Vernachlässigung der Rolle der Komik im ambivalenten Zusammenspiel der Affekte des Grotesken vor (vgl. Steig [1970], S. 70).
234 Scholl 2004, S. 21.
235 Vgl. Freud [1919], S. 267.
236 Spitzer [1958], S. 52.
237 Vgl. Leopoldseder 1973, S. 158 f.
238 Jauß, Hans Robert: Die klassische und die christliche Rechtfertigung des Häßlichen in mittelalterlicher Literatur [1968]. In: Das Groteske in der Dichtung. Hrsg. von Best, Otto F. Darmstadt 1980, S. 143–178, hier S. 157. Vgl. auch bspw. Roebling 1974, S. 901.
239 Jauß [1968], S. 157.

Moment sich in ‚Bodenlosigkeit' verliert".[240] Die Beschreibung des Grotesken als Weltverfremdung sieht dagegen in der „Vermengung und Verzerrung ausschließlich ein Moment der Form" und nicht den „in der Wirklichkeit hervorgebrachte[n], dann erst im Kunstwerk dargestellte[n] Inhalt" selbst.[241] Einzig „allgemein, in Hinsicht des Inhalts wie der Form, das logisch Unstimmige, das Irreal-Phantastische, das in irgendeiner Weise Unheimliche oder Unsinnige"[242] kommt zur Darstellung. Einem solch verbrämten Formalismus widerspricht Heidsieck mit Blick auf die Moderne vehement: „Nicht, daß die Welt, die ‚uns vertraut und heimisch war, sich plötzlich als fremd und unheimlich enthüllt' [...], sondern daß die künstlich entfremdete Realität auch als künstlich entfremdet erscheint, ist das Groteske in der modernen Kunst."[243] Nicht dunkle, geheimnisvolle Mächte walten hinter dem Grotesken, sondern die dämonischen Triebkräfte des Menschen selbst.[244] Die jedoch können aufgrund ihrer Rationalisierbarkeit durchaus benannt werden:

> Das Fremde, das Nachtmahrische des Traums übersetzt groteske Kunst in die Bilder der realen Ursachen des allgemeinen Alpdrucks: Verstümmelung, Verkrüppelung, Liquidierung usf. Und auch das spezifisch Phantastische im Grotesken ist niemals [...] das schlechthin Wunderbare, das ganz Fremde, sondern ein nur scheinbar Phantastisches: der Mensch als bloßes Objekt.[245]

In der Moderne bedeutet „[d]as Groteske als Stilprinzip" somit Heidsieck zufolge „Verfremdung im höchsten Maße, das Unerträgliche ist kenntlich und unerträglich gemacht".[246]

Blickt man auf Müllers Mensch-Maschinen, so zeigt sich schnell, dass es dort tatsächlich kein unheimliches „Es" gibt, dass das Menschliche ins Mechanische entstellt. Das Dämonische liegt vielmehr, wie Heidsieck und Steig in Anbetracht des Grotesken in der Moderne betonen, im Menschen selbst. Es ist der Mensch, der seinesgleichen entmenschlicht und funktionalisiert, und er selbst ist es auch, dem eine solche Dehumanisierung widerfährt. Die Motive grotesker Verfremdung stehen im ‚Gundling' in keinerlei Zusammenhang mit undeutbaren metaphysischen Mächten oder unheimlichen psychischen Vorgängen. Heidsiecks Fazit al-

---

240 Best, Otto F.: Einleitung. In: Das Groteske in der Dichtung. Hrsg. von Best, Otto F. Darmstadt 1980, S. 1–22, hier S. 8.
241 Heidsieck 1969, S. 14.
242 Ebd., S. 112.
243 Ebd., S. 30.
244 Vgl. Steig [1970], S. 70.
245 Heidsieck 1969, S. 32.
246 Ebd., S. 68.

lerdings, die von Kayser identifizierten Motive des Grotesken (etwa des Wahnsinns oder alogisch-surrealer Traumbilder)[247] radikal abzulehnen, zieht Müller nicht. Er bedient sich – wie etwa die Mensch-Maschine- und Gespenstermotive zeigen – sehr wohl aus dem Fundus der romantischen Groteske, auch wenn die spezifische Art ihrer Verwendung von den kayserschen Thesen kaum erfasst wird. Im Zuge seiner Aufklärungskritik beschäftigt sich Müller im ‚Gundling' vor allem mit der Vernunft und ihren Kehrseiten, die in der Nächtlichkeit, im Traum und im Wahnsinn starke Motive aus der Tradition der romantischen Groteske liefern; des Weiteren lassen sich dort eine ganze Reihe unheimlicher Monstrositäten und apokalyptischer Bilder ausmachen.[248] Mit dem „Blick auf die [...] absolute[] Kontingenz", auf die „,sinnabweisende[] Stummheit' der Wildnis" nähert Müller sich zudem dem Absurden, das als „radikale Verschärfung" der möglichen Ausdrucksinhalte des Grotesken in der Moderne bei Kayser keinen Platz hat.[249]

III.2.2.2 Die Nachtseiten der Vernunft

Aufklärung und eigenständiger Vernunftgebrauch[250] scheinen im ‚Gundling' von vornherein degeneriert zu sein. Hatte Kant im Jahre 1783 das „Zeitalter der Aufklärung" mit dem „Jahrhundert Friedrichs" gleichgesetzt,[251] so blickt Müller über den Abstand bald zweier Jahrhunderte hinweg mit unverhohlener Skepsis auf die Anfänge des Projekts Aufklärung im absolutistischen Preußen. Wie Schulz ausführt, trifft das aus Frankreich eingeführte, aufklärerische Gedankengut im Preußen Friedrichs II. auf eine politische Sondersituation, die seine Umsetzung vor große Schwierigkeiten stellt, wenn nicht ganz verunmöglicht – denn dort „entsteht die Intelligenz als Träger demokratischen und humanistischen Denkens im 18. Jahrhundert zugleich mit der spezifisch preußischen (militaristischen)

---

247 Ebd., S. 33 f.
248 Zu den Motiven der romantischen Groteske vgl. Kayser [1957], S. 196 ff.
249 Oesterle 2004, S. XXVIII. Vgl. auch Safranski, Rüdiger: Die Kunst, das Böse und das Nichts. In: Sinn und Form 3 (1997), S. 397–409, hier S. 401.
250 Kant hatte den Terminus „Aufklärung" 1784 folgendermaßen definiert: *„Aufklärung ist der Ausgang des Menschen aus seiner selbst verschuldeten Unmündigkeit. Unmündigkeit* ist das Unvermögen, sich seines Verstandes ohne Leitung eines anderen zu bedienen. *Selbstverschuldet* ist diese Unmündigkeit, wenn die Ursache derselben nicht am Mangel des Verstandes, sondern der Entschließung und des Mutes liegt, sich seiner ohne Leitung eines anderen zu bedienen. Sapere aude! Habe Mut, dich deines *eigenen* Verstandes zu bedienen! ist also der Wahlspruch der Aufklärung" (Kant, Immanuel: Beantwortung der Frage: Was ist Aufklärung? [1784]. In: Kant: Schriften zur Anthropologie, Geschichtsphilosophie, Politik und Pädagogik 1. Werkausgabe Bd. XI. Hrsg. von Weischedel, Wilhelm. Frankfurt am Main 1977, S. 51–61, hier S. 53).
251 Ebd., S. 59.

Form des Absolutismus"[252]. ‚Leben Gundlings' widmet sich den verheerenden Auswirkungen dieser unglücklichen Allianz auf die Verbindung von vernünftigem Denken und den humanistischen Idealen, zu denen die „Erziehung und kulturelle Hebung des Volkes und der Herrschenden, die Verbalisierung der noch verborgenen Träume, die Entwicklung der Phantasie, das Denken der menschlichen Würde"[253] zählen. Das „Wie" der Darstellung verdient hier besondere Beachtung. Der Gebrauch der Vernunft wird im ‚Gundling' meist grundsätzlich aus der Verbindung mit ethischen Prinzipien herausgelöst. Er verliert dadurch seine Legitimation innerhalb eines am Humanismus orientierten Aufklärungsprojekts und verkommt zum puren Selbstzweck. Unterstrichen wird dies bei Müller durch eine Gestaltung, in der Grauen und Komik zum Grotesken verschmelzen.

Dass vom Licht der Aufklärung im Preußen des 18. Jahrhunderts nicht viel zu spüren ist, zeigt sich bereits zu Beginn des ersten Bildes:

> *Garten in Potsdam. Tafel. Friedrich Wilhelm mit dem Knaben Friedrich als Leutnant. Offiziere, Gundling. Bier und Tabak. Mond.*[254]

Die Mondnacht ruft den romantischen Topos der Nächtlichkeit auf, der dem Grotesken traditionell als Entfaltungsraum dient: „Das geheimnisvolle Licht des Mondes lässt die Dingwelt in eine fremde Wirklichkeit treten. Das Ruhige und Stille über der nächtlichen Landschaft löst sich in flackernde Unruhe."[255] Die Nachterzählungen und Nachtstücke der Romantik führen dieses Motiv bereits im Titel:

> Nacht bedeutete in der Zusammensetzung [Nachtstücke, Nachtgeschichten, Nachtgemälde; M. M.] zunächst den Gegensatz zu Tag und für die Malerei die Verwendung künstlicher Lichtquellen. Nacht bedeutete aber zugleich das Unheimliche, Schauererregende, die Zeit der Offenheit für den Einbruch nächtlicher Gewalten.[256]

Die Nacht ist für die Romantiker nicht mehr in erster Linie „Sinnenerlebnis", sondern soll „die dahinterstehenden geistigen und seelischen Erlebnisse" plastisch machen. Sie wird „zu einem geistigen Prinzip und zum Raum, in dem sich das Unbewußte offenbaren kann".[257] Der Verweis auf die Nachtseiten der Vernunft

---

[252] Schulz 1980, S. 139. Vgl. auch: Elias, Norbert: Über den Prozeß der Zivilisation. Bd. 1. 16. Aufl. Frankfurt am Main 1976, S. 20 f.
[253] Schulz 1980, S. 139.
[254] HMW 4, S. 511.
[255] Leopoldseder 1973, S. 43.
[256] Kayser [1957], S. 213, Anm. 20. Vgl. auch Bachtin 1995, S. 92.
[257] Leopoldseder 1973, S. 43.

bestimmt somit bereits die Kulisse der Exposition des ‚Gundling' und löst sich in seinem Verlauf fraglos ein.

Die Gundling-Figur etwa eröffnet das Bild mit einer Rechtfertigung der politischen Zensur im Absolutismus, die „[i]m Stile einer Theodizee des philosophischen Rationalismus (Descartes, Spinoza, Leibniz)" vorgetragen wird. Der Gelehrte vernünftelt diese Theodizee durch eine Argumentation „in der Tradition der Gottesbeweise" herbei und liefert „im Verweis auf das Gottesgnadentum" der preußischen Herrscherlinie die religiös-ideologische Legitimation des absolutistischen Machtsystems gleich mit[258]:

> GUNDLING ... und *erhellt* die Weisheit der von Majestät verfügten Maßnahme, das Verbot der ausländischen Zeitungen auf dem Territorium Ihrer Majestät betreffend, schon allein aus dem Umstand, daß die Welt, als von einem Gott geschaffen, nach Vernunftgründen nur einen Mittelpunkt haben kann, als welcher in Preußen befindlich, sozusagen mit Verlaub unter dem Königlichen Hintern Seiner Allergnädigsten Majestät, von Gottes Gnaden Friedrich Wilhelm.[259]

Was diese Beweisführung in erster Linie „erhellt", ist die Erkenntnis, dass die „vernünftige Welterklärung, durch die das Bürgertum sich seiner Freiheit versicher[n]" will, schon im ersten kurzen Monolog des Dramas zum reinen „Instrument von Herrschaft", zur blanken Legitimation der „realen Machtverhältnisse" pervertiert ist.[260] Müller entlarvt die Degeneration und Instrumentalisierung vernünftiger Weltorientierung im Dienste der Macht und lässt die Schlussfiguren rationalen Denkens durch ihren inadäquaten Einsatz in ein groteskes Philosophem münden. Angesichts einer solchen Exposition nimmt es nicht Wunder, dass der Gelehrte in dem findigen Versuch, sich der Herrschaft anzudienen, auch Gefahr läuft, vom Zynismus und Nihilismus der Macht infiziert zu werden.[261] Dazu tragen nicht zuletzt die physischen und psychischen Misshandlungen bei, denen er bei Hofe ausgesetzt ist:

> GUNDLING [...] Betrachten Sie meine Herren Studiosi, die Majestät des Firmaments. Und lassen Sie sich das einen Trost sein: es geht auch vorbei. Der Mensch ist ein Zufall, eine bösartige Wucherung. Und was wir Leben nennen, meine Herren Majestäten, ist so etwas wie die Masern, eine Kinderkrankheit des Universums, dessen wahre Existenz der Tod, das Nichts, die Leere. Vorwärts Preußen![262]

---

258 Raddatz 1991, S. 103.
259 HMW 4, S. 511; Hervorhebung M. M.
260 Raddatz 1991, S. 103.
261 Vgl. Schulz 1980, S. 141.
262 HMW 4, S. 513 f.

Müllers Gundling nimmt hier Bezug auf die von Kant hervorgehobene, erhabene Wirkung des „bestirnte[n] Himmel[s]" auf das menschliche Gemüt, der nach Ansicht des Aufklärungsphilosophen die Wirkung des „moralische[n] Gesetz[es]" korrespondiere. Im Kontrast zum genauen Wortlaut der Passage aus der ‚Kritik der praktischen Vernunft' entfaltet sich die beunruhigende Dimension der Gundling-Replik:

> Zwei Dinge erfüllen das Gemüt mit immer neuer und zunehmenden Bewunderung und Ehrfurcht, je öfter und anhaltender sich das Nachdenken damit beschäftigt: Der bestirnte Himmel über mir, und das moralische Gesetz in mir. Beide darf ich nicht als in Dunkelheiten verhüllt, oder im Überschwenglichen, außer meinem Gesichtskreise, suchen und bloß vermuten; ich sehe sie vor mir und verknüpfe sie unmittelbar mit dem Bewußtsein meiner Existenz.[263]

Das kantsche Postulat, dass das moralische Gesetz, das sich auf Basis vernünftiger Überlegung herleiten lässt, für den Menschen gleich einem Naturgesetz zu gelten habe,[264] wird von Gundling verabschiedet. Die Natur und der Mensch – als ebenso sinnliches wie ethisches Wesen – erscheinen nicht mehr als Einheit, sondern vielmehr als kontingente Versatzstücke einer chaotischen, kranken Welt. Kants Suche nach einem rational begründbaren, moralischen Argument gegen die Durchsetzung des Rechts des Stärkeren erweist sich unter diesen Voraussetzungen als aussichtslos.[265] Dieser Fatalismus macht erneut den tiefen unterschwelligen Bezug des ‚Gundling' zu Klingemanns ‚Nachtwachen' kenntlich, der sich ebenso auf motivischer wie struktureller und ideeller Ebene zeigt – wird doch dort der „Zeitraum der Nacht [erstmals] zum Enthüllungsraum des Negativen, des Chaotischen, des Nichts":

> Nacht und Nichts werden identisch. Nicht mehr die Fülle kennzeichnet diese Nacht, sondern die Leere des Nichts, die im Lebensgefühl der Angst und dem Zeitgefühl der Langeweile ihren Ausdruck findet. Diese Nachtdeutung erwächst aus dem romantischen Nihilismus [...].[266]

---

[263] Kant, Immanuel: Kritik der praktischen Vernunft [1788]. In: Kant: Kritik der praktischen Vernunft/Grundlegung zur Metaphysik der Sitten. Werkausgabe Bd. VII. Hrsg. von Weischedel, Wilhelm. 14. Aufl. Frankfurt am Main 1998, S. 103–302, hier S. 300.
[264] Vgl. ebd., S. 157 f.
[265] Dieses Dilemma exemplifiziert Müller 1990 gegenüber Raddatz mit Hinweis auf den Holocaust (HMW 11, S. 611): „Es gibt in den herrschenden Strukturen kein rationales Argument gegen Auschwitz. Wenn das nicht gefunden wird, geht diese Zivilisation unter."
[266] Leopoldseder 1973, S. 46.

Die Interpretation des Naturrechts als des Rechts des Stärkeren und die Ablehnung aller schöngeistigen, philosophischen Ambitionen, die keinen pragmatischen Zweck verfolgen, bilden den ‚intellektuellen' Dunstkreis, in dem der junge Friedrich bei Müller aufwächst. Der erniedrigte Gundling dient Friedrich Wilhelm dabei als Demonstrationsobjekt dessen, „was von den Gelehrten zu halten"[267] sei; das Prinzip der Staatsraison steht als erzieherisches Dogma im Vordergrund jedes Aufeinandertreffens von Vater und Sohn. Die Vernunft, besser der Verstand, wird lediglich zur Disziplinierung und Domestizierung individueller Bedürfnisse eingesetzt – eine Haltung, die sich im Laufe der dargebotenen Szenen schrittweise auf den späteren König von Preußen überträgt. Wie Raddatz bemerkt, besteht die „‚Aufgeklärtheit' Friedrichs II." bei Müller einzig „in einer unbestreitbaren geistigen Neigung", die überdies „sehr speziell" ist und sich stark an französischem Kulturgut orientiert; sie bringt nur ein bedingtes „Interesse Friedrichs an deutschen Dichtern und Denkern" hervor.[268] Schon bei dem jungen König beleuchtet Müller den pervertierten Gebrauch, den er von der Literatur macht: Die ‚Phädra'-Szene verdeutlicht, dass ihm diese nicht – wie von den Aufklärern gewünscht – zur persönlichen Bildung, sondern als Mittel traumhafter Wunscherfüllung dient. In ähnlicher Weise verwendet Friedrich später auch Racines ‚Britannicus': Statt zur Vertiefung in ethische Prinzipien der Staatsführung (anhand eines abschreckenden Gegenbeispiels) nutzt er das Werk vielmehr als seelischen Beistand gegen die Anfechtungen eines moralischen Gewissens. Die Künste wiederum genießen Existenzberechtigung in Preußen allein zum Zwecke staatlicher Repräsentation:

> FRIEDRICH [...] In der Tat: kein Schauspiel erfreut das Auge eines Königs mehr als eine blühende Provinz, bevölkert mit fleißigem Landvolk, das in Frieden seiner Arbeit nachgeht. Neben der Feldfrucht gedeihen die Künste ...[269]

Schiller, der sich in seiner Ballade ‚Der Spaziergang' gegen den deutschen Ständestaat ausspricht,[270] und der Maler, der sich nicht den Prinzipien des Klassizismus beugt, werden gezüchtigt. Denn „Kunst ist Schönheit"[271], so Friedrich, der Künstler hat sich dem staatlichen Schönheitsdiktat zu unterwerfen. Der Vergleich mit der ästhetischen Doktrin des Sozialistischen Realismus, aber auch mit dem klassizistischen Schönheitsideal des Faschismus drängt sich geradezu auf. Umso

---

267 HMW 4, S. 513.
268 Raddatz 1991, S. 113. Raddatz spricht ihm ein solches Interesse sogar vollständig ab.
269 HMW 4, S. 530.
270 Vgl. Emmerich 1982, S. 146.
271 HMW 4, S. 531.

erschreckender, dass sich die Intellektuellen in Müllers Stück, ganz entgegen ihren subjektiven Intentionen, sämtlich von der Macht in Dienst nehmen lassen. „[D]ie Sinnhaftigkeit ihres Denkens", so Raddatz, „desavouiert sich durch den Verlust der persönlichen Würde, Konstituens jeglicher Souveränität".[272] Ihre Rolle schwankt beständig zwischen tiefer Fragwürdig- und Lächerlichkeit.[273]

Während sich Friedrichs vermeintliches, nicht zuletzt von Kant selbst gepriesenes Aufklärertum bei Müller auf subjektive schöngeistige Neigungen beschränkt, erweist sich sein Vernunftgebrauch, dem bei allem Zynismus und aller infantilen Melancholie doch ein hoher Grad an Selbstreflexivität eignet, als rein instrumentell. In der Witwenszene etwa gerät ihm Vernunft zum bloßen Manipulationsmittel, das allen moralischen Prinzipien, die nicht staatlichen Interessen dienen, die Rechtmäßigkeit abspricht:

> FRIEDRICH Sagten Sie Gnade? Wolln Sie daß der König
> Mir nicht mehr in die Augen sehen kann
> Und meinen Preußen, die für mich in jeden
> Tod gehn, Spießruten laufen usw.
> Den Müttern, die ihm ihre Söhne schlachten
> Und der Geschichte, die ihn keinen Blick lang
> Aus den Augen läßt. Will Sie das? Kann Sie
> Das wollen?
> *Sächsin schüttelt heftig den Kopf.*
> Und doch, was König Preußen was
> Geschichte, alles werf ich weg auf Ihr Wort.
> *Auf einem Knie:*
> Madame, ich schenke Ihnen meinen Nachruhm
> Wenn Sie es wollen, für Ihr kleines Glück.
> SÄCHSIN Wie könnt ich, Majestät! Mein großer König![274]

Die Verzahnung von Pragmatismus, Bauernschläue, Selbstreflexion, Zynismus, Brutalität und ebenso karnevalesker wie pathos-gesättigter Theatralität in Friedrichs Persönlichkeit kontrastiert derart wirkungsvoll mit dem einfachen Gemüt der Sächsin, dass man versucht ist, sie Janeen Webbs und Andrew Enstices Kategorie des psychologischen Monsters zuzuordnen: „the person twisted (by such things as wickedness, cruelty or fanaticism) or otherwise damaged so that he partakes of the inhuman"[275].

---

272 Raddatz 1991, S. 100.
273 Vgl. Emmerich 1982, S. 146.
274 HMW 4, S. 522.
275 Webb, Janeen/Enstice, Andrew: Domesticating the Monster. In: Seriously Weird. Papers on the grotesque. Ed. von Mills, Alice. New York 1999, S. 89–103, hier S. 90.

Allerdings ist der König durchaus im Bilde über die Inhalte politisch-philosophischer Programmatik, die sich der preußischen Version des Absolutismus zum Zeitpunkt seiner Regentschaft entgegenstellen. Sie stehen im 18. Jahrhundert vor allem mit dem Namen Jean-Jacques Rousseaus und dessen Vorstellung eines „contrat social", der freiwilligen vertraglichen Vereinbarung zwischen Staat und Bürgern, in Verbindung. „Zynisch protzt Friedrich mit Versatzstücken politischer Theorie, die die Unterdrückung als humanistische Aufklärung hinstellen sollen, den absoluten Herrscher als volksverbunden"[276]:

> FRIEDRICH ... Oh die karge Schönheit meines Preußen! Ich gebrauche das Possessivpronomen nicht als solches, mein lieber Voltaire, vielmehr in betracht der Einheit unité von Staat und Volk, als von welcher Preußen der Welt das Beispiel gibt. Das Volk bin ich, wenn Sie wissen, was ich meine.[277]

Es sind diese Degenerationserscheinungen aufgeklärten Denkens, die Schulz dazu veranlassen, von „zwei Wege[n] der Verfehlung des intellektuellen Daseins" zu sprechen, die im ‚Gundling' „allegorisch" nebeneinanderstehen und deren Folgen sich in überraschender Weise ähneln:

> [E]ntweder sucht der Geist ein Verhältnis zur politischen Macht (die einzig imstande wäre, seine Idee der Emanzipation soziale Realität werden zu lassen), indem er sich ihr andient – dann erleidet er Melancholie, Demütigung und Wahnsinn. Oder er gibt die Feindschaft gegen die Gewalt auf, indem er sich gleichmacht. Dann ereilt ihn das Schicksal des Wahnsinns und Selbstverlusts nicht weniger: Infantilismus hinter der Fassade der Macht.[278]

In der Auseinandersetzung von Geist und Macht, die eben jene Produktion von Wahnsinn zur Folge hat, von der alle Figuren gleichermaßen bedroht sind, identifiziert Schulz ein Grundthema des gesamten Stückes, das sich in der „Angst vor der Gewalt des Vaters" – sei es nun im Falle Friedrichs der leibliche Vater oder bei den übrigen Figuren die machtvolle Instanz Vater Staat – und den „gewalttätigen Folgen dieser Angst" äußert.[279] Bei Friedrich offenbart sich die Tendenz zum wahnhaften Selbstverlust besonders in der Szene ‚Herzkönig Schwarze Witwe', doch deutet sich auch schon im ‚patriotischen Puppenspiel' an, dass Müllers Protagonist durch den Rückfall in einen grotesk-zerstörerischen Infantilismus versucht, sich der durch den Vater erfahrenen Gewalt wieder zu entäußern.

---

276 Schulz 1980, S. 144.
277 HMW 4, S. 530.
278 Schulz 1980, S. 144 f.
279 Ebd., S. 145.

In seiner Verrücktheit kehrt die vom Vater verdrängte Phantasie wieder; der brutale Sadismus, der dem Kind Friedrich widerfährt. Prügel, Demütigung, Erschießung des geliebten Freundes Katte als systematische Identitätszerstörung des jungen Friedrich [...] prägen später als eine blutige „Wiederkehr des Verdrängten" (Freud), als Mord, Totschlag und sinnloses Opfer des großen Friedrich die Geschichte Preußen-Deutschlands mit seiner Zurückgebliebenheit.[280]

Kaum verwunderlich also, dass Müller auf die Witwenszene eine Fiktion von der Entstehung der preußischen Psychiatrie folgen lässt. Die „Koexistenz des aufgeklärten Absolutismus Preußens mit dem modernen Irrenhaus"[281] wird durch zwei parallel geschaltete Bilder als konsequente Entwicklung vorgeführt. Wenn er den Psychiater in der Szene ‚Lieber Gott ...' zynisch auf einen Zusammenhang zwischen dem preußischen Absolutismus und der Erfindung der Zwangsjacke hinweisen lässt, nimmt Müller auf diese Dimension zudem ironisch Bezug:

> PROFESSOR [U]nd ich darf anmerken, meine Herren, wenn sie mir die patriotische Abschweifung erlauben: ich meinerseits halte es nicht für einen Zufall, daß diese meine Erfindung gerade im aufgeklärten Preußen unseres tugendhaften Monarchen zur Anwendung kommt. Ein Sieg der Vernunft über den rohen Naturtrieb.[282]

Vernunft erscheint im ‚Gundling' also als rein instrumentelles Vermögen, eingesetzt im Dienste von Staatsraison und Herrschaftslegitimation sowie zur Unterdrückung widerständiger Natur, die die preußische Militärmaschine rücksichtslos einer einzigartigen Disziplinierung und Körperdressur unterwirft. Ihre ideelle Konnotation, ihr mögliches emanzipatorisches Potential hat sie vollständig eingebüßt[283] – die Erinnerung daran kann beim Rezipienten nur noch anhand eines imaginären Gegenbildes evoziert werden. Vernunft als blanke Naturbeherrschung, so verstehen auch Horkheimer und Adorno in der ‚Dialektik der Aufklärung' die sich von Beginn an einschleichende Degenerationserscheinung der Aufklärung:

> Die glückliche Ehe zwischen dem menschlichen Verstand und der Natur der Dinge [...] ist patriarchal: der Verstand, der den Aberglauben besiegt, soll über die entzauberte Natur gebieten. Das Wissen, das Macht ist, kennt keine Schranken, weder in der Versklavung der Kreatur noch in der Willfährigkeit gegen die Herren der Welt.[284]

---

280 Ebd., S. 142.
281 Ebd., S. 145.
282 HMW 4, S. 526 f.
283 Vgl. Raddatz 1991, S. 101.
284 Horkheimer, Max/Adorno, Theodor W.: Dialektik der Aufklärung. Philosophische Fragmente. 14. Aufl. Frankfurt am Main 2003, S. 10.

Die Irrenhausszene kann dementsprechend fast als groteske „Bebilderung der ‚Dialektik der Aufklärung'" rezipiert werden. Dort wird nicht nur der „Deutsche[] Idealismus als Wahnsystem" entlarvt, auch die Schlussfiguren dialektischen Denkens werden in ihrer logischen Unbedingtheit mit der Zwangsjacke verglichen.[285] Indem der Professor die idealistischen Konzepte Platons, Kants und Hegels in einen pervertierten Kontext stellt – und sich damit als Prototyp des von den Romantikern verabscheuten „Philisters" entpuppt –, wird die Geschichte der Vernunft von ihrer Kehrseite her erzählt und stellt sich von Anfang an als Verfallsgeschichte dar. Das System der Dialektik, Grundpfeiler der idealistischen Philosophie des 18. Jahrhunderts, mündet damit Weitin zufolge in ein „groteskes Schauspiel"[286]:

> PROFESSOR Der Philosoph würde schließen, daß die wahre Freiheit in der Katatonie beruht, als dem vollendeten Ausdruck der Disziplin, die Preußen groß gemacht hat. Die Konsequenz ist reizvoll: der ideale Staat gegründet auf den Stupor seiner Bevölkerung, der ewige Frieden auf den globalen Darmverschluß. Der Mediziner weiß: die Staaten ruhn auf dem Schweiß ihrer Völker, auf Kotsäulen der Tempel der Vernunft.[287]

Angesichts der grotesken Philosopheme des Professors und des Gebarens seiner Studenten stellt sich jedoch die Frage, wer hier eigentlich vom Wahn befallen ist. Sind es tatsächlich die Insassen des Irrenhauses oder ist es vielmehr die Gesellschaft, die diese, ähnlich den Intellektuellen, als nicht-integrierbare Gegenvernunft zum rationalen Konsens denunziert und ausgrenzt?[288] Vorgeprägt jedenfalls ist auch dieses Motiv in Klingemanns ‚Nachtwachen', wo der Wahnsinn als „groteske Existenzform"[289], das Tollhaus als „Sinnbild der Welt"[290] erscheint:

> Ja, wer entscheidet es zuletzt, ob wir Narren hier in dem Irrenhause meisterhafter irren, oder die Fakultisten in den Hörsälen? Oder vielleicht nicht gar Irrthum, Wahrheit; Narrheit, Weisheit; Tod, Leben ist – wie man vernünftigerweise es dermalen gerade im Gegentheile nimmt![291]

---

285 Schulz 1980, S. 145; vgl. auch Raddatz 1991, S. 111 f.
286 Weitin 2003, S. 16.
287 HMW 4, S. 526.
288 Emmerich 1982, S. 144, 147.
289 Leopoldseder 1973, S. 189.
290 Ebd., S. 84.
291 Klingemann 1974, S. 120.

Kayser, für den sich im Wahnsinn „eine der Urerfahrungen des Grotesken"[292] manifestiert, erkennt in diesem Rollentausch einen alten literarischen Topos, der auch in Shakespeares ‚King Lear' zu entdecken sei: „Die Welt ist ein Tollhaus. Aber auch das Umgekehrte gilt: daß bei den Tollen am ehesten Vernunft zu walten scheint."[293] Müller macht sich dieses Motiv zu eigen, indem er der rationalen Rechtfertigung gewaltsamer Disziplinierung, die die unbeherrschte Natur der psychisch Kranken im Zaum halten soll, deren körperlich konnotierte Gegenvernunft und, in der Figur des Zebahl, eine wahnhaft-religiös daherkommende Selbstreflexion der menschlichen Gattung entgegensetzt. In Müllers Zebahl – dessen Schlussmonolog Assoziationen an Brechts Baal weckt – vermengen sich Wahnsinn und Vernunft zu einem Grade, der keine saubere Trennung beider Elemente mehr gestattet – wodurch er ebenso zur Allegorie der dargestellten Wirklichkeit des historischen Preußen wie auch zu einer der „katastrophale[n] Verfaßtheit der modernen abendländischen Geschichte"[294] avanciert. Zebahl nimmt sowohl die jüdisch-christliche als auch die rational-aufklärerische Tradition des Abendlandes für diesen Zustand in die Verantwortung und erklärt beide, Monotheismus und Aufklärung, Philosophie und Wissenschaft mit Blick auf die menschliche Emanzipation für gescheitert. Das utopisch-humanistische Potential dieser beiden zentralen Achsen westlicher Geistesgeschichte scheint verloren, die „moralische Existenz" des Menschen „beendet".[295] Ähnlich wie schon im wahnhaft daherkommenden Eingangsmonolog des Gundling öffnet ihr Verfall dem Nihilismus Tür und Tor:

> ZEBAHL *flüstert:* Ja, ich habe die Welt erschaffen. Ich bin der Narr, ich bin der Verbrecher. Ich kann mir die Augen ausreißen und sehe euch doch. Wenn ich sterben könnte. Ich habe meinen Sohn geschlachtet. Ich Kot meiner Schöpfung Erbrechen meiner Engel Eiterkorn in meinen Harmonien. Ich bin die Fleischbank. Ich bin das Erdbeben. Ich bin das Tier. Der Krieg. Ich bin die Wüste.[296]

---

[292] Kayser [1957], S. 198. Leopoldseder wiederum zählt den Wahnsinn zum zentralen Motivkreis der „Nachtseite des Lebens" (Leopoldseder 1973, S. 99) in den romantischen Nachtstücken und erkennt in der Ambivalenz von Wahnsinn und Vernunft die Bedingung für seine Beziehung zum Grotesken (ebd., S. 186): „[D]er Wahnsinn [wird] erst dann zu einem grotesken Motiv, wenn das auslösende Moment für diese seelische Entwicklung [...] schon selbst eine Verfremdung der Wirklichkeit darstellt oder wenn Wahnsinn und Normalität in einer Weise vermengt werden, die nicht allein die Grenzen zwischen ihnen aufhebt, sondern die Bereiche auch untereinander verkehrt, so daß Wahnsinn als Normalität und Normalität als Wahnsinn erscheint."
[293] Kayser [1957], S. 64.
[294] Raddatz 1991, S. 120.
[295] Ebd.; vgl. auch Emmerich 1982, S. 144.
[296] HMW 4, S. 529.

Das Zusammenspiel von Wahn und Vernunft, das dieser Passage die groteske Ambivalenz[297] verleiht, muss allerdings nicht als generelle Absage Müllers an die Prinzipien der Aufklärung gelesen werden, wie dies bei Emmerich, Raddatz und Wilke der Fall ist.[298] Zwar äußert sich der Autor selbst Anfang der 1990er-Jahre im Interview mit Raddatz dementsprechend – „Aufklärung ist eine negative Kraft, die alles zersetzt, was ihr in die Finger gerät"[299] – allerdings präzisiert er den Term „Aufklärung" im gleichen Gespräch in interessanter Weise:

> Die Wirklichkeit ist vielfältiger, als das aufgeklärte Denken ertragen kann. Aufklärung gibt es nur mit Scheuklappen. Die kann man nur in der Kunst ablegen. Sonst läuft man Gefahr, auf etwas zu stoßen, was nicht ins Raster paßt, und schon muß man wegsehn.[300]
>
> Nach dem Ende der Aufklärung bleibt nur noch die Kunst. Alles andere ist ruiniert, der Glaube und das Denken. Jetzt wird es möglich, das zusammenzubringen, was die Aufklärung so sorgsam getrennt hat.[301]

Müller geht es offensichtlich – wie Horkheimer und Adorno in der ‚Dialektik der Aufklärung', die sich ebenfalls wiederholt dem Vorwurf des absoluten Defätismus' ausgesetzt sahen – um einen Wiedereintritt in die Selbstreflexion aufklärerischer Prinzipien. Als Medium dieser Selbstbefragung versteht er die Kunst, die vor dem Einbezug der der Vernunft abgewandten und diese zugleich ergänzenden Vermögen des Menschen nicht zurückschreckt.[302] Denn trotz allem versteht sich Müller als ein der Tradition der Aufklärung verbundener und verpflichteter Dramatiker. Das belegt nicht zuletzt seine emphatische Haltung gegenüber Lessing.[303] Nihilismus und Absurdität des Daseins bilden insofern die Diskurse, die die End-1970er-Jahre für Müller als Krisenzeit ausweisen und die er im ‚Gundling' ästhetisch zu überwinden sucht. Ähnlich wie Klingemann 150 Jahre zuvor, dient

---

297 Vgl. Sinic 2003, S. 52.
298 Vgl. Emmerich 1982, S. 143; Raddatz, S. 120; Wilke 1990, S. 148.
299 HMW 12, S. 8.
300 Ebd., S. 9.
301 Ebd., S. 12.
302 Horkheimer/Adorno 2003, S. 3: „Wir hegen keinen Zweifel – und darin liegt unsere petitio principii –, daß die Freiheit in der Gesellschaft vom aufklärenden Denken unabtrennbar ist. Jedoch glauben wir, genauso deutlich erkannt zu haben, daß der Begriff eben dieses Denkens, nicht weniger als die konkreten historischen Formen, die Institutionen der Gesellschaft, in die es verflochten ist, schon den Keim zu jenem Rückschritt enthalten, der heute überall sich ereignet. Nimmt Aufklärung die Reflexion auf dieses rückläufige Moment nicht in sich auf, so besiegelt sie ihr eigenes Schicksal."
303 Vgl. dazu auch Heise, Wolfgang: Beispiel einer Lessing-Rezeption: Heiner Müller. In: Explosion of a Memory Heiner Müller DDR. Ein Arbeitsbuch. Hrsg. von Storch, Wolfgang. Berlin 1988, S. 87–89, hier S. 88.

ihm das Groteske dabei zur provokanten Zuspitzung einer pessimistischen Weltsicht, aus der Material für einen ästhetischen Neuanfang gesprengt werden soll.

III.2.2.3 Die Versöhnung mit der Vernunft

Müllers Rückgriff auf die Tradition der romantischen Groteske entspricht fraglos dem Vorhaben, einen neuen ästhetischen Zugang zur Welt zu entwickeln. Denn als Gegenbewegung zur Aufklärung fühlte sich die Romantik in der Pflicht, auf die Gefahren einer die Vernunft verabsolutierenden Programmatik hinzuweisen und entwickelte dafür nicht zuletzt eine ganze Reihe grotesker Warnbilder:

> In gewissem Grade war sie eine Reaktion auf jene Tendenzen im Klassizismus und in der Aufklärung, die für deren Beschränktheit und einengende Seriosität verantwortlich waren, auf den kalten Rationalismus, auf das staatlich und formal-logisch Autoritäre, auf den Hang zum Perfekten, Vollkommenen und Eindeutigen, auf die didaktische Haltung und den Utilitarismus der Aufklärer, auf den naiven und banalen Optimismus und Ähnliches mehr.[304]

So war es auch das Anliegen der Romantiker, dem strengen Vernunftpostulat der Aufklärung in Traum und Wahn die Nachtseite der menschlichen Vernunft entgegenzuhalten, indem sie – wie etwa Ludwig Tieck, Achim von Arnim, E. T. A. Hoffmann und August Klingemann – gegenüber den satirischen die beunruhigenden Momente des Grotesken in den Vordergrund rückten und die Umwelt des Menschen, als Konstrukt vernünftiger Ordnungs- und Sinngebungsprozesse, plötzlich unsicher und fremd erscheinen ließen.

> Die Welt der romantischen Groteske ist eine mehr oder weniger furchterregende und den Menschen *fremde*. Alles Gewohnte, Alltägliche, Vertraute und allgemein anerkannte wird plötzlich sinnlos, zweifelhaft, fremd und feindlich. Die *eigene* Welt wird zur *fremden*. Im Gewöhnlichen und Ungefährlichen erscheint plötzlich das Schreckliche. Dies ist, in extremer Ausprägung, die Perspektive der romantischen Groteske. Versöhnung mit der Welt findet, wenn überhaupt, auf der subjektiv-lyrischen oder gar mythischen Ebene statt.[305]

In der Verwendung von Motiven der romantischen Groteske legt auch Müller den Akzent auf das der Aufklärung von vornherein inhärierende dialektische Moment, ihre potentiell selbstzerstörerischen Tendenzen.[306] Im Zentrum seines Interesses

---

[304] Bachtin 1995, S. 87 f. Allerdings gab es, wie Hilker an den französischen Autoren Diderot, Voltaire, Fontenelle und Fénelon zeigt, auch karnevaleske und grotesk-satirische Neigungen innerhalb der Aufklärung selbst, die sich selbstkritisch mit deren monologisch-rationalistischen Tendenzen auseinandersetzten (vgl. Hilker 2006, S. 27).
[305] Bachtin 1995, S. 89.
[306] Vgl. Horkheimer/Adorno 2003, S. 3.

steht dabei nicht so sehr der Einbruch nächtlicher Gewalten in die uns vertraute, geordnete Welt, sondern die Darstellung und das Durchbrechen dessen, was die Verabsolutierung der Vernunft in allen Bereichen des Menschlichen anzurichten vermag.[307] In ihrem rein instrumentellen Gebrauch nämlich, der all das ausblendet, was für die Aufklärer an humanistischem Impuls, an Traum von geistiger und materieller Emanzipation des Menschen hinter der Forderung nach eigenverantwortlichem Vernunftgebrauch stand, muss sich Rationalität in einer Weise verselbstständigen, wie Müller es im ‚Gundling' vorführt. Zurück bleiben nackte Staatsraison, blanke Naturbeherrschung und eine Tendenz zum wertfreien Nihilismus.

Vor dem Hintergrund der modernen Menschheitskatastrophen, die auch Horkheimer und Adorno zu ihrer düsteren Analyse der menschlichen Verfasstheit im 20. Jahrhundert veranlassten, und der, aus Müllers Sicht, desillusionierenden Entwicklung des Sozialismus in Osteuropa, erscheint die Diagnose des Niedergangs aufklärerisch-emanzipativer Prinzipien im ersten Teil des ‚Gundling' als fatal. Angesichts dieser drückenden historischen Erfahrung gelangt der Autor außerdem zu der Einsicht, dass das Groteske ästhetisch nicht mehr das zu leisten vermag, was er sich etwa fünf Jahre zuvor beispielsweise in ‚Germania Tod in Berlin' noch von ihm versprochen hatte: nämlich innerhalb der grotesk überzeichneten Darstellung bestimmter Zustände deren Mängel besonders hervor- und ihre mögliche Veränderbarkeit mit aufzuheben. Die historische ebenso wie die tagespolitische Wirklichkeit scheinen die Darstellung bereits eingeholt zu haben. Eine Versöhnung mit der Vernunft im „[S]ubjektiv-[L]yrischen", ein Rückzug ins Private des Gedichts etwa, oder auf einer „mythischen Ebene", wie sie den Romantikern über weite Strecken noch möglich war, ist für Müller angesichts der drängenden Probleme allerdings keine Option. Wie beim Umgang mit dem Figurenkörper auch, sucht er nach einem Ausweg innerhalb der dramatischen Bildersprache selbst, strebt nach der Auflösung ihrer potentiellen Eindeutigkeit, um sich nicht dem Vorwurf ästhetischer Naivität auszusetzen. Mit der Angliederung der Kleist- und Lessing-Szenen an den ersten Teil des ‚Gundling' trägt er diesen Überlegungen auch mit Blick auf die Diskussion um die Dialektik der Vernunft und des aufklärerischen Denkens Rechnung.

Müllers Kleist konkretisiert die Schreckensvision vom Menschen, die sich im Monolog des Zebahl bereits artikuliert hat. Ungebremst entlädt sich der wahnhafte Destruktionsrausch des Dichters gegenüber seinen Figuren und dem eigenen Doppelgänger, macht in einem ungeheuerlichen Gewaltakt auch vor der ei-

---

[307] Das Groteske ist wiederholt auch als Mittel gegen Totalitarismus beschrieben worden (vgl. Scholl 2004, S. 47).

genen Person nicht halt. Als radikalisierter Stürmer und Dränger setzt die Kleistfigur einen Verzweiflungsseufzer von Goethes Werther in die Tat um – und beißt sich die Pulsadern auf.[308] Der Wahnsinn, von dem die Intelligenz im Umgang mit der Macht im ‚Gundling' allgemein bedroht ist, hat auch von Kleist Besitz ergriffen. Indem Müller ihn mit seiner literarischen Figur Kohlhaas überblendet, legt er ihm zudem die Charakteristik „eine[s] der rechtschaffensten zugleich und entsetzlichsten Menschen seiner Zeit"[309] bei. Die Haltung des anarchistischen Selbsthelfers, die damit impliziert ist, kann in ihrer Gegnerschaft zum zeitgenössischen gesellschaftlichen Konsens nur in autoaggressivem Wahn enden, da sie sich in ihrer Ausschließlichkeit von dem Prinzip der Gewalt und dem Primat der Vernunft, die sie eigentlich ablehnt, nicht zu lösen vermag. „[D]ie innere Problematik des romantischen Denkens" erscheint somit „als Konsequenz jenes 18. Jahrhunderts [...], das ‚Leben Gundlings' darstellt".[310] Kleist, als groteske Verkörperung einer Selbstdestruktion, dient Müller als abschreckendes Beispiel einer solch fehlgeschlagenen Opposition. Der Wiedereintritt in einen Dialog mit der Vernunft und somit auch in den mit den Maximen der Aufklärung kann hier weder inhaltlich (auf Basis wahnhafter Selbstzerstörung) noch formal (unter Zuhilfenahme des Grotesken, das aufgrund seiner perspektivlosen Negativität nur noch als Ausdrucksmittel eines absurden Weltverhältnisses erscheint[311]) erfolgen. In der anschließenden Auseinandersetzung mit dem Aufklärungsdichter Lessing beginnt Müller somit nach neuen Formen zu suchen, die die Wiederaufnahme des Dialogs mit der Vernunft ermöglichen können.

Lessing, als „Inkarnation der Rationalität, das Urbild des Aufklärers"[312], ist die einzige Figur im ‚Gundling', die als Garant einer anderen, ihre humanistische Utopie und moralischen Ziele bewahrenden Aufklärung auftritt. Im Lessing-

---

308 Vgl. Goethe, Johann Wolfgang: Die Leiden des jungen Werthers. In: Goethe: Sämtliche Werke nach Epochen seines Schaffens. Münchner Ausgabe. Bd. I.2. Hrsg. von Sauder, Gerhard. München 1987, S. 196–299, hier S. 256: „Man erzählt von einer edlen Art Pferde, die, wenn sie schröcklich erhitzt und aufgejagt sind, sich selbst aus Instinkt eine Ader aufbeißen, um sich zum Atem zu helfen. So ist mir's oft, ich möchte mir eine Ader öffnen, die mir die ewige Freiheit schaffte."
309 Kleist, Heinrich von: Michael Kohlhaas. In: Kleist: Sämtliche Werke und Briefe Bd. 2. Hrsg. von Sembdner, Helmut. München 2001, S. 9.
310 Schulz 1980, S. 146.
311 Vgl. dazu die Unterscheidung von Groteskem und Absurdem bei Pietzcker [1971], S. 92: „Im Grotesken wird etwas erfahren, es ist ein Bewußtseinsvorgang, das Absurde dagegen wird selbst erfahren, es ist ein Bewußtseinsinhalt."
312 Schulz 1980, S. 146. Das hat auch mit dem besonderen Verhältnis der deutschen Intelligenz zur Obrigkeit im 18. Jahrhundert zu tun: „Anders als in den Demokratien England und Frankreich entwickelt sich in Deutschland kaum der Typus des politisch engagierten *homme de lettres*. Lessing bleibt eine der seltenen Ausnahmen" (ebd., S. 140).

Triptychon zeichnet Müller ihn „als allegorischen Repräsentanten [einer] rationalistischen Aufklärung [...], die keine Nacht kennt"[313] – eine Identifikationsfigur, deren „Traum vom Theater in Deutschland" als „Schule der Moral" der Autor teilt.[314] Es ist der Verlust dieses Traums, den Müller in der ersten Szene des Triptychons gemeinsam mit der Lessing-Figur beklagt, indem er sie, in selbstreflexiver Manier, das Resümee einer dreißigjährigen Intellektuellen-Existenz ziehen lässt: Mit dem Traum, der Utopie, hat auch die Ratio des Dichters – Lessings ebenso wie Müllers – „ihre tiefste Antriebskraft"[315] verloren:

> Der Anspruch der Aufklärung, zumindest der in Preußen-Deutschland entstandenen, einschließlich des Marxismus, hat sich als nicht haltbar erwiesen, ist gescheitert, weist auch in der [damaligen] Situation von Doppeldeutschland keinen Weg mehr. Was sich durchgesetzt hat, ist das „andere", das repressive preußische Erbe.[316]

Der neue Traum, den Lessing träumt, ist der Alptraum einer an ihr katastrophisches Ende gelangten Menschheitsgeschichte.[317] Müller verwendet hier „eines der Hauptmotive der Romantik", das „Hinübergleiten von Schlaf in Nacht und Tod" auf völlig „unromantische Weise zur Bilanzierung der Lebens- und Schaffensmöglichkeiten des Intellektuellen, speziell des Künstlers".[318] Indem er in der apokalyptischen Szenerie des Traumbildes Lessings Figuren Emilia und Nathan als bloße Zitate des ihnen innewohnenden Geistes auftreten lässt, verweist er auf die Begrenztheit ihrer utopischen Strahlkraft. Müller erprobt zwei Figurationen der aufklärerischen Vernunft, deren Schwächen bereits der zeitgenössischen Rezeption nicht entgangen waren. In Emilia steht ein „grausames Beispiel von Selbstaufgabe aus moralischen Gründen" dem in seiner utopischen Weltfremdheit fast als Märchenfigur auftretenden Nathan gegenüber.[319] Vernunft im Dienste vollkommener Körperbeherrschung, bis hin zum Selbstmord aus Ehre, diese Geisteshaltung charakterisiert Emilia als radikales Abbild der preußischen Triebdomestikation. Das aufgeklärte, tolerante, dem Sittengesetz folgende Denken Nathans wiederum kann vor dem Hintergrund der historischen Entwicklung des Abendlandes seit dem 18. Jahrhundert – zu denken ist nur an Kolonialismus und Faschismus – kaum anders denn als träumerische Naivität begriffen werden.

---

313 Ebd., S. 146.
314 Emmerich 2003, S. 130.
315 Schulz 1980, S. 147.
316 Emmerich 1982, S. 150.
317 Vgl. ebd.
318 Neuland 1990, S. 142.
319 Emmerich 2003, S. 130. Auch Müller selbst bezeichnet den Nathan als „Märchen" (vgl. HMW 10, S. 376).

Die Verschmelzung und gegenseitige Tötung dieser Prinzipien, die Müller zusammen mit dem „*Tod der Maschine auf dem Elektrischen Stuhl*" inszeniert, öffnet den Raum für eine neue Form des Diskurses, der die vernünftigen mit den vitalen Elementen menschlichen Weltumgangs verbinden und so zu einer neuen Perspektive abseits idealistischer Ausschließlichkeit vorstoßen könnte. Es ist ein schöpferischer Tod, der dem maschinellen hier entgegengesetzt wird und den Zitatraum zahlreicher avantgardistischer Traditionen öffnet, die so einen Dialog mit den Klassikern beginnen können. Die Embleme revolutionärer Gruppen der dritten Welt treten in Kommunikation mit Versatzstücken von Schrift, die die Namen von Protagonisten der historischen Avantgarde aufrufen – mit Rimbaud, Lautréamont und Artaud seien nur einige genannt.[320] Indem Müller den Text vom Zwang repräsentativen Bedeutens befreit und im blanken Anreißen von Fremdzitaten seine Deutungsmöglichkeiten vervielfacht, scheint es ihm möglich, nicht nur das Konzept autonomer Autorschaft zu überwinden, sondern auch in den Zusammenhang eines universellen Diskurses einzutreten, der dem Schweigen, nachdem der sterbende Dichter (Lessing/Müller) sich sehnt, zu entgehen sucht. Müllers Redebeitrag zu einer Diskussion über Postmodernismus von 1979 formuliert Ähnliches:

> Literatur nimmt an der Geschichte teil, indem sie an der Bewegung der Sprache teilnimmt; die sich zuerst in den Jargons vollzieht und nicht auf dem Papier. In diesem Sinn ist sie *eine Angelegenheit des Volkes*, sind die Analphabeten die Hoffnung der Literatur. Arbeit am Verschwinden des Autors ist Widerstand gegen das Verschwinden des Menschen. Die Bewegung der Sprache ist alternativ: das Schweigen der Entropie oder der universale Diskurs, der nichts ausläßt und niemanden ausschließt. *Die erste Gestalt der Hoffnung ist die Furcht, die erste Erscheinung des Neuen der Schrecken.*[321]

Weitin stellt diesen literarischen Vorgang in den Kontext eines Erinnerungsdiskurses, den er im ‚Gundling' auszumachen meint: „Das Vergessen, das am Ende des Erinnerungsmonologs einsetzt und parallel geht zur Erstarrung der Bühnenfiguren, beendet nicht den Prozeß der Erinnerung als solchen, sondern zeigt die Notwendigkeit seiner Veränderung an."[322] Wenn Müller im pantomimischen Schlussbild des ‚Gundling' das Schweigen des Textes wie auch die groteske Praxis

---

[320] Vgl. Fiebach, Joachim: Nachwort. In: Müller, Heiner: Die Schlacht/Traktor/Leben Gundlings ... Berlin 1981, S. 112–138, hier S. 127 ff.; Domdey 1986, S. 81.
[321] HMW 8, S. 211 f. Dass Literatur was ihren sprachlichen Aspekt angeht, eine „*Angelegenheit des Volkes*" sei, bezeichnen Deleuze und Guattari in ihrem Buch über Kafka als eine der „zwei Hauptthesen" des Prager Autors. Vgl. dazu Deleuze, Gilles/Guattari, Felix: Kafka. Für eine kleine Literatur. Frankfurt am Main 1976, S. 116.
[322] Weitin 2003, S. 316.

der „Kunst zu erben" beschwört, die er in der Bundesrepublik ebenso beobachtet wie in der DDR,[323] zeigt sich, wogegen die intermediale Textpraxis der ersten beiden Lessing-Szenen gerichtet ist: Müller besteht inhaltlich und formal auf der Suche nach neuen ästhetischen Mitteln, um den Dialog der aufklärerischen Vernunft mit den vitalen Elementen der Literatur- und Revolutionsgeschichte nicht abreißen und in unaufhebbarer Negativität untergehen zu lassen.

III.2.3 Das Lachen und der schwarze Humor

III.2.3.1 Müllers Lachen der Zerstörung

Dem Grotesken eignet eine konstitutive Ambivalenz von Grauen und Komik, die im Zusammenhang mit Müllers Rekurs auf dessen literarische Traditionen noch kaum zur Sprache gekommen ist. Da beim „Auftauchen grotesker Gestalten" in ‚Leben Gundlings' „das Schrecklich-Grauenhafte deutlich über das Heitere" dominiert,[324] lag der Schwerpunkt der Betrachtung bislang auf ihren düsteren Facetten. Gleichwohl weist Müller selbst wiederholt auf den komischen Charakter seiner Stücke hin: „Nun, ich finde ja fast alle meine Stücke relativ komisch. Ich wundere mich immer wieder, daß diese Komik so wenig bemerkt und benutzt wird."[325]

Dem Komischen bei Müller scheint man allerdings mit seinen zwei landläufig unterschiedenen Formen, der Komik der Herabsetzung (dem „Lachen über") und der Komik der Heraufsetzung (dem „Lachen mit"), deren humanistischer Impuls auch das von Bachtin beschriebene kollektiv-universale, ambivalente und entgrenzende Karnevalslachen speist, nicht abschließend beizukommen. Noch weniger haben seine eisigen Witze wohl mit der vermittelnden Kraft „einer Komik weltüberlegener Heiterkeit"[326] gemein, die nach Hegel gewöhnlich mit dem Hu-

---

[323] Emmerich 1982, S. 152. Müllers Kritik an der deutschen Praxis des Erbens orientiert sich an Ernst Bloch (Bloch 1998, S. 253): „Wenn die Aneignung des Kulturerbes immer kritisch zu sein hat, so enthält diese Aneignung, als besonders wichtiges Moment, die Selbstauflösung des zum musealen Objet d'art Gemachten, aber auch der falschen Abgeschlossenheit, die das Kunstwerk an Ort und Stelle haben mochte und die sich in der musealen Kontemplation noch steigert. Das Inselhafte springt, eine Figuren-Folge voll offener, versucherischer Symbolbildungen geht auf."
[324] Weitin 2003, S. 294.
[325] HMW 10, S. 277.
[326] Greiner, Bernhard: Über das Lachen und die Komödie, mit ständiger Rücksicht auf die Dramatik Heiner Müllers. In: Greiner: Literatur der DDR in neuer Sicht. Studien und Interpretationen. Frankfurt am Main u. a. 1986 (Greiner 1986b), S. 181–223, hier S. 182.

mor identifiziert wird.³²⁷ Ein souveränes Lachen, das es erlaubt, in der komischen Distanzierung auf das Ungenügen und die Fehlerhaftigkeit eines Geschehens hinzuweisen, scheint Müller angesichts der historischen Katastrophen des 20. Jahrhunderts ästhetisch wirkungslos geworden zu sein und spielt somit in seinem Universum des Komischen kaum eine Rolle.³²⁸

Horkheimer und Adorno richten demgegenüber ihre Aufmerksamkeit auf den ambivalenten Charakter des Lachens, das in ihren Augen sowohl dem Abbau von Spannung und der Austreibung von Gewalt, aber auch der brutalen Manifestation von Macht dienen kann – und so in gegenaufklärerische, antihumanistische Bereiche hineinreicht. Dieser Aspekt scheint dem Spektrum des Komischen in Müllers Stücken wesentlich näher zu kommen:

> Allemal begleitet das Lachen, das versöhnte wie das schreckliche, den Augenblick, da eine Furcht vergeht. Es zeigt Befreiung an, sei es aus leiblicher Gefahr, sei es aus den Fängen der Logik. Das versöhnte Lachen ertönt als Echo des Entronnenseins aus der Macht, das schlechte bewältigt die Furcht, indem es zu den Instanzen überläuft, die zu fürchten sind. Es ist das Echo der Macht als unentrinnbarer. Fun ist ein Stahlbad.³²⁹

Mithin verweist Matias Mieth zu Recht auf eine besondere Affinität Müllers zum Grotesken, eignet diesem in seiner Ambivalenz von Grauen und Komik und seiner spezifischen Form der Lächerlichkeit doch „jenes eigentümliche Irritationsmoment"³³⁰, das es erlaubt, gesellschaftliche oder historische Vorgänge in ihrer Entsetzlichkeit vor Augen zu führen, deren (moralische) Bewertung aber gleichzeitig spielerisch zu verunsichern. Grauen und Komik entwickeln dabei eine komplexe gegenseitige Bedingtheit, da „der übersteigerte Einsatz des Komischen

---

327 Eine übersichtliche, auf der Auseinandersetzung mit Freud basierende Zusammenstellung der verschiedenen Arten des Komischen findet sich bei Jauß. Vgl. Jauß, Hans Robert: Über den Grund des Vergnügens am komischen Helden. In: Das Komische. Hrsg. von Preisendanz, Wolfgang/Warning, Rainer. München 1976, S. 103–132 bzw. Greiner 1986b und Greiner, Bernhard: Die Komödie. Eine theatralische Sendung: Grundlagen und Interpretationen. 2. Aufl. Tübingen/Basel 2006, S. 87–113.
328 Mieth 1991, S. 210.
329 Horkheimer/Adorno 2003, S. 149, zitiert auch bei Stollmann 1997, S. 94 (Anm. 2).
330 Mieth 1991, S. 210. Auch Berendse verweist darauf, dass in Müllers Texten am häufigsten ein „ambivalente[s] Lachen" anzutreffen sei (Berendse 1999, S. 236). Weitin wiederum bezeichnet das Groteske „als Müllers wichtigste[n] Komikgestus" (Weitin 2003, S. 16) – eine Charakterisierung, die zwar insofern problematisch ist, als sie das Groteske als selbstständige ästhetische Kategorie negiert und dem Komischen einverleibt, aber dennoch einen wesentlichen Punkt benennt: Unbestreitbar kommt das Komische bei Müller meist in Zusammenhängen zum Einsatz, die dem Grotesken nahestehen.

sowohl Angst schaffen wie sie mildern kann"[331]. Bernhard Greiner filtert mit dem *Lachen in der Negation* und dem *Lachen der Übertretung* zwei Arten des Lachens aus Müllers Texten,[332] die unter Berücksichtigung einiger weiterer spezifischer Aspekte gut für die Charakterisierung ihrer grotesken Komik herangezogen werden können.

Das *Lachen in der Negation* vollzieht sich Greiner zufolge „in dialektischer Einheit mit tödlichem Ernst" und bringt auf diese Weise die „blutigen Witze" der müllerschen Texte hervor. Es speist sich aus der (aufklärerischen) Tradition des „Ver-Lachens, der Inkongruenz- und Kontrastkomik", einer Komik der Herabsetzung also, die inadäquate Situationen und Vorgänge ausstellt, mit ihrem idealen Gegenbild kontrastiert und in einer souveränen Distanznahme dem Lachen preisgibt – geht aber nicht darin auf. Als „ein Lachen in Masken" zielt es auf einen geschichtsphilosophischen Zusammenhang, ist im „Schauspiel der Geschichte" teleologisch gerichtet.[333] Seine Absicht gilt allerdings nicht primär dem Erreichen eines wie auch immer gearteten höheren Bewusstseins, sondern dem „Akt des Lachens selbst", der zum ernsten Vorgang erhoben wird.[334] Das Lachen präsentiert sich dabei als „Signifikant von Entzogen-Sein [einer sinngebenden Ganzheit; M. M.] und nicht – diese Unterscheidung ist wesentlich – Signifikant des Entzogenen", was erst seinen schneidenden Witz, seine in jeder Hinsicht destruierende Wirkung hervorbringt.[335] Es ist nicht mehr in der Lage, durch Negation neuen Sinn zu setzen und ähnelt damit dem grotesken Lachen bei Bonaventura, dem laut Leopoldseder „Verzweiflung, Grauen und existenzielle Ratlosigkeit"[336] zugrunde liegen.

Im *Lachen der Übertretung* hingegen verabschiedet sich Müller, so Greiner, vom aufklärerischen Postulat des „logoszentrierte[n] Ich" und beabsichtigt, die Untergründe „der geschichtlichen wie der Sinnordnung überhaupt" aufzudecken: „Dies Lachen ist notwendig punktuell, ekstatisch, es unterläuft die Versuche, es in symbolischer Ordnung zu bändigen".[337] Es ist das Lachen, das hinter jedem

---

[331] Steig [1970], S. 75.
[332] Greiner, Bernhard: „Jetzt will ich sitzen wo gelacht wird": Über das Lachen bei Heiner Müller. In: Dialektik des Anfangs. Spiele des Lachens. Literaturpolitik in Bibliotheken. Über Texte von Heiner Müller, Franz Fühmann, Stefan Heym (Jahrbuch zur Literatur in der DDR Bd. 5). Hrsg. von Klussmann, Paul-Gerhard/Mohr, Heinrich. Bonn 1986 (Greiner 1986a), S. 29–63, hier S. 42.
[333] Ebd.
[334] Ebd., S. 43.
[335] Ebd., S. 46.
[336] Leopoldseder 1973, S. 184.
[337] Greiner 1986a, S. 42. Müllers dionysisch-karnevalistisches *Lachen der Übertretung* leitet Greiner von Nietzsche ab, wobei „Übertretung" radikal verstanden werden muss: „nicht als partielles Aufheben von Schranken oder zeitweiliges Freisetzen von unterdrückter Natur, um die

Klamauk bei Müller steckt.[338] Greiner verortet es in zwei verschiedenen Zonen: einer, in der „alle[] Unterscheidungen in einem Akt der Lust oder des Zerstörens" eingerissen werden und einer, in der sich Sprachlosigkeit und/oder vehemente Körperlichkeit breit machen.[339]

> Lachen der Übertretung breitet sich in der Zone des Körpers [...] im Verfremden des Körpers aus, im Entfremden ihrer Entfremdung, wenn die selbstverständlich gewordene Gewalt denunziert wird, der die Körper ausgesetzt sind, damit sie als Substrat des Geschichtsprozesses funktionieren.[340]

Da das *Lachen der Übertretung* sich einem aufklärerischen Gestus verweigert, ist es für den Rezipienten in seiner Funktion schwer fassbar. Greiner ordnet es einer zweiten Tradition der Lachkultur zu, der unter anderem das von Bachtin beschriebene grotesk-vitale Lachen (der Heraufsetzung) angehört:

> Das Lachen der Übertretung ist uns schwerer zugänglich, da es mit der Tradition der Dialektik bricht, die das abendländische Denken bestimmt und da es Zeichen, resp. eine „Sprache", die ihm Raum gäbe, nicht schon hat, sondern sich erst erschaffen muß. Öffnungen zu diesem Lachen sind allenfalls in der zweiten Tradition des Verständnisses von Lachen zu erkennen, die subkutan die Tradition der Verlach-Theorie immer begleitet hat, etwa in Theorien des „grotesken" (Hugo) bzw. „absoluten" (Baudelaire) Lachens, des Lachens als Freisetzen von Unbewußtem/Verdrängtem (Freud), als Sich-Herauswinden aus der Bahn der abendländischen Metaphysik (Nietzsche).[341]

Zu seinen Ausprägungen ist allerdings wohl auch das satanische Gelächter in den ‚Nachtwachen von Bonaventura' zu zählen, das „ein[en] Triumph des Bösen" zum Ausdruck bringt, dem Greiner in seiner von der Wahrung der Utopie bestimmten Perspektive keine Rechnung trägt. Zusammen mit dem grotesk-verzweifelten Lachen verbindet es sich bei Müller ebenso wie bei Klingemann „zu einem grotesken Ausdruck, der in der Sinnlosigkeit und im Nichts seinen Inhalt hat" und dessen groteskes Potential darin liegt, „daß es der jeweiligen Situation entgegengesetzt ist".[342]

---

gegebenen Ordnungsstrukturen weiter zu ertragen, sondern als Herausgehen aus Sicherheiten, gerade auch der Position des Ich als sich selbst wissender Subjektivität" (Greiner 2006, S. 98 f., 405).
338 Greiner 1986a, S. 40 f.
339 Ebd., S. 39.
340 Ebd., S. 40.
341 Ebd., S. 43 f.
342 Leopoldseder 1973, S. 184.

Gemeinsam ist beiden der von Greiner charakterisierten Varianten des Lachens, dass sie sich aus einem „Impuls zu zerstören"[343] speisen, der bei Müller starke Akzentuierung erfährt:

> Mein Hauptimpuls bei der Arbeit ist die Zerstörung. Also anderen Leuten das Spielzeug kaputtmachen. Ich glaube an die Notwendigkeit von negativen Impulsen.[344]
>
> Aber wenn man Stücke schreibt, ist der Hauptimpuls wirklich Destruktion, bis man, aber das klingt furchtbar metaphysisch, vielleicht auf einen Kern stößt, mit dem man dann wieder etwas bauen kann. Wenn man alle Illusionen abbaut, kommt man möglicherweise auf die wirkliche Lage. Aber vielleicht gibt es die gar nicht.[345]

Es ist eine anarchisch-aggressive Lust an der Destruktion, die in den Stücken Müllers an die Oberfläche kommt und sich diesem Lustempfinden entsprechend weiträumig ausbreitet[346]:

> Ein wesentlicher Grund zum Schreiben von Stücken ist Schadenfreude. Sie ist die Quelle allen Humors; die Freude daran, daß etwas schiefgeht und daß man in der Lage ist, das zu beschreiben. Ich glaube, das ist das Grundmodell von Theater und auch von Komik.[347]

Der lustvolle Destruktionsimpuls bildet den Schlüssel zum theatralen Lachen bei Müller. Auch als Grundlage für den schwarzen Humor, ebenfalls eine von Müller bevorzugte Spielart grotesker Komik, darf seine Bedeutung nicht unterschätzt werden.

III.2.3.2 Das Lachen des Siegers

Müller arbeitet im ‚Gundling' allerdings durchaus auch mit verschiedenen Formen der Komik der Herab- und Heraufsetzung,[348] die dort eine interessante Verschränkung und spezifische Ausprägung erfahren. Grundsätzlich überwiegt die Komik der Herabsetzung, die sich im dramatischen Geschehen sowohl auf die

---

343 Greiner 1986a, S. 36.
344 HMW 10, S. 247.
345 HMW 12, S. 361. Vgl. zu dieser Funktion des Lachens auch Stollmann 1997, S. 66, der die Frage: *„Was machen Clowns, Komiker, Lachkulturarbeiter?"* mit Blick auf die *„kompromißlose Linie der Groteske"* folgendermaßen beantwortet: Sie haben *„was als ‚Sinn', Zusammenhang, Ordnung, Verläßliches gilt, aufgegeben, es als Sinnlosigkeit erkannt und ‚machen' nun ‚Unsinn', weil anders neuer Zusammenhang nicht gefunden werden kann"*.
346 Vgl. Greiner 1986a, S. 37.
347 HMW 10, S. 234.
348 Vgl. Mieth 1991, S. 213.

Täter als auch auf die Opfer erstreckt. Die Herrscherfiguren etwa werden allesamt durch eine niedrigkörperliche Komik denunziert: Friedrich Wilhelm erscheint als brachialer Naturmensch ohne Ambitionen auf körperliche Verfeinerung, Friedrich II. wird durch seine Gnomhaftigkeit und Infantilität karikiert, die Figurationen Englands und Frankreichs „*rülpsen[] und furzen[]*"[349] bei der Verteilung der Welt und setzen sich dadurch einem überlegenen Lachen aus. Auch der Hofgelehrte Gundling wirkt in seiner Selbsterniedrigung, die die ihm widerfahrene Verhöhnung noch übertrifft, verspottenswert. Einzig in der Irrenhausszene tritt der Macht in den Insassen der Anstalt eine wehrhaft-komische Körperlichkeit entgegen, die es zulässt, von karnevalesk-komischer Heraufsetzung der Unterdrückten zu sprechen.[350] Die Studenten des Professors hingegen erfahren in ihrer übertriebenen Albernheit ebenfalls Denunziation.

Auf den ersten Blick scheint es, als würden diese Verfahren des Komischen von Müller im landläufigen Sinne eingesetzt, ähnlich, wie er es mit Blick auf ‚Philoktet' 1968 selbst beschreibt: „Der Ablauf ist zwangsläufig nur, wenn das System nicht in Frage gestellt wird. Komik in der Darstellung provoziert die Diskussion seiner Voraussetzungen. Nur der Clown stellt den Zirkus in Frage."[351] Joachim Fiebach jedenfalls interpretiert das Komische im ‚Gundling' auf eben diese Weise:

> Der scheinbar übermächtige Machthaber (Friedrich) mit seinen anscheinend für ewig festgefügten Institutionen (Irrenhaus), denen man ohnmächtig oder voll ergeben gegenüber steht, enthüllen plötzlich in der Clownerie, in kasperlhaftem Verhalten ihre Alltäglichkeit, ihre nichtigen Seiten, ihre Schwächen. Sie sind zu entthronen.[352]

So einfach liegen die Dinge allerdings nicht. Zwar trifft es zu, dass das „kasperlhafte Verhalten" der Mächtigen beim Rezipienten wiederholt ein überlegenes

---

349 HMW 4, S. 518.
350 Aufgrund der missverständlichen hierarchischen Konnotation des Begriffs „Heraufsetzung" sucht Jauß nach einem anderen und stößt dabei auf die Übereinstimmung des Gemeinten mit dem alle Hierarchien einreißenden, grotesk-vitalen Karnevalslachen Bachtins (Jauß 1976, S. 106 ff.). Vgl. dazu auch Greiner 2006, S. 89: „Denn das Groteske kennzeichnet, was den Reiz dieser Art Komik ausmacht: das Aufheben aller Grenzen, das Mischen, Durcheinandergehen, unbekümmert um Gebote der ‚Sitte' und Normen, damit auch eine verschmelzende, den Einzelnen in seiner Besonderheit zum Verschwinden bringende Partizipation, das Entstehen und ordnungslose Sich-Ausbreiten von Lachgemeinden aus dem Einvernehmen im Freisetzen von Affekten. Entsprechend hat die ‚groteske Komik' einen elementar unbewussten Charakter, manifestiert sie sich wesentlich körperlich, an dem in Sitte nicht gebändigten Körper."
351 HMW 8, S. 158.
352 Fiebach 1981, S. 124 f.

Lachen provoziert und dem Publikum, als Komplizen des Autors, in bestimmten Momenten die Macht der Überwindung zugesteht[353]; gleichzeitig aber entwickeln die Herrschenden im ‚Gundling' bei all ihrer Lächerlichkeit eine derart kalte Gewalt, dass das Grauen die Komik immer wieder zu verdrängen droht, das Lachen den Schrecken erst wirklich fühlbar macht. Kann es sich aus dem Bann des Entsetzens lösen, so ähnelt es tatsächlich eher einem hilflosen Lachen des „Entzogen-Seins", also Greiners *Lachen in der Negation*, als einem karnevalesken Lachen der Entmachtung oder Entmythisierung.

Deutlich wird dies besonders in den Szenen, in denen entweder die Regieanweisung „*lachen*" ausdrücklich fordert oder es der inhaltliche Zusammenhang implizit nahelegt. Bei diesem Lachen handelt es sich im ‚Gundling' generell um eines der Schadenfreude, das gern an Handlungshöhepunkten zum Tragen kommt[354] und kaum zum Mit- noch zum Verlachen einlädt, im Gegenteil: Als satanisches *Lachen der Übertretung* dient es der Manifestation von Macht und Gewalt, verweist aber als groteske körperliche Erschütterung auch auf die Deformationen der Herrschenden. Angesiedelt „in einem merkwürdig unsicheren Zwischenraum von Natur und Kultur"[355], markiert es den schmalen Grat zwischen der zivilisatorischen Bildung des Menschen und seinen natürlichen Instinkten. Es offenbart, wie schnell der Rückschritt in barbarische Zustände erfolgen kann. Ein humanistisches Ideal der gegenseitigen Anteilnahme und Menschenliebe zeigt sich angesichts dieses Lachens tatsächlich höchstens in seinem Entzogen-Sein und scheint auch als kontrastierende Perspektive, welche die Selbstreflexion der Gewalt im Lachen erlauben würde, nicht mehr zu existieren.[356]

Es ist dieses grausame Lachen, von dem Friedrich Wilhelm und seine Offiziere geschüttelt werden, während sie Gundling und den jungen Friedrich quälen, aber auch das Lachen Friedrichs und Kattes über die gefesselte und gedemütigte Wilhelmine (in der Maske des übermächtigen Vaters) trägt solch schaurige Züge. In ähnlicher Weise weidet sich später zudem der Alte Fritz am Leid der sächsischen Witwe:

---

353 Vgl. Greiner 1986b, S. 200: „Zum Verbündeten des Autors wird das Publikum auf Kosten der dargestellten komischen Welt, d. h. des Lächerlichen [...]."
354 Vgl. Domdey, Horst: „Ich lache über den Neger" – Das Lachen des Siegers in Heiner Müllers Stück „Der Auftrag". In: Die Schuld der Worte. (Jahrbuch zur Literatur in der DDR Bd. 6). Hrsg. von Klussmann, Paul-Gerhard/Mohr, Heinrich. Bonn 1987, S. 220–234, hier S. 231.
355 Stollmann 1997, S. 15. Stollmann verweist auf den Stellenwert des Lachens in den Indianermythen, die dieses als Überwältigung der menschlichen Zivilisation begreifen und von der „Furcht" erzählen, „im Lachen der unbeherrschbaren, zerstörerischen Natur anheimzufallen, alle Beherrschung äußerer und innerer Natur zu verlieren und wieder Tier zu werden" (ebd., S. 14).
356 Siehe dazu Horkheimer/Adorno 2003, S. 85 bzw. Stollmann 1997, S. 79.

> FRIEDRICH [...] *Lacht läßt den Schleier fallen.*
> Jetzt kann sie mit sich selber spielen, Witwe.
> *Schüttelt sich:*
> Bis sich ein neuer Bauch auf ihrem Bauch reibt.[357]

Auch das Lachen der Studenten in der Irrenhausszene, die sich schadenfroh ihrer geistigen Überlegenheit versichern und damit den zynischen Philosophemen des Professors die gewünschte Resonanz verschaffen, gehört in diese Kategorie. Sie delektieren sich boshaft an Zebahls Wahnvorstellungen, amüsieren sich jedoch gleichzeitig auch über das missglückte Experiment ihres Dozenten. Ihr Lachen erscheint als blankes Instrument von Herrschaft, als Recht der Macht auf hämisches Gelächter, das, gibt er sich eine Blöße, auch vor der Würde des Vorgesetzten nicht haltmacht. Es siegt der Stärkere, also derjenige, dem es gelingt – wenn auch nur für einen kurzen Moment –, die Macht an sich zu reißen und seine Dominanz auszuspielen: von Sinnkonstitution keine Spur. Während das Lachen seit „der europäischen Bauernkultur des Mittelalters" ganz im Sinne Bachtins als „bannbrechend, mythenzerstörend, herrschaftszersetzend" galt,[358] formiert es sich hier genau aus der entgegengesetzten Perspektive: als Manifestation von Überlegenheit und Macht oder, um mit Domdey zu sprechen, als *Lachen des Siegers*[359]: „Verlacht wird bei Müller nicht, wie in der Aufklärungstradition des Komischen, das Schlechte, sondern das schwache ‚Gute', vor allem dann, wenn es sich unterwerfen, wenn es schwach sein will."[360] Müller bewegt sich damit „an die Anfänge der Verlach-Tradition zurück, wo der Terror der Schadenfreude noch nicht domestiziert ist", und aktiviert, Domdey zufolge, „das Barbarische des Spotts, die Verhöhnung des Unterlegenen, um diesen gegen die Verführung immun zu machen, sich in der Niederlage einzurichten".[361] In dem zerstörerischen, barbarischen Lachen der Schadenfreude und dem dadurch erfolgenden ästhetischen

---

357 HMW 4, S. 522.
358 Stollmann 1997, S. 15.
359 Vgl. Domdey 1987. Domdey bezieht sich mit dem *Lachen des Siegers* offensichtlich auf Baudelaires Darstellung des Lachens als „Ausdruck der Überhebung" (vgl. Baudelaire, Charles: Vom Wesen des Lachens und allgemein von dem Komischen in der bildenden Kunst [1855]. In: Baudelaire: Sämtliche Werke/Briefe. Hrsg. von Kemp, Friedhelm/Pichois, Claude. Bd. I: Juvenilia – Kunstkritik 1832–1846. München/Wien 1977, S. 284–305, hier S. 291), modifiziert und radikalisiert allerdings dessen These. (vgl. dazu Greiner 2006, S. 95). Greiner hingegen lehnt das *Lachen des Siegers* für Müllers Texte ab, da sie in seinen Augen vielmehr das von den Siegern Unterdrückte und Verdrängte zu seinem Recht kommen lassen wollen (vgl. ebd., S. 404 f.), verkennt damit allerdings dessen meist aktivierenden, emanzipatorischen Gestus.
360 Domdey 1987, S. 230.
361 Ebd., S. 231.

Austritt „aus dem ‚Humanismus'"[362] schlägt sich somit ein Aspekt des *Lernens durch Schrecken* nieder, dem sich Müllers Aufnahme und Kritik der brechtschen Lehrstücktheorie verbunden fühlt: „Das Verlachen hat bei Müller eine positive Funktion, insofern es Salz in die Wunde streut: der Unterlegene wird belehrt, daß er unterlegen ist. Der Spott zerstört die Illusion, der Feind sei kein Feind. Das Lachen des Siegers ist für den [U]nterlegenen [...] produktiv [...]."[363] Nur um den Preis dieser Einsicht, der, so Domdey, notwendig eine vitale Auflehnung zu folgen habe, sei es möglich, den Schritt vom Untertanen, vom „Haustier", zum „historische[n] Subjekt" zu machen.[364] Neben dem Rekurs auf Brecht zeige sich in dieser Strategie auch ein Aspekt von Müllers Nietzsche-Rezeption, da letzterer den Schrecken ebenfalls als „*die erste Erscheinung des Neuen*" hätte charakterisieren können:

> Bei Nietzsche wie Müller wird die Zerstörungslust mit der Hoffnung auf einen Entwicklungsschub gekoppelt. [...] Unter diesem Aspekt betrachtet wäre das Lachen des Siegers in Texten Müllers utopiegeladen, die Schadenfreude dessen barsche Maske; die sagen soll, daß man Wolf werden muß, um Utopie zu gewinnen.[365]

Der Blick auf den Gesamtzusammenhang des Friedrich-Teils, der die Wiederholung bzw. die Kontinuität der Herrschaftsstrukturen in den Vordergrund rückt und damit gerade den Mangel an Utopie ausstellt, konterkariert diese These allerdings – zumindest was den ‚Gundling' angeht. Während das *Lachen des Siegers* in den vorhergehenden Stücken Müllers durchaus als utopisch aufgeladen bezeichnet werden kann – darauf wird zurückzukommen sein –, scheint Müller in ‚Leben Gundlings' an seine vitalen Impulse nicht mehr zu glauben. Spürbar wird dies vor allem mit Blick auf die Friedrich-Figur, dessen Wolf-Werden keine humanistisch-emanzipatorische Perspektive begleitet. Es bleibt ihm nicht nur versagt, sich aus den physisch und psychisch inkorporierten Mechanismen der Macht zu befreien, er scheint vielmehr gezwungen, diese zu wiederholen, wenn auch unter dem Deckmäntelchen vermeintlicher Aufgeklärtheit. Die karnevaleske Körperanarchie der Insassen des Irrenhauses wiederum, die sich in einem verzweifelten Versuch der Anders- und Neuperspektivierung als einzige der „Maske des Todernstes"[366] entgegenstemmt, welche das Lachen im ‚Gundling' über weite Strecken trägt, kann ebenfalls keinen Austritt aus dem Kontinuum der Macht in

---

362 Ebd., S. 232.
363 Ebd., S. 230.
364 Ebd., S. 232.
365 Ebd. Vgl. Nietzsche 2002, S. 214.
366 Greiner 1986a, S. 33.

Aussicht stellen. Stattdessen sucht Müller hier anhand eines in Greiners Sinne positiv konnotierten, karnevalesken *Lachens der Übertretung*, das sich dem Einreißen aller zivilisatorischen Ordnungsmuster verschreibt, nach anderen Wegen im Umgang mit Körper und Geschichte, die sich dem sich verselbstständigenden Herrschaftsimpuls des aufklärerischen Denkens entgegensetzen ließen. Doch auch dieser Versuch scheitert an der gewaltsamen Übermacht der Institution: Die Komik des Subversiven wird erstickt vom Zynismus des Systems.

III.2.3.3 Das Lachen als Triumph des Bösen

Eine Spielart des satanischen Gelächters, die in ihrem, die ursprüngliche komische Katharsis verweigernden Gestus bei Müller besondere Relevanz erhält, ist der schwarze Humor.[367] Seine präzise wirkungsästhetische Analyse findet sich bei Gerd Henniger, der die psychologische Grundstruktur des schwarzen Humors – in einer Weiterentwicklung von Freuds psychoanalytischer Theorie des Witzes[368] – im faktischen Zusammenfallen von moralischem Schuldbewusstsein und einem in der Komik erlebten Lustgefühl verortet – eine Kombination, die in ethischer Hinsicht als unvereinbar empfunden wird. Indem er die Modelle von Entstehung und Rezeption des schwarzen Humors „gewissermaßen aufeinander kopiert", entdeckt Henniger eine „psychische Schuldgemeinschaft" von Autor und Publikum: „[D]enn der Urheber ist ja sein ursprüngliches Publikum, ist Selbst-Verbraucher, indem er sein ästhetisches Modell versteht, während der Zuschauer oder Leser potentieller Urheber ist, sonst könnte er den schwarzen Humor überhaupt nicht zu sich nehmen."[369] Voraussetzung für ein solches Erleben ist laut Henniger ein Bewusstsein des Gegensatzes von „Triebleben und Moralität", „Moralität und Ästhetik", das sich erst an der Schwelle zur Neuzeit, unter anderem bei Rabelais, Cervantes und Shakespeare, entwickelt hat.[370] Seinen Höhepunkt erlebt es im Zeitalter der Aufklärung, das die Konfrontation des Menschen

---

[367] Anlässlich der Inszenierung seiner ‚Macbeth'-Bearbeitung 1985 in der Volksbühne beschreibt Müller selbst den schwarzen Humor als Möglichkeit der Komödie (vgl. HMW 10, S. 448).
[368] Vgl. Freud, Sigmund: Der Witz und seine Beziehung zum Unbewußten [1905]. In: Freud: Studienausgabe. Bd. IV: Psychologische Schriften. Hrsg. von Mitscherlich, Alexander/Strachey, James/Richards, Angela. 7. Aufl. Frankfurt am Main 1989, S. 9 – 219 sowie Ders.: Der Humor [1927]. In: Ebd., S. 275 – 282.
[369] Henniger, Gerd: Zur Genealogie des schwarzen Humors [1966]. In: Das Groteske in der Dichtung. Hrsg. von Best, Otto F. Darmstadt 1980, S. 124 – 137, hier S. 127. Vgl. dazu auch Freud [1905], S. 126, der in seiner Theorie des Witzes zu dem Schluss kommt, dass der „psychische Vorgang beim Hörer den beim Schöpfer des Witzes in den meisten Fällen nachbildet".
[370] Henniger [1966], S. 130. Er begreift den Zusammenstoß beider Prinzipien sogar als „Grundbedingung aller modernen Literatur" (ebd.).

mit der Freiheit seines Bewusstseins als unerhörtes Konfliktpotenzial offenbart.[371] Der schwarze Humor setzt insofern die distanzierende, versöhnliche Haltung der Komik aus und lässt eine „kathartische Auflösung des Schuldkomplexes"[372] nicht mehr zu.

> Das geschärfte Bewußtsein lehnt sich dagegen auf, daß der Konflikt zwischen Triebwelt und Moralität durch einen Waffenstillstand vertuscht werden soll, der am grünen Tisch der Ästhetik geschlossen wird; es greift zu dem subversiven Mittel, den Humor, das aestheticum aus schlechtem Gewissen, in seiner Uneigentlichkeit darzustellen, indem es seine versöhnlerische Haltung ummünzt in Revolte.[373]

Dementsprechend erscheint der schwarze Humor als Möglichkeit einer „Dialektik der Freiheit", gespiegelt im „Wechselspiel von Schuld und Lust", die sich in der Uneigentlichkeit ihres Einsatzes von Komik selbst als Wert begreift.[374] Frei macht der schwarze Humor jedoch nur „*indem* er den Zwang spürbar werden läßt; die Lust, die er bereitet, entspringt der Unmöglichkeit, sich seiner faktisch zu entledigen". Die dabei erfolgende „Rückkopplung von Freiheit und Zwang, Lust und Schuld" erzeugt einen „Teufelskreis", der einzig „diabolische Wohltaten" zulässt.[375] Das schlechte Gewissen von Urheber und Publikum wird so geradezu konserviert.

Im Gegensatz zu Margret Dietrich, für die der schwarze Humor von „Souveränität unter härtesten Bedingungen"[376] zeugt, geht Henniger von seiner Abkunft „aus tiefem Pessimismus"[377] aus. „*[A]ls* Humor unversöhnlich, *als* Lachen Verzweiflung", beharre er ebenso unabdingbar auf der Absurdität und Hoffnungslosigkeit des Vorgangs, den er beschreibt, wie auf dessen illusionsloser Darstellung:

> Die Funktion, durch Lachen zu befreien, wandelt er in die, durch eine Lache zu schockieren, wobei die düstere Doppelbedeutung des Wortes durchaus am Platze ist. Insofern könnte man ihn geradezu als uneigentlichen, pervertierten Humor bezeichnen, als Kunst, das Lachen zu töten.[378]

---

371 Vgl. ebd., S. 131.
372 Ebd., S. 128.
373 Ebd., S. 131.
374 Ebd., S. 132, 134.
375 Ebd., S. 132.
376 Dietrich 1974, S. 683.
377 Henniger [1966], S. 131.
378 Ebd., S. 129.

Henniger fasst zusammen: „[S]chwarzer Humor ist, wenn man trotzdem nicht lacht"[379]. Seine Authentizität ist nur an der Tiefe des Schmerzes über die unauflösbaren Widersprüche, über die Bodenlosigkeit zu erkennen, die er vermittelt.[380] Beispiele für schwarzen Humor findet der Autor in der Literatur der Moderne unter anderem beim Marquis de Sade, bei Georg Büchner, dem Comte de Lautréamont, Alfred Jarry, Charles Baudelaire und Edgar Allen Poe[381] – allesamt Dichter, auf die Müller intertextuell wie poetologisch wiederholt Bezug nimmt. Seine spezielle Relevanz für das Theater (wie auch das Fernsehen) im 20. Jahrhundert begreift Henniger zudem als „symptomatisch [...] für eine Massengesellschaft, die mit ihren Gebresten Schwarzer Peter spielt"[382].

Die groteske Wirkung schwarz-humoriger Szenen in Müllers Texten basiert oft auf bösen Scherzen, mit denen die Herrscher-Figuren auf das Leid ihres Gegenübers reagieren. Gesteigert wird die Grausamkeit dabei häufig noch durch ein geistreich-komisches Wortspiel.[383] Friedrich Wilhelm und seine Soldaten etwa kommentieren die Hinrichtung Kattes, die sie den jungen Friedrich mit anzusehen zwingen, mit einem zynischen Weihnachts-Witz[384], der seine besondere Perfidie durch die Konnotation der Erlösung entwickelt:

> FRIEDRICH WILHELM Zeigt ihm die Bescherung.
> SOLDATEN Ich bin der Weihnachtsmann. *Reißen Friedrich die Hände von den Augen, halten ihm die Augen auf.*
> *Erschießung Kattes.*[385]

---

379 Ebd., S. 125.
380 Vgl. ebd., S. 137.
381 Vgl. ebd., S. 133 f.
382 Ebd., S. 137.
383 Vgl. dazu Thomson [1972], S. 106.
384 Eine Beziehung des Komischen bei Müller zur freudschen Witztheorie stellt Greiner her (Greiner 1986b, S. 198): „Freud überträgt die Kategorien seiner Traumtheorie, die eine Theorie der Sprache ist, auf den Witz und legt entsprechend dar, daß das Aussprechen der Anwesenheit des Ausgegrenzten an der ausgrenzenden Macht in den Grundoperationen der Zeichenbildung, ‚Verschiebung und Verdichtung' geschehe, durch die, wie im Traum, unterdrückte Triebwünsche so transformiert werden, daß sie die Zensur der ausgrenzenden Macht umgehen." Allerdings verortet er „Komik und Lachen" bei Müller nur auf dem „Feld der ‚symbolischen Ordnung'" (ebd.), während wohl gerade dieses Beispiel zeigt, dass Müllers Pointentechnik sich relativ exakt und ganz manifest in dem von Freud beschriebenen psychischen Mechanismus des Witzes spiegelt. Freud sah zudem im „Gewährenlassen[] unbewusster Denkweisen" (Freud [1905], S. 192) ein notwendiges Zusammentreffen von Komik und Witz: „Witz und Komik unterscheiden sich vor allem in der psychischen Lokalisation; *der Witz ist sozusagen der Beitrag zur Komik aus dem Bereich des Unbewußten*" (ebd., S. 193).
385 HMW 4, S. 516.

Auf ähnlich frivole Weise behandelt auch Friedrich, nunmehr König und Heerführer im Siebenjährigen Krieg, die um Gnade flehende sächsische Offiziersfrau:

> FRIEDRICH War er gut im Bett
> Witwe?
> *Sächsin heult.*
> FRIEDRICH *tanzt:*
> Ich bin der Witwenmacher. Weiber
> Zu Witwen machen, Weib, ist mein Beruf.
> Ich leer die Betten aus und füll die Gräber.[386]

Motive wie Tod und Sexualität (im Gegensatz zur Liebe), die im Zusammenspiel mit Zynismus und Frivolität für Henniger den schwarzen Humor generieren,[387] kommen also auch bei Müller zum Tragen. Was im zweiten Fall allerdings zur Unangemessenheit des Verhaltens noch hinzutritt, ist die Beschreibung eines Handelns im Dienste der Staatsraison anhand seiner bloßen Faktizität. Der Entzug einer wie auch immer gearteten Rechtfertigung, eines Sinnhorizonts, in den das Agieren des Königs gestellt werden könnte, lässt seine Lächerlichkeit wie auch das Grauen, das ihm inhäriert, völlig nackt zu Tage treten. Besonders deutlich zeigt sich dies im abschließenden Heroic Couplet der Witwenszene, die die „bionegative[n] Seiten"[388] der preußischen Herrschaft grell hervorhebt:

> FRIEDRICH *mit Adlermaske:* Meine Kanonen brauchen Futter, Weib.
> Wozu sonst hat sie ein Geschlecht im Leib.[389]

Diese Passagen entsprechen, was die Kraft angeht, die sie aus einer rein negativen Energie beziehen, den „bösen Stellen" bei Brecht, deren ästhetische Wirkmacht Müller besonders schätzte:

> Im „Arturo Ui" gibt es viel Mechanisches, Pennälerhaftes, Travestie, aber plötzlich kommen böse Stellen, zum Beispiel wenn Givola (Goebbels) zu Roma (Röhm) sagt: „Mein Bein ist kurz, wie? So ist's dein Verstand / Jetzt geh mit guten Beinen an die Wand." Das sind die großen Stellen bei ihm, nicht die freundlichen. Der Terrorismus ist die eigentliche Kraft, der Schrecken.[390]

---

386 Ebd., S. 521 f.
387 Vgl. Henniger [1966], S. 135 ff.
388 Ebd., S. 133.
389 HMW 4, S. 523.
390 HMW 9, S. 177 f. Vgl. GBA 7, S. 90.

„[I]n der Kunst etwas [auszurichten]", heiße immer auch, „etwas hinzurichten, zuerst sich selber", konstatiert Müller.³⁹¹ Bezeichnet also Henniger den schwarzen Humor als „Revolte" gegen moralische Harmonisierungen, so entspricht dies wohl ziemlich genau der müllerschen Intention; sein Beitrag zu den niederträchtig-diabolischen Seiten des Komischen in Müllers Werk wird plastisch. Hingerichtet wird – in einer selbstreflexiven Bewegung – zugleich mit dem moralischen Bewusstsein des Autors der ihm innewohnende Hang zur Sinnstiftung. Beide lösen sich auf in einer lustvollen Empfindung des Bösen,³⁹² die sowohl Reaktion auf ein Trauma als auch schuldbehaftet ist und sich im Rezeptionsprozess auf das Publikum übertragen kann.

Bei näherer Betrachtung dieses Verfahrens scheinen im schwarzen Humor bei Müller die Bestimmungen des *Lachens in der Negation* – als groteskes Lachen des Entzogen-Seins von Sinn – und des satanischen *Lachens der Übertretung* – als gewollt ekstatische Übertretung moralisch gebotener Normen – eine Verbindung einzugehen. Es ist der Widerspruch zwischen (barbarischem) Trieb und (zivilisatorischer) Vernunft, zwischen Moral und Ästhetik, der herauspräpariert und ausgestellt wird. Dabei kommt ein Moment von Verantwortungslosigkeit zum Vorschein, das, so Müller, dem des kindlichen Spiels vergleichbar sei und den Künstler vom Bürger vehement unterscheide:

> Das Wesentliche beim kindlichen Spiel ist das Verantwortungslose. Diese Verantwortungslosigkeit des kindlichen Spiels aber hat unter bestimmten Bedingungen wieder einen Bezug zum Bösen. Eisenstein meinte, Chaplins Kraft rühre daher, daß Chaplin eigentlich ein böses Kind sei oder zumindest ein böses Kind spiele. Kinder sind böse von Natur – [...].³⁹³

Das Lachen, ob es nun wirklich zustande kommt oder von dem Schrecken, den es ausdrückt und befördert, verdrängt wird, ist im ‚Gundling' nahezu grundsätzlich mit einem ethischen Normbruch verbunden.³⁹⁴ Diese Normwidrigkeit produziert das groteske Irritationsmoment, das sich durch ein Hand-in-Hand-Gehen von Anziehung und Abstoßung, Grauen und Lust auszeichnet. Müller selbst hat die wirkungsästhetische Dimension dieser Irritation zwei Jahre nach der Entstehung

---

391 HMW 8, S. 199.
392 Vgl. Henniger [1966], S. 136.
393 HMW 11, S. 325. Müller radikalisiert hier eine These, die sich in weniger zugespitzter Form schon bei Freud findet: „Das Kind [...] lacht aus Überlegenheitsgefühl oder aus Schadenfreude: Du bist gefallen und ich nicht" (Freud [1905], S. 208) bzw. „Komisch ist das, was sich für den Erwachsenen nicht schickt" (ebd., S. 211).
394 Sinic sieht den „Normbruch" grundsätzlich als wichtiges Merkmal grotesker Komik an (Sinic 2003, S. 77). Vgl. dazu auch Pietzcker [1971], S. 87.

des Textes am Beispiel seiner persönlichen Erfahrung mit Charlie Chaplin erläutert:

> Meine erste Erinnerung an Chaplin ist die Erinnerung an eine Irritation. Was mich anzog, war der Terror seiner kalten Schadenfreude auf der Rollschuhbahn oder am Fließband, was mich abstieß, das Obszöne seiner Komik in der Angst vor dem feindlichen Riesen. Ich mochte das nicht, und ich mochte auch nicht, daß ich es nicht mochte.[395]

Die Komik des ‚Gundling' entspricht somit grundsätzlich Müllers „‚kalte[m] Blick' auf den Terror"[396] und exemplifiziert eindrücklich das „Einverständnis mit dem Schrecken", das für ihn „zur Beschreibung"[397] gehört. Indem sie die Möglichkeit der Abwehr des Grauens im Rückzug auf ein Sicherheit versprechendes, distanzierendes Lachen aufgibt, bewegt sie sich, im Bereich des „höhnischen, zynischen, schließlich des satanischen Gelächters"[398], das für Leopoldseder die ‚Nachtwachen von Bonaventura' mit charakterisiert und Kayser als generelles Merkmal der radikal-satirischen Groteske in der Romantik gilt.[399] Von Sinnstiftung, wie sie Domdey hinter dem „gestauchten Lachen[]"[400] der müllerschen Texte vermutet, kann keine Rede sein. Doch auch Henniger sieht die wesentliche Funktion des schwarzen Humors darin, das Lachen – wie versteckt in seinen Untiefen auch immer – dialektisch aufzuheben:

> Ohne Zweifel aber sucht aller schwarzer Humor das Lachen zu wahren, wenn das Lachen vergeht, und das heißt: *es nicht zu veräußern*. Sonst würde gar die Katastrophe des Menschen so ernst, daß wir ihr glaubten. Nicht zuletzt verdanken wir ihm die Fähigkeit, das Lachen ernst zu nehmen und den Ernst zu spielen, der das Zeremoniell des Lebens berichtigt, wenn es in bloße Wirklichkeit abzugleiten droht. Diese Fähigkeit gerade dann zu üben, wenn sie mißfällt, ist sein Privileg.[401]

Vor dem Hintergrund seiner geschichtlichen Stagnationserfahrung und der langsamen Selbstzerstörung des sozialistischen Gesellschaftsprojekts in den osteuropäischen Ländern findet Müller allerdings zu dieser Form der Wahrung des Lachens im ersten Teil des ‚Gundling' keinen Zugang mehr. Die verwendeten Verfahren grotesker Komik scheinen ihm die Welt in ihren Schrecken und ihrem Zynismus eher abzubilden, als in der Gegenbildlichkeit ein Kraftreservoir für ihre

---

395 HMW 8, S. 199.
396 Müller-Schöll 2003, S. 86.
397 HMW 9, S. 227.
398 Kayser [1957], S. 201.
399 Leopoldseder 1973, S. 184; Kayser [1957], S. 201. Vgl. auch Oesterle 2004, S. XIV.
400 Domdey 1990, S. 535.
401 Henniger [1966], S. 137.

utopische Perspektivierung bereitzustellen. Daher ist es nicht verwunderlich, dass er das komische Moment, das schon in der Kleist-Szene fast verloren geht, im Lessing-Triptychon schließlich ganz aussetzt. Es hat seine utopische Strahlkraft verloren. Vor dem Hintergrund seines historischen Erlebens erscheint Müller die vorgefertigte ideale Gegenbildlichkeit naiv und wird auf der Suche nach neuen ästhetischen Formen, die es ermöglichen sollen, in einen zeitgemäßen Diskurs einzutreten, als nicht mehr praktikabel empfunden. In der kompromisslosen Öffnung für Neues führt Müllers Weg aus diesem Dilemma schließlich sogar fort von der traditionellen Struktur des Dramas (Handlung und Dialog), die Komik als kategorisierbaren Zusammenhang erst ermöglicht.

III.3 Strukturelle Merkmale grotesker Poetiken

In der Theorie des Grotesken wird wiederholt darauf hingewiesen, dass sich seine Charaktereigenschaften nicht auf bestimmte Motive eingrenzen lassen. Werken, die mit Phänomenen des Grotesken arbeiten, eignet, so die These, oftmals auch eine auffallende formale Gestaltung: „[D]ie Form, die das Werk erwarten läßt, [muß] nie ganz, aber immer etwas zerstört sein [...]: sie muß, paradox gesprochen, Form im geformten Zustand ihrer Auflösung sein."[402] Nur so kann sie, Pietzcker zufolge, ein „gespannte[s] Gleichgewicht" halten zwischen „Zerstörung und Erhaltung des Erwartungshorizontes", mit dem Ziel Anziehung und Abstoßung beim Rezipienten zu bewirken.[403] Damit einher geht oft die teilweise oder vollständige Auflösung „überkommene[r] Folie[n] von Dialog, Rollenzuweisung, Spannungsbogen, Handlung, Kontinuität, Erzählung und Satzbau", die „durch die Inhalte zerrissen werden, die mit und in ihnen dargestellt werden soll[]en". Es entstehen „neue Formen [...], die die Gattungs- als Ordnungsmuster erkennbar werden lassen, die nicht länger zeitgemäß sind".[404] Das Spielerische des Grotesken macht dieses somit zu einem häufigen Merkmal experimenteller Literatur, die mit Techniken wie der Nachempfindung von Bewusstseinsströmen, filmischen Überblendungsverfahren und der Verknüpfung disparater Stile, derer sich

---

[402] Pietzcker [1971], S. 88. Vgl. auch Heidsieck 1969, S. 118: „Beides, Deformierung der dramatischen Form wie der menschlichen Gestalt, kommt der Ausbildung der grotesken Kunstgestalt sehr entgegen. Aber diese entsteht erst dort, wo der Stil sich des wahrhaft Grotesken der Realität bemächtigt, in den objektiven Zusammenhang der Zeit eintritt."
[403] Pietzcker [1971], S. 88.
[404] Müller-Schöll 2003, S. 82.

auch Müller oft bedient, „zugleich Erfindung und Vorstellung komplex organisiert"[405].

Traditionelle Strukturen des (dramatischen) Schreibens können aber nicht nur zerstört, sondern im Gegenteil auch als Kontrastmittel eingesetzt werden, die gegen den dargestellten Inhalt arbeiten. Das Groteske ist vielfach geprägt durch ein Missverhältnis von Inhalt und Form, wobei seine Wirkung „entweder einzig aus dieser Diskrepanz entstehen, oder der groteske Effekt einer inhaltlichen Diskrepanz [...] durch einen unpassende[n] Stil erhöht"[406] werden kann. Ludmilla A. Foster bezeichnet das sich solcher Verfahren bedienende Groteske als „Strukturgroteskes"[407], im Gegensatz zum hier bereits behandelten „thematisch Grotesken"[408], das sich auf die motivisch-narrative Ebene bezieht, wie auch zum „Texturgrotesken"[409], das mit Ungereimtheiten im „Gewebe [...] eines literarischen Werkes"[410], in seiner grammatischen, syntaktischen oder rhetorischen Textur arbeitet. Letzteres kam im Zusammenhang mit der *Karnevalisierung der Rede* bereits zur Sprache und wird auch im Kontext von Müllers Verwendung der Verssprache nochmals Erwähnung finden.

Im ‚Gundling' bedient sich Müller aus beiden Quellen des „Strukturgrotesken" – sowohl die bewusste Zerstörung als auch die Kontrastierung von Inhalt durch ästhetische Form kommen zum Einsatz. Dies zeigt sich einerseits in der bewussten, sogenannten „synthetisch[en]"[411] Fragmentarisierung des Werks, welche die von Müller in den 1970er-Jahren favorisierte *Dramaturgie der Überschwemmung* unterstützt, zum anderen im überlegten Einsatz von Parodie, Travestie und Verssprache.

III.3.1 Müllers synthetisches Fragment

1975, ein Jahr vor dem Erscheinen des ‚Gundling', äußert sich Müller im Kontext der Stücke ‚Schlacht' und ‚Traktor' über seine Gründe für die Herstellung ‚syn-

---

405 Thomson [1972], S. 108 f.
406 Sinic 2003, S. 141.
407 Foster, Ludmilla A.: Das Groteske. Eine analytische Methode. Anhand von Beispielen aus der russischen Literatur [1967]. In: Das Groteske in der Dichtung. Hrsg. von Best, Otto F. Darmstadt 1980, S. 116–123, hier S. 121.
408 Ebd., S. 118.
409 Ebd., S. 120.
410 Ebd., S. 118.
411 HMW 8, S. 175.

thetischer Fragmente' und verknüpft diese Form der dramatischen Produktion mit theatergeschichtlichen Überlegungen:

> Keine dramatische Literatur ist an Fragmenten so reich wie die deutsche. Das hat mit dem Fragmentcharakter unserer (Theater-)Geschichte zu tun, mit der immer wieder abgerissenen Verbindung Literatur – Theater – Publikum (Gesellschaft), die daraus resultiert. [...] Die Not von gestern ist die Tugend von heute: die Fragmentarisierung eines Vorgangs betont seinen Prozeßcharakter, hindert das Verschwinden der Produktion im Produkt, die Vermarktung, macht das Abbild zum Versuchsfeld, auf dem Publikum koproduzieren kann. Ich glaube nicht, daß eine Geschichte, die „Hand und Fuß hat" (die Fabel im klassischen Sinn), der Wirklichkeit noch beikommt.[412]

„Kontinuität der Handlung wie des Handelns" auf die Lösung eines historischen Widerspruchs hin sind für Müller „in der Gegenwart zutiefst fragwürdig" geworden.[413] Seiner Diagnose nach leben wir in „einer zerstückelten und zersplitterten Welt", mit der sich auseinanderzusetzen es „neuartige[r] ästhetische[r] Modelle" bedarf[414]:

> Schon in den zwanziger Jahren sträubte sich – laut Brecht – das Petroleum gegen die fünf Akte. Die Einheit der Handlung war das erste dramentheoretische Axiom des Aristoteles, das aufgegeben werden mußte. Hegel faßte die Einheit der Handlung in der Bewegung, Kollision und Lösung eines geschichtlichen Widerspruchs; die „befriedigende Lösung" verschweigt, daß sie nicht befriedigt. Am „Wallenstein" vermißte er die Versöhnung. Ich habe keinen vernünftigen Weltplan mehr in der Tasche, Gott und die Götter der Mythen sind tot, schon der Weltgeist zu Pferde starb auf Elba an Magenkrebs oder Arsenvergiftung, ich bin kein Weltgeist an der Schreibmaschine, ich sehe Möglichkeiten und Notwendigkeiten, Zukunft ergibt sich nicht aus Sandkastenspielen.[415]

Im dramatischen Fragment, das er, ausgehend von ‚Schlacht', in mehreren Fällen versucht synthetisch herzustellen, vermeint Müller vorerst eine Alternative zum beengenden Korsett der aristotelischen Dramaturgie gefunden zu haben, mit der er der Wirklichkeit nicht mehr beizukommen glaubt. Denn „[n]ichts ist", so Müller, „im negativen Sinn, fragmentarischer als ein geschlossenes perfektes Stück".[416] Im Gegensatz zu Brecht, bei dessen Fragmenten (etwa ‚Fatzer', ‚Büsching' oder ‚Glücksgott') es sich um „traditionelle" handelt, also um Pläne und

---

[412] Ebd.
[413] Neuland 1990, S. 142.
[414] Kaufmann, Ulrich: „Noch immer rasiert Woyzeck seinen Hauptmann ..." Zum Problem des Fragmentarischen bei Georg Büchner und Heiner Müller. In: Das zwanzigste Jahrhundert im Dialog mit dem Erbe. Hrsg. von Schmutzer, Ernst. Jena 1990, S. 150–156, hier S. 151.
[415] HMW 10, S. 515.
[416] Ebd., S. 517.

Entwürfe von Projekten, die nicht zu Ende geführt wurden, wird bei Müller, so Francine Maier-Schaeffer, „das Scheitern bewußt zur Komponente gemacht [...], sowohl des *Schreibens* als Prozeß (als *Ecriture* im bartheschen Sinn) wie auch der *Schrift* als fertiges Produkt". Erst aus einer solchen „Form des produktiv gemachten Scheiterns", das sich über die „Unmöglichkeit bzw. Unfähigkeit" noch ein „im herkömmlichen Sinne abgeschlossenes Stück zu schreiben", im Klaren ist, lässt sich Energie für die weitere Arbeit sprengen sowie neues utopisches Potential generieren[417]:

> Sind Brechts Fragmente die gescheiterten Versuche eines sich als unmöglich herausstellenden heilen Modells – Dekonstruktion ohne Rekonstruktion –, so geht Müller einen Schritt weiter, indem er sowohl die Dekonstruktion des Bestehenden als auch die bewußte Rekonstruktion des Modells ausführt. Allein die Rekonstruktion – das „synthetische Fragment" – erhält die Hoffnung auf eine Möglichkeit einer neuen Erscheinung der Utopie am Leben.[418]

Im ‚Gundling' erweist sich die fragmentarische Herangehensweise als dem Inhalt des Stückes auf mehreren Ebenen dienlich: Zum einen erlaubt sie es Müller im ersten Teil, die zahlreichen, nicht durch einen kontinuierlichen Handlungsstrang zusammengehaltenen, mehr oder weniger der Realhistorie verpflichteten Bilder aus dem Leben Friedrichs II. neben-, in- und übereinander zu schneiden, und so nicht nur die persönliche Entwicklung Friedrichs zu beleuchten, sondern auch die tieferen Schichten einer Vernunft- und Triebgeschichte des Abendlandes und der mit ihr verbundenen Verdrängungsmechanismen freizulegen.[419] Im zweiten Teil wiederum ermöglicht sie ihm die „Engführung" der zuvor etablierten Themen in extrem komprimierter Form.[420] Nur vor diesem Hintergrund wird einsichtig, warum Müller sich immer wieder gegen eine Interpretation des Werkes als „Montage von Teilen"[421] ausspricht. Hauschild etwa zitiert Passagen aus einer Manuskriptfassung der Autobiographie, die eine ganz andere Auslegung anbie-

---

417 Maier-Schaeffer, Francine: „Noch mehr Fragment als das Fragment". Zur Fragmentarisierung in Heiner Müllers Theaterarbeit. In: Aspekte des politischen Theaters und Dramas von Calderón bis Georg Seidel. Hrsg. von Turk, Horst/Valentin, Jean-Marie. Bern u. a. 1996, S. 367–387, hier S. 368.
418 Ebd., S. 372.
419 Auch hierfür könnten die ‚Nachtwachen' Klingemanns Pate gestanden haben, deren lockere Szenenreihung die Kontinuität der grotesken Perspektive begünstigt: „Wie im pikarischen Roman werden einzelne Episoden aneinandergereiht, von denen jede ein Stück Welt ausbreitet und die sich zu einem Mosaik des Lebens zusammensetzen. Fast jede der 16 Nachtwachen ist [...] ein eigenes Nachtstück"(Kayser [1957], S. 67).
420 Emmerich 2003, S. 130.
421 HMW 9, S. 211.

ten: „Das Interessante sind in Wirklichkeit die fließenden Übergänge zwischen den disparaten Teilen. Da sind überhaupt keine Schnitte dazwischen, es ist so als ginge da ein Blutstrom durch, der das zusammenhält."[422] Müller spricht dort weiterhin von der „eigentlich [...] ganz tänzerische[n] Struktur"[423] des Stücks – auch dies eine Feststellung, die erst mit Blick auf einen ganz spezifischen, der Rekonstruktion verpflichteten Einsatz des Fragmentarischen wirklich einleuchtet. Zudem verweist sie nachdrücklich auf den spielerischen Charakter des Grotesken im Umgang mit sowohl psychologischen wie auch philosophischen Komponenten: „Es macht das Entsetzliche lächerlich und das Lächerliche entsetzlich. Die ihm adäquate Bewegung ist der Tanz, jedoch nicht mit harmonischen, sondern entstellten Figuren, makaber als Totentanz."[424]

Müller gelingt durch dieses Zusammenspiel von De- und Rekonstruktion ein geschichtsphilosophischer Überblick über die der Aufklärung immanenten, selbstzerstörerischen Tendenzen, der sich das Preußen des Alten Fritz zum Ausgangspunkt nimmt. Indem er jedoch von einer grundlegenden Bezugnahme auf die geschichtliche Überlieferung vollkommen absieht, lässt er erst gar nicht die Vermutung aufkommen, dass es ihm um ein historisches Preußenbild gehen könnte.

> Die Poren des Teils zum Ganzen sollten nicht verstopft werden, das Fragmentarische hält sie offen, der Augenblick reißt Epochen zusammen, das wirkliche Gesamtkunstwerk kann nur aus der wie immer widersprüchlichen Einheit von Bühne und Publikum entstehen, auch der Zuschauer ist ein Fragment, einbezogen in das Spiel der Fragmente.[425]

Damit liefert Müller nicht zuletzt eine ästhetische Entsprechung zu Ernst Blochs Theorie des historischen Prozesses als eines fragmentarischen, der neben seinen destruktiven Tendenzen ebenso das notwendige Einfallstor für die Utopie, also auch für eine Ästhetik des (utopischen) Vor-Scheins, bietet:

> Die Welt selber, wie sie im argen [sic!] liegt, so liegt sie in Unfertigkeit und im Experiment-Prozeß aus dem Argen heraus. Die Gestalten, die dieser Prozeß aufwirft, die Chiffren, Allegorien und Symbole, an denen er so reich ist, sind *allesamt noch Fragmente, Realfragmente, durch die der Prozeß ungeschlossen strömt und zu weiteren Fragmentformen dialektisch vorangeht.* [...] Das also macht die Bedeutung des Fragments aus, von der Kunst und nicht bloß von der Kunst her gesehen; das Fragment steckt in der Sache selber, es gehört, rebus sic imperfectis et fluentibus, noch zur Sache der Welt. Konkrete Utopie als Objektbestimmtheit

---

422 Hauschild 2003, S. 360.
423 Ebd.
424 Thomson [1972], S. 181 f.
425 HMW 10, S. 517 f.

> setzt konkretes Fragment als Objektbestimmtheit voraus und involviert es, wenn auch gewiß als ein letzthin aufhebbares. Und deshalb ist jeder künstlerische, erst recht jeder religiöse Vor-Schein nur aus dem Grund und in dem Maße konkret, als ihm das Fragmentarische in der Welt letzthin die Schicht und das Material dazu stellt, sich als Vor-Schein zu konstituieren.[426]

Die Überlagerung der Bilder, die das Fragmentarische ermöglicht, das dem Rezipienten keine fertigen kausalen Zusammenhänge mehr präsentiert, protegiert die von Müller beabsichtigte Aufwertung des Publikums und fordert dessen eigene Verknüpfungstätigkeit ein. Sie zwingt es in jeder Szene aufs Neue, eigene Verbindungen herzustellen. Insofern wird die Phantasie des Lesers/Zuschauers zum fest in den Schreibprozess einkalkulierten Moment.[427]

Wie sich Müller allerdings generell gegen einfache Kategorisierungen seines Werkes wehrt, verwahrt er sich auch gegen die grundsätzliche Einordnung seiner Stücke in einen Gattungsbegriff des „Fragments":

> Ich habe einmal im Zusammenhang mit der SCHLACHT und Brechts „Fatzer"-Fragment das Wort Fragment in den Mund genommen. Seitdem steht für alle Rezensenten bis zur letzten Lokalzeitung fest, daß alle meine Werke fragmentarisch sind. Das ist natürlich völliger Quatsch. Nichts ist fragmentarischer als eine runde Sache, als ein geschlossenes Stück; da muß man viel mehr abhacken und weglassen, um etwas scheinbar Geschlossenes herzustellen.[428]

Eine solche „erkennungsdienstliche Behandlung"[429] der Texte wäre auch in Anbetracht der Vielschichtigkeit seines dramatischen Schaffens nicht zu rechtfertigen. Was den ‚Gundling' angeht, kann der Fragmentbegriff allerdings durchaus bestimmte Einsichten in den formalen Charakter des Werkes erleichtern. Das Fragmentarische bei Müller jedoch als Wesen seiner grotesken Schreibverfahren abzuhandeln, wäre zu kurz gegriffen. Sicher unterstützt es im ersten Teil des ‚Gundling' die Überlagerung mehrerer Bildebenen, ermöglicht den Zusammenschnitt von eher realistisch angelegtem Szenenmaterial mit dem von großteils surrealem Charakter und begünstigt durch die schlaglichtartige Konzeption der Szenen ihre Inszenierung auf bestimmte, meist groteske Pointen hin. Darüber hinaus befördert es einen Eindruck von Zerrissenheit, indem es handlungs-, zeit-,

---

426 Bloch 1998, S. 255. Vgl. auch ebd., S. 252.
427 Vgl. HMW 10, S. 699: „Ich meine, wichtig ist nicht nur, was in einem Text steht, sondern was nicht drinsteht. Und in dem Sinn ist – wenn man Fragment oder fragmentarisch so versteht – dann wird es erst eine vollständige Sache."
428 HMW 10, S. 231 f.
429 HMW 9, S. 260 bzw. HMW 10, S. 98.

und ortsbezogene sowie narrativ-kausale Ordnungsmuster scheitern lässt. Doch allein die Tatsache, dass dieses Strukturkonzept auch den zweiten Teil des Textes bestimmt, erweist es als Verfahren, das Müller generell zur Herstellung eines umfassenden diskursiven Raumes dienlich erscheint. Zudem weist er, dialektisch geschult, in der letzten Szene des Lessing-Triptychons, anhand der Projektion ‚Apotheose Spartakus Ein Fragment', gerade auf die problematischen, unproduktiven Seiten des Fragmentierens hin und regt so die Reflexion dieser ästhetischen Technik an.

III.3.2 Die Dramaturgie der Überschwemmung

III.3.2.1 Überschwemmung und Anachronismus

Das Fragmentarische der müllerschen Texte dient also – auch und nicht zuletzt im ‚Gundling' – einem dramaturgischen Aufbau, dessen Charakteristik, wie Hermann Korte feststellt, im „Überblenden und Ineinanderlaufen disparat wirkender, rasch abfolgender, sich bis zum Schluß steigernder, das Publikum geradezu überwältigender Bildkaskaden"[430] liegt. Das Stück besitzt keinen die einzelnen Szenen verbindenden kontinuierlichen Handlungsstrang. Er wird zwar in den Friedrich- und Lessing-Szenen partiell durch die Kontinuität der tragenden Figur ersetzt, doch auch diese beiden Teile fallen dramaturgisch durch die eingeschobene Kleist-Pantomime wieder auseinander. Auch von den beiden anderen klassischen aristotelischen Einheiten (des Ortes und der Zeit) kann im ‚Gundling' kaum die Rede sein. Zwar scheinen in den ersten Bildern Ort und Zeit noch im Preußen des 18. Jahrhunderts zusammenzufallen, bereits durch das surreale Tableau des „patriotischen Puppenspiels" wird diese innere Konsistenz erstmals massiv gestört. Die Kleist- und Lessingszenen wiederum besitzen überhaupt keinen historischen Rahmen mehr, sie oszillieren in einem phantastischen Raum- und Zeitkontinuum, in dem Realitäts- und Fiktionsebenen, anachronistische Epochen-, Orts- und Figurenzeichen bunt durcheinanderwirbeln. Zeit- und Raumgrenzen werden dabei nicht selten „[m]ittels des grotesken Kompositionsprinzips"[431] überschritten:

> Die Teile des Lessing Triptychons sollten nach Möglichkeit nicht auf einem Schauplatz nacheinander, sondern überlappend aufgebaut werden: während der Schauspieler zu Lessing geschminkt wird, wird der Autofriedhof aufgebaut; während Emilia Galottis und Na-

---

[430] Korte, Hermann: Traum und Verstümmelung. Heiner Müllers Preußen. In: Heiner Müller. Text und Kritik III. Hrsg. von Arnold, Heinz Ludwig. München 1997, S. 72–85, hier S. 78 f.
[431] Scholl 2004, S. 584.

thans Rezitation schütten die Bühnenarbeiter (Theaterbesucher) über dem Spartakus-Torso den Sandhaufen auf.
Nach dem Irrenhaus-Bild können Schauspieler in einem improvisierten Schäferspiel eine bessere Welt entwerfen.[432]

Was Korte unter dem Stichwort „überwältigende[] Bildkaskaden" zusammenfasst, bezieht sich somit auf eine literarische Technik, die Müller 1975 am Beispiel von ‚Zement' als Dramaturgie der „Überschwemmungen" bezeichnet hat:

> Ich habe, wenn ich schreibe, immer nur das Bedürfnis, den Leuten so viel aufzupacken, daß sie nicht wissen, was sie zuerst tragen sollen, und ich glaube, das ist auch die einzige Möglichkeit. Die Frage ist, wie man das im Theater erreicht. [...] Man muß jetzt möglichst viele Punkte gleichzeitig bringen, so daß die Leute in einen Wahlzwang kommen. [...] Es geht, glaube ich nur noch mit Überschwemmungen.[433]

Hier wird deutlich, worum es Müller mit der „Überschwemmung" zu tun ist. Der Zuschauer oder Leser soll stärker in den Rezeptionsprozess eingebunden werden, vom passiven Genuss eines abgeschlossenen ästhetischen Produkts hält der Autor – ganz im Sinne seines Lehrmeisters Brecht – wenig:

> Die „Überschwemmung" grell eindringender Ereignisse muß auf ihre Bedeutung für Wirklichkeit, ihre sinnhaften Nachrichten über Wirklichkeit befragt, durchdacht werden. Man muß sich also im ästhetischen Genuß anstrengen. Genuß ist nicht ohne geistige Arbeit und Anstrengung der Wahrnehmung, Übung der Sinne möglich. Die Collage gibt als solche, als Produkt aus Bruchstücken, die Mühe des Künstlers mit den Dingen, seine Arbeit, Welt in Kunst zu bewältigen, unmittelbar durch Form wieder. Sie gibt ganz offen, überdeutlich das Prozeßhafte des Arbeitens oder Bewältigens an den Betrachter weiter. Rezeption kann nur als Prozeß, Arbeiten der Sinne und der Assoziationskraft stattfinden.[434]

Konstitutives Merkmal der *Dramaturgie der Überschwemmung* ist dementsprechend zunächst die starke Überblendung anachronistischer Elemente, im Grunde die Zuspitzung einer traditionellen Technik, von der Müller sich bei der Verarbeitung von Geschichte im Drama besondere Einsichten verspricht:

> Der Anachronismus war auf jeden Fall ein wichtiges Strukturelement in der elisabethanischen und spanischen Dramatik, also in der klassischen Dramatik. Und ich glaube, daß es jetzt wieder so ist, daß man ohne Anachronismen Geschichte nicht mehr beschreiben kann.

---

432 HMW 4, S. 537.
433 HMW 10, S. 60.
434 Fiebach 1981, S. 114.

Ich meine, Geschichte so beschreiben kann, daß die Beschreibung auf eine Zukunft orientiert ist.⁴³⁵

Durch das anachronistische Zusammenziehen verschiedener Epochen wird Geschichte in einen „Zeitraffer" versetzt, der nicht nur der Gefahr des „Historismus" entgegenwirkt, sondern auch „die Unterscheidung zwischen historischem und Gegenwartsstück" aufhebt.⁴³⁶ Das Gegenwärtige spiegelt sich im Vergangenen, im Mythischen, Märchenhaften, Fiktiven und umgekehrt.

III.3.2.2 Müllers Schockdramaturgie

Die *Dramaturgie der Überschwemmung* äußert sich, abgesehen von der Vielzahl an inhaltlichen Diskursen, die in Müllers Stücken parallel zur Sprache kommen, außerdem durch eine Reihe von formalen Mitteln, deren augenfälligste sich im Weichbild der romantischen Groteske tummeln. In der Entstehungszeit des ‚Gundling' spricht Müller etwa wiederholt von einer „Pädagogik durch Schrecken"⁴³⁷ – auf deren Herkunft aus der Theatertheorie Brechts ist an anderer Stelle zurückzukommen – und bezeichnet das Theater als „Lusthaus und Schreckenskammer der Verwandlung"⁴³⁸. Bei dieser Schreckenspädagogik handelt es sich um eine „wirkungsästhetische Strategie, die über ‚aggressive Konfliktzuspitzung und grausige Effekte'"⁴³⁹ das Bewusstsein des Rezipienten für das Ablegen „alte[r] Denkschablonen" öffnen, und Angst und Schrecken „geradezu körperlich spürbar"⁴⁴⁰ machen soll:

> Die Rolle des Schreckens, glaube ich, ist nichts anderes als zu erkennen, zu lernen. Ich kenne die These zu den Lehrstücken von Brecht und finde sie richtig. Der wesentliche Punkt ist die

---

435 HMW 10, S. 81. An anderer Stelle konstatiert Müller sogar, „daß Theater vom Anachronismus lebt" (HMW 8, S. 259).
436 HMW 8, S. 162. Vgl. auch Hermand, Jost: Braut, Mutter oder Hure? Heiner Müllers Germania und ihre Vorgeschichte [1979]. In: Hermand/Fehervary: Mit den Toten reden. Fragen an Heiner Müller. Köln u. a. 1999, S. 52–69, hier S. 65.
437 HMW 10, S. 154. Vgl. auch HMW 10, S. 84: „Ich glaube, daß aus einem negativen Beispiel viel mehr gelernt werden kann und daß man das Publikum, wenn man nur von einer Vorbild- und Beispielwirkung als der Hauptwirkung ausgeht, unterschätzt und damit an ihm vorbeigeht."
438 HMW 8, S. 261.
439 Korte 1997, S. 80, zitiert nach Koebner, Thomas: Apokalypse trotz Sozialismus. Anmerkungen zu neueren Werken von Günter Kunert und Heiner Müller. In: Apokalypse. Weltuntergangsvisionen in der Literatur des 20. Jahrhunderts. Hrsg. von Grimm, Gunter E./Faulstich, Werner/Kuon, Peter. Frankfurt am Main 1986, S. 268–293, hier S. 285.
440 Keller 1992, S. 65.

> Pädagogik durch Schrecken. [...] Es hat noch nie eine größere Gruppe von Menschen etwas gelernt ohne Erschrecken, ohne Schock.[441]

Müllers Verfahren scheint sich die vielfältigen Bedeutungen zunutze zu machen, welche die Emotionspsychologie den Affekten in Anlehnung an Freud zuweist. So kanalisieren diese nicht nur Sinnesreize und Wahrnehmungen, sondern gelten auch als „primäres Motivationssystem" und sind für die Regulierung der Interaktion zuständig. Darüber hinaus „dienen [sie] der Gedächtnisbildung" und beeinflussen die Entwicklung von Identität.[442] Bei Müller soll der Schrecken die Konstitution historischer Erinnerung wesentlich mitbestimmen und als Katalysator neuer Erfahrungen und Erkenntnisse im Hinblick auf soziales Verhalten wirksam werden. Er dient sowohl der Verwerfung (Abjektion[443]) bestimmter historischer und gesellschaftlicher Konstellationen als auch der Vorwegnahme neuer Perspektiven.[444] Die vielzitierte Formel, mit der Müllers dieses Verfahren kenn-

---

[441] HMW 10, S. 154. Müller bezieht sich wohl auf eine These Walter Benjamins, der in seiner Untersuchung des epischen Theaters, dessen „Grundform" als „die des Chocks" bezeichnet hat, „mit dem die einzelnen, wohlabgehobenen Situationen des Stücks aufeinandertreffen" und so „Intervalle" produzieren, die der „kritischen Stellungnahme" des Publikums dienen sollen. Vgl.: Benjamin, Walter: Was ist das epische Theater? (2) [1939]. In: Benjamin: Gesammelte Schriften. Bd. II/2: Aufsätze, Essays, Vorträge. Hrsg. von Tiedemann, Rolf/Schweppenhäuser, Hermann. Frankfurt am Main 1991, S. 532–539, hier S. 537 f.
[442] Meyer-Sickendiek, Burkhard: Affektpoetik. Eine Kulturgeschichte literarischer Emotionen. Würzburg 2005, S. 10.
[443] Vgl. Ebd., S. 462. Meyer-Sickendiek entlehnt den Term „Abjection" von Julia Kristeva (vgl. Dies.: Pouvoirs de l'horreur. Essai sur l'abjection. Paris 1980).
[444] Vgl. Keller 1992, S. 99 f.: „Benjamin nimmt an, Erinnerungsreste seien ‚oft am stärksten und haltbarsten, wenn der sie zurücklassende Vorgang niemals zu Bewußtsein gekommen ist.' Das Hinterlassen einer Gedächtnisspur und das Bewußtwerden schließen sich gleichzeitig im gleichen physischen Reizsystem aus. Das Bewußtsein hat nach Freud die Funktion, als Reizschutz gegen die Bedrohung durch äußere Einflüsse zu dienen. Nur ‚Chocks' können den Reizschutz des Bewußtseins unterlaufen und ‚Dauerspuren' im Gedächtnis hinterlassen. ‚Je größer der Anteil des Chocksegments an den einzelnen Eindrücken ist, je unablässiger das Bewußtsein im Interesse des Reizschutzes auf dem Plan sein muß, je größer der Erfolg ist, mit dem es operiert, desto weniger gehen sie in die Erfahrung ein.' Im Umkehrschluß aber heißt das, daß umso mehr einschneidende und dauerhafte Erfahrungen gemacht werden, je öfter die bewußte ‚Chockabwehr' ausfällt, je tiefer der Schrecken in die Gedächtnisstrukturen eingreift." Vgl. dazu Benjamin, Walter: Über einige Motive bei Baudelaire [1939]. In: Benjamin: Gesammelte Schriften. Bd. I/2: Abhandlungen. Hrsg. von Tiedemann, Rolf/Schweppenhäuser, Hermann. Frankfurt am Main 1991, S. 605–653, hier S. 612 ff. Raddatz allerdings bezweifelt die Möglichkeit solcher Wirkung der müllerschen Schock-Dramaturgie und verweist auf deren problematische Dimension (Raddatz 2010, S. 210): „Müllers Spiel mit kulturhistorischen Tabus im Kontext von Preußen, des deutschen Faschismus oder der Revolution erzeugt nicht nur Schrecken, sondern auch Lust am Schrecken, als Bedin-

zeichnet, findet sich zum ersten Mal in der Anmerkung zu ‚Mauser' (1970) und sieben Jahre später in seinem Beitrag zur Diskussion über Postmoderne: „*Die erste Gestalt der Hoffnung ist die Furcht, die erste Erscheinung des Neuen der Schrecken*"[445]. Die Nähe dieser ästhetischen Forderung zu Kaysers apotropäischer Deutung des Grotesken als „Versuch, das Dämonische in der Welt zu bannen und zu beschwören"[446] ist frappant. Müller allerdings geht es überdies um die künstlerische Antizipation eines „*Neuen*", wodurch er den kayserschen Ansatz im Sinne von Blochs Ästhetik des „Vor-Scheins"[447] ergänzt. Er verabschiedet sich von dieser utopischen Strategie auch in jener Phase seines Schaffens nicht, in der er sich von der grauenhaft-grotesken Darstellungsweise bereits (bzw. vorübergehend) abgewandt hat, da ihm ihre wirkungsästhetischen Potenzen für die literarische Übersetzung und Neuperspektivierung der historischen Wirklichkeit nicht mehr adäquat erscheinen.

Insofern es ihm also nicht um ein faktisches, sondern um ein „emotionales Gedächtnis"[448] zu tun ist, stützt sich Müller bei seiner Schreckenspädagogik auf plötzliche Überraschungsmomente, die sich bis hin zu einer Schock-Dramaturgie ausweiten können. Beides sind Phänomene, die in der Theorie des Grotesken wiederholt beschrieben worden sind. Ihre Evokation basiert auf Mitteln, die „Brutales, Obszönes, Makabres und physische Abnormität"[449] ausstellen, Mittel also, die in der Analyse des ‚Gundling' hinlänglich zur Sprache kamen. Die mögliche Wirkung einer solchen Schock-Dramaturgie, meist von schwankender Intensität, beschreibt Philip Thomson:

> Die Schockwirkung des Grotesken kann auch verwendet werden, um Verwirrung und Desorientierung zu schaffen, um den Leser aus den gewohnten Bahnen, in denen er die Welt wahrnimmt, herauszureißen und ihn mit einer radikal anderen, verstörenden Perspektive zu konfrontieren.[450]

---

gung des Schreckens. Dieses Angst-Lust-Gemisch steigert eher das Verlangen, als dass es Ängste in Lernprozesse transformiert."
445 HMW 8, S. 212. Das Vorbild für die zugespitzte Formel Müllers scheint Brechts ‚Fatzer'-Fragment zu liefern (GBA 10/1, S. 527): „Das Kommen großer Veränderungen im Geist der Menschheit kündigt sich durch Furcht an. An ihrer eigenen Furcht oder der von andern erkennen die Führenden das Kommen großer Veränderungen." Auf die emotionale Kraft der Furcht hat schon Jean Paul hingewiesen (Ders. 2015, Bd. V.I, S. 130 bzw. 131): „Schon an und für sich ist Furcht gewaltiger und reicher als Hoffnung, [...] weil für die Furcht die Phantasie viel mehr Bilder findet als für die Hoffnung [...]." Vgl. auch Best 1980, S. 5.
446 Kayser [1957], S. 202; Oesterle 2004, S. XIII. Vgl. auch Domdey 1990, S. 536.
447 Bloch 1998, S. 249.
448 HMW 12, S. 723, vgl. dazu auch Raddatz 2010, S. 168.
449 Sinic 2003, S. 87.
450 Thomson [1972], S. 103.

Wesentlicher Bestandteil dieser Wirkung ist die Plötzlichkeit, mit der die dargestellten Entsetzlichkeiten in den geordneten Rahmen einer Erzählstruktur einbrechen. Durch die meist ebenfalls anwesende Komik können sie so nicht mehr in die Distanz verwiesen oder gar aufgelöst werden. Der Umriss einer solch grotesken Schockdramaturgie findet sich ebenfalls in den ‚Nachtwachen von Bonaventura', im ‚Prolog des Hanswurstes zu der Tragödie: der Mensch', die Klingemanns Nachtwächter bei einem verarmten Dichter findet, der sich – nach Ablehnung des Manuskripts durch einen Verleger – an der Paketschnur erhängt hat:

> „Die alten Griechen hatten einen Chorus in ihren Trauerspielen angebracht, der durch die allgemeinen Betrachtungen die er anstellte, den Blick von der einzelnen, schrecklichen Handlung abwendete und so die Gemüther besänftigte. Ich denke es ist mit dem Besänftigen jezt nicht an der Zeit, und man soll vielmehr heftig erzürnen und aufwiegeln, weil sonst nichts mehr anschlägt, und die Menschheit im Ganzen so schlaff und boshaft geworden ist, daß sie's ordentlicherweise mechanisch betreibt, und ihre heimlichen Sünden aus bloßer Abspannung vollführt. Man soll sie heftig reizen, wie einen asthenischen Kranken, und ich habe deshalb meinen Hanswurst angebracht, um sie recht wild zu machen; denn wie, nach dem Sprichworte, Kinder und Narren die Wahrheit sagen, so befördern sie auch das Furchtbare und Tragische, indem jene es unschuldig hart vortragen, und diese gar darüber spotten und Possen damit treiben. Neuere Ästhetiker werden mir Gerechtigkeit widerfahren lassen." –[451]

Als „[n]euere[r] Ästhetiker" tradiert Müller offenbar augenzwinkernd die verlorengegangene Dramaturgie des unglücklichen Dichters aus den ‚Nachtwachen' und solidarisiert sich dadurch auch mit den zu Lebzeiten missachteten Künstlern der „2. Schiene der deutschen Literatur"[452] – wie etwa Hölderlin, Kleist, Lenz oder Büchner –, die meist ein tragisch frühes Ende nahmen, wenn ihr Schicksal nicht in geistige Zerrüttung mündete.

III.3.2.3 Der Traum als groteskes Strukturprinzip

In nahezu idealer Weise vereint, finden sich diese von Müller favorisierten wirkungsästhetischen Strategien in der übergangslosen, akausalen Erzählstruktur des Traumes, der er in seinen dramaturgischen Erwägungen besonders Rechnung trägt. Ihre „Kontraste schaffen Beschleunigung", die für die Überflutung des

---

[451] Klingemann 1974, S. 103.
[452] Das Zitat stammt aus einem Gespräch zwischen Stefan Schütz und Kai Wuschek im Programmheft der Freien Kammerspiele Magdeburg, Spielzeit 1992/93. Zitiert nach Schulze-Reimpell, Werner: Im Westen nie angekommen. Der Dramatiker Schütz nach der Ausreise. In: Text und Kritik 134. Stefan Schütz. Hrsg. von Arnold, Heinz Ludwig. München 1997, S. 11–19, hier S. 18.

Rezipienten genutzt werden kann: „Die ganze Anstrengung des Schreibens ist, die Qualität der eigenen Träume zu erreichen, auch die Unabhängigkeit von Interpretation."[453] Gerhard Ahrens, der den Zusammenhang zwischen Müllers Traumtexten und seinen lebenslang aufgezeichneten Traumprotokollen dokumentiert hat, begreift dementsprechend die für Müller typische „poetische Kernschmelze von Traum und Wirklichkeit" als das eigentliche „Kraftwerk [sein]er Kunst".[454]

Das Groteske und die Traumerzählung stehen einander vor allem in der romantischen Tradition sehr nahe. Angesichts seiner Beziehung zum Unbewussten glaubten die Romantiker mit dem Traum „auf natürliche Weise die innere höhere Welt zu betreten" und entdeckten so als erste „das Reich des Traumes in seiner Tiefe und Bedeutung".[455] Best erkennt die „Eigenart des Traumhaften […] in Lockerung, Lösung der Vorstellungs- und Sinnzusammenhänge des Wachlebens, in proteischer Kombination und Präsentation neuer Zusammenhänge, unbekannt und bedrohlich wie erheiternd"[456]. Er geht sogar so weit, den Begriffen „traumhaft" und „grotesk" in der Romantik einen ähnlichen semantischen Raum zuzuschreiben.[457] Rosen betrachtet darüber hinaus das Traumhafte und Geheimnisvolle als eines der Merkmale des Grotesken, die seine besondere Attraktivität ausmachen.[458]

Müllers Vorliebe für die Erzählstruktur von Träumen fordert unweigerlich auch Assoziationen zur Programmatik des Surrealismus heraus, deren Affinität zu den ästhetischen Strategien des Grotesken sich nicht leugnen lässt.[459] Interviews,

---

453 HMW 9, S. 233 f.
454 HMTT, S. 19. Vgl. dazu auch Müllers Selbstaussage im Typoskript zu seiner Autobiographie: „Träume und dergleichen haben mich schon immer interessiert, schon in Waren. Da hatte ich angefangen über Literatur, Psychoanalyse, Psychologie und Psychiatrie zu lesen, natürlich auch die Traumdeutung von Freud. Ich fragte alle erreichbaren Personen nach ihren Träumen. Bedeutung für meine Arbeit hat der Traum nicht als bloße Erscheinung dessen, was nachts passiert, wenn man schläft, es geht weit darüber hinaus" (HMA 4487, S. 416, hier zitiert nach HMTT, S. 10).
455 Leopoldseder 1973, S. 52. Vgl. dazu auch Romantik-Handbuch. Hrsg. von Schanze, Helmut. Stuttgart 1994, S. 600.
456 Best 1980, S. 13.
457 Ebd., S. 14. Siehe dazu ebenfalls Anm. 42, S. 20.
458 Rosen 2001, S. 882.
459 Vgl. Gordon, Linda: The Surrealist Grotesque. In: Seriously Weird. Papers on the grotesque. Hrsg. von Mills, Alice. New York 1999, S. 193–205, ebenso Kayser [1957], S. 180–192 und Heidsieck 1969, S. 33 f. Kayser und Heidsieck allerdings lehnen eine Gleichsetzung der Programmatik des Surrealismus mit der Theorie des Grotesken ab. Während Heidsieck allerdings nachdrücklich auf die Unterschiede zwischen Groteskem und Surrealistischem hinweist, stellt Kayser immerhin die Frage, ob das Groteske nicht als ein Strukturelement des Surrealismus begriffen werden müsse, auch wenn es in seinen Manifesten kein Platz für diese Kategorie zu geben scheint.

die exakt dem Entstehungszeitraum des ‚Gundling' (1975/76) entstammen, bestätigen diese Erwägungen:

> Ich glaube, daß dies wirklich ein Problem ist, daß das Theater von neuen Technologien etwa der bildenden Kunst noch viel zu wenig übernommen oder verwendet hat. Daß zum Beispiel die Collage als Methode im Theater noch kaum wirklich angewendet wird.[460]
>
> Es sind nämlich sehr viele Errungenschaften der bildenden Kunst in diesem Jahrhundert überhaupt noch nicht vom Theater integriert worden. Der ganze Surrealismus ist rausgeblieben aus dem Theater. Ich meine, daß der Surrealismus ein Formenarsenal zur Verfügung gestellt hat, das man verwenden kann, für realistische Zwecke natürlich. Aber verwenden, nicht einfach repräsentieren.[461]

Die Annahme einer Verbindung zwischen der müllerschen Überschwemmungsdramaturgie und den ästhetischen Methoden des Surrealismus ist auch naheliegend, weil der Autor ‚Leben Gundlings' selbst in diesen Kontext stellt: Der Text sei „[v]on der Methode her […] so etwas wie die Collageromane von Max Ernst" und habe „auch das gleiche Verhältnis zu den Vorlagen".[462] Interessiert habe ihn nicht die Abbildung „historische[r] Wahrheit", sondern „die Aufdeckung eines Zusammenhangs, der bis in die Gegenwart reich[e]".[463]

Dem Surrealismus wiederum ging es um den „Kampf gegen Logik und Rationalismus, in deren Käfig die moderne Kultur gepresst worden sei"[464], um die Befreiung von der unbedingten Forderung nach Sinn.[465] Insofern steht er auch den romantischen Manifesten, etwa der Schlegelbrüder, nahe. In seiner Hinwendung zum „Traum als Schaffensquell"[466] und damit zu Freuds ‚Traumdeutung', die zu Beginn des 20. Jahrhunderts die Gemüter heftig bewegte, verlegten die Surrealisten allerdings die irrationalen Aspekte des Seins, die bei den Romantikern oft im Dämonischen lagern, in die Psyche des Menschen[467] und betrachteten die Kunst als Medium der Befreiung des Unbewussten[468]: „Surrealist art promised liberation by gaining access to the subconscious, just as Freud had

---

460 HMW 10, S. 62.
461 Ebd., S. 96.
462 HMW 9, S. 211.
463 Hauschild 2003, S. 355.
464 Kayser [1957], S. 180. Siehe dazu auch Breton, André: Erstes Manifest des Surrealismus 1924. In: Breton: Die Manifeste des Surrealismus. Deutsch von Ruth Henry. Reinbek bei Hamburg 1977, S. 9–43, hier S. 9 f.
465 Vgl. Gordon 1999, S. 203.
466 Kayser [1957], S. 181.
467 Vgl. Breton 1924, S. 9 f.
468 Vgl. Gordon 1999, S. 193.

hoped to cure his patients by illuminating the hidden depths of repression."⁴⁶⁹ Versprecher sowie Erinnerungslücken und -fehler, die Freud neben dem Traum als Beweis für die Existenz des Unbewussten ansah, gelten den Surrealisten als Quellen schöpferischen Inhalts und ästhetischer Form. Breton etwa postulierte die künstlerische Freiheit als Freiheit von Rationalität und Logik, von den Hemmnissen der Grammatik und der Moral: „The signature of the surrealist art is the merging of the subconscious and the conscious: the dreamed and the real."⁴⁷⁰ Im ‚Gundling' durchbricht Müller den „nur-rationalen", didaktischen Diskurs, den die Ästhetik nach Brecht eingeschlagen hatte, in ähnlicher Manier und sucht nach einem Weg der Bewusstmachung von abgedrängter, verdrängter Geschichte, die sich unter anderem (psychosomatisch) in den Körpern seiner Protagonisten niederschlägt.⁴⁷¹

> Es geht ihm weniger um eine Belehrung über die rational faßbaren Ursachen heutiger Gesellschaftszustände, eine neuerliche Entlarvung der Preußenlegende, sondern um eine ‚Aufklärung der Gefühle' und Triebe – wie sie unser gesellschaftliches Handeln determinieren, wie sie so geworden sind, wie wir sie heute in uns vorfinden.⁴⁷²

Müller ersetzt im ‚Gundling' die Mittel rationaler Kommunikation oft durch „emotional aufrührende[], verstörende[], grotesk zugespitzte[]" (Sprach-)Bilder, die durch „Verschiebung und Verdichtung" realer Vorgänge „[d]ie in uns verborgenen, unterdrückten und gerade deshalb verheerend wirkenden Affekte [...] wieder zugänglich und dadurch modellierbar" machen sollen.⁴⁷³

„Der Traum als ästhetisches Strukturprinzip" bestimmt nicht nur, wie Neuland feststellt, die Dramaturgie von ‚Lessings Schlaf Traum Schrei', sondern auch die dem Triptychon vorangehenden Teile des ‚Gundling'.⁴⁷⁴ Einen Beleg dafür bildet der lose geordnete, fragmentarische Charakter der Szenen, die nicht durch einen übergreifenden Handlungsstrang, sondern durch eine bestimmte Themen- und Motivstränge vertiefende und verdichtende Linie zusammengehalten werden und deren inhaltliche Verknüpfung sich erst im Überblick über das Ganze erschließt. So kommt eine traumhafte, besser alptraumhafte Struktur zustande, die

---

469 Ebd., S. 195.
470 Ebd., S. 196.
471 Emmerich 1982, S. 156.
472 Ebd., S. 155.
473 Ebd., S. 156. Zu „Verschiebung" und „Verdichtung" als Prinzipien der Traumarbeit vgl. Freud, Sigmund: Die Traumdeutung [1900]. In: Freud: Studienausgabe Bd. II. Hrsg. von Mitscherlich, Alexander/Strachey, James/Richards, Angela. 8. Aufl. Frankfurt am Main 1989, S. 282–308.
474 Neuland 1990, S. 144.

dem Rezipienten wenig Spielraum lässt für „Abstand, Ironie, Reflexion, befreites Aufatmen oder irgend etwas Kathartisches":

> Hier fühlt man sich nach all dem dargestellten Horror wie geprügelt, wie vor den Kopf geschlagen, wie von Erinnyen gejagt [...]. Welche Szene man auch anblättert, in allen herrscht eine Neigung zu kleistscher Maßlosigkeit, kafkaesker Verfremdung, artaudscher Grausamkeit, schockartiger Sexualität, stillstehender Dialektik, ja totaler Negation, durch die alles im konkreten Sinne „Geschichtliche" im Strudel allgemeinster Doomsday-Vorstellungen unterzugehen droht.[475]

Ein solcher Hintergrund prägt sowohl die sich an der Überlieferung historischer Ereignisse orientierenden Friedrich-Szenen, die die stetige Entwicklung des Prinzen zum zynischen Potentaten, die Verinnerlichung seiner persönlichen Gewalterfahrung porträtieren, als auch die surrealen Bilder etwa des ‚patriotischen Puppenspiels', der Sterbeszene Friedrichs oder der kleistschen Selbstzerstörung. Vor allem die oft auffälligen Titel der Szenen, die ihren surrealen Charakter bereits ankündigen, indem sie angstbesetzte Assoziationen zum Märchen oder zum Mythos aufrufen, die innerhalb der Szenen schließlich ihre Einlösung erfahren, verstärken das Gefühl einer Überforderung des Rezipienten. In der Szene ‚Ach wie gut ...' etwa geriert sich Friedrich als dämonischer, fast teuflischer Geist, der sein Vergnügen daran findet, mit Lebendem zu spielen – ein Eindruck, der sich in den Folgeszenen ‚Herzkönig Schwarze Witwe' und ‚Et in Arcadia ego ...' fortsetzt. Der wiederkehrende Verweis auf Werke der bildenden Kunst, der die Szenen in einen mythologischen Kontext stellt (‚Leda mit dem Schwan' (Rubens),[476] ‚Et in Arcadia ego' (Barbieri, Poussin)[477]) oder deren Ausgangschoreographie verfremdet zugrunde liegt, unterstützt dies zusätzlich. So bricht sich der Entwurf einer besseren Welt im Schäferspiel am Schluss der Irrenhausszene zu Beginn des nächsten Bildes in der ambivalent-parodistischen Bezugnahme auf ein Landschaftstableau,

---

475 Hermand, Jost: Fridericus Rex. In: Dramatik in der DDR. Hrsg. von Profitlich, Ulrich. Frankfurt am Main 1987, S. 266–296, hier S. 288. Hermands zutiefst schwarze Deutung des gesamten Stücks ist jedoch in Frage zu stellen.

476 Aus der Vergewaltigung der Leda durch Zeus geht Helena hervor, Auslöserin eines langen und blutigen Krieges vor Troja. Die ‚Vergewaltigung' der Witwe durch Friedrich weist in diesem Zusammenhang ebenfalls auf den Beginn eines folgenreichen Konflikts hin, dem zwischen Körper und Ratio, individuellem Glücksanspruch und Staatsräson (vgl. Teraoka 1985, S. 61).

477 Ironisch verwiesen wird hier auf die Ambivalenz des „ego", das sich kunsthistorisch sowohl auf einen Besuch des mythischen Arkadien, in Renaissance und Barock Sinnbild für das goldene Zeitalter, wie auch, als eine Art barockes Memento Mori, auf den Tod beziehen kann. Eine Identifikation Friedrichs mit dem Tod dürfte Müller nicht abwegig erschienen sein. Vgl. Brandt, Reinhard: Arkadien in Kunst, Philosophie und Dichtung. Freiburg im Breisgau/Berlin 2005, S. 17 ff.

"wie es in der Malerei des 19. Jahrhunderts gerne benutzt wurde"[478]. In den pantomimischen Szenen oder Szenenanfängen wiederum entwirft Müller groteske Bilder einer alptraumhaft verzerrten Welt (‚Ach wie gut ...', ‚Lieber Gott ...', ‚Friedrich der Große') und stützt bzw. verstärkt deren Wirkung durch die Verwendung bestimmter akustischer Signale (*„Herzton und Atem des sterbenden Königs"*) und die Intonation eines gespenstischen volkstümlichen Liedguts (Friedrichs Kinderlied, Das Lied von den drei Mördern).

Wenn Müller auch innerhalb der Szenen, die historische Authentizität beanspruchen, mit Motiven arbeitet, deren Verbindung zum erzählten Geschehen nicht durch herkömmliche Kausalitätsbeziehungen hergestellt werden kann, erzeugt er inhaltlich grotesk-ambivalente Spannungen. Mit Sinic kann dabei von einer Interdependenzbeziehung zwischen realem und surrealem Inhalt ausgegangen werden, die durch den logischen Widerspruch der beiden Elemente das Lächerliche der Szenen, durch deren ethischen Widerspruch ihre grauenvolle Struktur erzeugt.[479] Am Beispiel zweier dieser wirkmächtigen Bilder des Friedrich-Teils, dem Monolog des Zebahl und dem ‚patriotischen Puppenspiel', soll das Verhältnis realer und surrealer Stilmittel genauer untersucht und die Funktion ihres überlappenden Einsatzes erhellt werden.

Zebahls Monolog lässt Traum und Wirklichkeit, Wahnsinn und Vernunft restlos verschwimmen. Müller hat in dieser Figur Facetten verschiedener metaphysischer Gestalten des alten und neuen Testaments miteinander verschränkt. Ihr Name verweist sowohl auf die biblische Bezeichnung für Gott (Zebaoth), den Herrn der Heerscharen, wie auch auf den westsemitischen Sturmgott Baal und Zebahl selbst, den unter den Namen Baal, Beelzebub oder Prinz Baal häufig mit Satan identifizierten Prinz der Dämonen im neuen Testament.[480] Die Konnotationen der Figur verlaufen also vom militärischen über den mythisch-metaphysischen Bereich bis in den der Kunst, der nicht zuletzt im romantischen Motiv der Verknüpfung von Wahnsinn und Vernunft aufgehoben ist. Die Ambivalenz von Gott und Teufel rückt dabei die dämonischen Facetten des Zebahl in den Vordergrund. Der Wahnsinnige imaginiert sich als furchterregenden Schöpfer der Welt, er verflucht die Schöpfung als sein Verbrechen und beklagt gleichzeitig ihren Verfall, da sie „im Zeitalter der Aufklärung", das an die theologische Hölle

---

[478] Schulz 1980, S. 143.
[479] Vgl. Sinic 2003, S. 66 f., die sich diesbezüglich an Gerhard Hoffmann orientiert (siehe Hoffmann, Gerhard: Perspektiven der Sinnstiftung: Das Satirische, das Groteske, das Absurde und ihre Reduktion zur „freien Komik" durch Spiel und Ironie. In: Der zeitgenössische amerikanische Roman: Von der Moderne zur Postmoderne. Hrsg. von Hoffmann, Gerhard. Bd. 1: Elemente und Perspektiven. München 1988, S. 225–307, hier S. 245) bzw. auch Heidsieck 1969, S. 17.
[480] Vgl. Teraoka 1985, S. 65.

nicht mehr glaubt, zur „Hölle auf Erden"[481] geworden ist. Vor seinen Augen läuft eine *„schwarze, negative Eschatologie"* ab, „die Vision einer ausweglosen [barbarischen] Endzeit", auf die die Menschheit zusteuert.[482] Der humanistische Gehalt der Opferung Jesu, der die Sünden der Welt auf sich nahm, um den Menschen Vergebung zu bringen, ist als barbarischer Ritus von Vornherein desavouiert und zeitigt so eine Welt, die einem Schlachthaus gleicht. Auch das Programm der Aufklärung hat den zerstörerischen Lauf der Welt nicht korrigieren können – die beiden zentralen Heilsgeschichten des Abendlandes versagen am Menschen selbst. Als düstere Radikalisierung des ironischen ‚Monologs des wahnsinnigen Weltenschöpfers' scheint Zebahls Text somit erneut auf die ‚Nachtwachen von Bonaventura' anzuspielen:

> Aber dies winzige Stäubchen, dem ich einen lebendigen Athem einbließ und es Mensch nannte, ärgert mich wohl hin und wieder mit seinem Fünkchen Gottheit, das ich ihm in der Übereilung anerschuf, und worüber es verrückt wurde. Ich hätte es gleich einsehen sollen, daß so wenig Gottheit nur zum Bösen führen müsse, denn die arme Kreatur weiß nicht mehr, wohin sie sich wenden soll, und die Ahnung von Gott, die sie in sich herumträgt, macht daß sie sich immer tiefer verwirrt, ohne jemals damit aufs Reine zu kommen.[483]

Wenn auch Leopoldseders Urteil, dass sich „[i]m Monolog des wahnsinnigen Weltenschöpfers [...] Entlarvungen, Demaskierungen und Pervertierungen zu einer satanischen Anklage gegen jedes Sein"[484] verdichten, angesichts der ironischen Haltung des klingemannschen Textes übers Ziel hinausschießt – für Müllers Zebahl-Monolog trifft dies allemal zu. Ganz im Sinne Kaysers kommt die diabolische Wirkung der Szene dadurch zustande, dass ein „nicht auflösbare[r], unheimliche[r], [...] nicht-sein-dürfende[r] Kontrast", eine nicht zu vereinbarende „Gleichzeitigkeit" zwischen dem „Erhabenen" und seiner Infragestellung hergestellt wird.[485] Wahnsinn und Vernunft, reales Welterleben und theologisches Postulat (die Schöpfung trägt Anteil an der Göttlichkeit) vermengen sich bis zur Unlösbarkeit. Die vertraute Welt verfremdet sich unter der unheimlichen Geste des Wahnsinnigen, der sich als Gott imaginiert, und erscheint gleichzeitig in neuem Licht: Für die Vision eines Irrenhäuslers kommt der Text einer realen Weltbeschreibung erschreckend nahe. Als Dämon, der die Welt entstellt, gibt sich hier jedoch nicht eine unheimliche Macht, ein metaphysisches „Es" zu erkennen, sondern der Mensch selbst. Er ist es, der das diabolische „Es" in sich trägt, sich

---

481 Stollmann 1997, S. 302.
482 Emmerich 1982, S. 145.
483 Klingemann 1974, S. 114.
484 Leopoldseder 1973, S. 84.
485 Kayser [1957], S. 61 f.

wahnhaft zum Gott aufschwingt und in dem Versuch, der Welt seine Herrschaft aufzuzwingen, als selbstzerstörerisches Wesen von teuflischer Erfindungskraft entpuppt. „Keine tragische Menschheitsdämmerung, kein apokalyptischer Weltuntergang, keine Hölle sind mehr notwendig. Die Menschen selber bereiten sich die Katastrophe."[486]

Im Gespräch mit Heise definiert Müller den „Schrecken" 1986 als den „Augenblick der Wahrheit, wenn im Spiegel das Feindbild auftaucht".[487] Damit nähert er sich Freud, der im Unheimlichen schon rein etymologisch „jene Art des Schreckhaften" erkennt, „welche auf das Altbekannte, Längstvertraute zurückgeht"[488] und es zwei unterschiedlichen Vorstellungskreisen zuordnet: Bezeichnet es zum einen den absoluten Gegensatz zum uns „Vertrauten, Behaglichen", umschreibt es andererseits „alles, was ein Geheimnis, im Verborgenen bleiben sollte und hervorgetreten ist".[489] Diese zunächst vielleicht unerwartete Ambivalenz, die „nichts Neues oder Fremdes, sondern etwas dem Seelenleben von alters her Vertrautes" charakterisiert, „das ihm nur durch den Prozeß der Verdrängung entfremdet worden ist"[490], erhellt auch den Schrecken, auf den Müller abzielt. Nicht nur will er durch die Verschiebung und Verdichtung der Realitätsebenen in der Figur des Zebahl dem Rezipienten einen Spiegel vorhalten, in dem er zugleich sein eigenes Abbild wie auch das Haupt der Gorgo zu erblicken meint; darüber hinaus sind es die verdrängten Elemente der menschlichen Natur mit ihren verheerenden Auswirkungen auf den Geschichtsprozess, denen sein Interesse gilt. Wenn im dämonisch-apokalyptischen Schlussbild der Szene, nach dem kreatürlichen Schrei des Zebahl schwarze Engel *lautlos über das Publikum* herfallen, scheint die unmittelbare Infektion des Menschen durch das Diabolische perfekt. Einerlei, ob man darin ein Zitat aus Lautréamonts Maldoror, den Engel des Hasses,[491] eine unheimliche Potenzierung des Engels der Geschichte bei Walter Benjamin[492] oder die Figuration menschlicher Abgründe erkennen will, die Vision einer desaströsen Endzeit der Geschichte erscheint plastisch vor Augen. Kafkas Intention, Traumerlebnisse für seine Erzählungen produktiv zu machen, scheint auch Müllers alptraumhaften Szenarien zugrunde zu liegen: „Der Traum enthüllt

---

486 Heidsieck 1969, S. 95. Zur Verbindung von Dämonischem und Groteskem vgl. zudem Sinic 2003, S. 55.
487 HMW 10, S. 503.
488 Freud [1919], S. 244.
489 Ebd., S. 248.
490 Ebd., S. 264.
491 Teraoka 1985, S. 67.
492 Emmerich 1982, S. 145.

die Wirklichkeit, hinter der die Vorstellung zurückbleibt. Das ist das Schreckliche des Lebens – das Erschütternde der Kunst."⁴⁹³

Das ‚patriotische Puppenspiel', die Schlüsselszene des Friedrich-Teils, arbeitet sich in ähnlicher Weise an untergründigen Strukturen von Geschichte ab. Die Szene endet mit einem Filmbild, das die pantomimische Konstruktion des Spiels plötzlich abbricht und die sich durch den gesamten ersten Teil des ‚Gundling' ziehenden Themen der Trieb- und Vernunftgeschichte in einem ausweglosen, nie enden wollenden Totentanz zuspitzt:

> *Während das Schneetreiben zunimmt und das Feuer verlischt, erstarrt die Szene. Die Bühne verwandelt sich in ein Geisterschiff, auf dem tote Matrosen den Kapitän an den Mast nageln. Der Film läuft rückwärts, wieder vorwärts, wieder rückwärts. Usw. durch die Jahrhunderte. Musik* DAS MUSIKALISCHE OPFER.⁴⁹⁴

Wie Schulz bemerkt, erscheint Geschichte hier „unabhängig von Chronologie, als richtungslose, groteske Bewegung, Spielerei in der Hand der Mächtigen"⁴⁹⁵. „Unterdrückung und Aufruhr" lösen sich beliebig ab, „ohne Sinn, Richtung und Eschaton"⁴⁹⁶, die Historie manifestiert sich ganz im Sinne Nietzsches als ewige Wiederkehr des Gleichen. Diesen Wiederholungszwang figuriert Müller durch ein Gespenstermotiv, das nicht zuletzt für die unheimliche Wirkung der Pantomime verantwortlich zeichnet.⁴⁹⁷ Untermalt wird das Bild zudem von Johann Sebastian Bachs ‚Musikalischem Opfer', einer Komposition zu einem von Friedrich II. vorgegebenen Thema. Als „Kompendium aller kontrapunktischen Möglichkeiten: eine lockere Reihung von Kanons und Fugen, die musikalisch u. a. aus den Verfahren der *Umkehrung* und des *Krebses* leben"⁴⁹⁸ unterstreicht das Musikstück in seinem Aufbau die filmische Dynamik der Szene. Müller hebt hier, wie in der Irrenhausszene, auf ein theatrales Erlebnis ab, das im Geiste von Artauds „Theater der Grausamkeit" das gesamte sinnliche Vermögen des Rezipienten in die ästhetische Erfahrung mit einbeziehen soll:

---

493 Zitiert nach Kahler, Erich: Untergang und Übergang der epischen Kunstform. In: Die Neue Rundschau 1 (1953), S. 1–44, hier S. 37. Vgl. auch Kayser [1957], S. 159.
494 HMW 4, S. 518.
495 Schulz 1980, S. 142.
496 Emmerich 1982, S. 136.
497 Vgl. Freud [1919], S. 260 f., 264.
498 Emmerich 1982, S. 136. Emmerich macht darauf aufmerksam, dass Müller mit Bachs Komposition erneut auf die ambivalente Rolle des Künstlers anspielt, der der Macht seine „lebendige Produktion" zum Opfer bringt.

Einerseits also die Masse und Weite eines Schauspiels, das sich an den ganzen Organismus richtet; andererseits eine intensive Mobilisierung von Gegenständen, Gebärden und Zeichen, die in einem neuen Sinne verwandt werden. Der begrenzte Teil, der dem Verständnis eingeräumt wird, führt zu einer energischen Komprimierung des Textes; der aktive Teil, welcher den dunklen poetischen Emotionen belassen wird, zwingt zu konkreten Zeichen. Die Wörter sprechen wenig zum Geist; Weite und Gegenstände sprechen; die neuen Bilder sprechen, selbst wenn sie aus Wörtern gemacht sind. Doch der von Bildern dröhnende, mit Tönen übersättigte Raum spricht gleichfalls, wenn man von Zeit zu Zeit Gebrauch zu machen weiß von ausreichenden Raumweiten, die erfüllt sind von Schweigen und Reglosigkeiten.[499]

Der Text wird entweder komprimiert, wie im Schlussmonolog des Zebahl, oder, wie im Falle des Puppenspiels, durch das pantomimische Filmbild völlig ersetzt, die visuelle Komponente durch das Überblenden mit surrealen Bildelementen (schwarze Engel, Geisterschiff mit toten Matrosen), deren Umsetzung an die Grenzen des auf der Bühne Möglichen stößt,[500] auffallend verstärkt. Die Einbindung akustischer Signale soll nicht nur einen emotionalen Schock und physisch erfahrbaren Schrecken im Publikum auslösen (Schrei), sondern durch die rhythmische Verstärkung der Bilder auch deren körperliches Erleben ermöglichen.

Der kathartische Effekt, den das artaudsche Theater anstrebt, bleibt im ersten Teil des ‚Gundling' allerdings aus.[501] Nicht nur, weil die erschreckende trieb- und vernunfthistorische ‚Schule der Nation', die Müller mit dem dynamischen Filmbild genau im Zentrum des Friedrich-Teils platziert, in den folgenden Szenen weitere bildhafte Ausgestaltung erfährt, sondern auch, weil ‚Friedrich der Große', sein mit ähnlichen Mitteln arbeitendes Schlussbild, die historische Fortsetzung des skizzierten Prozesses ankündigt und in der Kleist-Szene schließlich die totale Selbstdestruktion des Künstlers nach sich zieht. Aus der ewigen Wiederkehr des Gleichen scheint zumindest im ersten Teil von ‚Leben Gundlings' kein Entkommen möglich, die relative Eindeutigkeit der Bilder steht einer neuen Perspektive auf den Geschichtsverlauf deutlich entgegen.

---

[499] Artaud, Antonin: Das Theater und sein Double. Werke Bd. 8. Berlin 2012, S. 113 f. Die Frage nach dem „direkten Einfluß" Artauds auf Müllers Dramatik ist Gegenstand vieler Spekulationen. Müller selbst verweist stattdessen auf einen ähnlichen Erfahrungshintergrund, der zu Überschneidungen seiner Ästhetik mit der revolutionären Theatertheorie Artauds geführt habe (HMW 10, S. 361).
[500] Vgl. Mattheus, Bernd: „Das Theater der Grausamkeit": Ein kapitales Missverständnis. In: Artaud, Antonin: Das Theater und sein Double. Werke Bd. 8. Berlin 2012, S. 271–285, hier S. 280.
[501] Vgl. ebd., S. 274. Demgegenüber geht Emmerich davon aus, dass Müllers Dramaturgie sehr wohl auf das alte aristotelische Katharsisprinzip hinaus will, das auch bei Artaud seine Wiederaufnahme findet (vgl. Emmerich 1982, S. 157 f.).

III.3.2.4 Apokalypse als Ausweg?

Interessanterweise nimmt Müller auch im Lessing-Triptychon von seiner Dramaturgie der dynamisch-schockartigen Überschwemmung keinen Abstand, vielmehr kommt sie nun erst Recht zum Einsatz. Denn auch in der ‚Traum'-Szene geht es darum, das „Furchtzentrum einer Geschichte [...], einer Situation und der Figuren"[502] herauszupräparieren:

> Nur wenn es ein Furchtzentrum ist, kann es ein Kraftzentrum werden. Aber wenn man das Furchtzentrum verschleiert oder zudeckt, kommt man auch nicht an die Energie heran, die daraus zu beziehen ist. Überwindung von Furcht durch Konfrontation mit Furcht. Und keine Angst wird man los, die man verdrängt.[503]

Um das kathartische Potenzial, das ihm im ersten Teil des ‚Gundling' abhandenzukommen droht, wieder mobilisieren zu können, verändert Müller nicht, wie etwa bei der theatralen Körperkonzeption, die Technik der Darstellung, sondern den Kontext, in dem sie eingesetzt wird. Im Lessing-Triptychon erfolgt eine vollständige Abwendung von der klassischen aristotelischen Dramenkonzeption. Dialog und Handlung als vormals konstitutive Momente werden ausgesetzt, der Autor verabschiedet sich von relativ fest umrissenen Figurencharakteren und verlässt den Rahmen einer Bildsprache, deren Fundament in der „traditionelle[n] Übereinstimmung von Zeichen und Bedeutung"[504] zu suchen wäre. In den anachronistischen Begegnungen der ‚Traum'-Szene werden „die verschiedenen Medien- und Zeitebenen nicht konstellativ gegenüber[-], sondern [...] in der Traum-Logik von Verschiebung und Verdichtung"[505] zusammengestellt. Das Dialogprinzip des Dramas wird damit von der figürlich-repräsentativen Ebene auf die des Zitats verlegt. Diese Zitathaftigkeit eröffnet einen schier unerschöpflichen Raum inhaltlicher Assoziationen, die zum einen den Rückzug auf naheliegende Bedeutungen verunmöglichen und durch die Widerständigkeit der Bilder die Phantasie des Zuschauers zu eigenen Entdeckungsreisen anregen sollen,[506] zum anderen in die Richtung jenes utopisch konnotierten „universalen Diskurs[es]"[507] weisen, für den sich Müller 1979 in der Diskussion über Postmoderne stark macht.

---

502 HMW 10, S. 503 f. Den Begriff „Furchtzentrum" entlehnt Müller aus Brechts ‚Fatzer'-Fragment (GBA 10/1, S. 428).
503 HMW 10, S. 504. Vgl. dazu auch Raddatz 2010, S. 209, der ebenfalls davon ausgeht, dass Müllers Schockdramaturgie eher auf „kathartische[] Effekte[]" zielt, denn auf „Lernprozesse[]".
504 Neuland 1990, S. 145 f. Siehe dazu auch Weitin 2003, S. 317.
505 Weitin 2003, S. 317.
506 Neuland 1990, S. 145 f.
507 HMW 8, S. 212.

III.3 Strukturelle Merkmale grotesker Poetiken — **147**

Die Plötzlichkeit, mit der sich die Bilder überlagern, entspricht einer Technik der „Übermalung", in die er Ende der 1980er-Jahre Ruth Berghaus einweiht:

> [D]u kannst den Rahmen vermeiden, wenn du anfängst, ein Bild zu entwerfen, und bevor das wirklich gesehen wird, bringst du das nächste, als Übermalung, so kommt nie ein Bild zu Ende, das einen Rahmen bekommt. [...] Das Modell dafür – das ist jetzt nicht von mir, das haben kluge Leute darüber befunden – ist BILDBESCHREIBUNG. Deswegen heißt es auch so. Da wird immer ein Bild angefangen, und dann kommt ein anderes, was das alte auflöst oder in Frage stellt. Es kommt nie ein Bild zustande, das du wirklich mit nach Hause nehmen kannst.[508]

In der Überlagerung der Bilder gelangt Müller so zu einer Art Bilderverbot – im Sinne exakter begrifflicher Bedeutungszuweisung –, wie es das Alte Testament für Gott als oberste moralische Idee formuliert: „Die Abwesenheit Gottes", also auch die des Bildes, „ist seine Macht".[509] Müller eignet sich damit ein Verfahren an, das auch Horkheimer und Adorno geeignet erscheint, den Verfallserscheinungen der Aufklärung entgegenzuwirken und ihren Prozess in eine neue Reflexivität zu überführen:

> Gerettet wird das Recht des Bildes in der treuen Durchführung seines Verbots. Solche Durchführung, „bestimmte Negation" [im Sinne Hegels; M. M.], ist nicht durch die Souveränität des abstrakten Begriffs gegen die verführende Anschauung gefeit, so wie die Skepsis es ist, der das Falsche wie das Wahre als nichtig gilt. Die bestimmte Negation verwirft die unvollkommenen Vorstellungen des Absoluten, die Götzen, nicht wie der Rigorismus, indem sie ihnen die Idee entgegenhält, der sie nicht genügen können. Dialektik offenbart vielmehr jedes Bild als Schrift. Sie lehrt aus seinen Zügen das Eingeständnis seiner Falschheit lesen, das ihm seine Macht entreißt und sie der Wahrheit zueignet. Damit wird die Sprache mehr als ein bloßes Zeichensystem.[510]

Der Totentanz der ewigen Wiederkehr des Gleichen, der im ersten Teil des ‚Gundling' zur Manifestation eines fatalistischen Geschichtsbildes führt und dem zugleich das humanistische Ideal kontrastiert, das er verweigert, ist – so Müllers ästhetische Erfahrung am Ende des 20. Jahrhunderts –, entgegen der jahrhundertealten Überlieferung, nicht mehr in der Lage den dargestellten Schrecken im Augenblick seiner Beschwörung zu beherrschen, zu bannen und die Distanz zwischen Bild und Ideal als eine überbrückbare erscheinen zu lassen. Es ist die Empfindung einer tiefen „Krise auf dem Feld der Darstellung"[511], die hier zum

---

508 HMW 11, S. 98.
509 Ebd., S. 97 ff. bzw. S. 460.
510 Horkheimer/Adorno 2003, S. 30.
511 Weitin 2003, S. 304.

Vorschein kommt. Das in der Geschichte aufgefundene „Furchtzentrum" kann kein neues „Kraftzentrum", keinen auch nur im Ansatz kathartischen Effekt mehr produzieren, der gleichwohl für Müllers literarische Produktion von unabdingbarer Notwendigkeit ist. Indem der Autor nun davon absieht, einen repräsentativen Zusammenhang durch dessen Negation mit einem idealen Gegenbild zu kontrastieren, und sich stattdessen darauf verlegt, durch die Vergegenständlichung der „Schwierigkeiten gesellschaftlicher Handlungsorientierung"[512] (‚Schlaf') die verschiedensten alternativen Ansätze in einen Dialog treten zu lassen (‚Traum'), versucht er, den Herrschaftszwang zu lösen, den der konkrete Begriff über das Bild ausübt.

> Müllers Lessing wird dadurch – zumindest was die intentionale Ebene der Bilder anbetrifft – zu einem Dekonstruktionsprojekt, das [...] auf zwei Schienen gleichzeitig läuft: einmal der Dekonstruktion harmonisierender Lesarten und Vereinnahmungsversuche; andermal der Archäologie alternativer Modelle des politischen und poetischen Ausdrucks.[513]

Die surrealen, apokalyptischen Bilder und Text-Bilder, die sich als Ergebnis dieser archäologischen Recherche dem Totentanz der ewigen Wiederkehr entgegenstellen, werden allerdings nicht als eindeutige Alternativen angeboten, wie der Teil der Rezipienten suggeriert,[514] sondern auf ihr subversives politisches und (vor allem) poetisches Potential hin untersucht und in den diskursiven Zusammenhang aufgenommen. Der Gedanke, dass diese sich überlagernden Bilder zu „geschichtsrelevantem Handeln befähigen sollen"[515], legt sich zu sehr auf ihre inhaltlichen Konnotationen fest, erliegt so der Versuchung der „erkennungsdienstliche[n] Behandlung von Kunst"[516] und unterschlägt ihr sich öffnendes Potential.

In der „STUNDE DER WEISSGLUT" etwa verschmelzen Visionen von Apokalypse und Utopie. So erinnern die aufgerufenen Tierbilder an die apokalyptischen Ungeheuer mittelalterlicher Darstellungen der Hölle und des jüngsten Tages, werden allerdings auch wiederholt mit Emblemen revolutionärer Gruppen afro- und lateinamerikanischer Herkunft in Verbindung gebracht, die eine Alternative zur spätbürgerlichen Gesellschaft im Europa des 20. Jahrhunderts zu versprechen scheinen.[517] Darüber hinaus fungieren sie als Hinweis auf eine vitale, ungebärdige

---

512 Neuland 1990, S. 146.
513 Wilke 1990, S. 155.
514 Etwa: Fiebach 1981, S. 130; Raddatz 1991, S. 118.
515 Neuland 1990, S. 146.
516 HMW 11, S. 98.
517 Fiebach 1981, S. 127.

und von Unterdrückung freie, tierische Natur. Mythische Bilder der Zerstörung und Erneuerung („GRAMMATIK DER ERDBEBEN HOCHZEIT VON FEUER UND WASSER MENSCHEN AUS NEUEM FLEISCH") schließen sich an und rufen eine revolutionäre künstlerische Avantgarde (Expressionismus, Surrealismus) auf. Die Konnotation eines Zukünftigen, geboren aus dem Untergang des Alten, die darin häufig erkannt wird, liegt nahe,[518] die gleichzeitig erfolgende *Karnevalisierung der Rede* scheint die von Bachtin beschriebene ambivalente Negation des Karnevals zu affirmieren:

> Der Karneval feiert die Vernichtung der alten und die Geburt der neuen Welt, des neuen Jahres, des neuen Frühlings, des neuen Reiches. Die vernichtete alte Welt wird zusammen mit der neuen gezeigt, und zwar als der absterbende Teil einer doppelten zweileibigen Welt.[519]

Günther Oesterle schließt angesichts von Kaysers apotropäischem Blick auf das Groteske eine Affinität zu „messianisch inspirierten Theorien der 20er Jahre des 20. Jahrhunderts"[520] nicht aus, die das Katastrophische zur Voraussetzung einer Erneuerung machten. Solche Überlegungen muten auch mit Blick auf Müllers Lessing-Triptychons verführerisch an, besonders weil sich das dort verwendete Bildmaterial zu dem der romantischen Groteske in Beziehung setzen lässt. Der Unterschied liegt allerdings in der Verwendung des Materials, da es sich durch seine Abkopplung von narrativen Zusammenhängen der eindeutigen Kategorisierung entzieht. Zudem unterschätzt eine derartige Interpretation das terroristische Potential in Müllers Denken, das in den 1970er-Jahren längst ohne ausformulierte Heilsvorstellung auskommt. Es stellt vielmehr die erwähnten revolutionären Tendenzen und avantgardistischen Traditionen in einen provokanten Zusammenhang, um ihr diskursives Potential auszuloten, das von radikal subjektiver Kritik an den bestehenden Verhältnissen (Lautréamont, der Prediger des Hasses) über den Aufruf zur Revolution (Embleme der aufständischen Gruppen der dritten Welt) bis hin zu mythischen Vorstellungen einer apokalyptischen Erneuerung reicht. Die Szene ‚Schrei', die sich, so Neuland, an die „Tradition wirkungsvoller dramatischer Schlussbilder" anlehnt, bleibt insofern in mehrfacher Hinsicht Fragment – „und zwar mit Spartakus eines, das Unvollendetes in der europäischen Kunst, Geschichte und Politik aufeinander bezieht".[521] Der Autor bedient sich abschließend nochmals des grotesken Instrumentariums,

---

[518] So etwa bei Emmerich 1982, S. 151.
[519] Bachtin 1995, S. 456.
[520] Oesterle 2004, S. XII.
[521] Neuland 1990, S. 146. Vgl. auch Weitin 2003, S. 319.

um auf sein Ungenügen aufmerksam zu machen. Da es die Wirklichkeit nur mit dem Idealbild eines Heilsdiskurses, sei es christlicher oder aufklärerischer Natur, kontrastieren kann, den Müller aufgrund seiner historischen Erfahrung als großteils gescheitert betrachten muss, wird es ästhetisch defizitär. Seiner Meinung nach ist nur ein vollständig ergebnisoffener Diskurs noch in der Lage, zu einer neuen Perspektive beizutragen, die nicht von vornherein davon ausgeht, die richtigen Antworten schon parat zu haben. Die *Dramaturgie der Überschwemmung*, die den ersten Teil von ‚Leben Gundlings' bestimmt, bleibt demzufolge erhalten und wandelt sich zugleich: Durch die Aufhebung konkreter Repräsentationszusammenhänge in der massenhaften Überlagerung von Text-Bildern („STUNDE DER WEISSGLUT") arbeitet Müller an einer polyphonen und polyvalenten Kontextualisierung, die auf die Verunsicherung und Neubefragung von Rezeptionsgewissheiten und ein stärker koproduzierendes Verhältnis des Publikums zielt.

III.3.3 Die Inkongruenz von Form und Inhalt – Parodie und Travestie

Unterstützend wirkt das Fragmentarische in Müllers ‚Gundling' außerdem mit Blick auf die Vereinigung und Kombination verschiedener Gattungs- und Stilelemente, die in ein deutliches Spannungsverhältnis zu dem von ihnen transportierten Inhalt treten. Foster gilt ein solches Verfahren als „die allgemeine Struktur grotesker Werke", die „verschiedene Elemente" in sich aufheben, „ohne in einem völlig aufzugehen".[522] Stollmann spitzt diese Einsicht in die Gattungsproblematik noch zu. Seiner Ansicht nach zeichnet sich der *groteske Realismus* im Sinne Bachtins dadurch aus, dass er „alle oder viele traditionelle Gattungen in merkwürdig verzerrter, eben grotesker Form aufhebt". So kann überall dort „nach einer Groteske gesucht werden", wo „sich die Gattungsfrage als besonders unsicher erweist". Als Beispiele führt Stollmann Parodie und Travestie an.[523] Bei Müller kommt besonders die für ihn charakteristische Verwendung des klassischen Blankverses hinzu, die sich nicht ausschließlich auf die Phänomene von Parodie und Travestie reduzieren lässt.

Unter Parodie versteht Gero von Wilpert „die verspottende, verzerrende Überzeichnung oder übertriebene Nachahmung e[ines] dem Publikum bekannten

---

[522] Foster 1967, S. 122.
[523] Stollmann 1997, S. 309. Allerdings unterscheidet sich die karnevalistische Parodie, wie Bachtin feststellt, deutlich „von der bloß reagierenden und formalen Parodie der Neuzeit", der sich auch Müller verpflichtet fühlt: „Sie lässt in der Verneinung ihren Gegenstand wieder erstehen. Überhaupt ist die pure Verneinung der Volkskultur völlig fremd" (Bachtin 1995, S. 60).

und geachteten, ernstgemeinten Werkes (auch e[ines] Stils, e[iner] Gattung) oder einzelner Teile daraus", die „unter Beibehaltung der äußeren Form (Stil und Struktur), doch mit anderem, nicht dazu passendem Inhalt" erfolgt. Ziel ist es dabei entweder, die „Schwächen und Unzulänglichkeiten" des parodierten Werkes aufzudecken, den Verfasser desselben „der Lächerlichkeit preiszugeben" oder „einfach [ein] harmloses Spiel aus Lust an kom[ischer] Abwandlung des Stoffes" zu treiben.[524] Müller nun verwendet parodistische Elemente im ‚Gundling' meist um seine Figuren durch das inadäquate Zitieren eines hohen Stils bloßzustellen, wie etwa im Falle Gundlings, Friedrichs II. und des Irrenarztes. Außerdem will er, wie beispielsweise in der Irrenhausszene, durch die Verwendung einer theologischen oder philosophischen Diktion auf den Widerspruch zwischen heilsgeschichtlichen Mythologemen aller Art und der dargestellten Wirklichkeit aufmerksam machen.

Gundlings bevorzugte Zitatenquelle etwa ist Shakespeares ‚Hamlet'. In der ersten Szene, während er verspottet und erniedrigt auf dem Boden liegt, kommentiert er das eigene Schicksal selbstmitleidig mit den Worten der verzweifelten Ophelia, die den vermeintlichen Wahnsinn ihres Geliebten beklagt (3. Akt, 1. Szene): „OH WHAT A NOBLE MIND IS HERE O'ERTHROWN"[525]. Das Druckbild in Versalien lässt keinen Zweifel, dass Müller diese Intertextualität besonders hervorheben will, zumal es sich dabei um Worte handelt, die Hamlet zur Selbstcharakterisierung wohl kaum verwenden würde:

> HAMLET I am myself indifferent honest, but yet I could accuse me of such things that it were better my mother had not borne me. I am very proud, revengeful, ambitious, with more offences at my beck than I have thoughts to put them in, imagination to give them shape, or time to act them in. What should such fellows as I do crawling between heaven and earth? We are arrant knaves, all.[526]

Eine kritische Selbstreflexion dieser Art würde auch dem opportunistischen Gundling besser zu Gesichte stehen, als die trostlosen Verse der Ophelia. Doch diese Form der Introspektion scheint ihm nicht gegeben. Noch in der übelsten Selbstverleugnung rettet er sich in den salbungsvollen Gedanken, dass es das tragische Geschick des Intellektuellen ist – verkannt zu sein –, das ihn ereilt hat. Sein zynischer Nihilismus wiederum enthüllt eine weitere Intellektuellen-Krankheit. Müller parodiert somit weder den shakespeareschen ‚Hamlet', noch gestaltet sich das komplexe „Spiel" mit der „kom[ischen] Abwandlung des Stof-

---

[524] Wilpert, Gero von: Sachwörterbuch der Literatur. 8. Aufl. Stuttgart 2001, S. 591 f. Vgl. auch Sinic 2003, S. 135.
[525] HMW 4, S. 513. Vgl. TOS, S. 670, Akt III.1, Vers 153.
[526] TOS, S. 670, Akt III.1, Vers 124–131.

fes" so „harmlos", wie es zunächst erscheint. Denn im Charakter des Gundling ist Hamlets Rede vom „conscience [that] does make cowards of us all"[527] durchaus angelegt. Es geht Müller um die mangelnde Selbsterkenntnis des Intellektuellen, der noch in der tiefsten Erniedrigung zur großen Geste neigt, um sein Versagen und seinen Verrat am historischen Auftrag zu kaschieren.[528] Darin liegt das komische wie auch das gespenstische Potential des Zitats.[529] Der virtuose Kunstgriff besteht in der Tatsache, dass die Richtung des Zitierens – Shakespeares ‚Hamlet' – dem Problem durchaus gerecht wird, Gundling sich jedoch in der Figurenperspektive vergreift.

Eine weitere parodistische Auseinandersetzung mit den politischen Gebrechen des Intellektuellen verkörpert die Figur des Irrenarztes, dessen Monolog zwei böse ironische Anspielungen auf den zeitgenössischen philosophischen Diskurs enthält.

> PROFESSOR Der Philosoph würde schließen, daß die wahre Freiheit in der Katatonie beruht, als dem vollendeten Ausdruck der Disziplin. Die Preußen groß gemacht hat. Die Konsequenz ist reizvoll: der ideale Staat gegründet auf dem Stupor seiner Bevölkerung, der ewige Frieden auf den globalen Darmverschluß. Der Mediziner weiß: die Staaten ruhen auf dem Schweiß ihrer Völker, auf Kotsäulen der Tempel der Vernunft.[530]

Müller parodiert hier ganz offensichtlich Kants und Hegels Preußenverehrung. Der Monolog des Professors verweist ebenso auf Kants wohlwollend-paradoxe Bemerkungen über das preußische Verhältnis zur bürgerlichen Freiheit[531] wie auf Hegels Affirmation eines Staatssystems auf Basis seiner bloßen Existenz, die durch ein kompliziertes philosophisches System, die Dialektik, untermauert wird.[532]

---

527 Ebd., Vers 85.
528 Vgl. Klein, Christian: Der Intellektuelle und die Intelligenz. In: Heiner Müller Handbuch. Hrsg. von Lehmann, Hans-Thies/Primavesi, Patrick. Stuttgart 2003, S. 27–30, hier S. 27.
529 Symmank bspw. sieht in Intertextualität häufig einen Indikator für Karnevalisierung (Symmank 2002, S. 51) – eine These, die auf das Groteske in all seinen Facetten ausgeweitet werden kann.
530 HMW 4, S. 526.
531 Vgl. Kant [1784], S. 61: „So zeigt sich hier ein befremdlicher nicht erwarteter Gang menschlicher Dinge; [...] Ein größerer Grad bürgerlicher Freiheit scheint der Freiheit des *Geistes* des Volks vorteilhaft, und setzt ihr doch unübersteigliche Schranken; ein Grad weniger von jener verschafft hingegen diesem Raum, sich nach allem seinen Vermögen auszubreiten."
532 Vgl. Hegels Vorstellung vom idealen Staat (HW 7, S. 398 f.): „ Der Staat ist die Wirklichkeit der sittlichen Idee – der sittliche Geist, als der *offenbare,* sich selbst deutliche, substantielle Wille, der sich denkt und weiß und das, was er weiß und insofern er es weiß, vollführt. An der *Sitte* hat er seine unmittelbare und an dem *Selbstbewußtsein* des Einzelnen, dem Wissen und Tätigkeit desselben, seine vermittelte Existenz, so wie dieses durch die Gesinnung in ihm, als seinem

Indem sich der Mediziner bösartig über das dialektische System ereifert und es mit Blick auf den „ideale[n] Staat" mit seiner äußersten Konsequenz konfrontiert, führt er es als vernunftbasierte Schlusstechnik ad absurdum. Doch sein Gegenentwurf verheißt keine Alternative. Im Gegenteil, zynisch bekundet er allein die Akzeptanz der politischen und existentiellen Gegebenheiten. Der Staat wird als Produkt eines geglückten Unterdrückungssystems manifestiert, die Möglichkeit intellektueller Betätigung von der existentiellen Bessergestelltheit mancher zu Ungunsten anderer abhängig gemacht. Eine andersgeartete Dialektik, verknüpft mit einer ethischen Perspektive auf den Staat oder die Vernunft, die es erlauben würde, an den ungerechten Verhältnissen, auf denen sie zunächst basiert, etwas zu ändern, steht nicht zur Debatte. Insofern dient die Parodie der Thesen Kants und Hegels auch der Bloßstellung einer Vernunft, die sich – im Wissen darüber, dass es das „gesellschaftliche[] Sein" ist, das das „Bewußtsein bestimmt"[533] – über die eigenen Voraussetzungen durchaus im Klaren ist und dennoch zynisch im Status quo verankert. Dekonstruiert und ihres Fundaments beraubt wird hier die heilsgeschichtliche Perspektive, die der Vernunft in der Aufklärung zukommt.

In ähnlicher Weise modelliert Müller auch die Beziehung des Mediziners zu den Sinnstiftungsritualen des Christentums, der zweiten zentralen Heilsgeschichte des Abendlandes. Bei der Beschreibung der verhängnisvollen Umstände, die zur Einlieferung des Patienten Zebahl geführt haben, adaptiert der Professor dessen wahnhafte Perspektive und konfrontiert die christliche Mythologie zugleich mit einem rationalen Diskurs, der sie ihrer moralischen Deutungsmöglichkeit beraubt:

> PROFESSOR Für ein Strafgericht, das Zebaoth über seine Zöglinge verhängt hatte, bot sich Jesus als Sühneopfer an. Er wollte die Strafe auf sich nehmen, einer für alle, ein Gotteslamm. Sein Schöpfer, von soviel Tugend zu Tränen bewegt, akzeptierte. Und tat, um seinem Geschöpf an Seelengröße nicht nachzustehn sowie den pädagogischen Effekt zu verdoppeln, ein übriges, indem er es den Sündern überließ, das Exempel zu statuieren. Sie taten es gründlich: Gott Zebaoth hat keinen Sohn mehr, das Dorf einen neuen Schulmeister, die Geschichte der Medizin einen Höhepunkt: Gott als Patient.[534]

Wesen, Zweck und Produkte seiner Tätigkeit, seine *substantielle Freiheit* hat. [...] Der Staat ist als die Wirklichkeit des substantiellen *Willens*, die er in dem zu seiner Allgemeinheit erhobenen besonderen *Selbstbewußtsein* hat, das an und für sich *Vernünftige*. Diese substantielle Einheit ist absoluter unbewegter Selbstzweck, in welchem die Freiheit zu ihrem höchsten Recht kommt, so wie dieser Endzweck das höchste Recht gegen die Einzelnen hat, deren *höchste Pflicht* es ist, Mitglieder des Staates zu sein." Verwirklicht sieht Hegel diese Prinzipien im Preußen Friedrichs II. (vgl. HW 12, S. 519 f.).
533 MEW 13, S. 9.
534 HMW 4, S. 528.

Ihren schmerzhaft-komischen Effekt erzielt diese Erzählung durch das in Form dreier knapper Thesen verdichtete Fazit, das als notwendige Folge des Berichteten offeriert wird und in scharfen Kontrast zu dem predigthaften Ton des zuvor Vorgetragenen tritt. Auf diese Weise seines mythologischen Fundaments beraubt, muss der Inhalt der Erlösungsgeschichte zum banalen Wahnsystem verkommen. Die groteske Pointe dieses Vorgangs liegt darin, dass der für die Entlarvung des christlichen Wahnsystems verantwortlich Professor als Vertreter der verabsolutierten Vernunft selbst einem neuen Wahn verfallen ist. In struktureller Analogie zur Kant-Hegel-Parodie beabsichtigt die verzerrte intertextuelle Anspielung somit nicht nur die Dekonstruktion des biblischen Mythos, sondern auch die Denunziation der für die Parodie verantwortlichen Figur.

Auch die Szene ‚Et in Arcadia ego ...' kann als groteske Parodie betrachtet werden. In der Ambivalenz ihres Titels – es kann vom Paradies, aber auch vom Tod die Rede sein – gilt sie zum einen der Infragestellung der klassizistischen Idyllen-Darstellungen in der bildenden Kunst des 19. Jahrhunderts, zum anderen der neuerlichen Entlarvung von Friedrichs brutalem Zynismus. Vergleicht er zum Schluss der Szene seine staatliche Unterdrückungsmaschinerie mit dem mythischen Arkadien, ist zudem ein Bezug zur DDR-Realität der 1970er-Jahre hergestellt. Aber auch aus gegenwärtiger Perspektive, die selbst in Zeiten einer tiefen Systemkrise noch mit wachstumsgläubigen Wohlstandsversprechen konfrontiert ist, entfaltet das Zitat eine unheimliche Aktualität:

> FRIEDRICH ET IN ARCADIA EGO. *Zeigt in den Zuschauerraum:* Sehn sie das Rindvieh friedlich grasend. Preußen, eine Heimat für Volk und Vieh. Und Sie können sagen, Sie sind dabei gewesen, mein lieber Voltaire.[535]

Müller parodiert hier die Arroganz der Macht, die sich, die eigenen Privilegien genießend, ihre Umgebung paradiesisch redet, Kunst und Intelligenz für dieses Vorhaben in Dienst nimmt und darauf vertraut oder dafür sorgt, dass die Untertanen demgegenüber in viehischem Stumpfsinn verharren. Die Perfidie, mit der Friedrich dieser Schönfärberei frönt, nachdem er kurz zuvor einen Bauern auf brutale Weise gezwungen hat, eine Rübe zur Orange zu adeln, sorgt für die groteske Note des Vorgangs.

Als geglückte Travestie hingegen erscheint bei genauerer Betrachtung die Szene ‚Herzkönig Schwarze Witwe'. Versteht man unter Travestie die „satirische Verspottung e[iner] ernsthaften Dichtung [...] unter Beibehaltung des Inhalts durch dessen Wiedergabe in e[iner] anderen, unpassenden und durch die Diskrepanz zwischen Form und Inhalt lächerlich wirkenden (meist niederen und

---

535 Ebd., S. 531.

gröberen) Sprache, Stillage und ggf. Gattung"[536], so verweist Müller kaum verkennbar auf die berühmte Brautwerbungsszene aus Shakespeares ‚Richard III.' (1. Akt, 2. Szene[537]). Die Parallelen sind frappierend. Bei Shakespeare wirbt Richard um die Hand der Lady Anne am Sarg ihres Schwiegervaters, der wie ihr Mann einem seiner Mordanschläge zum Opfer gefallen ist. Dank seiner ungeheuren Verstellungsgabe erreicht er, dass Anne, die ihn zuvor auf das Bitterste verflucht hat, schließlich einen Ring von ihm entgegennimmt. In der Witwenszene spitzt Müller diese groteske Grundsituation weiter zu: Das Urteil über den sächsischen Offizier ist dort noch nicht gefallen, die Entscheidung über Leben und Tod scheint noch möglich.

Müllers Friedrich und Shakespeares Richard zeigen nicht geringe Ähnlichkeit, zumal auch der Protagonist der Rache-Tragödie, als Statthalter des Bösen, karnevalesk-groteske Züge trägt: „The *Vice*-descendants [in Shakespeare's plays; M. M.] [...] are *repulsive* because they attack the highest values of official culture just because they are there. And they are *attractive* because they are amusing. They are bearers of the ambiguity of carnival: fun and violence."[538] Friedrich teilt Richards verschlagene Intelligenz, die kalte Analyse der politischen Verhältnisse, seinen Zynismus, nicht aber seine körperlichen Gebrechen (Buckel, Hinken). Stattdessen entscheidet sich Müller für eine karikaturistisch-karnevaleske Figurenführung, die das groteske Potential der Szene zu verantworten hat. Ebenso wie Richard der Lady Anne bietet Friedrich der Sächsin die Vollstreckung des Urteils an, der Wendepunkt der Witwenszene ist dem der shakespeareschen Werbungsszene genau nachempfunden. Beide Damen können sich in Anbetracht der Verführungskünste ihres Verderbers nicht entschließen, das so perfide kalkulierte wie großmütige Angebot anzunehmen, das jeweils aufs Ganze setzt: Lady Anne lässt das Schwert sinken, unter dem Richard ihr sein Leben bot, die Witwe fügt sich der Staatsraison. Die Schwertszene aus dem ‚Richard' hat Müller im ‚Gundling' zuvor in Friedrichs groteskem Selbstmordversuch nachinszeniert.

Ein Vorbild für diese Travestie findet Müller freilich in Brechts ‚Aufstieg des Arturo Ui' (13. Szene).[539] Hier wirbt der Beschützer des Karfioltrusts Ui, Brechts Hitler-Persiflage, um eine geschäftliche Verbindung mit der Witwe des von ihm ermordeten Journalisten Dullfeet.[540] Im Gegensatz zu Shakespeares Richard und Müllers Friedrich setzt Ui allerdings eher auf nackte Gewalt, denn auf psycholo-

---

536 Wilpert 2001, S. 848. Vgl. auch Sinic 2003, S. 135.
537 Vgl. TOS, S. 186–189, Akt I.2.
538 Doctor 1994, S. 421.
539 Vgl. Heidsieck 1969, S. 83 f.
540 Der Name der Figur ist eine Anspielung auf den österreichischen Kanzler Dollfuss, der 1934 beim Putsch der Nationalsozialisten in Österreich erschossen wurde.

gische Raffinesse. Die Witwe Dullfeet flieht zwar „*schaudernd*" die Szene, die Drohungen des Ui haben aber allem Anschein nach gefruchtet, da sie bei der Annexion Ciceros (Österreich) später doch für ihn spricht. Auch bei Brechts Ui ist eine karnevaleske Figurenführung im Spiel.

Mit Blick auf den ‚Arturo Ui' bemerkt Heidsieck über das Verhältnis von Travestie und Groteskem: „Solchem [ehemals etwa tragischem; M. M.] Inhalt gemäße groteske Form ist also nicht bloße formelle Umstilisierung, sondern das erstmalige Zum-Erscheinen-Bringen des grotesken Wesens, nicht primär neue Form, sondern erstmals erscheinender Inhalt."[541] Damit billigt er der Travestie „ein[en] (selbständige[n] Rang) zu[], der über ihre bisherige literarische Einordnung weit hinausgeht"[542] – was Brechts und Müllers Travestien der Shakespeare-Vorlage bestätigen. Zunächst scheint es gar, als gälten dabei für beide dieselben Kriterien, als hielte sich auch Müller an die in Brechts Bemerkungen zum ‚Arturo Ui' notierten Anweisungen zur Entlarvung politischer Verbrecher:

> Die großen politischen Verbrecher müssen durchaus preisgegeben werden, und vorzüglich der Lächerlichkeit. Denn sie sind vor allem keine großen politischen Verbrecher, sondern die Verüber großer politischer Verbrechen, was etwas ganz anderes ist.[543]

Schenkt man dieser Frage allerdings einen zweiten Blick, so wird deutlich, dass sich Müllers Version dezidierter als die Brechts an die shakespearesche Vorlage hält und ihren besonderen Charakter aus Friedrichs ver-rückter Körperlichkeit, aus seinem lächerlichen Infantilismus bezieht. Heidsieck jedenfalls bemerkt zu Brechts ‚Ui':

> Die Brautwerbung um die Witwe und am Sarge seines Opfers, für Richard die Erprobung seines gewalttätigen, dämonischen Willens, wird für Ui zur politischen Erpressung, die nur noch das nackte Machtinteresse kennt und spöttische Ironie ist gegenüber allem Dämonisch-Individuellen.[544]

Auch bei Müller wird der preußische Friedrich durch sein groteskes Gebaren der Lächerlichkeit preisgegeben; er entbehrt jedoch nicht wie bei Brecht des psychologischen Geschicks, des „Dämonisch-Individuellen", das Shakespeares Richard auszeichnet. Dadurch entwickelt er sich zu einer dramatischen Gestalt, derer man sich nicht so schnell entledigen kann wie des brechtschen Ui, dessen

---

[541] Heidsieck 1969, S. 83.
[542] Heidsieck, Arnold: Die Travestie des Tragischen im deutschen Drama [1970]. In: Tragik und Tragödie. Hrsg. von Sander, Volkmar. Darmstadt 1971, S. 456–481, hier S. 472.
[543] GBA 24, S. 316.
[544] Heidsieck 1969, S. 84, vgl. auch Heidsieck [1970], S. 471.

„Aufstieg", so bekanntlich die erste Fassung, „aufhaltsam" gewesen sein soll. Die „Gangstergestalt Arturo Ui" ist zwar als Travestie der „Shakespeareschen ‚großen' Verbrechernatur" angelegt, in erster Linie zielt sie aber auf „eine Travestierung der Figur des gottgesandten Führers Adolf Hitler, wie sie die nationalsozialistische Propaganda aufgebaut hatte".[545] Friedrichs Charakter dagegen ist, wenn auch stilisiert, so doch vielschichtiger angelegt, das unheimliche Moment spielt eine größere Rolle. Auch mit Blick auf das Opfer verschiebt Müller gegenüber Brecht den Focus: Die Sächsin, deren Auftreten ebenfalls karnevaleske Züge trägt, scheint den Launen des Königs hilflos ausgeliefert. Die Gewalt, mit der Friedrich auf sie einwirkt, ist nicht die blanker Gewehrläufe, sondern – ganz im Sinne Shakespeares – psychologischer Natur. Müller hält sich dabei sogar an die rhythmischen Vorgaben der Shakespeare-Szene. Das tut zwar auch Brecht, allerdings verfasst er den gesamten ‚Arturo Ui' im Blankvers, während Müller den von ihm sonst so geschätzten deutschen Dramenvers im ‚Gundling' ausschließlich in der Witwenszene verwendet. Zur unterschiedlichen Wirkung von Vers und Prosa im Drama bemerkt er 1978:

> It's easier to find out what's important and what's not important if you write in verse. There's less psychology. Minor details do not fit in verse. You get a fresco technique. I think that drama, when it deals with history, has to be written in fresco. The very broad and simple brush strokes, and not detail. [...] When there is stagnation you have prose. When the process has a more violent rhythm you have verse.[546]

Müller notiert diese Zeilen ein Jahr nach Erscheinen der ‚Hamletmaschine'. Es ist dies die Zeit, in der er mit der Niederschrift von ‚Auftrag' befasst ist, beides Stücke, in denen die Prosa die Oberhand gewinnt. Aber schon ‚Leben Gundlings' – ebenfalls fast ausschließlich in Prosa verfasst – zeigt, dass Müller sich in dieser Phase zeitweilig vom Blankvers verabschiedet. Seiner Notiz zufolge wähnt er sich offenbar in einer Zeit geschichtlicher Stagnation – eine Diagnose, die sich bereits anhand anderer Indizien belegen lies. Der Vers der Witwenszene scheint insofern mit einer historisch-politischen Standortbestimmung relativ wenig zu tun zu haben. Dafür spricht auch, dass der Autor der Friedrich-Figur dennoch einiges an psychologischer Raffinesse zubilligt, wenn auch in karnevalesk verzerrter Form und versteckt hinter den breiten Pinselstrichen des Dialogs. Der Vers soll vielmehr den Zitatcharakter der Szene herausstreichen und die Travestie der Shakespeare-Vorlage vor Augen führen. Aufgrund seiner Tendenz zur inhaltlichen Komprimierung dient er Müller als Brennglas, unter dem Friedrichs dämonisches Wesen

---

545 Heidsieck 1969, S. 83, vgl. auch Heidsieck [1970], S. 470.
546 HMW 8, S. 204.

zum Vorschein kommt. Nicht die Verschleierung seiner wahren Motive, wie es Richards Absicht entspricht, sondern deren brachiale Offenlegung ist Müllers Ziel. Der Kollege Peter Hacks würdigt die diesbezüglichen Qualitäten des müllerschen Dramenverses schon 1966:

> Keiner handhabt so souverän wie Müller den Vers als Grenzereignis. Der „Umsiedlerin"-Vers, das war die äußerste Gewalt, die man einem Vers antun konnte, ohne daß er aufhörte, ein Vers zu sein. Der „Philoktet"-Vers, das ist das Höchstmaß an innerer Spannung, das man einem Vers anmuten kann, ohne ihn der Qualität erlesener Reinheit zu berauben. Klassische Literatur spiegelt die tatsächliche Barbarei der Welt im Stoff wider und ihre mögliche Schönheit in der Form; diese Maxime scheint im „Philoktet" erfüllt.[547]

Der „Vers als Grenzereignis", der „Barbarei" und „mögliche Schönheit der Welt" in einem „Höchstmaß an innerer Spannung" zusammenführt, scheint auch den Einsatz des Blankverses in ‚Herzkönig Schwarze Witwe' zu charakterisieren. Hier allerdings strapaziert Müller das Spannungsverhältnis von Inhalt und Form in ungeheurem Maße: Das durch den Stoff evozierte Grauen nähert sich einem Punkt, an dem es den Vers – als Vor-Schein der Utopie – eigentlich bereits sprengen müsste. Stattdessen aber macht Müller mit den regelmäßigen, reinen Jamben, die nochmals die klassische Tragödie ins Gedächtnis rufen,[548] auf die paradoxe Fähigkeit der Kunst aufmerksam, auch noch die abscheulichsten Inhalte in eine „schöne" Form zu gießen – und widerspricht damit Schulz, die „[d]ie Verse, die Strenge der Form überhaupt" als „Zeichen dafür" wertet, „daß die Vorstellung von einem Ganzen sich noch immer gegen den Zusammenbruch, den Müller registriert, ästhetisch zu behaupten sucht".[549]. Ähnlich dialektisch wie im Umgang mit dem schwarzen Humor entkräftet er so die ethisch-ästhetische Behauptung, dass in einem Jahrhundert der Menschheitskatastrophen „der Tod nicht mehr in den Vers" passe. Müller zeigt, dass „das Schreiben" keineswegs „ohnmächtig" wird „beim Versuch, den Schrecken in Worte zu fassen"[550], ganz im Gegenteil: Es kann ihn sogar genießen. Diese beunruhigende Fähigkeit ist es, die Müllers vorübergehenden Abschied vom Blankvers bedingt, da sie ihn im histo-

---

547 Hacks, Peter: Unruhe angesichts eines Kunstwerks („Philoktet" von Heiner Müller) [1966]. In: Hacks: Werke. Bd. 13. Die Maßgaben der Kunst I. Berlin 2003, S. 98 f., hier S. 99. Vgl. auch Hauschild 2003, S. 252.
548 Vgl. Schulz, Genia: Gelächter aus toten Bäuchen – Dekonstruktion und Rekonstruktion des Erhabenen bei Heiner Müller. In: Merkur. Deutsche Zeitschrift für Europäisches Denken, Heft 9/10 (1989), 43. Jg., S. 764–777, hier S. 775.
549 Ebd., S. 774.
550 Müller-Schöll 2003, S 86.

risch-politischen Kontext der 1970er-Jahre zum zweifelhaften ästhetischen Mittel verkommen lässt.

Müller hält sich in seiner Travestie so genau an die shakespearesche Vorlage, dass er sogar das Heroic Couplet kopiert, mit dem am Schluss der Werbungsszene Richards Genuss der eigenen dämonischen Verstellungskunst nachempfunden ist:

> RICHARD GLOUCESTER Shine out, fair sun, till I have bought a glass,
> That I may see my shadow as I pass.[551]

Wie Shakespeare scheint auch Müller daran gelegen, das dämonische Wesen seines Protagonisten in einer grotesken Pointe zu verdichten. Wo dieser zur Etablierung der schauderhaften Vorstellung vom riesigen, verzerrten Schatten des verkrüppelten Königs auf die Anmut der poetischen Bildersprache zurückgreift, fasst Müller Friedrichs Pointe, die den Menschen nur als Material zu staatlichen Verwertung begreift, in die klaren Worte einer einfachen, grausamen Wahrheit:

> FRIEDRICH *mit Adlermaske:* Meine Kanonen brauchen Futter, Weib.
> Wozu sonst hat sie ein Geschlecht im Leib.[552]

Die Wirkung ist beachtlich. Dem komischen Potential, das in der Form liegen könnte, also im regelmäßigen Versmaß und dem sauberen Paarreim, die dem Inhalt aufgezwungen werden, wird angesichts des Schreckens, den der Text transportiert, jede Entfaltungsmöglichkeit genommen. Dabei macht sich Müller auch den „physischen Kontakt" zu Nutze, den der Vers „über den Rhythmus" zum Publikum herstellen kann: Das Grauen wird gleichsam zur körperlichen Erfahrung.[553]

Die Beispiele machen klar, dass es nicht allein in Müllers Absicht liegt, „[d]ie situative Komik [...] durch brillante Arbeit mit der Sprache" zu steigern."[554] Zwar kontrastiert „[d]er hochgespannte Sprachgestus der Figuren" der „Trivialität des ,Delikts', [die] Form-Inhalt-Diskrepanz wirkt als Parodie"[555] oder Travestie, unterstützt jedoch beispielsweise in der Witwenszene auch deren unheimliche Dimension. So wirkt der „,hohe Stil' dieses literarischen Zitierens [auch] als Zeichen

---

551 TOS, S. 189, Akt I.2, Vers 249 f.
552 HMW 4, S. 523.
553 HMW 8, S. 370.
554 Mieth 1991, S. 215. Mieth bezieht sich hier auf ‚Wolokolamsker Chaussee IV: Kentauren', ein Text, der sich zu einem viel späteren Zeitpunkt nochmals durch einen auffälligen Rückgriff Müllers auf den Karnevalismus auszeichnet.
555 Ebd.

eines unverarbeiteten Kulturzusammenhangs"[556], der sich in der häufig verdrängten Möglichkeit einer negativ-grotesken Diskrepanz von Form und Inhalt manifestiert und so den ästhetischen Vor-Schein der Utopie konterkariert. Die ethisch-ästhetische Maxime, dass die Aufhebung eines barbarischen Zustands in der schönen Form dessen mögliche Veränderbarkeit mit aufruft, hat für Müller an Geltung eingebüßt. 1992 bemerkt er dazu: „Das Parasitäre der Kunst, die den Schrecken nicht beschreiben kann, wenn sie ihn nicht genießt, ist mit dem Paradox der condition humaine identisch und in Form *nicht* aufgehoben."[557]

Die große zeitliche Distanz, die diese Feststellung von der Entstehung von ‚Leben Gundlings' trennt, wirft unweigerlich die Frage auf, ob die „Metapher" hier bereits „klüger" sein könnte, „als der Autor".[558] Die ästhetischen Konsequenzen, die Müller mit und aus der Arbeit am ‚Gundling' zieht, scheinen dafür zu sprechen. Offenbar glaubt der Autor Mitte der 1970er-Jahre, mit den ästhetischen Mitteln, die sein bisheriges Schaffen geprägt haben, nicht mehr weiter zu kommen. Ziel des sich anschließenden ästhetischen Umdenkens ist es allerdings gerade, sich durch neue literarische Verfahren – dem Experimentieren mit prosaischen Komplexionen bis hin zu stummen Pantomimen, der Zertrümmerung klar umrissener Figurencharaktere, dem Eröffnen unüberschaubarer Zitaträume – andere Möglichkeiten zur Wahrung von Utopie in der ästhetischen Form zu erschließen. Müller scheint zu diesem Zeitpunkt noch nicht der Überzeugung zu sein, dem Widerspruch von Ethik und Ästhetik grundsätzlich nicht entkommen zu können. Sein in den 1980er-Jahren erfolgender, erneuter Rückgriff auf eben die literarischen Techniken und Traditionen des Grotesken, von denen er sich in der Entstehungszeit des ‚Gundling' vorerst verabschiedet, zeugt von der langen Suche, die dieser Einsicht vorausgeht.

---

556 Ebd., S. 217.
557 HMW 8, S. 428. Hervorhebung M. M.
558 Ebd., S. 224. Diesen vielzitierten Aphorismus entlehnt Müller von Georg Christoph Lichtenberg. Vgl. Lichtenberg, Georg Christoph: Schriften und Briefe. Bd. 1: Sudelbücher. 6. Aufl. Frankfurt am Main 1998, S. 512 (F 369): „Die Metapher ist weit klüger als ihr Verfasser und so sind es viele Dinge. Alles hat seine Tiefen. Wer Augen hat, der sieht [alles] in allem."

III.4 Von ‚Germania Tod in Berlin' zur ‚Hamletmaschine' – Der ‚Gundling' als Schwellentext

III.4.1 Multiple Eingänge in das Kunstwerk – Moderne und postmoderne Lesarten des ‚Gundling'

Bereits zu Beginn der Untersuchung wurde ‚Leben Gundlings' als Schwellentext charakterisiert – eine These, für die es keinen besseren Beleg gibt, als die erstaunlich unterschiedlichen Interpretationen, die der Text im Laufe seiner Rezeptionsgeschichte erfahren hat. Sie stützen sich beinahe ausschließlich auf den zweiten, formal komplexeren Teil des Stückes und ermöglichen eine Einteilung in Lesarten, die den ‚Gundling' zum einen im Umfeld eines romantischen bis revolutionären Modernismus ansiedeln, zum anderen das Lessing-Triptychon vor allem aus ästhetischer Perspektive betrachten und auf den Dekonstruktionscharakter der müllerschen Dramaturgie hinweisen. Zu den Protagonisten der ersten Variante zählen vor allem Horst Domdey[559] und Frank Michael Raddatz, deren Interpretationen hauptsächlich auf inhaltlichen Gesichtspunkten basieren; zu denen der zweiten Arlene Akiko Teraoka und Thomas Weitin. Teraokas Deutung ließe sich dabei unter dem Stichwort des „revolutionären Postmodernismus"[560] zusammenfassen, während Weitin zwar von revolutionären Tendenzen spricht, sich damit allerdings eher auf die ästhetischen Verfahren Müllers bezieht und in ihnen ein Anknüpfen an die Moderne entdeckt. Im direkten Vergleich zeigen diese vier Beispiele deutlich, dass der ‚Gundling' eine formal-ästhetische Umbruchsphase in Müllers dramatischem Werk markiert.

Domdey konzentriert sich in seiner Analyse allein auf die drei Schlussszenen (im Grunde sogar nur auf die ‚Traum'-Szene) und liest diese inhaltlich in Kontinuität zu den vorangehenden Friedrich-Szenen. Der veränderte ästhetische Zugriff, der das Triptychon vom ersten Teil des ‚Gundling' unterscheidet, findet wenig Beachtung. Stattdessen versucht Domdey sich ausgehend vom Bildmaterial der ‚Traum'-Szene ein Instrumentarium zu erarbeiten, mit dem sich das schwer zugängliche Lessing-Triptychon erschließen lässt.

---

559 Ähnlich wie Domdey liest auch Richard Herzinger Müllers Werke der späten 1970er-Jahre im Kontext eines romantischen Modernismus und als Ausdruck einer vitalistischen Lebensphilosophie (vgl. Herzinger 1992, S. 39–77 bzw. Ders. 1997, S. 51–71). In seinen Konsequenzen geht er allerdings nicht ganz so weit wie Domdey. Auf seine Position soll hier aus Gründen der Beschränkung – und da sie den ‚Gundling' nicht eigens behandelt – verzichtet werden.
560 Teraoka 1985, S. 171.

Die Organisation dieses Bildmaterials entspricht dem klassischen Muster des Dionysosmythos. Von den Titanen zerrissen und von Rhea zu neuem Leben erweckt, symbolisiert Dionysos im Wechsel von Paarung/Tod/Geburt (Sommer/Winter/Frühling) das Leben. Tod und Leben seien nicht getrennt, sondern Elemente einer übergreifenden Einheit. Tod sei Verwandlung zu neuem Leben, Prinzip des Schöpferischen, nicht Ende, sondern die Mitte zwischen Paarung und Geburt.[561]

Als Schlüsselmoment dieser Interpretation fungiert die Vereinigung und gegenseitige Tötung Nathans und Emilias, die nach Domdey in der darauffolgenden apokalyptischen Vision ihre gesteigerte, verallgemeinerte Wiederholung erfährt:

> Die Bildebene steigert die Paarung zur Götterhochzeit von Sonne und Meer [...] ausgestattet mit den traditionellen Theophaniesymbolen Lichtglanz [...] und Erdbeben [...]. Die extreme Kontrastvariante [...] einer kosmischen Paarung als Bild der Gegenseitigen Vernichtung zur Geburt des Neuen spiegelt und potenziert den Tötungsakt Emilias/Nathans und verweist zugleich die *Geburt* [...] in die Dimension der Utopie.[562]

Domdey unterstreicht die Nähe dieses Vorgangs zu einer Form der „Apokalypse-Tradition", die sich durch die maßgebliche Betonung des Erneuerungsaspekts charakterisiert. Darüber hinaus verweist er auf Parallelen zwischen Müllers apokalyptischer Passage und der Wiederentdeckung des Gottes Dionysos durch die deutsche Romantik, unter deren Einfluss auch Nietzsche und die moderne Lebensphilosophie standen.[563] Die Imagination dieses schöpferischen Todes werde bei Müller dem *„Tod der Maschine auf dem Elektrischen Stuhl"* entgegengesetzt und begründe dadurch das utopische Bild von „der Überwindung einer Maschinenwelt durch das Dionysische"[564], das sich in den Topoi von „ATLANTIS" und „MENSCHEN AUS NEUEM FLEISCH" niederschlage. Die unheimliche, zerstörerische Urgewalt, die dieser mythischen Ikonographie von Tod und Erneuerung innewohnt, sieht Domdey in den Raubtierbildern des Projektionstextes verkörpert, im Aufrufen einer avantgardistischen Tradition, die mit Lautréamonts Maldoror ihren Hass und Gewalt predigenden Protagonisten finde: „Müllers Theater präsentiert sich als Kultstätte, die historische Gewalt anklagt, zugleich aber im Tod als dionysischem Zerreißen revolutionäre Erneuerung beschwört."[565] Domdey verknüpft diese Lesart mit der folgenschweren und kaum nachvollziehbaren These, Müller versuche hier, „die Grenzen zwischen Kunst und Realität im Bild aufzuheben, historische Erfahrung mit Ursprungsbildern zu koppeln und

---

561 Domdey 1986, S. 80.
562 Ebd., S. 80 f.
563 Ebd., S. 81 f.
564 Ebd., S. 81.
565 Ebd., S. 82.

aufzuwerten"[566]: „Die STUNDE DER WEISSGLUT ist nicht nur Theaterschauder und utopische Vision, sondern Prophetie, revolutionärer Advent. Wobei die Rolle des schrecklichen Heilands vor allem die Dritte Welt spielt [...]."[567] Domdey scheitert daran, das poetische Bild des Todes metaphorisch zu begreifen, liest es vielmehr als Anspielung auf historische Tatsachen. Allein dieses eigenartige Missverständnis kann ihn zu seiner absurden Problematisierung der Metapher führen:

> Diese Bildwelt negiert, daß Tod unter Eichmann und Stalin Verwaltungsarbeit ist. Daß Tod im 20. Jahrhundert exterminieren bedeutet, vergasen, verdampfen (Hiroshima), langsam vergiften oder rasch „versaften". Dionysos in Hiroshima, Auschwitz oder Sibirien? Der Mythos findet seine Grenze am Völkermord als Industrieprodukt.[568]

Müller setze hier, so sieht es Domdey zumindest, die „ästhetisch riskante Tradition" fort, den „Dionysosmythos auf Geschichte zu beziehen" – ein Verfahren, das seine Vorbilder etwa bei Ernst Jünger oder Franz Schauwecker finde. Das Risiko bestehe dabei „in der Kluft, die sich zwischen Mythosbild und geschichtlicher Realität auftu[e]".[569] Domdey unterstellt Müllers „ästhetische[r] Methode" in dieser Hinsicht absurderweise die Funktion eines „analytische[n] Urteil[s]": Indem er die „Henker/Opfer" des Friedrich-Teils personal figuriere und damit den Schein ihrer politischen „Kompetenz" aufrecht erhalte, gestehe er ihnen zu, „Stellvertreter für das Ganze zu sein". So könnten die Opfer der jüngsten Geschichte „aller Klage zum Trotz" in einen Sinnhorizont eingeordnet werden, der ihr Leiden „weder vergeblich noch überflüssig" mache, denn „wenn der Schrecken dionysisch gefaßt [werde], [sei] eine Lösung immer schon gesetzt".[570] Müllers Theater, so führt er aus, unternehme insofern den „Versuch, im Mythos diesen Tod zu integrieren"[571]. Immerhin gesteht Domdey dem Autor zu, dass der Versuch einer Aufhebung der Greuel des 20. Jahrhunderts im Dionysosmythos dessen „Desillusionierung über den Gang des Sozialismus" entspringe und den verzweifelten Ausdruck einer Sehnsucht nach dem „ganz andere[n]" darstelle.[572] Doch auch diese Relativierung kann die absurde Behauptung, Müller wolle im Schlussteil des ‚Gundling' die Toten des Stalinismus rechtfertigen, nicht ent-

---

[566] Ebd., S. 83.
[567] Ebd., S. 84.
[568] Ebd., S. 86. Allein Domdeys verräterisches Vokabular mahnt gegenüber der Stichhaltigkeit seiner These zur Skepsis.
[569] Ebd.
[570] Ebd., S. 87.
[571] Ebd., S. 88.
[572] Ebd., S. 87.

schärfen, die aus dem mehr als eigenartigen Missverständnis der Todesmetapher resultiert. Müller selbst kann denn auch, angesprochen auf Domdeys Deutung, noch Jahre später nicht anders als polemisch reagieren: „Domdey war früher ein linksradikaler Maoist. Irgendwann musste er die Kurve kriegen, da hat er mich als Feindbild entdeckt: den ‚nietzscheanischen Stalinisten'. Seine Studenten arbeiten jetzt an der Entfaltung dieses Bildes."[573]

Die bisher umfassendste Deutung der apokalyptischen Passage hat Raddatz geleistet. Er bezieht sich explizit auf Domdeys Ergebnisse, ohne jedoch dessen befremdliche Unterstellung auch nur zu erwähnen.[574] Gegenüber der dionysischen Ausdeutung des Mythos, die im Ineinanderfallen von Geburt, Schmerz und Tod das zentrale Moment der domdeyschen Interpretation ausmacht, beschränkt sich Raddatz allerdings auf einen Begriff des „artifiziellen Mythos", der ihn zu völlig anderen Ergebnissen führt. Das mythische Zentrum verortet er bei Müller in einem dem abendländischen Rationalismus entgegengesetzten Konzept des Sakralen,[575] wodurch er in der „STUNDE DER WEISSGLUT" kein „allgemeines Theophaniesymbol" erkennt, sondern vielmehr einen „Topos von Zivilisations- und Aufklärungskritik".[576]

> ‚STUNDE DER WEISSGLUT' verheißt demnach die Zeit, in der der ‚souveräne Augenblick' geschichtsmächtig wird, womit nicht mehr die Rationalität des Begriffs, sondern Wissen als Grenzerfahrung der menschlichen Existenz im Zentrum des kulturellen Zusammenhangs stände.[577]

Diesem „Wissen als Grenzerfahrung der menschlichen Existenz" eignet in der unumschränkten Naturbejahung ein Moment des Heiligen, das sich auch in der künstlerischen Tradition der Moderne wiederfinden lässt, auf die sich Müller mit seinem Text-Bild bezieht.[578] Raddatz führt aus:

> Mit ‚MENSCHEN AUS NEUEM FLEISCH' intendiert dieser artifizielle Mythos einen *qualitativ neuen Utopiebegriff*; dies ist insofern stringent, als ‚Leben Gundlings' zeigt, daß Aufklärung und abendländische Rationalität als Potentiale von Utopie versagen, weil sie als Rationalisierung von Welt oder menschlichen Seins gerade auf die *Körperdressur* als Kehrseite der *Naturbeherrschung* zielen. Damit aber ist ein Revolutionsbegriff antizipiert, in dem der

---

573 HMW 12, S. 386 f.
574 Vgl. Raddatz 1991, S. 120.
575 Vgl. ebd., S. 123.
576 Ebd., S. 122.
577 Ebd., S. 123.
578 Vgl. ebd.

Kunst, als Ausdruck des Sakralen und des nicht von Rationalität zu Okkupierenden, die *wesentliche* Rolle zufällt.[579]

In diesem Zusammenhang sieht Raddatz auch das Ohnmächtigwerden des Theaterkonzepts der Aufklärung bei Müller verankert[580] – ein Punkt, mit dem sich vor allem die Interpretationen des ‚Gundling' beschäftigen, die ihn als Exempel literarischer Strategien der Postmoderne lesen.

Das sakrale Konzept von Kunst, das sich aus der Verschmelzung des Dionysosmythos mit dem Kunstkonzept der Avantgarde ergibt, veranlasst Raddatz dazu, Müllers ‚Gundling' in Beziehung zur romantischen Suche nach einer „neuen Mythologie" zu setzen. Allerdings, so Raddatz, fällt dabei ein Unterschied zur (späten) Romantik zwingend ins Auge: „Avantgarde ist Romantik ohne Christentum"[581].

> In der Verschränkung von Dionysosmythos und avantgardistischer Kunst wird Preußen-Deutschland als Kulmination von Selbstverneinung, Körperdressur und instrumenteller Vernunft sein schlechthin anderes als Ort und Möglichkeit des Utopischen entgegengehalten. Dem Objektivitätsanspruch der Vernunft wird mit der radikalen Subjektivierung geantwortet, wobei der gesellschaftliche Emanzipationsbegriff um den der Körperutopie erweitert wird.[582]

Diese Subjektivierung artikuliert laut Raddatz Müllers „Plädoyer für eine generell anders verfaßte Kultur", in der sich Kunst und Mythos als sakrale, nicht als „prärationale" Formen verankern lassen, was für ihre Widerständigkeit gegenüber der abendländischen Tradition sorge.[583] Denn „weder die begriffliche Rationalität noch der bloße Rekurs auf den Mythos könn[t]en den Prozess der abendländischen Zivilisation, der zugleich einer der Extermination ist, aufhalten". In dieser Erkenntnis liege Müllers Suche nach dem ganz Anderen begründet, das er in „Dionysos und seine[n] Anhänger[n], d[en] bocksbeinigen Satyrn" finde. Da sie eben „nicht homogener Teil des patriarchalisch-griechischen Götterhimmels" sind, der die Kultur des Abendlandes geprägt hat, könnten sie als „utopische Chiffre" fungieren, „die die einzig wirkliche Alternative zu Apokalypse und Götterdämmerung bildet": „Somit bietet das Dionysische und dessen Votum für Naturversöhnung und Befreiung des Leiblichen den äußersten Fluchtpunkt der abendländischen Kultur, die sich explizit gegen innere und äußere Natur rich-

---

579 Ebd., S. 124.
580 Vgl. ebd., S. 125.
581 Ebd., S. 126.
582 Ebd., S. 127.
583 Ebd., S. 128.

tet."⁵⁸⁴ Raddatz macht für das Triptychon einen Begriff von Körperutopie stark, der sich im Friedrich-Teil schon ankündige und in den apokalyptischen Tier- und Naturbildern, in ihrem Verweis auf eine avantgardistische Moderne, in radikalisierter Form wiederzufinden sei. Bei Müller, so schreibt er, verschmelze dieser Utopiebegriff mit einer Tradition prärationaler „Initiationsriten, denen ein versöhntes Verhältnis zur Natur und zum Tod zugrunde liegt"⁵⁸⁵. Innerhalb eines „,symbolischen Übereignisses der Initiation' [...], welches wesentlich von der Kunst der Moderne [...] geleitet würde", müsse dieses durch die vom Rationalismus bestimmte Geschichte des Abendlandes „historisch geformte[]" und unterdrückte Unbewusste nun nicht nur befreit, sondern „restlos substituiert" werden, um die „Bahn der europäischen Zivilisation" zu verlassen und eine „universale Kultur der Menschheit möglich" zu machen.⁵⁸⁶ Raddatz' Fazit hebt dementsprechend auf die Aufdeckung untergründiger Konflikte von Rationalität und Natur, Geschichte und Individuum, Körper und Idee ab, die die literarischen Strategien des ‚Gundling' bestimmten, und deren Enthüllung in der Kunst erst die Voraussetzung für eine Neuperspektivierung von Geschichte leisten könne: „Es ist die ‚unterirdische' nationale Geschichte, die Geschichte des Körpers und seiner Artikulationen, die in Müllers Stücken Gestaltung findet und ohne deren emanzipatorische Überwindung sich kaum je Utopie realisieren werden läßt [sic!]."⁵⁸⁷

Teraoka hingegen legt den Fokus ihrer Analyse des ‚Gundling' auf die revolutionäre Dekonstruktion herkömmlicher dramatischer Modelle, mit denen sie vor allem das bürgerliche Aufklärungsdrama im Sinne Lessings verbindet.⁵⁸⁸ Mit diesem Verfahren kritisiere Müller inhaltlich in erster Linie das aufklärerische Ideal einer autoritären, nach Herrschaftsprinzipien organisierten Vernunft und suche – hier treffen sich Teraoka und Raddatz – in den von der Aufklärung verfemten Vermögen des Menschen, in den widerständigen Kräften von Jugend, Natur und Sexualität, nach einer Alternative zu ihrem dogmatischen Rationalitätspostulat.⁵⁸⁹ Teraoka führt drei konstitutive Merkmale des auf Lessing folgenden bürgerlichen Dramas an, die auch das sozialistische Drama nach Brecht beherrschen und gegen die Müller mit dem Dekonstruktionsversuch im Schlussteil von ‚Leben Gundlings' Einspruch erhebe.⁵⁹⁰ Zum einen präsentiere das Lessing-Triptychon keine autonomen, individuellen Helden mehr, deren

---

584 Ebd., S. 129.
585 Ebd., S. 131.
586 Ebd., S. 130.
587 Ebd., S. 131.
588 Vgl. Teraoka 1985, S. 51.
589 Vgl. ebd., S. 79.
590 Vgl. ebd., S. 178.

Identität und Handlungen an eine spezifische Idee gebunden seien. Drüber hinaus setze Müller jegliche Form von dramatischer Handlung aus, die auf ein vernünftiges Ziel gerichtet sei und ein teleologisches Geschichtsbild spiegle. Auch ein rationaler Dialog, in dem die dramatischen Figuren ihre konfligierenden Ziele zur Debatte stellten, sei als wesentliches Medium der dramatischen Handlung bzw. des historischen Fortschritts nicht mehr auszumachen.[591] In Emilias und Nathans gegenseitigem Tötungsakt erkennt Teraoka eine vehemente Kritik an dem durch diese Merkmale charakterisierten rationalistischen Theatermodell Lessings: „The play *Leben Gundlings* examines the inherent flaw of this model; the Enlightenment individual achieves his purpose and *preserves* his identity only by internalizing the law of ‚reason' and choosing his own death in accordance with that law."[592]

Teraoka konzentriert sich besonders auf die unüberschaubare Zahl intertextueller Anspielungen, die auch den ersten Teil des ‚Gundling' schon maßgeblich bestimmen. Sie begreift sie als Hinweis darauf, dass Müller sich hier vom Konzept des autonomen Autorsubjekts verabschiedet und seinen Text stattdessen zur Plattform vielfältiger literarischer, sozialer und politischer Stimmen und ästhetischer Verfahren umorganisiert, die so miteinander in Diskurs treten können.

> Thus the anonymous „universal discourse" of a multiplicity of voices is the complementary result of the „disappearance" of the privileged author: the breakdown or distortion of models/orders (defined as forms of drama, literary works, literary and historical characters, or quotations) essential to the author's project of „entropy" is not purely deconstructive, but creates a *new* ordering. [...] The entropic deconstruction of established models is at the same time the universal discourse of montage, claiming a total openness to other texts and other voices.[593]

Im ‚Gundling' verabschiede sich Müller inhaltlich und ästhetisch von allen Zeichen der Macht im Sinne theatraler Repräsentation (Held, König, Staat, System) sowie von den Herrschaftsstrukturen des Theaters selbst (Text, Struktur, Dialog, Schauspieler, Regisseur) und wende sich den Emblemen der Unterdrückung (der Frau, der dritten Welt, literarischen Außenseitern) zu. Gewähr dafür bieten Teraoka Müllers Bemerkungen zur Postmoderne, die die großen Texte des 20. Jahrhunderts daran erkennen, dass sie ihre Komplizenschaft mit der Macht aufgegeben haben.[594] Sie bringt diese Haltung mit bestimmten Positionen des französischen Strukturalismus und Poststrukturalismus in Verbindung, wie sie

---

591 Vgl. ebd., S. 86.
592 Ebd.
593 Ebd., S. 179.
594 Vgl. HMW 8, S. 211.

etwa von Roland Barthes („Der Tod des Autors') oder Gilles Deleuze vertreten werden.[595] Letzteren charakterisiert Teraoka als intellektuellen Zwilling Müllers, dessen Konzept einer „kleinen Literatur", befreit von allem, was in der Lage sei, Macht zu konstituieren, den Schlüssel zum Verständnis der müllerschen Affinität zur Postmoderne bilde.[596] Stringenterweise erkennt sie auch in Müllers Versuch der Dekonstruktion der aufklärerischen Ideologie selbst ein emanzipatorisches, aufklärerisches Projekt.[597] Der universelle Diskurs, der dem Autor bei der Verabschiedung althergebrachter Strukturen literarischen Produzierens vorschwebe, die die herrschenden Machtstrukturen nur verlängerten, statt sie zu zerstören, diene ihm, so Teraoka, zur Beschwörung einer postmodernen Revolution: „The project is ‚postmodern' in its anarchistic openness to non-rational (non European) elements. It signifies a genuine ‚revolution' for the Communist Müller in that *all* voices are engaged in the process of production."[598] Kein ideales Modell gebe hier mehr den Ton an, das ästhetische Projekt lebe vielmehr vom Bruch mit den überkommenen dramatischen Folien und der Einbindung bislang vernachlässigter Stimmen literarischer, sozialer und politischer Minderheiten.[599]

Ähnlich wie Teraoka macht auch Weitin die These stark, den ‚Gundling' als Schwellentext in Müllers Gesamtwerk zu lesen.[600] Die dramaturgische Zäsur markiere nicht erst, wie allgemein angenommen, ‚Die Hamletmaschine', sondern sei bereits an den konstitutiven Unterschieden zwischen Lessing- und Friedrich-Teil in ‚Leben Gundlings' ablesbar.[601] Dem ist vor allem auf Basis der Annahme zuzustimmen, dass Müller versucht, seine Gründe für diese dramaturgische Neuorientierung im Stück selbst poetisch fassbar zu machen. Der ‚Gundling' gestalte sich, Weitin zufolge, als „dekonstruktive Wendung der Darstellung gegen das Dargestellte" und kennzeichne so einen Bruch im müllerschen Werk, der sich nicht anhand eines einfachen „Davor" und „Danach" beschreiben lasse.

> Vielmehr kulminieren Strukturmerkmale, die bereits in den vorangegangenen Arbeiten Müllers angelegt sind: Fragmentation und Unterbrechung, die Selbstreferenz der Darstellung, deren Mechanismen ausgestellt werden und den aufgebauten Bedeutungsgehalt ‚abbauen', sowie die Unterminierung des Status der handelnden und sprechenden Figuren.[602]

---

595 Vgl. Teraoka 1985, S. 172.
596 Vgl. ebd., S. 173.
597 Ebd., S. 178.
598 Ebd., S. 180.
599 Ebd., S. 180 f.
600 Vgl. ebd., S. 51; Weitin 2003, S. 319.
601 Vgl. Weitin 2003, S. 319.
602 Ebd., S. 320.

Als Klimax dieser strukturellen Kulmination und Neuformierung identifiziert Weitin die Kleist-Szene, die „als stummer Einschub selbst schon eine Unterbrechung des dialogischen Dramas der Aufklärung" darstelle und angesichts der ihr innewohnenden Destruktionsenergie auch die „Repräsentationsform des Theaters" nicht unbeschadet lasse. Ihr Ende, an dem sich der Blutfleck – einzige Reminiszenz der kleistschen Selbstdestruktion – auf dem die Szene verdeckenden Tuch ausbreitet, inszeniere bereits eine Wendung zum *„Drama der Schrift"* und hinterlasse in ‚Lessings Schlaf Traum Schrei' schließlich ein Theater, das sich mit der geballten Kraft der Deformation gegen die Macht einer traditionellen Formationsgewalt stemme.[603] Weitins zentraler These, dass „Müllers Absetzbewegung" weniger von „theatralische[n] und repräsentationstheoretische[n]" Gesichtspunkten bestimmt sei, als von Überlegungen „geschichtsphilosophischer Natur", ist nichts hinzuzufügen. Die Unmöglichkeit, angesichts des eigenen historischen Erlebens Mitte der 1970er-Jahre weiter an einem „eschatologisch konnotierte[n] Geschichtsoptimismus" festzuhalten, sei es, die den ästhetischen Bruch provoziere.[604] Insofern nehme ‚Leben Gundlings' die 1977 entstandene ‚Verabschiedung des Lehrstücks' bereits vorweg. Im Lessing-Monolog, in dem Müller für das Verlassen der „geschlossene[n] Geschichtsrepräsentation" und den Eintritt in einen „instabilen Raum des Gedächtnisses" plädiere, entdeckt Weitin die Umsetzung der dort formulierten Programmatik.[605] Die ‚Traum'-Szene wiederum stelle mit der „identifizierende[n] Einfühlung" auch die „Sprache als Medium der Aufklärung" und das „Katharsiskonzepts" des bürgerlichen Theaters in Frage.[606] Deutlich erkennbar sei darüber hinaus Müllers Auseinandersetzung mit dem brechtschen Verfremdungseffekt bzw. dessen Radikalisierung[607]: Während sich in ‚Lessings Schlaf' durch die Dreifachbesetzung des sprechenden Subjekts das Zeigen, das bei Brecht gleichberechtigt neben dem Gezeigten stehe, vor dieses schiebe, fielen die Positionen von Signifikat und Signifikant in der ‚Traum'-Szene schließlich ganz zusammen und bewirkten eine „konstitutive[] Exteriorisierung der Darstellung"[608]. Deutlich spürbar bleibe die unverändert starke Anknüpfung an das brechtsche Konzept:

> Die mit der Einnahme fremder Haltungen korrespondierende Fremdheit der Sprache tritt bei Müller indes deutlicher zutage, und in Verbindung damit stellt sich die Perspektive der

---

603 Ebd., S. 313 f.
604 Ebd., S. 315.
605 Ebd.
606 Ebd., S. 317.
607 Vgl. ebd., S. 322.
608 Ebd., S. 323.

Entfremdung, der Exteriorisierung der sprechenden Subjekte und ihrer daraus resultierenden Spaltung, als die entscheidende Differenz heraus.[609]

Weitin zufolge, wendet sich Müller mit dieser radikalen Variante ausdrücklich gegen die teleologische Fixierung des Verfremdungseffekts bei Brecht:

> Das gestische Subjekt, das Haltungen einstudiert, das Zeigen als die äußerliche Gemachtheit der Darstellung zeigt und in entfremdeter Distanz zu seiner Rolle bleibt, ist teleologisch fixiert auf die Aufhebung dieser Entfremdung, die dem Ablegen der Äußerlichkeit gleichkommt oder besser: gleich käme, denn in der Theaterpraxis muß dieses Schema aufs Spiel gesetzt werden, und es ist nicht zu kontrollieren, ob die Aufhebung der (eingenommenen) kritisierten Haltung zur kritischen Haltung sich tatsächlich vollzieht. Müller nimmt Abstand vom Lehrstück, indem er dieses Moment des Spiels gegen die theoretische Fixierung kehrt. Das ist der Versuch, die Aufhebung zu unterlaufen: Wo Brecht das Lehrstück als Training in Dialektik versteht und der dialektischen Bewegung anvertraut, *„erstarrt"* bei Müller das gestische Spiel, wird die Dialektik in „Stillstand" versetzt.[610]

Die Abwendung vom brechtschen Lehrstück, so Weitin, vollzieht sich bei Müller nicht in Form einer plötzlichen Zäsur, sondern bildet den Kulminationspunkt einer Entwicklung, die mit der Lehrstückversuchsreihe in den 1960er-Jahren beginnt und sich in der erneuten Auseinandersetzung mit dem Lehrstück in ‚Wolokolamsker Chaussee' fortsetzt.[611] Müllers Lehrstücke befassten sich insgesamt mit dem „Zusammenhang von entfremdeter Subjektivität und Dialektik" und problematisierten immer wieder das Verhältnis des Subjekts zu den es umgebenden Strukturen von Staat und Geschichte bzw. deren Anspruch auf Geschlossenheit. Im ‚Gundling' sei dieser Akzent insofern verschoben, als dort die „Sprachverfasstheit" des Individuums als zentrales Moment möglicher Entfremdung zu dem angeführten Themenkomplex noch hinzukomme.[612]

Die Basis dieser Analyse ermöglicht es Weitin, grundsätzliche Kritik an Domdeys vitalistischer Interpretation der apokalyptischen Passage anzumelden, der in seinen Augen (wie übrigens auch Herzinger) durch die Verkürzung des Stücktextes auf eine Botschaft an einer unangemessenen Reideologisierung Müllers arbeite.[613] So bediene Müller doch gerade im Abschied von der teleologischen Grundlage des brechtschen Verfremdungseffekts die „Medialität des Sinns" und rücke die „Mittelbarkeit des Bedeutens" ins Zentrum des Interesses.

---

609 Ebd., S. 323 f.
610 Ebd., S. 324.
611 Vgl. ebd.
612 Ebd., S. 325 f.
613 Vgl. ebd., S. 13.

Domdey verkenne diesen „mediale[n] Wandel", der „vom (destruierten) Aufklärungstheater zu einer Schrift-Projektion" fortschreite, „die heterogene Elemente metonymisch gleitend und zitathaft aneinanderreih[e]"[614] und auf die Verunmöglichung eines „Eindruck[s] unmittelbarer Bedeutungsevokation"[615] hinauslaufe. Müller gehe es „nicht um ein wie auch immer beschaffenes neues Kollektiv, d. h. nicht um Ideologie, sondern um einen Umbruch in der Repräsentationspraxis, der in dem Moment angespielt wird, da sich in Müllers Stück ein solcher vollzieht. ‚Revolution' meint hier allenfalls die *Revolution der poetischen Sprache*".[616]

An Weitins Lesart ist besonders interessant, dass sie das ästhetische Umdenken, das sich in Müllers Stücken der 1970er-Jahre vollzieht, explizit mit dem Grotesken in Verbindung bringt:

> Mit den Mitteln des Grotesken vollziehen die Stücke dieser Dekade einen Umbruch in der theatralen Repräsentation, innerhalb dessen die destruktiven Tendenzen des Theaters kulminieren. [...] Müllers Theaterdestruktion [...] beruht auf der Gegenwendigkeit von Darstellung und Dargestelltem als der charakteristischen Stilgebärde des Autors. Im Verhältnis zur thematisch stets virulenten Gewalt der Formation – der Einheit der Widersprüche, der Eingliederung des Subjekts in die Geschichte, des einzelnen in die Gemeinschaft – mobilisieren seine Stücke mit der Deformation der Darstellung ein widerständiges und dekonstruktives Potential.[617]

Weitin belegt diese These anhand der Szene ‚Nachtstück' aus ‚Germania Tod in Berlin' und überträgt sie auf den ‚Gundling', indem er dem Abschnitt ‚Heinrich von Kleist spielt Michael Kohlhaas' in „Inhalt, Verfaßtheit und Stellung"[618] vergleichbare Bedeutung zuspricht. Auch in ‚Germania' wiesen die Phänomene des Grotesken Merkmale auf, die von Bachtins ebenso wie von Kaysers Definition erfasst würden, allerdings besäßen die unheimlichen Facetten des Grotesken dort – erkennbar am ‚Nachtstück' – die größere Strahlkraft.[619] Einen deutlichen Unterschied entdeckt Weitin hingegen in der Funktion, die das Groteske für Müller erfülle:

> Kaysers groß angelegte Studie läuft letzten Endes auf einen recht schlichten Hegelianismus hinaus, wonach „die Gestaltung des Grotesken" dem Versuch entspricht, „das Dämonische in der Welt zu bannen und zu beschwören". [...] Bei Müller hingegen bedeutet das Groteske,

---

614 Ebd., S. 322, Anm. 754.
615 Ebd., S. 321.
616 Ebd., S. 322, Anm. 754.
617 Ebd., S. 17.
618 Ebd., S. 305.
619 Vgl. ebd., S. 303.

so es die Unbeherrschbarkeit der Welt vor Augen führt, keine dialektische Beherrschung des Dargestellten durch die Darstellung, sondern löst eine Krise auf dem Feld der Darstellung selbst aus. Wo die Möglichkeit von Handlung nicht mehr gegeben ist, vielmehr situativ ihr Scheitern vorgeführt wird, steht – in Anlehnung an Peter Szondi gedacht – die Form des Dramas in Frage.[620]

So deute sich im ‚Nachtstück' die Krise der theatralen Repräsentation beispielsweise dadurch an, dass in der Zerstückelung des Körpers „die Kategorie des Organischen, die zu den notwendigen Voraussetzungen der Ästhetik des Bühnenschauspiels gehört" an eine Grenze getrieben werde, an der „[d]ie Verletzung körperlicher Integrität [...], wenn sie im Spiel tatsächlich erfolgen soll, nur anhand des mechanischen Supplements" erfolgen könne: „Folgt das Theater traditionell einer Ästhetik des Organischen, stören die Elemente anorganischer Ästhetik, die hier Einzug halten, den Imaginationsraum des Bühnengeschehens."[621] Das Theater gelange dementsprechend in einen Grenzraum, den, so Weitin, nur noch die Groteske repräsentieren könne.

Zweifellos betritt Müller mit dem im Fiktionsraum des ‚Nachtstück' etablierten Verschwimmen menschlicher und mechanischer Körperlichkeit einen Grenzbereich theatraler Darstellbarkeit. Dass diese Überschreitung allerdings mit einem „direkte[n] Angriff auf die Theaterillusion"[622] einhergehen soll, scheint fraglich. Diese These wäre nur mit einem orthodoxen Begriff vom Theater vereinbar, der zum Beispiel relativ gängige Interaktionen wie die von Puppen oder Objekten mit Darstellern auf der Bühne ausschlösse und aufgrund von Müllers prinzipiell experimentellem Theaterbegriff kaum durchzuhalten ist. ‚Germania Tod in Berlin' jedenfalls entspricht einer solchen Orthodoxie in keiner Weise, da das Stück nicht zuletzt durch seine fragmentarische Struktur von der ständigen Unterbrechung des theatralen Geschehens lebt. Außerdem scheint Weitin zu übersehen, dass das ‚Nachtstück' der Kleist-Szene zwar strukturell ähnelt, allerdings als Prosa-Intermedium, im dramatischen Sinne also als Sprechtext, und nicht wie letztere als Regieanweisung verfasst ist. Beachtet man diese Differenz, verflüchtigt sich Weitins Problem ganz von selbst. Darüber hinaus kann auch von einer vergleichbaren Bedeutung beider Szenen im jeweiligen Stückzusammenhang nicht gesprochen werden, und auch inhaltlich gibt es bezeichnende Unterschiede. Es erscheint daher sinnvoll, einen kurzen Blick in ‚Germania Tod in Berlin' zu werfen, um die Verwendung der Motive und Strukturen des Grotesken dort mit derjenigen im ‚Gundling' zu vergleichen, bevor Müllers ästhetisches

---

620 Ebd., S. 303 f.
621 Ebd., S. 304.
622 Ebd.

Umdenken Ende der 1970er-Jahre nochmals zusammenfassend beleuchtet und kontextualisiert wird. Im Anschluss kann dann auch über den Beitrag der referierten Interpretationsansätze zum Verständnis von ‚Leben Gundlings' befunden werden.

III.4.2 Müllers ästhetische und inhaltliche Neuorientierung in den 1970er-Jahren

III.4.2.1 Die Verquickung von Karneval und Nächtlichkeit – ‚Germania Tod in Berlin'

‚Germania Tod in Berlin' bildet Müllers Worten zufolge den ersten Versuch einer sogenannten „Proletarischen Tragödie im Zeitalter der Konterrevolution"[623], die das Tragische auch nach der Abdankung des individuellen tragischen Helden für die Bühne retten will. Ihr Thema ist das Scheitern, die Spaltung und die Selbstzerstörung der deutschen Arbeiterbewegung in der ersten Hälfte des 20. Jahrhunderts, die zum kollektiven Helden der Tragödie avanciert, und das tragische Erbe, das diese Hypothek für den Aufbau der DDR als erster sozialistischer Republik auf deutschem Boden bedeutet. Eingelöst wird so Müllers Intention, ein „Gespensterstück" zu schreiben, „ein Stück über Vergangenes".[624]

Auf den ersten Blick fällt an der Szenenmontage die Organisation ihrer Bilder in Paaren auf, die – abgesehen von einer Ausnahme – ihrem fragmentarischen Charakter eine durchgängige Struktur verleiht, von der im ‚Gundling' nicht gesprochen werden kann.[625] Die Anordnung der Szenen in Form von These und Gegenthese erinnert an die Bauform des Traktats, wobei das erste Bild meist als „rätselhaftes Pendant einer historischen, surrealen, poetischen Szenerie aus der Geschichte (Deutschlands, der kommunistischen Bewegung), aus der Weltliteratur und aus dem eigenen Werk Müllers" daherkommt, während sich ihr Zwilling grundsätzlich auf ein alltägliches Geschehen aus der Realität der frühen DDR

---

623 HMW 5, S. 247.
624 HMW 11, S. 929.
625 Auch die Szenen ‚Die heilige Familie' und ‚Das Arbeiterdenkmal' können als paarige Konstruktion gelesen werden, da sie unmittelbar aufeinander folgen und beide die Kontinuität des Faschismus, hier im bundesdeutschen Republikanismus, dort in der Alltagsrealität der DDR aufzeigen. Diese Lesart unterstützt auch Schulz (vgl. Schulz 1980, S. 133). Die explizite Verknüpfung der beiden Szenen zu einem Paar hätte vielleicht in der Wirklichkeit der DDR und auch für Müller selbst, der doch sehr darauf bedacht war, die ideologische Verfasstheit der DDR von derjenigen der BRD zu unterscheiden, einen zu großen Affront bedeutet, sodass sie im Text unterblieben ist.

bezieht.[626] Vorgeschichte und Gegenwart der Aufbaujahre werden einander gegenübergestellt. Exemplarisch für das strukturelle Gesamtkonzept des Stücks sollen hier die Bilder ‚Brandenburgisches Konzert 1' und ‚2' sowie das ‚Nachtstück' Beachtung finden, da diese so aussagekräftige inhaltliche und ästhetische Parallelen zum ‚Gundling' aufweisen, dass sie auch die Unterschiede umso prägnanter zu Tage treten lassen.

Die Szene ‚Brandenburgisches Konzert 1' erzählt in Form einer zeitlosen Clownsnummer nach dem Vorbild der Commedia dell'arte Müllers Version der Anekdote vom Aufeinandertreffen des Alten Fritz' und des Müllers von Potsdam.[627] Dabei zitiert sie drei Vorlagen: Inhaltlich bezieht sich der Text auf Peter Hacks' ‚Der Müller von Sanssouci' (1957) und eine Episode aus Heinrich Heines ‚Deutschland. Ein Wintermährchen' (1844), formal erinnert er in seinem modellhaften, demonstrativen Charakter an die Clownsnummer aus Brechts ‚Badener Lehrstück vom Einverständnis' (1929).[628]

In Clown 1 und 2 begegnet hier jene karnevaleske Körperlichkeit wieder (bis hin zum blanken Klamauk), auf die in der Analyse des ‚Gundling' bereits detailliert eingegangen wurde. Sie charakterisiert vor allem Clown 2, der „passiv abwartend, einfältig, dabei leichtgläubig und ahnungslos"[629] wie Arlecchino, von Clown 1, der dem hinterlistigen Brighella ähnelt, dazu verpflichtet wird, den Müller zu geben. Clown 2 allerdings fällt beständig aus der aufgezwungenen Rolle und missversteht die Versatzstücke politischer Theorie und aufklärerischen Denkens, die Clown 1 ihm in der Maske des Preußenkönigs gebetsmühlenartig nahezubringen sucht, mutwillig als obszöne Anspielungen. So wehrt er sich „in Ausbrüchen des Lachens [...], vor allem aber im Rekurs auf den Körper" gegen die Beherrschung durch Clown 1 und macht dadurch deutlich, dass nicht nur der Beherrschte, sondern auch „der Herr selbst ein Clown ist", dialektisch betrachtet also zugleich „[d]er Herr [...] im Clown" wie „der Clown im Herrn" steckt.[630]

Der Dialog folgt bis kurz vor Ende der Szene diesem karnevalesken Duktus und damit inhaltlich der hacksschen Vorlage. Müller radikalisiert diese allerdings formal und konfrontiert Hacks abendfüllende Satire mit einem verdichteten Mo-

---

626 Schulz 1980, S. 129. 1990 bemerkt Müller gegenüber Christoph Klein, dass diese Struktur u. a. der Absicht entsprungen sei, „die DDR bei aller Skepsis und bei aller Misere zu legitimieren aus der deutschen Geschichte, [...] aus dem Bruch mit dem Preußentum" (HMW 11, S. 929).
627 Vgl. Mieth 1994, S. 44 f.
628 Vgl. dazu HMW 11, S. 931 f. bzw. Greiner 1986b, S. 186.
629 Greiner 1986b, S. 187.
630 Ebd.

dell, das in die unheimliche Konsequenz getriebenen wird.[631] Clown 1 gelingt es bis zum grotesken Finale nicht, Clown 2, der in einer Probensituation argumentativ sehr wohl über die Stränge schlagen konnte, Freiheit und selbstbestimmtes Handeln aufzuzwingen – eine makabre Verkehrung des kantschen Wortes von der Aufklärung als „*Ausgang [...] aus [d]er selbstverschuldeten Unmündigkeit*"[632]. Selbst unter massiver Androhung von Gewalt vermag er seinem unterwürfigen Naturell nicht zu entkommen.[633] Während der Alte Fritz bei Hacks den obligaten, so „naive[n]" wie „volkstümliche[n]" Satz: „Es gibt noch Richter in Berlin"[634] noch zu propagandistischen Zwecken aus dem Müller herausdreschen kann, ihn jedoch durch eine List – die militärische Aushebung des für sein Gewerbe unabkömmlichen Knechts[635] – schließlich doch um sein Recht bringt, verpufft diese Methode bei Müllers Clown wirkungslos. In kriecherischer Unterwerfung leckt Clown 2 vielmehr den Stock ab, der ihm soeben noch auf dem Buckel tanzte, und verleibt ihn sich ein – internalisiert also im wörtlichen Sinne die herrschenden Machtverhältnisse. Zuletzt marschiert er aufrecht in den Untergang. Zeigte sich bei Hacks, „dass der Despot nur Despot sein kann, ja muss, weil seine Untertanen zu Staatsbürgern nicht taugen – der rückgratlose Müller wird schon im Vorspiel als geflickte, immer wieder einknickende Puppe eingeführt"[636] –, spitzt Müller die hackssche Variante, an deren Prelude er sich orientiert, durch die Verknüpfung mit Heines 1843 entstandener Perspektive auf das preußische Militär zu, das sich seit Friedrichs Zeiten kaum verändert zu haben scheint:

> Sie stelzen noch immer so steif herum,
> So kerzengerade geschniegelt,

---

[631] Unheimlich wird es allerdings schon vorher. In der eigenartigen Episode mit dem Löwen, den die beiden Clowns nach seiner Zerstörung (die seine Einzelteile allerdings nicht am Abgehen hindert) dem Zirkusdirektor gegenüber kurzerhand für inexistent erklären – und zwar nicht nur den einzelnen Löwen, sondern gleich die ganze Gattung –, scheint bei aller Absurdität des Vorgangs für einen Moment der Voluntarismus autoritärer Regime auf, der (nicht zuletzt in der DDR) unerwünschten Realitäten gerne die Existenz abspricht.
[632] Kant [1784], S. 53.
[633] Vgl. Schulz 1980, S. 130; Mieth 1994, S. 43. Während Schulz in Clown 2 eine Allegorie des Bürgertums erkennt, lehnt Mieth diese Lesart ab, da sie der Szene die Vieldeutigkeit raube.
[634] Hacks, Peter: Der Müller von Sanssouci [1957]. In: Hacks: Werke. Bd. 2: Die frühen Stücke. Berlin 2003, S. 195–250, hier S. 234 bzw. 247.
[635] Vgl. ebd., S. 250.
[636] Ludwig, Janine: „Die Vergötzung des Konflikts". Peter Hacks, Heiner Müller und die Komödie. In: Heitere Spiele über den Ausgang der Geschichte. Peter Hacks und die Komödie im Kalten Krieg. Hrsg. von Jäger, Andrea. Berlin 2012, S. 47–73, hier S. 68.

> Als hätten sie verschluckt den Stock
> Womit man sie einst geprügelt.[637]

Damit macht er die Wirkmächtigkeit der Internalisierung von Gewalt in der preußischen Erziehungsdiktatur und ihre Kontinuität in der deutschen Geschichte auf drastische Weise sichtbar. Die Folgen sind verheerend. Aus dem surrealen Feuer, in das Clown 2 „*stocksteif*" marschiert, steigen in Sprechblasen die Hetzparolen des Ersten Weltkriegs auf: „JEDER SCHUSS EIN RUSS JEDER TRITT EIN BRIT JEDER STOSS EIN FRANZOS"[638]. Der Kommentar des ersten Clowns, das bizarre Bild vom Hund, der Clown 2 im Paradeschritt ins Feuer folgt und die abschließende Pointe kehren die gefahrvolle Dimension des Vorgangs allerdings wieder ins Lächerliche – durch die Komik erscheint der Vorgang überwindbar:

> CLOWN 1: [...] Ich hatte es mir eigentlich anders vorgestellt, weil ich französisch spreche und sehr aufgeklärt bin. Aber so geht es natürlich auch.
> *Der Hund, ebenfalls im Paradeschritt folgt Clown 2.*
> CLOWN 1 *zu dem Hund:* ET TU BRUTE![639]

Demgegenüber katapultiert ‚Brandenburgisches Konzert 2' den Rezipienten in die DDR von 1951[640] und präsentiert ihm eine andere Möglichkeit der Reaktion auf das Erbe des preußischen Feudalabsolutismus.[641] Ein Arbeiter, der gerade in Rekordzeit die Verbannung des Friedrich-Denkmals von der Berliner Prachtstraße Unter den Linden nach Potsdam bewerkstelligt hat, wird bei einem Empfang im Schloss Sanssouci für seine Leistung geehrt. Die Aufwertung des Proletariats gegenüber der vorangegangenen Szene erfolgt nicht zuletzt durch den Blankvers, der dem „Helden der Arbeit" (ironischer Weise im Gegensatz zum Genossen) in den Mund gelegt wird. Als der Bestarbeiter sich auf dem berühmten Empirestuhl Friedrichs II. niederlässt, erscheint ihm allerdings der Alte Fritz höchstpersönlich in Gestalt eines Vampirs, um diese Anmaßung zu ahnden. Es folgt ein grotesker Kampf, da es dem Arbeiter gar nicht mehr einfällt, sich den alten Machtstrukturen zu beugen. Der neuerliche Auftritt des Genossen macht der Erscheinung des

---

[637] Heine, Heinrich: Deutschland. Ein Wintermährchen [1843]. In: Heine: Historisch-kritische Gesamtausgabe der Werke. Bd. 4. Hamburg 1985, S. 89–157, hier S. 95. Vgl. dazu auch Keller 1992, S. 212 f.
[638] HMW 4, S. 338. Vgl. auch Bohn, Volker: Germania Tod in Berlin. In: Heiner Müller Handbuch. Hrsg. von Lehmann, Hans-Thies/Primavesi, Patrick. Stuttgart 2003, S. 207–214, hier S. 209.
[639] HMW 4, S. 338.
[640] Vgl. Mieth 1994, S. 46.
[641] Vgl. Schulz 1980, S. 130.

Geisterkönigs schließlich ein Ende – die Schatten der Vergangenheit können durch den neuen Staat überwunden werden.[642]

Das Szenenpaar ‚Brandenburgisches Konzert 1' und ‚2' steht, wie Schulz feststellt, für die Kontinuität und die Überwindung alter Verhaltensmuster zugleich: die Kälte der „neupreußische[n] Bürokratie" (die am „kalten Buffet" speist) und der in der zweiten Szene angedeutete „Widerstand großer Schichten des Volks gegen den Sozialismus lassen ahnen, daß der Vampir der alten Verhältnisse noch umgeht" und an den Kräften des neuen Staates zehrt[643] – eine Einschätzung, die auf die übrigen Szenenpaare der ‚Germania' übertragen werden kann. Groteske Motive spielen dort ebenfalls eine tragende Rolle. Meist „kreuzen sich die von Bachtin und Kayser zu gewinnenden Bestimmungen" dabei „insofern, als die Groteske hier in Gestalt des grotesken Leibes auftritt und zugleich einbezogen ist in die Strukturen einer Vergangenheit und Gegenwart zusammenspannenden Wiederkehr des Verdrängten, das bedrohliche und angsteinflößende Züge trägt".[644] Allerdings, und dies zeigt sich am Beispiel des angeführten Szenenpaares deutlich, erscheinen die grauenhaften Momente des Grotesken hier als ästhetisch kalkuliert und somit aufhebbar. Sie werden entweder der Lächerlichkeit preisgegeben oder mit einer zeitgenössischen Realität konfrontiert, die – wenn auch nicht ohne Rückschläge – an ihrer Überwindung arbeitet:

> Zwar steht [...] in diesem Drama die Gegenwart der DDR noch weitgehend im Zeichen der Vergangenheit, jedoch bleibt stets eine marxistische Zielvorstellung erhalten. Bei allem Fasziniertsein mit [sic!] der barbarischen Vorgeschichte dieses Landes und den dramaturgischen Möglichkeiten, die in solchen Horrorelementen stecken, siegt hier letztlich – trotz Artaud, trotz mancher Weltuntergangsstimmung, trotz gewisser Schockerzüge – doch die Vernunft und nicht das Nichts. So gesehen ist Müllers *Germania* eine „Unvollendete Geschichte" im doppelten Sinne des Wortes, die zwar in vielen Einzelheiten höchst deprimierend stimmt, bei der man sich jedoch ideologisch in einer besseren Zukunft „aufgehoben" fühlt.[645]

---

642 Genau diese Szene führt Müller 1975 als Paradebeispiel für die Funktionsweise des Anachronismus an, der es ermöglicht Historisches und Gegenwärtiges auf engstem Raum zusammenzuziehen: „Das klingt zwar jetzt etwas komisch, ist aber ein Beispiel für das, was ich meine. Weil natürlich das preußische Erbe auch etwas ist, was die DDR zu tragen hat, in vieler Beziehung. Da war ein Beamtenstaat und ein Staat, wo die Leute zu Untertanen erzogen wurden. Und das bot sich an in der Situation nach '45. Damals war man froh über jeden, der sich wie ein Untertan verhielt und bereit war, die neue Richtung einzuschlagen. Und es hat einfach noch zu wenig Gelegenheit gegeben, den Leuten das abzugewöhnen"(HMW 10, S. 82 f.).
643 Schulz 1980, S. 131.
644 Weitin 2003, S. 295.
645 Hermand [1979], S. 68 f.

Als einziges Bild, das eines szenischen Pendants entbehrt, genießt das bereits 1956 entstandene ‚Nachtstück' eine Sonderstellung innerhalb des ‚Germania'-Textes und soll vor allem aufgrund seiner strukturellen Ähnlichkeit mit der Kleist-Szene des ‚Gundling' besondere Beachtung erfahren. Nicht nur im Titel, auch durch inhaltliche Bezüge stellt es eine Verbindung zu den oft grauenerregenden Nachtstücken von Bonaventura oder E. T. A. Hoffmann her, in denen „die Elemente des Nachtstücks der Malerei, die des Schauerromans, die der Nachtdeutung und der Licht-Finsternis-Symbolik zu einer Einheit"[646] zusammenfinden. Anstelle der „finsteren Nachtmystik", die dem Schauerroman zur Entfaltung dämonischer, sich dem menschlichen Einfluss entziehender Kräfte dient, wird das romantische Nachtstück von einem „geistige[n] Nachtraum" getragen, in dem das Unbewusste in seiner Unheimlichkeit zu Tage treten und „sich die Fragwürdigkeit des menschlichen Daseins" enthüllen kann.[647] Das Groteske erscheint dabei, Leopoldseder zufolge, als das dem Nachtstück „wesensverwandte Gestaltungsprinzip", da beiden „ein gemeinsames Lebensgefühl zugrunde" liegt:

> Es geht um Lebensangst, um das Zerbrechen der Kategorien der Wirklichkeit, um die Uneinsichtigkeit in die bestehenden Ordnungen, um Beklommenheit und Ratlosigkeit, Erschütterung und Desorientiertsein. Das dichterische Nachtstück der Romantik ist daher ein groteskes Nachtstück.[648]

Müllers ‚Nachtstück' treibt Schabernack mit dem Wahrnehmungsvermögen des Rezipienten, indem es dieses sowohl auf der Ebene der theatralen, als auch der figuralen Repräsentation verunsichert. So ist es nicht schwer, die Szene als „Mischung aus surrealer Prosa und Anleitung zu einer Pantomime"[649] misszuverstehen, obwohl sie, als Teil des gesprochenen dramatischen Textes (also nicht als Regieanweisung), für die theatrale Umsetzung auf die Phantasie des Zuschauers angewiesen ist. Ebenso verhält es sich mit der beschriebenen Figur, deren Konturen im Grenzraum von Organischem und Anorganischem verschwimmen. Da sie allerdings nicht als handelnder Charakter die Bühne betritt, stellt sich die Frage nach der Funktion des Grotesken hier nicht strukturell, also hinsichtlich der theatralen Repräsentation, wie Weitin behauptet, sondern auf der inhaltlichen Ebene – was das ‚Nachtstück' merklich von der Kleist-Szene in ‚Leben Gundlings' unterscheidet.

---

[646] Leopoldseder 1973, S. 74.
[647] Ebd., S. 59.
[648] Ebd., S. 126.
[649] Schulz 1980, S. 136. Vgl. auch Mieth 1994, S. 73 und Fuhrmann 1997, S. 125.

Der Text beschreibt – und daraus folgt die häufige Verwechslung von Sprechtext und Regieanweisung – eine surreale Theaterszene: Eine Figur, überlebensgroß, vielleicht Mensch, vielleicht Puppe, das Gesicht ohne Mund, bekleidet mit Plakaten, verfolgt ein für sie gebrauchsunfähiges, sich selbsttätig bewegendes Fahrrad (vielleicht ein Bild für die Geschichte, den historischen ‚Fortschritt'?[650]) über die Bühne und scheitert dabei in chaplinesker Weise an für sie unerkennbaren Hindernissen. Offenbar in der Annahme, die eigene physiognomische Unzulänglichkeit sei für ihren Misserfolg verantwortlich, zerstört sich die Figur schrittweise selbst, reißt sich gewaltsam – groteske Unmöglichkeit – Arme und Beine aus, beraubt sich schließlich, assistiert von der Bühnenmaschinerie, des Augenlichts – im Bewusstsein der Unfähigkeit das eigene Schicksal sinnlich erkennen und selbstbestimmt beeinflussen zu können.[651] Der Vorgang mündet in ein surreales Bild, das ebenso an Szenen aus Luis Buñuels ‚Un Chien Andalou' (1929) wie an Edvard Munchs expressionistisches Gemälde ‚Der Schrei' (1910) erinnert: „Aus den leeren Augenhöhlen des Menschen, der vielleicht eine Puppe ist, kriechen Läuse und verbreiten sich schwarz über sein Gesicht. Er schreit. Der Mund entsteht mit dem Schrei."[652]

In ihrer „innere[n] wie äußere[n] Disharmonie, die sich sowohl in Kleidung, Bewegung und Körperbau, als auch in ihren Taten und Überlegungen ausdrückt", ähnelt die müllersche Gestalt so ohne Zweifel den „unheimlich dämonischen Figuren", die das groteske Nachtstück der Romantik auszeichnen.[653] Über die Deutungsmöglichkeiten des Textes bemerkt Schulz:

> Unentscheidbar, ob diese groteske Selbst-Demontage Bild für Germania selbst, für die Kommunisten, das Bewußtsein des Autors, oder all dies zusammen ist. Deutlich ist nur eine poetische Logik, nach der alle Figuren der Selbstzerstörung, Fragmentierung und verzweifelten Trauer hier noch einmal in einer Pantomime zusammengefasst werden.[654]

---

650 Das Fahrrad erinnert stark an den sogenannten „Karneval der Dinge", der sich Stollmann zufolge nach der Erfahrung des Ersten Weltkriegs in den grotesken Texten des 20. Jahrhunderts niederschlägt und die Verdinglichung des Menschen begleitet: „Hat das Bewußtsein den Menschen verlassen, so flüchtet es sich in die Dinge" (Stollmann 1997, S. 353). Vgl. dagegen Vaßen, der in dem Requisit ein Bild für „eine nicht mehr funktionierende Technik" sehen möchte (Vaßen, Florian: Das Lachen und der Schrei oder Herr Schmitt, die Clowns und die Puppe. Versuch über die Krise der Komödie im 20. Jahrhundert. In: Lach- und Clownstheater. Hrsg. von Koch, Gerd/ Vaßen, Florian. Frankfurt am Main 1991, S. 158–183, S. 174).
651 Die Parallele zum Mythos des Ödipus drängt sich auf. Vgl. auch Schulz 1980, S. 136.
652 HMW 4, S. 373.
653 Leopoldseder 1973, S. 169 f.
654 Schulz 1980, S. 136. Vgl. auch Bohn 2003, S. 211. Die Gattungsbezeichnung „Pantomime" ist aus den bereits erläuterten Gründen in Frage zu stellen.

Dafür spricht nicht zuletzt, dass der Autor zeitweise erwogen haben soll, „das gesamte Material" der ‚Germania' „in Form von ‚Notturni' zu verarbeiten".[655]

Müller bedient sich allerdings noch weiterer Vorlagen. Deutlicher noch als in ‚Brandenburgisches Konzert 1' scheint hier die Clownsnummer aus Brechts ‚Badener Lehrstück vom Einverständnis' Pate zu stehen, zudem verweist der inhaltliche Vorgang auf Samuel Becketts ‚Acte sans paroles I' und ‚II' (1957/1961), die Müller wohl unmittelbar nach ihrem Erscheinen den Impuls zur Niederschrift des ‚Nachtstück' gegeben haben müssen.[656] Das Motiv des Fahrrads erinnert ebenfalls an Beckett, in dessen Novellen und Romanen (wie etwa in ‚Le Calmant' (1946) oder ‚Molloy' (1951)) es nicht wenigen Protagonisten als bevorzugtes Fortbewegungsmittel dient.[657]

In Brechts Lehrstück-Untersuchung „ob / Es üblich ist, daß der Mensch dem Menschen hilft"[658] erfolgt die Verstümmelung eines riesigen Clowns durch zwei kleine Clowns unter dem Vorwand, diesen durch die Entfernung des jeweils schmerzenden Körperteils von seinen physischen und psychischen Leiden zu befreien. Dabei entwickelt das Bild eine deutliche Dialektik: Das Motiv „vergeblicher Hilfe, die eben Verstümmelung ist", wird mit der Erkenntnis gekoppelt, „daß die Schwachen und Unterdrückten sich des Starken bemeistern und ihn grausam zurichten können".[659] Die Clownsnummer bietet ein Paradebeispiel für Brechts Theorie vom *Lernen durch Schrecken*, auf die sich Müller in seiner Schockdramaturgie beruft. Die Menge in Brechts ‚Lehrstück' „fordert – und das ist die furchtbare Paradoxie der Geschichte des Kommunismus und seiner revolutionären Praxis –, ‚der grausamen Wirklichkeit grausamer zu begegnen'"[660] – eine Position, der sich Müller 1956 bzw. 1971 aufgrund seines Wissens um die Folgen der Tradierung von Gewalt, wie sie etwa der Stalinismus gezeigt hat, nicht mehr anschließen kann. Die lehrstückhafte Pointe seiner Auseinandersetzung mit Brecht liegt in der grotesken Selbstzerstörung des Menschen, der die Geschichte zu fassen bekommen, ihre Bewegung nach seinen Vorstellungen gestalten will

---

655 HMW 4, S. 578.
656 Vgl. ebd. Müller selbst gibt den Hinweis auf Beckett (HMW 11, S. 953) und unterstellt zudem Brechts ‚Badener Lehrstück' „beinahe auch den ganzen Beckett" zu enthalten (HMW 10, S. 56). Eine Interpretation des ‚Nachtstück' vor dem Hintergrund von Brecht und Beckett liefert zudem Vaßen 1991, S. 173 ff. Angesichts des Entstehungsdatums von ‚Nachtstück', beginnt die produktive Beckett-Rezeption des Autors somit schon wesentlich früher als 1971, wie Fuhrmann annimmt (Fuhrmann 1997, S. 136).
657 Vgl. Vaßen 1991, S. 174; Fuhrmann 1997, S. 125. Vgl. dazu auch Menzies, Janet: Beckett's bicycles. In: Journal of Beckett Studies No. 6 (1980), S. 97–105.
658 GBA 3, S. 29.
659 Heidsieck 1969, S. 72.
660 Ebd. Vgl. dazu GBA 3, S. 35 f.

und scheitert. Müllers Modell braucht, indem es auf das Ganze zielt, keinen spezifischen Agenten mehr, der Gewalt ausübt – die Menschheit bereitet sich fast mechanisch selbst die Katastrophe.[661] Die „ästhetische Funktion" dieser „wie selbstverständlich verübten und hingenommenen Verstümmelung" jedoch unterscheidet sich nicht von der des brechtschen Vorbilds:

> [E]s steigert die Entstellung bis an die Grenze des Absurden, aber es will nicht ein Absurdes zeigen, sondern die planmäßige Entstellung des Menschen. Es stellt das Schreckliche nicht als unabänderlich hin. Es erteilt dem Betrachter eine gewalttätige Lektion, will „Lehrstück" sein.[662]

Während Müller die brechtsche Variante des Modells radikalisiert und ihrer greifbaren Lösung beraubt, verfährt er bei der Aufnahme von Motiven aus Becketts ‚Actes sans Paroles I' und ‚II' in umgekehrter Weise. Im ersten Teil des pantomimischen Zweiakters zieht sich ein „Mensch"[663] in die Tatenlosigkeit zurück, nachdem er vergeblich versucht hat in der Wüstenkulisse eines Theaters Schatten und Wasser zu erlangen. Immer wieder befeuert wie getäuscht werden seine Bemühungen durch eine unsichtbare Macht, die die Bühnenmaschinerie unberechenbar, mal zu seinen Gunsten, mal zu seinen Ungunsten, in Bewegung setzt. Der heimliche Widersacher treibt seinen Spaß mit ihm, beraubt ihn nicht nur aller Mittel zur Durchführung seines Vorhabens, sondern auch der Möglichkeit, den letzten Ausweg im Selbstmord zu suchen. So bleibt ihm zum Schluss nur stumpfe Apathie. Der zweite Akt wiederum stellt diesem Modell der Vergeblichkeit allen Strebens das von der ewigen Wiederkehr des Gleichen gegenüber – und zwar anhand zweier nur durch die Charakterzüge der agierenden Figuren (Agilität und Trägheit) unterschiedenen Tagesabläufe. Der Beckett-Stachel, Teil der Bühnenmaschinerie und Impulsgeber wie Folterinstrument zugleich,[664] garantiert den immer neuen Ablauf des Spiels. Beide Szenen bieten kein Schlupfloch, das es erlaubte, dem Absurden zu entkommen. In seiner Kritik an Brecht nähert sich Müller der beckettschen Aussichtslosigkeit, bezieht allerdings letztlich eine Position zwischen den beiden Entwürfen – auch wenn er durch die Dekonstruktion des Fahrrads, Becketts Figuration der „creative impotence"[665], sogar einem der

---

[661] Vgl. Vaßen 1991, S. 175.
[662] Heidsieck 1969, S. 72.
[663] Beckett, Samuel: Spiel ohne Worte 1 und 2. In: Beckett: Fünf Spiele. Frankfurt am Main/Hamburg 1970, S. 75–85, hier S. 77.
[664] Vgl. Bohn 2003, S. 211.
[665] Menzies 1980, S. 104.

wenigen hoffnungsträchtigen Motive im Werk des irischen Dramatikers zunächst den Boden zu entziehen scheint:

> The bicycle motif is a perfect embodiment of the quality that Beckett sees as fundamental to human existence: the situation of aspiring and failing. One aspires towards a unified vision but never really achieves it – for the achievement would coincide with the end of the life-struggle [...]. [...] The enduring picture remains of the stoic man, mounting his bicycle, almost surmounting his difficulties, but at last relapsing into the torment of impotence, in which he nevertheless sustains an indomitable memory, a never-fading impression, which is his hope and his promise of freedom.[666]

Entscheidend für Müllers Position ist die Schlusspassage des ‚Nachtstücks', in der sich auch der Unterschied zum Ende der Kleist-Szene deutlich abzeichnet. Ihm geht es in erster Linie nicht um die Tatsache eines ewigen Kreislaufs von Streben und Scheitern, der über die Unerreichbarkeit des Begehrten hinaus noch durch dessen Nicht-Handhabbarkeit und die daraus folgende Selbstzerstörung des Strebenden potenziert wird,[667] sondern um die Möglichkeit der Artikulation dieser Situation. Bei Beckett verharrt der Protagonist im ersten Akt stumm. Bei Müller hingegen kann sich das Grauen vollkommener Hoffnungslosigkeit zumindest hörbar machen – wobei die Fähigkeit zur Expression erst durch die Expression selbst entsteht. Dadurch erscheint es überwindbar. Das poetische Bild reflektiert die Möglichkeit der Kunst, den Schrecken durch seine Darstellung, seine Artikulation greifbar, handhabbar und somit einer möglichen Veränderung zugänglich zu machen.[668] Müller selbst erkennt genau darin die Differenz zwischen seiner eigenen und Becketts Poetik:

> Becketts Texte kommen aus der Erfahrung einer geschichtslosen Welt. Für seine Figuren gab es keine Geschichte, und es wird auch keine geben. Und ich habe mich aus biographischen oder aus geographischen Gründen immer für Geschichte interessiert, oder mich interessieren müssen für sie.[669]

Auf das ‚Nachtstück' folgt in ‚Germania' mit den Szenen ‚Tod in Berlin 1' und ‚2' ein der Konstruktion nach den vorhergehenden Szenenpaaren vergleichbarer,

---

666 Ebd., S. 104 f.
667 Zenetti etwa liest die im ‚Nachtstück' enthaltene Annäherung an Beckett als „Gradmesser für den Verlust seines Glaubens als Geschichte" (Zenetti 2012, S. 260).
668 Auch Vaßen verortet den Schrei in der „Vitalsphäre" und erkennt in ihm ein „widerständiges, revoltierendes Potential" (Vaßen 1991, S. 175 f.). Die gegenteilige These vertritt Fuhrmann, der in Müllers Text eine Radikalisierung der Beckett-Version erkennt, die „aus der Tragikomödie ein Horrorstück" ohne jegliche „marxistische ‚Perspektive'" macht (Fuhrmann 1997, S. 125 f.).
669 HMW 11, S. 333.

abschließender Zwilling, der erneut auf die – wenn auch ferne und verschüttete – Möglichkeit sozialistischer Utopie verweist, und somit den Zeitpunkt der Überarbeitung des Stücks, die mit vielen Hoffnungen verbundene Machtübernahme Honeckers in der DDR, reflektiert.[670] Das Kleist-Bild des ‚Gundling' hingegen verharrt wie der Protagonist Becketts in seinem stummen Gestus und verweigert dem Schrecken jeden (akustisch wahrnehmbaren) Ausdruck. Dort schreibt er sich vielmehr als sich schnell ausbreitender Blutfleck einem grauen Tuch ein und bekundet so, dass auch das Medium der Schrift vor einer Infektion durch das Grauen nicht gefeit ist. Die literarische Produktion, die an den Zusammenhang von Zeichen und Bezeichnetem gebunden ist, kann sich in ihrer „parasitären" Verfasstheit dem Schrecken gegenüber diesem nicht entziehen und verlangt nach einer Neuausrichtung. Dies spiegelt auch die Konzeption der Szene in Form einer Regieanweisung wieder. Hier stößt die theatrale Repräsentation nun wirklich an jene Grenzen, die Weitin bereits mit dem ‚Nachtstück' erreicht sah. Im Lessing-Triptychon schließlich reflektiert Müller die Problematik der Beziehung von Bild und Begriff, Inhalt und Form, auf deren utopisches Potential er in ‚Germania Tod in Berlin' noch vertraut hatte. Eine Etappe auf den Weg dorthin bildet allerdings bereits ‚Die Schlacht'. Mit der Konzentration auf den nationalsozialistischen Alltag macht sie sich, ähnlich wie der ‚Gundling', ein bestimmtes düsteres Kapitel der deutschen „Vorgeschichte" zum Thema und scheint in der damit einhergehenden Verquickung von Karneval und Nächtlichkeit dessen ästhetische Einsichten schon vorzubereiten.[671]

III.4.2.2 Die ästhetische Zäsur Mitte der 1970er-Jahre

Auf das utopische Potential der ästhetischen Form macht Müller 1986 in einem Gespräch mit Uwe Wittstock aufmerksam:

> Zunächst gibt es einen Grundirrtum: Literaturgeschichte oder Kunstgeschichte wird in den Medien immer erst einmal als eine Geschichte von Inhalten oder Bearbeitung von Inhalten verstanden und interpretiert. Das utopische Moment kann ja auch in der Form sein oder in der Formulierung. Das wird, glaube ich, überhaupt nicht gesehen. Die Theaterpraxis ist so, daß Inhalte transportiert werden. Es werden Mitteilungen gemacht mit Texten, es wird aber nicht der Text mitgeteilt – die Form wird nicht hergestellt. [...] Es wird überhaupt nicht transportiert, daß es ein formulierter Text ist und daß die Formulierung eines Tatbestandes schon die Überwindung eines Tatbestandes ist. Das utopische Moment ist in der Form, auch

---

670 Vgl. auch Mieth 1994, S. 77.
671 Hermand [1979], S. 66. Aus Gründen notwendiger Beschränkung kann hier eine genaue Analyse der ‚Schlacht' leider nicht erfolgen, auch wenn das Stück ebenfalls reichlich Material bietet, das dem Grotesken zugerechnet werden kann.

in der Eleganz der Form, der Schönheit der Form und nicht im Inhalt. Wobei die Form natürlich nur der letzte Widerschein einer Möglichkeit einer Überwindung sein kann. Es ist ja nicht die Überwindung schlechthin, sondern es deutet sie nur an, es deutet nur an, daß sie möglich ist. [...] Mich aktiviert einfach eine gut formulierte Zeile, wo immer ich die lese, was immer da drinsteht. [...] Diese Form ist eine menschliche Leistung, und das ist ein Moment von Utopie, und das gibt mir Kraft.[672]

Dass Müller sich noch zehn Jahre nach der Entstehung des ‚Gundling' in dieser Weise äußert, muss mit Blick auf das ästhetische Verfahren, das dort erprobt wird, doch sehr überraschen. Was das Groteske angeht, verabschiedet sich Müller jedenfalls bereits mit ‚Leben Gundlings' von dieser ästhetischen Perspektive. Domdeys These, dass das Groteske bei Müller paradoxer Weise „in der Erfahrung des historischen Niedergangs des Sozialismus Utopieverlust ausstellen und gleichzeitig Utopie [...] behaupten" soll, die für frühere dramatische Arbeiten wie etwa ‚Germania Tod in Berlin' durchaus Geltung beanspruchen kann, greift dort nicht mehr.[673] Im ‚Gundling' entwickelt sich die Frage nach dem Handlungsspielraum des Individuums in Konfrontation mit der Macht zu einem Thema, dem das Groteske angesichts des unüberbrückbar gewordenen Gegensatzes zwischen den Glücksansprüchen des Einzelnen und dem Machterhalt der Herrschenden nicht mehr gewachsen scheint. Müllers Beurteilung der Handlungsmöglichkeiten des Individuums ist Mitte der 1970er-Jahre, das belegt der ‚Gundling', von deutlicher Skepsis geprägt. Die Hoffnung auf eine Lockerung der starren (kultur-)politischen Atmosphäre in der DDR, die sich mit der Entspannungsphase zu Beginn der Ära Honecker (1971) zu erfüllen schien[674] und die ‚Germania Tod in Berlin' reflektiert, hatte sich zu diesem Zeitpunkt bereits zerschlagen. Mit den Repressionen gegen Reiner Kunze und der Ausbürgerung Wolf Biermanns, die genau in die Entstehungszeit des ‚Gundling' fallen, kommt es zu einer einschneidenden historischen Zäsur im Umgang des DDR-Staatsapparates mit seinen kritischen Intellektuellen, die auch die letzten Illusionen bezüglich der Reformierbarkeit des ‚real existierenden Sozialismus' zunichtemacht. Was die Affäre Biermann nach sich zieht, ist „die Dominante einer ‚neuen Kulturpolitik'", die mit „Einschüchterung und kalkulierter Abstrafung derer" reagiert, „die sich immer noch nicht unterwerfen wollten".[675] Mit Ende des Jahres 1976 setzt schließlich unter den Künstlern und Intellektuellen des Landes (die sich doch gleichwohl

---

672 HMW 10, S. 372 ff.
673 Domdey 1990, S. 536.
674 So konnten zwischen 1972 bis 1976 die meisten Stücke Müllers, auch die zuvor umstrittenen (etwa ‚Die Bauern' 1976) aufgeführt werden. Aber auch Werke von Peter Hacks oder Volker Braun fanden endlich den Weg auf die DDR-Bühnen (vgl. Fuhrmann 1997, S. 33).
675 Emmerich, Wolfgang: Kleine Literaturgeschichte der DDR. Berlin 2000, S. 255.

dem Sozialismus verpflichtet fühlten) eine „Abwanderungswelle von vorher unvorstellbaren Ausmaßen" ein.[676] Diese Entwicklung wird begleitet von einer Zeit vehementer künstlerischer Depression, die auch Heiner Müller nicht verschont. Zudem fällt in die Jahre 1975/76 sein erster längerer USA-Aufenthalt, der ihm – abseits aller Propaganda – einen persönlichen Einblick in die Abgründe der kapitalistischen Alternative beschert. Nicht zuletzt in den düsteren Bildern des Lessing-Triptychons findet sich diese Erfahrung motivisch verarbeitet. Dieser historisch-biographische Kontext scheint auch eine Rolle zu spielen, wenn der Autor später von seinem besonders emotionalen Verhältnis zu dem Text spricht:

> Wenn ich das wieder lese oder wenn ich daraus zitiere, merke ich, daß es mich mehr angeht als viele andere Texte. Ich kann nicht distanziert darüber reden. [...] Wenn ich aus GUNDLING zitiere, werde ich traurig, in dem Stück ist Mitleid. Mitleid mit allem, was da beschrieben wird. Es ist in vielen Punkten auch ein Selbstporträt, bis zu der Figur des Nathan und der Emilia, dieser Kopftausch, der alte Mann und das junge Mädchen.[677]

Folglich scheint es plausibel, nicht, wie Weitin meint, das Groteske selbst als Auslöser der Krise der Darstellung in ‚Leben Gundlings' zu begreifen, sondern vielmehr die Erkenntnis des Autors, dass das Groteske als formales Mittel der ungeheuren Verzerrung der Realität nicht mehr beikommen kann. Da seine paradoxe Struktur, die in der Verfremdung des Gegebenen dieses greifbar und damit überwindbar machen will, letztlich doch immer eine Ordnungsstruktur bleibt, wiederholt und verlängert sie damit auch die herrschenden Machtverhältnisse – ähnlich wie der Karneval als zeitlich begrenzte Normüberschreitung letztlich die ihm zugrunde liegenden gesellschaftlichen Hierarchien stabilisiert. Einen Ausweg aus diesem Dilemma sucht Müller in einem neuen strukturellen Verfahren, das gleichwohl das paradoxe Denken nicht aufgeben will – der Kultivierung des Chaos. Der Autor selbst löst sich als rezeptionslenkende Autorität in einem unübersichtlichen intertextuellen Raum aus Selbst- und Fremdzitaten auf und öffnet seine Produktion zu Gunsten vielfach variierender Diskurs- und Erfahrungsmöglichkeiten. Indem die Texte das Chaotische, Multiperspektivische, Polyphone bedienen, sperren sie sich letztlich gegen die Möglichkeit ihrer Subsumtion unter formale oder gattungsspezifische Kategorien. Dieser Prozess vollzieht sich – entgegen der allgemeinen Rezeptionsmeinung, die den Ausgangspunkt dieser Entwicklung mit ‚Hamletmaschine' markiert – bereits im ‚Gundling', der ihn zudem strukturell reflektiert. Müller nimmt mit dieser Dekonstruktionsstrategie in

---

[676] Ebd., S. 257.
[677] HMW 9, S. 212.

der Tat die ‚Verabschiedung des Lehrstücks' vorweg und rückt von einer konkreten teleologischen Fixierung seiner Verfremdungstechnik ab.

Insofern ist also auch Teraoka beizupflichten, die im ‚Gundling' Müllers Abkehr von einer klassischen bürgerlichen Dramenstruktur à la Lessing und Brecht erkennt und auf die Auflösung all dessen aufmerksam macht, was inhaltlich und ästhetisch an eine Konnotation von Herrschaft erinnern könnte. Interessant ist dabei ihr Hinweis auf Gilles Deleuze und dessen Konzept einer „kleinen Literatur", dem auch Weitin nachzugehen scheint, ohne allerdings den Bezugspunkt konkret zu nennen. Gerd Dembowski zufolge besaß Müller einschlägige Kenntnis der Philosophie des französischen Poststrukturalisten, ja seine „dramaturgische Technik" mache ihn gar „zu einem dringenden Fürsprecher der deleuzianischen Sichtweisen"[678]:

> Bei Deleuze wie Müller geht es nicht darum, sich von einseitig manifester Philosophie- und Weltgeschichte als geschlossenem Gedankengebäude blenden zu lassen, sondern aus ihrer Selbstreflexion herauszutreten und aus Versatzstücken Fluchtlinien zu knoten. Der schwindelnd kreisenden Selbstreflexion, in der jedes Gefühl für Neues auch angesichts von Gesetzmäßigkeiten der Philosophiegeschichte unterbunden ist, gilt es dabei zu entkommen [...].[679]

Gilles Deleuze und Felix Guattari begreifen literarische Werke als kleine Maschinen, die variabel aneinander angeschlossen werden können und umschreiben deren Idealform mit dem Begriff des Rhizoms.[680] Dieser aus der Botanik abgeleitete Term bezeichnet ein mannigfach verzweigtes unterirdisches Netzwerk großer und kleiner Wurzeln, die die unterschiedlichsten Formen annehmen können – bis hin „zur Verdichtung in Zwiebeln und Knollen"[681]. Literarisch gesehen, bildet ein Rhizom ein *„kollektive[s] Äußerungsgefüge"*[682], das ohne Anfang und Ende wie auch ohne einheitliches Zentrum auskommt. Es besteht vielmehr aus „Plateaus"[683], die nach den Prinzipien „der Konnexion und der Heterogenität"[684] miteinander verknüpft werden, und folgt einer „Logik des UND", also der Bei-, nicht der Unterordnung:

---

[678] Dembowski, Gerd: Gilles Deleuze als Souffleur. Die Müller-Maschine dockt an. In: Das Universum des Gilles Deleuze. Eine Einführung. Hrsg. von Chlada, Marvin. Aschaffenburg 2000, S. 53–78, hier S. 57.
[679] Ebd., S. 54.
[680] Vgl. Deleuze/Guattari 1997, S. 13.
[681] Ebd., S. 16.
[682] Ebd.
[683] Ebd., S. 37.
[684] Ebd., S. 16.

Ein Rhizom hat weder Anfang noch Ende, es ist immer in der Mitte, zwischen den Dingen, ein Zwischenstück, *Intermezzo*. Der Baum ist Filiation, aber das Rhizom ist Allianz, einzig und allein Allianz. Der Baum braucht das Verb „sein", doch das Rhizom findet seinen Zusammenhalt in der Konjunktion „und ... und ... und ...".[685]

Ziel dieses heterogenen Gefüges ist es, alles, was auch nur im Entferntesten an hierarchische Strukturen erinnern könnte, sei es des Bedeutens oder des Formens, aus seinem Einzugsbereich zu verbannen und ihnen durch seine vielfältigen Deutungsmöglichkeiten subversiv entgegenzutreten[686]: „Anders als bei einer Struktur, einem Baum oder einer Wurzel gibt es im Rhizom keine Punkte oder Positionen. Es gibt nur Linien."[687] Besonders wendet es sich dabei gegen jegliche Form des Dualismus. Ein literarisches Rhizom soll Karte der Welt sein, nicht Kopie derselben, und sich mit dem ihm Äußerlichen gegen ein bloßes Abbild der Welt verbünden: „Das Buch als Zusammenfügung mit dem Außen gegen das Buch als Bild der Welt. Ein Rhizom-Buch, das nicht mehr dichotom, zentriert oder gebündelt ist."[688]

Deleuze und Guattari plädieren für ein nomadisierendes Denken, dass sich als Gegenentwurf zu der meist auf einer (Fortschritts-)Idee basierenden Geschichtsschreibung im literarischen Werk niederschlagen soll. Kein Zweifel, dass sich Müllers Schreibverfahren im Lessing-Triptychon – die Verunmöglichung jeglicher Gattungsbestimmung und die vehement vorangetriebene Intertextualität – den rhizomatischen Deterritorialisierungsprozessen nähern, die die beiden Franzosen als ideales Ergebnis literarischer Produktion betrachten. So sieht das auch Breuer, der in Deleuzes und Guattaris 1975 (deutsch 1976) erschienener Schrift ‚Kafka. Für eine kleine Literatur'[689], die bereits viele Ansätze zu ihrem ‚Rhizom'-Text (deutsch 1977) enthält, einen für den ‚Gundling' nicht unwesentlichen Impulsgeber erkennt.[690] Ihre maßgebliche Gemeinsamkeit begreift er als die

---

685 Ebd., S. 41.
686 Vgl. ebd., S. 30.
687 Ebd., S. 18.
688 Ebd., S. 38.
689 Deleuze/Guattari 1976, S. 24: „Eine kleine oder mindere Literatur ist nicht die Literatur einer kleinen Sprache, sondern die einer Minderheit, die sich einer großen Sprache bedient." Deleuze und Guattari beschreiben diese kleine Literatur anhand dreier Merkmale, die Müller angezogen haben dürften: 1. Deterritorialisierung der Sprache, 2. universale politische Aufladung, 3. umfassende kollektive Bedeutung (ebd., S. 24 ff.) und ergänzen: „So gefasst, qualifiziert das Adjektiv ‚klein' nicht mehr bloß bestimmte Sonderliteraturen, sondern die revolutionären Bedingungen *jeder* Literatur, die sich innerhalb einer sogenannten ‚großen' (oder etablierten) Literatur befindet" (ebd., S. 27).
690 Vgl. Breuer 2004, S. 381.

Manifestation einer „Sprachkrise", „die mit einem politischen Unbehagen und einer Ideologiekritik verkoppelt ist"[691]:

> Das „Verschwinden des Autors", das Müller (wohl zunächst in Anlehnung an den Autorbegriff des frühen Foucault) mehrfach apostrophiert hatte, wird von Deleuze und Guattari in widersprüchlicher Weise als ein intertextuelles Schreibverfahren definiert, wobei der Autor nicht als eine Art passiver Echokammer von Diskursen fungiert, sondern selbst in einem dezisionistischen Akt eine bestimmte Art von politisch motivierter Intertextualität herstellen soll, die gerade auf die unterdrückten Stimmen abhebt [...].[692]

Der Gedanke, der hinter diesen Überlegungen steht, ist allerdings nicht neu und geht unschwer erkennbar auf die romantische Romantheorie zurück. Deleuzes und Guattaris Begriff des Rhizoms korrespondiert mit dem der literarischen Arabeske, zu deren Erläuterung Friedrich Schlegel in seiner ‚Lucinde' wiederholt eine Pflanzenmetapher heranzieht.[693] Die arabeske Struktur eines Werkes verweist dort jedoch explizit auf ein humanistisches Ideal, das in der Annäherung von Geist und Natur, Kunst und Leben aufgehoben ist. Müllers Affinität zur Romantik beschränkt sich somit nicht nur auf die Verwendung von literarischen Motiven des Grotesken, sie schließt auch polyphone literarische Verfahren ein. Verknüpft man diese Erkenntnisse mit Blick auf den ‚Gundling', so ergibt sich ein interessantes Bild: Müller entfernt sich zwar, was das Groteske angeht, von einem für die literarische Romantik konstitutiven ästhetischen Mittel, aber, indem er sich dem polyphonen Schreibverfahren zuwendet, nicht von seiner geistigen Verwurzelung in ihr. Es scheint sogar, als bewege er sich über den Prozess literarischer Selbstreflexion, den der ‚Gundling' vollzieht, vom einen Pol der romantischen Ästhetik zum entgegengesetzten, gelange vom Sinn-negierenden Begriff des Grotesken, wie er in den schlegelschen ‚Athenäumsfragmenten' bzw. in den Nachtstücken E. T. A. Hoffmanns und Bonaventuras zu finden ist, zum Sinn-setzenden, der Arabeske, und beanspruche damit, die ganze ästhetische Strahlkraft der geistigen Krisenzeit an der Wende zum 19. Jahrhundert auch für die Krisenerfahrungen seiner Epoche fruchtbar zu machen. Zwar hellt hier der „Glaube an die erlösende Macht der Phantasie die Nächtlichkeit des Grotesken" nicht – wie im ‚Gespräch über die Poesie' – „zur Morgendämmerung eines Sonnentages auf"[694], mit dem Prinzip des polyphonen Sprechens allerdings verfolgt Müller

---

691 Ebd., S. 383.
692 Ebd., S. 382.
693 Vgl. Schlegel, Friedrich: Lucinde. In: Kritische Friedrich Schlegel Ausgabe. Bd. V. Hrsg. von Eichner, Hans. München u. a 1962, S. 1–92, hier S. 3, 26, 27.
694 Kayser [1957], S. 54.

weiterhin die Perspektivierung des Ästhetischen im Hinblick auf utopische Fluchtlinien.

Doch das poststrukturalistische Modell des Rhizoms zeigt nicht nur Parallelen zum romantischen Entwurf einer „Universalpoesie", sondern auch zur polyphonen Tendenz der Renaissanceliteratur. In der Enthierarchisierung des literarischen Ausdrucks und der forcierten Intertextualität und Dialogizität geht es Deleuze und Guattari – ebenso wie Müller – „um die [...] Vereinigung von sinnkonstituierendem und sinndestruierendem Ausdruck, also [...] um eine ‚Vielsprachigkeit', die von Bachtins Vorstellung einer karnevalesken Literatur beeinflusst ist"[695]. Auch die Verbindung zu diesem literarischen Phänomen der Renaissance bestätigt die beobachtete Bewegung von einem Pol des grotesken Schreibverfahrens zum anderen. Sie scheint Müller in den 1970er-Jahren von den düsteren Motiven des Grotesken wegzuführen, wie sie etwa das Werk Shakespeares prägen, und der Vielstimmigkeit karnevalesker Rede anzunähern, ohne dass er dadurch seinem eigentlichen ästhetischen Wollen untreu werden müsste. Es findet sich in eben jenem Moment von Utopiefähigkeit, das seine Affinität zu den ästhetischen Strategien der Romantik und Renaissance erklärt – und ist damit spezifisch modern. Deleuze und Guattari allerdings halten spätestens in den ‚Tausend Plateaus' nichts mehr von solch ideellen Kraftzentren, um die sich rhizomatische Strukturen gruppieren könnten: „Die Literatur ist ein Gefüge, sie hat nichts mit Ideologie zu tun, es gibt keine Ideologie und es hat nie eine gegeben."[696] Wenn also Rosen bemerkt, dass das Groteske „als eine Art Relais zwischen Moderne und Postmoderne zu fungieren"[697] scheint, so gilt dies ebenfalls für die meist so spezifisch der Postmoderne zugeordneten Phänomene wie Intertextualität, Dialogizität und Polyphonie,[698] denen Müller in den 1970ern seine ästhetische Aufmerksamkeit schenkt.

Kein Zweifel also, dass es Verbindungen zwischen der poststrukturalistischen Theorie und den literarischen Verfahren gibt, denen Müller sich mit dem ‚Gundling' zuwendet: „Beide, Müller wie Deleuze, richten sich gegen vereinnahmende Interpretationen und plädieren für individuelle, stets veränderbare Erfahrungen mit dem Material."[699] Allerdings beschreiben Müllers ästhetische

---

[695] Breuer 2004, S. 384. Zum Zusammenhang von Intertextualität und Karnevalisierung vgl. auch Symmank 2002, S. 51.
[696] Deleuze/Guattari 1997, S. 13.
[697] Rosen 2001, S. 878.
[698] Vgl. dazu Kristeva, Julia: Bachtin, das Wort, der Dialog und der Roman. In: Texte zur Literaturtheorie der Gegenwart. Hrsg. von Kimmich, Dorothee/Renner, Rolf Günther/Stiegler, Bernd. Stuttgart 1972, S. 334–348.
[699] Dembowski 2000, S. 71.

Strategien als Ausdruck einer Krise der Utopie dennoch weiterhin die Suche nach utopischer Perspektivierung, gehen von einer humanistisch-utopischen Wurzel aus und gehören so – entgegen der weit verbreiteten Tendenz, Müller der Postmoderne zuzuschlagen[700] – wesenhaft einer literarischen Moderne an. Denn versteht man unter ästhetischer Moderne mit Emmerich „die mit künstlerischen Mitteln vollzogene Anverwandlung der allgemeinen Moderne *im Stadium der Krise*, in der Phase des Bewußtseins ihrer immanenten Pathologie"[701], trifft sich dies fraglos mit Müllers Produktionshaltung:

> Ästhetische Moderne entspringt immer aus der radikalen Infragestellung der geltenden bürgerlich-modernen Normen und Werte und kulminiert in der Dissoziation von Subjekt und Gesellschaft. Aus und in Opposition zur zweckrationalen bürgerlichen Gesellschaft entsteht Kunst und Literatur, die das Prinzip Mimesis (im traditionellen Sinn) kategorisch verweigert, die überkommene Denk- und Schreibweisen zersetzt und aus der bis dato unbekannten, unerhörten „reinen" Subjektivität heraus eine schrankenlose Einbildungskraft freisetzt.[702]

Schon 1979 formuliert Müller in seinem Beitrag zu einer Diskussion über Postmodernismus in New York, dass er „die Frage des Postmodernismus nicht aus der Politik heraushalten" könne:

> Periodisierung ist Kolonialpolitik, solange Geschichte nicht Universalgeschichte, was Chancengleichheit zur Voraussetzung hat, sondern Herrschaft von Eliten durch Geld oder Macht ist. Vielleicht kommt in anderen Kulturen anders wieder, bereichert diesmal durch die technischen Errungenschaften der Moderne, was in den von Europa geprägten dem Modernismus vorausging: ein sozialer Realismus, der die Kluft zwischen Kunst und Wirklichkeit schließen hilft, […] eine neue Magie, heilend den Riß zwischen Mensch und Natur.[703]

---

700 Vgl. dazu Teraoka 1985; Lehmann 1999, S. 25; Müller-Schöll 2002, S. 536 bzw. 580: „Hier […] gilt das Primat der Oberfläche, ist das ‚wie' wichtiger als das ‚was' des Sagens und Handelns, das Entscheidende die ‚Konstellation', in der etwas in Erscheinung tritt. Hier […] findet man den Versuch, Erfahrung und Experiment, den Prozeß des Begreifens an die Stelle des abstrahierenden Begriffes zu setzen." Ebenso Heeg 2009, S. 12 f.
701 Emmerich, Wolfgang: Gleichzeitigkeit. Vormoderne, Moderne und Postmoderne in der Literatur der DDR [1988]. In: Emmerich: Die andere deutsche Literatur. Aufsätze zur Literatur in der DDR. Opladen 1994, S. 129–150, hier S. 132. Emmerich bezieht sich in seiner Abgrenzung der ästhetischen Phänomene von Moderne und Postmoderne auf Jürgen Habermas' bekannte Rede ‚Die Moderne – ein unvollendetes Projekt', gehalten 1980 anlässlich der Verleihung des Adorno-Preises. Vgl. Habermas, Jürgen: Die Moderne – ein unvollendetes Projekt. In: Wege aus der Moderne. Schlüsseltexte der Postmoderne-Diskussion. Hrsg. von Welsch, Wolfgang. Weinheim 1988, S. 177–192.
702 Emmerich [1988], S. 133.
703 HMW 8, S. 209.

III.4 Von ‚Germania Tod in Berlin' zur ‚Hamletmaschine' — 191

Er macht sich damit eine Vorstellung von Postmodernismus zu eigen, der zufolge „sich die (künstlerische) Intelligenz (und nicht nur sie) in diesem neuen dezentrierten, zukunftslosen Zustand einrichtet, *ohne* überhaupt noch (das wäre die moderne Haltung) eine Selbst- und Ortsbestimmung zu versuchen"[704] und äußert gleichzeitig Kritik an einer solchen Auffassung. So bemerkt er etwa 1987: „Ein Ergebnis von Postmoderne ist: Vorwärts zum letzten Design. Die Welt wird ersetzbar durch Abbildung. Die Fotographie ist das Ende der Welt, Fotografie wird ein Ersatz für Wirklichkeit."[705]

Es ist jenes Festhalten an einem „Utopie-Rest" (Christa Wolf), welches „der Hoffnung, die Utopie sei zu Lebzeiten, zu vorstellbaren Zeiten einlösbar, eine Absage [erteilt], aber nicht der Utopie an sich"[706], das die moderne Dimension des müllerschen Werkes ausmacht und es augenscheinlich von einer Einstellung abgrenzt, in der „kritische Distanz, ein fester Standpunkt gegenüber den Phänomenen nicht als erreichbar, ja: nicht einmal mehr wünschenswert erscheint":

> Für die ästhetische Postmoderne folgert daraus, daß endgültig die Kriterien fehlen, wonach bestimmte ästhetische Materialien und Mittel als zulässige bzw. verwendbare qualifiziert werden können. Alles geht, weil nichts mehr geht. Traditionelle Kunstmittel rücken damit in ein und denselben Horizont mit erklärtermaßen antitraditionellen, sprich: modernen.[707]

Müller dagegen scheinen zwar die traditionellen Strukturen dramatischer Dichtung für die Auseinandersetzung mit der Krise des Subjekts, sowohl des Künstlers wie auch des Rezipienten, nicht mehr weitläufig genug, was ihn dazu veranlasst, den Rezeptionsraum des ‚Gundling' künstlich auszuweiten und Intersubjektivität durch Intertextualität zu ersetzen[708] – die von Emmerich beschriebene postmoderne Beliebigkeit spielt dabei allerdings keine Rolle. Vielmehr äußert sich in diesem Vorgehen Müllers Sehnsucht nach einem ‚schiefen Herangehen' an den Text und seiner dadurch möglichen Öffnung, das er 1984 anhand von ‚Bildbeschreibung' erläutert: „Wenn man diesen Text (‚Bildbeschreibung') aus der Zentralperspektive angeht – und das ist die Tradition des europäischen Theaters –, dann ist er pathetisch oder grotesk oder romantisch oder schief. Man muß aber schief rangehen, nie eins zu eins."[709]

---

704 Emmerich [1988], S. 134.
705 HMW 11, S. 97.
706 Emmerich [1988], S. 144 f.
707 Ebd., S. 135.
708 Vgl. dazu Kristeva 1972, S. 337.
709 HMW 8, S. 345.

Mit dem Abschied von der Zentralperspektive, der Aufhebung des Dogmas, dass einem literarischen Signifikanten immer auch ein bestimmtes Signifikat gegenüberzustehen habe, erweitern sich die Möglichkeiten des Zugriffs auf den Text um ein Vielfaches, ästhetische Kategorisierungen werden von Grund auf verunsichert. Insofern haben natürlich auch Domdeys und Raddatz' rein inhaltliche Deutungen des Lessing-Triptychons Bestand, wenngleich ihnen die Interpretationen von Teraoka und Weitin vorzuziehen sind, da sie in ihrer Konzentration auf das Formale die Offenheit des Textes für eine Vielzahl inhaltlicher Entdeckungen betonen. Dies gilt besonders angesichts von Domdeys unzulässiger Ideologisierung des müllerschen Œuvres, die nicht nur die Polyvalenz der apokalyptischen Passage verkennt, sondern auch das provokante Verfahren des Autors, verschiedenste literarische, historische und mythologische Zeichen wertungslos nebeneinander zu stellen.[710]

Wenn Müller-Schöll auf Müllers Wissen „um den geschichtlichen Index literarischer und theatralischer Formen" verweist, so ist dies ein Wissen, das auch das Groteske trifft:

> [E]r schreib im Bewußtsein des Endes einer langen Entwicklung, zu einem Zeitpunkt, an dem die Gattungen und selbst die aus ihnen abgeleiteten substantivierten Adjektive nur noch als anachronistische Ordnungsmuster überlebten, als hilflose Versuche, in einer haltlosen Situation sich einen Halt an festen Kategorien zu verschaffen oder als „Gespenst".[711]

So bleiben auch im Lessing-Triptychon Motive und Strukturen des Grotesken erhalten, werden aber durch die Öffnung und gleichzeitige Hermetisierung des Textes der Möglichkeit der Konstruktion inhaltlicher Zusammenhänge derart beraubt, dass ihre Deutung nun in verstärktem Maße von der Rezeptionshaltung des Publikums abhängt. Das Groteske scheint hier bestenfalls als momentane Erfahrung auf, als Strukturkonzept in Form vom Autor kalkulierter Bilder, wie im ersten Teil des ‚Gundling', existiert es nicht mehr. Ihre Zuspitzung erfährt diese Produktionshaltung Müllers mit der ein Jahr später erscheinenden ‚Hamletmaschine', der 1984 folgende Text ‚Bildbeschreibung' muss schließlich als Höhepunkt dieser Entwicklung gelesen werden.

---

710 Natürlich sind die Zitate, die Müller verwendet, insofern gewertet, als sie einer Auswahl unterliegen. Ihr Zusammenhang allerdings ist in der Lage, sich so zu verselbständigen, dass keine Hierarchie mehr etabliert werden kann.
711 Müller-Schöll 2003, S. 82.

III.4.2.3 Von der Polyphonie zur Befreiung der Bilder – Die Atomisierung des Grotesken in ‚Die Hamletmaschine' und ‚Bildbeschreibung'

‚Die Hamletmaschine' verankert das den Text konstituierende „Prinzip der seriellen Dramaturgie, der destruktiven und maschinellen Verarbeitung des Materials der Literaturgeschichte"[712] bereits im Titel. Auf die vielfältigen Anspielungen, die allein dieser enthält, verweist Jean Jourdheuil[713]: Marcel Duchamps ‚Junggesellenmaschine', darauf macht Müller selbst aufmerksam,[714] und die von Deleuze und Guattari im ‚Anti-Ödipus' beschriebenen „Wunschmaschinen"[715] eines produktiven maschinellen Unbewussten stehen hier ebenso Pate wie Andy Warhols im Text zitiertes Credo „Ich will eine Maschine sein"[716] und die Abschiedszeile aus Hamlets Brief an Ophelia[717]. Müller schreibt sich so in den Maschinen-Diskurs der historischen Avantgarde ein, der ab den 1950ern bis in die 1970er-Jahre hinein vor allem in der französischen Gesellschaftstheorie neues Interesse erfuhr. Bei Michel Carrouges basiert der Begriff der „Junggesellenmaschine" auf einem um die vorletzte Jahrhundertwende in Kunst und Literatur verbreiteten mechanistischen Weltbild, das sowohl die Sphäre der Geschichte als auch die der Religion und der menschlichen Beziehungen, insbesondere derjenigen zwischen den Geschlechtern, erfasst. Als schöpferische Imagination konstituiert sich die Junggesellenmaschine aus einem mechanischen und einem sexuellen Vorstellungsbereich

---

712 Weitin 2003, S. 326.
713 Vgl. Jourdheuil, Jean: Die Hamletmaschine. In: Heiner Müller Handbuch. Hrsg. von Lehmann, Hans-Thies/Primavesi, Patrick. Stuttgart 2003, S. 221–227, hier S. 222.
714 Vgl. HMW 9, S. 231.
715 Vgl. Deleuze, Gilles/Guattari: Anti-Ödipus. Kapitalismus und Schizophrenie I. Frankfurt am Main 1974, S. 25 f. Der Begriff „Wunschmaschine" basiert bei Deleuze und Guattari auf der von Jacques Lacan formulierten Vorstellung eines maschinellen Unbewussten, wobei die Autoren auch auf Duchamp und die Theorie der Junggesellenmaschine bei Michel Carrouges (Ders.: Les Machines Célibataires. Paris 1954) verweisen.
716 HMW 4, S. 553. Siehe auch HMW 10, S. 428. Vgl. dazu Warhol im Interview mit G. R. Swenson (Swenson, G. R.: What is Pop Art? Answers from 8 painters, part I. In: Art News 62 (1963), No. 7, S. 24–27, hier S. 26): „The reason I'm painting this way is because I want to be a machine, and I feel that whatever I do and do machine-like is what I want to do." Der Satz enthält Warhols Antwort auf Jackson Pollocks „Ich will Natur sein" und wendet sich so gegen jede Abstraktion und Innerlichkeit in der Kunst. Als Diagnose des „Niedergang[s] der modernistischen, kritischen und revolutionären Avantgarden" teilt Warhols Credo „den Skeptizismus und den Nihilismus der Massengesellschaft, die nicht mehr an Bedeutungsreichtum, sondern an die Macht der Bedeutungslosigkeit glaubt" und verweist so „auf das Fehlen eines Sinns, eines Glaubens und einer Utopie" (Celant, Geramo: Andy Warhol: A Factory. In: Warhol, Andy: A Factory. Ostfildern bei Stuttgart 1998, unpaginiert).
717 Vgl. TOS, S. 665, Akt II.2, Vers 123 ff.: „Thine evermore, most dear lady, whilst this / machine is to him, / Hamlet."

(den Kontext bildet das im 20. Jahrhundert zunehmende „militante[] Junggesellentum[] beider Geschlechter"[718], das den sexuellen Partner nur noch als mechanisches Lustobjekt betrachtet), der sich jeweils wieder in einen männlichen und einen weiblichen Aspekt gliedert.[719] Darunter ist somit die Idee einer geistigen Maschine zu verstehen, deren Funktionsweise sich auf ein binäres, hierarchisch geordnetes, mechanisches System (Herrscher–Beherrschter) stützt und so, wie Carrouges feststellt, das bearbeitete Liebes- in ein Todesobjekt verkehrt.[720] Dabei kann sie im Grunde alles erfassen: historische Zusammenhänge ebenso wie staatliche oder ökonomische Abläufe, die Kunst ebenso wie die Liebe und das Leben. Als phantastischer Apparat allerdings, wie er in der Literatur etwa bei Edgar Allan Poe, Alfred Jarry oder Franz Kafka zu finden ist,[721] steht die Junggesellenmaschine in der romantischen Tradition einer Kritik am alles vereinnahmenden mechanischen Denken und dessen grotesken Erscheinungsformen. In der gleichen subversiven Funktion kommt sie, ob manifest oder auf der Ebene des Literarischen,[722] auch bei Heiner Müller zum Einsatz:

> Junggesellenmaschinen [...] sind Maschinen, die sich negieren. Sie bejahen die Herrschaft der Technik und des Mechanischen nicht, sondern sabotieren sie, und jede von ihnen zeugt auf ihre Weise vom Protest des individuellen Geistes gegen das mechanische und mechanisierende Denken.[723]

---

718 Szeemann, Harald: Junggesellenmaschinen [1975]. In: Junggesellenmaschinen. Hrsg. von Reck, Hans Ulrich/Szeemann, Harald. Erw. Neuausgabe. Wien/New York 1999, S. 57–67, hier S. 59.
719 Vgl. Carrouges, Michel: Gebrauchsanweisung [1975]. In: Junggesellenmaschinen. Hrsg. von Reck, Hans Ulrich/Szeemann, Harald. Erw. Neuausgabe. Wien/New York 1999, S. 74–103, hier S. 75.
720 Vgl. Szeemann [1975], S. 57–61 bzw. Carrouges [1975], S. 76.
721 Vgl. Poe, Edgar Allan: The Pit and the Pendulum [1842]. In: Poe: Selected Tales. Oxford 2008, S. 135–148; Jarry, Alfred: Le Surmâle [1902]. Roman moderne. Paris 1990; Kafka, Franz: In der Strafkolonie [1914]. In: Kafka: Schriften, Tagebücher, Briefe. Kritische Ausgabe. Bd. 3.1: Drucke zu Lebzeiten. Hrsg. von Kittler, Wolf u. a. Frankfurt am Main 1994, S. 201–248. Kafkas Text bearbeitet Müller 1992 für das Programmheft einer Inszenierung von Luigi Nonos ‚Intolleranza 1960' an der Staatsoper Stuttgart (vgl. HMW 2, S. 132–135, 204).
722 Im Gegensatz zur ‚Hamletmaschine', die auf der literarischen Ebene insgesamt einen surrealen Apparat darstellt, ist etwa im ‚Gundling' vom „*Tod der Maschine auf dem elektrischen Stuhl*" als szenischem Vorgang die Rede (HMW 4, S. 535).
723 Bischof, Rita: Teleskopagen, wahlweise. Der literarische Surrealismus und das Bild. In: Das Abendland. Forschungen zur Geschichte europäischen Geisteslebens. Hrsg. von Heftrich, Eckhard. Neue Folge 29. Frankfurt am Main 2001, S. 234.

Müllers ‚Hamletmaschine' arbeitet dementsprechend auf mehreren Ebenen. Zunächst bildet das Stück eine „Lektüremaschine"[724] von hoher intertextueller Dichte, Zitat und Selbstzitat regieren sein Erscheinungsbild. Der shakespearesche ‚Hamlet' fungiert dabei als „das in sie eingespeiste Metanarrativ, das die handlungsanweisende Matrix ausgibt"[725] und zerstückelt wird. Müller verwendet den Shakespeare-Text als Steinbruch[726] und konzentriert sich auf die Figuren Hamlet und Ophelia, wobei die Rolle der Ophelia eine konstitutiv-aggressive Aufwertung erfährt.[727] Mechanisch scheint sich in der ‚Hamletmaschine' zudem der Ablauf der Geschichte zu vollziehen, der als ewiger Kreislauf der Gewalt (in Form von Revolution und Gegenrevolution) offenbar nur durch ein ebenso maschinell-agierendes Bewusstsein durchbrochen werden kann. Ein solch mechanisches Bewusstsein zu besitzen, aller menschlichen Regungen und Anfechtungen bar, stellt bei Müller Hamlets sehnlichsten Wunsch dar. Ihre Spiegelung auf der Mikroebene erfährt diese Spirale der Gewalt in der Hierarchie der Geschlechterbeziehungen, die anscheinend ebenfalls nur durch eine Mechanisierung der Gefühle eingerissen werden kann. Ophelia führt diese vor und stimuliert damit Hamlets Verschmelzungswunsch. Der zerstörerischen zirkulären Bewegung der Geschichte wie der privaten Beziehungen und der individuellen Mechanisierung des Handelns und Denkens gleichzeitig zu entkommen, scheint nicht im Bereich des Möglichen zu liegen.

Wie Schulz feststellt, reflektiert ‚Die Hamletmaschine' ihr Thema, „„daß Geschichte", die mechanisch abläuft und so das historische Subjekt marginalisiert, „nicht mehr als Drama zu denken ist", auch formal. Trotz ihrer Anlehnung an Shakespeares Fünfakter ist sie als „Prosagedicht" konzipiert, zerfällt in Abschnitte „monologischer Prosa", Verspassagen und eine pantomimische, in Ansätzen dialogische Szene (‚Scherzo'), die gleichzeitig den Mittelpunkt des Textes bildet.[728] Um sie herum gruppieren sich jeweils zwei Szenen, die einmal Hamlet (‚Familienalbum', ‚Pest in Buda Schlacht um Grönland') und einmal Ophelia (‚Das

---

724 Schulz, Genia/Lehmann, Hans-Thies: Die Hamletmaschine. In: Schulz 1980, S. 149; Weitin 2003, S. 326.
725 Weitin 2003, S. 328.
726 Vgl. Schulz/Lehmann 1980, S. 149 und Jourdheuil 2003, S. 222, der über den Unterschied zwischen der ‚Hamletmaschine' und den übrigen Shakespeare-Bearbeitungen Müllers (‚Macbeth', ‚Anatomie Titus') vermerkt: „Letztere schreiben die Shakespeareschen Stücke um, in einer komplexen Mischung aus Übersetzung, Unterschlagung, Deformation und Hinzufügung von Textstücken. In *Die Hamletmaschine* hingegen bleibt abgesehen von einigen sehr kurzen Zitaten nichts von Shakespeares Text übrig, gerade so als sei er durch Müllers Text ausgelöscht, als sei er durch ihn ersetzt worden."
727 Vgl. Weitin 2003, S. 326.
728 Schulz/Lehmann 1980, S. 149.

Europa der Frau', ‚Wildharrend / In der furchtbaren Rüstung / Jahrtausende'[729]) ins Zentrum stellen.[730] Die Bilder folgen in ihrer Logik von Verschiebung und Verdichtung allesamt einer Traumstruktur (Jourdheuil spricht von Traum, Traumvision, Traum im Traum, Alptraum etc.[731]) und bedienen sich so erneut der Techniken der Fragmentierung und Überschwemmung mit Anachronismen. Sie ermöglichen dem Rezipienten damit ein perspektivisches, ein ‚schiefes Herangehen' an den Text:

> [Müller] führt sich und seine (unsere) Epoche in das Spiel, die Erzählung, das Projekt einer Aufführung von Shakespeares Hamlet ein und schafft auf diese Weise eine doppelte Struktur, die sich mal als Anamorphose, mal als Palimpsest im Text niederschlägt. Im Bereich des dramatischen Schreibens ist seine Arbeitsweise ungewöhnlich, in der modernen Malerei, beispielsweise bei Picasso und Bacon, ist sie ein durchgehendes Prinzip.[732]

Schulz und Lehmann lesen den Text, der ebenso wie das Lessing-Triptychon des ‚Gundling' formal den Rahmen einer stringenten Fabel verweigert und auch motivisch einige Parallelen zu diesem aufweist, als eine „Selbstreflexion des marxistischen Intellektuellen im Spiegel der Hamlettragödie [...], die sich von fern an den motivischen Ablauf bei Shakespeare"[733] hält. Die dramatische Konstellation des Renaissancetextes erfährt dabei ihre Reflektion in den Ereignissen des Ungarnaufstandes von 1956:

> Das Staatsbegräbnis für den stalinistischen Politiker Lazlo [sic!] Rajk, der am 6. Oktober 1956, also fünfzehn Tage vor dem Beginn des Aufstandes in Budapest stattfand, inspiriert[] die erste Szene. [...] Die Bilder der Trauerfeier für Rajk und die Beerdigungsszene in Shakespeares Stück überlager[]n sich, ebenso wie sich die Bilder des von Laertes angestifteten Aufstands im IV. Akt mit diejenigen [sic!] vom Aufstand in Budapest überlagern [...].[734]

Ursprünglich hatte Müller geplant, die beiden Stoffe in ein abendfüllendes Stück von etwa 200 Seiten zu integrieren. Doch im Arbeitsprozess muss er erleben, dass sich das shakespearesche Material vehement gegen eine Übertragung „in die Welt

---

729 Der Titel der zweiten Ophelia-Szene zitiert ein lyrisches Fragment Friedrich Hölderlins (vgl. Hölderlin, Friedrich: Sämtliche Werke. Bd. 2,1: Gedichte nach 1800. Hrsg. von Beissner, Friedrich. Stuttgart 1951, S. 316).
730 Vgl. Jourdheuil 2003, S. 224.
731 Vgl. ebd.
732 Ebd., S. 226.
733 Schulz/Lehmann 1980, S. 149.
734 Jourdheuil 2003, S. 222 f. Rajk, der von 1946 bis 1948 ungarischer Innen- bzw. Außenminister war und 1949 von seinen ehemaligen Mitstreitern in einem Schauprozess als ‚imperialistischer Agent' und ‚Titoist' angeklagt, zum Tode verurteilt und hingerichtet wurde, erhielt nach seiner Rehabilitation 1956 ein Staatsbegräbnis.

des sogenannten real existierenden Sozialismus-Stalinismus" sperrt. So entwickelt sich der große Entwurf schließlich vielmehr zu einer knappen Bestandsaufnahme des Mangels an historisch-politischem Dialog: „Es gab da keine Dialoge mehr. Ich habe immer wieder zu Dialogen angesetzt, es ging nicht, es gab keinen Dialog, nur noch monologische Blöcke, und das Ganze schrumpfte dann zu diesem Text."[735] Dieser Vorgang, offensichtlich Ausdruck der politischen Stagnationserfahrung der späten 1970er-Jahre, veranlasst wiederum Fiebach zu der Diagnose, dass „[d]ie Struktur des Textes [...] deutlicher und eindringlicher von der historischen Lage" spreche, „als das, was er thematisiert".[736]

Während Weitin das zentrale Strukturelement des Textes im Aufeinandertreffen zweier unterschiedlicher Kommunikationsmodelle ausmacht,[737] erkennen Schulz und Lehmann die Perspektive des Stückes vielmehr im Wunsch Hamlets nach Verschmelzung mit Ophelia, die seiner „Flucht ‚nach Hause' zum ‚ungeteilten Selbst'" die „Zerstörung des Heims und die Affirmation der Exteriorisierung des Subjektseins" entgegensetzt[738]:

> Ophelia/Hamlet werden zu zwei Aspekten einer Szenerie des Bewußtseins, die immer wieder in ihre Teile zerfällt: in der die eine (weibliche) der Wunsch der anderen (männlichen) ist: in der aus dem männlich-menschlichen Ekel eine (maschinelle) Kraft werden soll.[739]

Für diese Lesart sprechen die variable Rollenbesetzung der Ophelia (CHOR/HAMLET) in der zweiten Szene, aber auch der Kleider- und Rollentausch des ‚Scherzo', der im Übrigen an den Kleidertausch zwischen Friedrich und Wilhelmine im ‚Gundling' erinnert und ebenfalls als Erfüllung einer Wunschprojektion lesbar ist. Auch „[d]ie Sprache konstituiert nicht" zwei getrennte „dialogische Subjekte, sondern geht mit ihren Spaltungen und Verwerfungen quer durch die Sprecher hindurch. Oberflächlich als Monolog geschrieben, erweist sich das Stück mit dem hämmernden parataktischen Satzbau als polyphoner Text [...], unter dessen monologischer Oberfläche viele Stimmen sich kreuzen und verschmelzen."[740] So betrachtet Müller ‚Die Hamletmaschine', die ihm offensichtlich zeitweilig zur Gänze als chorischer Text vorschwebte,[741] wohl „nicht nur als Ausdruck

---

[735] HMW 9, S. 230. Vgl. auch Müller 1978 im Dialog mit Jacques Poulet (HMW 10, S. 759): „Ich hatte den Eindruck, daß es um mich herum, bei all dem, was ich in der Hand hatte, nicht ausreichend genug historische Substanz gab, lange Dialoge zu schreiben."
[736] Fiebach 1990, S. 19.
[737] Vgl. Weitin 2003, S. 340.
[738] Ebd., S. 336. Vgl. auch HMW 4, S. 547 f., 551.
[739] Schulz/Lehmann 1980, S. 150.
[740] Ebd., S. 154.
[741] Vgl. HMW 4, S. 593 f.

einer subjektiven Stimme, sondern vielmehr als Kristallisation von unterschiedlichen und gegensätzlichen kollektiven Erfahrungen"[742].

‚Die Hamletmaschine' zeigt, dass die Sehnsucht nach einem revolutionären Aufbruch, nach einer dramatischen Konstellation, die in Hamlets Verschmelzungswunsch verkörpert ist, vor dem Hintergrund einer stillstehenden Geschichtsentwicklung scheitert[743] – ja scheitern muss, denn ähnlich wie 1956 in Ungarn ist die (kultur-)politische Eiszeit ab Mitte der 1970er-Jahre in der DDR (‚Pest in Buda Schlacht um Grönland') „JUST THE WORST TIME [...] FOR A REVOLUTION"[744]. Hamlet, der im ersten Monolog eine schonungslose Analyse seiner ambivalenten Rolle innerhalb der Familiengenealogie (Staat, Sozialismus) vorgenommen hat – hin- und hergerissen zwischen Anpassung und Widerstand und begleitet von dem vehementen Wunsch nach Austritt aus dem historischen Kontinuum, das sich im immer gleichen Ablauf des überlieferten ‚Hamlet'-Narrativs abdrückt – versucht sich im vierten Bild seines Parts zu entledigen. Durch Ablegen von Kostüm und Maske lässt der Hamletdarsteller seine Figur von sich abgleiten – die Parallele zum Lessing-Monolog in ‚Leben Gundlings' drängt sich auf – und probt so den Ausstieg aus der Geschichte: „Das Ich spielt keine Rolle mehr. Das Bewußtsein kann sich nicht mehr als Subjekt/Held/dramatis persona verstehen, wenn die Geschichte nicht mehr als Drama repräsentierbar ist."[745] Doch der Ekel an den Verhältnissen lässt auch dem Hamletdarsteller, der hier wie Lessing im ‚Gundling' zeitweilig als Sprachrohr des Autors zu fungieren scheint, keine Ruhe und weckt den Wunsch nach einem mechanischen, empfindungslosen Dasein:

> HAMLETDARSTELLER [...] Meine Gedanken sind Wunden in meinem Gehirn. Mein Gehirn ist eine Narbe. Ich will eine Maschine sein. Arme zu greifen Beine zu gehen kein Schmerz kein Gedanke.[746]

Der Ausbruchsversuch misslingt, Hamlet „steht im Bann seiner Rolle als Melancholiker, seine Sprache führt ihn erneut auf diese Rolle hin, und am Ende nimmt er sie wieder auf sich. Es geschieht kein Ausbruch aus dem Text, der Tradition, der Sprache, der Literatur"[747], also auch keiner aus dem immer gleichen Ablauf der Geschichte:

---

742 Jourdheuil 2003, S. 224.
743 Vgl. Schulz/Lehmann 1980, S. 150.
744 HMW 4, S. 549.
745 Schulz/Lehmann 1980, S. 152.
746 HMW 4, S. 553.
747 Schulz/Lehmann 1980, S. 152.

III.4 Von ‚Germania Tod in Berlin' zur ‚Hamletmaschine' — 199

UND KNAPP VORM DRITTEN HAHNENSCHREI ZERREIST / EIN NARR DAS SCHELLENKLEID
DES PHILOSOPHEN / KRIECHT EIN BELEIBTER BLUTHUND IN DEN PANZER[748]

Wo der Intellektuelle es als tatenloser Melancholiker nur zur Witzfigur bringt (siehe Gundling am Hofe Friedrich Wilhelms), kann er in der Rolle des Täters, der „die gewalttätige Maschinerie der Geschichte in Gang hält", dem Verrat an seinen Idealen nicht entgehen.[749] In der ‚Hamletmaschine' verschmilzt die titelgebende Figur so mit dem „BLUTHUND" Stalin, dessen Hinterlassenschaft sich im Verlauf des Textes als Kern der beschriebenen „Spaltung des ‚linken Bewusstseins'" erweist. Sein „blutige[r] Terror, der nicht nur den Körper, sondern auch das Bewußtsein zerrüttet", steht für die unerträgliche Perversion des Kommunismus als „Theorie und Praxis der Emanzipation", die alle in ihn gesetzten Hoffnungen zunichtegemacht hat[750]: „SOMETHING IS ROTTEN IN THIS AGE OF HOPE"[751].

Im Zusammenhang mit der „Dialogunfähigkeit d[]es Materials", die aus dieser Desillusionierung resultiert, macht Müller allerdings – so ironisch wie polemisch und naiver als ‚Hamletmaschine' selbst – auf das utopische Potential des bislang unterdrückten, vom geschichtlichen Handeln ausgeschlossenen Weiblichen aufmerksam, dem im Text Hamlets Verschmelzungsphantasien gelten: „Wenn auf der Männerebene nichts weitergeht, muß den Frauen etwas einfallen. [...] Lenin hat immer gesagt, die Bewegung kommt aus den Provinzen, und die Frau ist die Provinz des Mannes."[752] Für Weitin liegt dieses weibliche Kraftreservoir in einer Wandlungsfähigkeit, die nicht an einen ‚männlich' konnotierten Subjektbegriff gebunden ist:

> Während Hamlets *Handlung* nur die Wahl kennt, das Drama seiner Rolle fortzusetzen, oder aber sich zu verweigern, bringen Ophelias *Verwandlungen* sowohl im metonymisch gleitenden Sprechen in fremder Rede als auch im parodistischen Rollenwechsel Spielmöglichkeiten zum Ausdruck, die vielfältig gerade deshalb sein können, weil sie nicht in identitätslogischen Dichotomien festgelegt und auf die stets dem anderen gegenüber gewaltsame

---

[748] HMW 4, S. 553. Vgl. ebenso das wohl in den 1950er-Jahren entstandene Gedicht ‚Zwei Briefe', in dem Müller diesen Zwiespalt des Intellektuellen bereits im Kontext der Frage nach den Möglichkeiten historisch relevanten Schreibens thematisiert hatte (HMW 1, S. 34–35, hier S. 35).
[749] Schulz/Lehmann 1980, S. 155. Vgl. auch ebd.: „Wie bei Shakespeare das lange Zaudern unmittelbar überwechselt in grausames Gemetzel, so daß am Ende ein Berg von Leichen das Resultat ist, so stürzt sich [...] der ‚Hamletdarsteller' wieder in sein Kostüm und zugleich auch in die Rüstung [...]. So verrät er [...] die Verweigerung, er wird Stalins Double, blindwütig rasend wie der blutige Vater und der Hamlet Shakespeares [...]."
[750] Ebd., S. 153.
[751] HMW 4, S. 545. Bei Shakespeare gehört die von Müller leicht modifizierte Replik dem Marcellus (TOS, S. 661, Akt I.4, Vers 67): „Something is rotten in the state of Denmark."
[752] HMW 9, S. 231.

Rekonstitution der eigenen Innerlichkeit fixiert sind, sondern von der konstitutiven Exzentrizität des Subjektseins aus in Gang gesetzt werden.[753]

Somit steht Ophelia nicht nur für die Frau als „Provinz des Mannes", sondern verkörpert zugleich sämtliche „Provinzen" der westlichen Welt, das Heer von Unterdrückten aller Kontinente, deren Embleme Müller bereits im Lessing-Triptychon aufgerufen hatte.[754] Doch auch sie, die als sprachliche Figur die „Textpraxis der ‚Hamletmaschine'" allegorisch spiegelt und in der Identifikation mit Elektra, Medea, Ulrike Meinhof und Susan Atkins, den weiblichen Rächerinnen aus Mythos und Geschichte, „den Ekel Hamlets ablösen soll"[755], wird vom geschichtlichen Stillstand zum Schweigen verurteilt. „Beide intellektuellen Haltungen werden in der Einsamkeit ausagiert, und die Schlusswendung zeigt die Alternative, Ophelia als jene Hamletmaschine, die Hamlet und Hamletdarsteller nicht werden können."[756] Ob hier allerdings von einer idealen utopischen Aufladung des Weiblichen zu sprechen ist, bleibt fraglich, zumal die Spiegelfiguren dieser ‚Hamlet-', oder besser ‚Opheliamaschine', darauf hindeuten, dass sie, in Bewegung gesetzt, das Rachedrama Hamlets einzig durch das der Medea ersetzen würde. Ihre Mumifizierung im letzten Bild jedoch macht dennoch auf eine zukunftsweisende Konnotation der Figur aufmerksam. Zwar trägt der Vorgang alarmierende Züge der Vergipsung Lessings in der Schluss-Szene des ‚Gundling',[757] allerdings erstarrt Ophelia „WILDHARREND", während von Lessing nur noch ein *„dumpfe[r] Schrei"*[758] zu hören ist. Sie offenbart damit die „verbissene Fähigkeit, sich dennoch zu artikulieren, das Verstummen auszusprechen"[759] und stemmt sich vehement gegen die klagenden letzten Worte des shakespeareschen Hamlet: „The rest ist silence. / O, O, O, O!"[760] So erscheint sie als kraftvolle Ver-

---

753 Weitin 2003, S. 338.
754 Darauf verweisen nicht zuletzt die Anspielungen auf Sartres Vorwort zu Franz Fanons ‚Die Verdammten dieser Erde' (HMW 4, S. 554: „Unter der Sonne der Folter." Vgl. dazu Sartre, Jean-Paul: Vorwort [1961]. In: Fanon, Franz: Die Verdammten dieser Erde [1961]. Frankfurt am Main 1981, S. 7–28, hier S. 27: „[H]eute steht die sengende Sonne der Folter am Zenit und blendet alle Länder.") und Joseph Conrads Kolonialismus-Roman ‚Heart of Darkness' (1899). Im Zusammenhang mit dieser „Mobilisierung der Provinzen" erwähnt Müller auch den Einfluss des Kafka-Textes von Deleuze und Guattari auf seine Arbeit Mitte der 1970er-Jahre (vgl. HMW 9, S. 231 f.).
755 Schulz/Lehmann 1980, S. 156, ebenso Weitin 2003, S. 335.
756 Schulz/Lehmann 1980, S. 156.
757 Ebd., S. 157.
758 HMW 4, S. 536.
759 Schulz/Lehmann 1980, S. 157.
760 TOS, S. 688, Akt V.2, Vers 310 f. Vgl. auch Schulz/Lehmann 1980, S. 156.

körperung dessen, was Müller zufolge in Zeiten historischer Stagnation von der Literatur übrigbleibt: „einsame Texte, die auf Geschichte warten"[761].

Dieses Schlussbild macht nachdrücklich nochmals auf die „destruktive[] Selbstthematisierung des Theaters" aufmerksam, der sich Müller in der ‚Hamletmaschine' neben dem inhaltlichen Diskurs über die Zerrissenheit des intellektuellen Bewusstseins zwischen tatenloser Melancholie und aktivem Verrat widmet. Reflektiert wird sie in Hamlets erstem Monolog beispielsweise durch die ironische Anspielung auf traditionelle Merkmale der Dramen- und Theaterpraxis („Auftritt", „spielen", „Stichwort", „Exit", „tragische Rolle", „souffliere").[762] Zugleich erfolgt eine repräsentationstheoretische Auseinandersetzung mit der Subjektkonstitution, die den strukturellen Widerspruch zwischen Individuum und Gesellschaft auf sprachlicher Ebene verarbeitet, der in anderen Werken Müllers „Gegenstand der dramatischen Darstellung ist"[763]. Ein Handlungsdrama findet nicht statt, die beiden zentralen Sprecher der ‚Hamletmaschine' bilden als Figurationen eines gespaltenen Bewusstseins „statt manifester Identität ein rein sprachliches Sein"[764] aus, der dramatische Konflikt verschiebt sich auf die Ebene des Literarischen. Die Frage nach der Bedeutung des Subjekts im geschichtlichen Prozess, die die Ernüchterung über das humanistische Projekt des Sozialismus hervorbringt, wächst sich damit zur Frage nach der Möglichkeit historisch relevanten Schreibens aus.

Auch in der ‚Hamletmaschine' arbeitet Müller mit einer Fülle von Motiven, die ihrer Komposition nach zum Grotesken gezählt werden könnten, allerdings handelt es sich dabei nicht mehr um vom Autor bewusst auf eine bestimmte Wirkung hin kalkulierte Bilder. Sie bilden vielmehr, wenn sie als grotesk empfunden werden, eine der vielfältigen Rezeptionsmöglichkeiten eines polyvalenten Schreibens, das mit der Öffnung des Textes zugleich auch dessen Hermetisierung vorantreibt. Ihre Interpretation mittels der Kategorie des Grotesken liegt somit einzig im Erfahrungsspielraum des Publikums.[765] Müller pocht insofern mit ‚Hamletmaschine' zunächst auf den Erfahrungs- und später erst auf den Erkenntniswert von Literatur – ganz im Sinne von Deleuzes und Guattaris Konzept einer „kleinen Literatur":

---

761 HMW 8, S. 187.
762 Vgl. Weitin 2003, S. 340, 329 bzw. HMW 4, S. 546.
763 Weitin 2003, S. 340.
764 Ebd., S. 334.
765 So inszeniert der Text etwa Hendrik Werner zufolge „Stalins Ausweisung aus dem Mausoleum als ein karnevalistisch-kannibalistisches Happening und Inversion seines eigenen Leichentheaters" (HMW 12, S. 715).

> Das einzige, was mich am Theater interessiert, ist die Erfahrung, die ich da machen kann. Wenn man eine Erfahrung macht, kann man die nicht sofort auf den Begriff bringen – sonst wäre es ja keine! Die Erfahrung ist blind, die Seher waren blind, und der Fortschritt wurde von Krüppeln gemacht.[766]

Darüber hinaus besteht er primär auf dem sinnlichen Aspekt der Erfahrung:

> Es gibt einen falschen Begriff, eine falsche Tradition von Aufklärung. Wenn ich einen Text, einen poetischen Text lese, dann will ich den zunächst mal nicht verstehen. Ich will ihn irgendwie aufnehmen, aber mehr als eine sinnliche Tätigkeit, denn als eine begriffliche. Und es gibt so eine Tradition von Rationalismus, die verhindert zum Beispiel die sinnliche Wahrnehmung von Texten. Erst wenn man einen Text sinnlich wahrnehmen kann, kann man ihn später auch verstehen. Das Verstehen ist aber ein Prozess und kann nicht eine erste Annäherung sein.[767]

Allein schon der dem Stück zugrunde liegende Maschinenkomplex, in dem Menschliches und Mechanisches konvergieren, ließe sich als prototypisches Motiv des Grotesken auffassen, umso mehr der mechanisch-kreisende Ablauf des Historischen, der im beständigen Wechsel von Umsturz und Reaktion auf den Karnevalscharakter von Revolutionen verweist, sofern sie als Straßen- oder Marktplatzphänomen verstanden werden.[768] In der ‚Hamletmaschine' jedoch bedarf es keiner Revolution mehr, um die Verhältnisse auf den Kopf zu stellen, in ihrem nicht zu durchbrechenden, zyklischen Ablauf erscheinen sie schon von Grund auf pervertiert und zum fortwährenden Karneval verkommen. Wenn also der Karneval oder, im übertragenen Sinne, die Pest (‚Pest in Buda') nicht mehr als Ausnahmesituation erfahren wird, die – wie bei Petrarca und Boccaccio – das Erzählen von Geschichte(n) oder dramatische Konstellationen ermöglicht, sondern strukturbildend erscheint, so verliert auch das einzelne, vermeintlich groteske Bild in der Fülle der gleichzeitig anbrandenden Fratzenhaftigkeiten seine Wirkmacht und utopische Strahlkraft – ebenso wie ein traditionelles Theater, das vorgibt, Welt repräsentieren zu wollen:

> Wie die Pest ist das Theater eine Krise, die mit dem Tod oder der Heilung endet. Und die Pest ist ein höheres Leiden, weil sie eine vollständige Krise ist, nach der nichts übrig bleibt als der

---

[766] HMW 8, S. 257. Vgl. dazu Deleuze/Guattari 1976, S. 40: „Die ‚kleine' oder revolutionäre Literatur indessen beginnt mit dem Sagen und sieht oder begreift erst später […]. Der Ausdruck muss die Formen zerbrechen, die Bruchstellen und neuen Verzweigungen angeben. Ist eine Form dann zerbrochen, so gilt es, den Inhalt zu rekonstruieren, der zwangsläufig mit der Ordnung der Dinge im Bruch sein wird. Den Stoff mit sich fortreißen, ihm vorauseilen."
[767] HMW 8, S. 299.
[768] Vgl. Danow 1995, S. 20.

> Tod oder eine Läuterung ohne Maß. So ist auch das Theater ein Leiden, denn es stellt das höchste Gleichgewicht dar, das nicht ohne Zerstörung erreichbar ist.⁷⁶⁹

Es geht Müller auch in der ‚Hamletmaschine' um nichts anderes, als das hier von Artaud so plastisch ins Licht gerückte kathartisch-utopische Potential des Theaters wieder zu beleben. Diese krisenhafte Bewegung zieht jedoch unter anderem die Atomisierung des Grotesken nach sich, das nun nur noch eine Stimme im Konzert des polyphonen Schreibvorgangs bildet.

Das ‚Scherzo', Zentrum der ‚Hamletmaschine' und einzige Szene, die sich noch von Ferne an das verloren gegangene dialogische Prinzip des Dramatischen anlehnt, bietet mit das größte Material an Bildern, die in anderen Zusammenhängen als „grotesk" apostrophiert werden könnten. Doch schon der Titel macht die „Krisenhaftigkeit des Textes"⁷⁷⁰ deutlich. Als Begriff aus der Musiktheorie bezeichnet „Scherzo" (ital.: Scherz) den spielerischen Mittelsatz einer größeren Komposition (etwa einer Sonate oder Sinfonie), der seit Ende des 18. Jahrhunderts das Menuett ablösen kann. Es kann verschiedene Färbungen annehmen, deren Spannbreite vom heiteren Tanzsatz in schwirrend-schwebender (Felix Mendelssohn Bartholdy, Hector Berlioz), kraftvoll-rustikaler (Anton Bruckner), melancholisch-grotesker (Gustav Mahler) oder tragikomischer (Dmitri Schostakowitsch) Atmosphäre bis hin zum düster-dämonischen Charakterstück (Frédéric Chopin) reichen kann.⁷⁷¹ In seinem ‚Scherzo' zieht Müller, wie es scheint, diesen interpretatorischen Spielraum zusammen und gestaltet durch die Überschwemmung des Rezipienten mit surrealem Bildmaterial einen apokalyptischen Totentanz, der Schulz zufolge an eine „‚absurde' Variante shakespearescher Geisterszenen"⁷⁷² erinnert. Durch das Zerreißen jeglichen narrativen Zusammenhangs, wird die kategorielle Einordnung dieser Bilderflut deutlich erschwert, wenn nicht ganz verunmöglicht. Konfrontiert mit der von Müller gelegentlich als „Traum im Traum"⁷⁷³ bezeichneten Szene fühlt sich der Rezipient so fremd, wie Hamlet in seiner Rolle. Berendse erkennt allerdings gerade in diesem jede Ordnungsmacht außer Kraft setzenden ästhetischen Verfahren ein karnevaleskes Prinzip:

---

769 Artaud 2012, S. 41.
770 Berendse 1999, S. 237.
771 Vgl. Steinbeck, Wolfram: Scherzo. In: Die Musik in Geschichte und Gegenwart. Allgemeine Enzyklopädie der Musik. Hrsg. von Finscher, Ludwig. 2. Ausg. Sachteil 8. Kassel u. a. 1998, S. 1054–1063, hier S. 1058 ff.
772 Schulz/Lehmann 1980, S. 152.
773 Jourdheuil 2003, S. 225.

> Die Textur der kurzen Dialogcollage ist instabil, besteht aus Brüchen, in denen die närrischen Gestalten ihr Unwesen treiben. Zweifelhafte Positionen werden konstruiert, um sie im gleichen Atemzug zu verwerfen. [...] Indem sich Autor und fiktives Personal wiederholt in Gegenbildern spiegeln, kreiert Müller eine karnevaleske Szenerie, in der die Geschichte, die Bezugspersonen, letztlich der Autor selbst [...] zu verschwinden drohen.[774]

Zudem ist das Spiel im Spiel, das Müller im ‚Scherzo' entwirft – nebenbei ein durchgängiger Topos seines Werkes –, ein häufiges Merkmal grotesker Nachtstücke. Bei Bonaventura etwa spiegelt sich das Bodenloswerden der Welt kongenial in einem Spiel im Spiel, das Hamlet und Ophelia im Narrenhaus zeigt. In der ‚Hamletmaschine' nimmt Müller auf dieses Vorbild insofern Bezug, als es auch hier um den Griff des Spiels, der Fiktion nach der Wirklichkeit geht, dem Ophelias Bewusstsein bei Bonaventura erliegt.[775] Doch auch in anderer Hinsicht zeigt sich die Verbindung der ‚Hamletmaschine' zu den Nachtstücken der Romantik: So scheint etwa die Geschichte in Hamlets erstem Monolog in ewige Nacht getaucht – „Die Hähne sind geschlachtet. Der Morgen findet nicht mehr statt."[776] –, und auch Ophelia/Elektra spricht aus dem „Herzen der Finsternis"[777]. Entsprechend bezeichnet Jourdheuil den Text in einem Atemzug als „Schauergeschichte" und „Allegorie für das Ende des Kalten Krieges".[778]

Die Erkennbarkeit und somit die Wirkmacht des Grotesken bedarf allerdings immer eines stabilen Bezugspunktes – sei es nun auf inhaltlicher oder formaler Ebene –, von dem aus das Unterlaufen der gängigen Ordnungsmuster in Gang gesetzt wird. Ein solcher Bezugspunkt ist jedoch, zumindest textimmanent, in der ‚Hamletmaschine' nicht mehr auszumachen. Glaubt man einen roten Faden gefunden zu haben, an dem entlang sich eine stringente Interpretation entspinnen könnte, rotiert die Maschine sofort einige Umdrehungen weiter, der Faden verheddert sich und reißt. Ebenso wenig wie also eindeutig über eine affirmative oder ablehnende Haltung des Textes gegenüber dem Maschinenkomplex entschieden werden kann, verhält es sich mit den einzelnen Motiven und Strukturen des Grotesken – wenn auch die Topoi des „geistigen Nachtraums" und der „Nachtseite des Lebens" im Motiv- und Metaphern-Strudel der ‚Hamletmaschine' noch am weitesten zu führen scheinen.

Den karnevalesk-grotesken Motivkomplex des Sich-Einverleibens und Veräußerlichens von Welt etwa nutzt Müller fern aller vitalistischen Konnotation für

---

[774] Berendse 1999, S. 237.
[775] Klingemann 1974, S. 157–170 (14. Nachtwache). Vgl. auch Kayser [1957], S. 64.
[776] HMW 4, S. 546.
[777] Ebd., S. 554.
[778] Jourdheuil 2003, S. 226.

die Vergegenständlichung eines ans Absurde grenzenden, stets im Zeichen der Gewalt ablaufenden, ebenso biologischen wie historischen Kreislaufs von Werden und Vergehen:

> Ich stoppte den Leichenzug, stemmte den Sarg mit dem Schwert auf [...] und verteilte den toten Erzeuger FLEISCH UND FLEISCH GESELLT SICH GERN an die umstehenden Elendsgestalten. Die Trauer ging in Jubel über, der Jubel in Schmatzen, auf dem leeren Sarg besprang der Mörder die Witwe SOLL ICH DIR HINAUFHELFEN ONKEL MACH DIE BEINE AUF MAMA: Ich legte mich auf den Boden und hörte die Welt ihre Runden drehn im Gleichschritt der Verwesung.[779]

Im Spannungsfeld von Inkorporation und Exkorporation bewegt sich auch das wiederkehrende Herz-Motiv[780], das mit einigem Recht als eines der Leitmotive des Textes bezeichnet werden kann. Hamlet etwa möchte Ophelias „Herz essen"[781], wobei die Metapher „Herz", wie Weitin ausführt, mehrere Konnotationen besitzt:

> „Herz" ist beides: metaphorische Markierung des Gedächtnisses und Liebesmetapher der verlorenen Innerlichkeit, der engsten Verbindung und des unmittelbaren Zugangs zum anderen. Das bis zur Einverleibung gesteigerte romantische Begehren nach Einswerdung ist Grund und Ziel der Hamletschen Bezugnahme, die in ihrer grenzenlosen Unmittelbarkeit dem anderen gegenüber in Gewalt umschlägt.[782]

Ophelia wiederum gräbt sich die Uhr aus der Brust, die einmal ihr „Herz war"[783], und vollzieht damit endgültig den Bruch mit der Praxis der weiblichen Unterwerfung, der sich schon in ihrem Ablassen vom Selbstmord angekündigt hatte: „Sie bricht [...] mit dem Kontinuum der Geschichte, die sie als die immergleiche Gewalt der Objektifizierung der Frau erfahren hat, und stellt den chronologischen Zeitbegriff der patriarchalen Historie überhaupt in Frage."[784]

Im ‚Scherzo' wiederum imaginiert Müller eine *„Madonna mit dem Brustkrebs"* auf einer Schaukel, deren Geschwür zum Ende der Szene *„strahlt wie eine Sonne".*[785] Statt dem von Sonnenstrahlen umkränzten Herzen der Immaculata trägt das Marienbild den Krebs in der Brust, an der sie den Messias genährt hat. Gelesen werden könnte dies als kaum zu überbietendes groteskes Bild für die Perversion

---

779 HMW 4, S. 545.
780 Verwiesen sei in diesem Zusammenhang auch auf Müllers ‚Herzstück' (1981), das dieses Motiv in satirischer Weise erneut verarbeitet.
781 HMW 4, S. 547.
782 Weitin 2003, S. 337.
783 HMW 4, S. 548.
784 Weitin 2003, S. 333 f.
785 HMW 4, S. 548 f.

der kommunistischen Utopie – in der nachfolgenden Szene dargestellt am Beispiel des Ungarnaufstands –, mit der sich eine Hoffnung verband, von der sich ein Großteil der marxistischen Intellektuellen auch angesichts der in ihrem Namen verübten Greuel nicht trennen konnte.

All diese Herz-Metaphern, mit Ausnahme der letzten, sind in der Interpretation allerdings deutlich auf die Verbindungsleistung des Rezipienten angewiesen. Hier wird nicht mehr – im Sinne theatraler Repräsentation – ein Stock verschluckt wie in ‚Germania', oder, wie im ‚Gundling', an der Rampe gekotzt. Das Motiv geht vielmehr in einem sprachlichen Zusammenhang auf, der seine Kategorisierung als „grotesk" nicht mehr in Form kalkulierter Bildlichkeit zulässt. Das surreal verzerrte Umfeld sprengt grundsätzlich jeden geordneten Bezugsrahmen und ermöglicht so kein plötzliches Bodenloswerden der Welt mehr. Dies gilt auch für weitere, den Monologen entnommene sprachliche Bilder, die beispielsweise die destruktive Tendenz geschichtlicher Prozesse sarkastisch auf die Spitze treiben:

> Man sollte die Weiber zunähn, eine Welt ohne Mütter. Wir könnten einander in Ruhe abschlachten, und mit einiger Zuversicht, wenn uns das Leben zu lang wird oder der Hals zu eng für unsere Schreie.[786]

Motivisch erscheint das Bild als schauerliche Verkehrung des karnevalistischen Topos der Weiblichkeit und seiner vitalistischen Funktion:

> Die Frau der „gallischen Tradition" ist das Körpergrab für den Mann [...]. Sie ist eine Art verkörperlichte, personifizierte obszöne Beschimpfung an die Adresse aller abstrakten Ansprüche, aller starren Perfektion, Vollkommenheit und Abgeschlossenheit. Sie ist das unerschöpfliche Reservoir der Empfängnis, das alles Alte und Fertige zum Tode verurteilt.[787]

Bei Müller verkörpert das Weibliche hingegen nicht mehr ein lebensspendendes, zukunftsverheißendes Prinzip, sondern Ursprung und Reproduktionsmaschine des allgemeinen historischen Gemetzels, das groteskerweise nur durch das Versiegeln dieser Quelle unterbunden werden kann – allerdings um den Preis der allgemeinen Vernichtung.

Wichtig ist es, die vollkommene Willkürlichkeit dieser Auswahl von Motiven zu betonen. Sie könnte jederzeit durch eine andere ersetzt werden, in der sich die Bilder auf wieder neue Weise ergänzen, ins Gespräch treten und/oder gegenseitig überlagern, und hängt ausschließlich von der Perspektive des Rezipienten ab. Die rationale Kategorisierbarkeit der Bilder hingegen, die das binäre Herrschafts-

---

786 Ebd., S. 546.
787 Bachtin 1995, S. 281.

prinzip des Maschinellen, bestehend aus Befehl und Vollzug, verlängern würde, wird bewusst gestört. Müller überträgt derart die an Hamlet und Ophelia exemplifizierte Spaltung des Bewusstseins auf den Leser/Zuschauer, der sich hin- und hergeworfen fühlt zwischen Momenten aufblitzender Erkenntnis und dem Empfinden, wo diese aussetzt, den Text als rein ästhetische Erfahrung auf sich wirken lassen zu müssen: „Müllers Zerr-arbeitungsmaschine stückelt und verteilt den ‚Hamlet'; Material wird eingegeben, und die Grübelmaschine unterhöhlt und durchfurcht das Terrain der Literatur. Die Maschine foltert nicht nur die Wahrnehmung des Lesers – auch das Verarbeitete selbst."[788] Daraus speist sich nicht zuletzt der provokante Charakter des Stücks, das neben der Frage nach den Einflussmöglichkeiten des Subjekts auf die Geschichtsmaschine, die es stellt, auch „gegen das Räderwerk" einer alles vereinnahmenden Kulturpolitik in der DDR polemisiert. Es fordert auf sibyllinische Weise die Normpoetik des Sozialistischen Realismus heraus, mitsamt ihren festgefahrenen Traditionen dramatischen Schreibens, literarischen Erbens und der behaupteten Kontinuität „abendländischer Werte": „Hamletmaschine' rotiert, um das ideologische Zeitkontinuum zu zersetzen, in dem alles seinen Sinn immer schon vorgeschrieben bekommt."[789]

In der ‚Hamletmaschine' führt Müller, wie nicht zuletzt an den vielen intertextuellen Bezugnahmen auf das Lessing-Triptychon aus ‚Leben Gundlings' ersichtlich wird, die dort entwickelte polyphone Dramaturgie weiter, um sie mit ‚Bildbeschreibung' zu einem formalen Höhe- und Endpunkt zu treiben. In dem Text, den Müller selbst als „Explosion einer Erinnerung in einer abgestorbenen dramatischen Struktur"[790] bezeichnet, sind auch die letzten Reminiszenzen der dramatischen Konvention getilgt.[791] Konsequenterweise befreit der Autor somit in einer Nachbemerkung dramatische Handlung und Text für den Fall einer Aufführung aus der gegenseitigen Verpflichtung.[792] Der Text breitet sich als monologischer Block vor dem Rezipienten aus, bestehend aus einem einzigen, sich über acht Seiten erstreckenden Satzgefüge. Die polyphone Sprechhaltung wird auch hier durch eine forcierte Intertextualität gestützt und zudem durch den variablen, meist im Potentialis formulierten Zugriff auf die dargebotenen Bilder – Müller

---

[788] Schulz/Lehmann 1980, S. 157.
[789] Ebd., S. 157 f.
[790] HMW 2, S. 119.
[791] Eine Tatsache, die den Herausgeber der Werkausgabe, Frank Hörnigk, offenbar dazu veranlasste, den Text – obwohl ursprünglich für das Theaterfestival „Steirischer Herbst" geschrieben – in den Prosaband statt in einen der Stückebände aufzunehmen.
[792] Vgl. HMW 2, S. 119.

benutzt 29 Mal das Wort „oder", elf Mal das Wort „vielleicht" – gesteigert.[793] Florian Vaßen begreift den Text insofern als „theatrale Radikalisierung"[794] des Genres Bildbeschreibung – wobei allerdings die Frage nach seinen theatralen Qualitäten durchaus berechtigt erscheint:

> Anders als in der langen Geschichte der abendländischen Bildbeschreibung – man denke an Lessing, Diderot, Heine, Lichtenberg oder Goethe – löst Müller das Bild in viele Bilder der „Übermalung" auf, die „Fabel in viele mögliche Geschichten, die Beschreibung in mehrdeutige Aussagen, den Beobachter in Figurationen des Bildes. Die Beschreibung des Bildes zielt demnach nicht auf eindeutige Erkenntnis oder Wahrheit, sondern auf Hypothesen und durchgespielte Möglichkeiten – das Bild wird zum Suchbild.[795]

Müllers Text beschreibt im doppelten Sinne[796] das „Traum-Bild" einer bulgarischen Freundin seiner Frau Ginka Tscholakowa, das ohne große „psychoanalytische Kenntnisse" oder zeichnerische Fähigkeiten angefertigt wurde.[797] Als stetig neues „Übermalen" eines bereits angefangenen Bildes beinhaltet er Müller zufolge potentiell auch die Übermalung eines klassischen Textes (der ‚Alkestis' des Euripides), die zwei weitere (den 11. Gesang von Homers ‚Odyssee' und Shakespeares ‚The Tempest') zitiert und auf das No-Spiel ‚Kumasaka' und Hitchcocks ‚Vögel' Bezug nimmt.[798] Vaßen macht außerdem auf seine Beziehung zu Motiven des Prometheus-, Orpheus- und Ödipus-Mythos, zu Becketts sprachlichen Körperdestruktionen und Robert Wilsons Bildertheater aufmerksam. Evoziert würden fernerhin Erinnerungen an die surrealen Bilder Magrittes und Foucaults Beschreibung von Diego de Velázquez' ‚Las Meninas'.[799]

---

793 Müller bezeichnet diese Technik – in Anlehnung an Otto Ludwig und dessen Untersuchung der shakespeareschen Monologtechnik als – „Technik des Anschwellens" (HMW 8, S. 339): „Erst kommt ein Gedanke, dann ein zweiter, und diese werden mit *blow-up* bewegt; es schwillt immer weiter, und im Prozeß dieses Anschwellens werden immer mehr Dinge reingezogen in diese einfache Linie, die eine einfache Grundlinie ist: sie zieht immer mehr Stoff an."
794 Vaßen, Florian: Bildbeschreibung. In: Heiner Müller Handbuch. Hrsg. von Lehmann, Hans-Thies/Primavesi, Patrick. Stuttgart 2003, S. 197–200, hier S. 197.
795 Ebd., S. 198.
796 Vgl. HMW 8, S. 340 bzw. HMW 9, S. 269: „Ein Bild beschreiben heißt auch, es mit Schrift übermalen. [...] Die Struktur des Textes ist, ein Bild stellt das andere in Frage. Eine Schicht löscht jeweils die vorige aus, und die Optiken wechseln. Zuletzt wird der Betrachter selbst in Frage gestellt, also auch der Beschreiber des Bildes." Folgerichtig bezeichnet Fuhrmann den Text auch als „surrealistische[s] Palimpsest" (Fuhrmann 1997, S. 46).
797 Vaßen 2003, S.197.
798 HMW 2, S. 119.
799 Vgl. Vaßen 2003, S. 197 f. Auf diese zahlreichen intertextuellen Bezüge kann hier aus Gründen der Beschränkung nicht näher eingegangen werden.

Thematisch entwickelt der Text auf Basis der zeichnerischen Vorlage „eine *geschichtsphilosophische* ‚Versuchsanordnung'"[800], die ebenso wie ‚Hamletmaschine' nach einer Möglichkeit des Austritts aus dem historischen Kontinuum fahndet. Gesucht ist „die Lücke im Ablauf", deren Aufblitzen durch den immer neuen und das Neue anerkennenden, durch den offenen Zugriff auf Welt erhascht und historisch produktiv gemacht werden soll. Als Unterbrechung des hypotaktischen Textflusses markiert der Doppelpunkt dabei die womöglich nur Sekundenbruchteile dauernde, vehement beschworene Störung, die den gewohnten Ablauf unterbrechen könnte:

> [...] das Bild eine Versuchsanordnung, die Rohheit des Entwurfs ein Ausdruck der Verachtung für die Versuchstiere Mann, Vogel, Frau, die Blutpumpe des täglichen Mords, Mann gegen Vogel und Frau, Frau gegen Vogel und Mann, Vogel gegen Frau und Mann, versorgt den Planeten mit Treibstoff, Blut die Tinte, die sein papiernes Leben mit Farben beschreibt, auch sein Himmel von Bleichsucht bedroht durch die Auferstehung des Fleisches, gesucht: die Lücke im Ablauf, das andere in der Wiederkehr des Gleichen, das Stottern im sprachlosen Text, das Loch in der Ewigkeit, der vielleicht erlösende FEHLER: zerstreuter Blick des Mörders, wenn er den Hals des Opfers auf dem Stuhl mit den Händen, mit der Schneide des Messers prüft, auf den Vogel im Baum, ins Leere der Landschaft, Zögern vor dem Schnitt, Augenschließen vor dem Blutstrahl, Lachen der Frau, das einen Augenblick lang den Würgegriff lockert, die Hand mit dem Messer zittern macht [...][801]

Die Vermutung, dass die Sonne auf dem Bild im Zenit steht, zeigt den großen historischen Zeitpunkt an – die „STUNDE DER WEISSGLUT", den „grosse[n] Mittag"[802] – und stellt gleichzeitig den Glauben an geschichtliche Schlüsselmomente in Frage: „vielleicht steht DIE SONNE dort immer und in EWIGKEIT"[803]. Die Suche erfolgt somit nun nicht mehr über die serielle, sondern über die variable Reproduktion des Kreislaufs (der Gewalt) – „welche Last hat den Stuhl zerbrochen, den andern unfest gemacht, ein Mord vielleicht, oder ein wilder Geschlechtsakt, oder beides in einem"[804] –, erlaubt keine zusammenhängende Handlung mehr und bringt das Drama zur Explosion. Der Text entwickelt so ein „vagabundierend[es]", „ästhetisch [...] montierend[es]", ein „*topographisches* Sehen", das dem gewöhnlichen „rahmenden Sehen" entgegengesetzt ist und zum Verlust der „Zentralperspektive" führt, der die Bilder zur Vielzahl ihrer Deutungsmöglichkeiten hin befreit:

---

800 Ebd., S. 198.
801 HMW 2, S. 118.
802 Nietzsche 2002, S. 408.
803 HMW 2, S. 112.
804 Ebd., S. 115.

> Diese Art des Sehens korrespondiert mit der *Dissoziation* des Subjekts. Das beobachtende „ICH" tritt selbst ins Bild, wird zu einem Seh-Apparat in der „Versuchsanordnung" von „Gerät" und „Linse" [...] und schließlich ein ständig wechselnder Teil des Bildes; das Ich als Frau, Vogel und/oder Mann [...].[805]

In diesem Kontext wird jedes entstehende groteske Motiv von den neu hinzukommenden, sich überlagernden Bildern und Perspektiven sofort wieder übermalt bzw. könnte sich in der dramatischen Handlung auf dem Theater vollkommen losgelöst vom eigentlichen Text, ohne Kontrolle durch oder Rückbindung an ihn, entwickeln. Der Herrschaftsanspruch der ästhetischen Kategorie wird zugleich mit dem des dramatischen Textes über das theatrale Bild vollständig getilgt. Als absolut offenes Spielangebot, als „Spielmodell", wie Müller sagt, beinhaltet der Text somit neben dem utopischen Moment der vollkommenen Hierarchiezertrümmerung, das in der Form aufgehoben ist, auch eine „Theaterutopie"[806]:

> Was BILDBESCHREIBUNG angeht: das kann jeder machen, mehr oder weniger gut und jeder anders. Die avancierteste Kunst ist die demokratischste, jeder Mensch kann ein Bild beschreiben, die Beschreibung produziert neue Bilder, wenn er mitschreibt, was ihm einfällt während der Beschreibung. Es ist ein Spielmodell, das allen zur Verfügung steht, die sehen und schreiben können.[807]

Im Hinblick auf das Dramatische und seine Möglichkeit der szenischen Realisierung auf dem Theater allerdings betrachtet Müller ‚Bildbeschreibung' als den „Endpunkt oder Nullpunkt"[808] einer Phase, von dem aus mit dem Schreiben für das Theater wieder neu angesetzt werden müsse.[809] Er bezeichnet den Text als „Autodrama", als „ein Stück, das man mit sich selbst aufführt, mit sich selbst spielt", in dem „[d]er Autor [...] sein eigener Darsteller und Regisseur wird" – entbunden von allen ästhetischen und politischen Verantwortlichkeiten: „Das Schreiben war ein Urlaub von der DDR, ein, vielleicht narzißtischer, Befreiungsakt. Danach konnte ich ‚Wolokolamsker Chaussee' schreiben."[810] Doch schon vor diesem Befreiungsschlag werden mit ‚Auftrag', ‚Quartett', ‚Verkommenes Ufer Medeamaterial Landschaft mit Argonauten' und ‚Anatomie Titus Fall of Rome' jene dramatischen Konstellationen, dialogischen Strukturen und fester umrisse-

---

805 Vaßen 2003, S. 199. Vgl. HMW 2, S. 119. Die Formulierung vom Verlust der „Zentralperspektive" schreibt Müller Sylvère Lotringer zu (vgl. HMW 8, S. 345).
806 Vaßen 2003, S. 199.
807 HMW 9, S. 269 f.
808 HMW 10, S. 457.
809 Vgl. ebd., S. 458.
810 HMW 9, S. 269.

nen Figurencharaktere wieder möglich, denen sich ‚Hamletmaschine' verweigert hatte. Die Verlagerung ästhetischer Prioritäten innerhalb des müllerschen Werks lässt sich also vor der ‚Hamletmaschine' anhand einer relativ stringenten Entwicklungs- bzw. Auswicklungslinie beschreiben, die von der zusammenhängenden dramatischen Handlung zum Fragmentarischen, vom Dialogischen zum Monologischen, von stringenten Figurencharakteren hin zu verschwimmenden Identitäten führt. Nach 1977 kehrt sich diese Bewegung offenbar um, ohne dass der Ausgangspunkt einer narrativen, von Handlung und Dialog bestimmten dramatischen Struktur wieder erreicht würde. Das zeigt nicht nur ein formaler ‚Rückschlag' wie ‚Bildbeschreibung', auch die Intermedien in ‚Anatomie Titus', die drei inhaltlich und formal auseinanderfallenden Teile von ‚Verkommenes Ufer', die monologische Struktur von ‚Quartett' und die Traumbilder des ‚Auftrag' weisen darauf hin.

III.4.3 Die funktionalen Äquivalenzen von grotesker und polyphoner Dramaturgie

Müllers dramatische Texte zeigen also ab Mitte der 1970er-Jahre eine Verabschiedung vom Grotesken als kalkuliertem Mittel des „Ausdruck[s] [einer] nicht gelingenden Vermittlung von Subjektivität und den als objektiv erfahrenen, weltimmanenten Strukturen"[811], die sich unter zwei charakteristischen Aspekten vollzieht.

Der erste Aspekt lässt sich unter dem Stichwort Utopie und Form zusammenfassen. Im ersten Teil von ‚Leben Gundlings' erfährt das Groteske als Medium der Instabilität und des Subversiven seinen Kulminationspunkt und seine Sprengung. Müller verabschiedet sich dort vorübergehend von einem ästhetischen Mittel, das in seinen vorangegangenen Stücken hohe Konjunktur hatte. Während Bachtin am Grotesken gerade das Moment der Unterwanderung und Zerstörung von Macht betont, das sich im Lachen äußert, entwickelt es sich im ‚Gundling' zum Transportmittel einer kaum mehr zu überbrückenden Negativität, der das Lachen als vitales Zeichen ihrer Aufhebbarkeit fast vollständig abhandenkommt. So billigt es als „Spiel mit dem Absurden"[812] letzterem immer mehr Raum zu, ja läuft letztlich sogar Gefahr, vor ihm zu kapitulieren.[813] In einer derartigen Konzentration auf seine düsteren Aspekte kann das Groteske dement-

---

811 So Roeblings Definition der Funktion des Grotesken in der Moderne (Roebling 1974, S. 901).
812 Kayser [1957], S. 202. Vgl. Sinic 2003, S. 103 und Pietzcker [1971], S. 92.
813 Für diese Möglichkeit vgl. Pietzcker [1971], S. 95.

sprechend nicht mehr als „Struktur" verstanden werden, „die der Sinnsuche in der Krise entspricht", wie Domdey mit Blick auf Müllers gesamtes dramatisches Werk behauptet.[814]

Heidsieck unterscheidet die ästhetischen Kategorien des Grotesken und Absurden nach der Art der in ihnen ausgedrückten Beziehung zur Welt. Während das Absurde mit Blick auf den Tod als universales menschliches Schicksal von einem subjektiven Weltverhältnis bestimmt sei, nämlich der „psychische[n] bzw. intellektuelle[n] Disposition, d[er] Fähigkeit, alles Wahrgenommene in das ‚Licht' einer allgemeinen Sinnlosigkeit zu tauchen"[815], werde das Groteske von einem objektiven Verhältnis zur Welt beherrscht, in dem sich die Frage nach dem Sinn gar nicht stelle.[816] Die absurde Dramatik der Moderne – als Beispiel führt Heidsieck Brechts ‚Im Dickicht der Städte' an – beinhalte somit eine „geschichtsphilosophisch-ästhetische Aporie":

> [D]er reale Schein von Absurdität, den die spätkapitalistische Gesellschaft im Dasein der einzelnen erzeugt und der als solcher (als produzierter) im Drama auch zur Darstellung gelangt, wird durch die absurdistische Tendenz der dramatischen Form so sehr verstärkt, daß die Absurdität zur förmlichen Qualität von Wirklichkeit, zu deren metaphysischer Bestimmung wird.[817]

Ganz anders wiederum verhält sich das Groteske, dessen Anspruch, so Pietzcker, gegenüber der absoluten Vereinnahmung durch das Absurde immer ein relativer bleibt. Es versteht sich als spezifisch gerichtete Kritik an einem augenfälligen Missstand, als „bestimmte Negation" (Hegel), und stiftet in der Ablehnung eines besonderen Inhalts durch die Evokation seines imaginären Gegenbilds ein neues Sinnangebot:

> Das Groteske macht den Entwurf, der versagt, als bestimmten, der notfalls durch einen anderen ersetzt werden kann, sichtbar und damit kritisierbar, das Absurde dagegen verschweigt ihn; so ist er auch nicht kritisierbar, das Ausbleiben eines bestimmten Sinns erscheint dadurch als Ausbleiben von Sinn überhaupt. Das Absurde behauptet die Sinnlosigkeit, das Groteske greift bestimmten Sinn an. Das Absurde versteht sich als metaphysisch, das Groteske als irdisch.[818]

Dass Müllers Dramatik einem vom Absurden bestimmten Weltverhältnis folge, davon kann allerdings nach allem bislang Ausgeführten keine Rede sein. Das

---

814 Domdey 1990, S. 536.
815 Heidsieck 1969, S. 39.
816 Vgl. ebd., S. 37.
817 Ebd., S. 64.
818 Pietzcker [1971], S. 95.

Umkippen des Grotesken ins Absurde, das ‚Leben Gundlings' reflektiert, scheint also andere Ursachen zu haben. Von Interesse sind diese besonders, da Heidsieck im Absurden offenbar eine Art Vorstufe des Grotesken vermutet, die sich im Hinblick auf die Erkenntnisfähigkeit historischer Realitäten noch nicht zu einem wahrhaft objektiven Vermögen entwickeln konnte.[819] Bei Müller jedoch erfolgt die Bewegung in umgekehrter Richtung, also vom Grotesken zum Absurden, ohne dass hier die Absicht vorläge, von einem objektiven Erkenntnisinteresse Abstand zu nehmen.

Den entscheidenden Faktor bei diesem Vorgang bildet die historische Krisenhaftigkeit des 20. Jahrhunderts, die Müllers Haltung zum Grotesken als Mittel realistischen Ausdrucks bzw. ästhetischer Kritik bestimmt. Als rationale Ordnungsstruktur zur Darstellung der nicht mehr gelingenden Vermittlung von subjektivem Weltempfinden und objektiv erfahrener Wirklichkeit scheint es Müller an seinem Kulminationspunkt in den 1970er-Jahren der dialektischen Aufhebung dessen, was es inhaltlich transportiert, im ästhetischen Formungsprozess nicht mehr gewachsen zu sein. Wo im Falschen und Verzerrten Utopisches aufscheinen soll, indem es dieses mit seinem idealen Gegenbild konfrontiert,[820] gerät es Müller im ‚Gundling' nur noch zum Abbild einer als grotesk erfahrenen Realität. Es versagt im Besonderen vor den faktischen Dimensionen des Grauens in Faschismus und Stalinismus, die der Autor als Erbschaft der preußischen Erziehungsdiktatur und deren Zweckrationalismus versteht. Diese Problematik beim ästhetischen Umgang mit dem Grotesken im 20. Jahrhundert bringt Heidsieck bereits 1969 auf den Punkt:

> Das [...] [grotesk] gestaltete Parallelbild der Welt will das Bild einer grotesken Welt sein. Jedoch [...] erreicht es diese in vielem gar nicht. Die vielfältigen Exzesse sind unter dem Faschismus in solchem Maße ausschweifend, so überaus grotesk geworden, daß sie nicht mehr darstellbar sind.[821]

Der Versuch ihrer Aufhebung im Grotesken kann so nur, wie Müllers selbstreflexive Ästhetik beweist, in einer Überschwemmung mit sich wirkungsästhetisch

---

819 Heidsieck 1969, S. 43.
820 Vgl. Domdey 1990, S. 549.
821 Heidsieck 1969, S. 114. Vgl. auch Stollmann 1997, S. 218 (Anm. 1): „Gemessen am klassischen Realitätsbegriff wandert unser Jahrhundert ins Unwirkliche. Bilder der Phantasie, Becketts in Mülleimern und Sandbergen steckende Figuren, also halbe Dinge, Kafkas Käfermensch, um das Anschaulichste zu nennen, könnten doch der eine Realismus, nichts als naive Abbildung einer Wirklichkeit sein, die mit menschlichen Augen bloß nicht mehr zu sehen ist. Der nächste Schritt der Evolution, ‚die Verschmelzung von Mensch und Maschine' (H. Müller) ist in vollem Gange. Nicht diese Bilder, sondern die Realität, die sie wiedergeben, ist das ‚absurde Theater'."

gegenseitig aufhebenden Bildern resultieren, die in der Gefahr, Abstumpfung zu produzieren, der alltäglichen medialen Überflutung durchaus ähnelt und gleichzeitig das Empfinden des Absurden perpetuiert.

Dass Müller 1976 trotzdem noch an die Darstellbarkeit des Scheiterns der Vermittlung von Subjekt und Welt im künstlerischen Ausdruck glaubt, zeigt sich an der in ‚Leben Gundlings' manifest werdenden Suche nach neuen ästhetischen Verfahren, die dieser Aufgabe gerecht werden könnten. Indem er den Rationalisierungsvorgang, den die ästhetische Formung der Wirklichkeit immer auch beinhaltet, mit dem Lessing-Triptychon auf ein Minimum reduziert, versucht er, dem Rezipienten die wahre Dimension der Kluft zwischen dem humanistischen Anspruch des Individuums und der es umgebenden gesellschaftlichen Sphäre zu veranschaulichen. Die in diesem Vorgang enthaltene polemische Auseinandersetzung mit der politischen Propaganda während des Kalten Krieges, die die Welt einfachen Ordnungsschemata von Gut und Böse, Freund und Feind unterwarf, zeigt, dass Müller den Anspruch nicht aufgibt, diesen Mechanismen subversive Korrekturbilder entgegenzusetzen, die das Bewahren von Utopie möglich machen sollen. Erst in seiner Autobiographie, also nach dem Zusammenbruch der DDR, verabschiedet er sich – wie es scheint endgültig – von dieser literarischen Wunschvorstellung.[822]

Der zweite Aspekt betrifft die spezifische Modernität von Müllers ästhetischen Überlegungen und hat unmittelbar mit der Verknüpfung von Utopie und künstlerischer Form zu tun. Ab der Mitte der 1970er-Jahre stellt der Autor radikal in Frage, dass das Groteske noch den „eigentlichsten Stil"[823] des 20. Jahrhunderts bilde, dessen historisch-politischen Verwerfungen also ästhetisch am ehesten beikommen könne. Hatte Victor Hugo mit der Einführung des Grotesken in die französische Romantik die Konzeptualisierung der „Innovation der Kunst" betrieben und einen „Metadiskurs für die Moderne" formuliert, der mit dem romantischen Drama einer neuen Kunstform den Weg ebnen sollte,[824] so besitzt es für Müller 150 Jahre später diese Kraft nicht mehr. Im ‚Gundling' macht er deutlich, dass ihm das Groteske bei der Zerstörung herkömmlicher Muster von Wahrnehmung nicht mehr radikal genug verfährt. Zwangsläufig ist damit jedoch die Erfahrung verbunden, dass der notwendige künstlerische Erneuerungsprozess dazu in der Lage sein muss, die inhaltlichen Funktionen und wirkungsästhetischen Ziele des Grotesken in einem neuen ästhetischen Zusammenhang

---

822 Vgl. HMW 9, S. 227 f.
823 Mann [1926], S. 268.
824 Rosen 2001, S. 893 f.

aufzuheben.[825] Ganz im Sinne von Jauß wird so „das Neue" in der Moderne nicht nur als „*ästhetische*" sondern vor allem als „*historische[]* Kategorie" begriffen, das durch den Zeitpunkt seines Hervortretens bestimmt ist:

> Es geht nicht in den Faktoren von Innovation, Überraschung, Überbietung, Umgruppierung, Verfremdung auf, denen die formalistische Theorie ausschließlich Bedeutung zumaß. Das Neue wird auch zur *historischen* Kategorie, wenn die diachronische Analyse der Literatur zu der Frage weitergetrieben wird, welche historischen Momente es eigentlich sind, die das Neue einer literarischen Erscheinung erst zum Neuen machen, in welchem Grade dieses Neue im historischen Augenblick seines Hervortretens schon wahrnehmbar ist, welchen Abstand, Weg oder Umweg des Verstehens seine inhaltliche Einlösung erfordert hat, und ob der Moment seiner vollen Aktualisierung so wirkungsmächtig war, daß er die Perspektive auf das Alte und damit die Kanonisierung der literarischen Vergangenheit zu verändern vermochte.[826]

Müller macht in einem ähnlichen Zusammenhang darauf aufmerksam, dass schon die mögliche Vereinnahmung einer ästhetischen Erfahrung durch den Begriff, ihre Rationalisierung also, die Kunst ihrer Fremdheit und damit ihrer Wirkmächtigkeit berauben kann. 1975 konstatiert er: „Kunst legitimiert sich durch Neuheit = ist parasitär, wenn mit Kategorien gegebener Ästhetik beschreibbar."[827] Er versteht seine künstlerische Arbeit grundsätzlich als stetige Provokation ästhetischer Kategorien – ein Weg, auf dem ihm das Groteske, als deren ungebärdigste, bis in die 1970er-Jahre hinein gute Dienste leistet. Die offenen Strukturen von Texten wie ‚Hamletmaschine' und ‚Bildbeschreibung' ermöglichen die ästhetische Erfahrung des Grotesken zwar noch, sie kann allerdings nur noch als spezifisch subjektive beschrieben werden und unterscheidet sich so fundamental von derjenigen, welche dem Rezipienten im ersten Teil von ‚Leben Gundlings' als noch relativ objektiv kategorisierbare zugänglich war. Dementsprechend entzieht sie sich auch immer mehr der metadiskursiven Erfassung.

Dass Müller sich mit dem zweiten Teil des ‚Gundling' vom Gebrauch der in Renaissance und Romantik vorgeprägten ästhetischen Motive und Strukturen des Grotesken abwendet und sich nun stattdessen an den beide Epochen ebenfalls charakterisierenden polyphonen Schreibweisen orientiert, zeugt somit nicht von einem ideologischen Umdenken, das das Projekt der Moderne zugunsten einer postmodernen Beliebigkeitsästhetik aufgibt, sondern vielmehr von einer ästhe-

---

825 Die Theorie formuliert dazu eine interessante Entsprechung. Für Rosen etwa ist die Frage nach dem Grotesken „unausweichlich immer mit Erneuerungsprozessen in den Künsten verbunden" (ebd., S. 899).
826 Jauß 1992, S. 193 f.
827 HMW 8, S. 174.

tischen Reflexion, die unter veränderten historischen Bedingungen die Wahl der künstlerischen Mittel den erwünschten Wirkungen anpasst. Die Suche gilt einer literarischen Strategie, die die Tradierung der Ideen der literarischen Moderne, die Verbindung von Ästhetik und Utopie garantiert, ohne dass dadurch Anleihen bei den künstlerischen Verfahren der Postmoderne ausgeschlossen würden – zumal diese sich ja eher durch eine geschichtsphilosophische Haltung denn durch ihre ästhetischen Strategien von der Moderne unterscheidet. Das „Neue" und die „künstlerische Erneuerung" sind hier, wie in Müllers Werk grundsätzlich, ganz im Sinne der Aufklärung historisch-politisch konnotiert und dienen dem Unterlaufen jeder Art von Machtstrukturen.

Aufgehoben sind also in dem neuen ästhetischen Verfahren, das Müller zugleich mit der Sprengung des Grotesken als kategorisierbarem Inhalt entwickelt, weite Teile der wirkungsästhetischen Funktionen, denen das Schreiben in Anlehnung an seine Traditionen zuvor gedient hatte. Hatte Müller das Groteske bisher motivisch zur Aufdeckung untergründiger Strukturen von Realität genutzt, übernimmt diese Aufgabe nun die polyphone Schreibweise, indem sie an der Dekonstruktion jeglicher Machstrukturen arbeitet. Wenn Thomas Mann das Groteske als „das Überwahre und überaus Wirkliche"[828] definiert, das das eigentliche Wesen einer Erscheinung erst ans Tageslicht bringe, so wollen dem formal auch die Auflösungsformen des traditionellen Dramas im Lessing-Triptychon, in der ‚Hamletmaschine' und in ‚Bildbeschreibung' entsprechen. Das „Überwahre" tritt nun in der Kritik am vereinheitlichenden Denken zu Tage, der sich diese Texte in ihrer vielstimmigen, chaotischen Struktur widmen. Ihre Multiperspektivität vertritt dabei ein Prinzip sinnlich-ästhetischer Erfahrung, das das Groteske als intellektuelles „Prinzip der Erkenntnis"[829] ablöst.

Auch in der Auseinandersetzung mit den klassischen Konzepten von Drama und Theater verlegt sich Müllers neue Dramaturgie, ähnlich wie zuvor das Groteske, auf die Irritation und Unterwanderung der Wahrnehmungsgewohnheiten des Rezipienten. Die rhizomatischen Strukturen, mit denen Müller im ‚Gundling' zu experimentieren beginnt, weisen den sprachlichen Zugriff des Menschen auf Welt, der Wirklichkeit und Subjektivität letztlich erst konstituiert, als Machtsystem aus und versuchen, dessen Einheit stiftenden Gestus zu stören. Wie schon mit dem Einsatz des Grotesken wehrt sich der Autor zudem gegen die Vorschriften eines staatlich verordneten, klassizistischen Prinzipien verpflichteten Sozialisti-

---

828 Mann, Thomas: Betrachtungen eines Unpolitischen [1918]. In: Mann: Große kommentierte Frankfurter Ausgabe. Werke – Briefe – Tagebücher. Bd. 13/1. Hrsg. von Detering, Heinrich u. a. Frankfurt am Main 2009, S. 614. Vgl. auch Kayser [1957], S. 170.
829 Cramer, Thomas: Hoffmanns Poetik der Groteske [1970]. In: Das Groteske in der Dichtung. Hrsg. von Best, Otto F. Darmstadt 1980, S. 229–235, hier S. 235.

schen Realismus, aber auch gegen den Ordnungsanspruch von Literatur im Allgemeinen. Gilt das Groteske seit Renaissance und Romantik als ein mit der neoklassischen Tradition nicht zu vereinbarendes Mittel, das „von jeher mit Bann belegt wird, weil e[s] ihre traditionellen Glaubenssätze (wie Ordnung, Hierarchie, Sinn) in Frage zu stellen scheint"[830], kritisiert Müller nun dieses selbst, da es als ästhetische Kategorie, die versucht, herkömmliche Ordnungsmuster zu stören, dem Paradox, diese Störung wiederum rational aufheben zu müssen, nicht entkommen kann. Müller arbeitet an einer Verselbstständigung der Rezeptionsmöglichkeiten des Theaters,[831] die keiner ideologischen Bindung mehr verpflichtet ist. Auf diese Weise konserviert er das subversive Potential, das zuvor dem Grotesken zukam, in den komplexen prosaischen und pantomimischen Strukturen, ohne dem selbstreferentiellen Widerspruch der Kategorie erneut zu verfallen. Er perpetuiert so zugleich das dem Grotesken inhärierende „para-ästhetische[] Prinzip, durch welches das Konzept des Bestimmten und Definierten in Frage gestellt" und „ein[] Repräsentationsmodus" konstituiert wird, „der die Bedingungen von Repräsentation als solche thematisiert und einer Kritik unterzieht".[832] Die „Subversion der Kunst, die notwendig ist, um die Wirklichkeit unmöglich zu machen"[833], liegt in dem grundsätzlich herrschaftszerstörenden Gestus dieses polyvalenten Schreibens und wird somit performativ aufgehoben.

Dementsprechend findet auch die geistesgeschichtliche Koppelung von „Idealismus und Groteske" in Müllers neuen ästhetischen Verfahren ihre Entsprechung. In der Forschung wird das Groteske für gewöhnlich nicht als Gegenpol zum Realismus, sondern zum Idealismus betrachtet, als kritischer Gegenentwurf zu jeder ideellen Konstruktion eines Erhabenen als Vereinigung der Wertebereiche des Schönen, Wahren und Guten. Allerdings lassen sich auch interessante Parallelen zwischen Erhabenem und Groteskem feststellen: Nicht nur eignet beiden eine ambivalente, von Anziehung und Abstoßung geprägte Wirkung, sie treffen sich auch in der Eigenschaft, grundsätzlich das sinnliche Fassungsvermögen des Menschen übersteigen.[834] So kann das Erhabene vom Grotesken nicht

---

830 Rosen 2001, S. 899.
831 Vgl. Keim, Katharina: Vom Theater der Revolution zur Revolution des Theaters. Bemerkungen zur Dramen- und Theaterästhetik Heiner Müllers seit den späten siebziger Jahren. In: Heiner Müller. Text und Kritik III. Hrsg. von Arnold, Heinz Ludwig. München 1997, S. 86–102, hier S. 90.
832 Scholl 2004, S. 589.
833 HMW 9, S. 329.
834 Vgl. Scholl 2004, S. 580 sowie Schulz 1989, S. 773 f. Schulz stützt sich in ihrer Argumentation auf die Definition des Erhabenen bei Kant: „Nach Kant ist im Gefühl des Erhabenen Unlust mit Lust gemischt. Als Sinnenwesen kapitulieren wir vor dem, was wir als Denkwesen selbst konstruieren: Unendlichkeit, Ewigkeit, das schlechthin Große, Momente der Geschichte, wenn sie gleichsam den Atem anhält, in bedeutungsträchtiger Schwebe Neues zu schaffen sich anschickt,

nur dekonstruiert werden, sondern in einer Gegenbewegung, gleichsam in der Negation des Grotesken, wieder als der utopische Ausblick erscheinen, der jene Verlässlichkeit der Weltorientierung bietet, die das Groteske unterminiert.[835]

In den Friedrich-Szenen konterkariert das Groteske die erhabenen Konstrukte von Geschichte – nach Stollmann „das Ferment jeder Groteske"[836] – und Macht, indem es sie mit der banalen menschlichen Wirklichkeit konfrontiert und der Lächerlichkeit preisgibt oder angesichts ihrer Verselbständigung individuelles Handeln grauenvoll ad absurdum führt. Dem Ohnmachtsempfinden des Einzelnen, das die dunklen Seiten des Grotesken evozieren und nicht mehr durch ideale Gegenbilder historisch-relevanten Handelns aufheben können, sucht Müller durch die Dekonstruktion des Dramas als idealisch-geschlossener Form beizukommen, indem er Geschichte und Macht – als Statthalter des Erhabenen – radikal hinterfragt: Das Erhabene wird „durch Themen, Stoffe, Formen evoziert, aber [...] durch den Umgang damit dekonstruiert"[837]. Dabei weisen die zerrissenen, fragmentarischen Texte in ihrer zur Schau gestellten Hermetik dieselbe wirkungsästhetische Dichotomie von Abstoßung und Anziehung auf, die auch am Grotesken beobachtet werden kann. Dahinter steht allerdings auch hier, trotz aller Examinierung der Geschichte „als Drama" – die Struktur des klassischen Fünfakters bzw. Dreiakters zeigt es – wie „[i]n vielen Theatertexten Heiner Müllers" die Frage, „ob noch einzulösen sei, was die revolutionären Projekte versprechen".[838] Die anarchisch-revolutionären Konnotationen der apokalyptischen Passage in ‚Lessings Traum' etwa sprechen eine ähnliche Sprache wie die eingeschnürte, aber wildharrende Ophelia am Schluss der ‚Hamletmaschine' und verweisen auf ein anderes, naturhaftes Konzept des Sublimen, das Müller Schulz zufolge all dem gegenüberstellt, was unter ein teleologisches Konstrukt von Geschichte zu fassen wäre. Die Struktur der Texte wiederum protegiert ein erhabenes Modell gesellschaftlicher Kommunikation, das als radikal-demokratisches dem historisch hergebrachten, hierarchischen entgegengesetzt wird.

> Die Texte leben von der Hochspannung zwischen dem Hegelianismus des Verbindens und der Versenkung in konkrete Geschichte, auseinanderstrebende singuläre Erfahrungen. [...]

Revolution, katastrophale Weltschlachten, maßlose Machtentfaltung. Das erhabene Objekt Macht löst als undurchschaubare, unberechenbare Größe das Gefühl radikaler Ohnmacht aus" (vgl. dazu Kant [1790], S. 184–189).
835 Vgl. Oesterle 2004, S. XIV-XV; Best 1980, S. 8; Rosen 2001, S. 893 und Jauß [1968], S. 157; vgl. auch Kayser [1957], S. 60 f., der sich bei seinen Ausführungen auf einen ursprünglich von Victor Hugo geprägten Gedanken stützt.
836 Stollmann 1997, S. 311.
837 Schulz 1989, S. 773.
838 Ebd., S. 774.

> Die Fragmentierung des Ganzen, die Konfiguration von Bruchstücken ist ohne die Gegenkraft des schließenden Denkens nicht zu verstehen.[839]

Auf der Suche nach der „Lücke im Ablauf", die Müller in ‚Bildbeschreibung' so metaphernreich umschreibt und der sich auch ‚Leben Gundlings' und ‚Die Hamletmaschine' widmen, schafft er parallel zur Dekonstruktion einer teleologischen Geschichtsmetaphysik Raum für ein neues Konzept des Erhabenen, das freilich ohne konkretes Bild auskommt und die Hoffnung auf Geschichte als Emanzipationsbewegung des Menschen nicht aufgeben will. Es darf nicht übersehen werden, dass gerade in der Widersprüchlichkeit solcher Überlegungen der sprachlichen Verfasstheit der menschlichen Vernunft Rechnung getragen wird, die dem begrifflich schließenden Denken nicht entkommen kann. Im Paradoxen, das machen die Texte Müllers klar, liegt die eigentliche Kraft des menschlichen Geistes, seine Möglichkeit zur Teilhabe an der Utopie.

Groteskes tritt immer dort auf, wo Normen und Werte ins Wanken geraten,[840] bringt grundsätzlich ein eminentes Schwellen- und Krisenbewusstsein zum Ausdruck. Es ist also „nicht nur [als] ästhetische Kategorie" zu verstehen, „sondern auch immer zugleich [als] ein Grenzphänomen des Ästhetischen. In dieser Doppelfunktion vereint es ästhetische und kulturdiagnostische Aspekte."[841] Müllers neue Dramaturgie exemplifiziert diese Erkenntnis unmittelbar. Bevor allerdings die Bedeutung des Grotesken für die weitere Entwicklung der müllerschen Ästhetik nach ‚Hamletmaschine' – die weit stärker als bisher von der Auseinandersetzung mit dem Tragischen und der Tragödie geprägt ist – eingeschätzt werden kann, sollte der Blick auf die Entstehung seiner großen Vorliebe für das Groteske im Frühwerk gerichtet werden. Denn so viel sei verraten: Das Groteske wird als kategorisierbarer Inhalt auch im späteren Werk wieder zum Tragen kommen. Ohne das Wissen um Müllers Entdeckung des Grotesken im Kommunikationsraum der frühen DDR und seine ästhetischen wie politischen Erfahrungen mit dessen dramatischer Wirkung ist diese vermeintliche Kehrtwende in seinen ästhetischen Überlegungen – wie die Rezeption vielfach gezeigt hat – kaum nachvollziehbar.

---

839 Ebd., S. 775; Schulz' These bezieht sich auf ‚Bildbeschreibung', kann aber genauso gut auf den Schlussteil des ‚Gundling' und ‚Die Hamletmaschine' übertragen werden.
840 Vgl. Sinic 2003, S. 97.
841 Oesterle 2004, S. XXV.

IV Entdeckung der Form als Schrecken – Die 1950er- und 1960er-Jahre

IV.1 Karneval des Beginnens – Heiner Müller und das Groteske im Kommunikationsraum der frühen DDR

Zwischen 1956 und 1961 entsteht Müllers Stück ‚Die Umsiedlerin oder das Leben auf dem Lande', das inhaltlich und vor allem formal einen Wendepunkt in seiner frühen dramatischen Arbeit markiert. Zum ersten Mal, so Müller, schreibt er kein Auftragsstück und kann sich „mit dem Gefühl der absoluten Freiheit im Umgang mit dem Material"[1] bewegen, zudem entsteht der Text in enger Rückkopplung mit der szenischen Umsetzung. Während Müller noch schreibt, beginnt der damals 23-jährige B. K. Tragelehn im Winter 1959/60 bereits mit den Proben an der Berliner Hochschule für Ökonomie in Karlshorst, deren Studententheater schon Müllers zuvor entstandene Stücke – ‚Der Lohndrücker' und ‚Die Korrektur' – auf die Bühne gebracht hatte.[2] Entstehung des Textes und Entwicklung der Inszenierung vollziehen sich so in engem Austausch, was nicht geringe Auswirkungen auf die inhaltliche und sprachliche Gestaltung hat.

Müller entwirft auf Basis eines Motivs aus Anna Seghers Erzählung ‚Die Umsiedlerin' – 1953 in der Textsammlung ‚Friedensgeschichten'[3] veröffentlicht – ein Panorama des kulturellen Umbruchs auf dem Lande in der Frühphase der DDR als „Epochenkollision zwischen zwei Gesellschaftsformationen"[4], in deren Zentrum die Probleme von Bodenreform (1949) und Kollektivierung (1952–1960) stehen. Diese Umwälzungen begreift er als einen „Vorgang von weltgeschichtli-

---

[1] HMW 9, S. 126. Laut B. K. Tragelehn entstand ‚Die Umsiedlerin' sehr wohl als „Auftragsarbeit des Deutschen Theaters", die zeitlichen Anforderungen an Müller scheinen aber wesentlich weniger rigide gewesen zu sein als bei den Stücken zuvor. Vgl. Tragelehn, B. K.: „Zeig mir ein Mausloch und ich fick die Welt". In: Explosion of a Memory Heiner Müller DDR. Ein Arbeitsbuch. Hrsg. von Storch, Wolfgang. Berlin 1988 (Tragelehn 1988b), S. 240–243, hier S. 242.
[2] Streisand, Marianne: Heiner Müllers „Die Umsiedlerin oder des Leben auf dem Lande". Entstehung und Metamorphosen des Stückes. In: Weimarer Beiträge 8 (1986), S. 1358–1384, hier S. 1362 f.
[3] Müller kannte diese Erzählungen aus der Sammlung ‚Der Bienenstock', die er 1953 für den Sonntag rezensiert hatte. Vgl. HMW 8, S. 33–36 bzw. Seghers, Anna: Friedensgeschichten. In: Seghers: Der Bienenstock. Gesammelte Erzählungen in drei Bänden. Bd. III. Berlin 1953, S. 5–26. Zitate aus der Vorlage erfolgen hier nach Seghers, Anna: Die Umsiedlerin. In: Seghers: Erzählungen 1945–1951. Berlin/Weimar 1977, S. 272–279.
[4] Schulz 1980, S. 36.

cher Spannweite"[5], der erstmalig die Ziele einlöst, deren Verwirklichung schon die Bauernkriege im 16. Jahrhundert gegolten hatten – in Müllers Augen die erste deutsche Revolution. Vor allem formal, aber auch was einzelne Figurenkonstellationen angeht, orientiert er sich darüber hinaus an Erwin Strittmatters ebenfalls mit der Bodenreform befassten Bauerndrama ‚Katzgraben', das er offensichtlich durch die ‚„Katzgraben"-Notate' kennengelernt hat, Brechts Probennotizen von 1952/53, die 1958 in einer Auswahl in der Zeitschrift ‚Junge Kunst' veröffentlicht wurden.[6] Außerdem weist Müller selbst Helen Fehervary auf den Einfluss von Alfred Matusches Stück ‚Dorfstraße' hin,[7] das 1955 am Deutschen Theater uraufgeführt wurde und das ihn vor allem mit Blick auf die extrem zugespitzten Konfliktkonstellationen zwischen Bauern, Flüchtlingen und Gutsbesitzern inspiriert zu haben scheint. Auch ideell, also hinsichtlich der ‚gotischen Physiognomien' der Bauern und ihrer eindrucksvollen gestische Sprache, dürfte das vollkommen zu Unrecht vergessene Bauerndrama Matusches Vorbild gestanden haben. Auch das Motiv des (bei Matusche gerade noch verhinderten) Selbstmords eines Bauern (des Flüchtlings Hiob, der bei Müller zum Neubauern Ketzer wird) ist wohl von dort entlehnt.

Schon in der ‚Umsiedlerin' befasst sich Müller mit der nicht bewältigten Vergangenheit, die den Aufbau der neuen Gesellschaft hemmt und untergräbt. Dabei kommen die Altlasten einer Geschichte von Krieg und faschistischer Gewalt in Deutschland ebenso zur Sprache, wie die Verheerungen des Stalinismus in der Sowjetunion, deren Einfluss auf die gesellschaftliche Entwicklung der frühen DDR nicht ausbleiben kann. Der unverblümte Hinweis auf diese ‚Schamteile' des noch jungen, ersten sozialistischen Staates auf deutschem Boden führen allerdings zu einem kulturpolitischen Eklat, der mittlerweile bekannter zu sein scheint als das Stück selbst. Gleichwohl wirft dieser, wie Marianne Streisand treffend bemerkt, ein „grelles Licht zurück auf den Text" und weist ihn als einen Krisenindikator im Kommunikationsraum der DDR zu Beginn der 1960er-Jahre aus:

> Denn die Hysterie, mit der hier von DDR-offizieller Seite reagiert, und die unangemessene Schärfe, mit der vorgegangen wurde, zeigt an, wie sehr Müller ins Schwarze getroffen, wie

---

5 Streisand 1986, S. 1375.
6 Vgl. dazu Streisand 1986, S. 1374; Silberman, Marc: Bertolt Brecht. In: Heiner Müller Handbuch. Hrsg. von Lehmann, Hans-Thies/Primavesi, Patrick. Stuttgart 2003, S. 136–146, hier S. 140. Müller kannte die ‚„Katzgraben"-Notate' allerdings wohl schon vor deren Publikation durch ein Typoskript aus dem Besitz von Tragelehn (vgl. Tragelehn 1988b, S. 241).
7 Vgl. dazu Fehervary, Helen: „Die gotische Linie" [1995/98]. In: Hermand/Fehervary: Mit den Toten reden. Fragen an Heiner Müller. Köln u. a. 1999, S. 113–135, hier S. 119.

sehr „Die Umsiedlerin" Tabus gebrochen und festgefügte Regeln der damaligen öffentlichen Rede verletzt hatte – teilweise nicht einmal in bewusst subversiver Absicht.[8]

Das Gesamturteil des Schriftstellerverbands etwa, der Müller in Folge der Diskussionen um die Uraufführung aus seinen Reihen entfernt, identifiziert fühlbar die Schmerzpunkte, die das Drama anspricht: Dazu gehören die Verrohung der Menschen durch Krieg und Gewalt ebenso wie auch die problematische Notwendigkeit neuerlicher Gewaltanwendung, um Veränderungen ins Werk zu setzen. „Das Stück spiegelt eine Verachtung des Menschen, einen Unglauben an das Positive im Menschen wider", heißt es dort, und: „Die ökonomische Entwicklung wird nicht durch die Gesellschaft erreicht, sondern durch die Diktatur einer kleinen Gruppe von Funktionären über die reaktionären Massen der Werktätigen."[9] Demgegenüber betont Hans Bunge, als einer der wenigen Verteidiger Müllers, in einem sibyllinischen Brief an den Zentralrat der FDJ, der den impliziten Hinweis auf Marx' Erkenntnis vom „gesellschaftliche[n] Sein" enthält, das „das [...] Bewußtsein bestimm[e]"[10] die außerordentlichen historisch-soziologischen Qualitäten des müllerschen Textes:

> Nach meinen Eindrücken zeigt Müller in der UMSIEDLERIN nicht einfach nur „negative Figuren", wie ihm das vorgeworfen wird. Er zeigt auch, warum sie so sind und woher das So-Sein kommt. Ich kenne kein Stück in unserer Gegenwartsdramatik, in dem der Autor sich ähnlich ernsthaft wie Müller mit den Wurzeln der Schwierigkeiten auseinandersetzt, die den Aufbau hemmen. Allerdings ist es ungewöhnlich, daß ein Autor so unerbittlich die Menschen in seinem Stück als Produkte ihrer gesellschaftlichen Entwicklung zeigt und die Verhältnisse nicht so darstellt, als gäbe es eine Zeitrechnung, die 1945 beginnt und mit der Vergangenheit kaum noch zu tun hat.[11]

Doch Bunges Intervention zeigt keine Wirkung. Müller, Tragelehn und die übrigen Beteiligten werden von kulturpolitischer Seite zur Selbstkritik genötigt und zum Teil drakonisch abgestraft. Das Stück selbst bleibt für 15 Jahre unter Verschluss. Die Vermutung liegt nahe, dass es bei einem solch harten Vorgehen des Staates gegen ein Kunstprodukt nicht allein um das „Was" der Darstellung gegangen sein kann, sondern im Besonderen auch um ihr „Wie".

---

8 Streisand, Marianne: Erfahrungstransfer. Heiner Müllers „Die Umsiedlerin oder Das Leben auf dem Lande". In: Der Deutschunterricht 5 (1996), S. 18–28, hier S. 19.
9 Streisand, Marianne: Chronik einer Ausgrenzung. Der Fall Heiner Müller – Dokumente zur „Umsiedlerin". In: Sinn und Form (3) 1991 (Streisand 1991a), S. 429–486, hier S. 450 f.
10 MEW 13, S. 9.
11 Streisand 1991a, S. 440 f.

Bezogen auf ‚Die Umsiedlerin' operiert Müller mit zwei unterschiedlichen Gattungsbezeichnungen: Er betitelt das Stück mehrfach als „Komödie"[12], gelegentlich aber auch als „Historie", als „Stück in einer Shakespeare-Dramaturgie".[13] Allerdings lässt sich auf den Text bei genauerem Hinsehen nicht nur mit diesen Kategorien zugreifen. Müller sprengt schon hier jede einfache Gattungszuordnung, ein Vorgehen, das später zum zentralen Moment seiner Texte werden soll. So ist ‚Die Umsiedlerin' ebenso Komödie wie Geschichtsdrama, vereint in sich jedoch auch – wie widersprüchlich dies auch zunächst erscheinen mag – Elemente von Volksstück und Bauerndrama, von Revolutionsstück und Tragödie, von Satire und – Groteske.[14] Das Stilmittel des Grotesken trägt dabei nicht nur allen übrigen Gattungselementen funktional Rechnung, sondern ist – wie später auch im ‚Gundling' – für deren Verschwimmen maßgeblich mit verantwortlich.

‚Die Umsiedlerin' bildet zudem Müllers erstes Stück nach den sogenannten Produktionsstücken (‚Lohndrücker', ‚Korrektur'), in dem sich die Figuren nicht mehr in solche mit vorhandenem oder nicht vorhandenem sozialistischem Bewusstsein gruppieren lassen. Der politische Vorkämpfer für das kommunistische Ideal etwa entpuppt sich als Frauenverächter, während gleichzeitig der gesellschaftlich nicht integrierbare Anarchist die Erinnerung an die Versprechen des Kommunismus wach hält.[15] Der Autor schafft damit einen Ausnahmefall in der von „nicht-antagonistischen" Widersprüchen beherrschten DDR-Dramatik der 1950er- und 60er-Jahre,[16] zu der letztlich auch Strittmatters Drama zu zählen ist:

> [E]in bei grundsätzlicher Übereinstimmung mit dem als revolutionär begriffenen Weg dieses Staates geradezu berstendes Geflecht von Widersprüchen, die auf dem Lande das Leben der einzelnen bestimmten und von ihnen kaum zu ertragen, geschweige denn zu bewältigen sind.[17]

Bei Müller wird die Welt diffus und damit schwerer als bisher in Gut und Böse, richtig und falsch einzuteilen. Damit ist das Feld bestimmt, auf dem das Groteske

---

12 HMW 10, S. 277.
13 Vgl. Streisand 1996, S. 20, die zudem auf einen Zusammenhang zwischen der ‚Umsiedlerin' und Shakespeares Historien hinweist: „Wie in den Historien bei Shakespeare und auch in der Tradition der shakespearisierenden Geschichtsdramas in Deutschland – etwa in Goethes ‚Götz von Berlichingen', in Büchners ‚Dantons Tod', in Hauptmanns ‚Die Weber' oder Brechts ‚Tage der Commune' – macht Historie, oder besser: ein bestimmter Diskurs über die Vergangenheit, die Fabel dieses Stücks aus" (ebd., S. 22).
14 Streisand 1996, S. 20.
15 Vgl. Streisand 1986, S. 1369.
16 Vgl. Emmerich 2000, S. 140.
17 Streisand 1991a, S. 429.

virulent wird. In der ‚Umsiedlerin' schiebt es sich erstmals strukturbestimmend in den Vordergrund, und arbeitet in der dort vorherrschenden radikal-satirischen Spielart über weite Strecken – wenn auch nicht ohne Störungen – dem Genre der Komödie zu. Müller macht sich somit zu Beginn der 1960er-Jahre ein ästhetisches Mittel zu eigen, das in seiner konstitutiven Zusammenziehung gegensätzlicher Empfindungsweisen hervorragend dazu geeignet ist, die von ihm essentiell erfahrene Widersprüchlichkeit der Realität künstlerisch zu spiegeln und stößt damit fast unweigerlich auf den Widerstand der ästhetischen Sittenwächter der DDR.

Dass der junge Müller schon in den 1950er-Jahren eine Affinität zum Grotesken entwickelt haben muss, lässt sich nur aufgrund weniger Indizien vermuten. Diese jedoch rechtfertigen die Annahme, dass er in jener Zeit, als „Brechts Entwürfe ‚zur Moralität' [...] ausgetrocknet und Chaplins Kunst über der ‚Anstrengung, in einer schlimmen Welt gut zu sein' ‚flügellahm' geworden ist [...], [...] als Quelle seiner Arbeit über und mit dem Terror jene groteske Welt"[18] entdeckt, die seine dramatische Arbeit bis zum Schluss bestimmen wird. So rät er etwa in der Rezension eines Gastspiels des Leipziger Kabaretts ‚Die Pfeffermühle' den Beteiligten, „vom Sketsch wegzukommen und sich mehr der Groteske anzunähern"[19]; oder er plädiert im Verweis auf Gaston Monmousseau, einen „Landsmann des wortgewaltigen und weltfreudigen Rabelais", für eine Presse, die sich nicht scheut, auch zu volkstümlich-drastischer Sprache und zum lachenden Pamphlet zu greifen, um die „Argumentation wieder auf ihren Platz unter die schönen Künste" zu rücken.[20] Hauschild betont in dieser Hinsicht zu Recht die orientierende Funktion der literaturkritischen Texte, die Müller in den 1950er-Jahren helfen, „sich über das klar zu werden, was er machen will. Wer genau hinsieht, entdeckt in diese[n] [...] Formulierungen, die theoretische Grundaussagen zu seinen nachfolgend entstandenen Dramen darstellen".[21]

In den hitzigen Diskussionen um einen vermeintlich dekadenten Formalismus und angesichts des historischen Selbstbildes der Parteiführung in der frühen DDR zählen allerdings die Überlieferungsformen des Grotesken, insbesondere dessen satirische Spielart – obwohl doch hinlänglich in der Volkstheater-Tradition stehend und einst von Marx als Komödiengenre favorisiert –, nicht zum bevorzugten literarischen Erbe:

> [F]ür die Auseinandersetzung mit der eigenen, sozialistischen Wirklichkeit, die der Theorie nach sich nicht mehr revolutionär entwickeln muss, [wird] die Satire abgelehnt und [...] –

---

[18] Müller-Schöll 2003, S. 87. Vgl. HMW 8, S. 230, S. 199.
[19] HMW 8, S. 92.
[20] Ebd., S. 112 f.
[21] Hauschild 2003, S. 105.

> Hegel nahe – die [von Marx eigentlich kritisierte; M. M.] Position des Humors favorisiert. Aus einer nicht mehr zu erschütternden Position – in objektivem Einklang zu stehen mit dem progressiven Geschichtsprozess – sei das erfahrbar Beschränkte und Widersprüchliche hinzunehmen als Durchgang zum utopischen Endziel der Geschichte, im Mangel gerade auf dieses verweisend.[22]

Zumindest im Hinblick auf die Veröffentlichung erschwert dies die literarische Auseinandersetzung mit dem Grotesken nicht unmaßgeblich. Ein erstes Mal erheblichen Gegenwind erhält Müller beispielsweise für seine Kurzgeschichte ‚Legende vom großen Sargverkäufer', die durch das sie charakterisierende Marionetten- und Jahrmarktsmotiv deutlich groteske Züge trägt. Als er sie 1951 als Beitrag zu einem Kurzgeschichtenwettbewerb des FDJ-Zentralrats anlässlich der Weltfestspiele einreicht, erklärt ihn das Jurymitglied Dieter Noll „zum Hauptfeind der Arbeiterklasse": „[E]r meinte, das sei Kafka, epigonal, dekadent, formalistisch."[23]

In den 1950er-Jahren entstehen zudem eine Reihe von Entwürfen zu den Stücken ‚Traktor', ‚Mauser', ‚Germania Tod in Berlin' und ‚Schlacht', für deren Ausarbeitung Müller in seinen Anfangsjahren offenbar noch das Handwerkszeug fehlt. Sie erfolgt erst in den 1970er-Jahren und steht dann deutlich im Zeichen des Grotesken, wie nicht zuletzt die Beschäftigung mit Brechts ‚Antigone'-Vorspiel (1947) klarmacht:

> In den 50er Jahren hatte ich kein Instrumentarium, das in eine Theaterform zu bringen, bzw. in der DDR kein Theater dafür. Die herrschende Ästhetik war Stanislawski, Lukács. Das bürgerliche, das französische Boulevard-Theater war ja eigentlich das Modell für die sow-

---

[22] Greiner 2006, S. 94. Diesem Selbstbild schloss sich auch die germanistische Forschung der DDR an. So führte etwa eine Dissertation von Werner Neubert in den 1960er-Jahren die Kategorie der „NEUEN SATIRE" ein (vgl. Neubert, Werner: Die Wandelung des Juvenal. Satire zwischen gestern und morgen. Berlin 1966): „Satire sei bloß noch als witzige Kritik am Westen und als heiteres Abschiednehmen von behebbaren Hindernissen und Fehlern im Aufbau des Sozialismus zu genehmigen. Damit kastrierte die Germanistik nicht nur Heine, sondern darüber hinaus eine Generation von jungen Schriftstellern, die ihr Inventar der volkstümlich-plebejischen Karneval-Literatur – Ausgelassenheit, Körperlichkeit, Umkehrungen – mit dem [sic!] Trias Verständlichkeit, Parteilichkeit und Volksverbundenheit konfrontiert sah" (Berendse 1999, S. 242).

[23] HMW 9, S. 93. Ein von 1951 stammendes, fragmentarisches Manuskript dieser Erzählung erhielt Müller 1989 aus dem Nachlass von Wilm Weinstock zurück und veröffentlichte es nach einer weiteren Bearbeitung 1993 unter dem Titel ‚Der Bankrott des großen Sargverkäufers' (vgl. HMW 2, S. 198). Insofern eignet sich ein Abgleich der Publikation (HMW 2, S. 11–16) mit der frühen handschriftlichen Fassung (HMA, Nr. 4223) hervorragend für eine Untersuchung von Müllers Affinität zum Grotesken in den 1950er-Jahren. Dabei zeigt sich, dass die relevanten, dessen schwarz-romantischer Variante zuzuordnenden Passagen (Marionetten- und Jahrmarktsmotiv) tatsächlich schon vollständig und wortgetreu in der frühen Version des Textes enthalten sind.

jetische Dramatik nach dem Sieg der Shdanowschen Doktrin, im besten Fall ein gewendeter Ibsen. So etwas wie Brechts „Antigone"-Vorspiel oder DIE SCHLACHT war im Theater der 50er und 60er in der DDR gar nicht vorstellbar.[24]

Realisiert werden stattdessen Themen und Formen, mit denen sich Müller in Auftragswerken an den gängigen Formaten der Zeit orientiert – im Glauben an die Sache und in tatkräftiger intellektueller Beteiligung am sozialistischen Aufbau, aber auch nicht ohne Opportunismus. ‚Die Umsiedlerin' bildet da zumindest thematisch keine Ausnahme, auf die Stücke aus der sozialistischen Industrie-Produktion folgt nun die Bauernthematik.[25] Deutlich wird daran zudem die schon frühe Ausrichtung seiner Arbeit an Brecht: War ‚Der Lohndrücker' eine Auseinandersetzung mit dem Topos vom ‚Helden der Arbeit', ein Vorhaben, das Brecht selbst mit dem ‚Büsching'-Fragment aufgegeben hatte, so entsteht mit der ‚Umsiedlerin' nun ein Stück in Anlehnung an Brechts und Strittmatters ‚Katzgraben'-Projekt. Dabei kommt ihm zugute, dass er sowohl eigene Erfahrungen – Müller war von 1945 bis 1947 Mitarbeiter bei der Behörde für Bodenreform in Waren/Mecklenburg[26] – als auch zuvor entstandene literarische Versuche in den Schreibprozess einbringen kann. Bereits 1951 hatte er sich für einen internationalen Kurzgeschichtenwettbewerb der FDJ am Umsiedlerthema versucht, war aber an der Umsetzung gescheitert.[27] Bei Seghers nun begegnet ihm dieser Topos wieder, und in Kombination mit den Motiven und der Sprache aus Strittmatters Bauernkomödie kann er offensichtlich endlich etwas damit anfangen. Aus Seg-

---

24 HMW 9, S. 198.
25 Im Zusammenhang mit Bodenreform und Kollektivierung avancierten die Bauern in Folge von Brechts und Strittmatters ‚Katzgraben'-Projekt zum „privilegierten Gegenstand" der DDR-Dramatik, wofür u. a. Stücke, sogenannte „Agrodramen", von Friedrich Wolf (‚Bürgermeister Anna', bereits 1949), Helmut Sakowski (‚Die Entscheidung der Lene Mattke', 1960), Hartmut Lange (‚Senftenberger Erzählungen oder Die Enteignung', 1960), Helmut Baierl (‚Die Feststellung', 1958, ‚Frau Flinz', 1961) und Peter Hacks (‚Moritz Tassow', 1961) bürgen. Vgl. Schulz 1980, S. 35 bzw. Emmerich 2000, S. 154 ff., 531 ff. und Zenetti 2012, S. 249. Allerdings nimmt Müllers Stück in diesem „Panorama der DDR-Landliteratur" eine Sonderstellung ein: „Die oft bemerkte Unterwertigkeit positiver Elemente [...], die Vergänglichkeitsmetaphorik, die in auffälligerweise die politische Sprache konterkariert, die Bauern als Vertreter eines archaischen Prinzips, der mangelnde Ansatz zum ‚neuen Menschen', wie er im ‚sozialistischen Menschenbild' der DDR als ‚vollentwickelte Persönlichkeit' anvisiert ist, und nicht zuletzt der Umstand, dass die farbenreichste Figur des Stücks der nicht zu integrierende Fondrak ist. Die Herkunft von Müllers Drama (Shakespeare, Barock, Büchner) macht es der anderen ‚Landliteratur der DDR' unvergleichbar" (Schulz, Genia: Die Umsiedlerin/Die Bauern. In: Heiner Müller Handbuch. Hrsg. von Lehmann, Hans-Thies/Primavesi, Patrick. Stuttgart 2003, S. 280–286, hier S. 286).
26 Vgl. Hauschild 2003, S. 45.
27 Vgl. ebd., S. 76 f.

hers ‚Umsiedlerin'-Erzählung entlehnt Müller die Figur der Flüchtlingsfrau Niet (bei Seghers Anna Nieth) und die des geizigen Bauern Beutler, den er mit der Figur des korrupten Bürgermeisters verschneidet, der im Laufe der Erzählung abgesetzt wird. Als zentrales Komödienelement findet sich zudem in Müllers ‚Umsiedlerin' der kluge und gütige Landrat wieder. Aus Strittmatters Drama holt er sich die Anregung für den speziellen ‚Umsiedlerin'-Vers, zudem steht es Pate für die negativ gezeichneten Großbauernfiguren Rammler und Treiber sowie deren komisches Potential. Müller spitzt dabei zum einen die Gegnerschaften zwischen Alt- und Neubauern bzw. Bauern und Partei vehement zu, zum anderen radikalisiert er die komischen Konstellationen auf das Groteske hin. Während sich bei Strittmatter die Konflikte im Großen und Ganzen noch als solche gestalten, die die Figuren untereinander austragen,[28] will Müller auf strukturelle Gemengelagen in der neuen Gesellschaft und Politik aufmerksam machen, die sich nicht einfach als Bewusstseinsfragen darstellen und überwinden lassen, „wie es damals in der DDR-Literatur durchaus üblich war. Es ging eben nicht, wie Müller äußerte, nur darum, die ‚Qualität der Überzeugungsarbeit zu verbessern'."[29]

Solche Strukturprobleme hinter den Personalbeziehungen des Textes sichtbar zu machen, war auch schon das erklärte Ziel von Brechts Arbeit an dem Strittmatter-Text, indem er etwa die Abhängigkeit des Kleinbauern vom Großbauern im Kontext des Zwangs, dem sozialistischen Anbauplan genügen zu müssen, herauszuarbeiten suchte.[30] Allerdings könnte man beiden, Strittmatter wie Brecht, angesichts der realen Verhältnisse auf dem Land in den 1950er-Jahren

---

28 Brecht wie auch Strittmatter geht es um die Demonstration eines „neue[n], ansteckende[n] Lebensgefühl[s]" (GBA 25, S. 423). Vgl. hierzu auch GBA 24, S. 441: „Das Wichtigste freilich sind Strittmatter die neuen Menschen seines Stücks. ‚Katzgraben' ist ein Hohelied ihrer neuen Tugenden. Ihrer Geduld ohne Nachgiebigkeit, ihres erfinderischen Muts, ihrer praktischen Freundlichkeit zueinander, ihres kritischen Humors. Sprunghaft verändert im Laufe des Stücks das soziale Sein ihr Bewusstsein."
29 Streisand 1991a, S. 432. Vgl. dazu Müller im Interview mit Marianne Streisand: „Der Vorgang [der Stückentwicklung; M. M.] war eigentlich der, daß die Leute sich immer weiter voneinander entfernten. Auch daß es zum Beispiel nicht möglich war, die Personage zu vereinfachen. Weil es einfach so viele Personen sein mußten, damit nicht Strukturprobleme als Probleme zwischen Personen erscheinen. Was ja das Typische ist gerade für die neuere sowjetische Dramatik. Daß Strukturprobleme immer Probleme zwischen Leuten sind auf der Bühne... [...]. Und was das Schema noch immer bei uns ist. Daß es nur auf die Qualität der Überzeugungsarbeit ankommt. Als ob es keine historischen Probleme gäbe, die man nicht über die Liebe zu einem Parteisekretär aus dem Weg räumen kann. Oder umgekehrt" (Streisand 1986, S. 1373 f.).
30 Vgl. GBA 25, S. 410. Vgl. auch: „Wir müssen überall, wo wir Lösungen zeigen, das Problem, wo wir Siege zeigen die Drohung der Niederlage zeigen, sonst entsteht der Irrtum, es handle sich um leichte Siege. Überall müssen wir das Krisenhafte, Problemerfüllte, Konfliktreiche des neuen Lebens aufdecken – wie können wir sonst sein Schöpferisches zeigen" (ebd., S. 422 f.).

(wo ein Bauer durchaus für ein nicht erbrachtes Soll enteignet und als Saboteur verhaftet werden konnte – ohne Ansehung der Bodenqualität oder etwaiger Krankheiten des Viehs) eine idealisierende Herangehensweise vorwerfen, die Müller aufgrund seiner persönlichen Erfahrungen aufgestoßen sein dürfte. Er realisiert seine Zuspitzung mit Blick auf das Aufzeigen „struktureller geschichtlicher Widersprüche"[31] so zum einen über ein äußerst breit angelegtes Personal – allein 38 verschiedene Personen finden sich im Figurenverzeichnis –, wie über eine spezifische, vor allem körperlich-sprachliche Verknüpfung von Komik und Gewalt, die den motivischen Einsatz des Grotesken in der ‚Umsiedlerin' bestimmt.

IV.2 Müllers Annäherung an Motive und Traditionen des Grotesken in ‚Die Umsiedlerin oder das Leben auf dem Lande'

IV.2.1 Revolution als Karneval – Wehrhafte Körper in ‚Die Umsiedlerin'

Die den ersten Teil des ‚Gundling' charakterisierende karnevaleske Körperkonzeption wird in der ‚Umsiedlerin' zum ersten Mal in Müllers Werk exzessiv erfahrbar – und hier trägt sie noch viele Züge jener utopischen Aufladung, mit der Bachtin sie versieht. Neben dem wehrhaften Körper als Manifestation des Universalen, als Verweis auf eine mögliche andere Welt, sind in der ‚Umsiedlerin' allerdings auch schon die karnevalesk-groteske Mésalliance von Menschlichem und Tierischem (besonders in den Bauernfiguren) und das Konfliktfeld Mensch-Maschine (vor allem bei Flint und Fondrak) zu beobachten. Sie gemahnen bereits an die gewaltsame Zurichtung des Menschen durch den Menschen, die Heidsieck als zentrales Moment grotesker Schreibweisen im Drama des 20. Jahrhunderts ausmacht. Schon in der ‚Umsiedlerin' befindet sich Müller also auf der Suche nach der „Lücke im System", dem „immer neu bedrohten und neu zu erobernden Freiraum zwischen Tier und Maschine, in dem die Utopie einer menschlichen Gemeinschaft aufscheint".[32] Die Revolution auf dem Lande entpuppt sich bei Müller so als Karneval, mit dem die vitale, erneuernde Kraft des Volkes mobilisiert

---

[31] Streisand 1996, S. 22.
[32] HMW 8, S. 261. Vgl. dazu auch Müller-Schöll 2002, S. 558: „Wenn dabei ‚Tier' wie ‚Maschine' für kreisförmige Vorstellungen von Natur oder Kultur stehen, so scheint das Menschliche dort seinen Platz zu haben, wo die Kreise sich nicht mehr schließen, eine Lücke die Kalkulation zerschlägt, wo Schwäche, Fehlbarkeit oder die Brechtsche ‚Armut' sich zeigen, in den ebenso notwendigen wie zufälligen Patzern [...]."

werden soll. Das zeigt sich neben der exzessiven Körpersprache der Figuren nicht zuletzt an der Situierung eines Großteils der Szenen im Freien bzw. auf der Straße – neun von fünfzehn Bildern (nimmt man den Dorfkrug als öffentlichen Raum hinzu, sind es sogar elf) – die für gewöhnlich ebenso als Ort des Karnevals wie der Revolution gilt:

> As part of the public domain, the street is also the stage for public demonstration. That is where – on the historical scale – governments topple and sometimes fall. [...] Inevitably, a study of carnival and a like investigation of a poetics of the street are bound to converge.[33]

Im Einklang mit dem Komödiengenre und der Volkstheatertradition[34] unterliegen alle Figuren der ‚Umsiedlerin' einer durchgehenden Typisierung, „existieren [...] vorwiegend in ihrer sozialen Repräsentanz und nicht als individuelle, besondere Charaktere"[35], worauf nicht zuletzt ihre sprechenden Namen[36] verweisen. Doch auch als solche werden sie von Müller in ihrer ganzen Komplexität und moralischen Ambivalenz ausgeleuchtet. Während er allerdings durchaus rein negative Figuren entwirft (Beutler und die Großbauern), findet sich in der ‚Umsiedlerin' – abseits der drei zentralen Frauenfiguren und des Bauern Mütze, mit denen allerdings physiognomisch nicht viel Staat zu machen ist – kein makellos positiver, vorbildhafter Held, wie ihn der Sozialistische Realismus verlangt.[37] Die Figuren scheinen trotz oder gerade wegen ihrer sozialen Charakterisierung wie aus dem Leben gegriffen und widersprechen jeglicher opportunistischer Idealisierung. Gleichzeitig lässt sich das Personal in mehrere konfliktträchtige soziale Gruppen einteilen, die unter anderem, dem Vorbild Strittmatters folgend, dem marxistischen Klassenkampfmodell entsprechen. Da wären zunächst die Bauern, die sich wiederum unterscheiden lassen in Kleinbauern, Mittelbauern und Neubauern auf der einen Seite (auch die Umsiedler sind hier zu verorten) sowie die ausbeuteri-

---

33 Danow 1995, S. 20.
34 Vgl. Streisand 1986, S. 1381.
35 Ebd., S. 1367.
36 Schulz bringt Müllers Neigung zu sprechenden Namen außerdem in einen Zusammenhang mit den barocken Tendenzen der ‚Umsiedlerin' (vgl. Schulz 2003, S. 285), von denen noch die Rede sein wird.
37 Die ideologisch-ästhetischen Forderungen des Sozialistischen Realismus an die positive, prometheische Heldenfigur bestanden vor allem in Volkstümlichkeit und Parteilichkeit, der (ideellen) Widerspiegelung der Wirklichkeit, der Verkörperung von Typischem, einer revolutionären Romantik und natürlich positiver Wertung – Merkmale, die sich nicht zuletzt auch physiognomisch auszudrücken hatten. Vgl. dazu Günther, Hans: Die Verstaatlichung der Literatur. Entstehung und Funktionsweise des sozialistisch-realistischen Kanons in der sowjetischen Literatur der 30er Jahre. Stuttgart 1984, S. 18–54.

schen Großbauern Rammler und Treiber auf der anderen. Als rein negativen Figuren sind Letzteren wohl auch der korrupt-opportunistische Bürgermeister Beutler und der politische Flüchtling zuzurechnen, eventuell auch der geldgierige Budiker Krüger. Eine weitere Gruppe bilden die überzeugten Ideologen und Parteiarbeiter, allen voran Flint, dann die begeisterten FDJler, der Volkspolizist, der Parteisekretär, der Erfasser und der weise Landrat, die neben ihren Auseinandersetzungen mit den Bauern vor allem Konflikte mit einer Reihe von anarchistischen Hedonisten (am prominentesten Fondrak, dann Schmulka und die Traktoristen) austragen. Die Frauen wiederum (Niet, Flinte 1 und Flinte 2) haben sich vor allem gegen ihre Männer durchzusetzen.[38] Die Sprache der einzelnen Figuren erscheint dabei in einem Maße gestisch, dass sowohl das jeweils Charakteristische der Figur herausgearbeitet wird, wie auch ihre historisch-soziale Verortung voll zur Geltung kommt:

> Der Bezug zur gesamten deutschen Geschichte wird in den Reden der Figuren stets hergestellt; Müller baut ihre Sprache darauf auf, daß sie die Gegenwart nicht von ihrer Vorgeschichte abtrennen. Insofern wird diesen Figuren eine historische Reflexivität ihres Tuns mitgegeben, die eine konkrete Person unter konkreten Umständen kaum haben könnte.[39]

Die immense Bildlichkeit dieser Sprache trägt dabei nicht wenig zu der häufig karnevalesk-grotesken Typisierung der Charaktere bei. Die Gewalt, die sie erfahren oder ausüben bzw. derer sie sich zu entledigen suchen – und um diese geht es Müller hauptsächlich –, schlägt sich in der Figurenrede ebenso nieder wie in ihrem körperlichen Erscheinungsbild, ja häufig erschließt sich dieses erst aus der jeweiligen Selbst- oder Fremdbeschreibung der einzelnen Personen. Die Körperlichkeit der Figuren wird so in der ‚Umsiedlerin' auf wesentlich subtilere Weise zum Ausdruck gebracht, als es in Müllers Dramen der 1970er-Jahre der Fall ist.

Laut Fehervary holt sich Müller, neben den „episch-chronikhaft dargestellten Lebensgeschichten und Physiognomien der Menschen dieses Zeitalters"[40], die er von Anna Seghers übernimmt, außerdem Anregungen für die Figuren der ‚Umsiedlerin' in „Chroniken, Volksliedern, Holzschnitten, Kupferstichen und Gemälden des 16. Jahrhunderts"[41]. Dabei orientiert er sich nach eigener Aussage besonders an Lucas Cranachs „erzählende[n] Bildern"[42], die den Menschen ins

---

[38] In der Peripherie des Stücks bewegen sich zudem noch die Vertreter der Kirche (Christ, Pastor), die vornehmlich in der Partei ihre Kontrahenten finden.
[39] Streisand 1996, S. 22.
[40] Fehervary [1995/98], S. 125.
[41] Ebd., S. 119.
[42] Ebd., S. 122.

Zentrum stellen und sich daher „eher für die Groteske, die Skurrilität, die Clownerie" interessieren als die „freskenartigen Bilder[]" des wiederum von Brecht sehr geschätzten Pieter Breughel des Älteren, auf denen „die Menschen oft als nur kleine Striche innerhalb eines viel größeren Naturpanoramas erscheinen", und der außerdem dazu tendiert, Gegensätze, wenn auch nicht auszugleichen, so doch „ins Gleichgewicht" zu bringen.[43] Auf solche Zusammenhänge zur Bildenden Kunst, die für Müller „seit den 60er Jahren wichtiger" war „als Literatur", da sie „mehr Anregungen" lieferte,[44] weist auch Erich Engel hin, der ihn in der Stellungnahme der Sektion Dichtung und Sprachkunst der Akademie der Künste zur ‚Umsiedlerin'-Affäre zu entschuldigen suchte: Das angestrebte „Thema", so Engel, sei für Müller, dem nach eigenen Worten „vorgeschwebt" habe, „etwas in Bosch-Manier, in der Art wie George Grosz zu zeigen, eine Komödie zu gestalten", „zu groß" gewesen.[45] Die Affinität zu Cranach und Bosch kongruiert bei Müller zudem mit der in der ‚Umsiedlerin' erstmals deutlich zu Tage tretenden Entdeckung des shakespeareschen Theaters. Denn auch Shakespeare legt sein Augenmerk vor allem auf die charakteristischen Verschrobenheiten der einzelnen Figuren, die dort eine viel größere Rolle spielen als in Brechts epischem Theater.[46] Der Epochenbruch der Renaissance spiegelt sich nicht nur in Shakespeares Komödien unter anderem in einer oft drastischen Karnevalisierung des Personals, an der Müller sich nicht zuletzt orientiert, um den Karnevalscharakter der Revolution zu untermauern.

IV.2.1.1 Der Mensch als Nutztier – Die Bauern

Mit den Bauern der ‚Umsiedlerin' realisiert Müller das eindrückliche Panorama einer *Geschichte von Unten*. Konsequent bezieht er die Perspektive auf das historische Ereignis der Bodenreform – einer Kulturrevolution auf dem Lande, „[a]uf die das Volk" dem Parteigenossen Flint zufolge „gewartet hat seit Münzer"[47] – von den Betroffenen und generiert durch deren ganze Widersprüchlichkeit einen Gegendiskurs zur offiziellen Lesart der Kampagne im besten bachtinschen Sinne. Schon im ersten Bild wird kein Zweifel daran gelassen, das die angeblichen Profiteure der Bodenreform, scheinbar einer uralten Gesetzmäßigkeit folgend, in Wirklichkeit nur deren Verlierer sein werden. Anschaulich gemacht wird diese althergebrachte Ordnung durch eine Reihe von grotesken Körpermetaphern, die

---

43 Ebd., S. 120. Vgl. dazu GBA 22/1, S. 271.
44 HMW 9, S. 265.
45 Streisand 1991a, S. 477.
46 Vgl. Fehervary [1995/98], S. 120.
47 HMW 3, S. 185.

die Bauern ihrer menschlichen Autonomie entkleiden und als Nutzobjekt der Herrschenden und ihrer politischen Entscheidungen zeigen. Bereits die „Befreiung der Bauern" erfolgt so in grotesk-komischer Umkehrung „auf dem Rücken der Bauern" – ein „Neuanfang", der nicht weniger „ins Fleisch" schneidet als die ihm vorausgegangenen sozialen Zustände[48]:

> BEUTLER [...]
> *Zum Bauern mit der Fahne:*
> Bück dich.
> *Den Bauern als Schreibtisch benutzend.*
> Fünf Hektar Bodenanteil hiermit
> An Kaffka, Erwin, Gutsarbeiter vorher
> Personen acht.[49]

Entsprechend unterschiedlich fallen auch die Reaktionen der frisch gebackenen Neubauern aus. Der ehemalige Gutsarbeiter Kaffka etwa fühlt sich zum ersten Mal in seinem Leben gerecht behandelt. Sein Figurenname erinnert jedoch leicht entstellt und in der Müller eigenen Hintergründigkeit an den gleichnamigen Dichter und über diesen Umweg wiederum an den Gregor Samsa aus Kafkas grotesker Erzählung ‚Die Verwandlung'. Auch am Bauern Kaffka vollzieht sich eine Metamorphose zum Tier hin. Der ehemals geknechtete Gutsarbeiter, ein Prügelknabe und Betrogener der Mächtigen, die ihm die Haut gegerbt haben – das Spiel mit dem Begriff „Haut" erfolgt in seiner Eingangsrede leitmotivisch[50] –, wird in dem Moment, in dem er sich vermeintlich zum eigenen Herrn aufschwingt, bereits einer neuen Fron unterworfen: der der Landarbeit. Die Erkenntnis, dass der Bauer, der bereits von seiner Wirtschaft geknebelt und entmenscht wird, auch der Gesellschaft nur zum Nutztier dient, begleitet die Rede des Neubauern Kaffka eher unbewusst, kommt nur in einzelnen Metaphern zum Vorschein: So spricht er etwa ab dem Zeitpunkt der Inbesitznahme des Landes von seinem „Fell", seinem „Maul" oder seiner „Schnauze", tituliert sich gar als „Ochsen".[51] Der Neubauer

---

48 Mahlke, Stefan: Die Ökonomie der Rede. Zu Komik und Gewalt bei Heiner Müller. In: Theater der Zeit 1 (1997), S. XIV–XVIII, hier S. XVIII.
49 HMW 3, S. 183.
50 Vgl. ebd., S. 183 f.: „Meine Haut ist international. Prügel in Deutschland, in Frankreich Läuse und in Russland Frost. Durch zwei Kriege hab ich sie getragen, sie wurde nicht dünner dabei, aber dicker. Drei Löcher zuviel hat sie davon: sie war nicht dick genug. Reich bin ich vom dritten: der Dank des Vaterlandes, ein Silberknie. Der Lebensabend ist gesichert: wenn Not am Mann ist, wird ein Knie versetzt. Oder die Erben lassen sich Löffel draus machen nach mir."
51 Ebd.

Ketzer artikuliert dieses Problem in der zweiten Szene schon wesentlich deutlicher:

> KETZER [...]
> Die Hauptsache am Bauern ist das Vieh.
> Er ist kein Mensch ohne, er kann sich kopfstelln
> Sein Feld sein Grab, mit seinen Knochen düngt ers
> Und vor der Ernte erntet sein Feld ihn
> Er feiert Kirmes zwischen den sechs Brettern.
> Ein Vieh macht keinen Bauern ohne Knecht
> Die Kuh melkt ihn, der Gaul legt ihm den Zaum an
> Der Staat macht ihn zur Sau und stopft ihn pfundweis
> Dem Volk ins Maul, durch tausend Mägen geht er
> Der Dümmste kann ihn in die Pfanne schlagen
> Greift zu, es ist mein Leib, wies in der Schrift heißt.[52]

Der Kleinbauer, so Ketzer, lebt ohne ausreichend Mittel zur Bewirtschaftung seines Besitzes in einer grotesk-verkehrten Welt. Land und Vieh beherrschen ihn, statt umgekehrt. Anstelle seiner Erträge wird er selbst vom Volk verspeist.[53] Die Regression des (Neu-)Bauern zum Arbeitstier beweist der Müßiggänger Fondrak später anhand einer komischen physiognomischen Demonstration, die die Vereinbarkeit von Mensch-Sein und Arbeit grundsätzlich in Frage stellt. Seine Vorführung erinnert zudem an die in den Furchen kriechenden, grotesk-verkrüppelten Bauern im ‚Gundling', wo das Motiv wieder aufgenommen wird:

> FONDRAK [...]
> Der Geist erhebt den Menschen übers Tier
> Die Arbeit wirft ihn unters Vieh zurück.
> *Stoppt einen Bauern, der vorbeigeht.*
> Nimm den zum Beispiel. Ist das noch ein Mensch? Er kann keine Hand mehr aufmachen, krumm. *Demonstriert es.* Sein Buckel auch. Noch zehn Jahre und er geht auf vieren wieder wie sein Vorgänger bei Darwin. Arbeit ist ein Verbrechen gegen die Menschlichkeit. Der Mensch ist zum Leben geborn [...].[54]

Die Frage nach dem Verhältnis des Menschen zur Arbeit stellt ebenso wie die nach seiner historisch verbürgten Knechtung und Entfremdung durch sie, eines der zentralen Themen der ‚Umsiedlerin' dar. Denn offensichtlich hat auch der sozialistische Produktionsprozess, der diese Entfremdung eigentlich aufheben will,

---

52 Ebd., S. 194.
53 Die ‚ketzerische' Anspielung auf das letzte Abendmahl weist den Kleinbauern nicht zuletzt als Märtyrer aus.
54 HMW 3, S. 252.

noch erheblich mit ihr zu kämpfen. Der entfremdeten Arbeit wiederum steht eine sozialistische Technikutopie gegenüber, der Flint beim Eintreffen der neuen Traktoren mit Verve das Loblied singt – den spottenden Traktoristen zum Trotz.

> FLINT [...] Jetzt sind wir vierundzwanzig Pferde weiter.
> SENKPIEL Ich seh hier keine vierundzwanzig Pferde.
> HEINZ Ein Trecker hat zwölf Pferdestärken. Zwei mal zwölf macht vierundzwanzig.
> *Ein Traktorist wiehert.*
> FLINT Und der Leihgaul
> Ist für den Schinder. Und im Kommunismus
> Hängt sich der Traktorist auch an den Nagel
> Der Bauer legt die Technik an die Leine
> Setzt sich ans Schaltbrett wie ein Ingenieur
> *Traktoristen lachen.*
> Und schaltet ein früh, abends aus, dazwischen
> Schach, Kino undsoweiter im Kulturhaus.⁵⁵

Die Maschinen, die nun vor den Pflug gespannt werden, sollen die neuerliche Herabwürdigung des Menschen zum Arbeitstier und damit auch die Andauer seiner grotesken körperlichen Animalisierung verhindern. Der neue, der befreite Mensch entsteht durch „Freisetzung von Arbeit. Der Urlaub avanciert zur sinnstiftenden, humanisierenden Instanz [...]."⁵⁶ Gleichzeitig kommt allerdings auch die problematische Kehrseite der von Flint vertretenen Utopie zum Vorschein, die in ihrer letzten Konsequenz – der kollektiven Wirtschaftsweise – mit der einen Entfremdung, die sie beseitigt, zugleich eine neue produziert. Müller selbst weist 1974 nach einer Relektüre der ‚Umsiedlerin' auf die „Brutalität" hin, die mit dieser „Art, Bilder zu machen" verbunden sei, auf den „ungeheure[n] Bruch zwischen der individuellen Produktion in der Landwirtschaft und der kollektiven", der dadurch entstehe, dass „die Bauern [vorher] mit Organischem umgehen, und dann plötzlich wird das anorganisch".⁵⁷ Technisierung und Arbeitsteilung, also Mechanisierung als Teil des marxistischen Programms, entfernen den Bauern von seinen Wurzeln, machen aus dem Arbeitstier eine Arbeitsmaschine und bringen so die gesellschaftliche Verantwortungslosigkeit hervor, vor der der Großbauer Treiber warnt – und die sich zur Achillesverse der sozialistischen Produktion entwickeln wird.

---

55 Ebd., S. 217.
56 Raddatz, Frank M.: Der Cluster der Toten. In: Kalkfell für Heiner Müller. Arbeitsbuch. Hrsg. von Hörnigk, Frank u. a. Berlin 1996, S. 83–88, hier S. 83.
57 HMW 10, S. 834. In späteren Überlegungen zu dieser Umwälzung in der Landwirtschaft verweist Müller wiederholt auf Arnold Gehlen, der die Industrialisierung des agrarischen Sektors als die eigentliche Revolution des 20. Jahrhunderts ansah (vgl. HMW 11, S. 669 bzw. 925 f.).

Gerade an den Neubauern erweist sich die Brüchigkeit dieser Utopie. Denn sie werden nicht nur durch die Arbeit geknechtet, sondern auch vom neuen Staat in die Mangel genommen. Der beschert den vormals Unterdrückten zwar zum ersten Mal eigenes Land, übt aber mit seinen Sollbestimmungen (zur Versorgung der kriegsgebeutelten Bevölkerung) gleichzeitig massiven Druck auf die kleinen Bauern aus. Eingekeilt zwischen der „Bündnispolitik" der SED (also „der Forderung nach Zusammenarbeit aller politischen Schichten"[58]) und der enormen technischen Rückständigkeit der jungen DDR, die nicht genug Saatgut und landwirtschaftliches Gerät für alle Bauern bereitstellen kann und so erneut die Abhängigkeit der Klein- und Mittelbauern von den Großbauern produziert, sehen sie sich mit schier unüberwindlichen existentiellen Schwierigkeiten konfrontiert, die nicht wenige in die Verzweiflung oder zur Republikflucht treiben.

Eine Ahnung davon vermittelt der Umsiedler Rapp – der Name spricht aus, was die Figur begehrt –, der offensichtlich über landwirtschaftliche Erfahrung verfügt. Er weiß um den Pferdefuß der Bodenreform, die den Neubauern vorsätzlich nicht den zum Leben notwendigen Bodenanteil zukommen lässt, um später die Kollektivierung zu erleichtern. Als Rapp aufgrund seiner (durchaus berechtigten) Einwände von der Landzuteilung ausgeschlossen werden soll – „Der Strich geht in den Magen"[59] – handelt er körperlich reflexartig: Er nimmt die Mütze ab, übt Selbstkritik und bittet untertänig um Vergebung. Dabei wird deutlich, dass sein Bewusstsein, ganz marxistisch, vom Sein bestimmt wird: Das politische Verhalten diktiert der Bauch – und der hat, wie der eines Ochsen, „fünf Mägen":

> BAUER [...]:
> Was meine Schnauze hier gefehlt hat
> Bitt ich die Herrn ergebenst meinem Bauch
> Nicht anzukreiden, in Erwägung, weil der
> Fünf Mägen hat. Ich werd mich dankbar zeigen.[60]

Für diese unerwünschte Rückständigkeit bringt der ungeduldige Parteigenosse Flint kein Verständnis auf. Besonders die Anrede „Herr" treibt ihn zur Verzweiflung. Was folgt, ist eine grotesk-komische Szene: In seiner Hilflosigkeit versucht Flint, dem Bauern brüllend die Emanzipation einzutrichtern, während dieser strammsteht wie einstmals wohl die Langen Kerls vor dem preußischen König:

---

[58] Streisand, Marianne: Die Korrektur. In: Heiner Müller Handbuch. Hrsg. von Lehmann, Hans-Thies/Primavesi, Patrick. Stuttgart 2003, S. 235–238, hier S. 237.
[59] HMW 3, S. 186.
[60] Ebd.

IV.2 Müllers Annäherung an Motive und Traditionen des Grotesken — 237

> FLINT *brüllt:* Behalt die Mütze auf und lass den Herrn weg.
> BAUER *mit Fahne setzt die Mütze auf:* Jawohl.
> FLINT Und wenn Du wissen willst, wer hier
> Dein Herr ist, kauf Dir einen Spiegel.
> BAUER *mit Fahne:* Jawohl.
> FLINT Und wenn du einen Herrn brauchst außer dir:
> Hinter der Elbe ist der Markt für Knechte.
> Lauf, daß du dich noch vor der Krise los wirst.
> BAUER *mit Fahne:*
> Hierbleiben, wenns erlaubt ist, wär mir lieber.
> FLINT Gut ich erlaubs dir, aber mit Bewährung.[61]

Flints Schlussreplik allerdings zeigt, dass Rapp mit seinem unterwürfigen Verhalten wohl nicht so falsch liegt, wie sein Ausbruch zunächst vermuten lässt. Auch in der SBZ von 1946 ist der Bauer auf die Gunst der Mächtigen angewiesen und kann sich so offensichtlich nur zwischen zwei Arten des Verhungerns entscheiden – der mit oder der ohne eigenes Land. Zehn Jahre später wird Müller die groteske Diskrepanz zwischen der ideologischen Schönfärberei der Herrschenden und der inkorporierten Unterwürfigkeit der Unterdrückten in ‚Germania Tod in Berlin' ein weiteres Mal verarbeiten, diesmal allerdings historisiert und als satirische Clownsnummer zugespitzt, in der Friedrich II. dem Müller von Potsdam die Aufklärung einzuprügeln versucht.

Die Geschichte scheint sich zu wiederholen, das Verhältnis von Oben und Unten reproduziert sich auch im Arbeiter- und Bauernstaat. Die Tragödie des Neubauern Ketzer, der mit dem Milchsoll ins Hintertreffen geraten ist, zeigt, dass der neue Staat gegenüber den kleinen Bauern als allesverschlingendes Ungetüm auftritt, das sich ohne Gnade wieder einverleibt, was es zuvor vermeintlich großzügig verteilt hat. Der Bauer bleibt die Marsyas-Figur, der, wenn sie sich mit der Herrschaft messen will, die Haut abgezogen, die all ihrer Habe beraubt wird, sodass sie in ihrer Verzweiflung kaum anders kann, als sich ihrer selbst zu entledigen:

> KETZER Ich hab noch ein Hemd auf dem Leib. Hier! Was brauch ich ein Hemd. *Zieht das Hemd aus, wirft es dem Erfasser vor.* Und sieben Häute drunter, sechs kannst du mir noch abziehn. Wenn Frost kommt, steck ich meine Kate an, klein, aber mein. Das wärmt. Pfänden willst du? Pflanz dein Siegel auf den Grund und Boden, den ihr mir beschert habt. Der Herr hats gegeben, der Herr hats genommen. *Wirft mit Erdklumpen.* Schmeckt dir die freie

---

61 Ebd.

Scholle? Stopf die Schindeln nach. *Deckt sein Dach ab, wirft mit den Schindeln.* Was brauch ich ein Dach überm Kopf? Der Regen juckt die Toten.[62]

Wer zufällig nach oben fällt wie der neue Bürgermeister Beutler, ehemals ebenso Melker wie Ketzer, entsolidarisiert sich mit seiner einstigen Klasse. Im Namen der neuen Ordnung und des Großbauern Treiber „melk[]t" er nun erbarmungslos den alten Kumpan:

> KETZER Der Gaul ist mein letztes. Wenn ihr den mir
> Wegnehmt, ists der Strick.
> BEUTLER Wart auf die Trecker
> Die euch der Staat versprochen hat.
> KETZER Versprochen.
> Glaubst du dran? Ich glaub nichts mehr.
> BEUTLER Dann ists der Strick. *Ab.*[63]

Der Selbstmörder Ketzer ist insofern derjenige, der – nomen est omen – das neue System am gründlichsten in Frage stellt. Seine Kritik kulminiert in einem grotesken Bild, das den Bauern als ewige Schindmähre zeigt: „Tausend Jahre hat uns der Junker geritten. Kaum ist er abgesessen, sitzt der Kulak auf, dem Kulak der Staat, unserer, beide unsereinem."[64] Den Austritt aus dieser Ordnung garantiert in Ketzers Augen nur noch der Tod. Der Vitalismus des karnevalesken Helden, der im Bewusstsein der ewigen Relativität aller herrschenden Zwänge „der Welt" exzentrisch „[d]ie Zunge zeig[t]", wird bei Müller „ins Schwarze" gewendet:

> KETZER [...]
> Halt aus, Strick, Kumpel. Meinem Alten hast du
> Aus der Not geholfen, seinem Alten vorher.
> Nummer drei bin ich, drei Mann an einem Strick.
> Du bist der Dietrich, der das letzte Loch
> Aufschließt für sieben Groschen, die Himmelsleiter.
> Ein Sprung ins Schwarze und ich kann der Welt
> Die Zunge zeigen, wenn der Haken hält.
> *Ab, die Schlinge um den Hals, den Strick nachschleifend.*[65]

---

[62] Ebd., S. 191. Vgl. dazu auch Müllers ‚Macbeth'-Bearbeitung, wo die Rollenverteilung zwischen Herr und Bauer nur kurzfristig zum Amüsement der Königs außer Kraft gesetzt wird (HMW 4, S. 313).
[63] HMW 3, S. 193.
[64] Ebd., S. 191.
[65] Ebd., S. 194.

Mit seinen letzten Worten verwandelt sich Ketzer in eine Figur der christlichen Passionsgeschichte, die sich Fehervary zufolge in Cranachs „frühen Darstellungen der Leiden Christi, wie auch" in dessen „Skizzen gekreuzigter Schächer" spiegelt.[66] Dieser altdeutsche Hintergrund, der durch nicht wenige der sprachlichen Bilder des Stücks schimmert, untermauert zudem die Anlehnung der Figur an den schlesischen Flüchtling Hiob aus Matusches ‚Dorfstraße'. Hiob, der nicht nur unter den Nazis zu leiden hatte, sondern auch durch den Krieg Hof und Heimat verloren hat, duldet die Bitternis wie sein biblisches Vorbild ohne Klage. Nur die unwillkürliche Erinnerung an die ihm geraubten Pferde macht den Schmerz des Verlusts plötzlich unerträglich, sein Selbstmord kann gerade noch verhindert werden.[67] Nicht so bei Müllers Ketzer. Abgesehen von der persönlichen Tragödie verkörpert er als Selbstmörder, der die neue Zeit in Frage stellt, eine Allegorie der bäuerlichen Sozialgeschichte: Exemplarisch für drei Generationen seiner Familie, die „unter die Räder der Geschichte"[68] gekommen sind, repräsentiert er ebenso den „historische[n] Betrug an den deutschen Bauern seit den gescheiterten Aufständen im sechzehnten Jahrhundert"[69] wie auch „[d]ie Erfahrung einer rasanten geschichtlichen Bewegung, aus der der einzelne keine Chance hat auszusteigen"[70].

Zu der Jahrhunderte währenden Unterdrückung der Bauern gesellen sich zudem die jüngsten Erfahrungen von Faschismus, Krieg und Vertreibung, die ihnen über ihr ohnehin entbehrungsreiches Leben hinaus sprichwörtlich in den Knochen stecken und ihr Denken prägen. An dieser historischen Hypothek sind die Bauern selbst jedoch nicht immer unbeteiligt. So entpuppt sich Kaffka als ein Gutgläubiger, der für ein „Freibier am Wahltag" nicht nur Hitler, sondern auch den Krieg „gewählt" hat.[71] Die damit verbundenen Gewalterfahrungen äußern sich allerdings nicht nur in einer grundsätzlichen Entsolidarisierung der Bauern untereinander bzw. in ihrer Rückentwicklung zum Animalischen hin, sie zeitigen auch eine unterschwellige soziale Instabilität und Allgegenwärtigkeit der Gewalt, die jederzeit an die Oberfläche kommen kann. Spürbar wird dies vor allem an der starken Fremdenfeindlichkeit, die sich genau dann Bahn bricht, wenn die ideologische Aufmerksamkeit der „Partei" ausnahmsweise gerade einmal von den eigenen Bedürfnissen in Anspruch genommen wird:

---

66 Fehervary [1995/98], S. 122.
67 Vgl. Matusche, Alfred: Die Dorfstraße. Berlin 1955, S. 42.
68 Streisand 1996, S. 23.
69 Fehervary [1995/98], S. 122.
70 Streisand 1996, S. 22.
71 HMW 3, S. 183.

> FLINT [...]
> *Ab in „Männer".*
> BAUER Ein Unglück bleibt nicht lang allein. Wir haben
> Den Abschaum aus dem Osten schon am Hals
> Jetzt kommt der Kehricht aus der Stadt hinzu.
> Wir sind der Schuttplatz.
> SIMONEIT *schlägt ihn:* Das ist für den Abschaum.
> BAUER Hebst du die Hand auf gegen einen Deutschen?
> *Heinz pfeift die ersten Takte des Deutschlandlieds.*
> EIN ANDERER BAUER *schlägt Simoneit:*
> Dir werd ich zeigen, wer hier deutsch ist, Pollack.
> KRÜGER Machts draußen ab.
> BAUER Hier drin ist Platz genug.
> *Schlägerei, bis Flint von „Männer" zurückkommt.*
> FLINT Seid ihr besoffen? Auseinander!
> KRÜGER Und ich bin noch nicht versichert.[72]

Anders allerdings als bei der grotesken Beschreibung der historisch bedingten physischen und psychischen Blessuren der Bauern (vor allem bei Ketzer) wird deren latentes Gewaltpotential meist durch eine karnevaleske Komik gebrochen, dadurch entschärft und als überwindbar gezeigt. Zudem revitalisiert Müller in diesem Zusammenhang die Prügelszene als selbstverständlichen Bestandteil der Komödiengattung – „Prügel für den Prahler, den Feigling, den Lügner oder [...] den intriganten Diener"[73] –, die im Laufe ihres Zivilisationsprozesses aus dem Genre vertrieben worden war, und folgt damit einer generellen Tendenz der Komödiendichtung des 20. Jahrhunderts.[74] Er geht dabei bis zur Wiederbelebung des vertrauten Komödien-Motivs von der prügelnden Alten (etwa bei Molière), die in einem karnevalesken Rollentausch ihren Angetrauten das Fürchten lehrt:

> SENKPIEL Der Kommunismus
> Ist ausgebrochen. Deine Alte ist schon
> Verstaatlicht.
> ALTER BAUER Meine Alte? Das ist gut.
> *Kichert.*
> Der Staat wird seine Freude an ihr haben.
> *Seine Frau haut ihm ins Genick.*
> Im Kommunismus wird nicht mehr geschlagen.[75]

---

72 Ebd., S. 225 f.
73 Matt, Peter von: Das letzte Lachen. Zur finalen Szene in der Komödie. In: Theorie der Komödie – Poetik der Komödie. Hrsg. von Simon, Ralf. Bielefeld 2001, S. 127–140, hier S. 128.
74 Vgl. ebd., S. 130 ff.
75 HMW 3, S. 217.

IV.2 Müllers Annäherung an Motive und Traditionen des Grotesken — 241

In beiden Szenen ist jedoch von einer körperlichen Beschädigung der Bauern durch die Schläge keine Rede, was auf den fundamental komischen Charakter des Prügelns zurückzuführen ist. Ihm liegt das „Prinzip" zugrunde, „daß der komische Körper keinen bleibenden Schaden nehmen kann":

> Der Herzstich ist singulär und trifft den seinem Wesen nach nicht regenerativen tragischen Körper; Prügel sind repetitiv und treffen den seinem Wesen nach regenerativen komischen Körper. Deshalb ist der komische Körper unsterblich. Seine Unsterblichkeit ermöglicht unser Vergnügen.[76]

Der starke Karnevalismus, der dabei zum Ausdruck kommt, hat mit der Entladung und Bannung von Gewalt zu tun, um die es Müller in der ‚Umsiedlerin' vornehmlich zu tun ist. Er revitalisiert dazu den Topos des Bauern als komische Figur, eine Rolle, die ihm in der mittelalterlichen Bauerndichtung oft zukam. Die karnevaleske Komik dient Müller jedoch nicht in erster Linie zur Verspottung der Bauern – welche meist durch die Traktoristen erfolgt –, sondern zeigt sie als mit Mutterwitz und sprichwörtlicher Bauernschläue ausgestattete Figuren, die den äußerlichen Widrigkeiten schelmenhaft trotzen und ihren Aggressionstrieb durch eine von physischer Gewalt freie, karnevalesk-komische Interaktion sublimieren. Dazu gehört sowohl die wiederholte mitleidlos-obszöne Verhöhnung der sitzengelassenen Flinte 1,[77] als auch das eher gutmütige Foppen des bei den Dorfversammlungen meist schlafenden alten Bauern.[78] Den Versuch der FDJ, die Bauern im Sinne des Bitterfelder Programms mit Büchern an Bildung und Kultur heranzuführen, verweigern sie auf närrische Weise und denunzieren die aberwitzige literarische Produktion, die diese kulturpolitische Kampagne zeitweilig hervorbringt, durch ihre (gar nicht so profanen) leiblichen Bedürfnisse:

> HEINZ Wie wärs mit einem Buch, Kollegen? Die Kultur kommt aufs Land und die Wissenschaft. Das Buch ein Hebel zum besseren Leben. Kostenlos.
> ERSTER BAUER Beim Packen für HeiminsReich war Platz in meinem Rucksack für die Bibel oder Speck. Rat, was ich eingepackt hab.
> HEINZ Die Bibel.
> *Lachen. Der zweite Bauer nähert sich den Büchern.*
> ERSTER BAUER Bleib von den Büchern weg, ich warn dich. Du hältst den Kopf ins Buch, und wenn du ihn herausnimmst, hast du dich um den Verstand gelesen und vermachst der Solidarität deine zweitbeste Sau. Bleib weg, mit der Kultur ist nicht zu spaßen.
> ZWEITER BAUER Habt ihr das Buch „Kartoffelernte ohne Saatkartoffeln"?
> *Die Bauern lachen.*

---

76 Matt 2001, S. 129.
77 Vgl. HMW 3, S. 222, 247.
78 Vgl. ebd., S. 216 f., 264.

HEINZ Nimm das.
ZWEITER BAUER *liest:* „DIE FURCHEN SINGEN. Ein sozialistischer Bauernroman". Wenn ich Musik will, hab ich Radio. *Nimmt ein anderes Buch auf, liest:* „DAS MORGENROT DES TRAKTORISTEN. Fünf Gesänge". Sein Frühstück wär mir lieber. Fünf Gänge.[79]

Die materiell-leiblichen Bedürfnisse der Bauern bedingen allerdings auch eine gewisse Korrumpierbarkeit, die wiederum der Lächerlichkeit preisgegeben wird: Sei es, dass sie wie die Marionetten *„an Schnüren gezogen"*[80] zum Eierschieber Sieber überlaufen, als der ein Päckchen Westzigaretten zieht, oder sich von den Büchern der FDJ ab- und dafür, nach anfänglicher Skepsis, umso interessierter Siebers propagandastrotzender Westillustrierter zuwenden, um, ganz naiv, mehr über das vermeintliche Wohlleben der Bauern im Westen zu erfahren.

Müllers Bauern verkörpern eine von großer Ambivalenz geprägte Figurengruppe. Als historisch gebeutelte, zu Arbeitstieren degradierte und zum Teil physisch grotesk entstellte Figuren fungieren sie einerseits als Sympathieträger, vor allem wenn sie sich schelmenhaft und bauernschlau über die an sie herangetragenen ideologischen Ansprüche hinwegsetzen und den Mächtigen ein Schnippchen schlagen. Ihr latentes Gewaltpotential, ihr nicht zuletzt durch den Faschismus geprägtes Fremden- und Frauenbild und ihre Korrumpierbarkeit lassen allerdings die historischen Altlasten zu Tage treten, deren Bewältigung mit zu den von der Partei gerne verdrängten Aufgaben der Kulturrevolution auf dem Lande gehört. Zudem speist das Bewusstsein der Bauern, letzten Endes grundsätzlich die historisch Unterlegenen zu sein, ihr Misstrauen, prägt ihr gesamtes Handeln gegenüber der Partei, deren „Doppelzünglertum" und autokratisches Vorgehen im Zuge von Bodenreform und Kollektivierung ihnen Recht zu geben scheint. Müller versteht es hervorragend, diese immanenten Widersprüche über die düster-groteske bis närrisch-karnevaleske Körperlichkeit zu transportieren, die oft hinter der hochgradig gestischen Sprache der Bauern zum Vorschein kommt, ohne sie aufzuheben. Dazu gehört nicht zuletzt die metaphorische „Transposition von sprachlichen Wendungen aus dem bäuerlichen Alltagsleben (,Schnauze', ,pflügen', ,Stroh') in einen anderen Gegenstandsbereich", der verbürgt, „daß ihre wörtliche Bedeutung gleichzeitig mitverstanden wird".[81] Indem die „Aufmerksamkeit" in einem solchen Umgang mit dem bäuerlichen Jargon

---

[79] Ebd., S. 246 f.
[80] Ebd., S. 248.
[81] Keller 1992, S. 163.

zumeist „auf die materielle Seite einer Metapher"[82] gelenkt wird, kommt eine ambivalente Komik zum Vorschein, die nicht selten in den Schrecken kippt.

Alles in allem aber repräsentieren Müllers Bauern eine lernfähige Klasse, die – wenn auch spät und mit Nachhilfe – in der Lage ist, die Vorteile zu erkennen, die ihr aus der sozialistischen Produktion erwachsen. Ihre Sturheit verweist auf die „Beziehung zwischen dem Beharrungsvermögen als Stärke (nicht alles mit sich machen lassen) und als Schwäche (den Fortschritt nicht schnell genug begreifen)"[83], was sich in der lehrreichen Traktoren-Verlosung deutlich offenbart:

> BAUER Was die Mehrheit
> Beschlossen hat, das kann die Mehrheit auch
> Umschmeißen.
> FLINT Wenn sie was gelernt hat.
> SIMONEIT Ich
> Hab was gelernt, und von mir selber. Her
> Mit den Losen.
> *Nimmt Henne und Treiber die Lose ab, zerreißt sie in winzige Schnitzel, stampft sie in den Boden.*[84]

Müller legt Simoneit hier leicht abgewandelt einen Satz des Kommunisten Steinert aus Strittmatters ‚Katzgraben' in den Mund, den schon Brecht in seinen ‚Notaten' besonders hervorgehoben hatte: „Verdammt, da hab ich beinah was von mir gelernt."[85] Während bei Strittmatter die junge Agronomie-Studentin Elli „[d]em Parteisekretär Steinert […] einen Rat zurück[gibt], den er ihr in einer privaten Angelegenheit gegeben hat"[86], sind Müllers Bauern durch eine lehrstückartige Demonstration selbst zu der Erkenntnis gelangt, dass es für alle zweckdienlicher ist, die Traktoren als Bestand einer MAS (Maschinen-Ausleih-Station) gemeinsam zu nutzen. Der erste, ausschlaggebende Schritt hin zu einem Bündnis zwischen Partei und Bauernschaft, und damit hin zum besseren, befreiten Leben ist somit getan. Das erlaubt es Müller auch, am Ende seiner Komödie mit dem Bauern Mütze/Glatze eine Utopie vom Bauern der neuen Zeit zu entwerfen: Als Träger des materiell-leiblichen Prinzips bildet hier der Volkskörper ganz im bachtinschen Sinne den Träger der Utopie. Er ist nicht zuletzt dadurch charakterisiert, dass er die durch jahrhundertelange Knechtung verursachten, grotesken körperlichen

---

82 Bergson, Henri: Das Lachen. 2. Aufl. Meisenheim am Glan 1948, S. 64 f. Zitiert nach Keller 1992, S. 163.
83 Schulz 1980, S. 44.
84 HMW 3, S. 271.
85 Strittmatter, Erwin: Katzgraben. Szenen aus dem Bauernleben. In: Strittmatter: Stücke. Berlin/Weimar 1966, S. 5–137, hier S. 99.
86 GBA 24, S. 440.

Entstellungen des Bauern, die ihn seinem Nutzvieh ähnlich gemacht haben, zurücknimmt – ohne dass er nun physiognomisch dem positiven Helden des Sozialistischen Realismus entsprechen müsste, wie der glatzköpfige Mütze zeigt:

> GLATZE [...]
> Die Zeit muß ja auch kommen, wo der Bauer
> Ein Mensch ist, wie im Kino jetzt schon und
> Kein Pferd mehr, und die Frau auch nicht mehr zum
> Bespringen bloß und Kinderkriegen und
> Altwerden in der Arbeit, und vielleicht
> Erleben wirs oder die Kinder, die wir
> Vielleicht erleben werden, wenn die Frau will.[87]

Den ambivalenten und doch grundsätzlich positiv besetzten Kleinbauernfiguren stehen bei Müller die ausbeuterischen Großbauern Rammler und Treiber sowie der ebenso korrupte wie opportunistische Bürgermeister Beutler gegenüber. Vorgeprägt findet sich dieser Figurentypus in den Altbauern Mittelländer und Großmann bei Strittmatter. Zudem orientiert sich Müller offensichtlich an Brechts inszenatorischer Interpretation der Altbauern, die in den „‚Katzgraben'-Notaten' gegen den Vorwurf der „Clownerie" und der komischen Effekthascherei („Grimassen") verteidigt wird:

> Der Großbauer ist der Dorffeind, wir haben das Recht, ihn zu verhöhnen, solange wir ihn noch als gefährlich darstellen. Ich glaube, wir sollten genau untersuchen [...] wo die Komik die Figur des Großbauern für den *Klassenkampf* verzerrt. Fein oder grob, dick oder dünn spielt dann keine Rolle mehr.[88]

Als rundweg negativ besetzte Figuren, werden die Großbauern auch bei Müller durch karnevaleske Komik dem Verlachen preisgegeben, ohne dabei ihre Gefährlichkeit einzubüßen. Dazu scheint Müller in der ‚Umsiedlerin' das Figurenarsenal der alten italienischen Typenkomödie bzw. der Commedia dell'arte zu mobilisieren, denn die drei Ausbeuter erinnern zumindest in einigen Facetten deutlich an die bösen Alten (ital.: Vecchi) Pantalone (den geizigen venezianischen

---

[87] HMW 3, S. 281. Vgl. dazu Brecht, der in den „‚Katzgraben'-Notaten' eine ähnliche Utopie formuliert (GBA 25, S. 420): „Im Kapitalismus haben freilich auch die Gesichter der Menge einen stumpfen, undurchschaubaren Ausdruck angenommen, den Ausdruck solcher, die ihre Gedanken und Reaktionen verbergen müssen und denen es nicht der Mühe lohnt, sie zu zeigen, da es nicht auf sie ankommt. Das Menschengesicht im Sozialismus muß wieder ein Spiegel der Empfindung werden. So wird es sich wieder verschönern."
[88] GBA 25, S. 432.

Kaufmann)[89] und Dottore (den weltfremden bologneser Advokaten)[90], die dort das Zusammenfinden der Liebenden – hier das Bündnis von Bauern und Partei – zu hintertreiben suchen und satirisch verspottet werden. Im Falle Beutlers klingen darüber hinaus charakteristische Merkmale des ebenso niederträchtigen wie feigen, bramarbasierenden Hauptmanns Capitano[91] an. Vor allem aber sind es die beiden Großbauern, die um ihre leichtverdienten Arbeitskräfte fürchten und sich dementsprechend mühen, den Schulterschluss zwischen Staat und Kleinbauern zu verhindern – etwa indem sie ihnen die gerade eingetroffenen Traktoren madig machen.[92]

Anders als die Neubauern werden die Altbauern ausschließlich mit Tiermetaphern bedacht, die ihre negativen Charaktereigenschaften zum Vorschein bringen. Allerdings geben sie wenig Aufschluss über ihre körperliche Konstitution, auch wenn Müller den Altbauern, differenzierter als Brecht und Strittmatter, ein entbehrungsreiches, von schwerer Arbeit gezeichnetes Leben nicht abspricht.[93] Die karnevaleske Körperlichkeit, auf die ihre sprechenden Namen hinweisen, entwickeln diese Figuren nicht nur in ihrer stark gestischen Sprache, sondern vor allem in einigen Clownsszenen, die ihre typisierten Charaktereigenschaften exzentrisch zur Geltung bringen.

Der Altbauer Rammler – nomen est omen – wird gleich in der ersten Szene als ehemaliger Ortsbauernführer entlarvt, der nun das CDU-Parteibuch schwingt. Nur aufgrund einer minimalen Unterschreitung der fraglichen Besitzgröße von hundert Hektar ist er bei der Bodenreform um die Enteignung herumgekommen. Im Dritten Reich, so prahlt der ehemalige Nazi-Funktionär und verhinderte Profiteur der hitlerschen Ostpolitik, habe ihm „ein Grundbesitz beinah gehört [...] / [i]n der Ukraine, größer als [der] Landkreis"[94]. Auch über dieses Motiv lässt sich ein Bezug zu Anna Seghers herstellen, die in ihrem Roman ‚Der Kopflohn' (1932) „ein gutes Bild der Verwicklung der reichen Bauern in die Ideologie des Nationalsozialismus" gezeichnet hat. In Müllers Stück wirkt dementsprechend eine politische Konstellation „nach 1945 weiter", die „in Seghers' Roman erst beginnt".[95]

---

89 Vgl. Dshiwelegow, A. K.: Commedia dell'arte. Die italienische Volkskomödie. Berlin 1958, S. 133–138.
90 Vgl. ebd., S. 138–143.
91 Vgl. ebd., S. 174–179.
92 Vgl. HMW 3, S. 208.
93 So lässt er ausgerechnet den Parteigenossen Flint achtungsvoll das Dasein des Großbauern Treiber resümieren, der, wie es zunächst scheint, den Tod der Kapitulation gegenüber der Kollektivierung vorzieht: „Er hat gearbeitet wie wir. Sein Leben / [w]ar wenig leichter. Schwer genug wirds bleiben" (ebd., S. 286).
94 Ebd., S. 196. Vgl. dazu auch Seghers 1977, S. 278.
95 Fehervary [1995/98], S. 126.

Rammlers Menschenbild ist geprägt vom Glauben an das Recht des Stärkeren. Den Menschen begreift er als „Parasit[en] und Blutsäufer" von Natur aus, sein solidarisches Wesen, das der Kommunismus aktivieren möchte, gehört in Rammlers Augen in die Lügenkiste der Propaganda. Pferde zum Pflügen gibt es bei ihm nur als Gegenleistung für „eine halbe Ernte". Im Zentrum der Figurenexposition steht somit sein selbstgerechtes Credo des Kapitalisten:

> RAMMLER Was willst Du Kaffka. Zum
> Ausbeuter ist der Mensch geborn, du auch.
> Das wäscht dir kein Regen ab, das ist Natur
> Der Herrgott hat dich so geschaffen, mach was.
> Vor der Entbindung hast du deine Mutter
> Schon ausgenommen, Parasit und Blutsäufer
> Am Nabelschlauch, und ohne Rücksicht dann
> Milch getankt an ihrer Brust ein Jahr oder länger. Ich
> Hätt auch gern Kommunismus, die Idee
> Ist gut. Wenn nur die Menschen besser wärn.
> Der Kommunismus ist was für die Zeitung.[96]

Als wirklichkeitsfern entpuppt sich jedoch seine Einschätzung der neuen Ordnung, da sie verkennt, dass die ungeschriebenen Gesetze und Vereinbarungen, die das Verhältnis zwischen dem Staat und seinen wohlhabenden Bürgern (abseits aller Ideologie) bislang regelten, nun nicht mehr gelten.[97] Darin ähnelt er dem Dottore, dem gebildeten aber weltfremden Advokaten der Commedia dell'arte, und reizt den Bürgermeister Beutler zu einem mitleidigen Lachen:

> RAMMLER [...]
> Ich bin dem Staat vielleicht ein bessrer Bürger
> Als mancher, der ihm auf der Tasche liegt
> Der erste Staat ists auch nicht, dem ichs bin
> Ich kann verlangen, dass der Schein gewahrt wird.[98]

Dieses bürgerliche Selbstverständnis beinhaltet die Überzeugung, dass die alten Ordnungsstrukturen schon aus rein pragmatischen Gründen nicht außer Kraft gesetzt werden können. In diesem Glauben verkehrt Rammler das der Antäus-Sage entlehnte mythologische Lehrstück über den Klassenkampf und die notwendige Verbindung der politischen Führer zur breiten Masse aus dem Kurzen

---

96 HMW 3, S. 188 f.
97 Dass die Bodenreform nur die Vorstufe der „Kolchose" ist, darüber macht er sich hingegen keine Illusionen (ebd., S. 188).
98 Ebd., S. 197.

IV.2 Müllers Annäherung an Motive und Traditionen des Grotesken — 247

Lehrgang (Marx) durch die Ersetzung des „Herkules" durch „Herr[n] Kules"[99] in ein Gleichnis über die Gesetze des Nepotismus. Was dem opportunistischen Bürgermeister Beutler zur Mahnung gereichen soll, verhallt ungehört und beschleunigt den gesellschaftlichen Niedergang der Großbauern. Auslöser und Katalysator ihrer clownesken Überlebensversuche ist somit ihre Ignoranz gegenüber den neuen gesellschaftlichen Verhältnissen. Letztlich muss Rammler kapitulieren und setzt sich dorthin ab, wo er seinen Überzeugungen nach hingehört: in den Westen.

Mit dem Großbauern Treiber wiederum, dem Schwarzschlächter, Seilschafter und Ausbeuter der Kleinbauern, der Ketzer um seine letzte Habe bringt und ihn in den Selbstmord *treibt*, entwirft Müller eine im Vergleich zu Rammler ambivalentere Figur. Als verkrüppelter Schwerstarbeiter, der „selber keinen graden Knochen mehr"[100] im Leib hat und wiederholt auf sein dürres „Gerippe"[101] anspielt, ähnelt er nicht nur körperlich den Kleinbauern, sondern evoziert auch das Bild des Pantalone aus der Commedia dell'arte, der aufgrund seines Rheumatismus' auf Abbildungen meist mit vornübergebeugtem Oberkörper dargestellt ist.[102] Anders als die Kleinbauern wird er jedoch nicht grundsätzlich in einen grotesken Mensch-Tier-Konnex gestellt. Mit den Neubauern kann er, als Prototyp des Geizigen, der glaubt, selbst nichts geschenkt zu bekommen, weder Solidarität noch Mitleid empfinden. Auch hier zeigt sich seine Verbindung zu dem knickrigen venezianischen Kaufmann Pantalone: Reichte es in seinen Augen früher, mittellose Bittsteller abzuwehren, muss er gegen den neuen Staat nun größere Geschütze auffahren. Als mitleidlos, bitter und bösartig demaskiert ihn seine Wortwahl:

> TREIBER Früher war ein scharfer Hund genug
> Gegen die Hungerleider aus vier Dörfern.
> Jetzt muß ich einen Bürgermeister halten
> Sonst frißt der Staat mir das Gerippe blank
> Der Leviathan. Einen Hungerleider
> Der mir den Bissen vor dem Maul halbiert.[103]

---

99 Ebd., S. 202.
100 Ebd., S. 192.
101 Ebd., S. 261, 284.
102 Vgl. Dshiwelegow 1958, S. 137. Interessanterweise bezeichnet Beutler Treiber schon zu Beginn versehentlich als „Kalmück" statt als „Kulak" (HMW 3, S. 201) – im ersten Weltkrieg ein Schimpfwort für die Türken. Eines der Markenzeichen des Pantalone sind seine türkischen Schnabelschuhe (vgl. Wilpert 2001, S. 584).
103 HMW 3, S. 261.

Treibers Widerstand gegen die Kollektivierung basiert auf der Überzeugung, sich seinen Wohlstand hart erarbeitet zu haben und ihn als solchen auch zu verdienen. Dabei folgt er einem kleinbürgerlichen Glücksbegriff, der sich in Besitz und Äußerlichkeiten erschöpft: „Auto, Fernsehn / Und eine Intelligenz als Schwiegersohn."[104] Was er sich mühsam aufgebaut hat, will er nicht einer Genossenschaft überantworten, in der sich niemand mehr persönlich für Land und Vieh verantwortlich fühlt. Damit berührt er, abgesehen von der karnevalesken Denunziation, die ihm Müller angedeihen lässt („In meinem Stall steht kein Stück Vieh, das nicht / Von mir wär"), durchaus einen wunden Punkt der Kollektivwirtschaft der DDR:

> TREIBER [...]
> Mein Leben lang hab ich mich abgeschunden
> Vier Liter Schweiß pro Tag auf jeden Hektar.
> In meinem Stall steht kein Stück Vieh, das nicht
> Von mir wär. Über meine Zähne ist
> Kein Happen Fleisch gekommen, den ich nicht
> Mir von den Rippen erst hab schneiden müssen.
> [...] Und ihr wollt in den Rachen schieben
> Was ich mit meinen Knochen abbezahlt hab
> Mit einem Federstrich.[105]

Die Überzeugung von der Verbindung zwischen hart erarbeitetem Besitz und Verantwortungsgefühl drückt sich auch in seiner Verachtung für den Neubauern Ketzer aus, der sich in seiner Verzweiflung nicht anders zu helfen weiß, als das geliehene Pferd niederzustechen, dass ihm der Großbauer davontreiben will: „Neubauern. Kein Verstand / [f]ür die Wirtschaft und kein Herz fürs Vieh."[106] Auch damit legt er den Finger in eine Wunde der Bodenreform, die häufig der Landwirtschaft völlig unkundige Menschen zu Bauern machte.

Im Grunde verbindet den ehemaligen Nazi und Großbürger Rammler mit dem Geizhals Treiber wenig außer der gesellschaftlichen Klassenzugehörigkeit und dem daraus entstehenden Konkurrenzkampf. In Müllers Stück scheint die beiden Großbauern nur die Not aneinander zu ketten. Nach Beutlers Sinneswandel und dem Eintreffen der Traktoren für die MAS fehlen ihnen die Arbeitskräfte, ohne die sie ihrer Bodenfläche nicht Herr werden können. Da es den Großbauern zudem an Solidarität mangelt, müssen sie nun auch um die schwindenden Pfründe konkurrieren. Notgedrungen treten sie ab diesem Moment – von einer Ausnahme

---

104 Ebd., S. 283.
105 Ebd., S. 284 f.
106 Ebd., S. 194.

abgesehen – nur noch gemeinsam auf, immer bemüht, sich den letzten greifbaren Vorteil noch gegenseitig abzujagen. So verlieren sie schließlich die Gefährlichkeit, die ihre Einzelauftritte begleitete und verkommen zu einem närrischen Clownspaar, das im Verweis auf den karnevalesken Topos der verkehrten Welt einen deutlichen Indikator für die voranschreitende Ablösung der alten Verhältnisse darstellt.

Im Ringen um die vermeintlich letzte verbliebene Arbeitskraft, den Anarchisten Fondrak, entpuppen sie sich beispielsweise als ebenso leicht zu täuschen wie die bösen Alten der Commedia. Der listige Harlekin, der es gut versteht, der Partei ein Schnippchen zu schlagen, lässt sich auch von Rammler und Treiber nicht instrumentalisieren und versäuft im Bierhandel die begehrte Arbeitskraft gleich mit. Als er schließlich volltrunken umkippt, versuchen die beiden Geprellten, unterstützt vom Kneipenwirt, in einem karnevalesken Handgemenge doch noch ihren Schnitt zu machen:

> *Fondrak fällt um. Die Bauern versuchen ihn zu teilen.*
> KRÜGER Ihr kriegt ihn nicht auseinander.
> *Krüger bringt Würfel. Die Bauern würfeln um Fondrak.*
> Die Jacke ist noch gut.
> *Zieht Fondrak die Jacke aus.* Bierschulden.
> *Treiber ab mit Fondrak auf dem Rücken, von Rammler verfolgt.*
> *Krüger sieht ihnen nach:* Die Hose ist besser.[107]

Die Betonung der Körperlichkeit in dieser Szene (der sich um die physische Verwertbarkeit saufende Fondrak, die tauziehenden Großbauern, der raffgierige Wirt), die die Einbindung von „ungezügelte[r] Sinnlichkeit", „Grobianische[m]", „Niedrige[m]' und Hässliche[m]"[108] in die Inszenierung vollkommen rechtfertigen würde, macht den Rückgriff Müllers auf Elemente der Commedia dell'arte ganz offensichtlich:

> Der Körper wird ausgestellt, in seiner Motorik, auch in obszön hervorgehobenen Deformationen, in einer exzessiven Mimik (soweit die Figuren keine Masken tragen) und Gestik, in einem Taumel von Bewegung bis hin zu hochartifizieller Akrobatik, in optischen Sensationen, wozu auch phantastische Kostüme und vielfältige Verkleidungen gehören.[109]

---

107 Ebd., S. 229.
108 Greiner 2006, S. 67.
109 Ebd., S. 64.

Die Commedia, als „die radikalste und produktivste Neuaneignung des dionysisch-orgiastischen Momentes der Komödie, die die Neuzeit ausgebildet hat"[110], bezog ihr körpersprachliches Material aus der italienischen Komödie der Renaissance, aus volkstümlich-szenischen Traditionen und Karnevalsbräuchen und erfuhr aufgrund ihres satirischen Charakters vom 16. bis zum 18. Jahrhundert großen Zuspruch. Greiner zufolge muss sie als Kunstform verstanden werden, die versuchte, die zeitgenössische Erfahrung „eine[r] äußerst bedrohliche[n] Welt"[111] durch die Aufwertung des Gegenwärtigen, des komischen Augenblicks erträglich zu machen. In ihrer prinzipiell antibürgerlichen Haltung verlachte sie die Vertreter des aufstrebenden bürgerlichen Standes und beharrte nachdrücklich auf den vom Bürgertum unterdrückten leiblichen Bedürfnissen (Lust und Körperlichkeit stehen im Gegensatz zu Arbeit und Funktionalisierung des Körpers), nahm also eine Entlastungsfunktion gegenüber den Ansprüchen der zeitgenössischen Kultur wahr.[112] In Müllers ‚Umsiedlerin' wird dieser satirische, antibürgerliche Habitus im Rahmen der besonderen historisch-politischen Situation auf den Großbauernstand übertragen.[113] Die wahrhaft dionysisch-orgiastisch aufgeladene Figur Fondrak gibt für ihn zudem einen Gegner ab, mit dem die beiden Altbauern ebenso wenig zurande kommen wie die Vecchi mit den Dienern Arlecchino und Brighella. Unwillkürlich produzieren beide so – gemäß der bachtinschen „Logik der Umkehrung" – den Vor-Schein einer neuen Welt als der verkehrten alten, der sich in Mützes Botenbericht vom Ausgang der Verfolgungsjagd spiegelt:

> MÜTZE *nickt:*
> Das hast du nicht gesehn: durchs Dorf marschiert
> Mit krummen Knien, sein eigener Ochse, Treiber.
> Der Schweiß läuft ihm herunter, auf dem Buckel
> Abschleppt er seine Majestät den Knecht
> Die rare Arbeitskraft gekauft mit Bier
> Und überfüllt mit Bier jetzt: Fondrak.

---

110 Ebd.
111 Ebd., S. 67.
112 Vgl. ebd., S. 67 f.
113 Allerdings darf die historische Commedia dell'arte, trotz Müllers Umfunktionierung ihrer Elemente, nicht als subversive, herrschaftszersetzende Theaterform missverstanden werden. Sie stellte vielmehr ein auf szenische Wirkung bedachtes, moralisch indifferentes, nicht belehrendes Theater dar, das mit dem Bürgertum und den französischen Besatzern nur das verspotte, was leicht zu verspotten war. Adel und Klerus, als die wirklichen Machthaber, auf deren Unterstützung die Commedia angewiesen blieb, fielen ihr somit nicht zum Opfer. Vgl. Gronemeyer, Andrea: Theater. Köln 1995, S. 67 f. bzw. Krömer, Wolfram: Die italienische Commedia dell'arte. 3. Aufl. Darmstadt 1990, S. 24 ff.

> Und fünf Schritt hinterher schleicht Rammler, auch scharf
> Auf eine billige Kraft und lauert, wann
> Der Konkurrenz die Knie einknicken, und
> Jetzt kommts noch besser: Treiber, dem die Zunge
> Heraushängt, hält, schmeißt Fondrak ab und geht
> Ein Fuhrwerk holen, Rammler greift gleich zu
> Und lädt sich Fondrak auf und ab mit Stolpern.
> Wie Treiber mit dem Fuhrwerk wiederkommt
> Zweispännig, ist ihm seine Arbeitskraft
> Schon außer Sicht und bei der Konkurrenz.
> Und so weit sind wir schon: der Kleine reitet
> Den Großen, wer zuviel hat hat zuwenig
> Hunger ernährt, Geld zehrt.
> KRÜGER Verkehrte Welt.
> Noch Bier?
> MÜTZE Verkehrt, sagst du? Von dir kein Bier.[114]

In der verkehrten Welt als der eigentlich richtigen ist nun der Großbauer der Ochse, japst mit hängender Zunge – man achte auf die parodistische Reminiszenz an den Ketzer-Selbstmord – unter seiner Last. In einer solchen Welt dreht sich auch das Verhältnis der Neubauern zu den Altbauern um: Aus den ehemals Verfolgten werden die Verfolger. In einer karnevalesken Hetzjagd *treibt* nun Henne, bewaffnet mit Bleistift und Unterschriftenliste, Treiber vor sich her, der hinter der – in der DDR zur stehenden Wendung geronnenen – suggestiven Frage: „Du bist auch für den Frieden, Treiber, denk ich"[115], wohl nicht zu Unrecht eine Vorbereitung auf die Kolchose vermutet. „[N]eugierig auf den Ausgang"[116], schließen sich zuletzt auch noch die umstehenden Bauern der clownesken *Treib*jagd an.

Zu guter Letzt tun sich die beiden Großbauern doch zusammen, um nach Beutlers Absetzung eine neue Bürgermeister-Marionette zu installieren. Und, als wären sie aus der vorangegangenen Erfahrung nicht klug geworden, fällt ihre Wahl erneut auf Fondrak. Als Meisterstück karnevalesker Komik erweist sich dabei schon das Bewerbungsgespräch:

> *Rammler und Treiber mit Zigarren. Rammler gibt Fondrak eine Zigarre.*
> RAMMLER Fondrak.
> FONDRAK Ja.
> RAMMLER Kannst Du schreiben?
> *Fondrak schreibt.*

---

114 HMW 3, S. 229 f.
115 Ebd., S. 250.
116 Ebd.

> TREIBER *liest:* Schei – ße.
> RAMMLER Fondrak
> Wir gratulieren dir, du wirst Bürgermeister.[117]

Das schöne Wort vom „Veräppeln", das sprachlich gewordene Bewerfen mit Exkrementen, das im Rahmen der mittelalterlichen Narrentage und des Charivari als ritualisierte Überwindung der Angst fungierte, findet hier seinen vollendeten Ausdruck. Bachtin bezeichnet den Kot in diesem Kontext als „*heitere Materie*", deren ambivalente Konnotation Müller trefflich nachbildet:

> Wenn die alte strebende Welt mit Kot beworfen, mit Urin begossen und mit einem Hagel von skatologischen Flüchen überschüttet wird, so ist das ihre *fröhliche Beerdigung*, die auf der Lachebene dem Aufschütten des Grabs mit Erde entspricht oder der Aussaat in die Ackerfurche [...].[118]

Potenziert wird die Komik dadurch, dass die Vertreter der alten Hierarchie ihre Degradierung, die gleichzeitig schon den Vor-Schein des Neuen beinhaltet, nicht realisieren und weiter auf der Dorfnarren eindringen. Um Fondrak die Entscheidung zu erleichtern, argumentieren sie dicht an seinen Bedürfnissen entlang. Vor allem, dass der Auftrag mit Arbeit verbunden sein könnte – nichts gäbe es, was Fondrak mehr verabscheut –, wird heftig dementiert:

> RAMMLER [...]
> Was dir heut angetragen wird, ein Staatsamt
> Ist keine Arbeit, sondern eine Ehre.
> Was macht ein Bürgermeister? Wenn du mich fragst:
> Nichts. Ist das eine Arbeit: der Bevölkerung
> Die Wünsche vom Gesicht abzulesen? Und
> Wärs eine, wärs nicht deine: ich les Dir vor.[119]

Doch die Vereinnahmung gelingt auch hier nicht: Fondrak desavouiert sich in schönster Bierlaune (natürlich erneut auf Rechnung der Großbauern) in der Dorfversammlung mit einem absurden Verbesserungsvorschlag selbst: „Bier aus

---

117 Ebd., S. 260.
118 Bachtin 1995, S. 217. Das Motiv allerdings scheint schon aus der Antike zu stammen und steht dort in Verbindung mit der Figur des „*komischen Herkules*", dem der Nachttopf über den Kopf ausgeschüttet wird (ebd., S. 189). Leider kann auf den offensichtlichen Bezug dieser Figur zu Müllers Herakles in ‚Herakles 5', der dort ebenfalls als Kotwerfer und mit Kot Beworfener begegnet, nicht weiter eingegangen werden.
119 HMW 3, S. 261.

IV.2 Müllers Annäherung an Motive und Traditionen des Grotesken — 253

der Wand"[120]. Die Eintracht der beiden Stänkerer ist von noch kürzerer Dauer. Die Szene mit Fondrak, die in einer karnevalesken Bierschlacht endet, enthüllt, dass es einzig die zunehmende gesellschaftliche Isolation ist, die die Großbauern an einen Tisch holt, während sie sich im Grunde – genau wie Pantalone und Dottore[121] – auf den Tod nicht ausstehen können:

> RAMMLER Sauf, daß du zur Versammlung nüchtern bist.
> Ich lad dich ein.
> TREIBER Ich laß mich nicht einladen.
> Ich lad dich ein.
> RAMMLER Ich laß mich auch nicht.
> TREIBER Bier
> Für Rammler.
> RAMMLER Bier für Treiber.
> TREIBER Noch ein Bier
> Für Rammler.
> RAMMLER Alles für die Armen. Bier
> Für Treiber.
> TREIBER Ziegenmelker.
> RAMMLER Hüteknecht.
> *Rammler und Treiber schütten einer dem andren Bier ins Gesicht. Auftreten Flint und Landrat.*
> FLINT Das sind die Widersprüche im imperialistischen Lager.[122]

Die zutiefst kleinbürgerliche, individualistische Vorstellung, alles Erhaltene wieder abgelten zu müssen, um nicht in Abhängigkeiten zu geraten, sowie die Gleichsetzung von Eingeladen-Werden mit Verarmung, macht jede echte Solidarität etwa auf Basis eines Empfindens von Klassenzugehörigkeit zwischen den Großbauern unmöglich. Diese Schwäche verhindert, dass sie nochmals zur Gefahr für die neue Ordnung werden könnten. Das letzte Lachen gehört hier eindeutig der Partei. Rammler und Treiber müssen sich geschlagen geben. Nach ihrer Entmachtung sieht man sie nun selbst betrunken die Straße hinunter wanken:

> TREIBER In Granzow werden Plätze verkauft für die Arche im Fall, daß die Welt untergeht. Ich überleg schon, ob ich einen Platz kauf.
> RAMMLER Der Westen arbeitet an meiner Befreiung. Aber was hab ich davon, wenn mir die Seele gerettet wird durch Bomben auf den Schädel mit Liebertotalsrot. Lieber arbeite ich auf

---

[120] Ebd., S. 266.
[121] Vgl. Dshiwelegow 1958, S. 142.
[122] HMW 3, S. 261 f.

meine Liquidierung als Klasse hin und übernehm den Vorsitz in der Kolchose. Dich nehm ich als Buchhalter, du kannst nicht rechnen.[123]

Nach Rammlers Flucht in den Westen beugt sich Treiber schließlich dem staatlichen Druck – nicht jedoch ohne einen grotesk-komischen Abgang aus seiner ehemaligen gesellschaftlichen Rolle zu vollziehen. Als letzter Uneinsichtiger, scheut er „wie der Gaul vorm ersten Auto [...] / Vorm Umzug aus dem Ich ins Kollektiv", das ihm „den Buckel freimacht"[124], kann also das befreiende, humanisierende Potential der kollektiven Wirtschaftsweise für den Einzelnen nicht erkennen. Denunziert wird seine großbäuerliche Moral zuletzt durch eine karnevalesk-klamaukhafte Travestie des Ketzer-Selbstmords. Ketzers Prophezeiung – „Das weiß ich: du kommst auch noch untern Hammer. / Der über uns mahlt langsam, aber Feinmehl."[125] – scheint sich zu bewahrheiten: Treiber nimmt sich nun selbst den Strick und tritt dadurch sprichwörtlich „über seine [...] Leiche" in die Kolchose ein:

ARBEITER Da ist er. Auferstanden von den Toten.
Treiber probiert seine Arme und Beine aus, macht Flugversuche, prüft, ob ihm Flügel aus den Schulterblättern wachsen.
Er glaubts noch nicht.
Zu Treiber:
Der Himmel war besetzt.
Die Flügel sind noch nicht gewachsen, Sportsfreund.
SIEGFRIED Bei uns ist Platz, Treiber. Du bist der erste
Der über seine eigene Leiche eintritt.
Hier ist der Antrag.
Nimmt der Frau, die noch am Boden liegt, das Papier aus der Hand.
TREIBER *unterschreibt, auf die Frau zeigend:* Tot?
ARBEITER Sie kommt auch wieder.
TREIBER Sie war schon immer schreckhaft. Frau, steh auf!
TREIBERN Sind wir im Himmel oder in der Hölle?
TREIBER Fürs erste sind wir in der LPG.[126]

---

123 Ebd., S. 282. Mit Treibers trunkenem Vorschlag, einen Platz für die Arche in Granzow zu erstehen, der das Weltuntergangs- und Erneuerungsmotiv auf komische Weise unterstreicht, stellt Müller die ländliche Kulturrevolution in der jungen DDR erneut in den Kontext der Bauernerhebungen des 16. Jahrhunderts. Die Prophezeiung einer neuen Sintflut für den Februar des Jahres 1524 brachte damals tatsächlich einige vermögende Adlige, vornehmlich in Süddeutschland und Frankreich, dazu, auf geologischen Erhebungen neue Archen zu bauen (vgl. Fürst, Artur/Moszkowski, Alexander: Das Buch der 1000 Wunder. München 1920, S. 87).
124 HMW 3, S. 283.
125 Ebd., S. 193.
126 Ebd., S. 287.

IV.2 Müllers Annäherung an Motive und Traditionen des Grotesken — 255

Der Eintritt in die LPG bedeutet für Treiber und Frau jedoch gleichzeitig auch den Austritt aus dem Arbeitsprozess überhaupt: Vermeintlich rheumabedingt „*stark hinkend*"[127] und angeblich schwer herzkrank machen sie sich sogleich auf zum Vorstand um die Krankschreibung noch am selben Tag zu erledigen. Durch den karnevalesken Vorgang in ihrer asozialen Mentalität bloßgestellt – von Verantwortlichkeit kann hier keine Rede mehr sein –, erringen sie als durchweg negative Figuren zum Schluss noch einen schmerzhaften Sieg, der ihr destruktives Potential erneuert – sind sie doch in der Lage, auch aus der für sie ungünstigsten Situation noch das Möglichste zum Schaden der Gesellschaft herauszuschlagen. Streisand verortet daher diese Bauern, „[d]ie ‚Ketzers' und die ‚Treibers': diejenigen, die – egal, was geschieht – immer unten oder immer oben sind" und bei der Uraufführung des Stücks 1976 an der Volksbühne – wenn auch als Notlösung – zur titelgebenden Figurengruppe wurden, im „heißen Kern des Stücks, der jenseits des konkreten politischen Stoffes bleibt und über den Müller auch in späten Stücken schreiben wird".[128]

Als dritter Gegenspieler des revolutionären Prozesses erweist sich der aus der Seghers-Erzählung entlehnte, korrupte Bürgermeister Beutler, der, obzwar selbst kein Bauer, dieser Figurengruppe durch seine Herkunft und die Koalition mit den Großbauern wohl am nächsten steht. Der ehemaliger Melker, einstmals Ketzers Freund, ist von Rammler und Treiber, seinen ehemaligen Unterdrückern, ins Amt gehievt worden und diesen somit „geschäftlich" eng verbunden. Karnevalesk exponiert als pflichtfauler Ortsvorsteher, der sich von seiner Frau bedienen lässt und mit dem Gesetzblatt die Fliegen jagt, besteht seine politische Agenda einzig aus Bestechung und Vetternwirtschaft. Als ihn der politische Flüchtling, ein gefallenes Alter Ego, um Unterstützung bittet – „[i]m Amt bis gestern, von unten geschmiert, von oben traktiert, hoch im Kurs bei der Bevölkerung, mein Bauch ist der Beweis, mit der Regierung auch auf Du, der Schrecken der Vorzimmer im Kreismaßstab"[129] –, entpuppt er sich als lupenreiner Opportunist ohne Moral. Statt Hilfe anzubieten, erleichtert er den Flüchtling gemeinsam mit Rammler in einer satirischen Clownsnummer nicht nur um die erbeutete Gemeindekasse, sondern auch um Mantel und Uhr:

> RAMMLER Vielleicht kommst Du mit einem Orden weg
> Und wenn ich meine Gäule elbwärts abjag
> Für deine Freiheit, jag ich sie für nichts ab.
> *Der Flüchtling zahlt, Rammler steckt ein.*

---

127 Ebd.
128 Streisand 1996, S. 26.
129 HMW 3, S. 197.

> Fünf Finger hat die Hand.
> *Der Flüchtling zahlt, Rammler steckt ein.*
> Ich hab zwei Hände.
> *Der Flüchtling zahlt, Rammler steckt ein.*
> Das Futter für den Gaul.
> *Der Flüchtling zahlt, usw.*
> Der Gaul ist satt.
> Wo bleibt die Miete fürs Quartier? Denkst du
> Der Platz in meiner Jauche ist umsonst?
> Kann sein es kostet mich die halbe Ernte
> Flüchtling, daß ich dich drin wohnen laß. Kann sein
> Die Rüben machen kehrt und wachsen rückwärts
> Weil du mir meine Jauche infiziert hast
> Mit Politik. Politik verdirbt den Acker.
> BEUTLER Und den Charakter. Daß ich euch nicht anzeig.
> *Er hält dem Flüchtling die eine, Rammler die andere Hand hin. Beide zahlen.*[130]

Aus der Nachricht von Ketzers Freitod jedoch zieht Beutler die Konsequenz eines radikalen Seitenwechsels. Er macht alle Händel rückgängig, auch den ähnlich clownesk zustande gekommenen Kontrakt mit Treiber über den Schlachtschein für die bereits schwarz abgestochene Sau,[131] und schließt mit Blick auf den politischen Flüchtling messerscharf:

> BEUTLER [...] Kann sein
> Der Tote macht mir einen Fleck aufs Vorhemd
> Ich brauch ein Fleckenwasser, und kann sein
> Wenn ich dich liquidieren laß, hab ich eins.
> S ist dialektisch: eins und eins macht null.[132]

Beutler hat ein Faible für Dialektik, die er in satirischer Verkehrung des hegelschen Systems der synthetischen Aufhebung von These und Antithese als antilogische Arithmetik bzw. Naturgesetzwidrigkeit versteht und gerne zur ideologischen Legitimierung seines Opportunismus heranzieht:

> BEUTLER [...]
> Der Bauch steht auf dem Spiel. Studier die Regeln
> Schädel. Nach jedem Wind aus Osten häng
> Den Überzieher. Auf dem Dienstweg kriech

---

130 Ebd., S. 198 f. Auch wenn Beutler nicht dessen menschliche Größe besitzt, fühlt man sich durch sein Verhalten nicht ganz zufällig an die Eröffnung der Verhandlung durch den Richter Azdak in Brechts ‚Kaukasischem Kreidekreis' erinnert (vgl. GBA 8, S. 83 bzw. 176).
131 Vgl. HMW 3, S. 200.
132 Ebd., S. 201.

In jeden Hintern, der dir vorgesetzt wird.
Steig aus, eh er auf Grundeis geht. Und wenn du
Noch einen Fußtritt landen kannst, land ihn.
Bedenk: du brauchst ein Sprungbrett in den nächsten.
Wenn dir die Leitung einheizt, pack dir Kohlen
Reichlich aufs Schädeldach. Das Feuer wird
Zu Wasser eh du eine Blase ziehst.
S ist gegen die Natur doch dialektisch.
Als neuer Adam steigst du aus der Taufe
Und füllst die Backen an der alten Raufe.[133]

Beutlers Bekenntnis eines „Arschkriechers", der vom Melkschemel auf den Bürgermeistersessel hochgefallen ist – die karnevaleske Entgegensetzung von Kopf und Hintern erfolgt in vielen seiner Reden leitmotivisch –, zeigt deutlich seine Herkunft. Seine Sorgen wie sein Handeln sind, ähnlich wie das der Bauern, von der „Magenfrage", also der „Befriedigung [sein]er leiblichen Bedürfnisse", bestimmt.[134] Wenn er sich jedoch einem Ochsen gleichsetzt, ist es nicht das schwer arbeitende Zugtier, das er vor Augen hat, sondern der ungestört im warmen Stall sein Futter mahlende Wiederkäuer. Beutler ist ein Wiederkäuer, ein Nachbeter im Wortsinn, doch nicht ohne Witz und bäuerliche Verschlagenheit, die freilich schnell in kalten Despotismus umschlagen kann. Ähnlich dem bramarbasierenden Maulhelden Capitano aus der Commedia dell'arte basiert seine Komik, aber auch seine groteske Unangreifbarkeit „auf dem Kontrast von Schein und Sein"[135], den er bewundernswert einzusetzen weiß. Beutler gehört offenbar zu denen, die immer durchkommen, obwohl jeder um ihre Lumperei weiß. Ohne mit der Wimper zu zucken, pariert er den Angriff des Bauern Senkpiel mit der Wortverdreherei der Amtsstuben und verkehrt ihn unter Zuhilfenahme der parodistischen Verve seiner Rede in eine eisige Drohung:

BEUTLER Ihr habts gehört.
Und statt in Bautzen bin ich Bürgermeister.
Also du hast geäußert, unser Staat macht
Was in den Knast gehört zum Bürgermeister.
Du hast geäußert, wenn du dem Gericht hier
Die Wahrheit sagst, gehst du den Weg nach Bautzen.
Also hast du geäußert, unser Staat schickt
Nach Bautzen einen, der die Wahrheit sagt.
Ihr habts gehört. Also bist du ein Staatsfeind.
Und weil der Frieden eins ist mit unserm Staat ist

---

133 Ebd., S. 204.
134 Streisand 1996, S. 22.
135 Wilpert 2001, S. 122.

> Bist du ein Friedensfeind. Und weil die Kinder
> Den Frieden brauchen vor der Muttermilch
> Bist du ein Kinderschlächter.[136]

Durch das absichtliche Missverständnis von Flints Reaktion auf seine Rabulistik macht er sich den erzieherischen Gestus der Partei zu eigen und windet sich listig aus jeder persönlichen Inanspruchnahme, kann allerdings nicht verhindern, dass er dann schnell – nicht ohne noch einen letzten Giftpfeil zu verschießen – das Weite suchen muss. So wird auf karnevaleske Weise eine Prügelszene verhindert:

> FLINT Wenn mich jetzt keiner festhält, stirbt jetzt einer.
> *Bauern halten ihn fest.*
> BEUTLER Kein Terror, Flint! Vielleicht kann ich ihn bessern
> Durch Überzeugung, und der Schreck reicht aus.
> Mir wirds auch schwer, nicht mit der Faust zu reden
> Aber der Kopf, Flint, macht die Politik. *Geht.*
> FLINT *reißt sich los.*
> Wenn ich vor dir sterb, Beutler, schwör ich den
> Materialismus ab und werd katholisch
> Damit ich dir als Geist erscheinen kann
> Und dich im Schlaf erwürgen.
> BEUTLER Doppelzüngler. *Ab.*[137]

Die Beschimpfung „Doppelzüngler"[138], die angesichts von Flints Unterschlagung der Kollektivierungspläne der Partei auf subtile Weise ins Schwarze trifft, enthält

---

136 HMW 3, S. 221.
137 Ebd.
138 Interessant ist, dass Müller sich hier eines Vokabulars bedient, das mit dem vom Sozialistischen Realismus ausgeprägten Narrativ vom inneren Feind des Kollektivs in Zusammenhang gebracht werden kann, der sein schwarzes Charisma im Rahmen einer umfassenden propagandistischen Dämonisierung erhält (vgl. dazu Günther, Hans: Der Helden- und Feindmythos in der totalitären Kultur. Tübingen 1994). Auch die Begriffe „Schädling" (HMW 3, S. 212) und „Kinderschlächter", die Beutler für den politischen Flüchtling bzw. den vorlauten Neubauern Senkpiel bereithält, gehören in dieses Repertoire, ebenso Rammlers Menschenbild („Parasit und Blutsäufer") oder Fondraks Bezeichnung für den Budiker Krüger („Trichine", ebd., S. 243). Auffällig ist allerdings, dass diese manipulativen Sprachbilder bei Müller nur von den Figuren verwendet werden, die der neuen Gesellschaft gleichgültig bis feindlich gegenüberstehen. Hier findet eine doppelte karnevaleske Verkehrung statt. Zum einen müssen diese Schimpfwörter im jeweiligen Kontext ihres Gebrauchs fast unweigerlich auf den Schmähredner zurückbezogen werden, zum anderen denunzieren sie, in deutlicher Kritik am Sozialistischen Realismus, den dieses Vokabular Nutzenden selbst als Feind des Kollektivs (zumal es nicht zuletzt der nationalsozialistischen Propaganda zu ähnlichen Zwecken diente). Im Kontext seiner später entwickelten Vorstellung vom Bilderverbot verweist Müller in den 1980er-Jahren auf die gefährliche selektive Macht solcher

jedoch auch eine Selbstbeschreibung der ‚Schlange' Beutler und darf als Hinweis auf seine groteske Körperlichkeit durchaus ernst genommen werden.[139]

Dem aalglatten Karrieristen Beutler, der keinen wirklichen Verbündeten kennt, wird schließlich gerade sein Opportunismus zum Verhängnis. Eilfertig will er nach der lehrhaften Demonstration der Vorteile der MAS mit Gewalt weiter in die Kolchose marschieren und wird vom weisen Landrat als „blind für die reale Lage, taub für / Kritik, kalt gegen die Bevölkerung"[140] enttarnt. Es folgt seine Absetzung, kurz darauf wird er festgenommen. Ein letzter Versuch des Bürgermeisters, sich durch schonungslose Selbstkritik seinem Schicksal zu entziehen, scheitert kläglich:

> BEUTLER
> Mir fällts wie Schuppen von den Augen. Klar
> Erkenn ich jetzt, was ich gewesen bin
> Ein Karrierist, Sektierer, Opportunist
> Und ja sag ich und dreimal ja zu eurer
> Kritik, Kollegen. Mit einem Vorbehalt:
> Daß sie nicht hart genug war, sondern eine
> Schönfärberei. Denn dreimal schwärzer bin ich
> Als ihr mich abgemalt habt. Einen Spiegel
> Daß ich mir selber in die Fresse spein kann!
> Ein Beil, daß ich den Fuß mir abhau, der
> Das Volk bedrückt hat, und die Hand, die frech
> Dem Rad des Fortschritts in die Speichen fiel.
> Her mit der Wand, an der ich meinen Schädel
> Einschlagen kann, den mir der Feind betäubt hat!
> Brich, Herz, das der Bevölkerung ein Stein war!
> Der Muskel widersetzt sich und schlägt weiter!
> Hier ist mein Messer, Flint. Stoß zu – Helft mir
> Und bringt mich um, eh mich die Reue umbringt!
> SENKPIEL Machs selber.
> BEUTLER *setzt das Messer an:*
> Nein. Ein neuer Fehler wärs.
> Gehört mir meine Arbeitskraft? Dem Volk

Bilder: „Auschwitz wäre nicht möglich ohne ein Bild vom Juden. Man muß ein Bild von etwas haben, bevor man es zerstören kann" (HMW 11, S. 99).

139 B. K. Tragelehn etwa macht im Herbst 2013 darauf aufmerksam, dass die Figur des Karrieristen Beutler, die er in seiner Dresdner Inszenierung von 1985 mit der Stimme Andrei J. Wyschinskis, des Chefanklägers der Moskauer Prozesse, ausstattete, in den 1980er-Jahren durch die politischen Entwicklungen noch an Gefährlichkeit gewonnen habe (B. K. Tragelehn im Gespräch mit Holger Teschke im Rahmen der Veranstaltung *Der Resozismus im Abendlicht oder Ein Veteran erzählt* am 28. 10. 2013 im Literaturforum im Brecht-Haus Berlin).

140 HMW 3, S. 272.

> Gehört sie, und mit Strömen Schweiß will ich
> In aktiver Reue mir den Fleck abwaschen
> Auf einem neuen Posten oder auch
> Wenn die Gelegenheit mir nicht versagt wird
> Als neuer Mensch in meiner alten Stellung.[141]

Das „parodistische[] Meisterwerk von ‚Selbstkritik'", das Müller hier vorführt, verlacht natürlich nicht nur den „ungeschminkte[n] Karrierismus [d]es Amtsinhabers", es ist ebenso auf „das sozialistische Ritual von ‚Selbstkritik'" gerichtet, „das den einzelnen demütigen sollte und das ja paradoxerweise die Beteiligten an der Uraufführung selbst traf". So wiederholt sich hier, wie Streisand anmerkt „– im Gegensatz zu Marx – eine Geschichte erst als Farce und dann als Tragödie".[142] Intertextuell greift Müller an dieser Stelle ein erstes Mal auf die Brautwerbungsszene aus Shakespeares ‚Richard III.' zurück, die im ‚Gundling' mit Friedrichs karnevalesk verunglückten Selbstmordversuch wieder begegnen wird. Im Gegensatz zu Friedrich allerdings kommt Beutler mit der Vortäuschung eines Selbstopfers (noch) nicht durch. Er ist entlarvt und hat die böse Warnung des politischen Flüchtlings, der ihm seine höhnischen Worte zuvor im Mund herumgedreht hatte, nicht beherzigt:

> BEUTLER [...]
> Der Mensch hat einen Mund und einen Hintern.
> Genauso hat der Kommunismus auch
> Nen Vordereingang und nen Hintereingang –
> FLÜCHTLING Paß auf, daß du sie nicht verwechselst etwa
> Und kriechst ihm ins Gebiß statt in den Hintern.[143]

Die gesellschaftlich-negativen Figuren Rammler, Treiber und Beutler werden in der ‚Umsiedlerin' somit durch eine dekuvrierende körperliche Exzentrik und die Profanierung ihrer Wertvorstellungen denunziert, die letztlich ihre Gefährlichkeit und großbäuerlich-bürgerliche Würde dem Verlachen preisgibt. Die Gefahr und Gewalt, die zuerst von ihnen ausgeht und der der ungläubige Neubauer Ketzer zum Opfer fällt, wird im Verlauf des Stücks entweder ausgetrieben oder unschädlich gemacht, somit als durch die neue Gesellschaft überwindbar gezeigt. Mit den Topoi der karnevalesken Umkehrung bzw. der verkehrten Welt wird der gesellschaftliche Umbruch, der dies ermöglicht, zudem mit dem Vor-Schein einer neuen Welt ausgestattet, deren Potential schon in der alten verborgen liegt.

---

141 Ebd., S. 273.
142 Streisand 1996, S. 27.
143 HMW 3, S. 212.

Müllers Konzeption der Bauern kommt in der ‚Umsiedlerin' den bachtinschen Thesen über die welterneuernde Kraft der karnevalesken Körperlichkeit sehr nahe. Neben dieser vordergründigen Harmonie weicht der Autor jedoch schon hier den realen Widersprüchen nicht aus, es bleibt ein „Rest, der nicht aufg[eht]"[144]. Auffällig ist, dass es gerade die Großbauern sind, die aller Negativität zum Trotz immer wieder ernstzunehmende Kritik an der Politik der SED, an der Umsetzung und den Auswirkungen von Bodenreform und Kollektivierung formulieren. So kann auch ihr destruktives Potential – wie das Beispiel Treibers zeigt – trotz aller karnevalesk-komischen Denunziation nicht vollständig beseitigt, muss letztlich von der neuen Gesellschaft integriert werden: „Dem staatlichen Zwang, der diesen ‚Sieg des Sozialismus auf dem Lande' diskreditiert, entspricht eine Art Rache der Geschichte, die die Partei zwingt, das Alte in die neue Epoche mit ‚umzusiedeln'."[145] Eingedenk Rudolf Bahros Wort vom Sozialismus als einem „System der organisierten Verantwortungslosigkeit"[146] besitzt Müllers Stück damit von heute aus gesehen eine fast prophetische Dimension, was die weitere Entwicklung der DDR-Kollektivwirtschaft angeht. Der in den Sozialismus humpelnde Treiber verursacht einen von Beginn an (wirtschaftlich) humpelnden Sozialismus, der letztlich nicht mehr auf die Beine kommt.

IV.2.1.2 Barocke Askese und Verausgabung – Flint und Fondrak

Die für ‚Die Umsiedlerin' charakteristische Verschränkung von Körper und Utopie zeigt sich am deutlichsten in der Gegenüberstellung der beiden Figuren, in denen Müller die widersprüchlichen Ansichten über den Weg zum Kommunismus – den alles durchdringenden utopischen Fluchtpunkts des Stücks – körperlich werden lässt: des altgedienten Parteikämpfers Flint und des anarchistischen Umsiedlers Fondrak.[147] Letzteren will Flint für die durch Ketzers Selbstmord freigewordene Bauernstelle gewinnen und scheitert notwendig an dessen asozial-hedonistischer Lebenseinstellung. Als konträre Prinzipien verkörpern Flint und Fondrak exemplarisch den von Müller immer aufs Neue beschworenen Widerstreit von Körper

---

144 HMW 4, S. 85.
145 Schulz 1980, S. 38.
146 Bahro, Rudolf: Die Alternative. Zur Kritik des real existierenden Sozialismus. Köln/Frankfurt am Main 1977, S. 188. Eigentlich stammt der Ausdruck von dem Soziologen und ehemaligen ungarischen Ministerpräsidenten András Hegedüs (siehe ebd.).
147 Tragelehn bezeichnet das Duett von Flint und Fondrak, das offenbar bei der Uraufführung noch nicht existierte und erst später hinzukam, als „utopisches Herzstück" des ‚Umsiedlerin'-Textes (B. K. Tragelehn im Gespräch mit Holger Teschke, 28. 10. 2013).

und Idee und holen so „die vielleicht tiefste Schicht des umfassenden Konflikts" an die Oberfläche, den ‚Die Umsiedlerin' birgt:

> Aufbau, Positivität, Plan, Ideale, wie sie Flint als Partei vertritt, treffen auf den nur im Jetzt verhafteten Nihilismus als zerstörerische Kraft und als Energiequelle. Die einleuchtende Rationalität Flints bricht sich an einer ihr unerreichbaren, widervernünftigen Triebhaftigkeit, dem asozialen Rauschverlangen [...].[148]

Müllers Entwurf dieser zwei gegensätzlichen Haltungen erinnert an die Gegenüberstellung von Faust und Mephistopheles in den Bearbeitungen des Fauststoffs, die Brecht und Hanns Eisler in den 1950er-Jahren für die junge DDR produktiv zu machen versucht hatten – was an erheblichem kulturpolitischen Gegenwind scheiterte.[149] Der Autor weist dadurch nicht zuletzt auf den der sozialistischen Aufbaueuphorie immanenten, schmerzhaften Widerspruch zwischen gesellschaftlicher Produktivität und individuellem Glücksverlangen hin, der in den künstlerischen Zugriffen auf den Faustmythos ausgeblendet bleiben sollte. Am eindrücklichsten lässt sich dieser Konflikt an Flints und Fondraks Diskussionen über den Kommunismus exemplifizieren, den beide Figuren beständig im Munde führen.[150] Ihre jeweiligen Auffassungen vom Kommunismus unterscheiden sich überraschenderweise kaum, ebenso wenig wie ihre existentialistische Weltsicht. Der Parteiarbeiter Flint vertritt jedoch die „Mühen der Ebenen" (Brecht), die zunächst überstanden werden müssen und „keine Abkürzung in die Zukunft"[151] erlauben, während der arbeitsscheue Säufer Fondrak ein Leben im Moment propagiert, das einen Aufschub seiner Bedürfnisse auf eine spätere, vielleicht nie anbrechende Zeit nicht duldet:

> FLINT [...] [W]enn Du Boden hast, hast du auch Bier.
> FONDRAK Mit Schweiß vermengt, der mir den Magen umdreht.
> FLINT Wenn dir dein Schweiß nicht schmeckt, sauf Wasser, Fondrak.
> FONDRAK Ein Bier und vor dir steht ein Kommunist, Flint.
> FLINT Ein Parasit steht vor mir.
> FONDRAK Du verkennst mich.
> [...] Jeder nach seiner Fähigkeit, schreibt Deine Zeitung. Und nach dem Bedürfnis. Du kennst mein Bedürfnis, du kennst meine Fähigkeit. Lügt deine Zeitung? Ein Bier oder ich zeig dich an Flint, wegen Feindpropaganda.

---

148 Schulz 2003, S. 282 f.
149 Vgl. Fehervary [1995/98], S. 118 f.
150 Vgl. Streisand, Marianne: Fondrak bei Heiner Müller und die Volkstheatertradition. In: Lach- und Clownstheater. Hrsg. von Koch, Gerd/Vaßen, Florian. Frankfurt am Main 1991 (Streisand 1991b), S. 186–192, hier S. 188, die diese Rolle allerdings nur Fondrak zugestehen möchte.
151 Ludwig 2012, S. 62.

FLINT Jeder nach seiner Leistung, das hast du vergessen. Die Bedürfnisse kriegen wir später.
FONDRAK Ich bin meiner Zeit voraus, ich hab sie schon.[152]

Genia Schulz und Sebastian Kirsch haben diese dramatische Konstellation mit der antithetischen Konstruktion der barocken Trauerspiele des 17. Jahrhunderts in Verbindung gebracht, die die ästhetische Folge der vehementen gesellschaftlichen Umbrüche und der großen Verunsicherung vermeintlicher metaphysisch-ideeller Gewissheiten am Übergang des Mittelalters zur Neuzeit bildeten:

> Konnte die Antwort auf die Spaltung des Weltbilds dort zur Spannung zwischen hemmungsloser Sinnenfreude und äußerster asketischer Weltverneinung führen, so stellt sich für die Subjekte Müllers eine analoge Spaltung heraus. Entweder orientieren sie sich am bloßen Zeitlauf ohne Versicherung des Ziels (Flint, Donat, Odysseus), oder sie springen ab, verweigern sich der Geschichte und realisieren ein rücksichtsloses Jetzt, in welchem paradox zugleich das Ziel, wenn auch pervertiert aufgehoben ist.[153]

Diese Parallele, auf die noch zurückzukommen sein wird, beleuchtet die tragischen Facetten und damit den ambivalenten Charakter der Konfrontation Flint-Fondrak, die durch das ihr inhärente Aufeinanderprallen von „Realitäts- und Lustprinzip, Über-Ich und Es"[154] allerdings auch merklich für die Entfaltung einer karnevalesken Komik verantwortlich ist. Das Zentrum des Konflikts bildet dabei der groteske Topos Mensch/Maschine, um den sich Müllers gesamtes Werk immer wieder dreht.

Der sprechende Name des altgedienten Parteikämpfers Flint „assoziiert natürlich ‚Flinte', das Jagdgewehr [...] aber auch den Feuerstein Flint, der nicht nur zu Waffen, sondern auch als Werkzeug verwendet wurde und insofern [auf] ‚Arbeit'"[155] verweist. Mit den beiden Konnotationen Arbeit und Kampf, die Flint vor allem körperliche Entbehrungen abverlangen, ist die Figur bereits in ihren Grundzügen umrissen. Nach „fünf Jahren Lager"[156] würde er „sich selbst und sein Dorf" am liebsten „in die neue Zeit ‚jagen'"[157] und kann sich nur schwer auf die ungewohnten Pflichten einlassen, die der junge sozialistische Staat ihm auferlegt. Bestand das Opfer für den politischen Kampf in der Weimarer Republik und

---

152 HMW 3, S. 252 f.
153 Schulz 1980, S. 46. Vgl. auch Kirsch, Sebastian: Wie es bleibt ist es nicht, oder: Die Fülle in der Immanenz. Heiner Müllers barockes Schreiben. In: Theatrographie. Heiner Müllers Theater der Schrift. Hrsg. von Heeg, Günther/Girshausen, Theo. Berlin 2009, S. 312–324.
154 Greiner 2006, S. 413.
155 Streisand 1991b, S. 187.
156 HMW 3, S. 239.
157 Streisand 1991b, S. 187.

während des Nationalsozialismus zwar im Einsatz des eigenen Lebens, so hatte gegen den alten Feind doch „schießen genügt" – „[s]chwer wars, aber zu verstehn leicht".¹⁵⁸ Demgegenüber stellt die Aufgabe, einen Staat „in voller Fahrt" aufzubauen – also unter Berücksichtigung aller politischen Fallstricke und notwendigen Allianzen – sowie neben der Parteiarbeit auch noch die eigene Landwirtschaft zu bewältigen, den Revolutionär vor ganz neue Herausforderungen, ja nötigt ihm geradezu übermenschliche, maschinenhafte Qualitäten ab:

> FLINT [...] Du kannst nicht schwimmen? Da ist Wasser. Spring.
> Du hast den Hals riskiert beim Flugblattstreun
> Jetzt mach Gesetze, Junge. Hast das Maul
> Gehalten vor den Gummiknüppeln eisern
> Red jetzt. Du kannst nicht? Was du nicht kannst, lern
> Im Schnellgang. Alles musst du wissen, und
> Das auch noch: wenn du alles weißt, es langt nicht
> Wenns bei dir bleibt. Sä aus, was du im Kopf hast.
> Agitation und Feldbau, Viehzucht und Klassenkampf.
> Vom Gaul auf den Trecker, vom Acker ans Schaltbrett.
> Zwei Hände sind zu wenig. Hab ich mehr?
> Schlau sein wie tausend Mann, mit einem Kopf.¹⁵⁹

Zentrum von Flints „somatische[r] Existenz"¹⁶⁰ ist der Kopf – Ausdruck seines faustischen Wesens. Der Körperteil, den er im politischen Kampf der 1920er- und 30er-Jahre riskiert hat, stellt nun beim Aufbau des Sozialismus sein ständig überfordertes Werkzeug dar. Die Rationalität ist das Markenzeichen der neuen Ordnung und soll somit auch Flints schärfste Waffe im Kampf mit den ungewohnten Herausforderungen sein.

Als wäre der Revolutionär damit noch nicht ausgelastet, gesellen sich zu den neuen Aufgaben mit den von der Bevölkerung inkorporierten Resten faschistischer Gesinnung und preußischer Untertanenmentalität auch noch die Altlasten der Vergangenheit, die den Fortschritt hemmen. Diese explosive Mischung, von der die Mühen der Parteiarbeit charakterisiert sind, konzentriert Müller am Ende des ersten Bildes (Landverteilung) in einer Mischung aus klassischer Clowns-¹⁶¹ und karnevalesker Geisterszene. Es ist die einzige, die den Realismus des Stücks durchbricht und so eine grotesk-komische Allegorie der Strapazen des Anfangs entwirft:

---

158 HMW 3, S. 240.
159 Ebd., S. 241.
160 Matt 2001, S. 128.
161 Vgl. Zenetti 2012, S. 257.

IV.2 Müllers Annäherung an Motive und Traditionen des Grotesken — 265

> [...] Flint hebt die Bücher auf und geht mit Fahrrad, Fahne, Schild und Büchern.
> Auftreten Hitler mit Eva-Braun-Brüsten, angebissenem Teppich und Benzinkanister, und Friedrich II. von Preußen, der ihn verfolgt, zwischen den Beinen seinen Krückstock. Hitler springt Flint auf den Rücken, Friedrich II. springt Hitler auf den Rücken. Wiederholte Versuche Flints, sie abzuschütteln. Bei jedem Versuch fällt etwas anderes oder alles andere mit: das Fahrrad, die Fahne, das Schild, die Bücher.[162]

Ähnlich wie den Bauern die Kulaken und der Staat – man erinnere sich an das von Ketzer verwendete analoge Bild – sitzen Flint die historisch bedingten Prägungen der Bevölkerung im Nacken, beeinträchtigen die Überzeugungskraft der Partei (Fahne und Schild) und arbeiten dem Fortschritt (Fahrrad) wie der humanistische Volksbildung und Kultur (Bücher) entgegen.[163] Das Motiv des schwer beladenen Revolutionärs, dem in einer grotesken Szenerie die Karikatur des Alten Fritz „auf den Rücken" springt, wird später, ebenso wie das Zerrbild Hitlers, in ‚Germania Tod in Berlin' und, nochmals verwandelt, im ‚Gundling' wieder begegnen.[164] Ähnlich wie dort werden die beiden für die psycho-soziale Konstitution der Deutschen so belastenden Potentaten schon in der ‚Umsiedlerin' lächerlich gemacht – in einer Weise allerdings, die ihre Hinterlassenschaft für überwindbar erklärt. Sie stehen so als Beleg für die grundsätzlich optimistische Haltung, die Müllers Stück dem sozialistischen Aufbau entgegenbringt.

Dennoch wirken Flints Bemühungen zu Beginn noch ungelenk, ungeübt im Umgang mit den neuen Pflichten. Im Zentrum seiner stückimmanenten Entwicklung steht ein Erkenntnisprozess. Er begreift zunächst nicht, dass die Partei sich ihre Macht im Staate nicht zu Nutze macht und statt der unermüdlichen Überzeugungsarbeit gelegentlich, wie in revolutionären Zeiten, den „Genosse[n] Mauser" zu Wort kommen lässt:

> FLINT [...] Revolution ist eine Kleinigkeit mit Vollmacht. Wenn du ein Gesetz hast beispielsweise: Mit Zuchthaus wird bestraft, wer die Mütze abnimmt vor einem Kulaken. Oder kannst den Bürgermeister an die Wand stelln einfach, der nicht funktioniert.[165]

---

162 HMW 3, S. 189 f.
163 Vgl. Zenetti 2012, S. 257.
164 Vgl. HMW 4, S. 339 f., 523. Sogar das Fahrrad als Metapher für den Fortschritt findet sich dort wieder (vgl. ebd., S. 372).
165 HMW 3, S. 233. Flints Sehnsucht nach dem „Genosse[n] Mauser" zitiert Wladimir Majakowskis ‚Linken Marsch', entstanden 1918 zum ersten Jahrestag der Oktoberrevolution: „Still, ihr Redner! / Du / hast das Wort, / rede, Genosse Mauser!" Vgl. Majakowski, Wladimir: Linker Marsch [1918]. In: Majakowski: Linker Marsch. Ausgewählte Gedichte und Poeme. Nachdichtung von Hugo Huppert. Berlin 1959, S. 9–10, hier S. 9. Ebenso Schulz 1980, S. 108.

Erst nach der auch für ihn lehrreichen Traktorenverlosung und Beutlers opportunistischem Vorschlag, die Bauern aus der MAS gleich weiter „ins Paradies", sprich in die Kolchose zu „prügeln", erfasst Flint den Unterschied zwischen umstürzlerischer und politischer Revolution – Letztere kann es sich einfach nicht leisten, die Köpfe der Bevölkerung unterwegs zu verlieren:

> FLINT [...] Mit Beutlers Hilfe hab ich umgelernt.
> Die Macht im Staat ist nicht die ganze Macht
> Das Bajonett ersetzt nicht die Traktoren
> Der Mensch hat seinen Kopf nicht für den Knüppel
> Der Knüppel ist das letzte Argument.[166]

Im Gegensatz zu den Zeiten, die für den Revolutionär noch ein klares Feindbild und fest umrissene Aufgaben bereithielten und in denen er nicht nach seinem Privatleben gefragt wurde, sind es nun andere Formen der Disziplin, Selbstverleugnung und Lernfähigkeit, die der Aufbau des Sozialismus den Kommunisten abverlangt. Mit den neuen Verhältnissen entstehen auch bislang unbekannte Widersprüche. Sie bringen den Genossen Flint nicht nur in Konflikt mit dem korrupten Bürgermeister und den zu agitierenden Bauern, sondern auch mit den Statuten der eigenen Partei. Das Gebot etwa, im Rahmen der komplexen Bündnispolitik von der Kollektivierung zu schweigen, macht ihn zum „Doppelzüngler" („Kolchos ist Feindparole"[167]) und auch die Gewichtung von Parteiarbeit und eigenem Fleischsoll – Flint ist nebenbei Neubauer – bereitet ihm Schwierigkeiten:

> SEKRETÄR Fährst du dein Fleisch abliefern, Flint?
> FLINT Könnt ichs.
> Vier Wochen Schulung und dazu noch Rotlauf.
> Die Theorie geht vor dem Fleischsoll, denk ich.
> SEKRETÄR Du denkst! Der Mensch lebt vom Bewusstsein, wie?
> Regiert, karrt Schutt weg, mauert Häuser, klaubt
> Fabriken aus dem Schrott mit Margarine?
> FONDRAK Ich werds mir aus den Rippen schneiden.
> SEKRETÄR Wann?[168]

Die Partei fordert auch jetzt, wo sie an der Macht ist, Loyalität bis auf die Knochen, das bekommt Flints Körper nicht nur durch die ihm abverlangte Arbeitsleistung zu spüren. Besonders der Eingriff der Partei in die privaten Verhältnisse macht dem Genossen zu schaffen. Die kommunistische Moral, die eher der protestan-

---

166 HMW 3, S. 272.
167 Ebd., S. 210.
168 Ebd., S. 230.

tischen, als der einer befreiten Gesellschaft gleicht – „Die Massen sehn dir nicht bloß auf den Bauch und auf die Finger, dein Bett steht auf der Straße, du bist die herrschende Klasse, Flint"[169] –, bringt Flint, der den körperlichen Sinnesfreuden alles andere als abgeneigt ist, an seine ideologischen Grenzen und lässt ihn ‚revisionistisch' von katholischen Verhältnissen träumen:

> FLINT [...] 18 hat keiner gefragt, wohin mein drittes Bein geht. Das Fleisch soll haben wir mit dem Gewehr beglichen. Jetzt ist halb Deutschland unser, und auf einmal soll ich leben wie der Preuße im Gesangbuch. So fromm warn die Pfaffen nicht. Bei denen heißts bereun und weitermachen.[170]

Mit der Feststellung, dass Flint „der Schwanz über den Kopf wächst", bedient der Sekretär das karnevaleske Bild eines riesigen erigierten Phallus, der Flints Denken lähmt und sein sozialistisches Bewusstsein kompromittiert. Darin drückt sich der massive persönliche Konflikt aus, in den Flint die neuen Moralvorschriften stürzen und der mit seiner persönlichen Auffassung vom Kommunismus zusammenhängt. Der Kommunismus hat für ihn, unbesehen aller Theorie, in erster Linie mit sinnlichem Vergnügen zu tun. Das zeigt die von ihm vertretene Technikutopie, deren Ziel in einer von Arbeit befreiten Menschheit liegt. Im Zentrum seiner Utopie steht allerdings die Sexualität: Bedeutete sie in vorrevolutionärer Zeit „[d]ie Himmelfahrt für den Proleten", seine einzige Option auf rauschhaft-entlastende Entgrenzung neben dem Alkohol, so begreift Flint sie in Zeiten des revolutionären Aufbaus als einen „Vorgeschmack vom Kommunismus"[171], als Kompensation für die Entbehrungen der Übergangsphase:

> FLINT [...] Der Kommunismus ist, was Spaß macht, sonst
> Wozu den langen Weg mit Blut und Schweiß.
> Die große Mühe lohnt der größte Preis.[172]

Die „Verstoßung der ersten Frau" hat somit stellvertretende Funktion: „Die junge Freundin soll für den ständigen Aufschub entschädigen, von dem die politische (geschichtliche) Arbeit lebt."[173] Müllers Flint verkörpert den menschlichen Gegenentwurf zu der idealen Figur des alten Kommunisten Steiner in Strittmatters

---

169 Ebd., S. 234 f.
170 Ebd., S. 235. Zur „Affinität zwischen Stalinismus und Protestantismus" in der DDR vgl. auch Müller 1990 (HMW 11, S. 598).
171 HMW 3, S. 240.
172 Ebd., S. 277.
173 Schulz 2003, S. 285.

,Katzgraben', für den „es keine Trennung von politischem und privatem Leben"[174] gibt. Es entzieht sich seinem Verständnis, warum ihm als treuem Parteikämpfer, der das erträumte Leben, für das er täglich neue Opfer bringt, wohl selbst nicht mehr genießen wird, diese letzte verbleibende Freude nicht zustehen soll:

> FLINT [...] Ich will ja gar nicht viel, ich bin trainiert drauf
> An Fleischtöpfen geradeaus vorbeizugehn
> Und keinen Daumen breit ab von der Linie
> Fürs bessere Leben, das vielleicht zu spät kommt.
> Was mich betrifft, und immer morgen, morgen
> Und eh du deinen Fisch hast, hat der Wurm dich.[175]

Das „barocke[] Vanitasmotiv", das hier anklingt, begleitet die „Utopie, die die Menschen im Sozialismus einklagen wollen"[176], in Flints Reden kontinuierlich und charakterisiert sein unglückliches Bewusstsein. Müller gestaltet den treuen Genossen in der ,Umsiedlerin' nicht zuletzt als „klagende[n] Melancholi[ker]", der den Lebenswandel des kommunistischen Revolutionärs in die Nähe der Askese christlicher Märtyrerfiguren rückt. Von einem Bauern zu Beginn spöttisch als „Jesus"[177] bezeichnet, vergleicht Flint sich später selbst mit Moses: Auch dieser habe seine persönlichen Bedürfnisse für die des Volkes geopfert, ohne selbst das Ziel je zu erreichen.[178] Im Gegensatz zum christlichen Märtyrer allerdings, dessen gottgefälliges Leben sich im Tode erfüllt, wartet auf den kommunistischen Revolutionär als Anhänger einer weltlichen Heilsgeschichte am Ende nur das Nichts: Sein Opfer erscheint somit ungleich größer. Die Frage nach der möglichen Sinnlosigkeit allen menschlichen Strebens, die auch das bereits Erreichte zu relativieren droht, ist dadurch implizit immer mit anwesend. Ihren letzten prominenten Ort findet sie in Flints Schlussversen, mit denen der gealterte, weise Parteisoldat, der nun sogar die Leistungen seiner Gegner anerkennen kann, den Abschluss der Kollektivierung, also der – zumindest im statistischen Sinne – erfolgreichen Revolution auf dem Lande, kommentiert:

> FLINT Das Feld ging übern Bauer und der Pflug
> Seit sich die Erde umdreht in der Welt.
> Jetzt geht der Bauer über Pflug und Feld.
> Die Erde deckt uns alle bald genug.[179]

---

174 GBA 25, S. 429.
175 HMW 3, S. 235 f.
176 Schulz 1980, S. 45.
177 HMW 3, S. 189.
178 Vgl. ebd., S. 236.
179 Ebd., S. 287.

IV.2 Müllers Annäherung an Motive und Traditionen des Grotesken — 269

Aus dieser existentialistischen Weltanschauung, die ihn bezeichnenderweise mit seinem Gegenspieler Fondrak verbindet, zieht Flint jedoch vollkommen andere Schlüsse als dieser. Während Fondrak sich einem egoistischen Hedonismus verschreibt, der nicht nach dem Morgen fragt, verurteilt Flint sein parasitäres Verhalten und sucht – erfüllt vom optimistischen Blick in die Zukunft („Mir ist schon angst, daß ich den Kommunismus verpaß durch Parteiarbeit"[180]) – die Sinngebung in der täglichen Arbeit am besseren Leben.[181] In der damit verbundenen Askese, also einer Form der „Negativität", im „Todestrieb", in „Destruktion und Selbstdestruktion", entdeckt Müller eine paradoxe, nicht zu unterschätzende „Kraftquelle des Sozialismus".[182] Gleichzeitig ist damit eines der zentralen Motive seines Werkes benannt: die Frage nach der Verhältnismäßigkeit von Opfern und Errungenschaften des politischen Kampfes, die ihm immer wieder Stoff für groteske Szenen liefert – nicht zuletzt auch in der ‚Umsiedlerin'.

Den Widerspruch zwischen körperlichem Bedürfnis und Parteidisziplin, den inneren Konflikt zwischen Körper und Idee also, der diese Kraftquelle unterläuft, kann Flint nicht lösen. Er taugt nicht zu der durch kein persönliches Bedürfnis aus dem Tritt gebrachten Revolutionsmaschine, die die Partei in ihren Kadern sieht. Wenn er auch in der Auseinandersetzung mit Flinte 1 keinen „antagonistisch[en]"[183] Widerspruch erkennen will, ist es doch offenbar ein solcher, der ihn quält und ihm „tragische Züge"[184] verleiht. Wie Müller ausführt, „gibt es Genuß" seit Lenins Marxkorrektur, die aus der Not der russischen Unterentwicklung eine Tugend gemacht und das „Asketische als Ideal" in die „sozialistische[] Welt" eingeführt habe, für die Revolutionäre „nur noch als Privileg und mit schlechtem Gewissen".[185] Flints Dilemma kann somit seine unbefriedigende Lösung nur in einem Selbstbetrug finden. Seine durchaus egoistischen Motive, Flinte 1 zu verlassen, die ihm die letzten dreißig Jahre auch im politischen Kampf zu Seite gestanden hat (ihr Alter; ihr körperlicher Verfall; das vitale Gefühl neu zu lieben[186]), werden sublimiert. Als Grund führt er nun ihre vermeintliche Ungebildetheit an, die ihm in den täglichen politischen Auseinandersetzungen keine Hilfe sei, und rät ihr, sich doch die gleichen Freiheiten zu nehmen – in vollständiger Ignoranz

---

180 Ebd., S. 206.
181 Vgl. ebd., S. 253.
182 Schulz 2003, S. 286.
183 HMW 3, S. 242.
184 Ludwig 2012, S. 62. Ludwig bezieht sich mit ihrer Einschätzung allerdings allein auf Flints „Doppelzünglertum" und das Dilemma der politischen Lüge, das diesen nicht in einen annähernd so großen Konflikt stürzt wie der Widerspruch von körperlichem Bedürfnis und Kadergehorsam.
185 HMW 11, S. 315.
186 Vgl. HMW 3, S. 239 f.

der Situation einer Frau ihres Alters. Beide Argumente allerdings werden nicht nur durch Flintes scharfe Antwort der Lächerlichkeit überführt; zudem zeigt sich im Verlauf des Stücks, dass er Flinte 2 mit ähnlichen Kommentaren klein zu halten versucht und ihr – eifersüchtig über die junge Frau wachend – das Tanzvergnügen, das er sich selbst versagt, ebenfalls nicht gönnt. So darf zuletzt auch über Flints wehrhaften Körper gelacht werden, der sich trotz seines tragischen Konflikts mit der Parteidisziplin als Potentat am heimischen Herd entpuppt und damit eine weitere karnevaleske Prügelszene auslöst:

> *Flint ohrfeigt Flinte 2. Flinte 1 ohrfeigt Flint. Tauziehen um Flinte 2.*
> FLINTE 1 Hier bleibt sie, wenn sies will. Laß dich nicht an die Kette legen, du kriegst es mit mir zu tun. Was sich eine Frau vom Mann gefalln lässt, ist auch Staatsverrat hier. Hab ich recht, Bürgermeister?
> FLINT *reibt sich die Backe, lässt Flinte 2 los, zu Heinz und Siegfried:* Sie hat recht, was? Geht.[187]

Flints „komische[s] Potential [...] erschließt sich vollständig erst aus dem Kontrast zum offiziell postulierten ‚sozialistischen Menschenbild' und dem damit verbundenen Tugendkatalog"[188], aus seinen menschlichen „Fehlern"[189] also, die der revolutionären Askese entgegenstehen und ihren realitätsfernen Idealismus denunzieren. Flint vertritt nicht „ungebrochen ein einziges Prinzip", vereint in sich zugleich Facetten des „alte[n] und de[s] neue[n] Adam".[190] Sein Konflikt mit Fondrak, den er als „Parasiten" beschimpft, entbehrt nicht der Komik, insofern auch Flint „seinen Lustanspruch [partiell] egoistisch aus[lebt]".[191] Der Hedonist Fondrak erscheint dadurch als „Zerrspiegel" des Parteigenossen, der offen propagiert, was jener „verdrängt"[192]:

> Fondrak zu gewinnen hieße, diesen Teil des Ich in stellvertretender Handlung in die gutgeheißene Bahn des gesellschaftlichen Fortschritts zu integrieren. Aber Fondrak weigert sich, geht in den Westen. Der Fondrak-Aspekt in Flint, das chaotische Lachen der Lust im Raum der neuen gesellschaftlichen Sieger, bleibt unbewältigt, fremd.[193]

Es verwundert also kaum, dass mit dem aus dem Sozialismus ausgetriebenen Fondrak die Figur benannt ist, die 1961, aber auch 1976 „im Zentrum der politisch

---

187 Ebd., S. 278.
188 Keller 1992, S. 167.
189 Ebd., S. 166.
190 Schulz 2003, S. 286.
191 Greiner 2006, S. 413.
192 Schulz 2003, S. 284.
193 Greiner 2006, S. 413 f.

motivierten Kritik"[194] an der ‚Umsiedlerin' stand. Denn mit seinem ganz auf Gegenwärtigkeit ausgelegten „rauschhaften, wahrhaft materialistischen Bier- und Sex-Kommunismus", den Müller „gegen den staatlichen Plan-Kommunismus" Flints mobilisiert,[195] desavouiert er auf komische Weise alle in die Zukunft weisenden Sinnangebote der Partei:

> FONDRAK [...] Trinkt aus. Im Kommunismus ist das Bier umsonst?
> FLINT Bier auch.
> FONDRAK Kannst du den Kommunismus gleich machen?
> Wie wärs mit einer Lage für den Anfang?
> FLINT Wie wärs mit einer Bauernstelle, Fondrak? Du kannst zusammenziehn mit der Umsiedlerin und hast Geld für Bier.
> FONDRAK Musik von morgen. Mein Durst ist von heute.[196]

Vorbilder für dieses „ver-rückte[] Element", das „in das ‚realistische' Personal der *Umsiedlerin* [eingesprengt]" ist,[197] finden sich in der karnevalistischen Tradition der europäischen Literatur zu Hauf. Fondraks Arbeitsscheu und der in seiner Kommunismusvariante verewigte Traum vom „Goldenen Zeitalter" etwa verweisen auf den Narren Valerio aus Büchners ‚Leonce und Lena' – wie überhaupt auf die Diener-Figuren der Commedia dell'arte und die shakespeareschen Fools, die die „mittelalterliche ‚karnevalistische Lachkultur'"[198] tradieren und auch der Büchnerfigur Modell gestanden haben. Den vitalistisch-nihilistischen Habitus und die expressionistische Sprache des Asozialen entlehnt Müller wiederum von Brechts frühem Anarchisten Baal, der sich, ebenso wie Fondrak, in einer Welt, die nur verwertbare Produktivität anerkennt, als fast mythische Existenz gegen seine „Verwurstung"[199] wehrt. Auch der Gedanke an den brechtschen Säufer Puntila liegt nahe und wäre der Untersuchung wert. Mit dem Frankenberger FDJ-Vorsitzenden Jochen Vondrak soll dem vitalen Spitzbuben der ‚Umsiedlerin' zudem ein alter Bekannter Müllers zu seinem Namen verholfen haben, der, Hauschild zufolge, „natürlich alles andere war als jener anarchistisch-nihilistische Lebensphilosoph"[200], den der Autor im Fondrak Gestalt werden lässt.

---

[194] Streisand 1991b, S. 187.
[195] Kirsch 2009, S. 315.
[196] HMW 3, S. 226 f.
[197] Schulz 2003, S. 282.
[198] Streisand 1991b, S. 189.
[199] Girshausen, Theo: Baal, Fatzer und Fondrak. Die Figur des Asozialen bei Brecht und Müller. In: Dramatik der DDR. Hrsg. von Profitlich, Ulrich. Frankfurt am Main 1987, S. 327–343, hier S. 329. Vgl. auch GBA 23, S. 241.
[200] Hauschild 2003, S. 187.

Müllers letztlich von der Kulturpolitik gemaßregelter Impuls, eine derart destruktive, der sinnvollen Produktion von Leben die reine Konsumption zur Seite stellende „Kunstfigur"[201] in ‚Die Umsiedlerin' einzuführen, nimmt ihren Ursprung ebenfalls bei Brecht: Indem dessen Baal sowohl für Fondraks existentialistische Weltsicht als auch den daraus resultierenden Vitalismus Pate steht, aktualisiert Müller ein 1948 im ‚Kleinen Organon für das Theater' niedergelegtes „politisches Modell"[202] des Asozialen, das Brecht selbst nach diesem Zeitpunkt weder weiter ausgearbeitet, noch praktisch umgesetzt hat[203]:

> Selbst aus dem Asozialen kann die Gesellschaft so Genuß ziehen, wofern es vital und mit Größe auftritt. Da zeigt es oft Verstandeskräfte und mancherlei Fähigkeiten von besonderem Wert, freilich zerstörerisch eingesetzt. Auch den katastrophal losgebrochenen Strom vermag ja die Gesellschaft frei in seiner Herrlichkeit zu genießen, wenn sie seiner Herr zu werden vermag: dann ist er ihrer.[204]

Damit der Asoziale allerdings seine ästhetische Wirkung auch als gesellschaftliche Produktivkraft entfalten kann, setzt Brecht die Existenz eines souverän agierenden sozialen Kollektivs voraus. Dessen Fehlen wiederum macht er, wie Theo Girshausen erläutert, 1955 im Vorwort zur ersten DDR-Ausgabe seiner ‚Frühen Stücke' als entscheidenden Mangel in der Konzeption seines Erstlings ‚Baal' aus:

> Das „Phänomen" Baal kann keine Auffälligkeit und Aufmerksamkeit provozierende Kraft in einer Gesellschaft besitzen, in der Individualismus Denk- und Verhaltensnorm ist. In dieser Gesellschaft ist sein Verlangen nach individuellem Genuß ganz und gar ambivalent und von „rechten" Haltungen zu vereinnahmen, realisiert sich die Idee des Individuums hier doch in einer Praxis des rein ichbezogenen Konkurrenzkampfs aller gegen alle und zeigt sich so als Ideologie. Innerhalb einer solchen Konstellation vermag Baal keinen echten Widerspruch zu erregen; abgesehen von rein moralischen Anstößigkeiten fordert er sogar zur Identifikationen heraus. Von hier aus wird Brechts Warnung von 1955 erst voll verständlich: „Er ist asozial, aber in einer asozialen Gesellschaft".[205]

Fünf Jahre später hält Müller die Rahmenbedingungen „einer sozialistischen Gesellschaft, in der die Norm des Allgemeinen gilt" für soweit erfüllt, dass die gesellschaftliche Wirkung des brechtschen Entwurfs und sein kritisches bzw.

---

201 Streisand 1991b, S. 187.
202 Girshausen 1987, S. 334.
203 Vgl. ebd., S. 330.
204 GBA 23, S. 75.
205 Girshausen 1987, S. 332. Vgl. GBA 23, S. 241.

„provokatives Potential" ausgelotet werden können[206]: Mit dem Fondrak entwirft er eine Figur, die den Finger in die Wunden eines Gemeinwesens legt, dessen Fundament immer noch zu großen Teilen auf der Selbstverneinung des Einzelnen basiert. „[A]ls ‚revolutionärer Typus'" weist sie voraus „auf eine Gesellschaft, in der die Produktion aller als individuelle Produktivität jedes einzelnen möglich wäre".[207] Während Müller jedoch mit dem kommunistischen Vorkämpfer Flint zugunsten des Realitätsprinzips von einer Idealisierung absieht, wie sie Steiner in Strittmatters ‚Katzgraben' verkörpert, führt er dem Publikum in Fondrak das Idealbild des Asozialen vor. In seinem unbedingten Selbstanspruch warnt er beständig vor der Gefahr, das kommunistische Ideal einer befreiten Gesellschaft über den Anforderungen der Wirklichkeit aus dem Blick zu verlieren und stellt zugleich provokant „den gesamten Prozess, den das Stück zeigt, in Frage"[208]. Seine „radikale anarchische Menschlichkeit drückt sich in der Sprache rücksichtsloser, vor dem eigenen Ich nicht haltmachender Lust an der Zerstörung aus"[209] und kennt keinen Respekt vor den „täglichen Lebensanforderungen", den Verhaltensnormen oder Autoritäten „seiner Umgebung"[210]: „Gerade weil diese ‚Haltung' real nicht zu leben ist, hat sie in der Kunst einen Ort, an dem sie freigelassen werden kann."[211] So nimmt es nicht wunder, dass gerade Fondrak, der „die Beschneidung seiner Individualität" in keiner Weise dulden will, den „Kommunismus" beständig „im Munde führt".[212]

Im Gegensatz zu seinem Antipoden Flint kennt Fondrak keine Moral, die ihn in Gewissenskonflikte stürzen könnte. Sein ganzes Handeln ist von einem kompromisslosen Egoismus geprägt, der keine Rücksicht auf Verluste nimmt. Mit der trotz ihrer Schwangerschaft schwer arbeitenden Niet, die dadurch nicht zuletzt seinen leidenschaftlichen Bierkonsum finanziert, hat er kein Nachsehen, noch macht er sich die Mühe, seine Asozialität moralisch zu verbrämen. Sein Ziel ist der reine Genuss:

> FONDRAK [...] Bleib liegen.
> Wenn du dir schon den Tag versaun mußt, acht Stunden
> Mit Arbeit und für andre, die Nacht gehört mir.[213]

---

206 Girshausen 1987, S. 339.
207 Ebd., S. 334.
208 Schulz 2003, S. 282.
209 Ebd., S. 283.
210 Streisand 1991b, S. 188.
211 Schulz 2003, S. 284.
212 Streisand 1991b, S. 188.
213 HMW 3, S. 243.

Fondraks „Nächtlichkeit" ist insofern eine andere als die der romantischen Groteske – und keineswegs unheimlich oder grauenerregend. Seine Nacht ist die arbeitsfreie Zeit der Niet, also die Zeit einer vollkommen diesseitigen Lust. Wird er des Versuchs gewahr, ihn etwaiger Konsequenzen oder Verantwortlichkeiten wegen in die Pflicht nehmen zu wollen, bekommt sein Verhalten mitunter regelrecht teuflische Züge. Doch wie der mittelalterliche Volksteufel ist Fondrak ein Spitzbube und verfressenes Element, das mehr zum Lachen als zum Grauen reizt. Wenn Fondrak der schwangeren Niet die ohnehin schon magere Speckration entwendet, ähnelt er Brechts bösem Keuner, der dem „*hilflose[n] Knaben*"[214] noch den letzten Groschen stiehlt, um ihn die Wehrhaftigkeit durch Schrecken zu lehren. Schon hier vertritt Müller offensichtlich die später von ihm vehement propagierte brechtsche Maxime vom *Lernen durch Schrecken* – wenn auch noch in grotesk-komischer Manier:

> NIET Fondrak, mir paßt kein Kleid mehr, wie lang soll ich
> Spießruten laufen? Unterm Schlehstrauch nachts
> War ich Dir gut genug fürs Leben, schön auch
> Mit Kirschmund und Brust wie eine Gräfin.
> FONDRAK Das war bei Vollmond, jetzt bin ich erwerbslos.
> Die Brust ist auch nicht, was sie war, wird's auch
> Nicht wieder, hier, wo die Bonzen uns das Fleisch
> Wegschnappen, und jetzt wächst Dir noch ein Fresser.
> *Nimmt ihr den Speck aus der Hand und ißt ihn auf.*
> Schaumgummi, wenn der Busen nachgibt, gibt's beim Amerikaner.[215]

Als „diabolischer Entwurf" erinnert Fondrak an den „Volksteufel[] in Brechts *Urfaust*-Inszenierung".[216] Sein kindliches Wesen dekonstruiert naiv-egoistisch alle an ihn herangetragenen Ansprüche moralischer Natur, indem er die Rede vom Kommunismus als „großer Produktion" bzw. Vergesellschaftung allen Eigentums „wie ein Eulenspiegel [...] wörtlich"[217] nimmt. Die begründungslose, auf protestantischer Prägung beruhende Sittenlehre der Partei entlarvt er als ebenso absurd wie die von ihm vertretene „sinn- und botschaftslose Materialität der Körper"[218]:

> FONDRAK Ich hab die Moral: der Kommunismus braucht mehr Leute, daß er schnell geht, und aus einer Frau, wenns hochkommt, kommt im Jahr ein Kind, Zwillinge sind schon ein

---

214 GBA 18, S. 438.
215 HMW 3, S. 204 f.
216 Fehervary [1995/98], S. 122.
217 Ludwig 2012, S. 59 f.
218 Kirsch 2009, S. 315.

Glücksfall. Überall, steht in der Zeitung, steigern sie die Produktion jetzt. Da muß sich die Moral auch nach der Decke strecken.[219]

Ausgestattet mit dem Kindergemüt des Säufers identifiziert Fondrak den Kommunismus – als Instanz absoluter gesellschaftlicher Gerechtigkeit – mit einem kumpelhaften Cowboy-Kommissar, der das an seinem Hedonismus verübte ‚Unrecht' ohne langes Fackeln mit dem Revolver begleicht – und verkehrt dabei Flints Sehnsucht nach dem „Genossen Mauser" ins Karnevalistische:

> FONDRAK [...] Im Kommunismus bist du fällig, Krüger. Wenn der Kommissar die Reihe abgeht mit: Wo ist der Obergefreite, der meinem Kumpel Fondrak die Zigaretten abgejagt hat in Polen auf dem Rückzug, viertausend Stück, der Hund? Und wo ist Krüger, der ihm kein Bier gegeben hat, das Kapitalistenschwein? Und wenn er die Kanone wieder einsteckt, und die raucht noch, fragt er mich: Fondrak, fragt er, Fondrak, alter Büchsenöffner, wollen wir ein Faß aufmachen? Und dann machen wir ein Faß auf.[220]

Fondrak verbindet mit dem Kommunismus, darin Flint nicht unähnlich, ein nicht mehr abreißendes sinnliches Vergnügen – symbolisiert in seinen beiden ausschließlichen Leidenschaften: Bier und Sex –, das er allerdings nicht in irgendeine ferne Zukunft vertagen will. Dieser Haltung liegt ein wahrhaft apokalyptisches Bewusstsein zugrunde, die Gewissheit, dass sich alles jeden Moment ändern bzw. ganz aufhören kann. Darin zeigt sich die einzigartige vitalistische Ambivalenz der Figur, die Tod und Leben als miteinander verschlungene Instanzen der kosmischen Existenz begreift:

> FONDRAK [...] Kann sein, mich trifft der Schlag eh ich hier aufsteh. Oder ein Stück von einem Stern, der vor dreitausend Jahren geplatzt ist, dich auch. Oder der Boden, mit Füßen getreten seit Adam, von Vieh und Fahrzeug strapaziert, mit Bomben neuerdings, reißt, warum sollte er halten, nichts hält ewig, ein Loch kommt zum andern, und wir gehen ab, dem alten Griechen nach, der in den Krater gesprungen ist, weil ihm kein Bier mehr geschmeckt hat, ich hab seinen Namen vergessen. Oder die Schwerkraft setzt aus, der ganze dreckige Stern kommt ins Schleudern, und wir machen die Himmelfahrt gleich, ohne den Umweg durch die Würmer. Kann sein, der Stern trifft einen andern, Flint zum Beispiel, der mir einen Hof anhängen will, oder Krüger, die Trichine, der von meinem Durst lebt. Kann sein, die Schwerkraft setzt nicht aus, der Boden hält noch eine Weile, warum soll er reißen, wenn er solang gehalten hat, aber wie lang halt ich, das Sterben ist dem Menschen angeborn, der Wurm hat den Oberbefehl: Nimm deine Knochen zusammen, Fondrak, und zieh dein Fleisch aus.[221]

---

219 HMW 3, S. 227.
220 Ebd., S. 228.
221 Ebd., S. 243.

Mit diesem Monolog, der „das perspektivisch und thematisch grotesk-skurrile, apokalyptische Weltbild des Spätmittelalters"[222] zitiert, dem auch in den Bildern Cranachs oder Boschs nachgespürt werden kann, verweist Fondrak nicht nur auf die „Vision" eines „katastrophalen Endes" der Welt, „das die jahrtausendelange menschliche Arbeit mit einem Schlag vernichten würde"[223], sondern auch auf die Kontingenz des menschlichen Lebens, die jegliche Planung durchkreuzen kann und damit im Grunde sinnlos macht. Einzig mit dem Tod, den der Anarchist Flints planvoll-eifriger Produktion von Leben und Zukunft entgegenhält, kann sicher gerechnet werden. Die Weigerung, der „Erkenntnis des entleerten Himmels", die in Folge der Krise der Renaissance als die „zentrale Schockerfahrung des Barock" gilt, mit der kommunistischen Idee als metaphysischer Ersatzinstanz zu begegnen, erweist Fondraks vitalistische Ambivalenz zudem als deutlich vom Barock beeinflusst: Zum einen beinhaltet sie einen „Immanenzschock", also „die Erfahrung radikaler Endlichkeit, einer Grenze, vor der man nur anhalten kann, auf der anderen Seite aber die Bewegung des beständigen Nach-draußen-Drängens, de[n] notgedrungen immer wieder scheiternde[n] Versuch des Überschreitens, Hinausgehens (excedere)".[224] Indem Fondrak den Tod als das absolute Ende und damit die Zeitlichkeit des Individuums in die Sphäre des sozialistischen Aufbaus hineinträgt, die beides für gewöhnlich vernachlässigt, verkörpert er dessen notwendiges „Supplement"[225]. Seine vitalistisch-kreatürlichen Äußerungen – „Fressen, Saufen, Zeugen"[226] – stellen somit keine „Bedürfnisbefriedigung" im eigentlichen Sinn dar, sondern den Vollzug absoluter Gegenwärtigkeit, einer „ungemäßigte[n] rauschhafte[n] *Verausgabung*", die in Fondraks Augen der einzige Gewinn ist, den der einzelne Mensch aus seiner Existenz ziehen kann.[227] Innerhalb eines grotesken Motivkomplexes von „Verzehrung und Selbstverzehrung"[228] symbolisieren sie aber auch den Kreislauf des Seins – die Vernichtung und gleichzeitige Produktion von neuem Leben, die Aufhebung der Grenzen zwischen Leib und Welt – und setzen so Flints Kommunismus als linearer, in die Zukunft weisender Fortschrittsutopie das Jetzt als „umgekehrte Utopie"[229] eines zyklischen karnevalistischen Weltgefühls entgegen. Der vergängliche Körper des Menschen taugt in Fondraks Augen nicht zum „ewig haltbare[n] Baustein eines

---

222 Fehervary [1995/98], S. 123 f.
223 Streisand 1991b, S. 188.
224 Kirsch 2009, S. 316.
225 Schulz 2003, S. 283.
226 Streisand 1991b, S. 188.
227 Schulz 1980, S. 42.
228 Ebd.
229 Schulz 2003, S. 283.

idealistischen Systems" und dient damit der Infragestellung des gesamten sozialistischen „Universalismus" der Produktion[230]:

> FONDRAK Im Ernst, Flint. Was war zuerst: der Durst oder das Bier? Ich sage: das Bier, die Welt muß verbraucht werden. Du machst den Gaul, schweißtriefend für die bessere Menschheit. Was bist du am Ende? Erde, die jeder bescheißen kann.[231]

Fondraks ideenzertrümmernder Egoismus, sein „Hang zur Überschreitung, zum Exzess"[232], seine absolute Konsumption, die sich aus der Sterblichkeit des einzelnen Körpers ableitet, lässt somit auch kein utopisches Menschenbild zu, an dessen Verwirklichung zu arbeiten wäre. Vielmehr identifiziert er den Menschen als naturhaftes, Leben spendendes und zugleich verschlingendes Wesen, das in seiner orgiastischen Lebenslust und rücksichtslosen Gier sogar dazu in der Lage ist, seine Existenzgrundlage zu zerstören. Mit Fondraks Vanitasmotivik verbindet sich insofern eine Zukunftsperspektive, die in ihrem Nihilismus als karnevaleske Variante der düsteren Prophezeiung von der sich selbst verzehrenden Menschheit aus Shakespeares ‚King Lear' erscheint und Flint angesichts seines materialistischen Geschichtsoptimismus wie blanker Defätismus vorkommen muss:

> FONDRAK [...] Aber was willst du, mit mir hört die Welt auf. Der liebe Gott hat sie verlorn beim Nagelputzen. Unter den Daumennagel, wenn wir alle Minen springen lassen, paßt sie wieder. Es wird eine Zeit kommen, Flint, wo der Mensch die Planeten hinter sich wegsprengt einen nach dem andern, wenn er sie ausgepowert hat oder zum Spaß, wie Casanova die Weiber. Welten gibts viel. Ob der Ochse aus Rindfleisch gemacht wird hier oder aus Wellblech in der andern, ob der Mensch ein Herz hat oder eine Düse, ob er mit Eiweiß betrieben wird oder mit Vitriol, wo ist der Unterschied?
> FLINT Dir müßte man das Maul versiegeln, Fondrak.
> FONDRAK Mit Bier.[233]

Unverkennbar füttert Müller seine Figur vor allem sprachlich mit einem wahren Feuerwerk an grotesk-komischen Metaphern und Motiven, die in vielerlei Hinsicht ihre vitale Attraktivität ausmachen. Sie charakterisieren Fondrak als eine Reinkarnation der komischen Figur, die aufgrund ihrer anarchischen Ungebärdigkeit im 18. Jahrhundert durch die Aufklärung (Gottsched) von der Bühne vertrieben wurde – und deren „römischer Vorfahr der ‚Parasit' war"[234]. Ganz traditionell verdichtet sich Fondraks körperliches Zeichensystem dementspre-

---

[230] Kirsch 2009, S. 315.
[231] HMW 3, S. 253.
[232] Kirsch 2009, S. 315.
[233] HMW 3, S. 253 f.
[234] Müller-Schöll 2003, S. 85.

chend um den Unterleib, was, „in Handlung übersetzt", auf „das Vollstopfen des Bauches" und den Einsatz des „im Zivilisationsprozess der Komödie" gebändigten Phallus hinausläuft[235]:

> Wie in vormodernen Harlekinaden, Farcen und Stegreifspielen speist sich der Witz der Dialoge beständig aus Anspielungen aufs Fressen und Gefressenwerden, auf Verdrehung, Sauferei und vor allem auf den Phallus, der durch keine Partei sozialisierbar, den Menschen vom Individuum zum Dividuum, vom Charakter zum unrettbar dezentrierten Bündel von Eigenschaften werden lässt [...].[236]

Anders gesagt: Mit Fondrak hält Bachtins *grotesker Realismus* den stärksten Einzug in Müllers revolutionäre Komödie, und mit ihm eine „andere[] Volkstheatertradition"[237], die aufgrund ihrer vermeintlich destruktiven Tendenzen nicht zum Erbekanon des Sozialistischen Realismus gehört. Damit musste das Stück – abgesehen von allen inhaltlichen Vorbehalten – unweigerlich Unwillen erregen. Mit Fondraks Karnevalismus lässt Müller „eine „,absurde' Produktion (,Zeig mir ein Mausloch und ich fick die Welt') als ,große' grenzenlose Befruchtung [...] gegen Flints ,kleine', sinnvolle, berechnete und berechnende Produktion" antreten, die „kein[en] Kompromiss der Lust mit der Arbeit (Schweiß)" eingeht, „keine vernünftige Auseinandersetzung" und „keine Anerkennung des Unterschieds zwischen Parasit und Produzent" erlaubt.[238] Im Fondrak spiegelt Müller die Eigenschaften einer ganzen Reihe von volkstümlich-komischen Figuren ineinander. Während er mit dem deutschen Hanswurst vor allem die Gefräßigkeit und Bauernschläue teilt, scheint Fondrak, was die Dienerfiguren (Zanni) der Commedia angeht, sowohl Charakteristika des Harlekin als auch des Brighella in sich zu vereinen. Von Shakespeares Narren wiederum stammt die bösartig-destruktive Ironie, mit der er die Idealismen seiner Zeitgenossen entzaubert.[239]

Den Harlekin (wohl von ital.: (h)ellechin(n)o: kleiner Teufel) als reinen Spaßmacher anzusehen, wäre zu kurz gegriffen. Wie Fondrak lässt er sich moralisch nicht beikommen und verkörpert „die vitale Freude am Reichtum des Lebens". Als „Inkarnation des Lustprinzips" zeichnet er sich vor allem durch seine Verfressenheit, seinen großen sexuellen Appetit und seine obszöne Sprache und Gestik aus.[240] Manchmal dient er, wie Fondrak, der sich hinsichtlich seines Bierkonsums gewitzt von Rammler und Treiber gleichzeitig aushalten lässt, gleich

---

235 Matt 2001, S. 128.
236 Müller-Schöll 2003, S. 85.
237 Streisand 1986, S. 1381.
238 Schulz 2003, S. 283.
239 Vgl. Streisand 1991b, S. 188 sowie Schulz 2003, S. 282.
240 Keller 1992, S. 169.

IV.2 Müllers Annäherung an Motive und Traditionen des Grotesken — 279

zwei Herren parallel, um mehr Verköstigung für sich herauszuschlagen. Der Schöpfer der uns geläufigen Harlekinmaske, Tristano Martinelli (ca. 1555–1630), sah in ihm zudem eine Figur, die sich sowohl im Diesseits als auch im Jenseits bewegen kann und die Gegensätze von Gut und Böse, Komik und Tragik in sich vereint.[241] Nirgends genügt Fondrak diesen ambivalenten Eigenschaften wohl mehr, als in der rührend komischen Abschiedsszene mit der Umsiedlerin – eine der wenigen, die auch ihn in den Widerspruch von Geist und Materie stürzt. Doch Fondrak, der zuvor schon beim stummen, brütenden Trinken beobachtet werden konnte[242] und offenbar der schwangeren Niet wegen mit seinem Gang in den Westen hadert – auch das vitalistische Prinzip ist bei Müller nicht ohne Brüche konzipiert –, besinnt sich zuletzt eines Besseren: Die Materie triumphiert über das Romantisch-Ideelle.

> FONDRAK [...]
> Es ist nicht so, daß ich nicht gern geh, aber
> Was dich betrifft, geh ich nicht gern.
> *Zieht einen Geldschein aus der Tasche.*
> Mancher vielleicht gibt, was er hat, der Frau her
> Aus Liebe und zum Abschied, wenn er fortgeht
> Ich geb mehr, als ich hab: Das ist ein Markschein
> Er ist geborgt, mein letzter und ein Bier wert.
> Jetzt nicht mehr, weil ich ihn zerreiß jetzt. So.
> Wie der jetzt auseinander ist, sind wirs
> Und wir gehörn zusammen wie die Hälften
> Und keine Hälfte zählt ohne die andre.
> Nimms wenn du willst, für einen halben Trauschein.
> Ein ganzer wird's vielleicht, wenn ich zurückkomm.
> *Gibt ihr eine Hälfte des Geldscheins, steckt seine Hälfte ein und geht. Kommt zurück und nimmt ihr den halben Schein wieder weg.*
> Gib her. Wenn Inflation kommt, steh ich trocken
> Wenn ich ihn flüssig mach, ist er mir sicher.
> Vielleicht sehn wir uns auf dem Mond wieder durch den Luftdruck von der Wunderwaffe im nächsten Krieg. Dann geb ich dir drei ganze für den halben. *Ab.*[243]

Mehr noch als mit dem Arlecchino scheint Fondrak jedoch mit dem verschlagen, künstlerisch begabten Brighella gemein zu haben, der dem Harlekin intellektuell überlegen ist. Meist skrupellos auf den eigenen Vorteil bedacht, lässt er gerne andere für sich arbeiten, geradeso wie Fondrak die Niet, und zeigt sich als äußerst

---

241 Vgl. Dshiwelegow 1958, S. 153–161.
242 Vgl. HMW 3, S. 260.
243 Ebd., S. 279 f.

erfindungsreich, wenn es darum geht, seinen Herren Pantalone oder Dottore, hier verkörpert durch Rammler und Treiber, eins auszuwischen.²⁴⁴ Auch Fondraks komischer Charme speist sich aus diesen Eigenschaften, das zeigt nicht zuletzt seine gewitzte Erpressung des Budikers Krüger, die auch den klassenkämpferischen Geist der Commedia erneut zur Geltung bringt:

> FONDRAK Was ist schwärzer, Krüger: die Nacht, dein Schnaps oder deine tote Sau? Wieviel Bier kommt auf drei Eimer Wasser?
> *Krüger, nach einem Blick auf Flint, gibt Fondrak Bier.*
> FONDRAK *zu Flint:* Wissen ist Macht. *Trinkt aus.*²⁴⁵

Zwar vollführt er keine artistischen Kunststücke wie der Brighella, dafür erinnert seine Clownsnummer vom Kampf gegen den Durst, ebenso wie die mit den Altbauern Rammler und Treiber, an die Lazzi der Commedia dell'arte. Der Kampf gegen den unsichtbaren Feind, den Müller später auch den Titelhelden in ‚Herakles 5' ausfechten lässt – dort allerdings gegen den Gestank – gilt in der Commedia oft einer Fliege und erlaubt inszenatorisch eine Vielzahl karnevaleskkörperlicher Possen:

> FONDRAK Durst heb dich weg.
> *Trinkt eine Flasche leer.*
> Das war die letzte Warnung.
> Ich bin auch bloß ein Mensch, lieber Mörder als Leiche. Einen feuchten Tod sollst Du kriegen, Durst, und einen langen.
> *Kehrt seine Taschen um: leer.*
> Das wird ein trockener Sonntag.
> *Ein Bauer tritt auf. Fondrak bedroht ihn mit der Flasche.*
> Zahl oder stirb.²⁴⁶

Mit solch hintergründigen Körpergrotesken entwickelt sich Fondrak wie der Zanni oder die vom Theater vertriebene lustige Person „trotz seines ungeheuren Egoismus"²⁴⁷ zum Sympathieträger und Verbündeten des Publikums, der die Narrenfreiheit besitzt, „[i]n seiner scheinbaren Verdrehtheit [...] immer wieder die ‚wunden Punkte', die ‚heiklen Themen' oder Tabus ansprechen" und „bösartig [...]

---

244 Vgl. Dshiwelegow 1958, S. 150–153.
245 HMW 3, S. 226.
246 Ebd., S. 251. Vgl. auch ‚Herakles 5' (ebd., S. 402): „Gestank, wo bist du? Komm aus Deiner Ungestalt, zeig deine Fratze. Ist das Nichts deine Wohnung? Ich will es mit Pfeilen spicken. Und wenn du überall bist, ich treffe dich überall. *Schießt wild nach allen Seiten [...].*"
247 Ludwig 2012, S. 59.

IV.2 Müllers Annäherung an Motive und Traditionen des Grotesken — 281

auf die Mängel und die Unfertigkeiten der Gegenwart"[248] hinweisen zu können. Seinen triumphalen Sieg über den Durst verdankt er schließlich dem Verkauf eines nur halbherzig reparierten Motorrads aus kirchlichem Besitz an den mittlerweile fahnenflüchtigen Sollerfasser. Fondrak feiert ihn mit der einzigen Publikumsadresse (Parabase/Parekbase) des Stücks,[249] die sich sowohl als parodistische Profanierung der christlichen Mythologie wie auch der sozialistischen Parteipropaganda entpuppt:

> FONDRAK [...]
> Wasser in Wein verwandeln, das kann jeder
> Doch die Verwandlung einer christlichen
> Vierhundertfünfziger BMW in Bier
> Verehrtes Publikum, sehen sie nur hier.[250]

Als Figur, die „sich dem Reich der Notwendigkeit entzieht und die Sehnsüchte [...] der Menschen ausspricht, die unten im Publikum sitzen" wurde Fondrak von der Kulturpolitik „als Bedrohung einer ganz auf Disziplinierung der Bevölkerung setzenden ideologischen Beeinflussung [...] empfunden", der sich auch die Kunst widmen sollte. „[I]n der ironischen Selbstdistanz der Komödie" war es Müller möglich, „durch den Mund Fondraks ‚Unmögliches' [zu] sagen", Dinge, die in offener Form zu diesem Zeitpunkt „niemals auf der Bühne hätte[n] formuliert werden können".[251] Im Zentrum steht dabei immer der Anspruch des individuellen Körpers auf autonome Entfaltung:

> FONDRAK [...] Erst kriegst du Umsiedlerkredit, eine Bauernstelle, einen Posten. Dann wirst du zugeschnitten, was nicht in den Topf passt ab, und wenns der Kopf war. Zum Beispiel, wenn du gern ein Bier zuviel trinkst oder zwanzig, oder du willst eine Fabrik aufmachen, eine Brauerei zum Beispiel. Gleich kommen sie mit IchbinBergmannweristmehr oder Bauauf Bauauf. Wenn du verhungern willst, fällt die Fürsorge über dich her. Diktatur. *Zu Flint:* Probiers. Schreib an die Wand: Kommunismus ist Scheiße, Heil Hitler. Die Polizei kommt gleich, du kannst drauf warten. Keine Freiheit.[252]

Die Figur erschöpft sich also nicht in der „Inkarnation der rücksichtslosen Selbsterhaltung"[253], sie wehrt sich vielmehr genau wie Brechts Baal gegen die gesellschaftliche Uniformierung, gegen die Vereinnahmung durch Partei und

---

248 Streisand 1991b, S. 188.
249 Vgl. Greiner 2006, S. 70.
250 HMW 3, S. 256.
251 Streisand 1991b, S. 190.
252 HMW 3, S. 254.
253 Schulz 2003, S. 283.

Ideologie. Fondraks destruktiv-aufsässiges Gebaren ist dabei „die Voraussetzung dafür, [...] autoritären Übergriffen widerstehen und sich seine Unabhängigkeit bewahr[en]"[254] zu können. „Für die Ökonomie des dramatischen Gefüges" der ‚Umsiedlerin' ist sein parasitärer Egoismus somit ebenso notwendig wie derjenige der Narren in Shakespeares Dramen: „Er hält die Lust an einer befreiten Zerstörung fest, ohne die das Menschenbild zum faden Ideal der Mäßigkeit verkäme."[255] Im Rückgriff auf diese Konstellation rückt Müller, so Kirsch, den „Glanz des Parasitären" gegenüber dem „Parasitären des Glanzes" in den Mittelpunkt der Betrachtung und bringt derart die „barocke Qualität, die beim frühen Brecht überall offen liegt, beim späten jedoch zum Teil kaschiert ist, wieder voll zur Geltung".[256] Fondraks individueller, volkstümlicher Leib, den Müller als grenzüberschreitendes, ungebändigtes, naturhaftes Prinzip,[257] als „absolute Forderung ans Leben"[258], dem in Ordnung begriffenen sozialistischen Volkskörper – und damit dem Ideal Flints – gegenüberstellt, verweist dabei paradoxerweise „am stärksten auf das Ziel aller Auseinandersetzungen" des Stücks (und damit der sozialistischen Wirklichkeit der 1960er-Jahre), „das im Einerlei der alltäglichen Arbeit unterzugehen droht: das Ziel einer von allen Zwängen und Lasten befreiten Menschheit".[259] Fondraks Bauch und Unterleib stemmen sich gegen Flints Kopf und formulieren so immanente Kritik an der körperfeindlichen, ideellen Ausrichtung des neuen Staates und seiner Verdrängungen. Im Konflikt mit Flint fungiert sein Körper als manifester Ausdruck der möglichen Teilhabe am „Goldenen Zeitalter" (sprich: Kommunismus), das auch Shakespeares Narren im Auge haben und dessen Genuss sich Flint im Dienst an der Menschheit meint versagen zu müssen. Den inneren Widerspruch zwischen Körper und Idee, der an Flints Selbstverständnis nagt, kennt Fondrak nicht nur nicht, er hebt vielmehr ideell auf, was Flint verleugnen muss. So erscheint er als „Gegenentwurf zu einem Grundthema in Müllers Gesamtwerk", das bereits im Kontext von Flints notwendiger Askese zur Sprache kam: „dem ‚Problem der arbeitenden Menschheit, die mehr einzahlt, als sie herausbekommt'".[260] Die (selbst-)destruktive Energie, die Müller bei Flint als Kraftquelle des Sozialismus ausmacht, besitzt auch

---

254 Keller 1992, S. 169.
255 Schulz 2003, S. 282.
256 Kirsch 2009, S. 314. Vgl. auch GBA 24, S. 415.
257 Vgl. Keller 1992, S. 170.
258 Schulz 2003, S. 283.
259 Keller 1992, S. 170 f.
260 Streisand 1991b, S. 189. Vgl. auch HMW 8, S. 174–177, hier S. 174. Müller allerdings spricht natürlich nicht von „Menschheit", sondern von „Mehrheit".

Fondrak, jedoch fungiert sie hier, völlig im Einklang mit der eigenen kreatürlichen Existenz, als Moment der Verschmelzung mit dem Kreislauf des Seins:

> So ist Fondrak nicht nur „komische" Figur des Volksstücks, deren Lebensmethode die des „lachenden Dritten" ist und die die bestehende Welt „umkehrt" in die gerechte Ordnung für die bisher Unterdrückten. Die Figur entwirft zugleich eine Korrektiv- und Komplementärperspektive gegenüber der historisch bestimmten Wirklichkeit.[261]

Besonders auf die komplementäre Funktion der Figur ist hier Wert zu legen. Denn wenn Fondrak schließlich in den Westen geht, weil er glaubt, dort die seinem Hedonismus entsprechenderen Voraussetzungen zu finden, zeigt sich, dass Müller auf ein Defizit des Sozialismus aufmerksam machen will,[262] der – und das ist die tragische Seite der Konfrontation zwischen Flint und Fondrak – nicht in der Lage ist, die anarchisch-destruktive Energie des Asozialen zu integrieren und für sich produktiv zu machen. Damit birgt die Figur, Girshausen zufolge, zwar keine Lehre aber dennoch ein „theoretisches Moment"[263], das auf Brechts Konzeption des Asozialen im ‚Kleinen Organon' verweist:

> Fondraks Republikflucht steht für den möglichen Gedanken, daß mit seiner Vitalität, seiner Rücksichtslosigkeit und der ihn motivierenden „Triebkraft der Zerstörung" zugleich eine Hälfte des Menschenbildes aus der in der DDR propagierten „harmonischen Menschengemeinschaft" ausgegrenzt ist – und mit ihr die in individuelle Phantasien eingesenkte Hoffnung auf Lebensformen, in denen erst wirklich realisierbar wäre, was kapitalistischen Gesellschaftsformen als Konkurrenz von Privategoismen Energie verleiht [...]. Jene durchaus individuelle und „selbstische" Utopie als Energiequelle und Triebkraft zur Produktion zu nutzen, wie Brecht es für eine wirklich produktive Gesellschaft gedanklich konzipiert hatte, ohne daß er selbst dramaturgisch-theatralische Konsequenzen aus seinem Gedanken zu ziehen vermocht hätte – das wäre der Appell gewesen, den der „asoziale" Fondrak an ein Publikum hätte richten können.[264]

---

261 Streisand 1991b, S. 189.
262 Vgl. Schulz 1980, S. 43.
263 Girshausen 1987, S. 341. Im Typus des Asozialen bei Brecht entdeckt zuerst Benjamin den „virtuellen Revolutionär" und spricht ihm ein „theoretisches Moment" zu (Benjamin, Walter: Bert Brecht [1930]. In: Benjamin: Gesammelte Schriften. Bd. II/2: Aufsätze, Essays, Vorträge. Hrsg. von Tiedemann, Rolf/Schweppenhäuser, Hermann. Frankfurt am Main 1991, S. 660–667, hier S. 665).
264 Girshausen 1987, S. 342. Dieser Gedanke schließt an die bei Marx niedergelegte und von dem Ökonomen Joseph Schumpeter ausgearbeitete These von der „schöpferischen Zerstörung an", die als Motor für das dynamische Innovationspotential des Kapitalismus verstanden wird und deren Fehlen im rein auf Produktivität ausgelegten Sozialismus dessen Rückständigkeit mit bedingt. Vgl. Schumpeter, Joseph: Kapitalismus, Sozialismus und Demokratie [1942]. Stuttgart 1993.

Doch Geist und Materie, Körper und Idee stehen in der vermeintlich fortschrittlicheren sozialistischen Gesellschaft offenbar in einem Konflikt miteinander, der nicht auflösbar ist. Müller führt insofern mit der bedingungslos in der Gegenwart verorteten, materiell-leiblichen Zwecksetzung Fondraks, die über seine karnevaleske Körperlichkeit und Sprache transportiert wird, zwei Aspekte in die gesellschaftliche Diskussion der frühen DDR ein, die ein handfestes Dilemma offenbaren. Zum einen lässt er seine asoziale Figur nochmal Treibers Kritik an der sozialistischen Wirtschaftsweise bekräftigen, die die Möglichkeiten der Eigenverantwortung – etwa in der Berufswahl – deutlich einschränkt. Fondrak wehrt sich gegen die Bauernstelle, auch wenn sie ihm die Befriedigung seiner Bedürfnisse ermöglichen würde, doch im Kampf gegen seinen Bierdurst repariert er durchaus das Motorrad des Pastors. Zum anderen macht er auf die Gefahr aufmerksam, dass das „sozialistische Menschenbild" den Menschen in seinem Rationalität verabsolutierenden Idealismus letztlich auf eine Maschine reduziert. Beeinflusst durch die Aufklärung tendiert es dazu, die schwer integrierbaren Aspekte des menschlichen Lebens auszugrenzen, statt nach Möglichkeiten ihres Einbezugs und der Verhinderung gefährlicher Dunkelzonen zu suchen, die dialektisch auf das Gebilde zurückschlagen könnten. Müllers erster Hinweis auf die „Dialektik der Aufklärung" lässt eine spezifische Ähnlichkeit zwischen bürgerlicher Demokratie und Staatssozialismus erkennen, die überdies in Frage stellt, ob Fondrak im Westen überhaupt das finden wird, was er sich erhofft:

> Wird doch die DDR in ihrem Rationalitätsanspruch kenntlich als nach wie vor bürgerlich-kapitalistischer Spießerstaat, der im Sinne des ökonomischen Effizienzdenkens den Körper des Einzelnen normalisieren, disziplinieren, regulieren und kontrollieren muss. [...] Damit wird zugleich die offizielle Ideologie sabotiert, die den ereignishaften Neuanfang und den teleologischen Bruch zur Bundesrepublik behauptete. Beide Staaten, so muss man wohl schließen, gründeten sich auf denselben bürgerlichen Prinzipien. Und auf die Ökonomie der Verausgabung [...] haben beide, bürgerliche Demokratie wie Realsozialismus, keine andere Antwort als den Ausschluss.[265]

Neben der massiven Provokation, die diese Insinuation enthält, wird bei aller Kritik aber auch Müllers affirmative Haltung zum sozialistischen Projekt deutlich. Weder Flint noch Fondrak werden vollständig ins Recht oder ins Unrecht gesetzt.[266] Beide, Flints Askese und Fondraks Verausgabung, die sich jeweils aus einer von barocken Vanitasmotiven geprägten existentialistischen Weltsicht speisen, sind als Energie für das Fortkommen des sozialistischen Aufbaus notwendig. Wo Fondraks karnevaleske Verausgabung Flints biedere Askese verlacht,

---

265 Kirsch 2009, S. 313.
266 Vgl. ebd., S. 315.

wird sie in ihrer Absolutheit wiederum als vollkommen unproduktive Haltung entlarvt. Trotzdem beharrt Müller darauf, dass der Sozialismus auf das Potenzial des Asozialen nicht verzichten kann, auch wenn er ihn (vorläufig) aus der Einflusssphäre des Stücks und damit des sozialistischen Aufbaus entfernt. Denn als vitalste Figur der Komödie, als ganz im Jetzt verortete, grotesk lachende Infragestellung der gesamten politisch-ideellen Sphäre, behält Fondrak spürbar das letzte Wort. Als dauerhafter „Stachel"[267] im Fleisch der Partei drängt er auf die immer neue Auseinandersetzung mit dem von ihm kenntlich gemachten Dilemma.

Von welch zentraler Bedeutung die von Flint und Fondrak ausgetragene Auseinandersetzung zwischen Körper und Idee für Müller ist, zeigt sich daran, dass der Konflikt der beiden auf der Figurenebene der ‚Umsiedlerin' im Streit des jungen Paares Siegfried und Schmulka ein weiteres Mal gespiegelt wird.[268] Die „Komik des Missverhältnisses von Anstrengung und Objekt"[269], die die Figurenkonstellation Flint–Fondrak charakterisiert, bestimmt auch deren Aufeinandertreffen. In der Bauerntochter Schmulka wird der engagierte FDJler Siegfried ebenfalls mit einer „verantwortungslosen Vertreter[in] der Lebenslust"[270] konfrontiert, gegen deren Attraktivität die kommunistische Moral nur verlieren kann.[271] Sie vertritt die gleiche, vom Bewusstsein der Vergänglichkeit bestimmte, vital-existenzialistische Einstellung zum Dasein, die auch bei Fondrak zu finden ist und keinen Aufschub der Lust in eine ungewisse Zukunft duldet.[272] Siegfried hingegen, der die (körperliche) Liebe in den Kommunismus vertagen bzw. einstweilen durch sozialistische Bildung ersetzen will, steht vor dem gleichen Dilemma wie Flint. Unfähig zur vollständigen Entsagung, kann auch er dem Widerspruch zwischen Bewusstsein und körperlichem Bedürfnis (Sexus) nur mit einer Notlösung beikommen, die als karnevalesk-obszönen Profanation des ‚sozialistischen Menschenbildes' daherkommt:

> SIEGRFRIED [...]
> Als Mitglied hab ich ein Bewußtsein, aber
> Der Mensch ist ein Ensemble, und als Mensch
> Der ein Ensemble ist, hab ich ein Mitglied
> Das kein Bewußtsein hat. Es ist spontan
> Springt von der Linie ab, versteift sich auf

---

267 Ludwig 2012, S. 59.
268 Vgl. Zenetti 2012, S. 254.
269 Greiner 2006, S. 413.
270 Schulz 1980, S. 43.
271 Vgl. HMW 3, S. 238.
272 Vgl. ebd., S. 237.

> Den eignen Vorteil, stellt sich gegen die Leitung
> Stößt die Beschlüsse um. Ein Widerspruch.
> Wo ist die Lösung?
> *Sucht in der Literatur.*
> Ohne Widersprüche
> Gings dreimal schneller mit dem Kommunismus.
> Zum Beispiel: wär kein Hunger, wie viel Brot gäbs.
> Wieviel Moral, wenn nicht die Liebe wär.
> Ich zieh das Blauhemd aus. Ja, so wird's gehn.
> *Tut es.*
> Im Kommunismus wird man weiter sehn.
> Schmulka!
> *Rennt ab, ohne die Literatur.*[273]

Im Gegensatz zu Fondrak, der sich der Vereinnahmung durch die Parteipolitik durch Republikflucht entzieht, verlässt Schmulka allerdings den Sozialismus nicht – ebenso wie die Traktoristen. Als eine Art Platzhalter verbleiben sie innerhalb des Systems und zwingen dieses zur Auseinandersetzung mit dem asozial-hedonistischen Prinzip, das sie verkörpern. Mit Fondrak räumt also nur dessen absolute Manifestation das Feld, während seine Stellvertreter den Konflikt und die Wunde offenhalten. In ihrer lustvoll-exzessiven Körperlichkeit fungieren sie als Statthalter des Saturnischen Zeitalters und verweisen so auf die Utopie einer wahrhaft befreiten Gesellschaft, die die Potentiale all ihrer Mitglieder ebenso zu nutzen versteht, wie sie ihren Bedürfnissen zu entsprechen weiß.

IV.2.1.3 Die Utopie des Weiblichen – Niet und Flinte 1

Verkörpert Schmulka das Fondrak-Pendant unter den Frauen-Figuren des Stücks, so treten ihr mit der Umsiedlerin Niet und der von Flint sitzengelassenen Flinte 1 zwei Vertreterinnen des, sich gleichwohl vollkommen unterschiedlich äußernden, produktiven Prinzips entgegen. Während Niet zu Beginn noch als einigermaßen traditionelle Frauenfigur angelegt ist, die sich neben ihrer Sanftheit und Menschlichkeit vor allem durch unermüdliche Arbeit und das stumme Dulden ihres Elends auszeichnet, stellt Müller ihr mit Flinte 1 eine eher männlich konnotierte Figur radikaler weiblicher Emanzipation gegenüber. Beide Merkmale, „[d]as (mütterliche) Verständnis [...] ebenso wie die (männliche) Hartnäckigkeit", charakterisiert Schulz als Elemente „ein[es] bäuerliche[n] Prinzip[s]", das durch die „Verbindung zu den chthonischen Kräften" der Erde bestimmt ist. Auch angesichts ihrer deutlich von harter Arbeit gezeichneten Körperlichkeit treten die

---

[273] Ebd., S. 238.

beiden Frauen in „Analogie zu den Bauern"[274], wenngleich sie sich in der Figurenzeichnung mitunter deutlich von ihnen unterscheiden. Ist es Niet, die aufgrund ihrer sanften Bestimmtheit als einzige Figur des Stücks – abgesehen von den bösen Späßen, die sich Fondrak mit ihr erlaubt – jeder grotesk-komischen Denunziation entgeht, wird Flinte 1 angesichts ihrer kämpferischen Attitüde immer wieder in karnevaleske Händel verwickelt, die mal zu ihren Gunsten, mal zu ihren Ungunsten verlaufen.

Indem sich die beiden Frauen, als Statthalterinnen zweier Facetten des Weiblichen, schließlich zur ersten Frauenkommune zusammentun, entsteht ein schlagfertiges Komplement zu dem ansonsten von Männern dominierten gesellschaftlichen Umbau. „Wenn ‚Die Bauern' eine Parabel über die Rücksichtslosigkeit ist, mit der der Fortschritt nur möglich ist", schreibt Schulz, „dann signalisieren die beiden ‚Umsiedlerinnen' eine Alternative innerhalb dieser Rücksichtslosigkeit, die immer nur für sich selbst Verständnis hat".[275] Gemeinsam mit dem Bauern Mütze, der sich Niet und damit der Frauenkommune faktisch anschließt, verkörpern sie die Utopie einer wehrhaft-solidarischen Emanzipation von den althergebrachten Verhältnissen, die hoffnungsvoll in die Zukunft des sozialistischen Lebens auf dem Land blicken lässt – welche nicht zuletzt Niets noch ungeborenes Kind symbolisiert.[276]

Der aus der Seghers-Erzählung entlehnte sprechende Name „Niet" assoziiert ein Verbindungselement aus leicht verformbarem Material, das zum unlösbaren Zusammenfügen von meist metallenen Bauteilen verwendet wird. Insofern nimmt es nicht Wunder, dass man mit der Figur der Umsiedlerin, der das Stück seinen Titel verdankt, die integrative Figur des Textes schlechthin vor sich hat. Müller hat mit ihrem Lebenslauf offensichtlich nicht nur einen „integrierende[n] ‚roten Faden'"[277] für das Material gefunden, dessen Organisation ihm zuvor nicht glücken wollte; gleichzeitig verkörpert Niet auch, wie Tragelehn anmerkt, den von Marx „in den ökonomisch-philosophischen Manuskripten" von 1844 notierten „alte[n] Gedanke[n] von Fourier" (1832), dass „die Emanzipation der Frau als Maßstab für die allgemeine Emanzipation" anzusehen sei.[278] Niets Entwicklung folgt somit ebenso wie die Flints und der Kleinbauern einer Dramaturgie, an der der generelle Fortschritt der Verhältnisse abzulesen ist.[279] Das destruktiv-hedonistische Prinzip

---

274 Schulz 1980, S. 44.
275 Ebd.
276 Vgl. Schulz 2003, S. 284.
277 Streisand 1986, S. 1360.
278 Tragelehn 1988b, S. 243.
279 Vgl. Streisand 1986, S. 1380, ebenso S. 1369 und 1372.

(die Altbauern, Fondrak, Schmulka, die Traktoristen) in Müllers Stück bleibt dagegen statisch.

Sozial charakterisiert wird die Umsiedlerin eher indirekt – und anfangs großteils, wie die meisten Figuren des Stücks, über den Umweg des Körpers. Niet ist schwanger von Fondrak, wohl schon im fortgeschrittenen Stadium, denn ihr „paßt kein Kleid mehr" und im Dorf muss sie „Spießruten laufen". Die einst begehrenswerte Frau („[m]it Kirschmund und Brust wie eine Gräfin") ist ausgemergelt von der harten Arbeit und der Mangelernährung der Nachkriegszeit; auch unter der Schwangerschaft scheint ihr Körper zu leiden, wie Fondrak kaltblütig feststellt.[280] Niet fügt sich anfangs duldsam in die chauvinistische Unsitte, die Frauen einzig nach ihrem Aussehen, ihrer Gebärfähigkeit und Arbeitskraft zu beurteilen, auch die Anfeindungen gegenüber dem „Flüchtling"[281] erträgt sie kommentarlos. Sie hilft bei den Bauern aus, arbeitet für zwei, finanziert Fondraks Bierkonsum mit, lässt sich von ihm die Fleischration wegfressen und geht für ihn nach Bier. All dies spielt sich „bis zum vorletzten Bild"[282] beinahe wortlos und fast ausnahmslos im Hintergrund der eigentlichen Szenen ab, in denen Müllers zentrale Figur dennoch größtenteils anwesend ist. Die „meist schweigende, mit utopischen Zügen umhüllte Umsiedlerin" erinnert Fehervary „an die vielen wunderschönen Frauenporträts Cranachs"[283] und deren altdeutschen Charakter: „Diese Frauenfigur kommt ohne Sprache aus. Ihre Lebensumstände sprechen für sich. Sie ist eine sprachlose Figur unter diesen Umständen und zu dieser Zeit."[284] Ihre sanfte, aber bestimmte Menschlichkeit äußert sich nahezu geräuschlos, aber immer in entschiedenem Handeln, wodurch sie wiederum der „stumme[n] Katrin aus Brechts ,Mutter Courage'"[285] ähnelt. Als die Bäuerin, deren Wäsche Niet ge-

---

280 HMW 3, S. 204 f. bzw. 242.
281 Ebd., S. 203, 226. Auch mit diesem Themenkomplex rührt Müller an ein gesellschaftliches Tabu, denn die Vertriebenen- (West) bzw. Umsiedlerproblematik (Ost) gehörte in der DDR dieser Jahre – im Gegensatz zu Westdeutschland, wo sie funktionalisiert wurde – eher zum verdrängten Teil der Nachkriegsgeschichte. Vgl. dazu Streisand 1996, S. 23 ff.
282 Streisand 1996, S. 23. Vgl. dazu Seghers 1977, S. 274, 277.
283 Fehervary [1995/98], S. 125. Mit Blick auf das „bewußt ,primitiv'-naiv dargestellte[] Verhältnis Fondrak-Niet" verweist Fehervary zudem auf die Bilder aus Cranachs Adam und Eva-Serie (vgl. ebd., S. 122 f.).
284 Streisand 1986, S. 1372. Sie macht in ihrer Untersuchung der „Entstehung und Metamorphosen des Stückes" eine doppelte Bewegung aus, die Aufschluss über die Genese der sozialen Repräsentanz der Figur gibt: Ebenso wie Niet in den ersten Fassungen der ,Umsiedlerin', ähnlich wie bei Seghers, noch eine „individuelle Vorgeschichte" hat, die später getilgt wird (ebd., S. 1366), entwickelt sie sich im Laufe der einzelnen Stückentwürfe zu einer weitgehend „schweigenden" Figur (ebd., S. 1372).
285 Ebd., S. 1381.

IV.2 Müllers Annäherung an Motive und Traditionen des Grotesken — 289

rade von der Leine nimmt, kein Laken für den verblutenden Traktoristen opfern will, greift sie beherzt ein, ohne sich Gedanken über die Konsequenzen zu machen:

> *Niet zerreißt ein Laken.*
> BÄUERIN *schreit:* Mein Laken!
> *Niet verbindet den Traktoristen.*
> Ich kann kein Blut sehn, die kanns.
> *Henne und Heinz ab mit dem Traktoristen.*
> Das Laken geht vom Lohn ab, daß Sies wissen.
> NIET Ja.[286]

Dies ist nicht die einzige stumme Geste der Auflehnung gegen die bestehenden Verhältnisse, die die Umsiedlerin vollführt. Nach der rüden Ablehnung ihrer Bitte um Heirat etwa werden auch zaghafte Versuche spürbar, sich gegen Fondrak zu behaupten. Niet macht sich los als der Müßiggänger bei einem Stelldichein auf nächtlicher Wiese hinter ihrem Rücken lieber Bier säuft oder verwehrt ihm weiteres Geld für seinen Alkoholkonsum.[287] In der Hoffnung auf ein wenig Unabhängigkeit, und um die Bettelei um Arbeit und ein warmes Bett bei den alteingesessenen Bauern beenden zu können, fleht sie ihn schließlich an, wenn schon nicht um seinet-, so doch um ihret- und des Kindes willen das Land anzunehmen, das Flint ihm anbietet – und wirft dafür aufopferungsvoll ihre duldsame Arbeitskraft in die Wagschale:

> NIET Nimm, was du kriegen kannst, Fondrak. Ich kann
> Alle Arbeit machen, wills auch, und kein Wort
> Wenn Du ein Bier zu viel trinkst oder zwanzig.
> Vier Jahre bin ich auf den Knien gerutscht
> Um einen Platz am Herd, ich machs nicht mehr.
> So lang auch wart ich schon, daß ich umsiedeln
> Kann mit dem Kind im Leib in eine Kammer
> Und wärs die kleinste, die den Regen abhält.
> Jetzt könnt ichs, Fondrak, und ich könnts mit dir.[288]

---

[286] HMW 3, S. 244. Interessant ist die Nähe dieser Episode zu der 1951 entstandenen Szene ‚Das Laken', die Müller 1974 in ‚Die Schlacht' einbaut. Wesentlich stärker als hier zeigt sich dort allerdings eine sich grotesk äußernde Illusionslosigkeit. Vgl. HMW 3, S. 7–10 und HMW 4, S. 480–482.
[287] Vgl. HMW 3, S. 242 bzw. 254.
[288] Ebd., S. 276.

Bei Seghers findet die Umsiedlerin durch die Erfahrung von Gerechtigkeit zur Sprache. Die Beschwerde über ihre Wohnverhältnisse, die in Müllers Stück der FDJler Heinz für Niet übernehmen muss, kann sie dort selbst führen.[289] Das Bild der Umsiedlerin bei Müller ist komplexer: Hier erfährt sie ihre Subjektwerdung erst durch die Zuteilung der Bauernstelle, die Fondrak nicht will, benötigt dabei aber noch die solidarische Unterstützung von Flinte 1:

> Die Dimension der Veränderungen wird dem Zuschauer gerade dadurch erst bewusst, daß die Schweigende plötzlich anfängt zu reden. [...] Niet wird sprechend genau in dem Augenblick, da sie ökonomisch den anderen Bauern gleichgestellt ist. [...] Sie ist eingetreten in eine neue Existenzform, zu der Sprache gehört.[290]

Müller gestaltet „[d]as Schicksal der Umsiedlerin" als den Prototyp einer „positiven Entwicklungsgeschichte"[291], die sich „[v]on schweigendem Dulden und Verweigern über kreatürliches Aufbegehren [...] bis hin zur Selbstbehauptung [...] und bewusstem, auch sprachlich artikuliertem Auflehnen gegen traditionelle Lebensformen [...] vollzieht"[292]. Es bildet damit den hoffnungsvollen Gegenentwurf zur Ketzer-Tragödie, wodurch jede grotesk-komische Figurenzeichnung notwendigerweise entfällt. Niet wird am Ende von der knechtenden Dienstbotenarbeit befreit und beginnt zu sprechen; als Subjekt bekommt sie nun ein Gesicht und eine Geschichte: Dem Bauern Mütze erzählt sie ihre Fluchterlebnisse.[293] Gleichzeitig emanzipiert sie sich von der Fixierung auf den Mann und lehnt im Genuss ihrer neu gewonnenen Freiheit Mützes Heiratsantrag entschieden ab. So wird an der Umsiedlerin ein „Proßeß geradezu rasanter Revolutionierung von Denk- und Verhaltensweisen"[294] sichtbar gemacht:

> NIET [...] Grad von den Knien aufgestanden und
> Hervorgekrochen unter einem Mann
> Der nicht der beste war, der schlimmste auch nicht
> Soll ich mich auf den Rücken legen wieder
> In Eile unter einen andern Mann
> Wärs auch der beste, und Sie sinds vielleicht
> Als wär kein anderer Platz für den die Frau passt.[295]

---

289 Vgl. ebd., S. 263. Vgl. Seghers 1977, S. 277 f.
290 Streisand 1986, S. 1372.
291 Streisand 1996, S. 24.
292 Streisand 1986, S. 1372 f.
293 Vgl. HMW 3, S. 280.
294 Streisand 1986, S. 1373.
295 HMW 3, S. 281.

Die Einübung des aufrechten Gangs hat für Niet auch mit der Verweigerung einer männlichen Sexualität zu tun, die die Frau, einem Tier gleich, „zum / Bespringen bloß und Kinderkriegen"[296] benutzt. Mit ihrer gesellschaftlichen Emanzipation geht so auch ein Bruch mit den herrschenden zwischenmenschlichen Unterdrückungsmechanismen einher, denen sie sich nicht mehr unterwerfen will: „Niet ist sprechend geworden und trägt eigene, neue, andere Inhalte vor."[297]

Die Umsiedlerin geht bei Müller im doppelten Sinne mit der Utopie schwanger – und darf als deren Verkörperung körperlich nicht verzerrt dargestellt werden. Dass sie, die neben dem Bauern Mütze als Inkarnation des Humanismus verstanden werden kann, „den Keim des destruktiven Anarchisten trägt", symbolisiert im Sinne Bachtins die erhoffte Vereinigung beider Prinzipien – Humanismus und Anarchie – die zusammen das Neue zeugen sollen: Das Bild bewahrt „die Liebe des Marxismus zur Utopie [...], auf die er als Realitätsprinzip doch immer wieder verzichten muss".[298] Mit ihrer Selbstbefreiung aus den gesellschaftlichen Zwängen, die von Mütze mitgetragen wird, verweist Niet zudem auf die Möglichkeit ganz neuer Beziehungen zwischen Mann und Frau. Auch in der utopischen Verbindung zwischen der Schwangeren und dem wesentlich älteren, kahlköpfigen Bauern entdeckt Fehervary Anklänge an das in der ‚Umsiedlerin' virulente „altdeutsch-proletarische" Moment. Sie stellt Bezüge her zu dem „von Dürer, Cranach und anderen oft dargestellte[n] ‚ungleiche[n] Paar'"[299] oder zu Cranachs Gemälde der Heiligen Familie (‚Ruhe auf der Flucht nach Ägypten')[300] und der schalkhaft-zarten Erotik dieser Bilder. Mit seinem selbstironischen Charme bringt Mütze die schweigsame Niet zum Lachen,[301] es ist ihr erstes Lachen überhaupt. Und es ist ein freundliches Lachen, das nichts mit dem so oft durch ‚Die Umsiedlerin' hallenden, bösen Lachen der Schadenfreude zu tun hat. Das milde „Vielleicht"[302], mit dem die junge Frau schließlich auf Mützes sanftes Werben reagiert, birgt somit in sich die Verheißungen einer neuen Welt.

Ganz anders als bei Niet läuft der Prozess der Selbstbefreiung bei Flinte 1 ab. Sie repräsentiert „die Vorläuferin einer militanten Emanzipation, wie sie in Müllers Werk zunehmend von der Frau verkörpert"[303] wird und später in den Figuren Dascha (‚Zement'), Ophelia/Elektra (‚Hamletmaschine') und Medea (‚Verkom-

---

296 Ebd.
297 Streisand 1986, S. 1372 f.
298 Schulz 2003, S. 284.
299 Fehervary [1995/98], S. 132.
300 Vgl. ebd., S. 124.
301 Vgl. HMW 3, S. 281.
302 Ebd., S. 282.
303 Schulz 2003, S. 284.

menes Ufer') wiederkehrt. Ihr Name, die weibliche Form von Flint, steht nicht nur für dessen erste Frau, sondern auch für das Gewehr: „Flinte ist die Militarisierung von Flint, Feuerstein, harter Kiesel."[304] Die verlassene Flinte 1 dient Müller zunächst zur Exposition der flintschen Widersprüche. Außerdem wird an ihr das chauvinistische Frauenbild der bäuerlichen Gesellschaft demonstriert, die sich bösartig auf ihre Kosten amüsiert. Dass dieser Vorgang schon beim ersten Mal eine kleine karnevaleske Prügelszene (Frau schlägt Mann) auslöst, zeigt Flintes kämpferisches Wesen, das weder die Trennung noch die Verhöhnung ihres unabwendbaren körperlichen Verfalls auf sich sitzen lassen will. So schlägt das Lachen über Flinte 1 zuletzt auf die Lachenden zurück:

> FLINTE 1 Auf Deine Linksgetraute, Flint! Wer ist die nächste? Ich hab ihm die Stange gehalten, als er gegen Hitler gesessen hat. *Zeigt auf Flinte 2:* Das ist der Dank.
> SENKPIEL Die Stange hat sie ihm gehalten.
> *Lachen.*
> HEINZ *singt:*
> Die Beeren hängen wieder rot im Strauch.
> Und Deine Brüste, Frau, die hängen auch.
> *Flinte 1 haut Heinz eine Ohrfeige und geht ab.*
> *Zu den Traktoristen:*
> Das war die Flinte. Und sie war geladen.[305]

In ihrem Aufbegehren unterstützt fühlt sie sich vom Parteisekretär, der ihr zu Flints Fahrrad verhilft; seine mahnenden Worte – „Die Ausbeuter haben wir vom Hals. Wer sich duckt, macht neue."[306] – scheinen einen Eindruck bei ihr zu hinterlassen. In einer Aussprache mit Flint legt sie ihre Position schonungslos offen und konfrontiert ihn mit seinen Schwächen. Interessant ist die Sorgfalt, mit der Müller die Situation der Frauen portraitiert: Mehr noch als die männlichen Revolutionäre zeigt er sie als Inbegriff derer, die im täglichen politischen Kampf mehr „bezahl[en]" als sie herausbekommen. Auf Gebär- und Arbeitsmaschinen reduziert, opfern sie sich indirekt ebenfalls – und zwar nicht nur körperlich, sondern auch emotional – für die politischen Ideen ihrer Männer:

> FLINTE 1 [...] Arbeiten immer, aufm Gut für Taglohn
> Daheim für nichts und wenig gute Worte.
> Kinder austragen, in die Welt schrein, aufziehn
> Bis mir die Brust vorm Bauch hing, auch für nichts.
> Ein altes Weib, nach dem kein Hahn mehr kräht, Zeilscheib

---

304 Ebd.
305 HMW 3, S. 222.
306 Ebd., S. 234.

IV.2 Müllers Annäherung an Motive und Traditionen des Grotesken — 293

> Für Witze, abgeschoben für ein frisches
> Fleisch jetzt, mit dem du deinen Spaß hast. Ich
> Hab auch bezahlt, und mehr als ich herauskrieg.[307]

Nachdem Flint, der sich anders nicht zu helfen weiß, die Trennung mit Flintes polit-ökonomischer Unbildung begründet hat und zum Beweis über den Imperialismus zu referieren beginnt, schleicht sie sich unbemerkt davon und gibt so den ahnungslos weiter dozierenden Mann der Lächerlichkeit preis. Allerdings will sie sich nun tatsächlich fortbilden und beschließt Lenin zu lesen, erwischt aber mit dessen philosophischer Schrift ‚Materialismus und Empiriokritizismus' nicht ganz das Richtige für den Einstieg[308] – ein böser Seitenhieb Müllers gegen die Esoterik der marxistischen Theorie. Doch Flinte 1, die begriffen hat, dass sie auf Flint nicht mehr zählen kann, emanzipiert sich trotzdem. In der Bürgerversammlung organisiert sie nach Fondraks Abgang die neu zu vergebende Bauernstelle für die zögernde Niet, wobei sie eine, die Bauern irritierende, radikalfeministische Einstellung artikuliert:

> FLINTE 1 Der Vater ist das wenigste am Kind
> Dem brauchst du keine Träne nachzuschicken.
> BAUER Vielleicht macht ihr euch gleich die Kinder selber.
> NIET Den Namen brauchts nicht, Brot brauchts.
> FLINTE 1 Nimm
> Was dir der Bürgermeister nicht anbietet.
> NIET Ja. Ich hab auch zwei Hände.
> FLINTE 1 Zähl meine dazu.[309]

Für den Topos der Frauenemanzipation belehnt und radikalisiert Müller eine Szene aus Strittmatters ‚Katzgraben', in der die Frauen, im Schankraum trinkend, die Bauernversammlung in der Gaststube belauschen, wobei die Bäuerin Kleinschmidt die Mittelländerin für ihr Mittun gegen ihren Mann verteidigt.[310] Auf ähnliche Weise erledigt Flinte 1 in der ‚Umsiedlerin' nicht nur die Emanzipation für Niet gleich mit, zu der sie bei Seghers noch selbst in der Lage ist; auch Flinte 2 befreit sie mit karnevalesker Verve (Ohrfeigen, Tauziehen) aus der traditionellen männlichen Unterdrückung, die die Frauen zu Arbeitstieren degradiert und nicht nur von Vergnügungen, sondern auch von politischer Bildung und Bewusstwer-

---

307 Ebd., S. 241 f.
308 Vgl. ebd., S. 247.
309 Ebd., S. 277.
310 Vgl. Strittmatter 1966, S. 87–92.

dung ausschließt. Die Frauensolidarität geht sogar so weit, dass eine eventuelle Rivalität zwischen den beiden Nebenbuhlerinnen keine Rolle mehr spielt:

> FLINTE 1 *zu Flinte 2, die ihm nachlaufen will:* Hier bleibst du. Willst du dich wegschmeißen? Vielleicht blätterst du ihm noch die Seiten um, wenn er die Gleichberechtigung auswendig lernt. Setz ihm Hörner auf, dann weiß er, was er an Dir hat.
> *Flinte 2 bleibt.*[311]

Im Spektrum der Frauenfiguren besitzt Flinte 1 eine Vorreiterrolle, mit der Müller auf die notwendige Vorbildfunktion radikal-feministischer Bewegungen für die Frauenemanzipation aufmerksam macht, deren Vollzug für den Sozialismus und das neue Leben auf dem Land ebenso unentbehrlich ist, wie die Umstrukturierung der Besitzverhältnisse und der agrarischen Produktion. Ist Flinte 1 zuerst dem ebenso obszönen wie schadenfrohen Lachen der Bauern ausgesetzt, behält sie doch am Schluss die Oberhand: Karnevalesk degradiert und verlacht werden letztlich vielmehr die alten, überkommenen Beziehungen zwischen Mann und Frau und deren männliche Vertreter (sprich Flint), die trotz aller revolutionären Bildung das Unzeitgemäße ihres Verhaltens noch nicht begriffen haben. Dass Flinte 2 ihrer Vorgängerin auf diesem Weg der Emanzipation folgen wird, darauf lässt ihr Name schließen.

Am Ende des Stücks bahnt sich als utopischer Ausblick eine neue Beziehung zwischen Flinte 1 und Henne an, der ebenso wie der Bauer Mütze ein neuer Vertreter der männlichen Spezies zu sein scheint und es mag „wenn eine Frau sich nichts gefalln lässt"[312]. Angesichts der Notwendigkeit einer neuen gesellschaftlichen Produktionsweise bilden somit Niet, Flinte 1 und der Bauer Mütze, zu denen nun vielleicht noch Henne stoßen wird – seine Unterstützung für die Kollektivierung im letzten Bild trägt zu dieser Vermutung bei – mit ihrem solidarischen, kommuneartigen Zusammenschluss die Avantgarde des müllerschen Dorfes und verkörpern derart den Vor-Schein der erhofften anderen Welt.

IV.2.1.4 Die Dorfgemeinschaft als karnevalesker Volkskörper

Müllers „Dorfgemeinschaft", das zeigt sich gerade mit Blick auf die in ihrer gestischen Sprache aufgehobene Körperlichkeit der unterschiedlichen Figuren, bildet somit den „,kollektive[n] Held[en]'" des Stücks. Ihre „Entwicklung [steht] exemplarisch für den Fortschritt in der Gesellschaft"[313], als Volkskörper avanciert

---

311 HMW 3. S. 278.
312 Ebd.
313 Keller 1992, S. 133.

sie gleichzeitig zum Träger der Utopie. Ihre körperliche Verfasstheit im Spannungsfeld von Mensch und Tier, Mensch und Maschine verweist auf die Jahrhunderte alte, gewaltsame Zurichtung des Menschen durch den Menschen, deren Teufelskreis durchbrochen werden muss, um einer wahrhaft befreiten Gesellschaft den Weg ebnen zu können. Revolution erweist sich für Müller somit als Karnevalsgeschehen, das entgegen seiner ursprünglichen Konnotation nicht nur einen zeitlich begrenzten Urlaub von den herrschenden Zwängen bedeutet, sondern den permanenten Umsturz der Verhältnisse zum Ziel hat. Dass sich die Diskussion über Entfremdung allerdings auch im neuen politischen System mitnichten erledigt hat, dass auch dieses System eine Tendenz zum Ausschluss zeigt, mit dem es auf vermeintlich nicht Integrierbares reagiert, zeigt, dass die Revolution noch nicht als abgeschlossen betrachtet werden darf. Darauf will Müller mit den grotesken körperlichen Deformationen seiner Figuren ebenso aufmerksam machen wie auf die Gefahren einer Verfestigung des Status quo einer Übergangsperiode. Beides wird gleichwohl – und daran zeigt sich Müllers optimistischer Blick in die Zukunft der DDR – durch ihre grotesk-komische Denunziation als überwindbar gezeigt. Die Körper der ‚Umsiedlerin' wehren sich in vielerlei Hinsicht erfolgreich gegen ihre Unterdrückung: Die Vertreter der alten gesellschaftlichen Ordnung (Großbauern) werden durch karnevaleske Umkehrung entmachtet, körperfeindliche Idealismen der neuen Gesellschaft (Flint, Siegfried) durch ihre Profanation in Frage gestellt. Im Gegensatz zu Müllers ästhetischer Prämisse vom Bilderverbot, die seine literarische Produktion ab Mitte der 1970er-Jahre bestimmt, ermöglicht ihm diese zuversichtliche Haltung in der ‚Umsiedlerin' noch, mit dem Bauern Mütze und der Umsiedlerin Verkörperungen von Utopie zu entwerfen, die trotz ihrer gewaltgeprägten Vorgeschichte allzu großen grotesken Entstellungen, wie sie die übrigen Bauern kennzeichnen, entkommen sind. Zugleich aber fungieren sie auch als Gegenbilder zu der vom Sozialistischen Realismus vertretenen idealistischen Vorstellung vom reinen positiven Helden. Müller bedient sich also in der ‚Umsiedlerin' ausgiebig aus dem welterneuernden Potential der karnevalistischen Körperlichkeit.

Doch auch in dem frühen Stück bleibt ein „Rest / [d]er nicht auf[geht]"[314] und den Figuren erst ihre ambivalente Strahlkraft verleiht. Müller kennt kein Pardon, wenn es darum geht, auf grotesk-satirische Weise die Gewaltstrukturen und Widersprüche auszustellen, die der junge Staat nicht nur noch nicht bewältigt hat, sondern auf denen er sich partiell scheinbar unvermeidlich gründet. Sind es vor allem die destruktiv veranlagten Figuren (die Altbauern, Fondrak, Schmulka, die Traktoristen), die hier die Wunden offen halten, sollen sie wiederum in Umkeh-

---

314 HMW 4, S. 85.

rung ihres eigentlichen Charakters auch als komplementäre Prinzipien für den Sozialismus produktiv gemacht werden. Dass eine solch dialektische Figurenführung angesichts der Maximen des Sozialistischen Realismus, der einzig die antithetische Gegenüberstellung positiv-prometheischer Helden und negativ gezeichneter innerer Feinde des Kollektivs propagiert, von der kulturpolitischen Nomenklatur der DDR als heftige Provokation verstanden wurde, kann somit nicht überraschen.

IV.2.2 Das Lachen wider die Agelasten der Partei

Körperkonzeption und Figurenführung in der ‚Umsiedlerin' zeigen deutlich, dass die radikal-satirische Ausprägung des Grotesken dort die vorherrschende ist – zugleich fließen aber auch bereits Formen des schwarzen Humors in den Text ein, die drohen, das Lachen in bitteren Ernst umkippen zu lassen.[315] Wenn Müller Ende der 1950er-Jahre an einem „LPG-Schwank[] für Laiengruppen" kritisiert, dass dort „[e]in Zustand [...] benutzt" werde, „um Spaß zu machen, statt der Spaß, um die Aufhebung des Zustands zu provozieren", und bemängelt, „daß dieses Drumherum keinen Hund vom Ofen [...] und keinen Bauern in die LPG" locke,[316] so wird klar, welche Funktion Komik für ihn in dieser Zeit hat: Sie soll Distanz zu den gesellschaftlichen Verhältnissen aufbauen und ihr Ungenügen als überwindbar zeigen. Durch die Ausnutzung der Potentiale einer Komik der Herab- und Heraufsetzung will Müller nicht nur die „Vertreter der alten Ordnung"[317] verlachen, die den Aufbruch in die neue Zeit zu blockieren suchen; er nimmt auch die Ungereimtheiten und inneren Widersprüche des sozialistischen Aufbaus selbst aufs Korn und konfrontiert sie, vor allem durch Fondraks groteskes Karnevalslachen, wiederholt mit der ihm zugrundeliegenden Utopie des Kommunismus.[318]

Angesichts der historischen Hypothek, mit der seine Figuren belastet sind, bricht sich allerdings auch in der ‚Umsiedlerin' schon gelegentlich ein schauderhaft-groteskes Lachen Bahn, das alle gesellschaftlichen Normen und moralischen Tabus sprengt und seine ambivalente Fähigkeit sowohl zur Destruktion als auch zur Manifestation von Macht bezeugt. Die Ebene wirklicher Gefahr bzw. die im Grotesken aufgehobene Möglichkeit des Bodenlos-Werdens der Welt, schreibt sich der ‚Umsiedlerin' somit vornehmlich über das theatrale Lachen ein. Schon

---

315 Vgl. dazu Iser, Wolfgang: Das Komische als Kipp-Phänomen. In: Das Komische. Hrsg. von Preisendanz, Wolfgang/Warning, Rainer. München 1976, S. 398–402, hier S. 402.
316 HMW 8, S. 533.
317 Keller 1992, S. 160.
318 Vgl. dazu Streisand 1996, S. 26 f.

um 1960 bezieht Müller dieses zumeist aus jener anarchisch-aggressiven Lust an der Destruktion, die in ‚Leben Gundlings' zu einem vorläufigen Höhepunkt gelangt. Ganze 31 Mal findet sich die Regieanweisung „*lacht*" oder „*lachen*" in den 15 Szenen des müllerschen Bauerndramas, drei Mal die Angabe „*kichert*". Am meisten gelacht wird in den Massenszenen (Dorfstraße, Dorfkrug), wobei das Lachen dort in der Mehrheit der Fälle entweder ein lustvolles Überlegenheitsgefühl oder blanke Schadenfreude ausdrückt. Beide sollen jeweils auf das Publikum übertragen werden und so eine Schuldgemeinschaft zwischen Zuschauer und lachender Figur stiften, die eigene Schwächen und Verfehlungen ins Bewusstsein rückt.

Der Anteil der müllerschen Lachökonomie an den Irritationen, die schließlich zum Verbot der ‚Umsiedlerin' und zur Abstrafung der an der Inszenierung Beteiligten führen, darf nicht unterschätzt werden. Das satirische Lachen über die inneren Widersprüche der Kulturrevolution auf dem Lande entsprach so gar nicht den humoristischen Direktiven der im Jahr des Mauerbaus besonders empfindlichen DDR-Kulturpolitik, die zwar „[f]ür die ‚Relikte' vergangener geschichtlicher Phasen [...] in der sozialistischen Gesellschaft das Verlachen forderte", aber „die eigene Zeit" mit der „weltüberlegene[n] Heiterkeit des Humors" gespiegelt wissen wollte.[319] Doch auch die niedrig-körperliche Komik und das sich so gar nicht in ein „harmonisches sozialistisches Menschenbild" fügen wollende anarchisch-lustvolle Lachen auf Kosten des Schwächeren scheinen zu den massiven Reaktionen auf das Stück beigetragen zu haben. Nicht umsonst sind es immer wieder „empörte Bemerkungen über die Figur des Fondrak"[320], die die offizielle Kritik an der ‚Umsiedlerin' prägen. Von der problematisch-subversiven Rolle, die das Lachen bei der Uraufführung gespielt und so den organisierten Protest der FDJ desavouiert habe, berichtet Müller in seiner Autobiographie:

> Und hier klappte es [...] nicht, unter anderem wegen Manfred Krug, der spielte eine führende Rolle. Er saß vorn in der Mitte, ein Kleiderschrank, und lachte grölend über jeden Witz. Einige Genossen mussten dann auch lachen und haben nicht mehr protestiert, dadurch wurde es zur Katastrophe. Berta Waterstradt, eine alte Schriftstellerin aus dem „Bund proletarisch-revolutionärer Schriftsteller", mußte sich später vor ihrer Parteiorganisation im Schriftstellerverband verantworten, weil sie nicht protestiert, sondern sogar gelacht hatte. Sie hätte ja Buh rufen wollen, sagte sie, aber sie hätte immer lachen müssen, und das könne man nicht gleichzeitig.[321]

---

319 Greiner 1986b, S. 184.
320 Zenetti 2012, S. 252. Vgl. dazu auch Braun 1995, S. 83–165.
321 HMW 9, S. 131.

Es nimmt also nicht Wunder, dass, wie Streisand rückblickend urteilt, wohl „das Lachen über sich selbst, mit dem Müller die für ehrwürdig gehaltene DDR-Geschichte Revue passieren ließ", bei den Auseinandersetzungen um die Uraufführung der ‚Umsiedlerin' „einen massiven Stein des Anstoßes" bildete und „als die eigentliche Provokation empfunden" wurde.[322]

IV.2.2.1 Die Komik der Herab- und der Heraufsetzung

Die sich im Verlachen des „Abweichenden, Unangepaßten, Hilflosen oder gesellschaftlich Anachronistischen"[323] manifestierende Komik der Herabsetzung, trifft in der ‚Umsiedlerin' vor allem drei Figurengruppen: Durch Lachen denunziert werden zum einen die Vertreter der alten Ordnung, ihre überlebte Weltanschauung und die darauf basierenden Verhaltensweisen, zum anderen aber auch die Repräsentanten des Neuen, wo sie sich noch nicht von historisch überholten Ansichten gelöst haben oder neuerlich Widersprüchen zu verfallen drohen. Zudem haben sie, wenn sie Rückschläge hinnehmen müssen, wiederholt das schadenfrohe Lachen ihrer Gegner im Klassenkampf zu erdulden und werden so auf ihre Mängel und Schwächen hingewiesen. Die dritte Gruppe der Verlachten bilden die schwachen, wehrlosen Mitglieder der von Müller präsentierten Gesellschaft. An ihnen manifestiert sich bereits das von Domdey im ‚Auftrag' entdeckte, kalte *Lachen des Siegers*, das über den Schwachen besonders dann lacht, wenn er sich unterwerfen will. Damit finden sich in der ‚Umsiedlerin' auch erste Spuren der wirkungsästhetischen Strategie vom *Lernen durch Schrecken*, mit der Müller die Notwendigkeit einer Rebellion gegen den übermächtigen Gegner schmerzhaft erfahrbar machen will.

Die Dekonstruktion der überkommenen Herrschaftsmechanismen und Verhaltensweisen vollzieht sich auf unterschiedliche Weise. Zunächst einmal werden ihre einschlägigen Vertreter, deren sprechende Namen (Rammler, Treiber, Beutler, Krüger) schon auf ihre satirische Verspottung hindeuten,[324] unverblümt ausgelacht, ihr Bann gebrochen – und das nicht nur durch die Repräsentanten der neuen Verhältnisse. Rammler etwa berichtet eingangs sichtbar verärgert von dem neuen Landrat, der ihm, dem Großbauern, bei seiner fingierten Beschwerde über den Bürgermeister „ins Gesicht"[325] gelacht habe. Mit diesem Lachen, dass, obzwar nur kolportiert, noch eine ganze Weile nachhallt, ist der Niedergang der korrupten

---

322 Streisand 1996, S. 26.
323 Vaßen 1991, S. 158 f.
324 Vgl. Streisand 1996, S. 27.
325 HMW 3, S. 196.

IV.2 Müllers Annäherung an Motive und Traditionen des Grotesken — 299

Großbauern bereits vorweggenommen. Fortgesetzt wird es durch Beutlers Lachen über Rammlers Weltsicht und Selbstverständnis. Denn der Dorfbürgermeister ist sich, obwohl längst kein Sozialist, als ehemaliger Gutsarbeiter doch darüber im Klaren, dass die großbürgerliche Moral und der Glaube an deren Wertesystem, die der Altbauer vertritt, kein gesellschaftliches Fundament mehr besitzen.[326] In ähnlicher Weise gestalten sich Flints Lachen über das anachronistische Besitzstandsdenken des Mittelständlers Krüger und das Lachen Fondraks über die Nöte des Kapitalisten Treiber, der sich zum Opfer des neuen Staates stilisiert.[327]

Neben dem ausdrücklichen Verlachen auf der Textebene werden „die miesen Charaktere"[328], ähnlich den Charaktertypen in Molières Komödie, durch eine „satirisch-angreifende, oft bis zu Karikatur überzeichnete Darstellung"[329] verhöhnt und dem Lachen des Publikums übereignet. „Die komische Wirkung" der von Rammler und Treiber vollführten Clownsnummern gründet dabei zum einen auf der ihre Würde preisgebenden, exzentrischen Körperlichkeit, vor allem aber auf dem ihnen innewohnenden „Prinzip der Wiederholung".[330] Dementsprechend kann Flint schließlich die von den Altbauern einstmals ausgehende Gefahr anlässlich der grotesken Bierschlacht, in der sich auf dem Höhepunkt ihres verzweifelten Überlebenskampfes ihre Aggressionen gegeneinander kehren und so ihren Untergang besiegeln, zum Witz gerinnen lassen. Vollends komisch entmachtet wird Treiber allerdings erst nach Rammlers Flucht. Angesichts der verlockenden Perspektive, die seine Gegner in Aussicht stellen, gehorchen ihm nun weder Frau noch Hund mehr, die offenbar beide lange kurz gehalten wurden:

Arbeiter flüstert mit der Treibern. Treibern kichert.
TREIBER *zum Hund:*
Weiber. – Auf Hunde ist Verlaß. Sie sind
Treuer als die Weiber.
SIEGFRIED Ja, weil sie dümmer sind.
TREIBER Faß, Nero!
Henne flieht, der Arbeiter zieht eine Wurst, Nero frisst.
TREIBER *tritt nach dem Hund:* Bestie! *Ab.*[331]

Die Lächerlichkeit des bramarbasierenden Dorfbürgermeisters Beutler wiederum basiert auf der in seinen „überschwänglichen Reden" grotesk ausgestellten

---

326 Vgl. ebd., S. 197.
327 Vgl. ebd., S. 219 bzw. 261.
328 Streisand 1996, S. 27.
329 Keller 1992, S. 160.
330 Ebd., S. 161.
331 HMW 3, S. 285.

„Doppeldeutigkeit'", auf der „Diskrepanz zwischen den eigennützigen Zielen und der öffentlichen Selbstdarstellung", dem Kontrast zwischen Sein und Schein.[332] Krügers Lachen über Heinz' und Siegfrieds agitatorischen Idealismus, das sich mit dem ominösen Fremden in seiner Ablehnung des kommunistischen ‚Wahns' einig glaubt, wird vom Landrat im Keim erstickt.[333] Seinen „servile[n] Diensteifer und das unersättliche Gewinnstreben" entlarvt Müller zudem „[d]urch groteske Übertreibungen und Verzerrungen [...] als anachronistisches Verhalten"[334]:

> TRAKTORIST Ein Bier für dich, Budiker. Und der Schein hier
> Fünf Mark, ist deiner, wenn du ihn ins Maul nimmst.
> *Krüger tut es*
> ZWEITER TRAKTORIST Wenn du ihn auffrisst, kriegst du zehn von mir.
> *Krüger tut es, und der Traktorist gibt ihm zehn Mark.*
> FLINT *zu den Traktoristen:* Hier ist kein Zirkus.[335]

Die Funktion dieser grotesken Komik der Herabsetzung ist relativ einfach auszumachen. Für das lachende Publikum, das der Autor zu seinem Komplizen macht, erfolgt eine Entlastung von den Machtansprüchen einstiger Herrschaft und den durch sie dekretierten gesellschaftlichen Verhaltensnormen, die als überlebt verabschiedet werden. Gleichzeitig wird eine Solidarisierung mit der neuen Ordnung – dem Sozialismus – ermöglicht, da dieser als Bedingung für die Befreiung aus den alten Unterdrückungsverhältnissen präsentiert wird.[336] Dass die Methode, sich der Altlasten der Vergangenheit durch Gelächter zu entledigen, allerdings nicht immer von Erfolg gekrönt ist, zeigt das Lachen des Traktoristen, der Beutlers Drohung, Senkpiel der Verleumdung zu verklagen, für nicht durchsetzbar hält. Es wird von dem wetterwendigen Bürgermeister augenblicklich mit eisiger Schärfe unterbunden – „Ich borg dir das Gesetzblatt, du lachst nicht mehr."[337] – und zeigt so, dass es für die Entmachtung der erst durch die Revolution aufgestiegenen, korrupten Karrieristen vom Format eines Beutler noch andrer Maßnahmen bedarf. Ganz anders gestaltet sich somit das satirische Verlachen, wenn es nicht den Vertretern der alten, sondern den Repräsentanten der neuen Ordnung gilt: Hier muss es vornehmlich als Infragestellung und als Protest

---

332 Keller 1992, S. 161.
333 Vgl. HMW 3, S. 259.
334 Keller 1992, S. 161.
335 HMW 3, S. 219 f.
336 Zu den rezeptionsästhetischen Funktionen der Komik der Herabsetzung vgl. Jauß 1976, S. 105, zu denen des sogenannten „Gesellschaftlich-Komischen" in der DDR Keller 1992, S. 155.
337 HMW 3, S. 220.

gegen die grotesken Relikte alter Machtstrukturen und die neu auftretenden Widersprüche im Sozialismus selbst verstanden werden, als Hinweis auf die durchaus noch vorhandene Verbesserungswürdigkeit des jungen Staates.[338]

Durch die „satirische Darstellung" der Parteivertreter – zu der Flints heroisches Märtyrertum und sein privater Machismo ebenso zählen wie Heinz' und Siegfrieds Versuch der kulturellen Bildung der Bauern oder ihre eifrige Agentenjagd bzw. der Auftritt des Sollerfassers in einem von Hunden zerfetzten Kammgarnanzug – sollen wiederum „die überzogenen Zielvorstellungen der sozialistischen Landpolitik lachender Kritik ausgesetzt" werden.[339] Das spöttische bis höhnische Verlachen, das die Vertreter der neuen Ordnung dabei immer wieder trifft, gewinnt je nach Herkunft an Schärfe. Innerhalb der Parteistruktur geht dieses Lachen auf einer relativ versöhnlichen Ebene von einer Überlegenheit des Bewusstseins aus – wie etwa im Falle des Parteisekretärs, der das Verlangen des frustrierten „Sektierer[s]" Flint nach dem „Genosse[n] Mauser" mit einem gutmütigen Lachen quittiert.[340] Auch Flints und des Landrats gemeinsames Lachen über Heinz' und Siegfrieds überzogene Wachsamkeit, die hinter dem unerkannt auftretenden Funktionär einen Spion des Klassenfeinds vermutet, gehört noch in diese Kategorie, auch wenn sich darin durchaus eine ironische Anspielung auf den paranoiden Überwachungsstaat DDR lesen lässt:

> SIEGFRIED Der Landrat! – Beinahe wär ich zum Staatsfeind geworden durch Wachsamkeit.[341]

Auf tiefer liegende Probleme der Partei verweist allerdings das Lachen, das die anderen Figurengruppen über ihre Mitglieder anstimmen. Indem sie sich über Flints naive Utopie von der vollautomatisierten Landwirtschaft amüsieren, machen die Traktoristen beispielsweise klar, dass sie die Neubauern, die diese Zukunftsphantasie letztlich in der LPG umsetzen müssten, schlichtweg für zu dumm halten, die Vorteile der Kollektivierung zu erkennen.[342] Ihr *„ungeheuer[es]"*[343] Lachen über die Kleinkriege der Bauern und deren Beharren auf den alten Besitzverhältnissen, macht die Schwierigkeiten, aber auch das Versagen der Partei augenfällig, sich bei der Landbevölkerung Vertrauen zu verschaffen. Nur so ist es auch möglich, dass sich Rammler gleich zu Beginn des Stücks schadenfroh über

---

338 Vgl. dazu Jauß 1976, S. 105 bzw. Tschizewskij, Dimitri: Satire oder Groteske. In: Das Komische. Hrsg. von Preisendanz, Wolfgang/Warning, Rainer. München 1976, S. 269–278, hier S. 270.
339 Keller 1992, S. 165.
340 HMW 3, S. 233.
341 Ebd., S. 262.
342 Vgl. ebd., S. 217.
343 Ebd., S. 223.

Flints ideologischen Misserfolg bei der Landverteilung hermachen kann – natürlich in der Annahme, dass der sozialistische Spuk sich nicht lange halten wird.³⁴⁴ Müller zeigt, wie tief verwurzelt das Misstrauen der Kleinbauern gegenüber der neuen Macht ist, die zwar Land an die ehemals landlosen Teile der Bevölkerung ausgibt, dies aber, offensichtlich mit Blick auf die geplante Kollektivierung, so knapp bemisst, dass es kaum zum Leben reicht. Flint muss die wirklichen Absichten der Partei verhehlen, um die Bauern nicht ganz zu verprellen, ohne dafür recht Glauben geschenkt zu bekommen. Was er durch Propaganda nicht erreichen kann, will er, anlässlich der eingetroffenen Traktoren – die wieder nicht für alle reichen – mit Anbiederung wettmachen („Bier für alle."³⁴⁵) und blitzt wegen seines Geldmangels bei Krüger ab. Er erntet dafür nicht nur das schadenfrohe Lachen der Bauern, sondern muss sich auch noch von dem verhassten Beutler demütigen lassen, der die Zeche für ihn bezahlt.³⁴⁶ Auch durch das demonstrative Spiel mit dem Bauern, der die Versammlungen verschläft und nur zum Applaus geweckt werden will, verschafft sich die Dorfgemeinschaft immer wieder Gelegenheit, mit Lachen über die Lippenbekenntnisse der sozialistischen Politik herzufallen, der es an ‚Kontakt zu den Massen' zu mangeln scheint.³⁴⁷ Doch nicht nur das Doppelzüngertum der Partei, ihre Tendenz zur politischen Lüge und ihre inhumane Bürokratie stehen in der ‚Umsiedlerin' in der Kritik, auch ihr weltfremder Idealismus, der die von der „Magenfrage" bestimmte Realität der Bauern wiederholt verkennt, wird von ihnen lachend entlarvt – etwa in der Buchverteilungsszene.³⁴⁸ Während Heinz und Siegfried sich noch über die vermeintlich haltlose Propaganda der Westpresse erheitern, wird diese durch einen Witz des Zigarettenschiebers auf bittere Weise mit der mageren Realität der SBZ konfrontiert:

> ERSTER BAUER *liest:*
> ZONENWIRTSCHAFT BRICHT ZUSAMMEN!
> ZWEITER BAUER Wann?
> ERSTER BAUER Das steht nicht drin.
> *Heinz und Siegfried lachen.*
> DRITTER BAUER Zähls an den Löchern ab
> Die du dir in den Gurt bohrst wochenweise
> Der dich zusammenhält seit der Befreiung.
> Im Kommunismus steht die Hose leer.

---

344 Vgl. ebd., S. 187.
345 Ebd., S. 218.
346 Vgl. ebd., S. 218 ff.
347 Vgl. ebd., S. 217, 264.
348 Vgl. ebd., S. 246 f.

> *Vorbei.*
> SIEBER Nicht meine.
> *Lachen.*[349]

Nicht zuletzt die Art und Weise wie Treiber als letzter widerständiger Einzelbauer schließlich von den Vorteilen der LPG „überzeugt" werden soll, stellt die behaupteten demokratischen Prinzipien des Sozialismus ebenso in Frage wie die angebliche Freiwilligkeit der gesamten Kollektivierungskampagne, macht ihre Widersprüche offenbar und gibt sie der Lächerlichkeit preis:

> SIEGFRIED Niemand will dich zwingen
> Der Sozialismus siegt durch Überzeugung
> Wir überzeugen dich, heut oder morgen
> Und wenns nicht morgen ist, ists übermorgen.
> Eh du nicht überzeugt bist, gehen wir dir
> Nicht von der Schwelle, Treiber. Mach dich frei
> Zerbrich die Ketten, die dein Eigentum
> Dir anlegt, reiß die Binde von den Augen
> Und geh mit uns in eine lichte Zukunft.
> FLINT Entweder auf dem Traktor oder drunter.[350]

Hier allerdings kippt die Komik, die aus der „Erfahrung des Kontrastes von Name und Realität"[351], also aus der paradoxen Verschränkung der Prinzipien von Überzeugung und Zwang entsteht, letztlich ins Groteske. Im Sozialismus, so wird klar, ist „überzeugen" und „zwingen" gleichbedeutend. Damit sind die Basis der neuen Ordnung und ihre Integrität unweigerlich erschüttert, scheint sie doch nur Altes neu zu benennen, statt grundsätzlich mit den überkommenen Herrschaftsstrukturen zu brechen. Erschreckend deutlich wird dies, wenn man bedenkt, dass Flints lakonische Schlussbemerkung ihre Herkunft aus einer Thälmann-Rede von 1931 bezieht, somit den politischen Druck ins Gewand der historischen Vernunft des marxistisch-teleologischen Weltbilds zu kleiden sucht:

> Die Agrarkrise in Deutschland stellt auch den deutschen Kleinbauer [sic!] vor die Alternative: Entweder mit dem Kommunismus unter der Fahne unseres Freiheitsprogramms, für dessen Sieg, auf dem Traktor – oder mit den Bürgerlichen und den Faschisten, dann kommst Du unter den Traktor und wirst zerstampft.[352]

---

349 Ebd., S. 249.
350 Ebd., S. 285.
351 Streisand 1996, S. 26.
352 Thälmann, Ernst: Thälmann ruft: Kampf der Bauernnot! Die Rede des Führers der deutschen Kommunisten in Oldenburg – Für das Kampfbündnis der Arbeiter und werktätigen Bauern. In:

Die satirische Behandlung, die heitere Denunziation, die dieses Problem zuvor bei Müller erfährt, kann sich hier nicht mehr durchsetzen: „Das Lachen", das ehedem „die Praxis des ‚heroischen Ideals' von Ehrlichkeit und Vertrauen im Umgang zwischen Staat und Bürgern im ‚Arbeiter- und Bauern-Staat *herab[setzte]*"[353] und gleichzeitig Erkenntnis und aktive Veränderung ermöglichen sollte, nähert sich nun eher dem von Greiner umrissenen *Lachen in der Negation*, das „in dialektischer Einheit mit tödlichem Ernst" keinen neuen Sinn mehr setzen kann – wenn es durch Flints Replik nicht völlig erstickt wird. Hier ist ein erstes Moment jener grotesken Bodenlosigkeit spürbar, die später in Müllers Werk so oft anzutreffen sein wird.

Schon in der ‚Umsiedlerin' ist Müllers Lachen also nicht in jedem Fall von einem humanistischen Impuls geleitet, der seine Kritik an den grotesken Fehlentwicklungen der Gesellschaft auf die „Täter" beschränken würde – seien sie nun Teil der reaktionären oder der revolutionären Bewegung. Immer wieder – und hier zeigt sich das lustvoll-destruktive Moment seines dramatischen Humors – trifft das hämische Lachen auch die schwachen Glieder der Gesellschaft. Es fungiert so als abermalige Verächtlichmachung der Opfer, die schon am Boden liegen, und stiftet dabei eine böse Lachgemeinschaft mit dem Publikum. Beutlers wüstes Lachen angesichts der Flucht des Sollerfassers, der von dem verzweifelten Ketzer durch ein Bombardement aus Erdklumpen und Schindeln vertrieben wird, ist insofern doppeldeutig.[354] Zum einen stellt es Schadenfreude gegenüber dem Staat zur Schau, der, um seine Pfändung gebracht, eine Niederlage erlitten hat, zum anderen reicht es schon in ein vulgäres Lachen hinein, das sich mitleidlos an Ketzers Qualen delektiert. Die moralische Verunsicherung, die es als lachende Manifestation der Macht evoziert, dient Müller zur Demonstration der Folgen gesellschaftlicher Schwäche und gibt so ein Beispiel vom kalten *Lachen des Siegers*. Es zeigt, dass die „Opfer" gesellschaftlicher Verhältnisse, die sich, statt sich ihrer Ausbeutung zu erwehren, mit ihrer Schwäche abfinden oder gar Hilfe von außen erhoffen, nichts anderes als ein eisiges Lachen der Überlegenheit zu erwarten haben. Insofern gehört es zu den ersten Anzeichen jenes *Lernens durch Schrecken*, dem Müller in seinen späteren Texten verstärkt dramaturgische Relevanz zubilligen wird. Dialektisch gewendet, stellt es ein positives, utopisch aufgeladenes Lachen dar, das, indem es Salz in die Wunde streut, für den Unterlegenen Produktivität entwickeln, seinen Widerstand, seine Wehrhaftigkeit wecken soll.

Thälmann: Reden und Aufsätze 1930 – 33. Bd. 1. Köln 1975, S. 251– 271, hier S. 268. Vgl. Zenetti 2012, S. 256, der Flints Bemerkung allerdings fälschlicherweise Treiber in den Mund legt.
353 Streisand 1996, S. 26 f.
354 Vgl. HMW 3, S. 192.

In einem frühen Stück wie der ‚Umsiedlerin' wird sogar in zwei Fällen demonstriert, wie ein solcher Erkenntnisprozess erfolgreich verlaufen kann: Die schwangere Niet, die sich zunächst moralische Unterstützung von Fondrak erhofft, jedoch erleben muss, dass sie von ihm nicht nur physisch und finanziell ausgebeutet, sondern auch für ihre körperliche Unförmigkeit verspottet wird, emanzipiert sich schließlich. Noch radikaler befreit sich Flinte, die, statt in Trübsinn zu verfallen, das böse Lachen der Bauern über ihr Missgeschick mit einer Ohrfeige quittiert. Ketzer dagegen, der aus historischer Erfahrung nicht mehr an die Versprechungen des Staates glauben mag, kann sich selbst nicht helfen. Er scheitert nicht nur an den Nachstellungen der Altbauern und der Entsolidarisierung des Emporkömmlings Beutler, sondern auch an dem Unvermögen der Partei, das Vertrauen der Bauern nicht durch ihr kontraproduktives Verhalten zu erschüttern. Sein tragischer Selbstmord stellt so – wenn auch am Ende konterkariert durch den karnevalesk missglückten Selbstmordversuch seines ehemaligen Widersachers Treiber – die dringliche Frage nach dem grundsätzlich Neuen des Sozialismus.

Während das böse Lachen in Müllers Stücken der 1970er-Jahre zunehmen wird, nimmt dort wiederum die karnevalesk-vitale Komik der Heraufsetzung ab, in deren Zeichen ‚Die Umsiedlerin' steht. Als Protagonist dieses grotesken, Bann brechenden, Mythen zerstörenden Lachens fungiert hier der komische Held Fondrak, der neben seinen momentanen körperlichen Bedürfnissen keine gesellschaftlichen Normen, Autoritäten oder Hierarchien gelten lässt. Fondrak selbst lacht in der ‚Umsiedlerin' nie ausdrücklich, doch mit seinem „subversiv anarchische[n], gesellschaftlich nicht regulierbare[n] und funktionalisierbare[n], Widerstand freisetzende[n] Verhalten"[355] bringt er nicht nur die anderen Figuren zum Lachen, sondern stiftet auch „eine Lachgemeinde mit dem Publikum, in der die kreatürlichen und sinnlichen Bedürfnisse jenseits aller gesellschaftlichen Zwänge heraufgesetzt werden":

> Man lacht[] mit ihm, wenn er – wie Shakespeares Narren – die Welt durch Zynismus entzaubert und die unvollkommene Realität stets mißt an der Erfüllung seiner ursprünglichen leiblichen Bedürfnisse Fressen, Saufen, Zeugen, entsprechend der Vision solcher Volkstheater-Figuren vom Goldenen Zeitalter, von ihm nun (komisch, aber programmgemäß) „Kommunismus" geheißen.[356]

Indem er die Wirklichkeit mit einer Vergänglichkeit konfrontiert, die vor keiner weltlichen Instanz haltmacht, relativiert er lachend alle herrschenden Zwänge

---

355 Vaßen 1991, S. 159.
356 Streisand 1996, S. 26.

und konfrontiert sie mit seiner Leiblichkeit als dem Garanten des einzig erreichbaren, da weltlichen Paradieses. Das mit ihm angestimmte ambivalente Karnevalslachen, das die Welt negiert und zugleich bestätigt, ohne sich bei einer „Verneinung oder Bejahung des gesellschaftlichen Zustandes"[357] aufzuhalten, befreit die Lachenden aus ihren Ängsten und setzt „jene Affekte frei und in Gang, die von der Strenge der äußeren oder inneren Zensur unterdrückt waren"[358]. Die entlastende Funktion des von Fondrak ausgelösten Lachens zeigt sich beispielsweise an dem in der Dorfversammlung vorgebrachten, so trunkenen wie absurden Verbesserungsvorschlag („Bier aus der Wand"[359]), mit dem er sich an die Spitze der bäuerlichen Mitbestimmung stellt. Das befreiende Lachen der Bauern, die sich bislang aus Angst vor unabsehbaren Konsequenzen nicht zu Wort zu melden trauten, gerät hier zum manifesten „Zeichen besiegter Furcht"[360]. Fondrak bleibt ungeschoren, obwohl er doch provokant „die geltenden Regeln des gewöhnlichen Lebens außer Kraft setzt und unbekümmert allgemein anerkannte Gesetze und Verbote durchbricht"[361]. Er ermuntert so die Übrigen – vertreten durch den Neubauern Simoneit –, mit ihren Ansichten nicht mehr zurückzuhalten, und löst so die lehrreiche Traktorenverlosung aus.

Auslachen, also blank negieren, lässt sich Müllers Narr als Herrscher über das Mythen zerstörende Lachen jedoch selbst nicht. Da schlägt er zurück. Krügers Schadenfreude über den abgebrannten, bierdurstigen Fondrak pariert dieser bauernschlau mit dessen Entlarvung als Schwarzschlächter, die ihm nicht nur das gewünschte Bier, sondern auch die lachende Sympathie des Publikums einbringt. Ebenso wenig für dumm verkaufen lässt sich sein weibliches Pendant Schmulka. Amüsiert sich der verliebte Siegfried über ihre vermeintliche geistige Einfachheit, die den Kommunismus nicht als das Paradies erkennt, das er in seinen Augen zu sein verspricht, bekommt er schmerzhaft ihre moralische Unbekümmertheit zu spüren:

> SCHMULKA [...]
> Wenn ich durchs Dorf geh, hängen alle Weiber
> Im Fenster, alt und junge, schwarz vor Neid
> Weil alle Männer mir nachlaufen, aber
> Ich geh mit keinem, der kein Auto hat.
> SIEGFRIED *lacht:* Ein Auto hat im Kommunismus jeder.
> SCHMULKA Wenn jeder eins hat, geh ich auch mit jedem.

---

357 Jauß 1976, S. 122.
358 Ebd., S. 107 f.
359 HMW 3, S. 266.
360 Jauß 1976, S. 121 f.
361 Keller 1992, S. 169.

SIEGFRIED Das darfst du nicht.
SCHMULKA Im Kommunismus darf man.[362]

Als Verkörperungen der karnevalesken Dekonstruktion des ideell-moralischen Anspruchs der Partei und ihrer Vertreter gehören Fondrak und Schmulka zu den Protagonisten eines ekstatischen *Lachens der Übertretung*, das den Umgang mit Körper und Geschichte neu perspektivieren will. In seinem Existentialismus schlägt es sich dabei weder auf die Seite der alten, noch der neuen Ordnung, sondern stellt das Prinzip gesellschaftlicher wie moralischer Einhegung des menschlichen Lebens grundsätzlich lustvoll in Frage. Seine anarchische Ungebärdigkeit warnt vor den Verhärtungen des Institutionellen, die drohen, der vitalen Substanz des Daseins den Raum zu entziehen:

> Das echte, ambivalente und universale Lachen lehnt den Ernst nicht ab, sondern reinigt und ergänzt ihn. Es befreit ihn von Dogmatismus, Einseitigkeit und Verknöcherung, Fanatismus und allzu großer Kategorizität, von Elementen der Angst und der Einschüchterung, von Naivität und Illusionen, von Beschränktheit, Eindeutigkeit und dummer Penetranz. Das Lachen läßt nicht zu, daß der Ernst erstarrt und sich vom unvollendbaren Ganzen des Lebens losreißt. Es stellt die ambivalente Ganzheit wieder her – dies ist seine Funktion in der Geschichte der Kultur und der Literatur.[363]

IV.2.2.2 Schwarzer und versöhnlicher Humor

Abseits einer Komik der Herab- und der Heraufsetzung, mit der die revolutionäre Übergangsphase in der SBZ nach dem Zweiten Weltkrieg lustvoll-kritisch gespiegelt wird, lässt sich aber auch schon in der ‚Umsiedlerin' Müllers Vorliebe für schwarzen Humor entdecken, der vor allem in seinen Stücken der 1970er-Jahre zu einem der bevorzugten Mittel grotesker Komik avanciert. Das im schwarzen Humor durch einen ethischen Normbruch erreichte Kippen des befreienden Lachens in ein schockiertes und schockierendes, das – wenn es nicht ganz im Halse stecken bleibt – jegliche Sinnstiftung zunichtemacht, muss plötzlich erfolgen, weshalb eine pointierte Dramaturgie für seine Rezeption unabdingbar ist. Während jedoch die Dramaturgie des synthetischen Fragments, der etwa ‚Leben Gundlings' folgt, auf ein extrem verknapptes, pointiertes Zuspitzen der Szenen ausgelegt ist, enthält Müllers Bauerndrama noch eine in zum Teil breit angelegte Szenen aufgefächerte Fabel. Der zugleich von Anziehung und Abstoßung gekennzeichnete schwarze Humor schlägt sich dort vor allem in einer Kultur der Witze nieder – zu denen auch Wortspiele, abgewandelte Sprichwörter, Volksweisheiten und Bau-

---

362 HMW 3, S. 236 f.
363 Bachtin 1995, S. 168.

ernregeln gehören.³⁶⁴ Die Szenen scheinen sich fast lückenlos von Pointe zu Pointe hangeln, wobei jeder weitere Witz den vorhergehenden zu übertreffen sucht. Dieses komische Steigerungsprinzip trägt Wesentliches zum strukturellen Aufbau der einzelnen Bilder bei und macht bei Müller einen Wesenszug des Genres Komödie aus. Es entspricht seiner immer wieder kolportierten großen „Vorliebe" „für Anekdoten und Witze", die vor allem einem „Interesse an der Pointe" entspringt: „[D]er Weg dahin interessiert ihn weniger. Der Lakonismus der Parabel kommt seinem Erzählen auf den Schluß hin noch am ehesten entgegen."³⁶⁵ Müllers ästhetisches Prinzip der brutalen Verknappung und „Kondensation"³⁶⁶ lässt sich somit gut an den schwarzen Pointen der ‚Umsiedlerin' zeigen, die die versöhnliche Haltung der Komik, die das Stück über weite Strecken beherrscht, in bestimmten, dramaturgisch entscheidenden Momenten (Exposition, Ketzerszene, Selbstmord-Parodie Treibers) aufgeben.

Opfer schwarzen Humors, also Opfer der unmittelbaren Schlacht zwischen Moral und Ästhetik, sind in Müllers Komödie meist die Bauern. Schmerzhaft aufmerksam gemacht wird dadurch zum einen auf ihre jahrhundertelange Ausbeutung, denn mit Ausnahme Beutlers sind es vor allem die Vertreter der alten Macht, die sich bösartig auf ihre Kosten amüsieren. Dabei treten neben deren ekler Gesinnung auch die grotesken Widersprüche der sozialistischen Landreform grell zu Tage. Müllers Witze bringen sensible Informationen in einer solch obszönen, ja makabren Weise ans Licht, dass diese aus ästhetischer Sicht wohl ebenfalls zu den massiven Repressionen gegen die Uraufführung beigetragen haben dürften. Ausnehmend deutlich macht dies schon in der Exposition Rapps Auseinandersetzung mit dem Bürgermeister um das Verhältnis von Bodenanteil und (nicht ganz verschuldeter) Familiengröße:

> BEUTLER Dein Kind soll füttern wers gemacht hat. Hat dir
> Die Bodenkommission die Frau gepflügt?
> BAUER *mit Fahne:* Der Russe.
> BEUTLER Dann halts Maul und räsonier nicht.
> Er hat dir eine Bodenreform gemacht dazu.³⁶⁷

Das Signum des schwarzen Humors liegt bereits hier – ähnlich wie später im ‚Gundling' – im frivolen bis zynischen Umgang mit Motiven von Sexualität und Tod. Als Beutler mit Treiber und dem Sollerfasser zur Pfändung des verbliebenen

---

364 Vgl. Keller 1992, S. 163.
365 Hauschild 2003, S. 93.
366 Ebd., S. 92 f.
367 HMW 3, S. 185.

ketzerschen Eigentums schreitet, nimmt er – Treiber übergehend – mit seiner zynischen Begrüßungsformel das tragische Ende der Szene schon vorweg:

> KETZER Wirds regnen heute, Treiber?
> BEUTLER Auf dich.[368]

Die Bauern wiederum erscheinen in der ‚Umsiedlerin' durch den harten Überlebenskampf derart verknöchert, dass es ihnen um das von Ketzer erstochene Pferd mehr leid ist als um den erhängten Klassengenossen:

> *Zwei Bauern laufen über die Bühne.*
> ERSTER Trecker kommen, Ketzer. *Tritt in die Kate.* Der ist schon kalt.
> ZWEITER *holt das Messer:* Schad um den Gaul.[369]

Müllers schwarzer Humor lebt vom „Griff unter die Schwelle des Bewußtseins, wo die Wünsche und die Ängste hausen"[370], und bezieht von dort seine gefährliche Dimension. So macht etwa Rammler seiner Verachtung für die Neubauern mit einem blutigen Witz ganz offen Luft – und trifft mit der darin enthaltenen, pointierten Bestandsaufnahme ihrer Situation, die sich entgegen den Versprechungen der Partei nicht nennenswert verändert zu haben scheint, einen neuralgischen Punkt der Revolution auf dem Lande:

> RAMMLER [...] Von zwanzig einer
> Erhängt sich bei den reformierten Bauern.
> Warum? Die andern haben keinen Strick.[371]

Dass Beutler, Rammler und Treiber am Ende entmachtet sein werden, nimmt ihren schmutzigen Witzen allerdings nicht die Schärfe, da sie auf eine psychische Schuldgemeinschaft zwischen Produzenten und Rezipienten abzielen, die die Lust am Bösen – und sei es sprachlich sublimiert – als allgemeinmenschliches Phänomen entlarvt. Müller macht so auf eine Facette des menschlichen Charakters aufmerksam, die durch ihren prinzipiellen Ausschluss aus dem sozialistischen Menschenbild, der keine (z. B. ästhetische) Entlastung erlaubt, auf den neuen Staat zurückzuschlagen droht. Darüber hinaus enthalten Müllers schaurige Pointen immer auch ein Moment der Beschreibung von Gesellschaft, das Unsicherheit hinsichtlich der sichtbar grotesken Auswüchse des sozialistischen Pro-

---

368 Ebd., S. 190.
369 Ebd., S. 194.
370 HMW 8, S. 253. Vgl. auch Vaßen 1991, S. 159.
371 HMW 3, S. 228.

jekts und seines zu erwartenden Fortgangs spiegelt. Wenn Müller 1990 über die „Kultur der Witze" im Sozialismus als einer „Kultur des Widerstands gegen das eigene Einverständnis" spricht, da Witze „letztlich nur im Einverständnis" mit den politischen Gegebenheiten entstehen können,[372] korrespondiert dies mit der Eigenschaft des schwarzen Humors gegen moralisch-ästhetische Harmonisierungen zu revoltieren. Vortrefflich zeigen lässt sich dies an der grotesken Pointe, die Müllers Stück nahezu beschließt: Der Gang des Ehepaars Treiber ins sozialistische Kollektiv, der im parodistischen Sinne über ihre „Leichen" erfolgt, wird dabei mit einem Abgrund konfrontiert, den erst das historisch klügere Publikum in seiner vollen Dimension ermessen kann:

> TREIBERN Sind wir im Himmel oder in der Hölle?
> TREIBER Fürs erste sind wir in der LPG.[373]

Zum Zeitpunkt der Entstehung von Müllers Komödie ist alles noch offen, sei es Flug oder Sturz des Sozialismus – die Reaktionen auf Text und Aufführung allerdings können mit Blick auf das Demokratieverständnis und Toleranzvermögen des neuen Staates, auf den Ausgang des historischen Projekts und seine Kosten als böses Omen betrachtet werden.

In dramatischem Kontrast zu diesen düsteren Pointen kann man jedoch, fast untypisch für Müller, auch versöhnlichen Humor in der ‚Umsiedlerin' antreffen. Analog zum Komödiencharakter des Stücks ist dieses Phänomen zu Beginn der 1960er-Jahre nicht zuletzt seiner grundsätzlichen Verbundenheit mit dem sozialistischen Projekt geschuldet. Die siegreiche Behauptung „der Unschuld der menschlichen Natur"[374] gegen die Ansprüche einer schlimmen Realität, die diese vergnügliche Facette des Komischen auszudrücken vermag, zeigt sich vor allem im Zusammenhang mit dem utopischen Paar Niet und Mütze und gewährt einen Ausblick auf die noch zu erobernde harmonisch-humane Welt. Die „humoristische Katharsis"[375], die Müller dabei anstrebt, erfolgt durch die „– nicht kritisch gemeinte[] – Zeichnung durchaus liebenswerter Schwächen"[376], wie sie etwa den Bauern Mütze charakterisieren:

> MÜTZE [...] Und was Bier angeht
> Wenn Sie vielleicht das Mißtraun haben aus
> Schlimmer Erfahrung. Bier trink ich so viel

---

372 HMW 11, S. 553.
373 HMW 3, S. 87.
374 Jauß 1976, S. 128.
375 Ebd., S. 129.
376 Ebd., S. 123.

Wie mein Kopf Haare hat, und der hat so viel.
Nimmt die Mütze ab, zeigt seine Glatze.
NIET *lacht:* [...].³⁷⁷

Müllers utopischer (Anti-)Held Mütze wirkt gerade „durch seine Unschuld komisch und zugleich sympathisch"³⁷⁸. Indem er Niet, in deren Umfeld Müller sich sonst der Komik vollkommen enthält, mit seiner Selbstironie zum Lachen bringt, öffnet er einen Raum für zukünftige, utopisch aufgeladene politische und private Entwicklungen.

IV.2.2.3 Das Lachen als Skandalon

Im Gespräch mit Olivier Ortolani gibt Müller 1990 eine schlüssige Definition von Komik, die auch mit Blick auf die 30 Jahre früher entstandene ‚Umsiedlerin' viel Aussagekraft besitzt:

> Komik entsteht doch durch Präzision. Durch Genauigkeit in der Beschreibung von Sachverhalten, von Haltungen, von Umständen. [...] Für den Außenstehenden ist jedes Sterben komisch, wenn man die Phasen genau beobachtet und genau beschreibt. Jeder Vorgang, alles was lebt und sich bewegt, hat eine Komik. Komik ist einfach Präzision. Es gibt von Thomas Mann eine schrecklich sentimentale Novelle, „Tonio Kröger". Ein junger Literat, also sein Selbstporträt, fährt nach Italien, führt eine Zeitlang ein wüstes Leben, und dann blickt er durch, er sieht, wie das Leben ist, und dann kommt dieser pathetische Satz: „Was er aber sah, war dies: Komik und Elend. Komik und Elend." Und diese Einheit von Komik und Elend ist die wirkliche Komik.³⁷⁹

Mit dem grotesk-ambivalenten Lachen, das, seine Objekte zugleich negierend wie bestätigend, über weite Strecken durch Müllers ‚Umsiedlerin' hallt, zeichnet der Autor nicht nur ein aus eigener Erfahrung gespeistes, präzises Bild der sozialen und ökonomischen Verhältnisse der Bauern zwischen Landreform und Kollektivierung; er legt auch immer wieder den Finger in die Wunden der damit verbundenen Parteipolitik, verweist auf ihre Widersprüche, ihre handfesten politischen Lügen, Verdrängungen und Schönfärbereien. Dass eine solche, das Groteske – mit Müllers Worten „Komik und Elend" – nahezu herausfordernde Offenheit im Umgang mit den Problemen des neuen Staates, der doch mit dem Anspruch angetreten war, die historischen Verbrechen und Verfehlungen in Deutschland hinter sich zu lassen, den Parteifunktionären unerträglich war, mag

---

377 HMW 3, S. 281.
378 Jauß 1976, S. 130.
379 HMW 11, S. 585 f.

von heute aus gesehen kaum verwundern. Dass Müller und Tragelehn, im Glauben an die gesellschaftlichen Versprechungen der SED und in der Hoffnung auf eine nach dem Mauerbau endlich mögliche, offene politische Diskussion, während der zwei Jahre, die die Stückentwicklung in Anspruch nahm, in keiner Weise ahnten, welche „Bombe" sie im Begriff waren, hochgehen zu lassen – „Wir waren ganz heiter, fanden das so richtig sozialistisch, was wir da machten"[380] – empfindet der Autor selbst im Nachhinein als tragikomisch:

> [W]ir waren ungeheuer froh über die Mauer. [...] Und das war auch die einzige Möglichkeit, die ökonomische Ausblutung der DDR zu verhindern. Und wir dachten: Jetzt ist die Mauer da, jetzt kann man in der DDR über alles offen reden. Zur gleichen Zeit sagte der Sekretär von Ulbricht zu Stephan Hermlin, das hat er mir später erzählt: Jetzt haben wir die Mauer, und daran werden wir jeden zerquetschen, der gegen uns ist. Und wir hatten diese Illusion, daß mit dieser Befestigung eine Gelegenheit zum großen Dialog da ist, was auch Brecht glaubte, nach 1953. Das Ganze ist eine Tragödie der Dummheit, und der Inkompetenz auch. [...] Das macht's nicht weniger tragisch, aber es macht's eben tragikomisch.[381]

Müllers Hinwendung zum radikal-satirischen Moment des Grotesken in der ‚Umsiedlerin' erscheint so, gemessen an der historischen Situation, durchaus folgerichtig. Denn gerade die Phasen „junge[r] Kultur- und Staatsbildungen", der Umbrüche „im Leben der Völker und der Staaten" – Dimitri Tschizewskij erwähnt die Renaissance ebenso wie die Russische Revolution – erweisen sich literarhistorisch immer wieder als „Blütezeiten" der Satire. Es sind Zeiten, in denen „besonders viele ‚versteinerte' Lebensformen ab[ge]schüttel[t]" werden müssen und „kaum ein stärker wirkendes Mittel als die Komik" vorstellbar ist, das Alte „ohne schmerzliche Operationen" zu besiegen.[382] Dementsprechend liest Streisand die Rezeptionsgeschichte der ‚Umsiedlerin' im Nachhinein als eine Geschichte von Missverständnissen:

> Müllers Komödie kritisiert die missgestaltete Wirklichkeit aus der Position einer lachenden, überwindenden Souveränität – ausgehend von der Utopie des „wirklichen" Sozialismus im Gegensatz zum „realen". Diese Utopie stand als intaktes und verbindlich gemeintes Wertesystem hinter der komischen Übertreibung; gelesen aber als platte Realitätsbeschreibung.[383]

Allerdings muss auch sie zugeben, dass der Text als Abbild der Wirklichkeit durchaus ins Schwarze trifft und sowohl „die Illusion eines Sozialismus als Vision

---

380 HMW 9, S. 126.
381 HMW 11, S. 771 f.
382 Tschizewskij 1976, S. 272 f.
383 Streisand 1996, S. 26.

einer gerechteren Ordnung" als „auch die Realität des ‚Realsozialismus'" beinhaltet.³⁸⁴ Verlacht werden in der ‚Umsiedlerin' nicht nur die überkommenen Auswüchse kapitalistischer Herrschaft auf dem Land, gelacht wird auch über die ungelenken, oft ebenso repressiven und von Misserfolgen und Rückschlägen begleiteten Versuche der neuen Machthaber, die sozialistische Revolution den noch in ihren archaischen Lebensgewohnheiten verhafteten Bauern schmackhaft zu machen. Ja, mehr noch: Indem Müller mit schwarzem Humor auf die gefährliche Tendenz der Partei reagiert, die ungebärdigen, dunklen Facetten des menschlichen Charakters als anthropologische wie historische Hypothek eher mit Ausschluss zu belegen, als ihr gesellschaftsgefährdendes Potential durch einen offenen Umgang zu entschärfen, macht er auf die verborgenen Dunkelzonen, auf die Schamteile der Partei selbst aufmerksam:

> Hier wurden nicht die Erfolge des sozialistischen Aufbaus gefeiert, hier lag ein fremder Blick auf den Dingen, nicht vereinnahmbar, nicht einmal richtig greifbar und angreifbar. In der ironischen Selbstdistanz ließ sich Unmögliches sagen, was den Zeitgenossen den Atem verschlug. Denn die von Tagträumen erfüllte Perspektive, die dieser fremde Blick einbrachte, befreite auch von der inneren Zensur und stellte alles Erreichte unmittelbar und sofort als Unvollkommenes wieder in Frage. Das Lachen, das hier über sich selbst angesagt gewesen wäre, hätte ein Heraustreten aus der Zeit bedeutet und eine Souveränität gegenüber den eigenen historischen Geschicken verlangt. Beide Momente wurden wohl 1961 für nicht „verkraftbar" gehalten.³⁸⁵

Mit Fondraks universalem Lachen verweist Müller darüber hinaus subversiv auf die Relativität aller gesellschaftlichen Normen und Ordnungen und stellt so – deutlich im Widerspruch zu den ästhetischen Forderungen des Sozialistischen Realismus – das Erreichte der jungen DDR-Geschichte als Ideelles, Erhabenes insgesamt zur Disposition. Überdies droht Fondraks Lachen durch die Aufdeckung des Unbewussten und Verdrängten auch „die Angst als sicherstes Instrument der Machtausübung" zu bannen, was mit ein Grund dafür gewesen sein dürfte, dass der Narr 1961 „wieder einmal" – wie schon im 18. Jahrhundert – „von der Bühne verbannt werden [musste] und mit ihm eine ganze, noch kaum entwickelte Komödienrichtung", die sozialistische Komödie, in der Versenkung verschwand.³⁸⁶ Zugelassen war die „Komik des Verlachens" in der DDR einzig als „Komik der Herrschenden", als *Lachen des Siegers*, das sich nur in zweierlei Gestalt äußern durfte: „geschichtsphilosophisch als Unterdrücken und Verab-

---

384 Ebd.
385 Streisand 1991a, S. 433.
386 Streisand 1991b, S. 190.

schieden überholter Phasen der Geschichte, ästhetisch als Ausschließen des anderen, präsumtiv ‚chaotischen' Lachens der komischen Figur".[387]

Mit Berendse könnte man so im Verbot der ‚Umsiedlerin' die Furcht der Agelasten[388] der Partei „vor dem närrischen Lachen des Schriftstellers (homo stultus)" erkennen, verborgen hinter der Maske des schelmischen Fondrak, „dessen Irrationalität die wissenschaftlichen Grundlagen der marxistisch-leninistischen Ästhetik ins Wanken brachte":

> Gerade sein Lachen korrespondierte mit einer vormodernen Attitüde, deren Subversivität körperlich geprägt war, nämlich mit der Tätigkeit des Narren. Sein grelles Lachen war eine soziale Geste, die Wirkungen zeitigen sollte. Die närrische Figur – so lehrt die Kulturgeschichte – hält die Widersprüche aus und zwingt, hinter die Bilder zu schauen: er [sic!] stellt den Schauer zur Schau. Der in die Gegenwart transponierte vormoderne Narr übt sich im postmodernen „Unternehmen der Gegensätze", befragt die autoritativen Strukturen, auch die in der Präsenz.[389]

Dürrenmatts Plädoyer dafür, das parodistische Verlachen der Mächtigen nach 1945 ins Zentrum der Komödie zu stellen, dessen beabsichtigter Effekt sich in der westlichen Welt wohl schon in den 1950er-Jahren nur noch als frommer Wunsch realisiert – „Die Tyrannen dieses Planeten werden durch die Werke der Dichter nicht gerührt, bei ihren Klageliedern gähnen sie, ihre Heldengesänge halten sie für alberne Märchen, bei ihren religiösen Dichtungen schlafen sie ein, nur eines

---

387 Greiner 1986b, S. 185. Ein Vertreter dieser Dichotomie, die die antagonistischen Widersprüche aufgehoben wissen will, ist Müllers Rivale Peter Hacks. Mit ‚Moritz Tassow' legt er gar einen Gegenentwurf zur ‚Umsiedlerin' vor, wird dafür aber von der Kulturpolitik nicht weniger abgestraft als Müller selbst (vgl. ebd., S. 186).
388 Bachtin zufolge richtet sich schon Rabelais' karnevaleskes Lachen gegen die Agelasten der Macht (Bachtin 1995, S. 253 f.): „Die alte Macht erhebt Anspruch auf absolute, zeitlose Gültigkeit. Daher sind all ihre Vertreter Agelasten, mürrisch und ernst, sie können und wollen nicht lachen. Ihr Auftreten ist majestätisch, in ihren Gegnern sehen sie die Feinde der ewigen Wahrheit und drohen ihnen mit dem vollständigen Untergang. Die herrschende Macht und die herrschende Wahrheit schauen nicht in den Spiegel der Zeit. Daher kennen sie weder ihren Ursprung, ihre Grenzen und ihr Ende, noch sehen sie ihr altes, lächerliches Gesicht, das komische ihres Anspruchs auf Ewigkeit und Unaufhebbarkeit. Sie spielen ihre Rolle mit Ernst und mit seriösem Ton, während die Zuschauer schon lange lachen. Sie reden wie Könige und Verkünder ewiger Wahrheiten und nehmen nicht wahr, daß die Zeit diesen Ton auf ihren Lippen schon längst lächerlich gemacht hat, daß sie die alte Macht und das alte Recht schon lange in einen Karnevalsbalg verwandelt hat, in ein heiteres Monster, das vom lachenden Volk auf dem Marktplatz in Stücke gerissen wird."
389 Berendse 1999, S. 238. Vgl. auch Hutcheon, Linda: A Poetics of Postmodernism. History, Theory, Fiction. New York/London 1988, S. 23.

fürchten sie: ihren Spott"³⁹⁰ –, scheint in der DDR nicht nur im Jahr des Mauerbaus noch Wirkung zu entfalten: Das liegt vor allem an dem eminenten bildungspolitischen Stellenwert, den die sozialistische Kulturpolitik der Kunst im Allgemeinen wie der Literatur im Besonderen beimisst. Die politische Durchschlagkraft des grotesk-satirischen Lachens, das Müllers Figuren, allen voran Fondrak, im Jahre 1961 hören lassen, gibt dafür ein groteskes Beispiel. Dass das SED-Regime in keiner Weise gewillt war, die angespannte Lage nach Abschluss der landwirtschaftlichen Kollektivierung und des Mauerbaus, die beide die Konsolidierungsphase der DDR schlagartig beendeten, für eine notwendige Demokratisierung des Sozialismus zu nutzen, zeigt das massive Durchgreifen der Kulturpolitik im Falle der ‚Umsiedlerin'. Das satirische Lachen, das das Stück verbreitet, hat somit seinen Adressaten erreicht und zugleich sein Ziel, die Selbstreflexion der Macht, verfehlt. Die gewaltsame Durchsetzung der Vernunft ließ ‚Die Umsiedlerin' für ganze 15 Jahre von der Bühne verschwinden und beendete für alle Zeit Müllers Auseinandersetzung mit der Komödie:

Wo Vernünftigkeit herrscht, ist die komische Unvernunft in der Tat am Ende. Von ihr aber lebt die Gattung, nicht von der Vernunft, sondern vom Anderen der Vernunft, die frei und feiernd als komische Gegenwelt ausgespielt wird. Und sie lebt von dieser Unvernunft selbst dort noch, wo sie sie reflexiv bricht und das Lachen des Publikums entsprechend verunsichert. Denn auch das geschieht dann nicht einfach im Namen einer unbefragt vorausgesetzten Vernünftigkeit. Vielmehr erfasst die reflexive Brechung des Komischen immer auch jene Vernünftigkeit, an deren Normen sich das Komische bemisst.³⁹¹

IV.3 Müllers „gestischer Jambus" – Groteskes in der Textur der ‚Umsiedlerin'

IV.3.1 Die Quellen des ‚Umsiedlerin'-Jambus

Heftige Kritik erfuhr ‚Die Umsiedlerin' nach ihrer Uraufführung allerdings nicht nur wegen ihrer Inhalte, auch Müllers Sprache sah sich Anfeindungen von Seiten der Kulturpolitik ausgesetzt. So verurteilt ironischerweise gerade die Parteileitung des Berliner Ensembles – auf der Basis einer Mitgliederbefragung unter den Besuchern der Inszenierung (darunter Elisabeth Hauptmann, Hilmar Thate, Herbert

---

390 Dürrenmatt [1955], S. 65.
391 Warning, Rainer: Theorie der Komödie. Eine Skizze. In: Theorie der Komödie – Poetik der Komödie. Hrsg. von Simon, Ralf. Bielefeld 2001, S. 31–46, hier S. 46.

Fischer, Helmut Baierl) – das in der Textur des Stücks verborgene groteske Potential in einem Brief vom 5. Oktober 1961 an das Kulturministerium der DDR:

> „Der Vers, den das Programmheft als Shakespeare ähnlich bezeichnet, hebt nicht die Figuren, er stürzt sie."
> „Das teilweise sprachliche Brillieren bringt nur umso grausiger die Unmenschlichkeit der Figuren zutage (und vermutlich auch des Autors zu unserem Leben) [sic!]. Das Stück, das man auch betiteln könnte ‚Von Strick zu Strick', ist in jeder Beziehung schädlich, vor allem politisch."[392]

Dass sich solche Stimmen gerade aus dem Berliner Ensemble hören ließen, mutet insofern bizarr an, als Müller zwar nicht „in Fabel und Struktur", so doch was „die Umfunktionierung des im Laufe der bürgerlichen Theaterentwicklung heruntergekommenen Genres ‚Bauernstück' zum revolutionären Schauspiel" und vor allem was die Übernahme der Versebene angeht, deutlich an das dort nur acht Jahre zuvor von Strittmatter und Brecht realisierte ‚Katzgraben'-Projekt anknüpft.[393] Strittmatter hatte dort seinerzeit alles Überflüssige gestrichen, um den Text inhaltlich zu raffen, wodurch jene „unregelmäßigen Jamben"[394] entstanden, denen Brecht anerkennend eine erstaunliche Beweglichkeit attestierte. Hätten die Bauern in Kleists ‚Zerbrochenem Krug' noch „das Deutsch ihres Schöpfers" gesprochen, so fände sich hier nun „[w]ohl zum erstenmal in der deutschen Literatur [...] eine jambisch gehobene Volkssprache".[395] In ähnlicher Weise gestaltete sich nach Kenntnisnahme der „‚Katzgraben'-Notate' auch Müllers sprachliche Überarbeitung der ‚Umsiedlerin':

> Alle überflüssigen, unnötigen Reden und Vorgänge fielen im Prozeß der Herstellung der Versfassung heraus; Zufälliges und Unwichtiges wurde gestrichen. Die Figuren wurden ganz auf ihre sozial repräsentative Rolle reduziert; die Beziehungen zwischen ihnen verloren jede nur private Dimension. Die historische Tragweite der Vorgänge wurde dadurch hervorgehoben.[396]

Müller macht sich so explizit Brechts Blick auf die Versform zu eigen, der „es für eine bedeutende Errungenschaft" im gesellschaftlichen Emanzipationsprozess hielt, „daß wir unsere Arbeiter und Bauern auf der Bühne sprechen hören wie die Helden Shakespeares und Schillers"[397]:

---

392 Zitiert nach Streisand 1991a, S. 454.
393 Streisand 1986, S. 1374.
394 Ebd.
395 GBA 24, S. 439.
396 Streisand 1986, S. 1375.
397 GBA 24, S. 441.

Die Verssprache hebt die Vorgänge unter so einfachen, „primitiven", in den bisherigen Stücken nur radebrechenden Menschen wie Bauern und Arbeitern auf das hohe Niveau der klassischen Stücke und zeigt das Edle ihrer Ideen. Diese bisherigen „Objekte der Geschichte und der Politik" sprechen jetzt wie Coriolan, Egmont, Wallenstein.[398]

Neben dem, die Subjektwerdung der Bauern kennzeichnenden, politisch-emanzipatorischen Umgang mit dem Dramenvers verweist Brecht auch auf seine klärende Funktion, die „alle Aussagen und Gefühlsäußerungen" ebenso deutlich vor Augen führt, „wie ein schönes Arrangement die Vorgänge zwischen den Menschen des Stücks". Außerdem betont er seine eminente Körperlichkeit, die „manches Wort einprägsamer und unvergesslicher und den Ansturm auf die Gemüter unwiderstehlicher" gestaltet.[399] Brecht benennt damit zwei Eigenschaften des Blankvers', die auch für Müller sein wertvolles Potential ausmachen. So bemerkt er 1986: „Der Vers ist eine Art Kläranlage. Nebensächliches fällt durch Selektion weg, durch den Formzwang. In Versen schreibt man schneller, die Form setzt Phantasie frei, der Zwang schafft Freiräume."[400] 1994 ergänzt er zudem: „[D]er Blankvers hat den Vorteil, daß er sehr einem Körperrhythmus entspricht, glaube ich. Eine Länge mehr ist schon nicht mehr körperlich, im Deutschen jedenfalls."[401]

Durch die Verwendung unregelmäßiger Jamben führt Müller somit in der ‚Umsiedlerin' fort, „was Brecht und Strittmatter in ‚Katzgraben' begonnen hatten", treibt aber „das Zur-Sprache-Kommen der Bauern" über das Ergebnis ihres Projekts hinaus, „indem er die Volksfiguren radikal in Konstruktionen ihrer Alltagssprache reden" lässt.[402] „Jargon, Dialekt, alltagssprachliche Wendung bis zu Fluch und Zote w[e]rden in den Vers aufgenommen" und nach dem Vorbild Shakespeares (oder wie Brecht es etwa im ‚Baal' oder im ‚Fatzer'-Fragment vormachte) „literarisiert".[403] Dieses Vorgehen entspringt offenbar einem „Zwang des Materials"[404], das Müller zur Brechung der hochsprachlichen Verse nötigt, die ansonsten Vorbildern aus der antiken Tragödie und der Lyrik Hölderlins folgen[405]:

> Shakespeares Sprache wechselt zwischen Blankvers und Prosa, Gossenjargon und Hochsprache. [...] Brecht hatte den Blankvers nicht für ‚gehobene Gegenstände' benutzt, sondern

---

398 GBA 25, S. 426.
399 Ebd.
400 HMW 10, S. 472.
401 HMW 12, S. 622.
402 Streisand 1986, S. 1375.
403 Ebd.
404 Ebd.
405 Vgl. ebd., S. 1380.

für die Sprache der Arbeiter und Bauern, deren Umgangssprache er rhythmisch verwandelte. Jedoch sollten diese als ganz un-Shakespearische Helden dargestellt werden, indem sie gerade nicht als ihrem Schicksal, d. h. ihren Leidenschaften ausgeliefert erscheinen sollten.[406]

Letztlich ist es die Überformung der nüchternen brechtschen Jamben durch die sprachlichen Finessen Shakespeares, die die enorme Körperlichkeit, die auffällige gestische Qualität des ‚Umsiedlerin'-Jambus hervorbringt und auch die karnevalesk-groteske Körpersprache des Stücks beeinflusst. Anregungen für die Aufladung des Dramenverses mit Alltagssprache findet Müller offenbar in seinen Notizen über Probleme der Bauern, die er sich 1946/47 als Angestellter im Landratsamt in Waren gemacht hatte: „Redewendungen [...], die den besonderen Sprachgestus und die Lexik dieser ländlichen Bevölkerung genau zu treffen scheinen [...], aber auch Formulierungen, die die Rhetorik der Amtsstuben parodieren [...], dürften noch aus dieser Zeit stammen."[407] Streisand gibt eine Aufstellung der den Blankvers der ‚Umsiedlerin' charakterisierenden sprachlichen Besonderheiten, die vielfach dem Paradoxen verpflichtet sind und durch die Erweiterung des Interaktions- und Assoziationsspielraums der Inszenierung und des Rezipienten eine deutliche Hebung der „Theatralität des Textes"[408] bedingen. Dazu gehören „sprachliche Auslassungen" und „Text-Lücken, in denen körpersprachliche Aktion den Text ersetzt" ebenso wie „die Kontradiktion [...] zwischen Rede und Schweigen" und „die Widersprüche zwischen Vorgang und Gespräch".[409] Hinzu kommt das ständige Spannungsverhältnis von jambisch gehobener Verssprache und transportiertem Inhalt, das nicht selten die groteske Wirkung einzelner Passagen hervorruft – etwa bei den von schwarzem Humor gekennzeichneten Pointen:

> Versform und Formulierungen stehen in *Die Umsiedlerin* in einem dauerhaften, spannungsvollen Widerspruch. Müller hatte hier eine Sprache ins Theater gebracht, die traditionell nicht auf einer deutschen Bühne gesprochen wurde. Die Bauernfiguren werden nicht einfach „erhoben" dadurch, daß sie „wie die Könige Shakespeares" reden, sondern der Vers selbst wird erneuert durch die Sprachschöpfungen des Volkes.[410]

---

406 Karschnia, Alexander: William Shakespeare. In: Heiner Müller Handbuch. Hrsg. von Lehmann, Hans-Thies/Primavesi, Patrick. Stuttgart 2003, S. 164–171, hier S. 169.
407 Streisand 1986, S. 1359. Vgl. dazu auch Müller (HMW 10, S. 255): „BAUERN – da ist meine Nähe zum Stoff. Ich kannte sehr viele Leute, die da auftreten."
408 Streisand 1986, S. 1373.
409 Ebd., S. 1368.
410 Ebd., S. 1376.

Das Neue bildet dabei die Kombination des shakespeareschen Blankvers', samt der dort häufig die Szenen beschließenden Heroic Couplets, mit einer über Brecht revitalisierten literarischen Tradition, Brüche und Dialektales in die deutsche Hochsprache einzuspeisen, die sich bei ihm oft in der Verwendung der von Müller bewunderten, urdeutschen Knittelverse spiegelt.[411] Indem Müller also in der Sprache seines Personals, der Bauern, Umsiedler, Traktoristen, Funktionäre, die verschiedenen Sprachen der ländlichen („vernakulären"), städtischen („vehikulären"), kulturellen („referentialen") und geistig/religiösen („mythischen") Sphäre ineinander übergehen lässt,[412] begibt er sich mit der ‚Umsiedlerin' – quasi avant la lettre – auf einen Weg, den Deleuze und Guattari am Beispiel Kafkas 14 Jahre später als „Deterritorialisierung der Sprache"[413] beschreiben. Er lädt die Rede seiner Figuren mit gestischen „Intensitäten"[414] auf, die sich nicht mehr in den Horizont einer klassischen Dramensprache einordnen lassen und rezipiert auch Shakespeare schon, wie Deleuze und Guattari es später vorschlagen, als kleinen Autor.[415] Gleichzeitig trägt diese Erneuerung des Blankvers' dazu bei, dass das Stück „im Rückblick auf die DDR-Literaturgeschichte [...] wie ein Höhepunkt und zugleich Endpunkt einer Kunsttradition" wirkt, „die bis zum Mittelalter zurückreicht".[416] Müller selbst betont wiederholt die Bedeutung dieser Epoche für die deutsche Literatursprache, die in ihren großen Leistungen immer auch mit einem Zertrümmern der Hochsprache einhergehe:

> Das ganze Mittelalter war im Sprachlichen viel nuancierter, diese ganze Kultur, die von Burgund ausging, die Troubadours etc. Die Dialekte als Nährboden für Sprache sind mit der Einführung des Hochdeutschen – einer Amtssprache, einer verordneten Sprache – abgeschnitten worden. Alles, was in der deutschen Literatur sprachlich interessant ist, ist eigentlich ein Akt der Vergewaltigung, ein Zerbrechen der Hochsprache z. B. bei Klopstock, Hölderlin und Brecht.[417]

Nach 1989 allerdings weist er auch auf den Verfall dieser Tradition hin, welcher auf die Veränderungen der sozialen Gegebenheiten und die kulturelle Nivellie-

---

411 Vgl. dazu HMW 9, S. 177.
412 Vgl. Deleuze/Guattari 1976, S. 34, die sich diesbezüglich das Vier-Sprachen Modell von Henri Gobard zum Ausgangspunkt nehmen (vgl. Gobard, Henri: L'aliénation linguistique, analyse tétraglossique. Paris 1976).
413 Deleuze/Guattari 1976, S. 27.
414 Ebd., S. 31.
415 Karschnia 2003, S. 170.
416 Fehervary [1995/98], S. 117. Obwohl Fehervary sich mit dieser These vor allem auf die gotischen Physiognomien der Figuren bezieht, betont sie doch wiederholt auch den „altdeutschen Charakter" der ‚Umsiedlerin'-Sprache (vgl. ebd., S. 124, 132).
417 HMW 12, S. 21. Vgl. auch ebd., S. 371.

rung zurückzuführen sei, der die Landbevölkerung in den industrialisierten Gesellschaften unterliege. Demgegenüber besetze ‚Die Umsiedlerin' einen singulären Ort in der deutschen Literaturgeschichte, der durch die Krise der ursprünglichen bäuerlichen Produktionsweise markiert werde:

> DIE UMSIEDLERIN ist noch eine Shakespeare-Struktur, weil es war gerade der Schnitt, der Übergang von der hauptzeitlich gebundenen bäuerlichen Einzelproduktion zur Industrialisierung, zur Kollektivierung. So ein Stück könnte man heute nicht mehr schreiben, man könnte die Bauern nicht mehr so sprechen lassen, die sind inzwischen auch so sprachlos wie die Arbeiter.[418]

Auch Fehervary begreift Müllers ‚Umsiedlerin' nach Brechts ‚Urfaust'-Inszenierung und Hanns Eislers ‚Faust'-Libretto von 1952, die beide durch die Formalismus-Kampagne beschädigt wurden, als historisch „letzten Versuch", „das radikale Erbe des sechzehnten Jahrhunderts im zeitgenössischen DDR-Theater wiederzuerwecken", und hebt dabei nicht zuletzt ihre sprachlichen Qualitäten hervor:

> Der lockere szenische Aufbau, die thematische Vielfalt, die schnell wechselnden Schauplätze, die packenden unregelmäßigen Jamben, das [von Seghers übernommene; M. M.] Episch-Chronikhafte und die starke Bildlichkeit der Sprache, die vom volksliedhaft Lyrischen bis zum Grobianischen reicht, verliehen dem Stück einen geradezu plebejischen Charakter, der zugleich die publikumsnahe Spielart des elisabethanischen Theaters und das revolutionäre Erbe der frühen Reformationszeit in Deutschland weiterführen sollte.[419]

IV.3.2 Das groteske Potential des „gestischen Jambus"

In seiner kurzen Abhandlung ‚Über den Vers in Müllers Umsiedlerin-Fragment' hat zuerst Peter Hacks die Besonderheit und Innovativität des müllerschen Komödienverses hervorgehoben und ihn als „literaturhistorisch wichtiges Vorkommnis"[420] in der Shakespeare-Rezeption gewürdigt. Hier – wie erneut 1966 – beschreibt Hacks den Blankvers der ‚Umsiedlerin' als „Grenzereignis", das mit der „äußerste[n] Gewalt" arbeite, „die man einem Vers antun" könne, „ohne daß er aufhör[]e, ein Vers zu sein".[421] Seine grenzgängerischen Qualitäten erreiche er durch den hohen Grad an rhythmischen Abweichungen, mit denen Müller das

---

418 HMW 11, S. 926.
419 Fehervary [1995/98], S. 118.
420 Hacks, Peter: Über den Vers in Müllers Umsiedlerin-Fragment [1961]. In: Hacks: Werke. Bd. 13. Die Maßgaben der Kunst I. Berlin 2003, S. 40–45, hier S. 40.
421 Hacks [1966], S. 99 bzw. Hacks [1961], S. 43.

jambische Metrum als „Erwartungsschema" strapaziere, um so „inhaltliche Akzente in formale Akzente umzusetzen"[422]:

> Als Regel für den möglichen Grad rhythmischer Freiheit kann gelten: Jede Abweichung vom Schema ist erlaubt, solange das Schema im Ohr des Hörers nicht verlorengeht. Da die Schönheit des Verses im Widerspruch zwischen Metrum und Rhythmus liegt, darf das Metrum den Rhythmus nicht verschlingen, aber auch der Rhythmus das Metrum nicht. Das Aufgeben der Eigenständigkeit des Rhythmus gehört zum idealistischen Klassizismus; das Aufgeben des ordnenden Metrums zum gesetzesfeindlichen Positivismus.[423]

Ganz im Gegensatz zu Strittmatter, der sich auf die idealistische Seite geschlagen habe und seine Stücke in „durchlaufenden, unlimitierten Jamben", also nur in „jambische[r] Prosa" verfasst habe, welche „von allen Prosaformen die schlechteste" sei, scheue sich Müller „nicht, das Metrum wiederholt in Vergessenheit geraten zu lassen". Vielmehr errichte er „künstliche Sperren", falle „gar von Zeit zu Zeit in Prosa" um in der Folge gemeinsam mit dem Rezipienten „den Jambus neu erobern" zu müssen.[424] An einem einschlägigen Beispiel veranschaulicht Hacks die synkopische Neigung der müllerschen Jamben:

> FLINT Bleib sachlich. Daß dein leeres Bett dich wurmt,
> Ich bin der letzte, ders nicht versteht. Bloß: mußt dus
> Auf die Straße stelln und ausschrein?[425]

Während die erste Zeile mit einem korrekten Vers den Erwartungshorizont setzt, bereitet die zweite anhand eines freien Blankverses die Synkope vor, indem sie die dritte Zeile über das Zusammenziehen von „du" und „es" und das folgende Enjambement in einen Trochäus kippt: „Aber das sind eben keine gewöhnlichen Trochäen mehr, sondern in Trochäen umgeschlagene Jamben. Man hat ja das Erwartungsschema noch im Ohr; man hört zugleich Jamben und Nicht-Jamben."[426] Für Müllers Verwendung dieses „neuen Jambus der Transformationsperiode", den Hacks auch als „dialektischen Jambus" (bzw. gestischen, plebejischen oder „Proletjambus") bezeichnet, führt er vorrangig zwei Gründe ins Feld: Zum einen verbiete „[d]ie Widersprüchlichkeit der Epoche" alle übermäßigen „Glät-

---

422 Hacks [1961], S. 40.
423 Ebd., S. 43.
424 Ebd.
425 HMW 3, S. 239. Vgl. Hacks [1961], S. 42.
426 Hacks [1961], S. 42. In der Hacks zugänglichen Version scheint der Versfuß „musst dus" noch Teil der dritten Verszeile gewesen zu sein, was allerdings an der Beobachtung einer synkopischen Verschiebung zwischen erster und dritter Zeile nichts ändert.

ten", ja mache sie der „Lüge[]" verdächtig: „Nichts ist so eingewurzelt wie das Mißtrauen der Menschen des zwanzigsten Jahrhunderts gegen die ‚Schönheit' von amerikanischen Autos, Hitlers Bauwerken und Titos Uniform." Zum anderen fordere der in der Moderne gegenüber der Form „bevorrechtete[] Inhalt" eine gewisse „Elastizität" des Formalen, der Müller in hohem Maße Rechnung trage.[427] Sein „dialektische[r] Jambus" erweise sich so als „gelenkig, gestisch"[428], ordne sich jeweils den inhaltlichen Intentionen des Textes unter und sei dennoch in der Lage diese zu kommentieren oder grotesk-satirisch zu unterlaufen. Zudem reflektiere er eindringlich den schwierigen und immer wieder mit Rückschlägen verbundenen Aufbau des Sozialismus und enthalte so eine dezidiert utopische Dimension:

> Wie der Umsiedlerin-Jambus immer wieder neu produziert werden muß, muß der Sozialismus immer wieder neu produziert werden; beide sind nicht selbstverständlich. Die Prosa verfremdet den Vers, die Konfrontation mit dem Kapitalismus verfremdet den Sozialismus. Beider Schönheit wird, durch Verfremdung, deutlich.[429]

Besonders anschaulich lässt sich dies am Beispiel des Neubauern Kaffka zeigen, dessen Verwandlung zum gesellschaftlich mündigen Subjekt sich in seiner Sprache auch rhythmisch niederschlägt. Ist sein Bericht über die vom Krieg geprägte Vorgeschichte noch in Prosa gehalten, so wechselt seine Rede im Sozialismus, der sein Leben erstmals lebenswert macht, in nahezu reine, regelmäßige Jamben.[430]

Stimmen Hacks und Müller in ihrer Auffassung des Verhältnisses von Form und Inhalt, das „die tatsächliche Barbarei der Welt im Stoff [widerspiegle] und ihre mögliche Schönheit in der Form"[431], grundsätzlich überein, so ist Müller doch nachhaltig bestrebt, dieses Spannungsverhältnis immer wieder an seine Grenzen zu treiben. Im Sinne von Deleuze und Guattari betreibt er somit nicht nur eine „Deterritorialisierung der Sprache", sondern auch eine des Blankverses als ästhetischer Form – interessiert sich also, wie auch die Untersuchung seines Umgang mit den Gattungsmerkmalen der Komödie untermauern wird, schon zu Beginn der 1960er-Jahre deutlich für formal-inhaltliche Grenzüberschreitungen. Dabei macht er sich ein im Verhältnis von Metrum und Rhythmus, Inhalt und Form verborgenes grotesk-satirisches Potential zu Nutze, das Hacks wohl mit

---

427 Ebd., S. 44.
428 Ebd., S. 43.
429 Ebd., S. 45.
430 Vgl. HMW 3, S. 183 f.
431 Hacks [1966], S. 99.

IV.3 Müllers „gestischer Jambus" – Groteskes in der Textur der ‚Umsiedlerin' — 323

Rücksicht auf das ideologisch aufgeheizte Klima der DDR-Kulturpolitik nicht zur Sprache gebracht haben wird. Zur Anwendung kommen dabei verschiedene Techniken: Die vollkommene Übereinstimmung von Metrum und Rhythmus etwa nutzt er in ihrem Kontrast zum verhandelten Inhalt oftmals zur Etablierung einer „witzige[n] Pointe"[432], die ihr karnevaleskes Potential durch einen rhythmischen Bruch (im folgenden Fall Schmulkas knappe Antwort) entfaltet:

> SIEGFRIED:
> [...] Der Sozialismus fährt an dir vorbei.
> Und alles, was Du siehst ist, der drauf sitzt
> Hat Hosen an, und alles was du denkst
> Ist, wann er die herunter läßt vor dir.
> SCHMULKA Ja. *Ab.*[433]

Dasselbe Verfahren eignet sich allerdings ebenso gut für den effektvollen Einsatz von schwarzem Humor – wie etwa in Rammlers bösem Witz über das verheerende Schicksal der Neubauern:

> RAMMLER [...] Von zwanzig einer
> Erhängt sich bei den reformierten Bauern.
> Warum? Die andern haben keinen Strick.[434]

Rhythmische Verfahren lassen allerdings auch affirmierende oder distanzierende intertextuelle Bezugnahmen zu, wie sie in der ‚Umsiedlerin' oft zu finden sind. So wendet Müller etwa jene paradox-groteske Formel, mit der Brecht im düstern Vorkriegsjahr 1938/39 in der dänischen Fassung seines ‚Galilei' verzweifelt auf die erneuernde Kraft des Marxismus pocht – „Ich bleibe auch dabei, daß dies eine neue Zeit ist. Sollte sie aussehen wie eine blutbeschmierte alte Vettel, dann sähe eben eine neue Zeit so aus!"[435] –, in ein aufbruchsschwangeres, wenngleich keineswegs naiv verzeichnetes Bild vom Nachkrieg:

> FLINT [...] So sah sie aus, die neue
> Zeit: nackt, wie Neugeborene immer, naß

---

[432] Keller 1992, S. 163.
[433] HMW 3, S. 211.
[434] Ebd., S. 228. Für weitere einschlägige Beispiele sei auf das diesbezügliche Kapitel zurückverwiesen.
[435] GBA 5, S. 106.

> Von Mutterblut –
> SENKPIEL Beschissen auch.[436]

Auf das gänzlich Unheroische der Aufbauphase, die Müller in das groteske Zerrbild eines mit Blut und Exkrementen beschmierten Neugeborenen kleidet, machen rhythmisch deren tastende erste Schritte aufmerksam, die in dem stolpernden Beginn der zweiten Verszeile körperlich werden. Die langsame Rückeroberung des Alltags wiederum spiegelt sich in den stotternden Versuchen (Zeile 3 und 4), sich das regelmäßige Metrum wieder anzueignen. Kontrastiert wird diese sich über beachtliche Hürden hinwegsetzende Aufbruchsstimmung an anderer Stelle durch eine gegen Flints Fortschrittsoptimismus gerichtete Replik Fondraks, mit der er ironisch das 1890 entstandene, emphatisch-weltbejahende Sonett ‚Was ist die Welt?'[437] des 15-jährigen Hugo von Hofmannsthal zitiert:

> FONDRAK [...] Was ist die Welt, Flint. Viel Geschrei
> Um einen trockenen Mist, der stinkt bei Regen.[438]

Hofmannsthals Pathos wird dadurch konterkariert, dass Fondrak Flint direkt anspricht und so einen rhythmischen Spannungsabfall produziert. Die zweite Verszeile wiederum parodiert die hofmannsthalsche Ästhetisierung der Welt inhaltlich durch die Banalität, ja das Abstoßende, das sie für Fondrak besitzt, rhythmisch durch die Imitation des regelmäßigen Metrums, das gleichwohl der durchweg vorantreibenden männlichen Kadenz am Versende bei Hofmannsthal eine spannungsaufhebende weibliche entgegensetzt. Ihr grotesk-komisches Potential jedoch entfaltet die Replik erst durch die Kenntnis ihres Vorbilds bzw. die rhythmische Diskrepanz zwischen ‚Original' und ‚Kopie', die der Vergleich offenlegt. Auch darin zeigt sich die beeindruckende körperliche Dimension des müllerschen Blankverses.

Eine besondere Spezialität der müllerschen Shakespeare-Rezeption stellen die Heroic Couplets dar, die jeweils das Finale der Schlüsselszenen (1, 2, 3, 6, 8, 11,

---

[436] HMW 3, S. 216. Vgl. dazu auch Müllers Bezugnahme auf Brecht in der Beschreibung seiner Haltung gegenüber der Diktatur DDR um 1960 (HMW 9, S. 141): „Die Brecht-Formel: Ich bestehe darauf, daß dies eine neue Zeit ist, auch wenn sie aussieht wie eine blutbeschmierte alte Vettel. Das war die Position, das schlechte Neue gegen das vielleicht bequeme Alte."

[437] Vgl. Hofmannsthal, Hugo von: Was ist die Welt? In: Hofmannsthal: Sämtliche Werke. Kritische Ausgabe. Bd. I. Gedichte 1. Hrsg. von Weber, Eugene. Frankfurt am Main 1984, S. 7: Was ist die Welt? Ein ewiges Gedicht, / Daraus der Geist der Gottheit strahlt und glüht, / Daraus der Wein der Weisheit schäumt und sprüht, / Daraus der Laut der Liebe zu uns spricht" (zitiert sind hier nur die ersten vier Verse der ersten Strophe).

[438] HMW 3, S. 254.

13) markieren und in der ‚Umsiedlerin' im Gegensatz zum ‚Gundling' noch in ihrer eigentlichen Funktion zum Tragen kommen: als pointierte Zuspitzung des szenenimmanenten Konflikts. Ihrem Namen machen sie allerdings auch hier keine Ehre. Im Überblick über die müllerschen Heroic Couplets lässt sich jedoch ein auf die grotesken Pointen der Szenen hin verdichtetes thesenhaftes Kondensat des gesamten Stückes erzählen, wobei bei der Verteilung der Couplets in keiner Weise zwischen der sozialen Stellung der Figuren unterschieden wird. Kleinbauer wie Bürgermeister, Parteimitglied wie Anarchist ergreifen das Wort, einzig Flint kommt mehrfach zum Zuge.

Das erste Bild etwa, als Exposition des Konflikts zwischen Bauern und Partei, endet mit Flints Zurechtweisung eines Bauern, der – nicht als einziger – zugunsten seiner leiblichen Bedürfnisse die Schlossbücherei räubert. In karnevalesker Verkehrung dient die bürgerliche Kultur dem Dorf sprichwörtlich als „Arschwisch"[439] und Feuerung:

> FLINT *ihm in den Weg:* SchillerundGöthe, wer hat ihm den
> Bauch gefüllt? Homer, wer hat ihn erzogen?
> Kein Buchstab ohne dich und kein Gedanke.
> Dein krummer Buckel, deine krumme Hand.
> Und dir ists für den Bauch und für den Hintern.
> Die Bücher sind Gemeindeeigentum.
> Schaff sie zurück aufs Schloss, Kulturhaus morgen.
> BAUER Machs selber, Jesus. Ich hab andre Sorgen.[440]

Flints Mahnrede, die dem Bauern ganz materialistisch seinen Anteil an der Hochkultur vorführt und auf die ungeheure Verschwendung von Ressourcen aufmerksam macht, die sein Verhalten darstellt, folgt im Tenor Brechts ‚Fragen eines lesenden Arbeiters', ohne damit auf viel Verständnis zu stoßen. Der Wortwechsel zwischen Flint und dem Bauern, dessen Replik das Couplet erst konstituiert, bringt die Unvereinbarkeit des kulturpolitischen Idealismus' der Partei und der leiblichen Bedürfnisse der Bauern auf den Punkt. Im Handgemenge der sozialistischen Revolution, die alle Lebensbereiche gleichzeitig erfassen will, scheint die marxistische Lehre von den materiellen Voraussetzungen einer möglichen gesellschaftlichen Bewusstseinsbildung unterzugehen.[441]

---

[439] Vgl. dazu die nach Bachtin ebenso degradierende wie erneuernde Funktion der Arschwisch-Episode in Rabelais' ‚Gargantua und Pantagruel' (Bachtin 1995, S. 416–426 bzw. Rabelais 1994, S. 70–74).
[440] HMW 3, S. 189.
[441] Vgl. MEW 13, S. 9: „Es ist nicht das Bewußtsein der Menschen, das ihr Sein, sondern umgekehrt ihr gesellschaftliches Sein, das ihr Bewußtsein bestimmt."

Ketzers Heroic Couplet am Schluss der zweiten Szene verdichtet die Folgen solcher Ignoranz. Die gesellschaftliche Revolution auf dem Lande wird hier von einem schöpferisch-erneuernden in einen destruktiven schwarzen Karneval verkehrt. So entsteht ein emblematisches Warnbild, das aufgrund der reinen fünfhebigen Jamben erst recht grotesk anmutet:

> KETZER [...] Ein Sprung ins Schwarze und ich kann der Welt
> Die Zunge zeigen, wenn der Haken hält.[442]

Ebenso grotesk wirkt Beutlers parasitäre Nutznießerschaft an der marxistischen Lehre und kommunistischen Praxis, deren karnevaleske Verkehrung es ihm eine Zeit lang erlaubt, sich unbehelligt durch die neuen Verhältnisse zu schlängeln, ohne seine egoistischen Ziele aufgeben zu müssen. Paradox zugespitzt wird diese Figurenhaltung in einem Heroic Couplet am Ende der dritten Szene:

> BEUTLER [...] S ist gegen die Natur doch dialektisch.
> Als neuer Adam steigst du aus der Taufe
> Und füllst die Backen an der alten Raufe.[443]

Dass das revolutionäre Individuum wiederum seinen persönlichen Bedürfnissen nur nachkommen kann, wenn es sich gelegentlich von der Parteidoktrin befreit, macht Siegfrieds abschließendes Couplet im achten Bild deutlich:

> SIEGFRIED [...] Ich zieh das Blauhemd aus. Ja, so wird's gehn.
> *Tut es.*
> Im Kommunismus wird man weiter sehn.[444]

Der Austritt psychologischen Machtbereich der Partei wird hier durch eine Art ‚Häutung' vollzogen; der Mensch kann offenbar nicht zu einer Lösung des eigentlichen Konflikts kommen, solange er mit sich identisch bleibt. Dass diese Lösung ebenso naiv-vertrauensvoll auf den Kommunismus vertagt wird wie in christlichen Gesellschaften auf das ewige Leben, zeigt auf grotesk-komische Weise, in welchem Ausmaß die kommunistische Bewegung – als Heilslehre – Elemente der ihr verhassten Theologie inkorporiert hat.

Demgegenüber vertritt der Anarchist Fondrak einen Traum vom weltlichen Paradies, der nicht annähernd auf irgendeinen metaphysischen Glaubenssatz verweist. Sein absolut diesseitiger Materialismus spiegelt sich in der karneva-

---

442 HMW 3, S. 194.
443 Ebd., S. 204.
444 Ebd., S. 238.

lesken Parekbase der elften Szene, deren abschließendes Heroic Couplet seine
vitalen Zauberkräfte charakteristisch zur Geltung bringt:

> FONDRAK [...] Wasser in Wein verwandeln, das kann jeder
> Doch die Verwandlung einer christlichen
> Vierhundertfünfziger BMW in Bier
> Verehrtes Publikum, sehen sie nur hier.[445]

Mit ähnlichen Aussichten will allerdings in seiner Einstandsrede als Bürgermeister auch Flint der versammelten Dorfgemeinschaft die entbehrungsreiche Arbeit am Kommunismus schmackhaft machen. Unter Betonung seines erhabenen Kerns – und damit in deutlichem Gegensatz zum Realsozialismus – etabliert er den Kommunismus als Inbegriff des herrschaftsfreien Wohllebens, ohne jedoch seine theologische Konnotation, Lohn für die asketische Aufopferung der Revolutionäre zu sein, in Frage zu stellen:

> FLINT [...] Der Kommunismus ist, was Spaß macht, sonst
> Wozu den langen Weg mit Blut und Schweiß.
> Die große Mühe lohnt der größte Preis.[446]

Am Ende des letzten Bildes allerdings bricht Müller mit der Konvention des Heroic Couplets. Stattdessen beschließt er Szene wie Stück mit einem Dialog zwischen Henne und Flint, dessen Verse aus einem jeweils vierzeiligen, reinen jambischen Fünfheber bestehen. Das unterschiedliche Fazit, das beide aus der abgeschlossenen Kollektivierung ziehen – man beachte, dass hier wie in der Expositionsszene Bauer und Parteisoldat das Bild gemeinsam zu Ende führen –, unterstreicht Müller durch die von ihnen jeweils benutzten unterschiedlichen Reimformen:

> HENNE Zehn Jahr saß er uns im Genick, der Hund
> Zwei Jahr und länger ließ er sich dann bitten
> Und wieder stößt er sich an uns gesund.
> Ich wollt, ich hätt ihn nicht vom Strick geschnitten.
> FLINT Das Feld ging übern Bauern und der Pflug
> Seit sich die Erde umdreht in der Welt.
> Jetzt geht der Bauer über Pflug und Feld.
> Die Erde deckt uns alle bald genug.[447]

---

[445] Ebd., S. 256.
[446] Ebd., S. 277.
[447] Ebd., S. 287.

Henne, der Flint schon früher vor Treibers destruktivem Potential gewarnt hat, zieht, was die Expropriation der reaktionären Kräfte angeht, eine bittere Bilanz der sozialistischen Vergemeinschaftung. Seine düstere Einsicht, dass unter diesen Umständen der revolutionäre Kampf noch lange nicht beendet sein wird, drückt sich in dem vorantreibenden, alternierenden Reim aus, dessen Wirkung sich im Wechsel von männlicher und weiblicher Kadenz entfaltet. Der umarmende Reim in Flints Sequenz betont hingegen nicht nur die historische Bedeutsamkeit der Kollektivierung als abgeschlossener Etappe der sozialistischen Revolution; er erweitert zugleich die historische um eine transzendentale Perspektive, bettet die zurückgelegte revolutionäre Wegstrecke durch ein barockes Vanitasmotiv in den ewigen Kreislauf von Werden und Vergehen ein, der die hemmenden Elemente des historischen Prozesses auf lange Sicht der Vernichtung anheim geben wird. Die Überführung des Blankvers' in gereimte jambische Fünfheber, die zu den favorisierten Versformen der deutschen Barockdichtung gehörten, stützt diese Lesart. Müller kann sich somit eine abschließende Spitze nicht verkneifen: Der Verweis auf die ewige Relativität des Seienden lässt durchaus die Vermutung zu, dass Flint die Hoffnung aufgegeben hat, den Kommunismus als letztes Ziel aller Entbehrungen selbst noch zu erleben. Das Missverhältnis zwischen dem messianischen Fortschrittsglauben des historischen Materialismus und der Einsicht in die transzendentale Obdachlosigkeit des Menschen wird provokant ins Licht gerückt. Flints Anspielung auf die existentielle Einsamkeit des Menschen erweist sich noch im letzten Atemzug der Komödie als ambivalente Brechung der umfassenden Versöhnung, die der umarmende Reim und das Bild vom „Zudecken" eigentlich in Aussicht stellen.

Müllers Blankvers hebt, indem er Strittmatters Modell durch die Orientierung an Shakespeare ergänzt, auf die Betonung von Kontrasten und Konflikten ab und greift dabei immer wieder affirmierend oder parodierend auf literarische Vorlagen zurück. Durch die stets inhaltlich motivierten rhythmische Brüche, die Ausfälle in die Prosa, die das Jargonhafte der Wortwahl unterstreichen, entsteht die enorme Körperlichkeit, das staunenswert Gestische der Sprache seiner Figuren, werden Witze und grotesk-komische Pointen erzeugt. Die Kongruenz von Metrum und Rhythmus hingegen dient Müller oft dazu, den heroischen Sprachgestus mit kontrastierenden Inhalten grotesk zu konterkarieren. Auch so lassen sich im Ton eher lakonische Gipfelpunkte erreichen.

Allerdings finden sich vor allem in den Reden von Müllers utopisch konnotiertem Personal auch ganz lyrische Passagen, deren rhythmischer Spannungsbogen in keiner Weise eine grotesk-komische Verzerrung intendiert:

>   MÜTZE [...] Da steht vielleicht am Feldweg, den man jeden
>   Tag abfährt, ein Baum, kein großer, eingestaubt

> Von den Fuhrwerken, überall nicht viel anders
> Als andre Bäume, und dann doch ganz anders
> Nämlich wenn man ein Aug drauf hat. Zwei
> Jahre lang fährt man den Weg schon, jeden Tag
> Früh auf den Acker, spät heim und nicht vorm dritten
> Merkt man den Baum, der da schon vier Jahr steht.[448]

Mützes stolpernde Jamben, hinter dessen allegorischer Erzählung vom Baum am Wegesrand sich nichts anderes als eine Liebeserklärung verbirgt, sind Ausdruck der Unbeholfenheit eines Mannes, der es nicht gewohnt ist, sein Herz auf der Zunge zu tragen. Ausgehend von einer reinen Blankverszeile entgleitet ihm zweimal das Metrum und muss mühsam zurückerobert werden, was erst in Zeile vier und fünf, schließlich in der achten Zeile gelingt. So zeigt sich noch in der Holprigkeit der Verse, die von dem ungelenken identischen Reim „anders" (Zeile drei und vier) unterstützt wird, eine gewisse Symmetrie, ein Hauch von Vollkommenheit. Gemeinsam mit der Komik, die Mützes taumelndes Bekenntnis entwickelt, bewahrt diese, in der „Würde des Augenblicks"[449], den Vor-Schein eines von allen gesellschaftlichen Konventionen und historischen Prägungen befreiten, zärtlichen Umgangs zwischen Mann und Frau und zeugt so ein weiteres Mal von der grundsätzlich utopischen Gerichtetheit des müllerschen Revolutionspanoramas.

IV.4 ‚Die Umsiedlerin' als *Metakomödie*[450]

IV.4.1 Die Komödienstruktur als Hort des Grotesken

Ulrich Profitlich umreißt für die Nachkriegszeit in der Bundesrepublik einen „Idealtypus" der „‚reinen (echten, wirklichen) Komödie'", der nach den Erfahrungen zweier Weltkriege und des Nationalsozialismus zahlreichen Autoren als Reibungsfläche und Abstoßungsmoment für die Auseinandersetzungen mit der Gattung dient. Er basiert auf drei zentralen Merkmalen, die schon mit Beginn der Krise des Genres am Anfang des 20. Jahrhunderts fragwürdig geworden seien:

---

448 HMW 3, S. 214.
449 Fehervary [1995/98], S. 132.
450 Für diesen Begriff bin ich dem Dramatiker Igor Kroitzsch zu Dank verpflichtet. Die Begriffsbildung geht auf zahlreiche ausführliche Gespräche über Heiner Müllers Dramaturgie zurück und entstand in Auseinandersetzung mit Eugène Ionescos Entwurf einer *Komödie über die Komödie* in der Nachkriegszeit. Vgl. Ionesco, Eugène: Die Geburt der *Sängerin* [1959]. In: Ionesco: Argumente und Argumente. Schriften zum Theater. Neuwied/Berlin 1964, S. 178–181, hier S. 178.

"ein unbefragbar glückliches Ende, eine ungebrochene (wenig gebrochene), nicht ins Groteske oder andere zwielichtige Nuancen getriebene Komik" sowie „eine heitere Affirmation der Welt- und Gesellschaftsordnung"[451], wobei eine den versöhnlichen Humor betonende Komik als „komödien-konstitutiv"[452] anzusehen sei. Dass den Dramatikern im deutschsprachigen Westen ein solcher Prototyp von Komödie, der sich auf die Grundlagen der Komödientheorie des deutschen Idealismus stützt, nach den Schrecken zweier Weltkriege und des Holocaust nicht mehr angemessen erscheint, mag kaum verwundern. Schiller begreift die Komödie noch als erhabene Gattung, die „uns in einen *höheren Zustand*"[453] versetze, und stellt den versöhnlichen Humor, als von der Unbill der Welt distanzierende Instanz, objektiv ins Zentrum seiner Komödientheorie: „[W]ir schauen an und alles bleibt außer uns; dieß ist der Zustand der Götter, die sich um nichts menschliches bekümmern, die über allem frei schweben, die kein Schicksal berührt, die kein Gesetz zwingt."[454] Auch Hegel, der Greiner zufolge[455] an diese These aus subjektiver Perspektive anschließt, identifiziert den Humor – somit „das in sich absolut versöhnte, heitere Gemüt", mit dem „die Tragödie schließen" könne – als „Grundlage und [...] Ausgangspunkt[]" der Gattung.[456] Einen derart souveränen Standpunkt können nach den historischen Erfahrungen der ersten Hälfte des 20. Jahrhunderts, wie nicht zuletzt Adorno feststellt, weder Produzenten noch Rezipienten mehr unhinterfragt einnehmen. Adorno plädiert dementsprechend für eine „Kunst ins Unbekannte hinein", jenseits der Alternativen von Komödie und Tragödie, die sich bereits sichtbar „verfrans[t]en":

> In der zeitgenössischen Kunst zeichnet ein Absterben der Alternativen von Heiterkeit und Ernst, von Tragik und Komik, beinahe von Leben und Tod sich ab. Kunst verneint damit ihre gesamte Vergangenheit, darum wohl, weil die gewohnte Alternative einen zwischen dem Glück des fortdauernden Lebens und dem Unheil gespaltenen Zustand ausdrückt, welches das Medium seiner Fortdauer bildet. Kunst jenseits von Heiterkeit und Ernst mag ebenso Chiffre von Versöhnung wie von Entsetzen sein kraft der vollendeten Entzauberung der Welt.[457]

---

451 Profitlich 1998, S. 234 f.
452 Ebd., S. 233.
453 Schiller, Friedrich: Tragödie und Comödie [aus dem Nachlass, entst. 1792/93?]. In: Schiller: Werke. Nationalausgabe. Bd. 21. Philosophische Schriften. 2. Teil. Hrsg. von von Wiese, Benno. Weimar 1963, S. 91–93, hier S. 92.
454 Ebd., S. 92 f.
455 Vgl. Greiner 2006, S. 92.
456 HW 15, S. 552.
457 Adorno, Theodor W.: Ist die Kunst heiter? In: Adorno: Gesammelte Schriften. Bd. 11. Noten zur Literatur IV. Hrsg. von Tiedemann, Rolf. 3. Aufl. Frankfurt am Main 1990, S. 599–606, hier S. 605 f.

Nachdem die Komödie während des Nationalsozialismus als reines Unterhaltungsmedium oder gleich zum Zwecke „ideologischer Indoktrination"[458] missbraucht worden war, wird sie in den 1950er-Jahren zum bevorzugten „Instrument von Zeitdeutung"[459] aufgewertet. Besonders Dürrenmatt, der angesichts des mittlerweile die menschliche Vorstellungs- und Interventionskraft übersteigenden Vernichtungspotentials der Technik gerade dem Grotesken, als ultimativem Mittel der Gestaltung einer ungestalten, in den Wahnsinn driftenden Welt, einen hohen Stellenwert einräumt, schätzt die Komödie als letzte Möglichkeit, ästhetisch „Distanz"[460] zu erzeugen und sich „geistige[] Freiheit"[461] zu bewahren. Ihre Handlung, so Dürrenmatt, erweise sich insofern als komisch, als sie paradox sei – also „„zu Ende gedacht'"[462]. Aufs Äußerste zugespitzt präsentiert sich sein Blick auf das komische Genre schließlich 1967, als er – in großer Nähe zu Adorno – die Begriffe von Komödie und Tragödie in Äquivalenz zu bringen scheint: „Die schlimmstmögliche Wendung, die eine Geschichte nehmen kann, ist die Wendung in die Komödie"[463].

Für die ästhetische Wirksamkeit solcher Maßgaben spricht, dass Vaßen nach dem Ende des Kalten Krieges an der Gattung Komödie im 20. Jahrhundert ebenso eine tendenzielle Auflösung beobachtet, wie an der Tragödie, und auf das „[F]ließend"-Werden der „Übergänge" beider dramatischer Gattungen verweist. Nicht zuletzt sei dies auch „an der problematischen Bezeichnung Tragikomödie" abzulesen.[464] Für beide Gattungskrisen macht er eine durch die Menschheitskatastrophen des 20. Jahrhunderts ausgelöste „Krise des Individuums in der bürgerlichen Gesellschaft"[465] verantwortlich:

> Der unfassbar bedrohlichen Realität entspricht weniger die Komödie, die allzu oft auf „erbauliche Unverbindlichkeit" oder „schmatzend einverstandene(s) Behagen" reduziert wird, als die *Groteske* oder die *Travestie* des Tragischen als „defiziente(r) Modus des Komischen".[466]

---

[458] Profitlich 1998, S. 231.
[459] Trommler, Frank: Komödie und Öffentlichkeit nach dem Zweiten Weltkrieg. In: Die deutsche Komödie im 20. Jahrhundert. Hrsg. von Paulsen, Wolfgang. Heidelberg 1976, S. 154–168, hier S. 165. Vgl. dazu auch Profitlich 1998, S. 231.
[460] Dürrenmatt, Friedrich: Anmerkungen zur Komödie [1952]. In: Dürrenmatt: Gesammelte Werke. Bd. 7. Zürich 1996, S. 22–27, hier S. 26. Vgl. ebenso: Dürrenmatt [1955], S. 58.
[461] Dürrenmatt [1952], S. 25.
[462] Dürrenmatt, Friedrich: Dramaturgische Überlegungen zu den „Wiedertäufern" [1967]. In: Dürrenmatt: Gesammelte Werke. Bd. 7. Zürich 1996, S. 94–105, hier S. 101.
[463] Ebd., S. 95.
[464] Vaßen 1991, S. 159. Vgl. dazu auch Profitlich 1998, S. 236 bzw. Heidsieck 1969, S. 79.
[465] Vaßen 1991, S. 159 f.
[466] Ebd., S. 159. Vgl. zudem Heidsieck [1970], S. 465.

In ähnlicher Weise interpretiert auch Profitlich die Ablehnung eines Idealtypus' der Komödie durch die Dramatik der Nachkriegszeit, die als „Hintergrund der These" fungiere, „,Komödie' als der Gegenwart angemessenes Genre löse nicht allein die ‚Tragödie' ab [...], sondern sei zugleich ‚Anti-Komödie' oder ‚Komödie der Komödie' (Ionesco), ersetze also einen anderen Typus desselben Genres ‚Komödie', eben den ‚reinen' oder ‚alten'".[467] Akademische Komödientheorie allerdings habe gegenüber diesem ästhetischen Phänomen in der bundesrepublikanischen Nachkriegszeit fast nur noch als Entwicklung „historische[r] oder systematische[r] Typologien" stattgefunden, wobei kaum „Überlegungen zur Gegenwartsdramatik angestellt" worden seien.[468]

Im Gegensatz dazu findet die theoretische Auseinandersetzung mit den dramatischen Gattungen – und besonders der Komödie – in der DDR zu einem veritablen Höhepunkt, schon allein, weil das Theater dort ebenso als Volksbildungseinrichtung verstanden wird, wie Literatur und Kunst schlechthin. Auch die marxistische Literaturtheorie lehnt die von Schiller und Hegel vertretene idealistische Definition der Komödie ab – jedoch aufgrund ihrer Indifferenz gegenüber den gesellschaftlichen Gegebenheiten. Sie geht zu einer geschichtsphilosophischen Deutung der Gattung über, die gleichwohl die aggressiven Momente des Komischen stark betont. Im Humor kann sie kaum mehr erkennen, als ein „Sich-Abfinden des Bürgertums mit seiner Misere". Stattdessen avanciert nun aus Sicht der marxistischen Geschichtstheorie die Satire, deren Ziel es ist, die überkommenen bürgerlich-feudalen Gesellschaftsstrukturen zu verlachen und aus einem historischen Überlegenheitsgefühl heraus gründlich zu verabschieden, zur „einzig akzeptable[n] Spielart der Komödie".[469] Viel zitiert und berühmt geworden ist in diesem Zusammenhang das marxsche Zitat aus der Einleitung ‚Zur Kritik der Hegelschen Rechtsphilosophie':

> Die Geschichte ist gründlich und macht viele Phasen durch, wenn sie eine alte Gestalt zu Grabe trägt. Die letzte Phase einer weltgeschichtlichen Gestalt ist ihre *Komödie*. [...] Warum dieser Gang der Geschichte? Damit die Menschheit *heiter* von ihrer Vergangenheit scheide.[470]

Allerdings erfreut sich die Satire im anderen Teil Deutschlands nicht lange einer solch ideologisch begründeten Beliebtheit, wie man es diesen polithistorischen Thesen zufolge vermuten könnte. Denn in den Literaturwissenschaften der sich

---

467 Profitlich 1998, S. 235. Vgl. dazu Rühle, Günther: Zeit für Komödien? In: Vorwort Nr. 8 (1987). Hrsg. vom Schauspiel Frankfurt, S. 3.
468 Ebd., S. 236.
469 Greiner 2006, S. 93. Vgl. auch Ludwig 2012, S. 50.
470 MEW 1, S. 382.

langsam konsolidierenden Gesellschaften des Ostblocks setzt sich ab den 1960er-Jahren mehr und mehr die – übrigens auch von Müllers Rivalen Peter Hacks vertretene – Ansicht durch, dass es des satirischen Verlachens antagonistischer, unauflösbarer Widersprüche nicht mehr bedürfe, da sie der sogenannten „Vorgeschichte", also mithin der Vergangenheit angehörten:

> Die Komödie wird als Medium heiter-lachender Selbstkritik verstanden. Da die Konflikte innerhalb der sozialistischen Gesellschaft grundsätzlich als lösbar und überwindbar betrachtet werden, ist eine insgesamt wohlmeinende, bejahende Schilderung der innergesellschaftlichen Auseinandersetzungen gerechtfertigt. Die komische Entlarvung von Irrtümern und Fehlern zielt nicht auf „unbedingte, vernichtende Verneinung", sondern sie ist – bei aller Schärfe der Kritik an den aufgedeckten Schwächen und Mängeln im einzelnen – als Hilfe gemeint, damit hemmende Faktoren erkannt und möglichst rasch beseitigt werden können.[471]

Die „Mittel der Karikatur und der Groteske", mit denen revisionistische Umtriebe, „[f]alsche Bewußtseinshaltungen und charakterliche Mängel (Standesdünkel, Protzsucht, Egoismus, Trägheit, Rechthaberei etc.)" noch „in der Anfangszeit der DDR [...] lächerlich gemacht und dem Spott der Zuschauer preisgegeben" wurden,[472] erfahren „mit der wirtschaftlichen und politischen Konsolidierung der DDR Anfang der sechziger Jahre" theoretisch ihre Verabschiedung. Aufgewertet wird ihnen gegenüber nun eine „humorhaft-nachsichtige[] Komik und heiter-satirische[] Selbstkritik": „Die Einschätzung, nun in eine neue Phase der sozialistischen Entwicklung eingetreten zu sein, erlaubte es, selbstbewusst die systemimmanenten Krisensymptome zu diskutieren, ohne das Risiko einzugehen, die schon erreichten Erfolge wieder zu gefährden."[473] Im Zentrum des ästhetischen Interesses steht dabei der deutliche Hinweis auf die Lösbarkeit der Konflikte, die fraglose Parteinahme für den Sozialismus als den vermeintlich historisch überlegenen „‚Sieger der Geschichte'"[474]. So erfolgt quasi durch die Hintertür eine erneute Annäherung an die klassisch-idealistische Komödiendefinition, wie sie bei Schiller und Hegel zu finden ist. Eine Erweiterung dieses „gesellschaftlich Komische[n]"[475], wie sie das groteske Lachen „im Sinne Michail Bachtins" dar-

---

[471] Keller 1992, S. 156. Vgl. dazu Heise, Wolfgang: Hegel und das Komische. In: Sinn und Form 16 (1964), S. 811–830, hier S. 828.
[472] Keller 1992, S. 153. Siehe auch: Theater in der Zeitenwende. Zur Geschichte des Dramas und des Schauspieltheaters in der Deutschen Demokratischen Republik 1945–1968. Hrsg. vom Institut für Gesellschaftswissenschaften beim ZK der SED. 2. Bde. Berlin 1972, hier Bd. 1, S. 254. Vgl. zudem Profitlich 1998, S. 208.
[473] Keller 1992, S. 157.
[474] Vgl. Ludwig 2012, S. 50.
[475] GBA 24, S. 312.

stellt, „das auf der Heraufsetzung des Kreatürlichen und Materiell-Leiblichen" beruht und jedes dem entgegenstehende ideelle Konstrukt von Welt mit der Relativität alles Seienden konfrontiert, war der sozialistischen Komödientheorie hingegen gänzlich fremd.[476]

Wenn Müller sich mit seiner ,Umsiedlerin' also auch dem ideologisch adäquaten dramatischen Genre zuwendet,[477] folgt er doch, mit Blick auf den realen historischen Weltzustand, den abstrakten Hypothesen der sozialistischen Komödientheorie höchstens vordergründig.[478] In seinem spezifischen Umgang mit der komischen Gattung betont er nicht nur deren seit den 1960er-Jahren immer mehr ins Abseits geratende grotesk-satirischen Züge, er nähert sich offensichtlich, indem er das Genre an sich in Frage stellt und mit Hilfe des Grotesken an seine Grenzen treibt, sogar weit mehr den im westlichen Europa – insbesondere bei Dürrenmatt – angestellten Überlegungen zur Komödie an. ,Die Umsiedlerin' orientiert sich also weder an idealtypischen Gattungsbegriffen, noch dient sie sich den voluntaristischen ideologischen Vorgaben der Kulturpolitik an; sie gibt vielmehr ein einschlägiges Beispiel für die von Jauß hervorgehobene historische Bedingtheit von Gattungsbegriffen ab:

> Der Idealfall der Objektivierbarkeit solcher literaturhistorischen Bezugssysteme sind Werke, die den durch eine Gattungs-, Stil- oder Formkonvention geprägten Erwartungshorizont ihrer Leser erst eigens evozieren, um ihn sodann Schritt für Schritt zu destruieren, was durchaus nicht nur einer kritischen Absicht dienen, sondern selbst wieder poetische Wirkungen erbringen kann.[479]

Jauß zufolge kann dabei das Kriterium der in solch einem Fall entstehenden „ästhetischen Distanz"[480], wenn sie hoch ausfällt – und das ist in Müllers ,Umsiedlerin' zweifellos der Fall –, zur Aussage über die ästhetische Innovationskraft bzw. den Kunstwert eines Werkes befähigen.

Ähnlich wie Jauß lehnt auch Rainer Warning jegliche Form einer überhistorischen Gattungspoetik ab, begreift Gattungsregeln immer als historisch vermittelte und je nach geschichtlicher Notwendigkeit veränderliche Maßstäbe.[481] „Überhistorische Systematizität" hingegen „eigne[] allein den Komponenten", so Warning, „was umgekehrt bedeute[], daß sich aus einer Komponente allein keine

---

476 Keller 1992, S. 159. Vgl. dazu auch Zenetti 2012, S. 248.
477 Vgl. dazu Profitlich 1998, S. 209.
478 Vgl. Keller 1992, S. 174.
479 Jauß 1992, S. 176.
480 Ebd., S. 178.
481 Vgl. Warning 2001, S. 31.

überhistorisch-systematische Theorie der Gattung als Gattung ableiten" lasse.⁴⁸²
Er macht sowohl auf der strukturellen als auch auf der pragmatischen Ebene der Komödie jeweils zwei Komponenten aus, die in ihrer historischen Wandlungsfähigkeit als Beschreibungsgrundlage für die Gattung von Nutzen sein können. Einen zentralen Bestandteil der Pragmatik spielerischen Handelns bildet für Warning einerseits die im Falle von Müllers grotesken Motivkomplexen bereits sattsam erörterte Dichotomie von Spiel- und Aggressionstrieb,⁴⁸³ die man in ihrer „Gewichtung" für „jede[] Komödie [wird] neu bestimmen müssen. Aber immer gilt es beide zu sehen, weil sich erst in ihrem Miteinander und Gegeneinander die Komödie als Gattung konstituiert."⁴⁸⁴ Als weitere strukturbildende Konstante identifiziert er andererseits die sogenannte „anderweitige Handlung", welche „erst [...] eine Organisation der eigentlichen komischen Handlungen", die an sich nur episodisch sind, „zu einer Einheit, zu einer übergreifenden Handlung [...] erlaubt".⁴⁸⁵ Andere strukturelle Merkmale der Komödie erkennt Warning darüber hinaus in einem „Prinzip der Wiederholung"⁴⁸⁶ sowie in bestimmten Verfahren der Fiktionsdurchbrechung (Parabase/Parekbase)⁴⁸⁷, die beide am Beispiel der ‚Umsiedlerin' bereits zur Sprache gekommen sind.

Warnings Axiom der integrierenden, „anderweitige[n] Handlung" wird in seiner Relevanz für die Affinität der Komödie zu strukturellen Merkmalen grotesker Gestaltung einsichtig, wenn man es mit der These Greiners in Verbindung bringt, dass die Komödie als Genre zu verstehen sei, das grundsätzlich eine ambivalente Bewegung zwischen Auflösung der Form und gleichzeitiger ästhetischer Formung vollzieht: „Erst im Blick auf beide Bewegungen – Karnevalisierung der Komödie und Formung des Karnevalistischen in der Komödie – wird sich die Dynamik der jeweiligen Komödie und ebenso die Gesetzlichkeit des jeweiligen Epochenstils erschließen."⁴⁸⁸ Bei der Komödie handelt es sich also um eine Gattung, die große Nähe zu der dem Grotesken eigenen paradoxen Struktur zeigt, häufig „Form im geformten Zustand ihrer Auflösung"⁴⁸⁹ zu sein. Mit Aristophanes, Shakespeare und Molière identifiziert Greiner „drei paradigmatische Vermittlungen" dieses Prinzips als „immer neue[] Bezugspunkt[e]" der deutschen Komödiendichtung, deren jeweils charakteristischen Facetten sich interessanter-

---

482 Ebd., S. 46.
483 Vgl. ebd., S. 34 f.
484 Ebd., S. 38.
485 Ebd., S. 40.
486 Ebd., S. 42.
487 Vgl. ebd., S. 44.
488 Greiner 2006, S. 9.
489 Pietzcker [1971], S. 88.

weise allesamt in Müllers ‚Umsiedlerin' wiedererkennen lassen, obwohl das kaum möglich scheint:

> Die Komödie des Aristophanes begründet den Spielraum der Komödie, indem sie ein Zwischenreich errichtet, das trennt, was bisher problemlos zusammenkam, Menschen und Götter, Wirklichkeit und Sinn, Sein und Bedeutung. Der Komödienraum der Übertretung, so ließe sich paradox formulieren, wird geschaffen durch Etablieren eines Raumes der Trennung und Abgrenzung. Die Komödie Shakespeares gewinnt den Raum der Ungeschiedenheit zurück, aber nicht real, sondern medial im Aufbau eines spezifischen Komödiendiskurses der Doppeldeutigkeit, der Vielstimmigkeit des Wortes, der Anwesenheit der vielen ausgeschlossenen Bedeutungen in der markierten einen Bedeutung. Die Komödie Molières konkretisiert diesen Komödiendiskurs der Vielstimmigkeit in der Figur des Helden, zieht ihn auf die innere Bühne der Person, macht die komische Person zum ‚Fluchtpunkt', in dem sich die beiden Konstituenten der Komödie verbinden.[490]

Als Komödie einer revolutionären Epoche markiert ‚Die Umsiedlerin' das Zwischenreich zwischen alter und neuer Ordnung, dessen Komplexität sich jedoch durch die Vielstimmigkeit seiner Diskurse auszeichnet. In der Gegenüberstellung von Flint und Fondrak wiederum erfahren diese Diskurse, seien sie politischer, existentieller oder emanzipatorischer Natur, ihre Bündelung. Indem Müller seine Komödie („komos" = Menge) ganz archaisch als „Gesang [...] der im Dionysosdienst umherschwärmenden ‚des Gottes vollen' Menge"[491] begreift, als Ort der Bändigung des ungeordneten Kollektiven – von Volk und Macht, Anspruch und Wirklichkeit, Leben und Tod –, bedient er nicht nur die der Komödie selbst schon immanente Charaktereigenschaft der Formung des Ungeformten, das gleichzeitig bestrebt ist, dieser Zurichtung wieder zu entkommen; zugleich macht er sie durch die synchron ablaufende historische Auflagung zum Konfliktfeld wie zum Erfahrungsspeicher einer epochalen Schwellen- und Krisenzeit. Dabei geraten Komödie und Geschichtsdrama (in denen zugleich Volksstück, Bauerndrama, Revolutionsstück und Tragödie verschwimmen) in eine Auseinandersetzung, die den Text „vor Widersprüchen geradezu auseinander[]bersten"[492] lässt und so dem Grotesken, vornehmlich seiner satirisch-karnevalesken Spielart, ein breites Einfallstor bietet. Unterstützend wirken dabei sowohl die (un-)gewollt fragmentarische Struktur des Textes als auch die Aufnahme und gleichzeitige parodierende oder travestierende Überbietung traditioneller Komödienelemente wie Spiel-im-Spiel- und mise-en-abyme-Verfahren sowie Intertextualität (Vielstimmigkeit) und Selbstreflexivität.

---

490 Greiner 2006, S. 43.
491 Ebd., S. 22.
492 Streisand 1996, S. 20.

IV.4.2 ‚Die Umsiedlerin' als (unfreiwilliges) Komödien-Fragment

Auch wenn Girshausen in der ‚Umsiedlerin' keinen „auf irgendein gedanklich theoretisches Fazit berechneter Zusammenhang"[493] erkennen will, handelt es sich bei der Komödie doch um ein exakt durchkomponiertes dramatisches Gebilde, das nur durch die unglücklichen Umstände der Uraufführung unfreiwillig zum Fragment wird – ganz im Gegensatz zu den synthetischen Fragmenten der 1970er-Jahre, die Müller künstlich produziert, um ihren Prozesscharakter zu betonen. Mit dem Abschluss der landwirtschaftlichen Kollektivierung überholt die Geschichte im Frühjahr 1960 faktisch die seit 1958 im Gang befindliche dramatische Arbeit Müllers, was zu einer Unterbrechung der Proben und zur Erarbeitung einer neuen Fassung im Sommer desselben Jahres führt: „Literatur hatte Geschichte nicht nur beim ‚Gemachtwerden' gezeigt, sondern die Geschichte machte der Literatur vor, wie das Werk zu enden hatte."[494] In dieser Phase der Überarbeitung erkennt Müller, Streisand zufolge, „den Punkt, von dem aus eine Wertung des Gesamtprozesses möglich war: Nun strebte er eine Art Resümee von Geschichte an; einen dramatischen Überblick über ein Stück Revolutionsgeschichte, die abgeschlossen war. Es war nun klar geworden, daß Bodenreform und Kollektivierung untrennbare Bestandteile des beschriebenen Prozesses waren."[495] Die Landratsszene, die bisher mit der Auflösung der Traktorenproblematik und der Ablehnung des Heiratsantrags durch Niet (Selbstbefreiung der Frau) den Schluss der Komödie markiert hatte,[496] wird durch zwei szenische Klammern erweitert: Zum einen macht der Einbau der tragischen Ketzer-Geschichte und des sie parodierenden Selbstmordversuchs Treibers nicht nur in dringlicher Weise auf die „Notwendigkeit und befreiende Wirkung der Traktoren" aufmerksam; außerdem ereignen sich nun „[d]ie großen Tatsachen, frei nach Marx, im Stück geschichtlich […] zweimal: ‚… das eine Mal als Tragödie, das andre Mal als Farce'".[497] Zum anderen beabsichtigt Müller, das gesamte Drama durch das die Bodenreform einbeziehende Vorspiel, das gemeinsam mit einem Nachspiel, in dem die Grenzsteine wieder eingesammelt werden, einen Rahmen bilden sollte, in einen größeren historischen Kontext einzubetten. Dieses Vorhaben konnte nur aus Zeitmangel vor der Uraufführung nicht mehr realisiert werden:

---

493 Girshausen 1987, S. 340.
494 Streisand 1986, S. 1377.
495 Ebd., S. 1377 f.
496 Vgl. ebd., S. 1377.
497 Ebd., S. 1378.

> Mit der Idee dieses Kreislaufs sollte noch einmal deutlich der Spielcharakter des Stücks, die Komödie unterstrichen werden. Es sollte eine „Sehhilfe" für den Zuschauer abgeben, seine Aufnahme in [eine] bestimmte Richtung steuern. Die heitere Distanz, mit der von der konfliktreichen und harten Vergangenheit Abschied zu nehmen sei, wurde als Gestus der Rezeption deutlich gemacht.[498]

Geplant waren also mit dem nicht umgesetzten letzten Bild ursprünglich 16 Szenen, fast regelmäßig paarweise und konzentrisch angeordnet. Im Mittelpunkt stehen dabei die beiden Paarszenen 8 und 9 auf der Wiese, in denen die Schwierigkeiten der drei Liebespaare des Stücks zur Sprache kommen, die zugleich exemplarisch die zu lösenden historischen Konflikte der neuen Gesellschaft spiegeln: Privates und Politisches konvergieren.[499] Die beginnende Liebe zwischen Schmulka und Siegfried symbolisiert die Arbeit an einer Zukunft, die auch das Vergnügen nicht ausschließt, während die verflossene Liebe zwischen Flinte 1 und Flint für die überwundenen asketischen Kämpfe der Vergangenheit steht. Die sterbende Liebe zwischen Niet und Fondrak wiederum behält die Vergänglichkeit alles Menschlichen im Blick, warnt vor Verhärtung und Verfestigung. Um diesen szenischen Zwilling herum gruppieren sich nun Bilderpaare, die jeweils die stattgefundenen oder noch notwendigen Veränderungen des Lebens auf dem Land dokumentieren, im materiell sichtbaren Sinne ebenso, wie im Bewusstsein der Bevölkerung (Szene 6 und 13: Dorfkrug, Szene 5 und 11: Dorfstraße, Szene 4 und 14: Niets Kammer und Niets Kate, Szene 3 und 10: Beutlers Küche und Das Laken, Szene 2 und 15: Ketzers Kate und Treibers Hof). Ein Solitär bleibt in dieser Hinsicht das Szenentriptychon 7 (Landstraße), in dessen Mittelpunkt der Blick auf Flints Bewusstseinsentwicklung steht. Abgerundet werden sollte das konzentrische Konstrukt schließlich von einem Szenendrilling (1, 12 und [16]: Feld), dessen drittes und letztes Bild mit dem Abschluss der Kollektivierung (deren kontroverse Reflexion in der nächtlichen Szene 12 nochmals vertieft worden war) die Auflösung der Komödie leisten sollte. Dieses 16. Bild, mit dem Müller offenbar einen wahrlich einer shakespeareschen Komödie würdigen, selbstreflexiven Kreisschluss beabsichtigte, der sowohl eine Spiel-im-Spiel-Struktur beinhalten wie auch eine Spiegelung der Handlung ins

---

498 Ebd., S. 1379.
499 B. K. Tragelehn bestätigt die konzentrische Konstruktion der ‚Umsiedlerin'. Das Stück sei „in Ringen gewachsen" und „gebaut wie eine Symphonie von Mahler", so der Regisseur der Uraufführung. Allerdings berichtet er, dass als Zentrum des Textes ursprünglich die Szene in Beutlers Küche fungiert habe, die am Ende das dritte Bild stellt und motivisch noch eng mit dem Seghers-Text verbunden ist. Im Laufe der weiteren Arbeit am Text scheint sich diese Zentrierung verschoben zu haben (B. K. Tragelehn im Gespräch mit Holger Teschke, 28. 10. 2013).

Unendliche (mise-en-abyme) vornehmen sollte, wurde vom Autor nie mehr nachgeliefert und existiert nur als Entwurf[500]:

Nachspiel

Grenzsteine werden eingesammelt +
auf Wagen geladen (Auto   (Fondrak Besamungs-
                                    techniker)
Schluß: Ankündigung: Schauspieler kommen,
spielen ein Stück: Es heißt „Umsiedlerin oder das
Leben auf dem Lande".
    von Schiller   Soll komisch sein usw.
    Quatsch. Müller.
    Das ist dasselbe   „Einschätzung des Stücks"
Vorhang für Vorspiel
Inspizient unterbricht ...[501]

Nicht uninteressant ist an dieser Skizze auch, dass sie Fondraks Integration ins sozialistische Kollektiv leisten sollte. Der Anarchist hat im Westen offenbar nicht das erträumte hedonistische Paradies vorgefunden und taucht nun – als LPG-Besamungstechniker figurengerecht mit Arbeit versorgt – wieder im Personal der Schlussszene auf. Müller arbeitete also ursprünglich auf einen in jeder Hinsicht versöhnlichen Komödienschluss hin, der keinen der jeweils im Stück ausgebreiteten Konflikte ungelöst hätte lassen sollen.[502]

Das Fehlen des letzten Bildes führte in der Uraufführung 1961 zur Streichung der ersten Szene als deren regulärem Pendant,[503] was für die unglückliche Aufnahme des Stücks nicht ganz unbedeutend gewesen sein dürfte – in Anbetracht der Tatsache, dass die „Komödie" dadurch ihren Ausgang bei dem tragischen Ketzer-Selbstmord nahm und mit der ebenfalls durch politischen Zwang verursachten Selbstmord-Parodie Treibers endete. Im Nachhinein jedoch betrachtet Tragelehn das unfreiwillig Fragmentarische des Stücks (inklusive der Landverteilungsszene) als ästhetischen Gewinn: „Die [...] Bodenreform hat ein bißchen den Charakter eines Vorspiels dadurch. Das ist ja historisch auch richtig. Und daß das Stück nicht wie geplant ganz symmetrisch gebaut ist, ist ein Vorzug in meinen Augen. Der Baumstamm ist nicht ganz rund."[504] – Ebenso wie die Geschichte selbst, möchte man hinzufügen.

---

500 Vgl. Streisand 1986, S. 1359.
501 Zitiert nach ebd., S. 1379.
502 Vgl. Zenetti 2012, S. 254.
503 Vgl. Streisand 1986, S. 1379 bzw. Tragelehn 1988b, S. 243.
504 Tragelehn 1988b, S. 243.

Es gibt allerdings noch einen weiteren Aspekt, unter dem man der ‚Umsiedlerin' einen fragmentarischen Charakter zusprechen könnte. Er fällt zusammen mit der Kritik, die der Freund und Kollege Peter Hacks – abseits der lobenden Worte, die er für Müllers Dramenvers findet – gegenüber dem Stück geltend macht. Schon im Mai 1961, also etwa ein halbes Jahr vor der Uraufführung, bezeichnet Hacks den Text in ‚Theater der Zeit' als „Fragment". Sein im selben Jahr entstandener und später ebenfalls verbotener Gegenentwurf ‚Moritz Tassow' will, Leonore Krenzlin zufolge, das dort von ihm bemängelte Fehlen einer „markante[n] Hauptfigur mit einem eigenen großen Handlungsbogen"[505], welches zu der disparaten Struktur des Dramas führe, korrigieren. Auch Bunge bemerkt 1988, dass Müller sich schon mit der ‚Umsiedlerin' von der von Brecht favorisierten „Fabel [...] als tragende[m] Element in einem Stück"[506] verabschiedet habe. Stattdessen stiften den Zusammenhalt des Stückes nun der Schauplatz, die wiederkehrenden Figuren und die erzählte Zeit.[507] Girshausen erkennt in diesem strukturellen Aufbau sogar ein Modell, das Müller bereits mit dem ‚Lohndrücker' entwickelt und seither weiter verfolgt habe:

> Wie im *Lohndrücker* tritt an die Stelle einer kontinuierlich entwickelten Fabel ein (die Szenenfolge strukturierendes) System von Korrespondenzen, Kontrasten und Querverweisen, die gegenüber den in Zeitsprüngen verfolgten Entwicklungen den Sinn der Leser/Zuschauer für Verändertes und unverändert Gebliebenes schärfen soll. Durch ein solches, Aufmerksamkeit provozierendes Bezugsverfahren sind auch die Figuren des Stücks ins Verhältnis gesetzt.[508]

Wie Streisand und Silberman plausibel machen, ergibt sich dieser Aufbau allerdings erst durch die einschneidende Überarbeitung und „wesentliche konzeptionelle Veränderung", die das Stück im Sommer 1960 erfährt und ihm „[s]einen Charakter als großes geschichtliches Überblickswerk und als historische Komödie" verleiht, „die das heitere Scheiden von der Vergangenheit anzeigte".[509] In der Fassung von 1958 habe Müller stattdessen noch Brechts Methode aus dem ‚Kleinen Organon' genutzt, „die Einheit des Ganzen in selbständige Teile zu zerglie-

---

505 Krenzlin, Leonore: Gegenwart und Utopie. Brechts *Büsching*-Fragment und *Moritz Tassow* von Peter Hacks. In: Gute Leute sind überall gut. Hacks und Brecht. Hrsg. von Köhler, Kai. Berlin 2010, S. 59–75, hier S. 66.
506 Bunge, Hans: Aus einem Gespräch mit Wolfgang Storch in Berlin im Februar 1988. In: Explosion of a Memory Heiner Müller DDR. Ein Arbeitsbuch. Hrsg. von Storch, Wolfgang. Berlin 1988, S. 224–226, hier S. 226. Vgl. auch Streisand 1991a, S. 485.
507 Vgl. Streisand 1986, S. 1380. Laut Eke lassen sich anhand der wiederkehrenden Figurenkonstellationen rund um die Bauern, den Bürgermeister Beutler, den Parteisekretär Flint und die Umsiedlerin außerdem „vier Fabelschichten" isolieren (Eke 1999, S. 83).
508 Girshausen 1987, S. 340 f.
509 Streisand 1986, S. 1377.

dern, die jeweils mit Teilvorgängen in der Wirklichkeit korrespondieren"[510], und die Fabelführung der Szenen nach dem Vorbild der Modellbücher mit gestisch schlüssigen Überschriften strukturiert. Demgegenüber nehme die Fassung der Uraufführung von 1961 nun erhebliche Korrekturen vor und überführe das nach brechtschem Vorbild klar bewertete, betont „Diskontinuierlich-Dissonante[] in der epischen Struktur" in eine „andere Widersprüchlichkeit",[511] die der Krisenhaftigkeit des müllerschen Welterlebens mehr entspreche: „Im Gegensatz zu Brechts Gewissheit des richtigen Weges musste Müller seine persönliche und gesellschaftliche Lebenssituation zunehmend in einer Perspektive wahrnehmen, in welcher keine eindeutige Freund-Feind-Polarität mehr herrschte."[512] Dramaturgische Folgen zeitigt dieser Perspektivwechsel in einer deutlichen Öffnung des Textes, die „das Publikum [...] als Ko-Produzent anspricht"[513] – eine Strategie, an deren Verfeinerung Müller sein ganzes Werk hindurch weiter arbeiten wird. An den Schnittstellen von Handlungs- und Textebene generiert der Autor nun Widersprüche „zwischen Vorgang und Gespräch"[514], die durch das verstärkt elliptische Sprechen der Figuren unterfüttert werden, das „scharfe Kontraste zwischen körpersprachlichen Aktionen und Dialog"[515] schafft. Der trockene, von Brecht übernommene Sprachduktus erfährt eine „Literarisierung" und entwickelt sich zu dem von Hacks gelobten, bäuerlich-ungebärdigen „Umsiedlerin-Jambus", während die einheitliche Fabelführung durch „die Verlagerung der Handlung auf die in jeder Beziehung ambivalente Kontrastfigur Fondrak" aufgebrochen wird: „Fondraks asoziales Verhalten und seine Isolierung ergab[en] eine (negative) Folie für all jene Wünsche der anderen Figuren, eine Negativierung, die nicht durch die laut propagierte sozialistische Ideologie und Moral zu verbergen waren [...]."[516]

Diese immanente Fragmentierung der Fabel wirft die Frage auf, wie es sich mit dem die Gattung konstituierenden Prinzip von Formung und gleichzeitiger Entgrenzung der Form in der ‚Umsiedlerin' verhält, in welchem Verhältnis komisch-episodische Einzelvorgänge und integrierende „anderweitige Handlung" (Warning) in Müllers Text stehen. Ahnen lässt sich jedenfalls, dass das grotesk konnotierte Moment der Überschreitung den Text gegenüber dem der Formung dominiert und so das Genre Komödie über sich hinaustreibt. Das historische

---

510 Silberman 2003, S. 140.
511 Ebd.
512 Ebd., S. 141.
513 Ebd.
514 Ebd., S. 140 f.
515 Ebd., S. 140.
516 Ebd. Vgl. auch Girshausen 1987, S. 341.

Schicksal des Stücks, das seinen echten Fragmentcharakter bedingte und so die Auflösung der Komödienkonflikte, ihre vollständige Rückführung in ein weltversöhnendes Ganzes – wenn auch zunächst unfreiwillig – verhinderte, ist an diesem Phänomen maßgeblich mit beteiligt.

IV.4.3 Die Sprengung der Komödie

Dass Müller mit der ‚Umsiedlerin' wirklich eine Komödie schreiben und diese „als seinen Beitrag zu den Diskussionen über das ‚heitere Genre'" verstanden wissen wollte, „die Ende der fünfziger Jahre und in den sechziger Jahren besonders lebhaft in der literarischen Öffentlichkeit in der DDR geführt wurden", steht außer Frage.[517] Angesprochen auf die „düstere[n] Weltentwürfe" seiner Stücke, bemerkt er 1983 im Gespräch mit Urs Jenny und Hellmuth Karasek:

> Ich habe eine wirkliche Komödie geschrieben, DIE UMSIEDLERIN. Vielleicht ist die Tatsache, daß die furchtbar ernst genommen wurde und zu meinem Ausschluß aus dem Schriftstellerverband geführt hat, ein Grund, warum ich danach so eine ernste Maske aufgesetzt habe.[518]

Allerdings handelt es sich bei der Frage nach den Komödienmerkmalen der ‚Umsiedlerin' beileibe um keine triviale, wenn man nicht davon ausgehen will, dass die Komik-Affinität des Stücks allein schon hinreichend „komödien-konstitutiv"[519] ist. Denn, wie Ralf Simon in seiner „antiaristotelische[n] Komödientheorie der Handlungsfügung"[520] erörtert, liegt die „Intentionalität aufs Komische"[521], die die Gattung auszeichnet, vielmehr in der distanzierenden Funktion der Komödie gegenüber den in ihr verhandelten Konflikten:

> Lachen per se ist verdinglichend und objektivierend; es betont die Distanz zum Gegenstand. In der Erschütterung des Körpers während des Lachens stellen wir eine komische Situation

---

517 Keller 1992, S. 153.
518 HMW 10, S. 277. Schon 1961 antwortet Müller auf den Vorwurf Wieland Herzfeldes in der Stellungnahme der Sektion „Dichtung und Sprachkunst" der Akademie der Künste, mit der Figurenbezeichnung „Solleintreiber" werde ein Parteifunktionär herabgesetzt, dass die sprechenden Namen im Personal der ‚Umsiedlerin' ihren „Komödiencharakter unterstreichen" sollten. In der Fassung von 1964 wird aus dem „Solleintreiber" schließlich der „Erfasser" (vgl. Streisand 1991a, S. 475).
519 Profitlich 1998, S. 233.
520 Simon, Ralf: Theorie der Komödie. In: Theorie der Komödie – Poetik der Komödie. Hrsg. von Simon, Ralf. Bielefeld 2001, S. 47–66, hier S. 65.
521 Ebd., S. 57.

für den Moment des Lachanfalls still, setzen sie gleichsam in Zeitlupe und isolieren sie aus dem Kontinuum der Wirklichkeit.[522]

Damit sei jedoch noch lange keine definitorische Macht des Komischen über die Komödie oder seine Befähigung zum „Ausgangspunkt einer Komödientheorie" begründet, es bilde vielmehr lediglich eine in deren „Metahandlung strukturell angelegte[] Möglichkeit".[523] Nach Simon versucht die „Fabelkonstruktion" der Komödie nicht, „vorgegebene Komik textuell umzusetzen, sondern sie folgt jenen formalen Momenten, die als komische ausführbar sind"[524] und stellt sich so gegenüber der Komik als vorgängiges Konstituens der Komödie dar. Die Gattung basiert also weit mehr auf für die Fabel konstitutiven Elementen wie Spiel-im-Spiel- und mise-en-abyme-Verfahren, die mittels der komischen Behandlung ihrer immanenten Konflikte den Spielcharakter des Genres, seine Ausrichtung auf Weltversöhnung betonen – ebenso wie die Phänomene von Intertextualität und Selbstreflexivität. Für alle diese Konstituenten sind dabei solche oft zum Grotesken tendierenden Phänomene wie Parodie und Travestie von großer Bedeutung.

Janine Ludwig etwa erkennt in Müllers Bauerndrama die Komödie, weil in ihr alle Konflikte (die zentrale Auseinandersetzung zwischen den Bauern und der Partei um die Bodenreform, der Geschlechterkonflikt) mit Ausnahme des zwischen Flint und Fondrak ausgetragenen (der die Ansprüche der Gesellschaft gegenüber dem persönlichen Glücksstreben des Individuums spiegelt) in spielerischer Weise einer versöhnlichen Lösung zugeführt, die „gesellschaftliche[n] Konflikte in der DDR" somit „als überwindbare"[525] gezeigt würden. Die fortschrittlichen Figuren siegten über die reaktionären und bewiesen dadurch die Überlegenheit des „Sozialismus über das kleinbürgerliche Besitzdenken der Bauern, die nicht in die LPG eintreten wollen"[526]. Müller ergreife so Partei für die Partei, ohne auf die Entfaltung „struktureller philosophischer Widersprüche des Sozialismus"[527] zu verzichten. Einzig im Falle der komischen Konfrontation zwischen Flint und Fondrak entdeckt Ludwig eine Scheinlösung:

---

522 Ebd., S. 56.
523 Ebd., S. 57. Nach Simon konstituiert sich die Komödie durch die sogenannte „Metahandlung", setzt also die ihr inhärenten Konflikte sofort wieder in Handlung um, was sich bspw. durch die Selbstkonfrontation eines Konfliktverursachers ausdrücken könne – im Gegensatz zur Tragödie, die von „Metasprache" bestimmt sei, also Theorie produziere (ebd., S. 51 f.).
524 Ebd., S. 57.
525 Ludwig 2012, S. 63.
526 Ebd.
527 Ebd.

> Paradoxerweise muss das komische Element verschwinden, damit die Komödienversöhnung gelingen kann. Es bleibt der für Müller so typische „Rest, der nicht aufgeht" (*Der Horatier*). Dieser eine Konflikt ist gar nicht auflösbar, weil Fondrak nicht [...] im Prinzip auf der gleichen Seite steht, sondern eine wirkliche Gegenposition einnimmt, und weil seine bissige Satire unversöhnlich ist.[528]

Bei genauerem Hinsehen erweist sich für die Autorin jedoch auch die Lösung des Konflikts zwischen der Partei und dem Altbauernpaar Treiber, das seinen Eintritt in die LPG verweigert, als nicht ganz lupenrein:

> Ein gewieftes Happy End, eines mit Widerhaken. Denn die staatlich geforderte Einsicht in ihre Fehler ist es gewiss nicht, die sie zur Umkehr bewegt, sondern eher das Versprechen, weniger arbeiten zu müssen. [...] Müller zeigt schonungslos, wie die Staatsmacht sich die Zustimmung ihrer Bürger mit Versprechungen erkaufen muss, und wie das asoziale Moment Fondraks in anderen weiterlebt.[529]

Nicht nur die Westflucht Fondraks wird so als Scheinlösung eines Komödienkonflikts entlarvt, auch der LPG-Beitritt Treibers, der teils erzwungen, teils asozialem Kalkül folgend, doch keinesfalls aus Überzeugung erfolgt. Ludwig übersieht allerdings, dass mit der Auseinandersetzung zwischen den Neubauern und der Partei auch der Hauptkonflikt des Stücks eine unbefriedigende Lösung erfährt: Seine Zerstreuung kann nur durch das beherzte Eingreifen des weisen Landrats, also einer veritablen Deus ex machina-Figur, erreicht werden. Eingeführt wird dieser Landrat, dessen sybillinische Methoden an die des klugen Richters Azdak aus Brechts ‚Kaukasischem Kreidekreis' erinnern, für die übrigen Figuren zunächst inkognito, wobei der von ihm benutzte, zuvor vom Flüchtling erwähnte Opel[530] sicherstellt, dass das aufmerksame Publikum weiß, um wen es sich handelt. Auch dies ist, wie Schulz feststellt, „ein beliebtes Motiv der Volkskomödie", der Landrat tritt „gleichsam [als] ein verkehrter ‚Revisor'" auf.[531] Zu Flints Entsetzen, dem plötzlich „die Welt kopf"[532] zu stehen scheint, geht der Funktionär auf den Verlosungsvorschlag der Bauern ein und lässt die folgende Traktoren-Tombola zur lehrstückreifen Veranstaltung avancieren. Er verkörpert dabei den „einzige[n] Repräsentant[en] der Partei, der im Dschungel des ‚Doppelzünglertums' die richtige Linie bis ins Bewusstsein der Bauern finden kann"[533]

---

528 Ebd.
529 Ebd., S. 64.
530 Vgl. HMW 3, S. 197 bzw. 262.
531 Schulz 2003, S. 282.
532 HMW 3, S. 269.
533 Schulz 2003, S. 282.

und löst so wie ein spätgriechischer Deus ex machina die entstandenen Verwicklungen, bevor sich die Fronten unerbittlich verhärten. Dieses ursprünglich der Tragödie vorbehaltene und „von Aristoteles abgelehnt[e]" Verfahren zeigt „kein Versagen der dramatischen Gestaltungskraft" an, sondern wird von Müller als „bewußte Verfremdungstechnik, [als] Parodie der Scheinwelt Theater" eingesetzt.[534] Es kommentiert die Machverhältnisse im Sozialismus in einer Art, die, bei Lichte besehen, als blanke Provokation aufgefasst werden muss, zeigt sie diese doch groteskerweise als „in nichts von einem feudalabsolutistischen Herrschaftsgefüge" unterschieden:

> Wo per definitionem Demokratie zur Staatsform erklärt wurde, waltet der (nun kommunistische) Landrat wie ein Landesherr, bei dem die kleinen Leute einfach nur „Glück" haben, wenn es sich um einen „aufgeklärten Fürsten" handelt. Gezittert wird vor ihm, wie es schon die Untertanen in Gogols „Revisor" taten. Grundsätzlich gilt damit aber: Macht geht vor Recht, denn strukturell ist die Macht des einzelnen „Landesvaters" nicht gebrochen.[535]

Die Umsetzung des Konflikts in Handlung („Metahandlung"), die als „Instrument der Aufklärung" fungieren sollte, wird hier, um mit Simon zu sprechen, durch den „Druck" einer „falschen Welt" derart korrumpiert, dass sie als gesellschaftliche Konfliktlösung in die Krise gerät und ins Gegenaufklärerische tendiert.[536] Müller „treibt" also in der Tat „die Komödie bis zum Äußersten", wie Ludwig feststellt,[537] doch dieses „Äußerste" ist in seinem Ausmaß an Übertretung der Gattungsregeln noch um einiges radikaler, als die Autorin vermutet. Denn tatsächlich werden alle wichtigen Auseinandersetzungen des Stücks – mit Ausnahme des Geschlechterkonflikts, den Müller zum Hort der Utopie bestimmt – durch Scheinlösungen befriedet, die in ihrem paradox-ambivalenten Charakter durchaus als grotesk beschreibbar sind. Der versöhnliche Komödienschluss wird mit Hilfe des Grotesken über sich hinaus getrieben, ja durch dessen Widersprüchlichkeit nahezu zum Bersten gebracht. Dabei reflektiert er allerdings in einer Weise das gesprengte Genre, dass man von der ‚Umsiedlerin' vielleicht besser als *Komödie über die Komödie* (Ionesco) bzw. *Metakomödie* sprechen sollte.[538]

---

534 Wilpert 2001, S. 160 f.
535 Streisand 1996, S. 28.
536 Simon 2001, S. 61 f. Simon sieht in einer solchen Korruption der Metahandlung ein generelles Merkmal der Komödie im 20. Jahrhundert, in dem die Welt *„in einen sittlichen Ausnahmezustand versetzt"* (ebd., S. 61) sei.
537 Ludwig 2012, S. 64.
538 Vgl. Ionesco, der über ‚Die kahle Sängerin' bemerkt (Ionesco [1959], S. 178 f.): „Ich glaube nicht, daß diese Komödie wirklich eine Komödie ist. Eigentlich ist sie nur die Parodie eines Stückes gewesen, eine Komödie über die Komödie. [...] Die Parodie des Theaters ist noch mehr

Versteht man mit Hegel den die Komödie konstituierenden komischen Konflikt als den Widerspruch zwischen der Vernünftigkeit des gesellschaftlichen Zustands und dem komischen handelnden Helden,[539] so zeigt sich schnell, dass Müller in der ‚Umsiedlerin' weder an solch einfachen Konfliktstrukturen noch an deren herkömmlicher Auflösung interessiert ist:

> Das Eigentümliche der Auflösung eines solchen komischen Konflikts liegt darin, daß weder diese Vernünftigkeit des objektiven Zustands noch wie in der Tragödie das handelnde Individuum als solches zerstört werden. Beide bleiben bestehen, die Vernunft, indem Torheit und Unvernunft an ihr sich als verkehrt und haltlos erweisen, der komisch Handelnde, indem er sein Tun als eigensinnig und töricht erkennt und aufgibt, oder aber [...] einsichtslos bleibt, doch keinen ernsthaften Schaden nimmt.[540]

Nicht nur die Vernünftigkeit des demokratischen Sozialismus und der Kommunismus als handlungsleitendes Ideal werden bei Müller in ihrer Beschädigung gezeigt, es kommen auch nicht wenige der komisch Handelnden zu Schaden, unbesehen ihrer ideologischen Herkunft oder Prämissen. Neben der Komödie beherbergt ‚Die Umsiedlerin', wie Streisand und Müller-Schöll feststellen, auch eine immanente Tragödie, die von den (selbst-)destruktiven Momenten zu berichten weiß, die der Umsetzung der kommunistischen Idee entgegenarbeiten.[541] Um die tragisch durchsetzte, unmittelbare Geschichte von Bodenreform und Kollektivierung jedoch überhaupt verarbeiten zu können, macht sich Müller das spielerische Moment des Genres zu Nutze, das im Hinblick auf die angeblich von nicht-antagonistischen Widersprüchen bestimmte DDR-Realität als das angemessene galt. Dass dabei nur „eine ‚Theaterlösung' der Widersprüche und nicht [...] eine ‚reale' Lösung" historischer Konflikte herauskommen kann, versteht sich mit Blick auf Müllers Anspruch an Realismus von selbst:

> Das zum Komödienrepertoire gehörende „Spiel im Spiel", der Trick, löst in „Die Umsiedlerin", die Konflikte, die historisch nicht zu bewältigen waren. [...] Am Schluß steht, wie es sich für eine Komödie gehört, die „glückliche Lösung", wobei diese Lösung aber durchscheinen lässt, daß sie nur eine künstlich herbeigeführte ist. So bleibt unterhalb der Komödie auch die Tragödie immer sichtbar.[542]

Theater als das Theater selber. Weil sie karikaturgleich seine charakteristischen Merkmale verstärkt und hervorhebt."
539 Vgl. HW 15, S. 552–555.
540 Heidsieck 1969, S. 80.
541 Vgl. Streisand 1996, S. 27 f. und Müller-Schöll 2003, S. 85.
542 Streisand 1996, S. 27 f.

In der auf die Uraufführung folgenden Kritik wird Müller in der Tat mehrfach vorgeworfen, dass schon Ketzers anfänglicher Selbstmord eher auf die Schilderung „tragischer Vorkommnisse"[543] hinweise, als auf die vom Autor angekündigte Komödie. Die Ketzer-Tragödie bietet ohne Zweifel ein gutes Beispiel für Müllers spielerischen Umgang mit den Gattungsgrenzen. Ketzers Tod wird als „Erfahrung des Scheitern des ganz ‚kleinen Mannes' angesichts der materiellen Zwänge"[544] reflektiert, auf den die Figuren immer wieder zurückkommen und der so im ganzen Stück präsent bleibt. Dabei verkörpert Ketzers Schicksal nicht nur die „Tragik der Ungeduld", die bereits „den optimistischen Beginn" untergräbt; es stellt ihn zudem in eine historische Genealogie des Scheiterns, erzeugt eine „böse Analogie" zwischen den Verhältnissen im Sozialismus und der sogenannten Vorgeschichte, die kaum „durch die Nachricht" von den eingetroffenen Traktoren „aufgewogen werden" kann.[545] Auch der missglückte Selbstmord Treibers, von Müller als groteske Travestie der Ketzer-Tragödie angelegt, ist nicht in der Lage diesen Tod aufzuheben oder gar komisch zu versöhnen, da er sich in seiner drastischen Unwiderruflichkeit einem solchen Verfahren vollkommen widersetzt. Müller überdehnt damit radikal eine Eigenschaft der Komödie, die Simon als „Beobachtung der Tragödie" bezeichnet: Die Gattung hebe „in ihrer Verfahrensweise die Tragödie in sich auf", und „therapier[e] sie".[546] Komödie verhalte sich so als „theoria in concreto", wobei der Komödienheld die theoretischen Ausführungen des Tragödienhelden „sofort wieder in Handlung" umsetze: „Fiktionalisiert, in Nichtgeltung versetzt wird die angeschaute bisherige Lage, die bislang geltende Verhaltensweise."[547] Die grotesk-satirische Umkehrung des Ketzer-Selbstmords bei Müller nutzt diese traditionelle Struktur, weist jedoch funktional über sie hinaus, leistet Neues und Anderes: Statt den Ketzer-Konflikt zu nivellieren und als überholt erscheinen zu lassen, wird er erneut zu Bewusstsein gebracht und ‚ketzerisch' aufgehoben:

> Frei nach Hegel, Engels und Marx wiederholt sich die Tragödie als Farce. Es zeigt sich Müllers Skepsis gegen die optimistische Lesart der Parteigeschichte, wenn die Schlussszene das Ende des Kollektivierungsprozesses als witzige Bestätigung des staatlichen Zwangs vorführt, wenn Treiber „über seine Leiche" in die LPG ein und aus dem Arbeitsprozess austritt.[548]

---

543 So Wieland Herzfelde, zitiert nach dem ‚Protokoll der Sektionssitzung Dichtkunst und Sprachpflege vom 18. Januar 1962' in Streisand 1991a, S. 475. Vgl. auch Zenetti 2012, S. 255.
544 Streisand 1996, S. 23. Vgl. auch Eke 1999, S. 85.
545 Schulz 2003, S. 281.
546 Simon 2001, S. 55.
547 Ebd., S. 55 f.
548 Schulz 2003, S. 281.

Die den Spielcharakter des komischen Genres repräsentierenden Formen Parodie und Travestie – erstere bildete für Dürrenmatt das Herzstück der Komödie, das den Einbruch des Grotesken in die Gattung bedinge[549] – erweisen sich auch in Müllers ‚Umsiedlerin' als Einfallstor des Grotesken, indem sie entweder den Höhepunkt der komischen Handlung (die verkehrte Welt der Traktorenverlosung) durch eine groteske Erkenntnis zum Kippen bringen (Landrat als Deus ex machina, der wie ein Feudalherr agiert) oder den eingangs erzeugten tragischen Schrecken (Ketzer-Selbstmord) am Schluss des Stücks mit bissiger Satire konterkarieren (Treiber-Farce). Formal passt sich Müller dabei der traditionellen Komödienstruktur auffallend genau an, um sie inhaltlich und funktional an ihre Grenzen zu treiben. Dass sich die Vielzahl der tragisch-grotesken Konfliktschauplätze in Müllers Komödie, letztlich nur durch das Spiel im Spiel, den Trick, wieder in ein versöhnliches Gesamtbild der Revolution auf dem Lande integrieren lässt, strapaziert den Spielcharakter der Komödie bis zum Äußersten.

In ähnlicher Weise verfährt Müller auch mit Merkmalen wie Intertextualität und Selbstreflexivität, in denen sich ebenfalls das der Komödie eigene, ambivalente Prinzip von Formung und Entgrenzung ausdrückt. Während etwa die Tragödie, so Simon, „ihr Telos in der reinen Sprache sucht und findet, zielt die Komödie auf eine immanente Pluralisierung und Dialogisierung der Sprache"[550], die sie weitaus mehr als Erstere für Intertextualität empfänglich macht. Zwingt sie als Interaktion „verschiedene[r] Weltsichten und [...] Sprechhaltungen" an ihrem versöhnlichen Ende im Idealfall „die Sprache des Konfliktverursachers [...], die Sprachen der anderen anerkennen zu müssen",[551] so verbleiben diese Stimmen im gegenteiligen Fall in ihrer Vereinzelung und zeugen von einer sich in der Vielstimmigkeit auflösenden, ins Chaos driftenden Welt.

Im Intertext der ‚Umsiedlerin' finden sich sowohl Figurenübernahmen als auch inhaltliche und formale Anspielungen auf unterschiedliche literarische Verarbeitungen der unmittelbaren Nachkriegszeit auf dem Lande. Mit Seghers Erzählung ‚Die Umsiedlerin', Strittmatters Bauerndrama ‚Katzgraben' und Matusches ‚Dorfstraße' werden dabei drei bereits zu Beginn der 1950er-Jahre entstandene Texte zitiert. In einem „gewagte[n] Unternehmen" verknüpft Müller diese verschiedenen Perspektiven auf die agrarische Revolution – die hoffnungsvolle, zupackende Aufbruchsstimmung bei Seghers und Strittmatter sowie

---

549 Vgl. Dürrenmatt [1955], S. 65.
550 Simon 2001, S. 57.
551 Ebd.

den um Zuversicht kämpfenden Existentialismus Matusches[552] – mit Formen und Gattungselementen „unterschiedlichsten Charakters" aus der „Entwicklung des bürgerlichen Theaters", um sie „für eigene, revolutionäre Inhalte zu gebrauchen".[553] Darunter finden sich die Historien und Komödien Shakespeares (Narrenfigur, Verbindung von Komischem und Tragischen, Blankvers) und die über die Volkstheatertradition der Commedia dell'arte vermittelte Charakter- und Verlach-Komödie Molières ebenso wie das deutsche Geschichts- bzw. Revolutionsdrama (Büchner, Hauptmann, Brecht).[554] Müller verschmilzt diese disparaten Elemente nicht zu einem versöhnlichen Ganzen, er stellt sie in ihrer blanken Konfliktträchtigkeit nebeneinander und zeigt so das Ringen um eine neue Gesellschaft, sprich die „Mühen der Ebenen" (Brecht) in ihrer realen Beschwerlichkeit, ihren vielfach grotesken Auswüchsen. Die zahlreichen Elemente aus dem „weltliterarischen Formenreservoir" werden dabei durchaus ernst genommen, jedoch derart umfunktioniert, dass das Stück zuletzt eben nicht nur „ein Sammelsurium von Figuren, Formen und Stilen", sondern „etwas ganz Eigenes", eine stetig an ihre Grenzen drängende „neue[] Form" ausbildet.[555] Innerhalb dieser explizit „für den Gebrauch der sozialistischen Gesellschaft"[556] entwickelten dramatischen Konstruktion setzt sich letztlich die Komödie als strukturgebende Gattung durch, wenn auch als Grenzform, als *Metakomödie*, die versucht, die ins Chaos driftende Vielzahl der Stimmen und Formelemente zu bündeln und zu bändigen, und doch stets dazu tendiert, ihre Gemarkungen zu durchbrechen.

Selbstreflexiv gespiegelt findet sich dieses enorme Spannungsverhältnis in der zentral gesetzten Konfliktkonstellation zwischen Flint und Fondrak. Der Melancholiker und der Narr fungieren laut Greiner als Verkörperungen des komödienkonstituierenden Axioms von Formung und Entgrenzung, als Momente der Selbstreflexion des gesamten Spiels,[557] das Müller auf die Spitze treibt:

> Der Melancholiker, der dem Spiel das Prinzip der Unterscheidung einschreibt und es dabei als Dargestelltes nimmt, figuriert als das Moment der literarischen Formung, die Formforderung. Der Narr [...], der im Aufheben des Prinzips der Unterscheidung alles in Spiel

---

552 Durch das groteske Motiv der Augen einer Zwangsarbeiterin, die ihr geraubt und einem deutschen Offizier implantiert wurden, wirbt Matusche nebenbei, ähnlich wie Müller, für einen Blick, der alle Seiten einbezieht.
553 Streisand 1986, S. 1381.
554 Vgl. Greiner 2006, S. 75 bzw. Streisand 1986, S. 1380 f.
555 Streisand 1986, S. 1381.
556 Ebd.
557 Vgl. dazu Greiner 2006, S. 62.

überführt und dieses dabei als Vorgang nimmt, figuriert das dionysisch-orgiastische Moment, den Zug der Komödie zu Auflösung, zur Grenzüberschreitung, ins Gestaltenlose.[558]

Bewegen sich Narr und Melancholiker im shakespeareschen Personal noch unter den Nebenfiguren, die „der Komödienwelt den Spielraum geben, in dem dann anderes entfaltet wird (die Themen Utopie und Liebe)", so erfahren sie bei Molière – etwa mit Alceste und Célimène in ‚Le Misanthrope' – ihre Beförderung zu Protagonisten, deren jeweilige Weltsicht so in der „reziproken Fixierung auf die andere Hauptfigur [...] in ihrem wesentlichen Mangel und als in sich scheiternd vorgestellt werden" kann.[559] Die Konstellation Flint-Fondrak scheint eine Mischkonstruktion aus beiden Entwürfen zu sein. Zu prominent, um sie noch als Nebenfiguren zu bezeichnen, umhegen sie in ihrem Antagonismus doch das Spielfeld, auf dem ein historisch-revolutionärer Diskurs ausgebreitet wird, der das gesellschaftliche ebenso wie das Private umfasst. Molières Figuren vergleichbar, erweisen sich Flint und Fondrak trotz ihres ähnlichen existentialistischen Weltbilds und ihrer gemeinsamen Sehnsucht nach dem Kommunismus als unfähig zum Kompromiss, werden am Schluss wieder in die jeweilige „Einsamkeit"[560] ihrer Positionen entlassen. Die Komödie Molières zeigt sich im Gesamten allerdings „‚klüger' als ihre Figuren", indem sie auf der Diskursebene, wie Greiner meint, „schon immer vereinigt, was auf der Handlungsebene unvereinigt auseinandergeht" und so „Vor-Schein, Vor-Bild jener honnêteté" ist, „die die Figuren verfehlen".[561] Ähnlich scheint es auch um Müllers antagonistische Figurenkonstellation in der ‚Umsiedlerin' bestellt zu sein. Er verlagert ebenfalls die Synthese der Positionen von Flint und Fondrak, die auf der Handlungsebene unmöglich ist, auf die Metaebene des Diskurses und gewährleistet so wieder die Formung in der offensichtlichen Entgrenzung des Genres: „Die Versöhnung beider Positionen wäre [...] das Ende der Komik, das Aufrechterhalten ihrer wechselseitigen Brechung dagegen bewahrt die Komik – als stellvertretenden Vollzug eines gesellschaftlichen Ideals – über das Ende der Komödie hinaus."[562] Das Lachen über die Unvereinbarkeit von Flints formgebendem Sozialismus und Fondraks anarchischem Egoismus bewahrt und tradiert die utopische Dimension, die der Vorstellung ihrer Vereinigung im Kommunismus innewohnt. Eine Rückübertragung auf die Handlungsebene erfährt sie zudem durch die Spiegelung dieser Figurenkonstellation in dem Pärchen Siegfried und Schmulka.

---

558 Ebd., S. 63.
559 Ebd., S. 84.
560 Ebd., S. 85.
561 Ebd., S. 85 f.
562 Ebd., S. 86.

Die Selbstreflexion der Gattung, die diese Transposition der Konfliktaussöhnung auf die Diskursebene leistet, gehört für Peter von Matt zu den wesentlichen Merkmalen der Komödie. Im „historisch dominante[n] Schlußritual" der „Weltversöhnung"[563] erkennt er das zentrale, die „Phylogenese"[564] der Gattung reflektierende Moment, das allerdings im 20. Jahrhundert, wenn überhaupt, nur noch ähnlich vermittelt zum Zuge kommen kann wie bei Müller. Der Komödienschluss ist nicht mehr in der Lage, jene zwei „mythopoetischen Muster des letzten Lachens"[565] unhinterfragt in Szene zu setzen, die sich Matt zufolge in der „Doppelung von Unheilvertreibung und Vatersegen"[566] manifestieren und den „rituelle[n] Akt der Weltversöhnung" in seiner „lapidarste[n] Form"[567] darstellen. Den traditionellen, umfassenden Friedensschluss mit den gesellschaftlichen und politischen Rahmenbedingungen lässt die Komödie des 20. Jahrhunderts nicht mehr zu:

> Alle Komödie läuft auf Rituale der Weltversöhnung hinaus, und wo Weltversöhnung nicht möglich ist, muß auch diese Unmöglichkeit ritualisiert werden. Die Ritualisierung der Unmöglichkeit der Versöhnung kann aber wiederum nur geschehen durch parodierenden oder destruierenden Rückgriff auf die alten Rituale, das heißt einmal mehr durch Vorgänge einer Reflexion der Phylogenese der Gattung.[568]

Ausgehend von von Matts Grundmodell des Komödienschlusses, der die im Laufe des Zivilisationsprozesses der Komödie sublimierte Austreibung des Unholds durch Prügelrituale mit dem „Segen des Vaters über das nach vielen Turbulenzen vereinigte Paar"[569] kombiniert, wird das Erkennen noch der „subtilsten Abwandlungen"[570] möglich, die die Komödie im vergangenen Jahrhundert zeigt. Da die Gattung zudem, so von Matt, mit ihrem ‚letzten Lachen' immer auch eine „metaphysische Deklaration über die Beschaffenheit der Welt" abgebe, könnten

---

563 Matt 2001, S. 134. Zur Problematik des Begriffs „Weltversöhnung" vgl. ebd., S. 140: „,Weltversöhnung' – darf man denn dieses Wort überhaupt so selbstverständlich gebrauchen? Die einen werden sagen, das Wort sei absurd, ein faules Klischee am Ende dieses zwanzigsten Jahrhunderts. Andere könnten dagegenhalten, das Wort verkörpere den Gedanken, der uns überhaupt erst zum Menschen mache. [...] Sicher ist nur, wer vom jahrtausendealten Unternehmen der Komödie spricht, kommt um die Auseinandersetzung mit diesem Begriff nicht herum."
564 Ebd., S. 127.
565 Simon, Ralf: Vorwort. Theorie der Komödie – Poetik der Komödie. In: Theorie der Komödie – Poetik der Komödie. Hrsg. von Simon, Ralf. Bielefeld 2001, S. 7–12, S. 11.
566 Matt 2001, S. 135.
567 Ebd., S. 137.
568 Ebd., S. 135.
569 Ebd.
570 Ebd., S. 137.

an dessen Varianten auch „das Weltvertrauen des Stücks, [...] des Autors" und „der Epoche" sowie „die Vorbehalte dagegen [...] abgelesen werden".[571]

Müllers Komödienschluss, der aufgrund der fehlenden letzten Szene in die vorletzte verlegt ist, leistet in dieser Hinsicht Verblüffendes. Mit Rammlers Flucht in den Westen und Treibers Eintritt in die LPG scheinen die Unholde, die die friedliche Hochzeit von Partei und Landbevölkerung bislang torpedierten, nun zwar gebannt, die parasitäre Haltung allerdings, welche die Treibers ihrer neuen sozialen Existenz gegenüber an den Tag legen, zeigt, dass ihr unheilbringendes Potential in anderer Form überlebt und das Gemeinwesen nun von innen aushöhlt. Die wirkliche Pointe dieses Vorgangs liegt jedoch in der Tatsache, dass Treiber – trotz Hennes Warnung – durch den Segen Flints dazu ermächtigt wird, im Sozialismus weiter sein Unwesen zu treiben:

> FLINT *zu Henne:* Geh schneid ihn ab. *Hält ihm ein Messer hin.*
> HENNE Ich? Den Kulaken? Wer
> Hat Ketzer abgeschnitten Neunundvierzig
> Dem der den Strick gedreht hat. Alle Schuld
> Rächt sich auf Erden und ich schneid ihn nicht ab.
> Wenn ich so links wie du wär, Flint, mein Messer
> Wär mir zu schade für den Klassenfeind.
> *Nimmt das Messer.*
> Wenigstens weiß er jetzt, wie Hängen schmeckt. *Ab.*
> FLINT Er hat gearbeitet wie wir. Sein Leben
> War wenig leichter, schwer genug wirds bleiben.
> SIEGFRIED Und warum schneidst du ihn nicht selber ab, Flint?
> *Flint antwortet nicht.*[572]

Die Partei, der Staat selbst also, für dessen „soziale Macht" der Vater doch immer „metonymisch" stand,[573] erteilt hier dem feindlichen Element in Anerkenntnis seiner (individuellen) produktiven Leistung den Segen und untergräbt damit wachen Auges auf lange Sicht nichts weniger als seine eigene Existenzbedingung. Dieser Befund, der die selbstdestruktiven Facetten der sozialistischen Partei – die paradoxerweise einerseits mit Zwang arbeitet statt mit Überzeugung und so auch Sympathisanten verprellt, andererseits ihre wahren Gegner nicht erkennt oder ihnen zu viel Milde angedeihen lässt – schonungslos beleuchtet, wird durch Treibers karnevaleske Wiederauferstehung bestätigt. Sie nimmt nicht nur Bahros Diagnose vom Sozialismus als „System der organisierten Verantwortungslosig-

---

571 Ebd.
572 HMW 3, S. 286.
573 Matt 2001, S. 139.

keit" vorweg, sondern begründet diese mit den autodestruktiven Kräften der sozialistischen Revolution selbst – mündet also vollends ins Groteske.

Als Vorbild für eine solche Parodie des traditionellen Komödienschlusses gilt von Matt Gerhardt Hauptmanns ‚Biberpelz', wo im letzten Akt der Amtsvorstand Wehrhahn die Mutter Wolffen, also ebenfalls den Unhold, segnet. Unter dem Eindruck der Krise des „segnende[n] Vater[s] als rituelle[m] Element des Komödienschlusses", die sich am Ende des 19. Jahrhunderts bei Hauptmann ausdrücke, habe sich das 20. Jahrhundert, so von Matt, zur „Epoche der vaterlosen Komödie" entwickelt. Angesichts einer noch durchaus existenten „soziale[n] Macht" komme allerdings auch diese nicht ganz „ohne die Erinnerung an ihre Herkunft" aus: „Ironisch oder travestierend muss sie trotz allem darauf zurückgreifen."[574] Indem Müller durch die Anlehnung an das hauptmannsche Beispiel an den Ausgangspunkt der Krise der modernen staatlichen Instanzen erinnert,[575] versucht er auch, an die Wurzeln der selbstdestruktiven Tendenzen der Revolution zu gelangen. In Auseinandersetzung mit Hauptmann verortet er diese in dem Missverhältnis zwischen ideologischem Anspruch (Demokratie/Sozialismus) und Realpolitik (Willkürherrschaft der Exekutive), die nicht nur die Verkennung der wirklichen Verhältnisse – hier des Lebens auf dem Land[576] – nach sich zieht, sondern auch die Ursache für das „Doppelzüngertum" der Parteigenossen und eine falsche, von der Bevölkerung als ungerecht empfundene Bündnispolitik bildet.

Gattungstechnisch treibt Müller die Komödie mit dieser grotesken Parodie des Grundmodells von „Weltversöhnung" ein weiteres Mal an den Rand ihres Fassungsvermögens. Die restlose Aussöhnung zwischen Partei und Bauernschaft bleibt auf der Handlungsebene durch die widersprüchlich-destruktiven Tendenzen im Agieren der politischen Führung (die Aufnahme Treibers ins sozialistische Kollektiv) ebenso aus, wie die zwischen Flint und Fondrak. Aus Mangel an utopischem Potential allerdings kann sie im Gegensatz zum Konflikt der beiden individuellen Antagonisten nicht auf die Diskursebene verlagert werden. Wo beide, Flint und Fondrak, im Kommunismus ihr gar nicht so verschiedenes utopisches

---

574 Ebd.
575 Den historischen Hintergrund des ‚Biberpelz' bildet der „Septenatskampf" am Ende der 1880er-Jahre, also die Auseinandersetzung zwischen Kaiser (Exekutive) und Parlament (Legislative) um die Heeresstärke und die Höhe des Militäretats, bei der sich letztlich Bismarck durchsetzte.
576 Bei Hauptmann ist es die fixe Idee des Amtsvorstehers Wehrhahn, den Intellektuellen Dr. Fleischer seiner vermeintlichen staatsfeindlichen Tätigkeit überführen zu wollen, die in der grotesken Segnung der Frau Wolffen resultiert. Wehrhahns Verblendung begründet sein völliges Desinteresse an der Aufklärung der von der Wolffen begangenen Diebstähle und verkennt so die wahren Verhältnisse. Vgl. Hauptmann, Gerhardt: Der Biberpelz. Eine Diebskomödie. In: Hauptmann: Sämtliche Werke. Bd. 1: Dramen. Hrsg. von Hass, Hans-Egon. Berlin 1996, S. 481–542.

„Vor-Bild" (Greiner) finden, haben die kommunistische Idee und Treibers asozialer Egoismus keine ideelle Schnittmenge. Formung in der Entgrenzung findet Müllers Variante des Komödienschlusses somit nur in der „Erinnerung", im Reflex auf seine „Herkunft" (von Matt) – die Komödie gibt sich somit auch unter dieser Perspektive als *Metakomödie* zu erkennen. Der Blick des Autors auf die befreienden, utopischen Potenzen der sozialistischen Revolution auf dem Lande erscheint somit skeptischer, als die Sekundärliteratur bislang annahm: In der Meisterung des nahezu paradoxen Unterfangens, dem Stoff dennoch mit der Komödie beizukommen, zeugt ‚Die Umsiedlerin' von dem vehementen Impuls, die revolutionären Energien *trotz alledem* nicht zu begraben.

Doch es ist nicht so, dass Müllers Komödie völlig ohne versöhnlichen Ausblick schließen würde. Während der Konflikt zwischen Partei und Landbevölkerung nur durch eine groteske Scheinlösung befriedet werden kann, die Müllers Komödienschluss zudem mit Blick auf die Zukunft verhängnisvoll auflädt, und auch die Aussöhnung von Flints und Fondraks Positionen ins Jenseits eines utopischen Diskurses verlagert werden muss, breitet sich der wahre, bildhaft gewordene Vor-Schein des Utopischen fern der staatlichen Regulierung aus. Mit der geplanten Kommune auf dem ehemaligen Ketzer-Gehöft, die sich um die einstmals stumme Hauptfigur der müllerschen Komödie gruppiert, wird zudem gleichzeitig deutlich Kritik an der realen Umsetzung des Sozialismus auf dem Lande formuliert:

> Nicht durch Rücksichtslosigkeit und Egoismus (vor allem der Männer), sondern nur durch solidarische Zusammenarbeit (Flinte 1 wird Niet auf der neuen Bauernstelle unterstützen) und sensibles Vorgehen bei der Einführung von Neuerungen im Einzelfall können dauerhafte Erfolge auf dem Weg zu einer humaneren Zukunft erzielt werden. Die Komödienstruktur des Stücks ist wesentlich durch diesen versöhnlichen Ausblick bestimmt.[577]

Müller scheint hier, ähnlich wie von Matt es Brecht im ‚Puntila' unterstellt, „mitten im 20. Jahrhundert und nach der gründlichen Liquidierung des Prinzips vom Vatersegen als der Besiegelung der Weltversöhnung", darauf hinweisen zu wollen, dass stattdessen „der Segen der Mutter" – der mit dem an Mütze gerichteten, vielversprechenden „Vielleicht" der schwangeren Umsiedlerin in Aussicht gestellt wird – in der Lage sei, „die Weltversöhnung zu besiegeln".[578] Die mit diesem Motiv verbundene „poetische Idealisierung" des Weiblichen, die „die Frauengestalten den Vorschein einer besseren Welt, das leibhaft gewordene ‚Prinzip Hoffnung' verkörpern und durch die Schwangerschaften, mit denen sie

---

[577] Keller 1992, S. 172.
[578] Matt 2001, S. 140.

der Autor ausstattet, auch symbolisch garantieren" lässt, ist in Müllers Texten der frühen und mittleren Phase häufiger zu finden (z. B. ‚Liebesgeschichte', ‚Der Bau', ‚Germania Tod in Berlin').[579] Der emanzipatorische Vorgang, für den der weibliche Zusammenschluss hier steht, wird außerdem insofern für gesellschaftlich relevant befunden, als er in Müllers Augen den Maßstab für den emanzipatorischen Fortschritt der Gesamtbevölkerung bildet. Allerdings erscheint auch dieser versöhnliche Ausblick durch das Wissen darum gebrochen, dass jene kleine Insel des Kommunismus in der letzten Szene, die mit dem Eintritt Treibers in die LPG den Abschluss der Kollektivierung vorführt und so gegenüber dem übrigen Stück einen Zeitsprung von elf Jahren vollzieht, nicht mehr existieren bzw. ebenfalls in der (parasitär unterwanderten) LPG aufgegangen sein dürfte.

Indem Müller also in seiner ‚Umsiedlerin' die wesentlichen Komödienmerkmale (Spiel im Spiel, Intertextualität und Selbstreflexivität) parodierend oder travestierend verarbeitet, deterritorialisiert er – avant la lettre – die Komödie als Gattung, treibt sie durch ihre selbstreflexive Aufladung mit Widersprüchen so an die Grenzen ihres Fassungsvermögens, dass sie sich eher als *Metakomödie* denn als Komödie zu erkennen gibt. Interessanterweise findet sich an den neuralgischen Punkten, an denen die Komödie als Formforderung zu kippen droht, meist das Groteske. Indem es die episodischen Einzelvorgänge dominiert, die bei Müller nur schwerlich von der „anderweitigen Handlung" (Warning) gebündelt werden können, da eine solch integrierende Fabel nur rudimentär existiert und das Groteske zudem durch seine paradoxe Struktur in der Lage ist, die Vielstimmigkeit der Gattungselemente (Komisches und Tragisches, Volksstück und Geschichtsdrama) zusammenzuspannen, bildet es Sprengsätze an den Fundamenten der Gattung. Müller funktioniert nicht nur das Komödiengenre für seine utopischrevolutionären Zwecke um, er revolutioniert gleichzeitig – in einem historisch bedeutsamen Moment – die dramatische Gattung Komödie.[580] Nach den Enthüllungen des XX. Parteitags der KPdSU im Februar 1956 verschafft er sich unter Ausnutzung des Spielcharakters der Komödie den Freiraum, seine so tragischen wie grotesken Inhalte angesichts der dramenästhetischen Forderungen der DDR-Kulturpolitik überhaupt erzählen bzw. satirisch verspotten zu können, und entwirft so eine „Enzyklopädie des Stalinismus"[581] in der jüngsten DDR-Vergangen-

---

579 Streisand 1996, S. 24 f.
580 Vgl. Streisand 1986, S. 1358: „Die Dynamik des Geschichtsprozesses fordert dynamische Veränderungen nicht nur im Gattungsgefüge der Kunst, sondern auch in der Art der Vermittlung, Umsetzung und Entgegennahme von Kunst."
581 So bezeichnet B. K. Tragelehn, offenbar Müller zitierend, ‚Die Umsiedlerin'. Der Regisseur selbst umschreibt das Wesen der Komödie von heute aus gesehen mit dem Begriff „Musik": Die

heit. Sein Umgang mit der Gattung orientiert sich dabei stark an den Überlegungen des westlichen Komödiendiskurses der Nachkriegszeit (vor allem Dürrenmatt), ohne dabei den utopisch-revolutionären Anspruch, der den Ausgangspunkt des Textes bildet, je loszulassen. Müller legt die Schmerzpunkte und grotesken Auswüchse der Revolution auf dem Land schonungslos offen, um zugleich an ihren Ursprung, ihren ideellen Kern zu erinnern. Wie düster, wie prophetisch seine Diagnose trotz der überbordenden karnevalesken Komik und satirischen Spottsucht wider die Gegner des revolutionären Fortschritts allerdings ausfällt, wird erst nach einer Analyse der Komödienstruktur der ‚Umsiedlerin' klar. Sie lässt nicht nur bezweifeln, dass sich die denunziatorische Kampagne nach der Uraufführung angesichts ihrer meist nur Ausschnitte und einzelne Motive beleuchtenden Kritik überhaupt des ganzen Ausmaßes der Provokation bewusst war, die Müllers Stück zu diesem historischen Zeitpunkt für den Realsozialismus bedeutete. Auch ob Müller selbst sich über die Hellsichtigkeit seines Dramas im Klaren war, ist fraglich: Seine Erfahrung mit der ungeheuren „Brutalität"[582] der Bilder nach einer Relektüre von 1974 jedenfalls lässt die gegenteilige Vermutung zu. Indem sie durch ihre Sprengkraft die Selbstzerstörungstendenz des Sozialismus vorwegnimmt, erweist sich Müllers Komödie zum Zeitpunkt ihrer Entstehung möglicherweise als „klüger als der Autor"[583]. Ästhetisch jedenfalls zeigt sich an der ‚Umsiedlerin', dass Müller seine *Poetik der Überschreitung* nicht erst durch die Begegnung mit Deleuzes und Guattaris Kafka-Text in den 1970er-Jahren entwickelt; vielmehr muss ihm deren poststrukturalistische Theorie der *Deterritorialisierung* später als Bestätigung einer von Beginn an verfolgten poetischen Strategie erschienen sein.

IV.5 Mit Brecht zu Shakespeare – Die Auswicklung der *Poetik des Grotesken*

IV.5.1 Brecht und Shakespeare im Intertext der ‚Umsiedlerin'

Mit der ‚Umsiedlerin' vollzieht Heiner Müller in mancherlei Hinsicht eine fühlbare Anlehnung an, aber auch eine deutliche Absetzbewegung von der brechtschen Theatertheorie, die mit einer ersten Auseinandersetzung mit dem Theater Shakespeares einhergeht. Deutlich wird Müllers Abwendung von Brecht vor allem

---

Musik der Sprache verbrenne den Stoff und leiste so Befreiungsarbeit (B. K. Tragelehn im Gespräch mit Holger Teschke, 28. 10. 2013).
582 HMW 10, S. 834.
583 HMW 8, S. 224. Vgl. dazu auch Ludwig 2012, S. 65.

IV.5 Mit Brecht zu Shakespeare – Die Auswicklung der *Poetik des Grotesken* — 357

am Fehlen eines Protagonisten sowie eines umfassenden Handlungsbogens, was schon Hacks moniert hatte. Waren Streisand zufolge die ersten Entwürfe der ‚Umsiedlerin' noch relativ epigonal an Brecht orientiert und setzten die nüchterne „Sprache Brechtscher Lyrik und später Dramatik fort", deren „dramatische Bewegung" sich einzig im Dialog abspielt,[584] so gestaltete sich der Arbeitsprozess am Stück bald immer mehr als „ein Prozeß von Brecht weg", obwohl dieser es doch war, „der dafür postum den entscheidenden Anstoß gegeben hatte".[585] Gründe für diese Absetzbewegung lassen sich wohl nicht zuletzt in den „divergierenden Realitätsauffassungen Brechts und Müllers" finden, die den jeweiligen Umgang mit der Bauernproblematik begleiten:

> Während Brecht in der Aufbruchsphase der neugegründeten DDR vor allem ein „neues ansteckendes Lebensgefühl" vermitteln und die „neuen Tugenden" der Bauern demonstrieren wollte (ihre Geduld ohne Nachgiebigkeit, ihren erfinderischen Mut, ihre praktische Freundlichkeit, ihren kritischen Humor), kommt es Müller vorrangig darauf an, im Rückblick die von der Kollektivierungspolitik ausgelösten, konkreten Konflikte zu analysieren und ihre Konsequenzen für die Gegenwart zu beschreiben.[586]

Aus dieser, Müllers Werk insgesamt eigenen Konzentration auf die Konflikte – im vorliegenden Fall der Zuspitzung des Stoffs auf die strukturellen Widersprüche der agrarischen Revolution, die zudem die Naivität des Entwurfs von Strittmatter und Brecht enthüllen – resultieren jene Elemente, die eine Hinwendung des Dramatikers zu Shakespeare anzeigen. Hier nimmt ebenso die immanente Fragmentierung der Fabelführung ihren Ursprung, die den Text weiter für die Koproduktion des Zuschauers öffnet, wie die breite Auffächerung des Personals, mit der eine gegenüber Brecht und Strittmatter deutlich komplexere, die jeweilige Ambivalenz der Charaktere betonende Figurenzeichnung einhergeht. Auch die Literarisierung der vom späten Brecht entlehnten, nüchternen Sprache über den Einbezug von idiomatischen und nonverbalen Elementen, die eher an den „„künstlichen Dialekt""[587] des ‚Fatzer'-Fragments erinnern, sowie das besonders Gestische des Dialogs, das unter anderem durch den Shakespeare eigenen Wechsel von „Blankvers und Prosa, Gossenjargon und Hochsprache"[588] hervorgerufen wird, gehören dazu.

---

[584] Streisand 1986, S. 1368. Tragelehn bezeichnet diese ersten Versuche in einem Gespräch als „Texte mit dem ‚Zwang, daß die Figuren sich ausreden'" (zitiert nach ebd.).
[585] Ebd., S. 1374.
[586] Keller 1992, S. 173 f. Vgl. dazu GBA 25, S. 423 bzw. GBA 24, S. 441.
[587] Karschnia 2003, S. 168.
[588] Ebd., S. 169.

Eine deutliche Anlehnung an Brecht stellt demgegenüber das Aufgreifen der in ‚Baal' oder ‚Fatzer' entwickelten Figur des Asozialen dar, die, abgesehen von einigen Bemerkungen im ‚Kleinen Organon', keine weitere Ausarbeitung mehr erfuhr. Die damit einhergehende Aufladung der Revolutionsproblematik durch die „Antithetik des Barock", bedient sich jedoch gerade nicht der vom späten Brecht favorisierten „positiven Elemente" jener Tradition (Sinnlichkeit oder Didaktik), sondern zielt mit der Melancholie, der Vorstellung einer leeren Welt und der Narrenfigur auf deren bei Shakespeare vorgeprägte düster-fatalistische Facetten, die auch Brechts Baal noch charakterisieren.[589] Schulz leitet die „Vergleichbarkeit und Differenz dieses Rückgriffs aus der historischen Situation beider Autoren im Verhältnis zur Geschichte des Kommunismus/Marxismus"[590] ab und macht deutlich, dass Müller spätestens seit Beginn der 1960er-Jahre nicht mehr über jene geschichtsteleologische Gewissheit verfügt, die Brecht – zumindest die längste Zeit – sein Eigen nannte.

Auffällig ist jedenfalls, dass sich Müllers Anlehnung an Brecht wie seine Absetzbewegung von ihm anhand von Stilelementen vollzieht, die die Ausbildung einer *Poetik des Grotesken* stützen. Entscheidende Impulse für ihre Entwicklung lassen sich somit überraschenderweise auf Brecht zurückführen. Dabei muss allerdings von Müllers selektivem Zugriff auf die ästhetischen Entwürfe seines Vorgängers (wie übrigens auch auf die anderer Vorbilder) ausgegangen werden, der zudem das brechtsche Frühwerk klar favorisiert:

> Mein Verhältnis zu Brecht ist selektiv von Anfang an. Es gibt eine Linie, die bei Brecht durchgeht und die mich interessiert. Das ist die gotische Linie, das Deutsche. Ein klassisches Beispiel ist das [...] Gedicht „Oh Falladah, da du hangest". Das ist sehr deutsch, und es ist sehr zerrissen, eben nicht heiter, beruhigt, römisch, klassisch, chinesisch. [...] Die wichtigste Werketappe ist für mich die Zeit vom Ende der 20er Jahre bis 1933.[591]

Den charakteristischen Zug des brechtschen Werkes, den Müller in seiner Autobiographie als „gotische Linie" bezeichnet, erläutert er 1981 näher.[592] Er versteht

---

589 Schulz 2003, S. 285.
590 Ebd.
591 HMW 9, S. 176. Vgl. dazu auch Silberman 2003, S. 145.
592 Zur Bestimmung des literarischen Verhältnisses zwischen Müller und Brecht bzw. Müller und Shakespeare können grundsätzlich nur Bemerkungen des Autors ab etwa Mitte der 1970er-Jahre herangezogen werden, da Müllers sporadische mündliche und schriftliche Reflexion seiner Texte in Interviews, Briefen und kurzen Abhandlungen erst mit Beginn der verstärkten Wahrnehmung seines Werkes in Westdeutschland einsetzt. Da diese Aussagen in vielerlei Hinsicht mit den in der ‚Umsiedlerin' erstmals erprobten ästhetischen Verfahren konvergieren bzw. sich als Vorwegnahme von Müllers späteren ästhetischen Überlegungen erweisen, scheint ein solches Vorgehen durchaus legitim.

IV.5 Mit Brecht zu Shakespeare – Die Auswicklung der *Poetik des Grotesken* — 359

darunter „das Provinzielle als Qualität", einen bestimmten, mitunter in den alemannischen Dialekt hineinreichenden Tonfall, der nicht zuletzt an Brechts bayerisch-schwäbische Herkunft erinnere und sich durch das darin enthaltene „Mittelalterliche, das Vor-Renaissancehafte [...] und auch das Agrarische" auszeichne.[593] Von den Formen, die diesem Ton entgegenkommen, betont Müller besonders die brechtschen Knittelverse, deren „ungeheure Gewalt" sie mindestens in eine Linie mit denjenigen Goethes stellten. Brecht schließe damit an „einen Blutstrom" an, der sich seit dem Mittelalter „durch die deutsche Literatur" ziehe und nach seinem Verschwinden im Dreißigjährigen Krieg erst „im Sturm und Drang" wieder aufgetaucht und danach bei Büchner, Lenz und im Besonderen bei Kleist zu finden sei.[594] Mit seiner volkstümlichen Wirkung und seinem grotesk-satirischen Potential sei der Knittelvers – in dessen Kontext Müller wiederholt auf Brechts ‚Antigone'-Vorspiel zu sprechen kommt[595] – „die originäre deutsche Versform vor dem Blankvers"[596]. Die Revitalisierung des Blankvers' hingegen lasse sich, so Müller, nur direkt „über Shakespeare" realisieren: Die brechtsche Vorlage bilde hierbei nur „eine Zwischenstation", Brecht fungiere als „Agent Shakespeares",[597] als Vermittler, der dessen Blankverse durch die Aufhebung der „Kluft zwischen Hoch- und Umgangssprache"[598] von dem hohen Ton der Romantiker-Übersetzungen befreit habe. Auf Brechts besondere deutsche Qualität verweist Müller aber auch jenseits der Knittelverse – etwa mit Blick auf das ‚Fatzer'-Fragment (1926–1930) oder dessen Anti-Hitler-Texte (beispielsweise ‚Die Rundköpfe und die Spitzköpfe', die ‚Hitler-Choräle' von 1934 oder den 1941 entstandenen ‚Arturo Ui'); selbst noch aus dem ‚Aufbaulied' von 1948 hört er Brechts deutschen Tonfall heraus.[599] Klar scheint jedenfalls die Vorbildfunktion, die das spezifisch „Deutsche" für die gestische Sprache der ‚Umsiedlerin' und deren groteskes Potential hat.

Seine größte Affinität zu Brecht entdeckt Müller jedoch nicht nur „wenn er deutsch wird", sondern auch und vor allem, „wenn er böse ist". Brechts „berühmte Freundlichkeit", so der Autor, sei „Programmusik".[600] In diesem von

---

593 HMW 10, S. 163.
594 HMW 9, S. 177.
595 Vgl. ebd., ebenso S. 67 und HMW 8, S. 174 sowie Hauschild 2003, S. 66 f.: „Im 1949 erstmals erschienenen, 1955 erneut gedruckten ‚Antigonemodell 1948' entdeckt Müller für sich einen betont primitiven Sprachgestus, der Strukturen greller und schlagender sichtbar macht als eine ausführliche Darlegung."
596 HMW 9, S. 177.
597 Ebd.
598 Karschnia 2003, S. 168.
599 Vgl. HMW 9, S. 67.
600 Ebd.

Brecht „selbst in seiner späteren Zeit sehr maskiert[en]" Bösen, liegt für Müller „die Substanz" seines Werkes. Darin äußere sich das „Zwieschlächtige" des Erkennens, das nicht nur Einsichten produziert, sondern auch mit einer spezifischen Form des Lustgewinns einhergeht. Das zerstörerische Element des Denkens erlaube es, aus der Bösartigkeit einer Formulierung Genuss zu ziehen – beispielsweise in Form des schwarzen Humors. Ein solcher „Herzton" schlage in einzelnen Texten bei Brecht, immer wieder durch – etwa im ‚Arturo Ui' oder ‚Coriolanus' (1953) –, während ‚Fatzer' „wesentlich aus dem Herzton dieser bösen Stellen" bestehe und „deswegen [...] der beste Text" sei.[601] Dieses durch die schadenfrohe Suspendierung moralischer Kategorien gekennzeichnete Böse ist es, das die Schnittstellen des Grotesk-Komischen bei Brecht und Müller markiert:

> Brechts Komik ist darin der Müllers verwandt, daß sie oft keine des überlegenen Lachens, des Verlachens ist. Sie ist eine des Mit-Lachens [...], in der Betrachter und Figur Augenblicke des Einvernehmens erleben. Das Provozierende dabei ist, daß in solchen Momenten das Moralische (als die Zensur schlechthin) außer Kurs gesetzt wird.[602]

Von einer ähnlich dramaturgisch relevanten Bedeutung grotesker Motive und Strukturen, wie sie in Müllers ‚Umsiedlerin' und in zunehmendem Maße bis in die Stücke der 1970er-Jahre hinein feststellbar ist, kann bei Brecht allerdings keine Rede sein. Zwar finden sich in seinem Werk besonders bis zum Beginn der 1930er-Jahre, die durch die Entwicklung des Lehrstücks charakterisiert sind, neben schwarzem Humor auch weitere traditionelle Motive des Grotesken (relativ häufig etwa groteske Verstümmelungsmotive[603]) – theoretisch hingegen lehnt Brecht das ausgesprochen Emotionelle, wie es Tragisches oder Groteskes verkörpern, bekanntermaßen ab. Ihm sucht er auf der Bühne des epischen Theaters mit dem Verfremdungseffekt beizukommen, der als „Notbremse"[604] die Handlung unter-

---

[601] HMW 11, S. 317 f. Im selben Kontext verweist Müller auf den formalen Zugewinn, den der „Idealfeind" Hitler für Brechts Werk bedeutet habe (HMW 9, S. 178): „Benjamin beschreibt das gut, diesen Grabenkampf Brechts gegen Hitler. Das ist die gleiche Art von Bosheit, da war eine ungeheure Affinität. Man merkt das noch in den Agitationsgedichten gegen Hitler, diesen bösen Ton. Interessant ist Brecht eben nicht als Aufklärer." Vgl. dazu Benjamin, Walter: Notizen Svendborg Sommer 1934. In: Benjamin: Gesammelte Schriften. Bd. VI: Fragmente. Autobiographische Schriften. Frankfurt am Main 1991, S. 523–532 und Ders.: Tagebuchnotizen 1938. In: Ebd., S. 532–539, bes. S. 534 ff.
[602] Mahlke 1997, S. XVII.
[603] Vgl. Heidsieck 1969, S. 72. Erinnert sei etwa an die Clownsnummer aus dem ‚Badener Lehrstück vom Einverständnis' (GBA 3, S. 31–35) oder einzelne Motive aus der ‚Dreigroschenoper' (GBA 2, S. 233 bzw. 258), aus ‚Mann ist Mann' (GBA 2, S. 163 bzw. 224) und dem ‚Schweyk' (GBA 7, S. 196).
[604] Dürrenmatt [1967], S. 99.

brechen und eine Reflexion des Bühnengeschehens ermöglichen soll. Brechts wirkungsästhetische Prämissen widersetzen sich von Grund auf dem Abbildungsrealismus und der Einfühlungsdramaturgie des bürgerlichen Theaters, denen er mit dem epischen Theater eine engagierte Bühnenkunst gegenüberstellt, die dem Zuschauer sowohl Belehrung zuteilwerden lassen als auch Vergnügen bereiten soll, ohne ihn allerdings emotional zu manipulieren.[605] Historisch-politische Gegebenheiten und die Umstände menschlichen Miteinanders sollen in ihrer Darstellung als beherrsch- und veränderbar begriffen werden. Für eine scharfe Trennung der Gattungen sieht Brecht keinen Grund, er ersetzt vielmehr „starre, ahistorische Kategorien durch gesellschaftlich bedingte, situative, widersprüchliche Haltungen"[606], worin ihm Müller später folgen wird. Im Gegensatz zur Tragödie allerdings, die er aufgrund „ihrer Fundierung auf dem Schicksalsbegriff"[607] ablehnt – sie fuße „auf bürgerlichen Tugenden"[608] und nehme daher „die Leiden der Menschen häufiger auf die leichte Achsel [...] als die Komödie"[609] –, pflegt er zum Komischen schon seit Beginn der 1920er-Jahre ein eher positives Verhältnis. Schon früh hebt er seinen „gesellschaftlichen Aspekt", seinen „vital, aggressiven" Charakter hervor,[610] was sich in der Nachkriegszeit „zunehmend mit Sympathieerklärungen für die Komödie"[611] verbindet. Für die „Brauchbarkeit des Genres"[612] sprechen ihm dabei seine Realismusaffinität und die distanzierende Wirkung, die eine „Einsicht in die Zusammenhänge"[613] unterstützt. Sympathisch ist ihm zudem die Neigung der Komödie, Techniken der Verfremdung einzusetzen, die gesellschaftliche Missstände als überwindbar zeigen, und – wie in ‚Katzgraben' beabsichtigt – „mit dem Vertrauen" in die Veränderbarkeit der Welt anstecken können, „mit einem ‚Lebensgefühl', aus dem nicht nur die ‚Lust' entspringt, an der Veränderung teilzunehmen, sondern auch ‚Heiterkeit' und ‚Humor'".[614] Brechts Interesse gilt ganz im marxschen Sinne einem heiteren Scheiden von der Vergangenheit, das durch das Einnehmen einer „historisch überlegene[n] Haltung gegenüber der anachronistischen bürgerlichen Gesellschaft"[615] erfolgen soll.

---

605 Vgl. GBA 23, S. 78–81.
606 Vaßen 1991, S. 162.
607 Ebd., S. 161.
608 GBA 26, S. 223.
609 GBA 24, S. 318.
610 Vaßen 1991, S. 160.
611 Profitlich 1998, S. 215.
612 Ebd.
613 Zitiert nach einer von Ernst Schumacher überlieferten Äußerung in: Schumacher, Ernst: Er wird bleiben. In: Neue deutsche Literatur 4 (1956), Heft 10, S. 18–28, S. 22.
614 Profitlich 1998, S. 216. Vgl. dazu GBA 25, S. 423 f.
615 Vaßen 1991, S. 161.

Wenn sein Werk dennoch immer wieder „satirische oder sogar dämonisch groteske Bilder" bereitstellt – zumal in den Lehrstücken und den decouvrierenden Darstellungen der nationalsozialistischen Führer –, so zeigt dies nicht nur, dass der rationale Gestus des Komischen allein nicht ausreicht, „[d]en Faschismus als letzte barbarische Konsequenz des Kapitalismus" – so Brechts Interpretation im Einklang mit der offiziellen Auslegung der Komintern – „zu Grabe zu tragen".[616] Auch der offenkundige Widerspruch, „die Differenz zwischen Theoretiker und Praktiker", die das brechtsche Theater kennzeichnet, das abseits aller Rationalisierung doch immer noch Theater bzw. Thaeter (Brecht) sein, also unterhalten will, wird darin „in eklatanter Weise" sichtbar.[617]

Eben diese Unterströmung, diese Widersprüche im brechtschen Werk macht Müller als dessen vitalen Kern aus. Ihnen gilt sein Interesse, sie sind es, die im Hinblick auf das eigene Theatermodell sorgfältig herauspräpariert werden. Selbst seine wirkungsästhetische Strategie des *Lernens durch Schrecken* führt er auf Brecht zurück.[618] 1986 übersetzt Müller den Schrecken, den das Theater auslösen soll, gegenüber Wolfgang Heise als den Moment der Selbstbegegnung des Publikums, den „Augenblick der Wahrheit, wenn im Spiegel das Feindbild auftaucht"[619] und korreliert ihn mit einer Bemerkung aus Brechts ‚Dialog über Schauspielkunst' (1929):

> „Nicht nahe kommen sollten sich die Zuschauer und Schauspieler, sondern entfernen sollten sie sich voneinander. Jeder sollte sich von sich selber entfernen, sonst fällt der Schrecken

---

616 Ebd., S. 163.
617 Dietrich 1974, S. 686. Vgl. auch Raddatz 2010, S. 35 ff. Brecht war sich jedoch der diesbezüglichen Widersprüchlichkeiten seines Werks durchaus bewusst. Vgl. GBA 22/2, S. 657 f.: „Der Faschismus mit seiner grotesken Betonung des Emotionellen und nicht minder ein drohender Verfall des rationalen Moments in der Ästhetik des Marxismus veranlasste uns zu einer stärkeren Betonung des Rationellen. Jedoch kann bei einem großen Teil zeitgenössischer Kunstwerke von einem Abfall der emotionellen Wirkung infolge ihrer Lostrennung von der Ratio gesprochen werden und von einer Renaissance derselben infolge verstärkt rationalistischer Tendenz. Das kann nur diejenigen erstaunen, welche eine ganz konventionelle Vorstellung von den Emotionen haben."
618 Vgl. HMW 12, S. 895. Zitiert wird hier eine gestrichene Passage aus einem Gespräch Müllers mit Uwe Wittstock von 1992 (vgl. HMA 4536).
619 HMW 10, S. 503. Vgl. dazu auch ebd., S. 520: „Ich fand in einem Aufsatz von Klaus Heinrich eine Analogie. In seiner Interpretation des ‚Perseus-Triptychons' von Beckmann beschreibt er, wie Beckmann sich auf dem Bild plaziert: ‚... er hat die eine Hand vors Gesicht geschlagen. Sie sehen aber die Augen, und die Augen starren. Die Augen starren nicht medusisch, sondern die Augen starren in den Schrecken, und dieser Schrecken ist nicht irgendwo, sondern er ist in denjenigen, die das Bild betrachten.' [...] Der Schrecken geht vom Betrachter aus. ‚La bestia nera' (die schwarze Bestie) nannten die Schauspieler der ‚Commedia dell'arte' das Publikum."

weg, der zum Erkennen nötig ist." Das ist, glaube ich, ein sehr zentraler Punkt bei Brecht, und viele seiner Innovationen oder Techniken lassen sich da subsumieren unter diese Kategorie der Entfernung. Man sieht ja nur aus der Distanz; wenn man mit dem Auge auf dem Gegenstand liegt, sieht man ihn nicht. Wer bei sich bleibt, lernt nicht. „Man muß das Volk vor sich selbst erschrecken lehren, um ihm Courage zu machen."[620]

Brechts These wiederum orientiert sich stark an Marx' Empfehlung zum Umgang mit den „versteinerten Verhältnisse[n]" des bürgerlichen Kapitalismus, die von Müller auf die Auseinandersetzung mit dem stalinistischen Erbe des Sozialismus übertragen wird:

> Man muß jede Sphäre der deutschen Gesellschaft als die *partie honteuse* der deutschen Gesellschaft schildern, man muß diese versteinerten Verhältnisse dadurch zum Tanzen zwingen, daß man ihnen ihre eigne Melodie vorsingt! Man muß das Volk vor sich selbst *erschrecken* lehren, um ihm *Courage* zu machen.[621]

Zu Recht erkennt Heise in diesem verschütteten Detail der brechtschen Theorie ein dialektisches Prinzip, das „Distanzlosigkeit und Herstellen von Distanz in einem Akt und durch einen Akt, Zusammenhang von Zerstörung und Produktivität"[622] bewerkstelligen will und so dem Aristotelischen wieder Zugang zu seiner anti-aristotelischen Dramaturgie verschafft. Auf eine ebensolche dialektisch verfasste, „die Intention Brechts bewahr[ende]"[623] Schreckenspädagogik zielt Müller ab und integriert sie später – in Kombination mit der partiellen Rehabilitation einer komplexen Form von Katharsis, die einem psychoanalytischen Durcharbeiten von Furcht gleicht[624] – in seine *Dramaturgie der Überschwemmung*. Heise wiederum verortet die Müller eigene Form der Katharsis im Kontext einer von Beschwörung und Bannung des Schreckens situierten Ästhetik des Grotesken (ohne allerdings den Begriff zu verwenden) – und erntet dabei keinerlei Widerspruch:

---

620 HMW 10, S. 503. Vgl. dazu GBA 21, S. 280. Raddatz wiederum führt Müllers Ableitung des Schreckens von Brecht auf einen ‚Fatzer'-Kommentar mit dem Titel ‚Über das Lehren der geschlechtlichen Liebe' (GBA 10/1, S. 527) zurück: „Aber nicht um den Lernenden von der Liebe abzuhalten, soll man ihm die Liebe so schmutzig oder unnatürlich schildern, sondern allein um ihm die Wahrheit zu sagen. Nicht um ihm Abscheu zu erregen, sondern um ihm Schrecken zu lehren" (vgl. Raddatz 2010, S. 207). Allerdings scheint der von Raddatz zu Recht in Frage gestellte sexuelle Kontext nur ein Beispiel der Verfahrensweise solcher Schreckenspädagogik darzustellen.
621 MEW 1, S. 381.
622 HMW 10, S. 503.
623 Ebd., S. 521.
624 Vgl. ebd., S. 504.

> Mir scheint, daß du den Schrecken extremisierst, ihn jedoch – ich denke dabei an deine Theaterarbeit, aber auch an die Texte – mit Komischem konterst, verfremdest, damit weniger die Person, mehr die Zuschauerbeziehung wertmäßig organisierst. Das Komische ließe sich als besiegter Schrecken, komische Form als Form des besiegten oder besser besiegbaren Schreckens begreifen. Das hängt freilich vom Gegenstand ab.[625]

Raddatz' Verdikt, Müller habe aus außerästhetischen Beweggründen die Distanzdramaturgie des epischen Theaters auf den Kopf stellen wollen, erweist sich somit als Missverständnis.[626] Eine ausführliche Auseinandersetzung mit Raddatz' Interpretation des Verhältnisses von Brechts epischem Theater zu Müllers „Rauschästhetik", die Müller im Zuge eines „intrapoetischen Zweikampfs" eine strategische „Verkehrung" der Gesamtkonzeption des epischen Theaters „in ihr Gegenteil" unterstellt,[627] kann an dieser Stelle nicht erfolgen. Der Blick in Müllers dramatisches Werk allerdings, der hier zum Maßstab genommen wird und den Raddatz, der seine These fast ausschließlich auf publizistische Äußerungen des Autors stützt, aus unerfindlichen Gründen unterlässt,[628] zeigt nicht nur, dass Müllers kritische Auseinandersetzung mit Brecht sein Werk von Beginn an begleitet, sondern ergibt auch ein wesentlich moderateres, von historisch-poetischen Überlegungen gekennzeichnetes Bild der sein gesamtes Schaffen durchziehenden Anlehnung an und Absetzbewegung von seinem Vorgänger. Brecht ist für Müller „nicht gleich Brecht", also „keine feste Größe".[629] Seine Qualität, sein Potential, das ihn zum Weiterdenken anregt, liegt gerade in den Widersprüchen seiner Theorie. Dabei handelt es sich bei Brecht zweifellos um die für Müller wichtigste und nachhaltigste literarische Begegnung.[630] Ausschlaggebend für seinen Blick auf den „Glutkern"[631] des brechtschen Werkes ist allerdings die veränderte historische Perspektive. Müllers Revitalisierung jener Unterströmung

---

625 Ebd.
626 Vgl. Raddatz 2010, S. 213.
627 Ebd., S. 104.
628 Vgl. ebd., S. 7.
629 HMW 10, S. 511.
630 Vgl. dazu Raddatz 2010, S. 17 f. sowie Silberman 2003, S. 136 f., der Brecht als das wichtigste Mitglied von „Müllers geräumigem Schattenkabinett" (Shakespeare, Benn, Sophokles, Kleist, Wagner, Beckett, Kafka, Seghers) begreift: „Im Vergleich zu allen anderen toten Gesprächspartnern war die Beziehung zu Brecht tiefer und absoluter. Von biographischen Annäherungen und persönlichem Verhalten über Stückbearbeitungen, motivische Anleihen und Anspielungen bis zu dramaturgischen und theoretischen Auseinandersetzungen blieb er der wichtigste Bezugspunkt auf den Müller immer wieder zurückkam, um die eigenen Auffassungen zu erläutern."
631 HMW 8, S. 223 f. Den Begriff des „theologischen Glutkern[s]" übernimmt Müller von Adorno. Vgl. Adornos Brief an Walter Benjamin vom 2.–4. August 1935 in: Adorno, Theodor W./Benjamin, Walter: Briefwechsel 1928–1940. Hrsg. von Lonitz, Henri. Frankfurt am Main 1994, S. 143.

des Grotesken, die in vielerlei Hinsicht im Widerspruch zu Brechts klassischer Konzeption des epischen Theaters steht, welche dieser seit Mitte der 1920er-Jahre vor dem Hintergrund seines Studiums des historischen Materialismus für die Auseinandersetzung mit dem wissenschaftlich-technischen Zeitalter entwickelt hatte, beinhaltet somit auch eine inhaltliche wie formale Wendung gegen dessen „heitre ‚Leichenbeseitigung'"[632]. Ein derart gestaltetes ästhetisches Habhaft-Werden von Geschichte scheint Müller angesichts der immanenten Widersprüche der neuen sozialistischen Gesellschaft nicht mehr praktizierbar. In seinen Schriften und Interviews kritisiert er vielfach und an prominenter Stelle den vor allem Brechts späte Stücke charakterisierenden „Hang zur Modellhaftigkeit und Abstraktion"[633], der in seinen Augen von dem Wunsch geprägt ist, die komplexe historischen Wirklichkeit in ein schematisches Modell von Geschichte zu pressen:

> Nach meinem Dafürhalten trägt Brecht dafür die Schuld, seine Texte zu sehr rationalisiert, sie zu Formeln reduziert zu haben. [...] Seine „klassischen" Werke – „Der kaukasische Kreidekreis", „Der gute Mensch von Sezuan", „Puntila" – wollen zuviel, alles erklären. Und sie stützen sich auf eine stark vereinfachte Weltanschauung, auf eine Einteilung der Welt (und der Geschichte) in vorrevolutionär und postrevolutionär. [...] Für mich sind die Erstwerke Brechts sehr viel bedeutsamer, weil für sie gilt, was er zum Sturm und Drang sagte. Er sagte, es gäbe noch soviel Material im Grobzustand auszuschöpfen, da es noch keine Gestalt angenommen hat, da es vom formellen Standpunkt noch nicht ausgearbeitet sei.[634]

Mit dem Titel seiner zentralen Streitschrift ‚Fatzer ± Keuner' bringt Müller dieses Dilemma 1979 auf eine griffige Formel. Er schließt sich damit der Kritik Benjamins an, der die für Brechts Werk so folgenreiche „Figur Keuner", die dieser 1928/29 in der vierten Arbeitsphase am ‚Fatzer' entwickelt hatte, als „ein politisches Modell ‚plumpen Denkens'" entlarvt und sie „gegenüber den ‚asozialen' Typen Baal und Fatzer ab[]wertet".[635] Gleichzeitig aber führt Müller historische und biographische

---

632 Vaßen 1991, S. 172.
633 Girshausen 1987, S. 328.
634 HMW 10, S. 792 f.
635 Keller 1992, S. 103. Vgl. dazu Benjamin [1930], S. 665. Zum Begriff des „plumpen Denkens" vgl. Ders.: Brechts Dreigroschenroman [1935]. In: Benjamin: Gesammelte Schriften. Bd. III: Kritiken und Rezensionen. Hrsg. von Tiedemann-Bartels, Hella. Frankfurt am Main 1991, S. 440–449, hier S. 445 ff. Müller hatte für sein Manifest zunächst die Überschrift ‚Brecht gebrauchen, ohne ihn zu kritisieren ist Verrat' vorgesehen – heute der letzte Satz der Schrift (vgl. HMW 8, S. 231) – und so auf den mittels „bestimmter Negation" zu ermittelnden Gebrauchswert des brechtschen Werkes abgezielt. Der neue Titel markiert stattdessen den Zeitpunkt, „zu dem Brecht die Figur des Keuner und damit die von Benjamin mit dieser verbundene theoretische Position in seine Texte einführt" und macht auf dessen Bedenken aufmerksam, „daß die Keunerfigur frühere Brechtsche Figuren und deren ‚phantasmatische' Funktionen" und produktives Potential „nicht etwa nur ergänzt oder

Gründe an, die für die zunehmende Rationalisierung verantwortlich zeichnen, mit der Brecht sein Werk des vitalen Zentrums beraubt habe:

> Für Brecht bedeuteten die Austreibung aus Deutschland, die Entfernung von den deutschen Klassenkämpfen und die Unmöglichkeit, seine Arbeit in der Sowjetunion fortzusetzen: die Emigration in die Klassizität. Die Versuche 1–8 enthalten, was die mögliche unmittelbar politische Wirkung angeht, den lebendigen Teil seiner Arbeit, den im Sinn von Benjamins Marxismusverständnis theologischen Glutkern. Hollywood wurde das Weimar der deutschen antifaschistischen Emigration. Die Notwendigkeit, über Stalin zu schweigen, weil sein Name, solange Hitler an der Macht war, für die Sowjetunion stand, erzwang die Allgemeinheit der Parabel.[636]

Nicht als maßvoller Aufklärer ist Brecht also für Müller interessant, sondern in den gesellschaftlichen Situationen, in denen sich das in der Realität vorgefundene Material einer klassisch-heiter beruhigten, parabelhaften Ästhetik widersetzt.[637] Müllers Kritik an Brechts Sehnsucht nach historischer Mathematik – „Brecht nannte selbst die Gefahr: Dem Ausgerechneten entspricht das Niedliche"[638] – erfolgt insofern weiterhin im Namen der Aufklärung, als sie im Gegensatz zu seinem Vorbild deren dialektische Verfasstheit, ganz im Sinne von Horkheimer und Adorno, ruchbar macht:

> Es käme darauf an, was Brecht klargelegt hätte, zu verdunkeln, damit es neu gesehen werden kann; Hegel: das Bekannte ist nicht erkannt usw. Die Geschichte der europäischen Linken legt den Gedanken nahe, ob Hegel nicht auch in diesem Fall vom Kopf auf die Füße gestellt werden muß. Noch in jedem Territorium, das die Aufklärung besetzt hat, haben sich „unversehens" unbekannte Dunkelzonen aufgetan. Immer neu hat die Allianz mit dem Rationalismus der Linken den Rücken entblößt für die Dolche der Reaktion, die in diesen Dunkelzonen geschmiedet wurden. Das Erkannte ist nicht bekannt.[639]

Die Bedeutung des ‚Fatzer'-Fragments, in dem Brecht selbst den „höchste[n] Standard technisch"[640] erreicht sah, liegt daher für Müller in dem dort erfolgenden Zusammentreffen ästhetischer wie historischer Aspekte, die sich zum einen in der „Scharnierfunktion" spiegeln, die es „zwischen den ersten Dramen, den anarchistischen und den späteren, nunmehr mit der Partei verbundenen" er-

---

erweitert, sondern auch gefährdet habe, indem sie diese zu verdrängen drohte" (Girshausen 1987, S. 335).
636 HMW 8, S. 223 f.
637 Vgl. HMW 9, S. 176 ff. bzw. HMW 10, S. 501.
638 HMW 10, S. 284.
639 HMW 8, S. 225.
640 GBA 10/2, S. 1119.

IV.5 Mit Brecht zu Shakespeare – Die Auswicklung der *Poetik des Grotesken* — 367

füllt,[641] zum anderen in der durch seinen Fragmentcharakter markierten Krisenhaftigkeit der Neuorientierung hin zum Lehrstück.[642] Genau in diesen „(historisch bedingten) Rissen und Brüchen, den Wendepunkten hin zur Modellhaftigkeit von Brechts späteren Stücken"[643], an denen Baal und Fatzer ihre Wirkkraft als „politische[s] Modell[]"[644] verlieren und mit Keuner dem reinen Rationalismus unterliegen, findet Müller „produktive Ansatzpunkte für die eigene Arbeit" unter veränderten historischen Bedingungen: „So ergibt sich das – scheinbare – Paradox, daß sich Müller in der Auflehnung gegen Brecht oftmals auf die Seite Brechts stellen k[a]nn[], zumal auf die des jungen gegen den späten."[645] Indem Müller dabei dem Anarchisten Fatzer gegenüber Keuner, dem „Kleinbürger im Mao-Look", der „Rechenmaschine der Revolution", den Vorzug gibt,[646] schlägt er sich zum einen auf die Seite der „Subjektivität"[647], deren historisches Potential ausgelotet werden soll; zum anderen spricht er sich für die Kraft des „rohen Materials" aus, das noch nicht gänzlich „zu Form geworden ist".[648] Es sind exakt diese beiden Momente, die Müller in seiner an Benjamin angelehnten, theoretischen Brecht-Kritik Shakespeare näher bringen[649] und bereits Jahre zuvor die ästhetische Konzeption der ‚Umsiedlerin' bestimmen: „Für mich ist Brecht am besten, wenn er Shakespeare nah ist, und Shakespeare wertet nicht."[650]

---

[641] HMW 10, S. 794.
[642] Vgl. HMW 8, S. 230: „‚Fatzer' als Materialschlacht Brecht gegen Brecht (= Nietzsche gegen Marx, Marx gegen Nietzsche). Brecht überlebt sie, indem er sich herausschießt. Brecht gegen Brecht mit dem schweren Geschütz des Marxismus/Leninismus. Hier, auf der Drehscheibe vom Anarchisten zum Funktionär, wird Adornos höhnische Kritik an den vorindustriellen Zügen in Brechts Werk einsichtig."
[643] Girshausen 1987, S. 328.
[644] Ebd., S. 332. Vgl. dazu auch Benjamin [1930], S. 665.
[645] Girshausen 1987, S. 328.
[646] HMW 8, S. 230.
[647] HMW 10, S. 42.
[648] Ebd., S. 113.
[649] Vgl. ebd., S. 42 und 113. Auch Raddatz bringt Müllers Abwendung von Brecht und seine Annäherung an Shakespeare in einen Zusammenhang, der zudem durch die zunehmende Radikalisierung der Gewalt in seinen Texten bestimmt sei. Allerdings datiert er dieses Ereignis aufgrund seiner vornehmlich auf die Schriften und Interviews begrenzten Perspektive erst auf die Mitte der 1970er-Jahre. Darüber hinaus macht Raddatz mit Müllers angeblicher Rückwendung zu Brecht in den 1980er-Jahren eine „Negation Shakespeares" aus, die sich an der Rede ‚Shakespeare eine Differenz' (1988) ablesen lasse und mit Müllers Problematisierung der in seinem Werk Überhand nehmenden und dadurch ihre Wirkung einbüßenden Gewalt in Zusammenhang stünde. Ein Blick in Müllers dramatisches Werk der 1980er- und 1990er-Jahre, in denen u. a. die Shakespeare-Bearbeitung ‚Anatomie Titus' entsteht, bietet für eine solche These allerdings keine Grundlage (vgl. Raddatz 2010, S. 226).
[650] HMW 10, S. 501.

Mehr noch als bei Brecht betont Müller bei Shakespeare die spezifisch historischen Entstehungsbedingungen seiner Dramen „in einer Phase des Umbruchs, des Übergangs von der mittelalterlichen zur neuzeitlich geprägten Welt"[651]. Shakespeares Stücke gelten ihm als „exemplarische Gestaltung der vielfältigen Realität der Epochenkollision"[652], deren Spuren sich in ihrem Hang zu paradoxen Konstellationen zeigen und für den selbst in vielerlei Hinsicht am Epochenbruch schreibenden Müller ihren besonderen Reiz, ihre historische Haltbarkeit ausmachen:

> Das Kommende kann von Shakespeare nur vage erahnt werden. Es wirkt zwar schon in die Texte hinein, entzieht sich jedoch eindeutiger Fixierung und Formulierung. Die Polyphonie der literarischen und theatralischen Zeichen ist nicht auf einen gemeinsamen Nenner zu bringen, stringente Logik versagt vor der in sich widersprüchlichen Vielschichtigkeit der Deutungsangebote [...].[653]

Es ist gerade die Begegnung mit dieser Vielschichtigkeit, mit der Geräumigkeit der shakespeareschen Bilder, die Müller als „Gegengift gegen Brecht, gegen die Vereinfachung bei Brecht, gegen die Simplifizierung"[654] der Parabel empfindet und die es ihm erleichtert, sich der „Bevormundung durch den Brechtschen Rationalismus und die Brechtsche Pädagogik zu entziehen"[655]. In der Tradition des Sturm und Drang, der den elisabethanischen Dramatiker als Gegenbewegung zur „Regelpoetik des französischen Klassizismus" für die deutsche Bühne fruchtbar machte, „feiert Müller die Unregelmäßigkeiten und Fehler in der Komposition der Stücke, das Anarchische und Barbarische",[656] beschreibt die Texte Shakespeares als „Körper", die sich durch ihre „animalische Bewegung" auszeichneten.[657] Reziprok ermöglicht ihm zugleich der Einfluss Brechts, Shakespeare in seinen Übersetzungen und Bearbeitungen (‚Wie es euch gefällt', ‚Waldstück', ‚Macbeth', ‚Hamlet', ‚Hamletmaschine', ‚Anatomie Titus') von der durch die Romantiker tradierten, klassischen Lesart zu befreien und durch die Aufhebung der Unterscheidung zwischen Hoch- und Umgangssprache in „eine zeitgenössische Schreibweise" zu überführen, die nicht nur „in einen intensiven Dialog [...] mit der Schreibweise des elisabethanischen Schriftstellers tritt, sondern auch mit den

---

651 Keller 1992, S. 105.
652 Schulz 2003, S. 285.
653 Keller 1992, S. 106.
654 HMW 9, S. 208. Vgl. auch HMW 12, S. 459: „Shakespeares Bilder sind geräumiger als Brechts, weil sie weniger genau sind. Wenn man weniger sieht, beschreibt man mehr."
655 Jourdheuil 2003, S. 222.
656 Karschnia 2003, S. 167 f.
657 HMW 9, S. 208.

aktuellen geopolitischen Fragestellungen – ganz so, wie sich Shakespeares Schreiben intensiv mit der geopolitischen Situation des elisabethanischen Zeitalters auseinandersetzt".[658] Spuren von Müllers Shakespeare-Rezeption, die ihre Hochphase von den späten 1960er- bis deutlich in die 1980er-Jahre hinein erlebt, durchziehen gleichwohl alle seine Stücke – oft als „versteckte Zitate"[659]. Schon die „panoramatische Dramaturgie" des ‚Lohndrücker' „weist Müller" Karschnia zufolge „als Dramatiker aus, der bei Shakespeare in die Schule gegangen ist – wie es der alte Brecht den jungen Stückeschreibern geraten hat".[660] Mehrfach bezeichnet er die Auseinandersetzung mit dem Elisabethaner als „Bluttransfusion", als „vampiristische Tätigkeit", die über eine Schreibkrise hinweghelfen oder am Übergang zu einer neuen ästhetischen Phase frische Impulse liefern kann.[661] Dabei gilt Müllers Interesse zeitlebens besonders den Topoi „Krieg und Revolution", zu deren „Synonym", zur verkörperten Vorwegnahme kommender Katastrophen, ihm Shakespeares Werk laut Karschnia geradezu gerinnt.[662] ‚Die Umsiedlerin' kennzeichnet insofern nicht nur die erste ästhetische Umbruchsphase in Müllers dramatischer Arbeit, das Stück markiert auch den Zeitpunkt, an dem seine Shakespeare-Rezeption unter den genannten Vorzeichen erstmals virulent wird. Ihr Zentrum bildet die Verknüpfung von Revolution und Karneval, die sich „[d]as Karnevalspathos radikaler Umbrüche und Erneuerungen", das Bachtin zufolge die „Grundlage der Shakespeareschen Erfahrung" ausmacht, zum Ausgangspunkt nimmt.[663]

Shakespeares Dramen stehen im Zeichen jener *Karnevalisierung des Alltags*, die die Renaissance als Zeit materieller und geistiger Umwälzungen ausweist, die Spannung zwischen Kosmos (Struktur) und Chaos (Ununterschiedenheit) gehört zu ihren Grundmotiven: „In play after play it stands out as a conflict of authority between the ruling feudal culture and its popular anticulture: between hierarchical everyday life and a carnivalistic world turned upside down."[664] Müller überträgt Shakespeares karnevaleske Beschreibung der feudalen Renaissance-

---

658 Jourdheuil 2003, S. 222.
659 Karschnia 2003, S. 167. 1967 erfolgt mit ‚Wie es euch gefällt' die erste Shakespeare-Übersetzung, 1983/84 entsteht mit ‚Anatomie Titus' die letzte direkte Bearbeitung, obgleich sich Müller bis zu seinem Tod mit dem elisabethanischen Dramatiker beschäftigt hat, zuletzt mit ‚King Lear' und ‚The Tempest' – das als Shakespeares letztes Stück gilt.
660 Ebd. Vgl. dazu GBA 23, S. 379.
661 HMW 10, S. 351 und 547 f. sowie HMW 11, S. 631.
662 Karschnia 2003, S. 164.
663 Bachtin 1995, S. 317.
664 Doctor 1994, S. 418. Vgl. auch ebd.: „Shakespeare describes the courtly and political culture of the renaissance as a society absorbing tendencies and possibilities that previously belonged to carnival alone."

kultur in seinem dramatischen Überblick über eine abgeschlossene revolutionäre Etappe – von der Bodenreform bis zur Kollektivierung, die den auf brutale Weise vollzogenen Übergang zur Industrialisierung der Landwirtschaft einschließt – nicht nur auf die Auseinandersetzung zwischen Klein- bzw. Neubauern und der Großbauernschaft, sondern provokanterweise auch auf den Konflikt zwischen der herrschenden Partei und den Bauern als (vermeintlich) revolutionärem Subjekt. Die Inspiration für das dabei erprobte Verfahren, Theater und Alltag einer Umbruchsphase nach dem Vorbild Shakespeares im karnevalesken „Spektakel"[665] ineinander übergehen zu lassen und so seine Sprache und Dramaturgie für ein „veränderte[s] Theater[] in einer veränderten Gesellschaft"[666] nutzbar zu machen, könnte wiederum von Brecht stammen, zu dessen ästhetischen Idealen die (von Marx abgeleitete) Verschmelzung von Produktion und Rezeption zählte:

> Da gibt es bei Brecht eine andere Bemerkung über Shakespeare, die fand ich ganz gut: die Qualität seines Theaters sei gewesen, daß es eine unmittelbare Verbindung zum Leben hatte, auch durch seine Verbindung zu den Marktplätzen und Bärenkampfarenen und Irrenhäusern, die man wie Vorstellungen besuchte. Heute ist Theater nicht mehr selbstverständlich, und das ist sein Problem.[667]

Die karnevaleske Ambivalenz erfasst an erster Stelle die Figuren der ‚Umsiedlerin', deren Subjektivität gegenüber denen des ‚Katzgraben'-Projekts eine deutliche Aufwertung erfährt.[668] Ähnlich wie Shakespeare stellt sich Müller dabei kontinuierlich und durch sein gesamtes Werk wiederkehrend die Frage, „was mit den einzelnen geschieht, die in einen Umbruch aller Werte gestellt werden, welche das Leben bis zu einem Punkt hin strukturierten, ihm Sinn verleihen konnten"[669]. Wo bei Shakespeare „Narr, Hamlet, Lear und andere Figuren [...] eine ‚Anatomie' zum Ausdruck [bringen], die in einem Hohlraum entsteht, wenn das Alte zerfällt und das Neue sich erst lediglich von der destruktiven Seite zeigt"[670], erinnern in Müllers Revolutionskomödie besonders der revolutionäre Melancholiker Flint und der vi-

---

[665] Karschnia 2003, S. 169.
[666] Ebd. Dem marxistischen Gedanken einer Verknüpfung von Kunst und Alltag folgte auch die Arbeit mit der Laienbühne der Hochschule für Ökonomie, die Müller und Tragelehn „im Hinblick auf künftig eventuell mögliche, neue Kunstverhältnisse" (Streisand 1991a, S. 432) als programmatisch empfanden: „Der Mensch ist erst wirklich Mensch, wenn er auch Künstler ist" (vgl. Tragelehns Ausführungen zur Probenpraxis der ‚Umsiedlerin' in: Tragelehn, B. K.: Volkstheater. In: Explosion of a Memory Heiner Müller DDR. Ein Arbeitsbuch. Hrsg. von Storch, Wolfgang. Berlin 1988 (Tragelehn 1988a), S. 222–224, hier S. 224).
[667] HMW 12, S. 491. Vgl. GBA 22/2, S. 749 bzw. 807.
[668] Vgl. HMW 10, S. 42.
[669] Schulz 2003, S. 285.
[670] Ebd.

talistische Anarchist Fondrak – zwei Figuren, die prototypisch auf das elisabethanische Theater verweisen – an die Fragilität jeglicher Perspektive menschlichen Daseins und Handelns, die sich in der Zeit des politischen und gesellschaftlichen Umbruchs in ihrer ganzen Nacktheit zu erkennen gibt. Komisches und Tragisches werden dabei „noch enger verwoben"[671], als es bei Shakespeare (oder bei Brecht) der Fall ist, zudem ist Müllers „Faszination am ‚blutsaufenden Humor'"[672] des Elisabethaners, die derjenigen an den „bösen Stellen" bei Brecht entspricht, in der ‚Umsiedlerin' bereits spürbar. Dabei ist es besonders Shakespeares „Wirbel bildende Sprache"[673], der durchgängige Rhythmus von Rede und Gegenrede – „alles war nur Beat"[674] –, der Müller unter Einbezug verschiedener Formen von Sozio- und Dialekt zu dem hoch gestischen, immer wieder paradox-groteske Effekte produzierenden ‚Umsiedlerin'-Jambus anregt:

> Es bewegt sich alles so sehr. Also die Schnelligkeit von Bedeutungswandel in der Sprache, die zu tun hat mit der Geschwindigkeit von Geschichte, also der Beginn der Kolonisierung, der Beginn des Welthandels in der Elisabethanischen Zeit. Das war eine ungeheuer schnelle Zeit. Und diese Schnelligkeit führt zu einer Gewalt von Metaphern und sie beschleunigt auch den Umgang mit Sprache [...].[675]

So birgt gerade die „Metapher des elisabethanischen Zeitalters" für Müller ein enormes Potential, was die Beschwörung und Bannung einer Flut von paradoxen, ja mitunter schmerzhaft-grotesken Erfahrungen angeht:

> Sie macht es möglich, mit Erfahrungen umzugehen, die man nicht begreifen kann, die man nicht auf den Begriff bringen kann, auch wegen der schnellen Aufeinanderfolge ganz unterschiedlicher oder widersprüchlicher Erfahrungen. Die werden von der Metapher gebündelt und der, der die Metapher prägt, wird davor bewahrt, unter diesen Erfahrungen zusammenzubrechen.[676]

Die Metapher wird zunehmend als Medium des „Uneindeutigen, Unaufhellbaren", also des „Nichtwissens"[677] gegen die Rationalität der brechtschen Parabel mobilisiert und von Müller ins Zentrum seiner Entwicklung eines „Theater[s] der szenischen Metaphern"[678] gestellt, auf das er sich nach der Verhinderung, dem

---

671 Vaßen 1991, S. 172.
672 Karschnia 2003, S. 165.
673 Ebd., S. 168.
674 HMW 11, S. 411.
675 HMW 10, S. 548.
676 HMW 11, S. 11.
677 Raddatz 2010, S. 144.
678 Karschnia 2003, S. 168.

einstweiligen Scheitern und der Denunziationskampagne gegen ‚Die Umsiedlerin'
mehr und mehr verlegt. Sie sollen den Zuschauer – dialektisch gedacht – in zunehmendem Maße überfluten, überfordern, ihm zugleich aber auch die Möglichkeit lassen, „das Bühnengeschehen wie eine Landschaft"[679], wie ein surreales Gemälde zu betrachten. Shakespeare als „Gegengift gegen Brecht" bedeutet für Müller damit auch eine Wiederbelebung der szenischen Einfühlung, der Hingabe an den „Exzess der Sprache", an die „Gewalt der Metapher", die dieser mit Macht zu unterbinden suchte. Brechts späten, parabolischen Stücken wirft Müller sogar „Angst vor der Metapher" vor, die als „Angst vor der Eigenbewegung des Materials" mit der „Angst vor der Tragödie" – dem eigentlichen Medium Shakespeares – einhergehe und den folgenschweren Gedanken „der Permanenz der Revolution" abwehren soll.[680]

Sein durch die karnevalesk-utopische Ambivalenz von Zerstörung (der alten Gesellschaft) und Erneuerung (derselben durch den Sozialismus) bestimmtes Revolutionsbild erlaubt es Müller, der bei Brecht hoffnungsvoll an einer lichten Zukunft orientierten strukturellen Ordnung in der ‚Umsiedlerin' „ein Chaos"[681] entgegenzusetzen, das den Rezipienten stets neu zur Auseinandersetzung sowohl mit den Figurencharakteren wie auch mit der Gesamtkonzeption der (Meta-)Komödie zwingt und angesichts der Harmonisierungen der sozialistischen Propaganda die eigentliche Provokation des Textes darstellt. Greiners Blick auf die Komödien Shakespeares lässt sich so ohne Weiteres auf Müllers ‚Umsiedlerin' übertragen: „Diese Welt hat politisch-gesellschaftlich stets die gleiche Grundstruktur: Sie ist in Unordnung, was sich zeigt als Verstörung der Herrschaft wie der Liebe."[682] Die perspektivische Gewissheit über den Ausgang der Geschichte, über die Brecht noch verfügte, wird bei Müller zweifelhaft und begründet auch seine in der ‚Umsiedlerin' deutlich hervortretende Annäherung an die aus der Krise der Renaissance hervorgehende Antithetik des Barock. Mit den Vanitas-Motiven, den „emblematischen Verkürzung[en]" und „poetischen Allegorie[n]" des Textes, vor allem aber, wie Schulz feststellt, mit einer „zugespitzt antithetischen, paradoxen Sprachgebung, die in der zur Sentenz neigenden Verssprache Müllers zu beobachten ist und deren Bilderflut nicht selten den ‚concettismo' streift", nimmt er sich dabei zentrale Tropen der Dramen Shakespeares zum Vorbild:

> Die Antithetik des Barock hat man als Ausdruck des unüberwindlichen Abstands zwischen einer fordernden Transzendenz religiöser Gebote und dem sinnentleerten, von Fortuna be-

---

679 Ebd.
680 HMW 8, S. 225.
681 HMW 11, S. 678. Vgl. dazu Karschnia 2003, S. 166.
682 Greiner 2006, S. 44.

herrschten Getriebe der Welt mit ihrem Spiel von Macht und Tod gedeutet [...]. Fraglos erkennt Müllers Werk sich in dieser Konstellation wieder in dem Maß, wie die sozialistische Bewegung selbst immer mehr zur Maschine, Machtmaschine und scheinbar bloßen Fortsetzung der „Vorgeschichte" wird. Sie entspricht nun der verfallenen Welt des 17. Jahrhunderts, während der in eine unendlich ferne Zukunft gerückte Kommunismus zur unerreichbaren Transzendenz wird. Diese tiefe Dichotomie [...] wirft das Problem des verborgenen Gottes, der verborgenen Zukunft, neu auf und nähert Müllers sozialistische Dramatik der barocken sonderbar an.[683]

Müllers ‚Umsiedlerin' zeugt so in ihrer Reflexion der grotesken Entgegensetzung von hohem revolutionärem Einsatz und sich entfernendem Ziel von der ungeheuren Anstrengung die Idee des Kommunismus der Vanitas nicht preiszugeben.[684]

1975 äußert Müller gegenüber Horst Laube, dass er sich angesichts der historisch-politischen Situation in der DDR von einer Aufarbeitung Shakespeares derzeit mehr verspreche, als von der Brechts:

> Shakespeare als eine Voraussetzung für Brecht – d. h. viel mehr als nur eine Voraussetzung. Man kann Brecht nur neu sehen, wenn man einen neuen Zugang und Umgang zu bzw. mit Shakespeare gefunden hat. [...] [E]s kommt wenig dabei heraus, wenn man sich absolut auf Brecht konzentriert.[685]

Der Blick in ‚Die Umsiedlerin' macht nicht nur deutlich, dass Müller sich diesem Projekt schon zu Beginn der 1960er-Jahre verschrieben hat; darüber hinaus zeigt er auch, von welch entscheidender Bedeutung das Zusammenspiel von Shakespeare-Rezeption und Brecht-Kritik für die Entwicklung seiner *Poetik des Grotesken* ist. Ein Seitenblick in den zeitgleich mit den ersten – noch sehr Brechts nüchterner Sprache und Dramaturgie verpflichteten – Entwürfen zur ‚Umsiedlerin' entstandenen ‚Lohndrücker' (1956/57), den Müller selbst als seinen „unmittelbare[n] Anschluß an Brecht"[686] bezeichnet, soll diese These erhärten.

---

[683] Schulz 2003, S. 285.
[684] Vgl. Schulz 1980, S. 47.
[685] HMW 10, S. 66.
[686] HMW 9, S. 179.

IV.5.2 Brechts ‚Büsching' und die Entdeckung des Paradoxen – ‚Der Lohndrücker'

Keinesfalls kann ‚Der Lohndrücker' als epigonale Aufnahme brechtscher Diktion und Dramaturgie charakterisiert werden. Schon Müllers Erstling macht deutlich, dass der Autor erst über den Umweg der historischen Avantgarde zu Brecht kommt und es eine Weile dauert, bis er dessen Qualitäten voll schätzen lernt. Hauschild datiert Müllers erste Brechtlektüre auf 1948/49,[687] wobei es eben gerade nicht der Brecht der Parabelstücke ist, der ihn damals interessiert zu haben scheint:

> Das erste, was ich damals von Brecht gelesen habe, bis auf Gedichte, war „Courage", eine Szene aus der „Courage". [...] Es war, glaube ich, die Trommelszene mit der stummen Katrin. [...] Mir hatte es keinen besonderen Eindruck gemacht. Denn ich war (besessen) (?) mit Sartre, mit Surrealismus. Ich habe das alles vor Brecht gelesen: Existentialismus, Surrealismus, Dadaismus, Expressionismus. Auch Faulkner, Hemingway [...]. Der Brecht ist mir zunächst als eine ungeheure Reduktion erschienen, sehr grau, sehr arm. Brechts Qualität erschien mir zunächst nicht als Qualität. Und das kam erst später, als ich in Berlin war. [...] Der Hauptpunkt war, daß alles andere viel farbiger war. [...] Toll fand ich eigentlich erst den „Hofmeister".[688]

Müller verspürt offenbar von Beginn an eine größere Affinität zu jenen Facetten der brechtschen Theaterarbeit, die das poetisch-politische Potential von Stoffen und Verfahren ausloten, zu deren Ausschluss der Rationalismus der späten Stücke tendiert. Die von Müller hervorgehobene ‚Hofmeister'-Bearbeitung, die Brechts Rückkehr zum antibürgerlichen Theater markiert, unternimmt er, wie er in einem Eintrag im ‚Arbeitsjournal' vom 22. Dezember 1949 festhält, weil er in Lenz' ‚Hofmeister' „die früheste – und sehr scharfe – Zeichnung der deutschen Misere" erkennt. Außerdem gehe sie „auf die Linie in den Anfängen der deutschen Klassik zurück, die den Shakespeare aufnimmt" und so „eine Vorstudie zu einer neuen Spielweise des Shakespeare abgeben" könne.[689] Brecht wendet sich damit einem Thema wie einer Ästhetik zu, die das Werk Müllers später deutlich bestimmen

---

[687] Vgl. Hauschild 2003, S. 65.
[688] HMW 11, S. 944 f. Vgl. auch HMW 9, S. 63 f. Bestätigt wird diese frühe literarische Prägung durch Müllers Jugendfreund Gerhard Bobzien (HMTT, S. 43): „Er war ein Büchernarr und hatte bekanntermaßen neben Freud und Ernst Jünger bereits Poe, Kafka, Baudelaire und Wedekind gelesen, insbesondere von Poe erzählte er dauernd."
[689] GBA 27, S. 309. Mit der ‚Hofmeister'-Bearbeitung reagierte Brecht auch auf die Zuschauersituation des Berliner Ensembles, dessen Publikum nur zu dem verschwindend geringen Anteil von 0,3 Prozent aus Arbeitern bestand und so das revolutionäre Arbeitertheater, das ihm vorschwebte, als wirkungsästhetisch verfehlt erscheinen ließ.

wird. Wenn sich Müller also im Zusammenhang mit Brechts ‚Hofmeister'-Bearbeitung an ein Diktum von Peter Brook erinnert, das eben jene wirkungsästhetische Dimension des Schreckens in den Blick nimmt, die auch ihn selbst an der Brecht-Bearbeitung interessiert haben dürfte, so zeigt sich, dass der Grundstein für seine spezifische Brecht-Rezeption offenbar schon vor der Entstehung des ‚Lohndrücker' gelegt wurde:

> Peter Brook hat einmal, als er gefragt wurde, ob er schon einmal „Theater der Grausamkeit", im Sinne von Artaud, gesehen hätte, geantwortet: „Ja, einmal, im Berliner Ensemble, den „Hofmeister". Das war grausames Theater, Eingriff in Bewußtsein, Angriff auf falsches Bewußtsein, Zerstörung von Illusionen.[690]

Auch an anderer Stelle erwähnt Müller den ‚Hofmeister' als Brechts „einzige[n] Versuch", jene „20 Jahre Ideologiezertrümmerung" in Angriff zu nehmen, derer Deutschland Brecht zufolge nach 1945 bedurft hätte.[691] Wenn er auch im Laufe der Zeit, wie er einräumt, die Qualitäten der brechtschen Nüchternheit schätzen lernt, so bleiben es doch gerade im Hinblick auf die Demaskierung von Ideologie neben der ‚Hofmeister'-Bearbeitung die frühen, ungebärdigen, die „scharf[en] und schnell[en]" Texte, die aus der „Konfrontation mit Berlin",[692] dem „Schock der Großstadt"[693] entstehen, denen Müllers gesteigerte Aufmerksamkeit gilt. Dazu gehören auch Teile des ‚Fatzer'-Fragments, die er bereits in den 1950er-Jahren im ersten Heft der ‚Versuche' rezipieren kann: „[S]eitdem war ‚Fatzer' für mich ein Objekt von Neid. Das ist ein Jahrhunderttext, von der sprachlichen Qualität her, von der Dichte."[694] Er verkörpere schlichtweg „die Essenz einer nachbürgerlichen Erfahrung"[695].

Worauf bezieht sich Müller also, wenn er im Zusammenhang mit dem ‚Lohndrücker' von einem direkten „Anschluß an Brecht" spricht? Hat diese Aussage nur mit der Aufnahme und weiteren dramatischen Bearbeitung des ‚Büsching'-Stoffes zu tun, dem Brecht nicht mehr Herr geworden war? Oder verbirgt sich dahinter bereits ein breiter angelegtes ästhetisches Projekt? Mit der Geschichte des Bestarbeiters Hans Garbe, der 1950 als einer der ersten für den aufsehenerregenden Umbau eines Brennofens bei laufendem Betrieb mit dem Titel „Held der Arbeit" ausgezeichnet worden war, beschäftigen sich zu Beginn

---

690 HMW 9, S. 178.
691 HMW 11, S. 946.
692 HMW 9, S. 176.
693 Ebd., S. 242.
694 Ebd.
695 Ebd., S. 176.

der 1950er-Jahre jedenfalls einige literarisch-dokumentarische Texte, die Müller zum Teil als Material für sein Stück heranzieht.[696] Wie Tragelehn bestätigt, scheint seine Hauptquelle jedoch die Materialsammlung ‚Hans Garbe erzählt' (1952) gewesen zu sein, die Käthe Rülicke, basierend auf Gesprächsprotokollen von Treffen zwischen Brecht, Slatan Dudow und Garbe, im Juni 1951 erstellt hatte.[697] Ein Großteil der von Müller verwendeten Motive, bis hin zu einzelnen wortgetreuen Passagen, folgt Garbes autobiographischem Bericht. Von Brechts gescheitertem Plan für ein Gegenwartsstück über den „Helden der Arbeit", dem das ‚Büsching'-Fragment entstammt, weiß Müller hingegen nur durch Tragelehn, ohne das Material selbst zur Kenntnis genommen zu haben.[698] So ist es auch kein Wunder, dass das ‚Büsching'-Material in Müllers ‚Lohndrücker' kaum Spuren hinterlassen hat.[699]

Brechts Plan für den ‚Büsching'[700], dessen erste Entwürfe vermutlich schon 1950 entstanden, galt zuletzt offenbar einer „‚historische[n] Parabel' mit einge-

---

[696] Den eigentlichen Anstoß, so Müller, habe ein Zeitungsbericht über Garbe geliefert – neben der Empfehlung an die Schriftsteller auf einer Parteikonferenz, sich doch des Stoffes anzunehmen. Später sei noch Karl Grünbergs Aufsatz ‚Der Mann im feurigen Ofen' aus dem „unsägliche[n] Buch" ‚Helden der Arbeit' (1951) hinzugekommen. Aus der von ihm 1953 rezensierten Anthologie ‚Begeistert von Berlin' (1952) kannte er zudem das Gedicht ‚Siemens-Plania' von Uwe Berger. Nicht gekannt haben will er dagegen Eduard Claudius' Reportageerzählung ‚Vom schweren Anfang' (1950) bzw. dessen Roman ‚Menschen an unserer Seite' (1951), der ganz im Sinne des Sozialistischen Realismus eine klare Unterscheidung zwischen positiven und negativen Helden unternahm. Vgl. HMW 9, S. 111 bzw. Hauschild 2003, S. 164 und Emmerich 2000, S. 137 ff.
[697] Vgl. Tragelehn 1988b, S. 241.
[698] Vgl. Hauschild 2003, S. 164.
[699] Vgl. Rischbieter, Henning: Der Lohndrücker. In: Heiner Müller Handbuch. Hrsg. von Lehmann, Hans-Thies/Primavesi, Patrick. Stuttgart 2003, S. 243–246, hier S. 243.
[700] Der Titel geht auf eine Figurenübernahme aus dem ‚Fatzer'-Fragment zurück, die ihren Namen wiederum Hein Büsching verdankt, einem Mitglied eines der „sogenannten Arbeitskommandos der Schwarzen Reichswehr", die als „Keimzelle aller SS-Einheiten" die Aufgabe hatten, „die Ostgrenze zu Polen von ‚Verrätern' zu säubern, um, im Rücken frei, gegen ‚Erbfeind' Frankreich losschlagen zu können" (Feme-Morde). Vgl. dazu Bock, Stephan: Müller spielen ‚Brecht' erinnern. Auszug aus dem Brief-Essay FATZER MASSNAHME / WOLOKOLAMSKER CHAUSSEE I–V. In: Explosion of a Memory Heiner Müller DDR. Ein Arbeitsbuch. Hrsg. von Storch, Wolfgang. Berlin 1988, S. 155–157, hier S. 155 f. Nicht von ungefähr stammt der Büsching in Brechts ‚Fatzer'-Fragment aus Liegnitz, dem „Operationsgebiet der ‚Schwarzen Reichswehr'": „Allein Büschings ‚und ich geh nicht mehr nach liegnitz' aus dem FATZER erklärt Brechts Namenswahl für Hans Garbe, den Aktivisten. Auch der wollte nicht mehr nach ‚Liegnitz' (er kam aus Pommern, hatte dort auf einem Rittergut die Schwarze Reichswehr kennen und fürchten gelernt – hätte also dem REALEN Büsching über den Weg laufen können!). Aber, und da lebte das Andre im Stoff: Garbe war in Berlin, kam nie über Berlin hinaus nach: ‚Mülheim'. Nach 1945: jetzt wird nach

legten Chören", die den gesamten „Zeitraum von 1944 bis 1954" abdecken sollte, in dem sich Garbes Verhältnis zur Gesellschaft „allmählich von einem parasitären über ein idealistisch-spontanes zu einem sozialistisch-verantwortungsbewußten [...] entwickelt".[701] Der Entwurf sah dabei sogar einen ganzen Akt über den 17. Juni 1953 vor, „an dem der wirkliche Hans Garbe mit allen seinen Orden auf dem Arbeitskittel unter den Bauarbeitern der Stalinallee mitmarschiert"[702] und – da dies von beiden Seiten als Provokation empfunden wurde – bedroht worden war. Exemplarisch für seine Klasse sollte der Weg der Person Garbe „vom Objekt der Geschichte zum Subjekt"[703] untersucht werden, wobei Brecht besonders die Diskrepanz zwischen sozialistischem Handeln und politischem Bewusstsein interessierte, die ihm in seinen Gesprächen mit dem Ofenmaurer aufgefallen war. Die Chöre waren somit „als im Verhältnis zu Büsching [...] [m]ehrwissende"[704] didaktische Kommentatoren des Geschehens gedacht. Formal stellte sich Brecht zunächst „ein Fragment in großen, rohen Blöcken"[705] vor, das – später um lehrstückhafte chorische Elemente ergänzt – dem Naturalismus des Dokumentarischen durch die Kombination mit dem ‚Fatzer'-Vers entkommen sollte. Rülicke vermerkt in ihren Aufzeichnungen zum ‚Büsching'-Projekt:

> Die Jamben haben den Vorteil: 1. das Stück zu ‚verfremden' und den Zuschauer in einen Abstand vom Geschehen zu versetzen, er betrachtet die Vorgänge, die in Versen gesprochen sind, anders, als sei es Prosa. Der Vorgang wird 2. außerdem größer, man spricht von alltäglichen Vorgängen wie von großen historischen Stoffen, so den ‚Helden der Arbeit' zum großen Helden machend und mit den gleichen Mitteln bezeichnend. Gleich zweifache Verfremdung.[706]

Im Zentrum von Brechts Konzeption stand dabei die Entwicklung eines „neuen, aktiven (im Gegensatz zum bürgerlichen kontemplativen) Humanismus", in dessen Rahmen die Produktion nicht um ihrer selbst willen, sondern als Mittel „zur Erzielung einer neuen Menschlichkeit" dargestellt werden sollte.[707]

‚altem deutschen Muster', weil ‚Mülheim' [also die Revolution; M. M.] verpaßt worden war, die andre Zeit tatsächlich in Berlin ent-schieden [...]" (ebd., S. 157).
[701] Fehervary, Helen: Heiner Müllers Brigadestücke [1971]: In: Hermand/Fehervary: Mit den Toten reden. Fragen an Heiner Müller. Köln u. a. 1999, S. 1–38, hier S. 9.
[702] Emmerich 2000, S. 158 f.
[703] GBA 10/2, S. 1280.
[704] Emmerich 2000, S. 158.
[705] GBA 10/2, S. 1280.
[706] Ebd., S. 1281.
[707] Ebd., S. 1282.

Schnell allerdings stößt Brecht auf Schwierigkeiten mit dem Stoff, den Rülicke im März 1952 als „Anhäufung kleiner Einzelheiten [...], überepisch, nirgends dramatisch"[708] charakterisiert. Auch der zweite Anlauf nach dem 17. Juni 1953, der im Austausch mit Hanns Eisler die Konzeption hin zum Lehrstück verschiebt – „[w]ir besprechen einen ‚Garbe' im Stil der ‚Maßnahme' oder ‚Mutter' [...] mit einem vollen Akt über den 17. Juni"[709] –, wird erneut vertagt. Sein damaliger Meisterschüler Claus Küchenmeister überliefert eine Bemerkung Brechts, die dessen Probleme, dem Stoff historisch gerecht zu werden, andeutet: „Ich kann nicht mehr, das müßt ihr Jungen weitermachen."[710] Dennoch gibt es im November 1954 einen weiteren Versuch mit dem Material, der sich nun erstmals von der „realen Biographie Hans Garbes" entfernt und einen Stückplan (elf Szenen) hervorbringt. Hier nähert sich Brecht nun „unter Einbeziehung von Elementen des Lehrstücks wieder dem Typus des Parabelstücks an".[711] Zu einer weiteren Ausarbeitung der Szenen kommt es jedoch nicht, obwohl das Vorhaben bis zu Brechts Tod stetig präsent bleibt. Noch im Juli 1956 drängt Rülicke ihn, das so wichtige „Zeitstück"[712] nicht aufzugeben.

Emmerich vermutet, dass sich die Hindernisse vor allem daraus ergeben hätten, dass die „gewählte Helden- und Stückkonzeption das nicht zeitgemäße Lehrstück" erfordert habe, welches zudem in einer Zeit des sozialistischen Aufbaus „politisch inopportun" gewesen sei.[713] Auch Fehervary geht angesichts des gescheiterten Plans für ein DDR-Gegenwartsstück von strategischen Überlegungen Brechts aus:

> In dieser Zwangslage als nationaler Klassiker, der sich plötzlich den kritischen Augen der Partei ausgesetzt fühlte, hatte er nur die Wahl, deren „Auftrag" auszuführen oder sich für eine Weile in Schweigen zu hüllen. Was er schließlich mit seinem *Büsching* tat, war beides: er entwarf ein nationales Lehrstück, das den klassischen Arbeitsheros der DDR zum Helden hat, aber er vollendete es nicht.[714]

Der junge Müller hingegen habe sich mit der „Gunst der Anonymität auf seiner Seite" noch ganz anders in das politische Handgemenge werfen und die Gestal-

---

708 Ebd.
709 Ebd., S. 1283. Vgl. GBA 27, S. 349.
710 GBA 10/2, S. 1283. Vgl. auch: „Eine Begabung muß man entmutigen ...". Wera und Claus Küchenmeister, Meisterschüler bei Brecht, erinnern sich an die Jahre der Ausbildung. Hrsg. von Buchmann, Ditte. Berlin 1986, S. 85.
711 GBA 10/2, S. 1283.
712 Ebd., S. 1284.
713 Emmerich 2000, S. 159.
714 Fehervary [1971], S. 12.

tung der zeitgenössischen Realität dazu nutzen können, „seine persönliche Rolle in dieser Gesellschaft zu definieren".[715] Müllers eigene Überlegungen zu Brechts Scheitern am ‚Büsching'-Stoff, formuliert anlässlich seiner ‚Lohndrücker'-Inszenierung von 1988, setzen demgegenüber einen ästhetischen Schwerpunkt. Eine Äußerung Brechts gegenüber Käthe Rülicke zitierend, rückt er die Probleme der brechtschen Parabeldramaturgie mit ihrer Konzentration auf eine Hauptfigur ins Blickfeld:

> [F]ür seine Stücktechnik braucht er einen Protagonisten mit einer Bewußtseinsskala, die ungefähr der seinen entspricht, also der Brechts. Und das geht mit dieser Arbeiterfigur nicht, dafür hat er keine Stücktechnik, keine Dramaturgie. Und das hängt aber damit zusammen, glaube ich, die Arbeiterklasse kommt ja bei Brecht nur chorisch vor, und das hat mit seiner Erfahrung zu tun, historischen und persönlichen, also nicht nur. Der Hauptpunkt ist, daß er letztlich doch diese Realität nicht mehr wirklich begreifen konnte, sie war viel komplexer als seine Dramaturgie. [...] Man kann keine Parabel über die DDR schreiben. Parabeldramaturgie ergreift diese Wirklichkeit nicht, dazu ist sie zu differenziert und zu komplex und zu wenig einfach.[716]

Für Müller verunglückt also auch der ‚Büsching' an eben jenem keunerschen Rationalismus, dessen Perfektionierung Brecht im amerikanischen Exil betrieben hatte. Der damit verbundene Versuch, die Wirklichkeit der DDR-Nachkriegsgesellschaft mit dem Klassenkampfmodell der 1920er-Jahre zu erfassen, dem Brecht in Folge seiner langen Exilzeit noch angehangen habe, sei angesichts von deren Komplexität zum Scheitern verurteilt gewesen.[717] Aufgrund seiner unmittelbareren Realitätserfahrung verfällt Müller – der sich als junger Mann gern auf den Straßen und vor allem in den Kneipen des Nachkriegs-Berlin herumtreibt und das Arbeitermilieu der frühen DDR schon aus der Zeit kennt, als er in Frankenberg Drehbänke entrostet hatte – einer solchen Illusion „instinktiv"[718] nicht. Weder

---

715 Ebd.
716 HMW 11, S. 852 f. Konkret verdeutlicht Müller Brechts Schwierigkeiten an einem einschlägigen Beispiel (ebd., S. 853): „[D]iese Bauarbeiter setzten sich sehr zusammen aus ehemaligen Nazis. Die Bauarbeitergewerkschaft war die am meisten kommunistische gewesen, sie hatten also die größten Verluste, da waren die größten Lücken. Und die Russen hatten alles, was nicht wegen Kriegsverbrechen belangt werden konnte oder musste, auf den Bau geschickt: Studienräte, Offiziere, Lehrer usw., Beamte. Die hatten dann als Bauarbeiter Schwerstarbeiterkarten, also die beste Versorgungsstufe. Ihre Kinder waren Arbeiterkinder, durften bevorzugt studieren. Das ist ein ganz anderes Bild von Arbeiterklasse, was sich da plötzlich ergibt. Und das sind so Dinge, die die Dramaturgie von Brecht nicht greifen konnte, auch wenn er es vielleicht wusste, aber er konnte das auch nicht alles wissen."
717 Vgl. Girshausen 1987, S. 338.
718 HMW 9, S. 180.

stellt er in seinem ‚Lohndrücker' einen Protagonisten ins Zentrum, noch konstruiert er in Absetzung von Brechts Rest-Aristotelismus überhaupt eine „durchgängige[] Fabel, von der aus sich der Gesamtsinn des Spielgeschehens erst erschließen läßt"[719]. Stattdessen werden die Konflikte und ihre Schauplätze vervielfacht und dezentriert und bilden so die Grundlage einer komplexen, offenen „Stationentechnik"[720], die bereits auf ‚Die Umsiedlerin' und Müllers spätere Fragment-Dramaturgie vorausweist. In den 15 kurzen, konzentrisch[721] um die kollektive Entscheidung über die Ofenreparatur (Szene 8) angeordneten Bildern des ‚Lohndrücker' entsteht so jene „panoramatische Dramaturgie"[722], die Karschnia schon in Müllers Erstling an Shakespeare erinnert.

Indem sich der Autor zudem „für Garbe nur in zweiter Linie"[723] interessiert, vermeidet er jegliches sozialistisch-realistische Klischee vom positiven Helden; der Titel des Stücks, der eine der Verunglimpfungen zitiert, die dem historischen Garbe galten,[724] weist vielmehr schon auf die Ambivalenz seiner „Aktivistenrolle"[725] hin, die, abweichend von Garbes realer Biographie, in der komprimierten Darstellung von Balkes Denunziantentum nicht nur „(alte) Schuld und (neues) Verdienst"[726] zusammenzieht, sondern beides ununterscheidbar verschränkt.[727] Gestärkt wird so der „Modellcharakter der Darstellung"[728], der die Realität nicht einfach widerspiegeln, sondern ihre Widersprüche paradox auf die Spitze treiben und ohne ideologische Scheuklappen in den historischen Prozess einbetten will. Dementsprechend bezeichnet Müller seine Figuren 1987 als „Versuchstiere", deren Verhalten „unter bestimmten Bedingungen, die sie selber nicht bestimmt haben und nur ganz bedingt und relativ variieren können" vorgeführt bzw. beobachtet werden soll.[729] Die vermeintlich „heroische Aktivistenfabel'" dient somit einzig der Erzeugung von Situationen, die einer solchen Versuchsanordnung durch „unterschiedliche soziale Verhaltens- und Reaktionsweisen der beteiligen

---

[719] Keller 1992, S. 122.
[720] Ebd., S. 125.
[721] Eke hingegen geht von einer spiralförmigen Dramaturgie aus, die sich mir allerdings mit Blick auf den dramatischen Handlungsaufbau nicht erschließt (vgl. Eke 1999, S. 69 f.).
[722] Karschnia 2003, S. 167.
[723] Fehervary [1971], S. 10.
[724] Vgl. Rülicke, Käthe: Hans Garbe erzählt. Berlin 1952, S. 60.
[725] Fehervary [1971], S. 10.
[726] Hauschild 2003, S. 165.
[727] Hierin findet sich bereits ein Motiv angelegt, dass Müller später im ‚Horatier' (1968) auf die Spitze treiben wird (vgl. HMW 3, S. 73–86).
[728] Keller 1992, S. 127.
[729] HMW 11, S. 231.

Personen" reichhaltiges und fruchtbares Studienmaterial liefern können.[730] So zielt Müller schon im ‚Lohndrücker' auf eine kollektive Perspektive, die er für die dem historischen Standort angemessene hält.[731] Genau wie in der ‚Umsiedlerin' erscheint das „Figurenensemble als ‚kollektiver Held'"[732] des Stücks.

Auch auf den von Brecht für den ‚Büsching' in Betracht gezogen Vers verzichtet Müller im ‚Lohndrücker' vollständig, ebenso wie auf sonstige ästhetisch-didaktische Hilfsmittel (Chöre, Lieder) oder Verfremdungseffekte. Allerdings bemüht er sich bereits um eine „präzis gestische" Sprache, die das jeweils für den Sprecher „Charakteristische" in einem alltagssprachlichen Rahmen vorführt.[733] Von Anfang an zeichnet ihn dabei, wie Hauschild feststellt, „die aphoristische Prägnanz seiner dialektisch oder antinomisch gesetzten Dialoge"[734] aus, die häufig mit Wortspielen arbeiten. Die „dramatische Spannung" entsteht und erhält sich dabei „rein durch den in Dialog und Handlung entfalteten dialektischen Prozeß",[735] der häufig durch eine „Spaltung von Reden und Handeln"[736] charakterisiert ist:

> Auch in den Dialogen, in denen Argumente aus verschiedenen Perspektiven zusammengeführt werden, bleiben wichtige Fragen, die zur Lösung von drängenden Problemen und Widersprüchen führen könnten, unausgesprochen oder unerklärt. In den Diskussionen werden konträre Positionen oft nur schroff gegeneinander gestellt, zu gemeinsam getragenen Beschlußfassungen kommt es meist nicht. Statt dessen werden wichtige Entscheidungen wortlos gefällt, indem einer der Beteiligten zu handeln beginnt. Die dialogische Erörterung der Widersprüche setzt aus und wird durch einfache szenische Vorgänge ersetzt.[737]

„Überall da, wo in meinem Text ‚Pause' oder ‚Schweigen' steht", bemerkt Müller Anfang der 1990er-Jahre, „wäre für Brecht der Raum für die Arien gewesen".[738]

Dennoch zeigt Müllers ‚Lohndrücker', „wie viel er von Brecht gelernt und übernommen hat", und nicht nur was „den sprunghaften Dialog, die schnelle Folge kurzer Szenen, die Betonung der Handlung, die realistischen, aber nicht psychologisch motivierten Charaktere",[739] sondern vor allem was die Vorausset-

---

[730] Keller 1992, S. 125.
[731] Vgl. Silberman 2003, S. 139.
[732] Keller 1992, S. 134.
[733] Emmerich 2000, S. 159. Zu den konzeptionellen und stilistischen Besonderheiten des ‚Lohndrücker' vgl. auch Fuhrmann 1997, S. 71 f.
[734] Hauschild 2003, S. 166.
[735] Fehervary [1971], S. 18.
[736] Keller 1992, S. 134.
[737] Ebd., S. 133.
[738] HMW 9, S. 180.
[739] Fehervary [1971], S. 9.

zung theatralen Erzählens angeht: Trotz aller Zuspitzung der strukturellen Widersprüche und persönlichen Zwangslagen, die die neue Gesellschaft charakterisieren, verabschiedet sich Müller doch nicht von Brechts Produktion und Rezeption verschränkenden, wirkungsästhetischen Paradigma, die Verhältnisse als veränderbar zeigen zu wollen.[740] Indem er ein Theater anstrebt, „das nicht nur Empfindungen, Einblicke und Impulse ermöglicht, die das jeweilige historische Feld der menschlichen Beziehungen erlaubt, auf dem die Handlungen jeweils stattfinden, sondern das Gedanken und Gefühle verwendet und erzeugt, die bei der Veränderung des Feldes selbst eine Rolle spielen"[741], orientiert sich Müller am Theatertyp des ‚Kleinen Organon', radikalisiert diesen jedoch zugleich und passt ihn den historischen Bedürfnissen der neugegründeten DDR an.[742] Müller widmet sich derart von Beginn an der von Brecht postulierten „Ideologiezertrümmerung"[743], ohne dabei die Widersprüche und Paradoxien der kommunistischen Ideologie, die die Forderung seines Vorgängers nur bedingt eingeschlossen hatte, aussparen zu wollen. Stellte Brechts Theaterarbeit in der DDR für Müller „ein[en] heroische[n] Versuch" dar, „die Keller auszuräumen, ohne die Statik der neuen Gebäude zu gefährden",[744] so wagt er selbst sich bereits mit seinem Erstling an die von Vornherein beschädigten Fundamente der neuen Gesellschaft.[745] Auf diese Weise treten Müllers dramatische Versuchsanordnungen mit ihren meist paradox zugespitzten Konfliktkonstellationen den dialektisch konstruierten offenen Enden der brechtschen Parabeln gegenüber und halten nie eine abschließende Deutung oder Lösung für den Rezipienten bereit.[746] Mag die Bekehrungsszene zwischen Balke und Karras am Ende des Stücks, die Müller für seine Inszenierung 1988 tilgte, auch solches suggerieren,[747] ‚Der Lohndrücker' bildet hier – wie sich an einem Blick auf seine durchaus groteskes Potential entfaltenden Konflikte

---

740 Vgl. Silberman 2003, S. 139, ebenso Hauschild 2003, S. 165.
741 GBA 23, S. 79.
742 Vgl. Silberman 2003, S. 138. Wichtig ist dabei, dass auch Müller „[d]ie ‚historischen Bedingungen'" nicht „als dunkle Mächte (Hintergründe), sondern [...] von Menschen geschaffen und aufrechterhalten" (GBA 23, S. 79 f.) begreift, was ihre Veränderbarkeit mit einschließt. Dem entspricht sein Zugriff auf das Groteske.
743 HMW 11, S. 946.
744 HMW 8, S. 227.
745 „Warum zertrümmert ihr das Fundament?", lautet der erste Satz in Müllers ‚Bau' (1963/64). Damit legt der Parteisekretär Donat im letzten Versuch des Autors, ein ‚realistisches' Stück über diese Problemlage zu schreiben, den Finger schonungslos in die Wunde des DDR-Sozialismus (vgl. HMW 3, S. 331).
746 Vgl. Keller 1992, S. 59.
747 Vgl. HMW 3, S. 64.

zeigt – keine Ausnahme. Mit dem Paradoxen als Einfallstor des Grotesken[748] gelingt es Müller, den zeitgenössischen Stoff zu bewältigen, dem Brechts humanistische Dialektik nicht mehr gewachsen war; er erreicht so einen ästhetisch wie gesellschaftlich fruchtbaren „Anschluss" an Brechts Werk genau an der Stelle, an der dessen künstlerisches Rüstzeug zu versagen beginnt.

Im ‚Lohndrücker' prallen die Interessen von Arbeiterschaft und Partei mit einer Wucht aufeinander, die in der DDR-Aufbauliteratur ihresgleichen sucht. Schon hier finden die strukturellen Widersprüche der neuen Gesellschaft ihren Niederschlag vielfach in einer dem Paradoxen verpflichteten, ins Groteske hineinreichenden Zuspitzung der Konflikte, ohne dass es bereits für die Struktur des Stücks bestimmend würde. ‚Der Lohndrücker' bietet den Beleg dafür, dass Müllers Realitätserfahrung der 1950er-Jahre sich ebenso in grotesken Zusammenhängen spiegelt wie diejenige der unmittelbaren Nachkriegsjahre, was das 1989 wieder aufgefundene Manuskript der ‚Legende vom großen Sargverkäufer' zeigt. Im Anspruch des Sozialismus, die Arbeiterschaft aus ihrer althergebrachten Knechtschaft zu befreien, und seinem von den jüngsten historischen Ereignissen (Faschismus, Stalinismus) geprägten, notwendigen Überlebenskampf erkennt Müller einen kaum zu versöhnenden Widerspruch, der im ‚Lohndrücker' die dramatische Handlung in Gang setzt. Dabei lässt die Struktur seines Erstlings bereits die für ihn „kennzeichnende[] Dramaturgie" erkennen: Ihr „Prinzip" vergleicht Schulz „einer Foltermethode", „die den Körper so fesselt, daß er sich bei jeder Bewegung, die Befreiung, Lockerung bringen soll, nur um so enger bindet" und so seine groteske Deformation hervorbringt[749] – was sich beispielhaft in der existentiellen Verklammerung der „feindlichen Brüder"[750] Balke und Schorn zeigt.

Bei Müller spiegelt die lebensgefährliche Arbeit am Ringofen die allgemeine Situation der im Aufbau begriffenen DDR, die sich, „[a]nstatt [...] das Alte einfach niederzureißen und ganz von Neuem anzufangen, [...] erst einmal gezwungen

---

[748] Vgl. Harpham, Geoffrey Galt: On the Grotesque. Strategies of Contradiction in Art and Literature. Princeton 1982, S. 19 f., hier zitiert nach Scheidweiler 2009, S. 17: „Wenn das Groteske mit irgendetwas verglichen werden kann, dann mit dem Paradoxen. Das Paradoxe ist eine Form, die Sprache gegen sich selbst zu wenden, indem man sowohl die eine wie auch die andere Seite eines Widerspruchs bejaht. Um seiner selbst willen verfolgt, kann das Paradoxe vulgär oder bedeutungslos erscheinen; es ist dann sehr ermüdend für den Geist. Aber um der wortlosen Wahrheit willen verfolgt, kann es Schleier zerreißen und sich sogar dem Heiligen nähern, so wie das Groteske. [...] [W]ährend wir uns im Paradoxen aufhalten, bevor wir eine der beiden Möglichkeiten abgewiesen haben oder zu jenem wortlosen Wissen vorgedrungen sind (welches die Namenlosigkeit des grotesken Bildes parodiert), sind wir selbst im ‚para', am Rande selbst."
[749] Schulz 1980, S. 34.
[750] Ebd., S. 28.

[sah], mit den vorhandenen Arbeitskräften und Fabrikanlagen weiterzuwirtschaften, um nach den verheerenden Bombenverlusten und Demontagen nicht völlig ins Agrarische abzusacken"[751]. So marode und reparaturbedürftig wie die von Krieg und Reparationsabbau verschonten industriellen Restbestände zeigt sich auch das Gros der vom Faschismus gezeichneten Arbeiter, die sich weit mehr ihrem eigenen Vorteil als der Entwicklung einer sozialistischen Gemeinschaft verpflichtet fühlen. Müllers exemplarische Brigade setzt sich dementsprechend zusammen aus dem aufrechten, aber zweifelnden Brigadier Bittner, dem zwielichtigen Aktivisten Balke, den der Partei unentschlossen bis gutwillig gegenüberstehenden Arbeitern Krüger, Kolbe und Geschke, einigen ehemaligen Nazis und Aufhetzern (Stettiner, Zemke, Kalbshaxe), zwei egoistisch agierenden Saboteuren (Lerka, Brillenträger) und dem aufmüpfigen Säufer Karras (einer ersten Fondrak-Figur), der schließlich für den Sozialismus gewonnen werden kann. Schon das Personal macht also deutlich, dass „die ‚ideologiezerstörende' Intention des Stücks" unter anderem „im Abbau jeder Illusion darüber" besteht, „‚mit wem der zukünftige Staat aufgebaut wird'".[752] Hier finden sich jene Egoisten und Asozialen, die für Müller sowohl den Bruch mit als auch sein Anknüpfen an Brecht verkörpern,[753] und aus deren bislang destruktiver Kraft – ganz im Sinne Brechts – gesellschaftliches Potential gewonnen werden muss, soll das Projekt Sozialismus nicht von Anfang an zum Scheitern verurteilt sein.[754] Mit dem Asozialen mobilisiert Müller bereits im ‚Lohndrücker' die „Subjektivität" als „ge-

---

[751] Fehervary [1971], S. 7. Vgl. auch Hermand, Jost: Regisseure unter sich. Ein Gespräch über Müllers Lohndrücker [1989]. In: Hermand/Fehervary: Mit den Toten reden. Fragen an Heiner Müller. Köln u. a. 1999, S. 81–93, hier S. 90 f.: „Schon der Müller des ‚Lohndrücker' ist ein Mann der Härte und der unerbittlichen Wahrheitssuche, der seinen Zuschauern nichts erspart. Schon er weiß, daß wir in einer reißenden Zeit leben und daß auch sein Staat in einer reißenden Zeit entstanden ist. In der allen Menschen geradezu übermenschliche Anstrengungen und Entscheidungen abverlangt wurden. Dieser alte desolate Ringofen, der da unter Hochdruck repariert werden muß, ist ja nicht nur ein Ringofen, sondern zugleich ein Symbol der frühen DDR. [...] [D]er Umbau des Ringofens bei brennendem Feuer unter Einsatz des eigenen Lebens, das ist in der Literatur der fünfziger Jahre wohl die überzeugendste Handlungsanleitung für den Aufbau der DDR, bei dem es nicht nur um das im sozialistischen Sinne Andere, sondern auch ganz konkret ums nackte Überleben ging."
[752] Girshausen 1987, S. 339. Vgl. auch Schulz 1980, S. 27.
[753] Vgl. Girshausen 1987, S. 329.
[754] Vgl. ebd., S. 330. Allerdings scheint auch Brecht, zumindest was die Hauptfigur des ‚Büsching' betrifft, von einer ähnlichen Konstellation ausgegangen zu sein, als er ihren mit den Fememorden von 1923 verbundenen Namen aus dem ‚Fatzer'-Fragment entlehnte. Über Büsching schreibt er dort: „Schwejk in härterem Material" (GBA 10/1, S. 387) bzw. „[p]assiv, aber gefährlich, aggressiver Schwejk" (ebd., S. 396) und „ein kaltschnäuziger Materialist, verteidigt ihn [Fatzer; M. M.] am längsten, er allein hat Humor" (ebd., S. 427).

schichtliche[n] Einwand" gegen die „Modellhaftigkeit und Abstraktion" der brechtschen Parabeln[755] – und das in dreifacher Hinsicht: Die historisch bedingten Zweifel der Einzelnen an den sozialistischen Versprechungen kommen dabei ebenso zum Tragen[756] wie ihre berechtigten Ansprüche an die neue Gesellschaft (erschwingliche Lebensmittel, ausreichend Bekleidung und Arbeitsmaterial)[757] und die beträchtlichen Opfer, die sie für das in Aussicht gestellte bessere Leben erbringen müssen, das im ‚Lohndrücker' allerdings noch nicht in unerreichbare Ferne gerückt ist. Die Frage danach, ob der Preis für den Sozialismus nicht zu hoch bezahlt ist oder gar das Ziel desavouiert, klingt aber auch im ‚Lohndrücker' schon an. Eine Kategorisierung der frühen Müller-Texte als Produktions- oder Brigadestücke, die nur die „innere Dialektik der sozialistischen Brigade"[758] im Auge haben, zielt somit zu kurz für die tatsächlich „viel tiefer in die Struktur kommunistischer Theorie und Praxis eingreifenden Stücke Mülles, deren Schauplatz der Industriebetrieb ist"[759].

Die Körper der Arbeiter zeigen im ‚Lohndrücker' erst ansatzweise jenes groteske Changieren zwischen Mensch und Tier, das in der gestischen Sprache der ‚Umsiedlerin' augenfällig wird. War dort – im metaphorischen Raum der Landarbeit – der Ochse das am häufigsten in einen Mensch-Tier-Konnex gestellte Nutzvieh, um die Herabwürdigung des Bauern zum Arbeitstier augenfällig zu machen, so ist es hier vor allem der Gaul (die Assoziation zu Brechts ‚Falladah'-Gedicht liegt nahe), gelegentlich auch der (getretene) Hund, der dem schuftenden Bauarbeiter zur gestischen Selbstbeschreibung dient.[760] Im Gegensatz dazu erscheint der Aktivist oder Intellektuelle als Zugpferd des Betriebs – wie etwa der Ingenieur Trakehner, dessen Abkunft aus der alten ‚Elite' die auf das ostpreußische Edelgestüt verweisende Pferderasse bezeugt, die ihm seinen Namen leiht.[761] Die Exponiertheit der Arbeiter-Körper in den Konfliktkonstellationen des Textes wie auch in der Begegnung mit den elementaren Naturkräften[762] unterstreicht dabei zusätzlich ihre vielfältigen, gesellschaftlich verursachten Deformationen:

> Körper, die zusammengeschlagen werden und selber schlagen, die unter kochender Hitze arbeiten, Körper, die aus den Quälereien der nationalsozialistischen Konzentrationslager

---

[755] Girshausen 1987, S. 328.
[756] Vgl. HMW 3, S. 33.
[757] Vgl. ebd., S. 61.
[758] Fehervary [1971], S. 5.
[759] Schulz 1980, S. 33.
[760] Vgl. HMW 3, S. 33, 36, 40.
[761] Vgl. ebd., S. 42.
[762] Für diesen Aspekt der Arbeit am Hochofen interessierte sich auch Brecht schon (vgl. GBA 10/2, S. 1281).

kommen, und Körper, die in den Nachkriegsjahren oft das Notwendigste entbehren müssen. Für Müller gibt es keine Bewußtseinsgröße ‚Held', für ihn gibt es nur Betroffene, die keine Sprachregelung mitmachen.[763]

Als entscheidender Widerspruch des Sozialismus entpuppt sich somit die Tatsache, dass er in der durch Reparationszahlungen gebeutelten Aufbauphase noch kaum anders agieren kann als die den Arbeitern hinlänglich bekannten kapitalistischen Ausbeutersysteme, ja diese – wie etwa im Falle des Ofenumbaus bei laufendem Brennereibetrieb – in seinem räuberischen Anspruch auf ihre körperlichen Ressourcen sogar noch übertrifft. Seine Versprechungen an die vermeintlich herrschende Klasse werden dementsprechend von den Einzelnen, die das Politische nur am Persönlichen ablesen können und denen der Überblick über die Notwendigkeiten des Gesamtprozesses fehlt, als blanker Hohn empfunden. In Müllers Perspektive auf den sozialistischen Anspruch des Aufbauprozesses enthüllt sich so die Spaltung „in eine subjektive und eine objektive Seite"[764] deren jeweils gegenläufige Interessen den Ausgangspunkt für die auf dem Körper der Arbeiter ausgetragenen Konflikte markieren:

> Müller interessiert der tragische Aspekt dieser Aufspaltung. Er verfolgt die Dialektik von objektiver und subjektiver Gestalt der Arbeiterinteressen bis in jene Bereiche, wo Fortschritt und Reaktion in der Erfahrung des einzelnen zu verschwimmen scheinen. Die neue Kraft der Arbeiter entfaltet sogleich die Dialektik, sich *gegen* den Staat zu kehren, der sich als das Allgemeine über ihren besonderen Interessen darstellt. Notwendig kehrt sich das neue Bewußtsein der Freiheit und Autonomie gegen den staatlichen Zwang. [...] Umgekehrt muß sich gerade der revolutionäre Staat in einzelnen Maßnahmen ‚konterrevolutionär' verhalten [...].[765]

Zu einem grotesken Höhepunkt gelangt dieses Ineinandergleiten von „Fortschritt und Reaktion in der Erfahrung des Einzelnen" als der von Lerka im Akkord gefertigte Ofendeckel reißt, für den er, der Geschwindigkeit halber trotz Balkes Warnung feuchte Steine vermauert hat. Der Sabotage bezichtigt, verwickelt sich Lerka in einen grotesk verdichteten Selbstwiderspruch. Er kann, ohne sich dessen bewusst zu werden, in seiner Verteidigung keine klare Linie zwischen Faschismus und Sozialismus mehr ziehen – die „Dialektik von objektiver und subjektiver Gestalt der Arbeiterinteressen" kippt ins Paradoxe:

> LERKA So ist das also. Da schindet man sich krumm, ins Kreuz getreten dreißig Jahre, fressen wie ein Hund und in Trab wie ein Gaul. Und jetzt heißt es: ein Saboteur!

---

763 Schulz 1980, S. 27.
764 Ebd., S. 24 f.
765 Ebd., S. 25.

> Das ist also euer Arbeiterstaat. Ihr seid nicht besser als die Nazis.
> DIREKTOR *gepreßt:* Sag das noch mal.
> LERKA Ich hab gesagt, ihr seid nicht besser als die Nazis.
> *Direktor schlägt Lerka ins Gesicht. Pause.*
> Das kostet dich die Stellung, Direktor. Das ist nicht wie bei Hitler.
> *Ab. Pause. Dann geht der Direktor in die Buchhaltung hinüber.*[766]

Groteskerweise, und hier setzt Müller die Pointe, findet sich in Lerkas „pathetisch-rebellisch wirkende[m] Protestsatz"[767] – „Ihr seid nicht besser als die Nazis" – ein Quäntchen Wahrheit, während sich sein dazu paradox veranlagter fester Glaube an die körperliche Unverletzbarkeit des Arbeiters im Arbeiterstaat – „Das ist nicht wie bei Hitler" – als trügerisch erweist: Im Anschluss an diese Szene ist Lerka verschwunden, der Direktor hingegen bekleidet weiter seine Stellung. Der Selbstwiderspruch im Verhalten des Staatssozialismus, den Müller so, „eingesenkt in die Dramaturgie" des ,Lohndrücker', zum Vorschein bringt – völlig zu Recht merkt Rischbieter an, dass Müllers Texte zu lesen immer auch bedeutet, „ein besonderes Augenmerk auf dieses Nicht-Gesagte [zu] lenken" –, macht die Diskrepanz von subjektivem und objektivem Interesse auch aus staatlicher Perspektive plastisch[768]: „Ein subjektiv verständliches Fehlverhalten Lerkas bestraft der Staat als Sachwalter des objektiv verletzten Allgemeininteresses hart. Dem *einzelnen* Arbeiter tritt der Staat als Arbeiterfeind gegenüber, während er die Arbeit schützt."[769] Ob ihm diese Härte, die bei Müller letztlich zur Radikalisierung des Brillenträgers führt, auf lange Sicht allerdings zu Gute kommen wird und nicht als weiterer Anschlag auf das Fundament des Sozialismus gewertet werden muss, kann gerade aus nach-sozialistischer Perspektive bezweifelt werden. Lerka (polnisch für Lerche), ein körperlich wohl eher feingliedriger Umsiedler, ist metaphorisch mit dem aus Shakespeares ,Romeo and Juliet' bekannten Singvogel verbunden, der im Morgen*grauen* alle romantischen Illusionen der Nacht zerstreut.[770] Sein sprechender Name wie sein Schicksal entlarven ihn als frühen Warner in Müllers Werk, der eindringlich auf die Widersprüche hinweist, die den DDR-Sozialismus von Beginn an existentiell bedrohen.

Sprechende Namen dienen Müller schon im ,Lohndrücker' dazu, die jeweilige körperliche Verfassung der einzelnen Figuren anzudeuten. Im metaphorischen Feld der Arbeit, des Baus und des Krieges bewegen sich dabei die Namen des Aktivisten Balke (verknüpft mit „Balken", worin der etymologische Bezug zu

---

[766] HMW 3, S. 40 f.
[767] Rischbieter 2003, S. 246.
[768] Ebd.
[769] Schulz 1980, S. 25.
[770] Vgl. TOS, S. 355, Akt III.5, Verse 2 f. und 6 f.

„Schlachtreihe, Phalanx" enthalten ist) und des Parteisekretärs Schorn (assoziiert „Schornstein", also „Stein" bzw. gar KZ);[771] die härtesten Materialien sind also für die beiden Figuren reserviert, die im Laufe des Stücks die unerbittlichste Auseinandersetzung führen.

Obwohl Müller keine ausdrückliche Hierarchisierung der Rollen vornimmt, bildet der Aktivist Balke doch den „Träger" des Stücks und, als „Querbalken zwischen Jetzt und Zukunft", als „Verbindungsstück, dessen fixe Identität hinter der Bedeutung seiner geschichtlichen Einsatzstelle zurücktritt", das erste Erscheinungsbild „eine[r] Grundfigur in Müllers Werk".[772] Allerdings zeigt Müller den Bestarbeiter nicht als staatstreuen positiven Helden, sondern „plebejisch, als wäre er ein Akkordbrecher in einem kapitalistischen Betrieb"[773]. Von der Werkleitung als „bestes Pferd"[774] propagandistisch instrumentalisiert, sehen die Kollegen in ihm dagegen einhellig „einen Arbeiterverräter, der aus Ehrgeiz und Eigennutz die schier unlösbare Pionieraufgabe erfüllt"[775]. Gemeinsam mit dem Ex-Nazi Zemke verpasst ihm der Maurer Karras für die vermeintliche Lohndrückerei einen Denkzettel, doch nicht ohne ihm Anerkennung für seine körperliche Leistung zu zollen. Aus der Arbeiter-Perspektive nennt er Balke einen „verrückte[n]", einen „zähe[n] Hund",[776] dessen Härte und Beharrlichkeit sich auch daran erweist, dass ihn nicht einmal die Prügel der Kollegen von seinem Vorhaben abbringen können:

> DER ARZT [...] Was ist mit Ihrem Schädel, Balke? Wollten Sie wieder mit dem Kopf durch die Wand? Die Wand war stärker, wie?
> BALKE Die Wand war ich.[777]

Dennoch handelt es sich bei Müllers Balke eher um die Demontage des Typus vom „vorbildlichen Einzelkämpfer", als um ein „Mittelpunktsindividuum".[778] Indem er aus dem Stück-Zentrum entfernt und zudem „mit einer halbnazistischen Vergangenheit ausgestattet" wird, fächert sich der Charakter des Bestarbeiters in mehrere Facetten auf: von der pflichtbewussten Arbeitsmaschine bis hin zum

---

771 Vgl. Schulz 1980, S. 27.
772 Ebd., S. 27 f. Vgl. außerdem die Umsiedlerin „Niet" und „Barka" in ‚Der Bau' (HMW 3, S. 393): „Mein Lebenslauf ist Brückenbau. Ich bin / Der Ponton zwischen Eiszeit und Kommune."
773 Schulz 1980, S. 24.
774 HMW 3, S. 42.
775 Schulz 1980, S. 24.
776 HMW 3, S. 54.
777 Ebd., S. 57.
778 Emmerich 2000, S. 159.

sozialistischen Aktivisten. Balke entpuppt sich als ebenso ambivalente Figur wie der Großteil des übrigen Personals:

> SCHORN [...] Ich habe mit ihm in der Rüstung gearbeitet, Handgranaten. Seine Handgranaten waren immer in Ordnung. Er war ein guter Arbeiter. Er hat die Aufrüstung nicht sabotiert. Ich frage mich: Wird er den Aufbau sabotieren?[779]

Vor diesem Hintergrund nutzt Müller das Aufeinandertreffen des Bestarbeiters mit dem kommunistischen Widerstandskämpfer Schorn, den eine Denunziation Balkes einige Jahre zuvor ins Konzentrationslager brachte, dazu, den Widerspruch zwischen persönlichem und allgemeinem Interesse in der Aufbauphase des Sozialismus paradox-grotesk auf die Spitze zu treiben. In der Konstellation Balke-Schorn taucht dabei erstmals das bei Müller prominente Motiv der „feindlichen Brüder" auf, das Schulz sogar in Balke, als manifestem „Paradox des revolutionären Arbeiterverräters", allein verkörpert sieht.[780] Als Schorn sich dem Werksleiter als zuständiger Parteisekretär vorstellt – bereits der dritte: „Den ersten hat der Schnaps kaputtgemacht. Mit Saufen hat er angefangen wegen Sabotage. Der zweite war ein grüner Junge, frisch vom Lehrgang, ein Tintenfisch. Er sitzt im Westen."[781] –, stößt er in der Wandzeitung unverhofft auf den Aktivisten Balke. Müller inszeniert diese erschreckende Koinzidenz als grotesk-komische Szene:

> SCHORN *auf das Zeitungsblatt deutend:* Wer ist das?
> DIREKTOR Balke, Bestarbeiter, 400 Prozent. Unser bestes Pferd.
> SCHORN Er hat mir unters Beil geholfen 44, unser bestes Pferd. Gib mir einen Schnaps.
> DIREKTOR *gibt ihm einen Schnaps:* Der hat nur vierzig.[782]

Der Witz des Direktors entpuppt sich als besonders perfide, da Schorn den Schnaps, den ihm der beim Trinken überraschte Werksleiter schuldbewusst angeboten hatte, zuvor bereits abgelehnt hatte. Das Schicksal des neuen Parteisekretärs scheint besiegelt. Doch ähnlich wie Balke ist Schorn zäher als seine Vorgänger und weicht der Konfrontation mit dem ‚Feind' nicht aus. Weit davon entfernt, Vergangenes „begraben"[783] zu können, zieht er seine politische „Macht auch aus der Unerbittlichkeit, mit der er sich weigert, zu vergessen"[784] und nähert

---

[779] HMW 3, S. 56.
[780] Schulz 1980, S. 28.
[781] HMW 3, S. 42.
[782] Ebd.
[783] Ebd., S. 45.
[784] Rischbieter 2003, S. 244.

sich damit schon gefährlich der Machtanmaßung.⁷⁸⁵ Sein ambivalentes Heldentum speist sich aus dem Verzicht auf die Rache, statt, wie in den antiken Tragödien, in ihrem Vollzug: „Schorn, der neue Mensch erweist sich als fähig zu diesem Heroismus, aber zugleich wird auch deutlich: Der neue Mensch versteinert, er muß sich verleugnen, um den blinden Kreislauf zwanghafter gegenseitiger Zerfleischung zu durchbrechen."⁷⁸⁶ Die notwendige Zusammenarbeit zwischen Balke und Schorn, zwischen Denunziant und ehemaligem Widerstandskämpfer, erzeugt eine groteske Situation, die die Problematik der Diskrepanz zwischen subjektivem und objektivem Interesse in aller Schärfe umreißt. Bei Müller erhält sie eine „allegorische Bedeutung", die „tief in die Dialektik des neuen Menschen führt, der subjektiv die neue Gesellschaftlichkeit als Entwürdigung, die neue Freiheit als bloße Wiederholung der alten Zwänge erfährt".⁷⁸⁷ Mit der Einführung des Sozialismus, so Müllers provokanter Befund, kann die physische und psychische Zurichtung des Menschen durch den Menschen entgegen aller Versprechungen notwendiger Weise nicht sofort ein Ende nehmen. Die Traumata allerdings die dieser Widerspruch produziert, lasten als Hypothek schwer auf der neuen Gesellschaft.

Im Kontext dieser außerordentlichen Belastungsprobe gerät Balke in eine „vielleicht noch groteskere Situation"⁷⁸⁸ als Schorn. Hat er den Kommunisten einst „[a]us Angst um die eigene Haut"⁷⁸⁹ ins Lager gebracht und resultiert sein „Aktivisten-Eifer" möglicherweise „auch aus der Bemühung, seine Schuld der Denunziation" abzutragen,⁷⁹⁰ so wird ihm von eben diesem Kommunisten nun erneut ein Verrat abverlangt:

SCHORN [...] Weißt du, wer die Steine in den Gaskanal geschmissen hat?
Schweigen.
BALKE Was passiert, wenn ich den Namen sage?
SCHORN Du mußt wissen, was du willst, Balke.
BALKE Ich bin kein Denunziant.
SCHORN Du mußt wissen, was du willst. Uns gehören die Fabriken und die Macht im Staat. Wir verlieren sie, wenn wir sie nicht gebrauchen.

---

785 Vgl. dazu Hörnigk, Frank: Bilder des Krieges und der Gewalt. Heiner Müller: Wolokolamsker Chaussee. In: DDR-Literatur '89 im Gespräch. Hrsg. von Rönisch, Siegfried. Berlin/Weimar 1990, S. 67–75, hier S. 72.
786 Schulz 1980, S. 26.
787 Ebd., S. 25.
788 Ebd., S. 26.
789 Ebd., S. 27.
790 Rischbieter 2003, S. 244.

Schweigen.
BALKE Der Brillenträger war's.[791]

„Gerade diese formale Analogie" ist es, die, wie Schulz feststellt, „die gute Tat für die richtige Sache" wiederum „‚denunziert'". Von einer Tat aus „Einsicht" zu sprechen, die die zuvor aus „Angst" verübte sühnen soll, würde der Problemkonstellation bei Müller nicht einmal oberflächlich gerecht.[792] Vielmehr werden hier, gerade weil Balke davon ausgehen muss, dass auch seine zweite Denunziation für den Brillenträger „schlimme, schlimmstenfalls tödliche Folgen haben wird", die Kategorien gut und schlecht als objektive Bewertungsmaßstäbe außer Kurs gesetzt.[793] Moralisch oder gar dialektisch, so Müllers Botschaft, lässt sich auf eine solche Problematik nicht mehr zugreifen. Erschwerend kommt hinzu, dass von Balke am Ende des Stücks ein ähnliches Opfer gefordert wird, wie es Schorn bereits gebracht hat. Nach dem Ausfall eines Kollegen soll er ausgerechnet mit Karras, von dem er zuvor brutal zusammengeschlagen wurde, gemeinsam in den Ofen steigen:

BALKE [...] Und wenn ich mit den Zähnen mauern muß, mit dir nicht.
Schweigen.
KARRAS Vielleicht ist er doch für sich selber in den Ofen gegangen.
Ab.
Schweigen.
SCHORN Du wirst nicht mit den Zähnen mauern, Balke.
BALKE Mit Karras kann ich nicht arbeiten.
SCHORN Wer hat mich gefragt, ob ich mit dir arbeiten kann?[794]

Begreift man Balke und Schorn als allegorische Verkörperungen von Partei und Arbeiterschaft, so wirft dies ein besonderes Licht auf das Motiv der verfeindeten Brüder, das die beiden Figuren aneinanderkettet. Obwohl sie beide das gleiche Ziel verfolgen, verhindert das historisch bedingte gegenseitige Misstrauen den Entwurf einer partnerschaftlichen Strategie, die in der Lage wäre, autokratische Herrschaftsformen ebenso wie die Deformation des Menschen durch den Menschen zu überwinden. Dementsprechend lässt Müller seine eigene Inszenierung des ‚Lohndrücker' in eine Art groteske Allegorie münden:

---

791   HMW 3, S. 58 f.
792   Schulz 1980, S. 27.
793   Rischbieter 2003, S. 245.
794   HMW 3, S. 63 f.

> Die Aufführung endete mit der gestischen „Verklammerung" von Balke und Schorn: dem Aktivisten, der sich zurückbiegt, legt Schorn die Hände mit ausgestreckten Armen um den Hals [...]: Die Partei hat den Bestarbeiter, dem sie misstraut, im Würgegriff. Eine aussichtslose Situation, mit der der Inszenator Müller 1988 signalisierte, dass die DDR am Ende und von Anfang an mit dem Geburtsfehler der Zwangsherrschaft belastet gewesen war.[795]

Doch nicht nur Balke, auch Schorn befindet sich im Würgegriff der neuen Zeit, die ihm ähnliche Verletzungen und Traumata zumutet. Die bereits stalinistisch verhärtete Partei erfährt im Kampf um den DDR-Sozialismus neuerliche Verhärtungen. Müller verdeutlicht dies, indem er die brutalen Notwendigkeiten des Aufbaus und die „fortdauernden Belastungen der Vergangenheit" in Körper und Psyche seiner Individuen verdichtet und sie „existentiellen Zerreißproben" aussetzt.[796] Seine dem heroischen Pathos des Sozialistischen Realismus entgegengesetzte Untersuchung revolutionärer Größe am Beispiel des „Helden der Arbeit" fördert so das ganze Gegenteil von Erhabenheit zu Tage: „Das aber ist der neue Mensch: Lohndrücker, Denunziant, Entwürdigter. [...] Das neue Subjekt versteinert zum Objekt, Gegenstand, Mittel des Aufbaus, bloßem Waffenträger in der Schlacht [...]."[797] Gefährlich nah schrammt dieser vermeintlich neue Mensch, dessen individuelle Bedürfnisse, kaum ist er dem Dasein des schuftenden ‚Gauls' entkommen, erneut zu Störfaktoren im Aufbauprozess erklärt werden, schon in Müllers Erstling an seiner Degradierung zur Arbeitsmaschine. Nur das Bewusstsein über das Ziel des Sozialismus kann ihm seine Menschlichkeit bewahren. Doch „[o]b der Zweck", dem der Arbeiter hier als Mittel dient, „wiederum der Mensch ist – und vor allem: wie er dann aussieht – das bleibt die dauernde Frage".[798] Der Zweifel an diesem Sachverhalt macht es Müller „zunehmend unmöglich [...], die Konflikte der sozialen Maschinerie noch im Spiel einer Hegelschen oder anderen Dialektik darzustellen"[799], und bildet so den Ausgangspunkt für die paradoxe Zuspitzung der sozialistischen Dilemmata, mit der er, an Brechts Endpunkt ansetzend, dessen dialektische Synthesen kritisiert.

Neben diesen paradox-grotesken Konstellationen, die alle Hoffnung auf eine wahrhaft sozialistische Gesellschaft bereits aufgegeben zu haben scheinen, gibt es allerdings auch im ‚Lohndrücker' Spuren eines echten Karnevalismus, der das vitale revolutionäre Potential der Arbeiterschaft in den Vordergrund rückt und in

---

795 Rischbieter 2003, S. 245 f.
796 Keller 1992, S. 129.
797 Schulz 1980, S. 27.
798 Ebd., S. 28.
799 Ebd.

IV.5 Mit Brecht zu Shakespeare – Die Auswicklung der *Poetik des Grotesken*

der Lage ist, nicht nur die Schrecken des Nationalsozialismus, sondern auch die Entbehrungen der Nachkriegs- und Aufbauphase durch Lachen zu überwinden:

> GESCHKE *löffelnd:* Meinem Ausbeuter hätt ich so was ins Gesicht geschüttet.
> KOLBE Geschke der Held!
> EIN ANDERER Es ist Fleisch drin.
> KARRAS Fleisch hat er gesagt. Er spinnt. Das ist der Hunger.
> KALBSHAXE Heiligabend hatten wir immer Kalbshaxe, bis vierundvierzig. *Zu Karras:* Kennst Du Kalbshaxe? Wenn du sie in Butter schmorst, zergeht sie auf der Zunge.
> KARRAS Wer hat die Kalbshaxe bezahlt?
> KALBSHAXE *kichernd:* Der Staat. Ich war Beamter.
> EIN ANDERER Und wer hat den Staat bezahlt?
> ZEMKE *zu Kalbshaxe:* Nazi gewesen?
> KALBSHAXE Ich hatte sechs Kinder Kollegen.
> KARRAS Das kommt vom Fleischfressen.
> *Herein Fräulein Matz. Sie bringt das Zeitungsblatt mit Balkes Bild am Wandbrett an. Karras sieht ihr zu. Das Brett hängt hoch.*
> Ich glaube in der Suppe war Fleisch.
> *Lachen. Fräulein Matz schnell ab.*[800]

Diese Szene stellt eine komische Verbindung her zwischen der unvermeidlichen Askese der sozialistischen Aufbauphase und den Bußübungen der christlichen Fastenzeit, verknüpft Revolution im wörtlichen Sinne mit der Vorfastenzeit, dem Karneval (von ital. carnevale bzw. lat. carnem levare, „das Fleisch wegnehmen" oder scherzhaft carne vale „Fleisch, lebe wohl!"[801]), in dem der vorübergehende Abschied vom Fleischverzehr gefeiert wurde. Die doppelte Konnotation von „Fleisch", die hier sowohl ein orales wie auch ein sexuelles „Vertilgen" assoziiert, insinuiert zwei widersprüchliche Thesen: Der Witz, mit dem der Anarchist Karras über Kalbshaxes Bedrängnis spottet, lässt den Schluss zu, dass der Mangel an fleischlicher Nahrung den Vorteil berge, sexuelles Verlangen zu dämpfen und so, durch die Begrenzung der ‚Kopulationsfolgen', die aus existentieller Not geborene Anfälligkeit des Menschen für politische Korruption einzudämmen. Andererseits wird diese Annahme durch das Erscheinen eines ‚Objekts der Begierde' sogleich entkräftet, gleichwohl aber die Ersetzbarkeit des einen „Fleischs" durch das andere nahegelegt – womit erwiesen scheint, dass die zum Aufbau notwendigen Vitalkräfte und revolutionären Energien auch anderweitig erhalten werden kön-

---

800 HMW 3, S. 43.
801 Vgl. Kluge, Friedrich: Etymologisches Wörterbuch der deutschen Sprache. 24. Aufl. Berlin/New York 2001, S. 472 bzw. Duden. Das Herkunftswörterbuch. Etymologie der deutschen Sprache. In: Der Duden in zwölf Bänden. Hrsg. von der Dudenredaktion. Bd. 7. 4. Aufl. Mannheim u. a. 2006, S. 392.

nen als durch den in dieser Zeit nur eingeschränkt möglichen Fleischkonsum. Die Verschränkung von Revolution und Karneval in der Mobilisierung eines exzessiven, lustvollen Vitalismus belebt so auch die utopischen, Hierarchie zerstörenden Konnotationen beider. Das der einzelnen, ‚schwachen' Frau geltende, obszöne Lachen der Arbeiter, zeugt allerdings auch von ihrer Gefährlichkeit und hebt somit die ganze Ambivalenz des Karnevals in sich auf.

Prozentual auf die Textmenge bezogen, wird im ‚Lohndrücker' ohnehin mehr gelacht, als in der ‚Umsiedlerin'-Komödie. Ganze zwölf Mal taucht das Wort „*lachen*" in den Regieanweisungen auf, zusätzlich finden sich drei Mal „*kichern*", vier Mal „*grinsen*", ein „*Feixen*" und ein böses „*Lächeln*". Es ist vor allem der erste Teil des Stücks, in dem das meiste Gelächter zu vernehmen ist; auch dort besetzt es vor allem die Bilder, die die Masse der Arbeiter versammeln, sei es in der Werkhalle (Szene 3) oder in den Kantinen- und Kneipenszenen (Szene 1, 2 und 6b). Schon die von Müller bevorzugt verwendeten Unterarten des komischen Ausdrucks machen deutlich, dass die abwertenden, provokanten und schadenfrohen Formen des Lachens bereits im ‚Lohndrücker' in der Überzahl sein dürften.[802] Ganz karnevalesk geht es dabei immer wieder um die Degradierung von Revolutionär-Ideellem durch Niedrig-Körperliches, besonders gerne wird die sozialistische Propaganda von den Arbeitern aufs Korn genommen:

> SCHUREK Es liegt an uns, ob wir zu einem beßren Leben kommen.
> KARRAS Das kann ich in der Zeitung lesen, auf die mein Hintern abonniert ist.
> BALKE Mit dem gescheiten Hintern gehörst du ins Büro.
> *Lachen.*[803]

Kann der Aktivist Balke hier noch Karras Angriff kontern und das Lachen der Arbeiter durch die karnevaleske Verkehrung von Kopf und Hintern auf seine Seite ziehen, erreicht er mit derselben Strategie zwei Szenen später die Kollegen nicht mehr, als er sie von der Notwendigkeit des Ofenumbaus überzeugen will:

---

[802] Schorns verschlagenes Lächeln etwa zeigt durch den intertextuellen Bezug zu Brechts Lehrstück ‚Die Ausnahme und die Regel', dass nun, wo die historische Überlegenheit der Vermögenden und Intellektuellen über die Arbeiterklasse aufgehoben ist, auch ein gewisses Rachebedürfnis letzterer nicht ausbleibt. So muss der Ingenieur Trakehner erkennen (HMW 3, S. 47): „Ich verstehe. Wenn der Maurer den Ofen macht, ist er ein Held. Wenn der Ofen reißt, sind wir die Saboteure. / *Schorn lächelt.*" Vgl. dazu die einschlägige Stelle bei Brecht (GBA 3, S. 255): „DER KAUFMANN: [...] [I]ch habe ihm doch den Revolver in den Rücken gehalten, als er nicht über den Fluß wollte. Und beim Übergang über den Fluß brach er sich doch den Arm. Auch daran war ich schuld. / DER RICHTER *lächelnd:* Nach Ansicht des Kulis. / DER KAUFMANN *ebenfalls lächelnd:* Natürlich. In Wirklichkeit habe ich ihn herausgezogen."
[803] HMW 3, S. 44.

BALKE Es geht um den Plan, Kollegen.
STIMME AUS DEM HINTERGRUND Wir scheißen auf den Plan.
BALKE Fragt sich, ob ihr was zu scheißen habt ohne den Plan.
Brillenträger lacht meckernd, verstummt, als die andern nicht mitlachen.[804]

Im Vergleich zeigen beide Beispiele deutlich, wie sich die Kräfteverhältnisse innerhalb der Arbeiterschaft verschieben und ihr Missmut gegenüber Balke in offene Feindschaft umschlägt. So ist es ab der Entscheidung über den Ofenumbau (8. Szene), der die Arbeiter in die nackte körperliche Auseinandersetzung mit den Naturgewalten[805] wirft und gleichzeitig den Streik heraufbeschwört (Szene 14), vorbei mit ihrem ausgelassenen, karnevalesken Lachen, das sie als subversives, nicht verwertbares, ja utopisches Moment kennzeichnet.

Eben jene Streikszene, die Müller die Verarbeitung „seine[r] Erfahrungen mit dem 17. Juni 1953" sowie die chiffrierte Darstellung „jenes Schlüsseldatum[s]" ermöglicht, soll Tragelehn zufolge der eigentliche Anlass für die Niederschrift des ‚Lohndrücker' gewesen sein: „Anders [allerdings] als am 17. Juni 1953, als sowjetische Panzer den Arbeiteraufstand niederwalzten, gelingt es im Stück, mit Appellen an die Einsicht der Arbeiter den Streik zu kalmieren."[806] So bestätigt sich zum Schluss, was Müller in der ersten Szene, die einen eigentümlichen Machtkampf zwischen dem gutwilligen Geschke und dem Ex-Nazi Stettiner zeigt, bereits vorausgeschickt hat: Geschke gewinnt, da er den längeren Atem hat, und mit ihm die aufrichtige Arbeiterschaft.

STETTINER [...] Zigarette, Geschke?
Geschke hat die Straße überquert, bleibt stehen, dreht sich um.
STETTINER *eine Zigarette in der ausgestreckten Hand:* Komm her.
GESCHKE Für eine Zigarette den ganzen Weg? Nein.
Stettiner steckt sich grinsend eine andere Zigarette an.
GESCHKE Halben Weg. In Ordnung?
Stettiner grinst. Geschke geht drei Schritte auf ihn zu, bleibt stehen. Stettiner raucht.
Zwei Schritte geb ich zu. *Er tut es. Pause.* Sei kein Unmensch, Stettiner.
STETTINER Zwei Zigaretten.
GESCHKE Ich hab gesagt: halben Weg.
STETTINER Zwei Zigaretten.

---

804 Ebd., S. 49.
805 Vgl. Müllers Bemerkung in einem Probengespräch von 1987 (HMW 11, S. 233): „Was mir heute auffiel, zum ersten Mal, war dieser Satz im 11. Bild, den Beyer als Direktor sagt: ‚Es ist das erste Mal, daß ein Ofen bei Feuer umgebaut wird'; was da fehlte, ist der tiefe Schrecken, da hat man die Elementarkräfte plötzlich berührt."
806 Rischbieter 2003, S. 245.

> *Pause. Stettiner schmeißt Geschke eine Zigarette hin und geht. Geschke hebt die Zigarette auf, steckt sie ein und geht auch.*[807]

Derart wird nicht nur das utopische Potential der Arbeiterschaft letztlich doch bewahrt, sogar Müllers erste Asozialen-Figur, der vital-anarchische Aufmucker Karras, kann nach dem Streik für die Arbeit im Ofen gewonnen und ins sozialistische Kollektiv integriert werden, was allerdings nur dadurch gelingt, dass er als einziger von den Rädelsführern des Aufruhrs keine nazistische Vergangenheit hat. Das Stück mündet damit in jene für Balke so erniedrigende Bekehrungsszene, die nicht nur aus post-sozialistischer Perspektive in ihrer naiven Hoffnungsseligkeit ebenso rührend wie grotesk wirkt. Von der Komplexität des übrigen Textes hebt sie sich jedenfalls deutlich ab:

> BALKE Ich brauch dich, Karras. Ich frag Dich nicht aus Freundschaft. Du mußt mir helfen.
> KARRAS *bleibt stehn:* Ich dachte, du willst den Sozialismus allein machen. Wann fangen wir an?
> BALKE Am besten gleich. Wir haben nicht viel Zeit.
> *Sie gehen durch das Fabriktor. Nach ihnen kommt Kolbe.*[808]

Wenn Müller diese Szene 1988 mit dem Kommentar streicht: „Das war damals schon [...] ‚ein Plakat', wenn auch ein verschämtes"[809], so darf dies doch nicht darüber hinwegtäuschen, dass er mit dem ‚Lohndrücker' den revolutionär-sozialistischen Aufbau in der DDR durchaus affirmativ begleiten wollte[810] und sein Stück „subjektiv" als Beitrag zu den „wirklichen Debatten über den richtigen Weg"[811] in den Sozialismus begriff. Wenn er die Aufbauphase auch durch seine gegen Brechts dialektische Synthesen gerichteten, paradox zugespitzten Konfliktkonstellationen als einen von Beginn mit historischen Hypotheken schwer belasteten Prozess beschrieb, sah er doch keine gesellschaftliche Alternative zu ihr. „Aus der Rückschau" allerdings scheinen die beständig anwesenden, wenn auch nicht vordergründig angeprangerten „Elemente des Zwangs und der Unterdrückung" „das Fehlen von eindeutig positiven, ermutigenden Signalen" im ‚Lohndrücker' gegenüber den „hoffnungsvollen Momente[n]" hervorzuheben, wie Rischbieter 2003 feststellt.[812] Müller selbst macht bei seiner erneuten Beschäfti-

---

807 HMW 3, S. 30.
808 Ebd., S. 64.
809 HMW 11, S. 290.
810 Vgl. ebd., S. 292.
811 Rischbieter 2003, S. 246.
812 Ebd. Demgegenüber scheint Fehervary interessanterweise noch 1971 eine vollkommen gegenteilige Erfahrung mit dem Text gemacht zu haben. Sie beschreibt ihn als „geradezu vollen-

gung mit dem Text 1987/88 die groteske Erfahrung, im ‚Lohndrücker' vor dem Hintergrund der Perestroika sein „aktuellste[s] Stück" erkennen zu müssen, da „die Fragen, die da gestellt werden, noch alle unbeantwortet sind".[813] In seiner Autobiographie kommt er zu dem Schluss: „LOHNDRÜCKER ist die Diagnose eines Krankheitsbildes. Der Text wusste mehr als der Autor. Daß die Krankheit ein Geburtsfehler war, eine Erbkrankheit vielleicht, war die Entdeckung der Inszenierung."[814] Deren Umsetzung wiederum erfolgte 1988 dementsprechend offenbar unter anderem „mit den Mitteln der Groteske [...] und der Parodie"[815].

Ob Müller das provokante Potential seiner Bestandsaufnahme der grotesken Selbstwidersprüche des sozialistischen Aufbaus, die im Gegensatz zu Brecht den Opfern Rechnung trägt, welche für das versprochene bessere Leben gebracht werden müssen, nicht zumindest geahnt hat, bleibt dahingestellt. Wie anders aber lässt es sich sonst erklären, dass er die heroische Großtat seines Balke auf das Jahr 1948/49 vordatiert, obwohl der historische Ofenumbau, der im Stück mit dem Arbeiteraufstand von 1953 in engen Zusammenhang gebracht wird, doch am Jahreswechsel 1949/50 stattgefunden hat. Offenbar handelt es sich dabei um eine „beabsichtigte Unkorrektheit"[816], die, wie Rischbieter meint, die im ‚Lohndrücker' verhandelten Konflikte durch ihre Verlegung vor die Staatsgründunge der DDR als historisch markieren und den Bezug zum 17. Juni 1953 verschleiern sollte. Auf der 4. Plenartagung des ZK der SED (15. bis 17. Januar 1959) gerät ‚Der Lohndrücker' allerdings, zusammen mit anderen zeitgenössischen Stücken, auch aufgrund

---

detes Beispiel eines sozialistischen Dramas", das „hervorragend durchkonstruiert, [...] parteilich, ehrlich und zugleich amüsant" sei (Fehervary [1971], S. 12) und „dem Publikum nur einen Schluß zul[asse]: nämlich daß der Sozialismus in der DDR – trotz aller Relikte der Vergangenheit – durchaus operationsfähig sei und sich in Zukunft noch vervollkommnen lasse" (ebd., S. 15).
813 HMW 11, S. 371.
814 HMW 9, S. 276. Vgl. dazu auch HMW 12, S. 81: „Keinen der Theatertexte, die ich geschrieben habe, muß ich zurücknehmen. Mir fiel das zum Beispiel bei meinem Stück LOHNDRÜCKER auf. Das ist ein schönes Paradox: Eine Rezension über die erste Aufführung von LOHNDRÜCKER, die '56/57 in Leipzig stattfand, erschien im ‚Spiegel': Sie hatte den Titel ‚Stachanow kriegt Prügel' und den Untertitel ‚Sowjetzonaler Dramatiker gibt in Erstlingswerk zu, daß Mehrheit der Bevölkerung gegen Zonenregime'. Die DDR-Interpretation des Stückes war natürlich ganz anders und differenzierter – meine Interpretation der eigenen Arbeit übrigens auch. Als ich jetzt aber LOHNDRÜCKER selbst inszeniert habe, kurz vor dem Ende der DDR, konnte ich das Stück nur noch inszenieren von dem Standpunkt aus, den ‚Der Spiegel' schon 1957 eingenommen hatte. Denn in dem Stück steht, was ‚Der Spiegel' damals über es schrieb – nicht das, was ich bei der Niederschrift in ihm sah. Ich wollte das nicht schreiben. Ich habe gerade bei den frühen Stücken immer mehr geschrieben, als ich wußte und anderes, als ich wollte." Vgl. dazu SED-Schauspiel. Stachanow kriegt Prügel. In: Der Spiegel Nr. 31 (1958), S. 42–43.
815 Rischbieter 2003, S. 246.
816 Ebd., S. 243. Vgl. dazu auch den Spiegel-Artikel von 1958, S. 42.

seiner Abweichung von den Maßgaben des Sozialistischen Realismus ins Kreuzfeuer der Attacken Walter Ulbrichts gegen das „sogenannte[] didaktische[] Lehrtheater"[817]. Um diesen Angriffen, die Heiner und Inge Müller bereits den Kunstpreis des FDGB gekostet hatten, etwas entgegenzusetzen, erhalten beide im März 1959 für ‚Der Lohndrücker' und ‚Die Korrektur' den Heinrich-Mann-Preis der Akademie der Künste.[818] Nach der Uraufführung von 1958 erfährt das Stück trotzdem bis zu Müllers eigener von 1988 keine weitere Inszenierung mehr in der DDR.[819] Die fundamentale Kritik des gegen die brechtsche Parabeldramaturgie gerichteten müllerschen Realismus an den sozialistischen Verhältnissen scheint kulturpolitisch schon in den 1950er-Jahren zumindest ein Unbehagen ausgelöst zu haben.

Wenn auch das Groteske als strukturbestimmendes Merkmal seiner Poetik, das den ‚Umsiedlerin'-Skandal von 1961 nicht unwesentlich befeuert zu haben scheint, für Müller Mitte der 1950er-Jahre historisch-politisch noch undenkbar ist, so führen doch seine paradox zugespitzten Konfliktkonstellationen bereits im ‚Lohndrücker' über den lösungsorientierten Ansatz der brechtschen Dialektik hinaus und berühren erstmals den Bereich des Grotesken. Schon hier werden einzelne Motive sichtbar, die nicht nur Müllers Bild von der sozialistischen Revolution – etwa in ‚Umsiedlerin' oder in ‚Mauser' – weiterhin bestimmen, sondern in Zukunft merklich an Prominenz gewinnen werden: darunter die groteske Verkehrung von Oben und Unten (Kopf und Hintern, Partei und Ingenieure vs. Arbeiter), die Gegenüberstellung von Vitalismus und Askese, die Degradierung des (politisch) Ideellen durch Niedrig-Körperliches sowie die Ambivalenz von Mensch und Tier, Mensch und Maschine. Die gesellschaftliche und persönliche Tragik wird dabei auch in Müllers Erstling schon durch komische Kontrastierung eher untermauert, als überwunden (vgl. die Konflikte um Lerka, Balke und Schorn). Wenn auch das utopische Potential der Arbeiter für den revolutionären Umbau bewahrt wird, so ist es im ‚Lohndrücker' doch noch eine im brechtschen Sinne ganz rationale Energie – die Macht der Überzeugung –, die das Entscheidende leistet, und nicht das von Müller später gern als Störfaktor ins Spiel gebrachte materiell-leibliche Prinzip der Unterdrückten, das nur am Rande zur Sprache kommt (vgl. die Karnevalsszene). Der Ursprung des exzessiven Vitalismus, der die karnevalesk-utopische Aufladung der Bauern als Volkskörper in der ‚Umsiedlerin'

---

[817] Hauschild 2003, S. 174, vgl. auch HMW 9, S. 117. Die Vorwürfe richteten sich vor allem gegen Heiner Müller, Hagen Müller-Stahl, Helmut Baierl und Herbert Keller.
[818] Vgl. Hauschild 2003, S. 175 f. Inge Müllers Anteil an den frühen Stücken – bei ‚Der Lohndrücker', ‚Die Korrektur' und ‚Weiberkomödie' ist sie als Mitarbeiterin genannt – konnte nie ganz geklärt werden.
[819] Vgl. Rischbieter 2003, S. 246.

bestimmt, liegt erst in Müllers Revolution und Karneval zusammenspannender Shakespeare-Rezeption, die zu Beginn der 1960er-Jahre zu der im ‚Lohndrücker' bereits virulenten Brecht-Kritik hinzukommt. Hier nun beginnt Müller, seine – anfangs noch vehement vom Karnevalesken bestimmte – *Poetik des Grotesken* zu entwickeln, die sein Werk bis weit in die 1970er-Jahre hinein bestimmen wird. Mit den einschneidenden Folgen der ‚Umsiedlerin'-Affäre, die ihn nach der vorangegangenen offiziellen Ablehnung von ‚Der Lohndrücker' und ‚Die Korrektur' nun in handfeste existentielle Schwierigkeiten bringt, vollzieht sich für Müller allerdings nicht nur – wie ‚Philoktet', ‚Der Horatier' und ‚Mauser' zeigen – ein Abschied vom realistischen Drama, sondern ebenfalls einer von der Komödie, der sichtbar auch das Groteske erfasst und verwandelt. Zwar unternimmt Müller mit ‚Der Bau' (1964) und ‚Waldstück'/‚Horizonte' (1968) nochmals zwei Versuche, im Einvernehmen mit den staatlichen Institutionen das Industriestück und die Komödie wiederzubeleben, beide enden allerdings für ihn in einem Desaster. Von ‚Der Bau', einem Auftragswerk für das Deutsche Theater und Müllers erster Möglichkeit einer dramatischen Brotarbeit nach dem ‚Umsiedlerin'-Skandal, entstehen in Folge wiederholter Eingriffe durch die Kulturpolitik nicht weniger als sieben Fassungen, die schließlich noch zu allem Unglück mit dem 11. Plenum des ZK der SED, dem sogenannten „Kahlschlagplenum", kollidieren und scheitern – vom Entwurf bis zur Uraufführung von 1980 vergehen letztlich 17 Jahre.[820] Die Arbeit an ‚Waldstück' wiederum bezeichnet Müller selbst als den „aussichtslose[n] Versuch, unter staatlicher Kontrolle das Experiment ‚Umsiedlerin' zu wiederholen"[821]. ‚Die Umsiedlerin' erweist sich somit als unfreiwilliger ästhetischer Wendepunkt in der müllerschen Dramaturgie, der gleichwohl seinem Werk einen entscheidenden Aspekt hinzufügt: Die Auseinandersetzung mit den Lehrstück und der Tragödie, die unweigerlich auch diejenige mit den bislang nahezu ausgesparten, dunklen Facetten des Grotesken nach sich zieht.

IV.5.3 Der ‚Umsiedlerin'-Skandal – Heiner Müllers Abschied vom Realismus?

Über die Auswirkungen der ‚Umsiedlerin'-Affäre auf seine Poetologie existieren von Müller selbst unterschiedliche, vordergründig sogar widersprüchliche Aussagen, die gleichwohl grundsätzlich Aufschluss über seinen Umgang mit dem jeweiligen Material geben. Noch 1984 etwa wehrt er sich ausdrücklich dagegen, in

---

[820] Vgl. Hauschild 2003, S. 225.
[821] HMW 9, S. 187.

den ‚Philoktet' eine auf ‚Sklavensprache' verweisende Fluchtbewegung aus dem Realismus hineinzulesen:

> Der Abfolge nach ist das nicht so gewesen. PHILOKTET habe ich vor der UMSIEDLERIN zu schreiben angefangen. Das Gedicht, das sozusagen den ersten Entwurf enthielt, ist lange vor irgendeinem Bezug zur DDR-Realität entstanden. Es ergab sich aus der Schulbildung und daraus, daß ich sehr früh die antiken Werke gelesen habe. Dabei interessierten mich bestimmte Stoffe, u. a. eben Philoktet, und das sicher auch aus autobiographischen Gründen. Da kann man lange hin und her rätseln. [...] Aber in keinem Fall war es so, daß diese Aneignung der Antike eine Fluchtbewegung gewesen wäre, daß ich gemeint hätte, hier sei eine Allegorisierung nötig. So etwas kann ich sowieso nicht, ein aktuelles Problem antik einkleiden.[822]

Nach dem Mauerfall (1992) allerdings ist Müller durchaus bereit, den formalen Wandel im ‚Philoktet' auch als Konzession an die kulturpolitische Lage zu interpretieren:

> Im Moment findet man das gar nicht so schön, etwa 1961 diese UMSIEDLERIN-Geschichte, das war vielleicht das Ende des realistischen Dramas in der DDR. Für mich war es aber der Anfang von anderen Dingen, die ich schreiben konnte, auf die ich sonst vielleicht gar nicht gekommen wäre. Ich hätte sonst weiter Stücke geschrieben über volkseigene Betriebe, Industrieprobleme in der DDR oder Landwirtschaft. Das konnte ich nicht mehr, weil ich es nicht mehr durfte. Dadurch habe ich dann zum Beispiel PHILOKTET geschrieben. Und das war eine andere Ebene, auf der ich mehr sagen konnte, auch zu dem, was in den vorigen Stücken intendiert war.[823]

Müller ‚kleidet' somit in der Tat nicht „ein aktuelles Problem" ins antike Gewand; vielmehr drängt sich ihm, offenbar aus mehreren Gründen – ästhetisch-politischen wie autobiographischen –, ein zuvor zurückgestellter Stoff auf, dessen Potential an gespeicherter anthropologischer Erfahrung plötzlich auf eine historische Situation trifft, die ihn in eine Zeitgenossenschaft stellt.

Angesichts der verheerenden Folgen der ‚Umsiedlerin'-Uraufführung am 30. September 1961, die „eine[n] der größten kulturpolitischen Eklats der DDR bis zur Biermann-Ausbürgerung"[824] auslöst, ist es leicht nachvollziehbar, dass Müller sich von der zuvor verwendeten dramatischen Form abwendet. So kurz nach dem Mauerbau wird das Stück als „Machwerk reaktionärer Kräfte", als „konterrevolutionär, antikommunistisch und antihumanistisch" verurteilt.[825] Es sei geeignet, „den revanchistischen und militaristischen Kreisen in Westdeutschland Vor-

---

[822] HMW 10, S. 303 f.
[823] HMW 12, S. 250 f.
[824] Hauschild 2003, S. 195.
[825] Streisand 1991a, S. 435.

schub" zu leisten, „die Welt in die Katastrophe eines dritten Weltkriegs zu führen"[826] – so nur einige Auszüge aus der den beteiligten Studenten unter Androhung der Exmatrikulation abverlangten Selbstkritik, die das groteske Ausmaß der Diskussion annähernd umreißen.[827] Die Dimension der Gefährdung aller Beteiligten lässt sich daran ablesen, dass, wie Streisand ausführt, die „Formulierung ‚konterrevolutionär'"[828] noch weit heftigere Repressalien (bis hin zur Verhaftung) legitimiert hätte, als letztlich zur Anwendung kommen. Zusammengenommen werden etwa 30 Parteistrafen ausgesprochen, die Studentenbühne der Hochschule wird mit sofortiger Wirkung aufgelöst.[829] Der Regisseur Tragelehn verliert sein Engagement am Senftenberger Theater, wird in einem Parteiverfahren aus der SED ausgeschlossen und zur Bewährung in die Produktion geschickt. Er arbeitet „etwa ein Jahr schlecht bezahlt im Dreischichtsystem"[830] im Tagebau in Senftenberg, während seine Frau die Familie ernährt. Erst 1963 erhält er auf Vermittlung von Paul Dessau wieder einen Werkvertrag am Greifswalder Theater; auf eine erneute Festanstellung muss er bis 1967 warten. Müller selbst wird trotz einer demütigenden Selbstkritik aus dem Schriftstellerverband ausgeschlossen, was einem Berufsverbot gleichkommt und schwere existentielle Auswirkungen hat: Nicht nur, dass es für ihn „außer kleinen solidarischen Angeboten vom Rundfunk [...] keine Chance [gab], sich seinen Lebensunterhalt zu verdienen"; es kann auch ein Zusammenhang hergestellt werden zwischen den schweren „psychischen Belastungen für sich und seine Familie" und dem Selbstmord seiner Frau Inge am 1. Juni 1966, die man heftig gedrängt hatte, sich scheiden zu lassen.[831] 1964 lässt das Kulturministerium zwar vorsichtig verlauten, dass Müller wieder

---

[826] Ebd., S. 436.
[827] Vgl. dazu auch Müllers Kommentar von 1988 (ebd., S. 481): „Es war eine Blödheit von uns, aber natürlich mußte es eine Verschwörung sein, und da steht einer dahinter, am besten Trotzki ganz hinten in der Schlange."
[828] Ebd., S. 433. Vgl. dazu auch HMW 10, S. 545: „Interessant war eine größere Zusammenkunft oder Versammlung im Schriftstellerverband nach der Aufführung, wo darüber diskutiert werden sollte. Und da kriegte ein damaliger Chefdramaturg eines Berliner Theaters den Auftrag, nachzuweisen, daß dieses Stück und die Aufführung sowohl objektiv als auch subjektiv konterrevolutionär sei. Und er hat den Auftrag nicht erfüllt. Er hat nur nachgewiesen, daß es objektiv konterrevolutionär ist. Das war ein ganz wichtiger Unterschied. Und deswegen ging das alles sehr glimpflich ab eigentlich."
[829] Vgl. Hauschild 2003, S. 195 ff.
[830] Streisand 1991a, S. 431.
[831] Ebd., S. 430. Vgl. dazu auch Müllers rückblickende Bemerkung (ebd., S. 483): „Es war ein ungeheurer Druck. Das ist wirklich schwierig, da noch einen klaren Kopf zu behalten und noch zynisch zu bleiben, also eine Distanz zu dem eigenen Opportunismus zu wahren. Und da bin ich eigentlich ganz glücklich, daß ich durch eine gewisse angeborene Dummheit das einigermaßen überstanden habe, daß ich nicht zuviel reflektiert habe."

gedruckt werden dürfe, doch die negative Erwähnung seiner Stücke ‚Der Bau' und ‚Philoktet' auf dem 11. Plenum[832] des ZK der SED 1965 führen zum erneuten Abbruch dieser „zaghaft begonnene[n] ‚Wiedereingliederung'"[833]. Erst die kulturpolitische Entspannungsphase nach dem VIII. Parteitag 1971, der die Ablösung Walter Ulbrichts durch Erich Honecker bringt, und der Einsatz von Ruth Berghaus als neuer stellvertretender Intendantin des Berliner Ensembles „ermöglichen die Reintegration Müllers"[834].

Über das Stück selbst breiten sich beinahe 14 Jahre Schweigen. Die Manuskripte der ‚Umsiedlerin' müssen nach der Uraufführung „[u]nter Androhung strafrechtlicher Verfolgung" offiziell abgeliefert werden und sollen später – historisch gesehen ist das besonders pikant – „im Ministerium für Kultur verbrannt worden sein".[835] Nur ein Textbuch hatte Müller, offenbar in Vorahnung etwaiger Probleme, schon vor der Premiere über Klaus Völker nach Westberlin in Sicherheit bringen lassen.[836] Erst am 30. Mai 1975 kann das Stück – nun unter dem Titel ‚Die Bauern' – in der Regie von Fritz Marquardt an der Volksbühne erneut Premiere feiern. Jetzt ist es möglich, die Komödie „als historisches Drama aus der schweren Anfangszeit"[837] zu rezipieren; seine unmittelbare politische Brisanz und die gegen die Dogmen des Sozialistischen Realismus gerichtete formale Provokation hat der Text zu einem großen Teil eingebüßt. Durch den geschichtlichen Abstand kann

---

832 Vgl. dazu Mittenzwei, Werner: Die Intellektuellen. Literatur und Politik in Ostdeutschland 1945–2000. Berlin 2003, S. 218: „Unter der Regie von Honecker holte man auf dem 11. Plenum zur Abrechnung mit der Kunst aus. Was man gegen das NÖS [das von Walter Ulbricht vertretene Neue Ökonomische System der Planung und Leitung; M. M.] vorbringen wollte, die Ausrichtung nach dem ‚Westtrend', bezog man jetzt voll und ganz auf die neue künstlerische Produktion. Dabei zielte man vorrangig auf Institutionen wie die DEFA, auf Werke, die das Publikum noch gar nicht kannte. Auf diese Weise versuchte man der Bevölkerung zu beweisen, welch bedrohliche Tendenzen im Film, Theater und in der Literatur vorhanden seien. Eine regelrechte Hysterie wurde entfacht, um glauben zu machen, die Gefahr gehe von der Kunst aus."
833 Streisand 1991a, S. 431.
834 Ebd., S. 430.
835 Ebd., S. 433.
836 Vgl. Hauschild 2003, S. 185 bzw. Braun 1995, S. 49. Müller und Tragelehn räumen später durchaus ein, dass sie nicht ganz naiv in die Falle gelaufen seien: Letzterer spricht 1987 von einer „in vielen Punkten sehr polemisch[en]" Inszenierung (vgl. B. K. Tragelehn in: Dramaturgischer und szenischer Umgang mit Texten von Heiner Müller. Eine Diskussion mit Beiträgen von Heiner Müller, Dietrich von Oertzen, Henning Rischbieter u. a. In: Heiner Müller inszenieren. Unterhaltung im Theater. Hrsg. von der Dramaturgischen Gesellschaft. Berlin 1987, S. 13–44, hier S. 17), während Müller in seiner Autobiographie zu Protokoll gibt (HMW 9, S. 126): „Der Spaß bestand auch darin, daß wir böse Buben waren, die dem Lehrer ins Pult scheißen."
837 Hauschild 2003, S. 222.

„mit Lachen Abschied genommen werden"[838] von den dargebotenen, problematischen Ereignissen, während 1961 „[d]ie Methoden, mit denen die vollständige Kollektivierung der Landwirtschaft im Frühjahr 1960 in nur wenigen Monaten durchgesetzt wurde" – und die nicht zuletzt zu dem Exodus der Bevölkerung beitrugen, auf den die DDR-Führung schließlich mit dem Mauerbau reagierte –, unter keinen Umständen „an die Öffentlichkeit dringen" sollten.[839] Auch die den manifesten ästhetischen Voluntarismus[840] der Kulturpolitik unterlaufende, grotesk-ambivalente Figurenzeichnung, die hinsichtlich ihres kritischen Impulses vor allem die destruktiven Figuren bevorzugt (die Altbauern, Fondrak, Schmulka, die Traktoristen), und das aufsässige satirische Lachen, mit dem Müller „die für ehrwürdig gehaltene DDR-Geschichte Revue passieren"[841] lässt, erregen nun keinen größeren Anstoß mehr – ebenso wenig wie die shakespearesche Kombination von hohem Ton (Blankvers) und widrigem Inhalt und die subversive Sprengung der Gattung Komödie, die ohne echte Lösung auskommen muss. Marquardt präsentiert das Stück 1975 Hauschild zufolge „angereichert durch eine Reihe von Versatzstücken aus anderen Müller-Texten, als derben Schwank unter Einbeziehung von Pantomime, Slapstick und Schlagergesang"[842].

Zu Beginn der 1960er-Jahre allerdings setzen „[d]ie Auseinandersetzungen um die ‚Umsiedlerin'" nicht nur politisch „ein klares Zeichen": Erweisen sich zum einen „[d]ie Hoffnungen auf einen großen Dialog",[843] die neben Müller auch viele andere DDR-Intellektuelle mit dem Mauerbau verbanden, als illusorisch, so machen sie Müller auf der anderen Seite klar, dass er künstlerisch neue Wege beschreiten muss, wenn er den gesellschaftlich so notwendigen ästhetisch-politischen Diskurs nicht aufgeben will. Mit ‚Sklavensprache' oder bloßer Zensurflucht hat dies, auch Schulz und Hauschild zufolge,[844] wenig zu tun. Vielmehr erinnert sich der Autor angesichts dieser ästhetischen Notwendigkeit nun mit ‚Philoktet' eines einst beiseitegelegten Stoffes, der – wie eine aus dem Manuskript von Müllers Autobiographie getilgte Aussage verrät – nun auch in biographischer

---

838 Mittenzwei, Werner: Die „exekutive" Kritik des Heiner Müller. Das Frühwerk. In: Berghahn, Klaus L. u. a.: Responsibility and Commitment. Ethische Postulate der Kulturvermittlung. Festschrift für Jost Hermand. Frankfurt am Main u. a. 1996, S. 193–207, hier S. 206 f., zitiert nach Hauschild 2003, S. 222.
839 Streisand 1991a, S. 433. Vgl. auch Schulz 2003, S. 280.
840 Vgl. Streisand 1991a, S. 433.
841 Ebd., S. 432.
842 Hauschild 2003, S. 220.
843 Streisand 1991a, S. 429 f.
844 Vgl. Schulz 1980, S. 81; Hauschild 2003, S. 245.

Hinsicht Relevanz erhält und nicht nur die Form des Dramas, sondern auch die Wahl des dramatischen Genres beeinflusst:

> Die Erfahrungen, die gerade hinter mir lagen, haben mir den Stoff ganz anders aktuell gemacht. Vorher hatte ich an einen anderen Verlauf, an einen anderen Schluss gedacht. [Es war jetzt eine gute Zeit das zu schreiben, denn jetzt konnte ich mich da gut einfühlen.][845]

Nach den exzessiven Abstrafungen in Folge der ‚Umsiedlerin'-Affäre ist Müller klar, dass die drängenden Probleme des Sozialismus (dessen stalinistische Verhärtungen) in der DDR weder in konkreter historischer Verortung noch im grotesksatirischen Zugriff auf die Komödie weiterhin bearbeitet werden können, will man sie nicht durch Verbote und Sanktionen zur Wirkungslosigkeit verdammen. Diese für den Autor noch Jahrzehnte später mit Trauerarbeit verbundene Erkenntnis[846] führt in seinem Werk zum „Auszug"[847] aus dem, was er als „realistische[s] Drama[]" bezeichnet: einer traditionellen dramatischen Form, die sich, statt mit abstrakten Problemen, mit der (auch sprachlichen) Entwicklung individueller Charaktere, mit einer konkreten Handlung und szenischen Vorgängen befasst.[848] Mit einem Abschied vom Realismus als gesellschaftskritischer Wirklichkeitsdarstellung,[849] die sich durchaus künstlerischer Mittel bedienen kann, die Realität verfremden, um ihren Charakter desto plastischer herauszupräparieren, hat dies allerdings nichts zu tun. Dementsprechend grenzt Müller auch in einer Aussage von 1994 „Realismus" deutlich gegen den zeitgenössischen Naturalismus als

---

845 Hier zitiert nach Hauschild 2003, S. 246, dem die erste vom Autor selbst redigierte Typoskript-Fassung der Autobiographie vorlag. Vgl. dazu auch HMW 9, S. 147. Über die Tatsache, dass Texte wie ‚Germania Tod in Berlin' oder ‚Philoktet' schon in den 1950er-Jahren begonnen wurden, bemerkt Müller 1987 (HMW 10, S. 542): „Es ist etwas geprahlt. Es gab keine ganze Fassung von GERMANIA, auch keine ganze Fassung von PHILOKTET. Es gab ein paar Szenen, die damals geschrieben sind, und dann wußte ich nicht, wie ich das weiterschreiben soll, und dann ist es liegengeblieben, bis ich so das Gefühl hatte, daß ich jetzt weiß, wie das geht."
846 Vgl. Müller 1987 (HMW 10, S. 556 f.): „[M]ein Lieblingsstück, wenns so was gibt, ist die UMSIEDLERIN. Das ist für mich das beste Stück, das interessanteste. Und was mir leid tut, ist, daß es nicht möglich war, da weiterzuschreiben, was, glaub ich, nicht meine Schuld war, es war nicht möglich durch die Dummheit einer Kulturpolitik oder die Stupidität einer Situation, die einfach da eine Entwicklung abgebrochen hat, so daß dann diese andere Richtung die Hauptsache wurde."
847 Schulz 1980, S. 81.
848 Dementsprechend bemerkt Müller etwa Mitte der 1970er-Jahre zu ‚Mauser' (HMW 10, S. 91): „Dieser Vorgang, wenn er in einer zu realistischen, also im üblichen Sinne realistischen Weise abgebildet wird, wirkt obszön. Derlei braucht die Abstraktion, damit es um das Problem geht und nicht um die Fakten. Es geht nicht um den Fakt des Tötens, sondern um das Problem. Das kriegt man nicht mit einem Geschichtstableau. In einem großen realistischen Stück wäre das eine Szene, eine Episode."
849 Vgl. dazu Wilpert 2001, S. 662 ff.

Ausgeburt der Kulturindustrie ab: „Realismus entsteht ja nicht durch weniger Form, sondern durch mehr Form. Das Theater ist nicht formalistisch genug, es bleibt zu sehr im Bereich der Eins-zu-Eins-Abbildung, und da hat es natürlich keine Chance gegen das Kino."[850] In der formalen Modellhaftigkeit des antiken Dramas, speziell des ‚Philoktet'-Stoffs, erkennt er insofern Anfang der 1960er-Jahre – wie er 1981 preisgibt – ganz pragmatisch das Potential für einen ästhetischen Neubeginn:

> Ich möchte heute kein antikes Stück, keine Bearbeitung eines antiken Stoffs mehr schreiben. Aber in den frühen sechziger Jahren konnte man kein Stück über den Stalinismus schreiben. Man brauchte diese Art von Modell, wenn man die wirklichen Fragen stellen wollte.[851]

Nicht zuletzt allerdings ergibt sich die Form des Dramas für Müller, wie er wiederholt betont, aus dem Zusammenspiel von Material und historischer Erfahrung.[852] Eine seiner zentralen Schlussfolgerungen aus den Querelen um ‚Die Umsiedlerin' scheint somit den Bedeutungsverlust des Individuums im historischen Prozess zu betreffen. Waren sowohl im ‚Lohndrücker' als auch in der ‚Umsiedlerin' einzelne Figuren noch in der Lage, auf gesellschaftliche Vorgänge einzuwirken, sie aktiv zu gestalten und zu verändern, so verliert sich dieses Potential in den politischen Zwangslagen, die seine folgenden Stücke bestimmen. Formal reagieren auch die zeitgleich erfolgende, durchgängige sprachliche Verdichtung im Blankvers – ‚Philoktet' ist Müllers „erstes reines Versdrama"[853] – und die motivische Konzentration der dramatischen Entwürfe auf ein kleines Personal und eine abstrakte Problemkonstellation – die durch das antike Modell etwa des ‚Philoktet' gestützt werden, aber, wie ‚Mauser' zeigt, auch für andere Stoffe verwendbar sind – unmittelbar auf diese Einsicht. Schon der im selben Zeitraum wie ‚Philoktet' entstandene ‚Bau', der sowohl inhaltlich – im Zentrum steht statt des konkreten ‚Baus' vielmehr ein existentieller Diskurs über diesen – als auch formal – die Figuren besitzen erstmals rundweg ein Metawissen, wodurch ihre Sprache stark ins Monologische tendiert – weit über das dramatische Konzept von ‚Der Lohndrücker' und ‚Die Korrektur' hinausweist, mit denen er häufig gemeinsam als sogenanntes Produktions- oder Brigadestück rezipiert wird,[854] lässt diese Bewegung erkennen:

---

850 HMW 12, S. 478.
851 HMW 10, S. 212.
852 Vgl. ebd., S. 100 f. bzw. S. 255.
853 Fuhrmann 1997, S. 27.
854 Vgl. etwa Fehervary [1971].

> Durch die Allegorisierung der Alltagsvorgänge, die der Stilisierung des Arbeiterjargons zur hohen Ebene der gebundenen Rede korrespondiert, werden dem Betrachter die Vorgänge als konkrete Symbole für die Übergangsepoche aufgedrängt: Alles ist bedeutungsvoll, während in „Lohndrücker" und „Korrektur" die Vorgänge des Alltags als autonomer dramatischer Verlauf neben ihrer politischen und philosophischen Bedeutung erhalten bleiben. Gerade der Marxist aber kann als Schriftsteller das Bewußtsein nicht verleugnen, daß das, worauf es in der gesellschaftlichen Realität ankommt, *abstrakt* ist. [...] Es scheint also, als wolle Müller auf das Problem der Darstellung, auf die Abstraktion, das Abstrakte der Realität selbst verweisen, ohne freilich hier schon die Konsequenz zu ziehen, zu der er später gelangt: die klassische Form des Dramas aufzugeben.[855]

Diese letzte Konsequenz, die schließlich mit der Aufgabe der dialogischen Rede im ‚Horatier' erstmals ihren Niederschlag findet, deutet sich auch im ‚Philoktet' schon an, obwohl dieser immerhin noch drei Sprechrollen enthält und aufgrund seiner Auf- und Abtritte quasi als Vierakter begriffen werden kann.

Doch der Konflikt um ‚Die Umsiedlerin' zeitigt nicht nur Folgen für die dramatische Form, auch das Genre Komödie wird in Müllers Werk, das in den meisten Fällen ohnehin auf Gattungsbezeichnungen verzichtet, so nicht mehr in Erscheinung treten. Hatte sich bereits Müllers ‚Umsiedlerin' durch ihre Vielzahl an Stimmen und Formelementen und ihre überbordende grotesk-satirische Gesellschaftskritik als Grenzform der Gattung, als *Metakomödie* erwiesen, die den Genrebegriff nutzt, um die Schmerzpunkte des vom Stalinismus infizierten DDR-Sozialismus entblößen, und dennoch zugleich den utopischen Vor-Schein einer befreiten Gesellschaft entwerfen zu können (wobei Ersteres deutlich überwiegt), so ist diese Doppelfunktion der Komödiengattung in dem angespannten politischen Klima der frühen 1960er-Jahre für Müller keine ästhetische Option mehr.[856] Die auf ‚Die Umsiedlerin' folgende kulturpolitische Eiszeit schneidet damit nicht nur eine äußerst produktive Linie des realistischen Dramas in der DDR ab, sie beendet auch eine Zeit, in der gesellschaftliche Bewegung noch unmittelbar zu spüren war, man, so Müller, von der „Geschichte mit Du angeredet" wurde, „auch wenn es viel härter zuging".[857] Müllers Einsicht nicht nur in die schwindenden Einflussmöglichkeiten des Individuums auf den historischen Prozess, sondern auch in die zunehmend abstrakter verlaufende Konfrontation von Individuum und Kollektiv lässt nun mit dem ‚Philoktet' jenes tragische Element in den Mit-

---

855 Schulz 1980, S. 56.
856 1974 fasst Müller diese Erfahrung folgendermaßen zusammen (vgl. Baumbach, Gerda: Dramatische Poesie für Theater. Leipzig 1978, S. 33, zitiert nach Profitlich 1998, S. 210): „Wir sind im Moment so ganz auf Heiterkeit gestimmt, und ich glaube, so legitim das ist, können wir uns eine wirkliche Komödie über unsere Verhältnisse gar nicht leisten [...]. Das ist ein bißchen eine Ausflucht."
857 HMW 10, S. 299 f.

telpunkt seines dramatischen Interesses treten, das im Selbstmord der Ketzerfigur schon das komische Fundament der ‚Umsiedlerin' unterhöhlt und den Komödienbegriff bis zum Äußersten strapaziert hatte. Angesichts seiner historischen Erfahrung – der Abstrafung des wahrhaft sozialistischen Experiments, das Müller und Tragelehn mit der ‚Umsiedlerin' im Auge hatten, ist selbst ein tragisches Moment nicht abzusprechen – tendiert Müller mittlerweile dazu, die zeitgenössischen Auseinandersetzungen im Sozialismus kaum mehr anders denn als „archaisch verstrickte Konfliktkonstellationen"[858] wahrnehmen. Dieser Perspektive entspricht aber auf der Gattungsebene nur noch das „Modell ‚Tragödie'", das seinen dramatischen Blick auf die Geschichte des Kommunismus fortan bestimmen wird:

> In der ‚realistischen' Alltagsszenerie der ‚DDR-Stücke' reproduziert das ‚Leben' des Alltags (vorläufig) Lösungen, weil es im ‚Leben' tatsächlich immer wieder das Arrangement und seine ‚normale' Psychologie gibt. Geschichte erscheint hier als Ablauf, in dem die Chronologie selber Lösungen – wenn auch keine prinzipiellen –, so doch für die beteiligten Individuen ‚mögliche' – andeutet. In der Tragödie wird dagegen eine Konstellation vorgeführt, in der die *Unmöglichkeit* einer Lösung erscheint. Hier sind die Probleme nicht auf eine individuell-psychologische Ebene abzuschieben, sie bleiben unauflöslich.[859]

Was die kulturpolitischen Implikationen angeht, begibt sich Müller damit allerdings erneut auf vermintes Terrain, lehnt doch die offizielle Literaturtheorie der DDR die Tragödie als Präsentation von „Muster[n] ‚unaufgehobene[r] Entfremdung'"[860], die sich in der sozialistischen Gesellschaft längst überlebt hätten, rundweg ab. Nach den Querelen um ‚Die Umsiedlerin' und der erneuten Abstrafung von ‚Der Bau' und ‚Philoktet' auf dem 11. Plenum, die jeweils zeigen, dass auch Versuche einer Auseinandersetzung mit kulturpolitischen Forderungen

---

858 Schulz 1980, S. 81. Im Vergleich der Dramaturgien von Müller und Hacks kommt Ludwig zu einem ähnlichen Ergebnis (Ludwig 2012, S. 69): „Müller ‚vergötzt' zunehmend den Konflikt, Hacks noch deutlich länger die Lösung. Deshalb verabschiedet sich Ersterer früher und radikaler als Letzterer von der Komödie. Hacks zeigt die Aufhebung der Widersprüche in der Komödie als utopischen Ausblick; Müller die fortdauernde Barbarei als (Menschheits-)Tragödie (und versucht zugleich, das in beiden deutschen Staaten totgesagte Tragische in neuen Formen zu rehabilitieren)."
859 Schulz 1980, S. 81 f.
860 Ostheimer, Michael: „Mythologische Genauigkeit". Heiner Müllers Poetik und Geschichtsphilosophie der Tragödie. Würzburg 2002, S. 10. Ostheimer zitiert Schumacher, Ernst: Die Marxisten und die Tragödie. In: Theater der Zeit 11 (1977), S. 4–6, hier S. 4.

keinen Erfolg versprechen, scheint sich Müller allerdings um solche Erwägungen immer weniger zu kümmern.[861]

Überraschenderweise ist es wiederum Brecht, der selbst der Tragödie wenig Kredit einräumt und in dessen abendfüllenden Stücken die „tragischen Aspekte eher parodiert oder verdrängt"[862] werden, bei dem Müller auf die zwingende Aktualität der Tragödie für die gesellschaftliche Auseinandersetzung im Sozialismus stößt. Als produktiver Brecht-Kritiker, dessen Neigung besonders den dunklen, die einfache Rationalität sprengenden Facetten im Werk seines Vorgängers gilt, entdeckt Müller in den brechtschen Lehrstücken – ausgehend vom Motiv des Todes bzw. der „Notwendigkeit des Tötens"[863] in gesellschaftlichen Extremsituationen (Krieg, Revolution) – eine „Tragödienstruktur"[864], deren Dimension dem Urheber der Gattung selbst möglicherweise, angesichts seiner anderweitigen Intentionen, gar nicht in vollem Umfang bewusst war. Während es Brecht mit Blick auf die Erfordernisse des Klassenkampfes im Lehrstück vornehmlich um die Einsicht in die Relativität des individuellen Todes zu tun war, kann Müller das in besonderen historischen Zwangslagen von ihm implizit gerechtfertigte Opfer des Individuums für die Gesellschaft (besonders plastisch in ‚Der Jasager und Der Neinsager' oder ‚Die Maßnahme') von seiner historischen Position aus nicht mehr vorbehaltlos rezipieren: Dem steht das Wissen um den stalinistischen Terror, das die Rede Nikita Chruschtschows am 25. Februar 1956 auf dem XX. Parteitag der KPdSU erstmals parteiintern offiziell gemacht und das sich schnell in der Weltöffentlichkeit verbreitet hatte,[865] ebenso entgegen wie seine ganz persönliche Erfahrung mit dem Mauerbau und dem Stalinismus in der DDR. Müller entwickelt dementsprechend eine Perspektive auf das Todesmotiv im Lehrstück, die seine tragischen Züge zum Vorschein bringt:

---

861 Vgl. dazu Rothe 1989, S. 251. Durch die mit ‚Philoktet' einsetzende Rezeption seiner Werke in Westdeutschland kann er sich dies ab etwa 1968 auch finanziell leisten, während die DDR den Export seiner Stücke angesichts der dabei abzuschöpfenden, dringend benötigten Devisen stillschweigend duldet (vgl. Hauschild 2003, S. 247).
862 HMW 12, S. 730.
863 Silberman 2003, S. 141.
864 HMW 12, S. 516.
865 Vgl. Mittenzwei 2003, S. 124: „Obwohl die Rede in der DDR nicht veröffentlicht, sondern nur darüber berichtet werden durfte, wurde ihr Inhalt bekannter als alle Parteitagsreden zuvor. Im Denken der sozialistischen Intelligenz bildete sie fortan eine tiefe Zäsur. Nach diesen Enthüllungen schwanden die religiösen Züge im marxistischen Denken. Nunmehr wollte man wissen und nicht einfach nur glauben. Auch die Rituale der Partei griffen nicht mehr, obwohl Walter Ulbricht daran nicht rütteln ließ. Die Diskussion, die mit dem XX. Parteitag einsetzte, kam nie zum Stillstand. Für die Intelligenz blieben diese Vorgänge eine Wunde, die nicht verheilte."

Die Reduzierung von menschlichen Beziehungen in den Lehrstücken ist doch auch ein Ausdruck der Unlösbarkeit existentieller Fragen. Zum Beispiel geht es in den Lehrstücken immer um den Tod, wie verdeckt immer. Das ist das unlösbare Problem, das Problem der Sterblichkeit. Und das macht die Spannung dieser Stücke aus.[866]

Mit der „Versuchsreihe"[867] ‚Philoktet', ‚Der Horatier' und ‚Mauser' greift Müller Theorie und Praxis des brechtschen Lehrstücks in einer Weise kritisch auf, die sein didaktisches Potential erneuern und auf die Wiederbelebung eines gesellschaftlichen Dialogs, einer progressiven geschichtlichen Bewegung ausrichten soll[868] – freilich unter mittlerweile reichlich düsteren Vorzeichen. War Brechts Lehrstückkonzeption der „engagierte Versuch einer Antwort" auf die Frage Lenins, wie und mit welchen Inhalten die Bildung und Erziehung einer neuen Generation im Prozess der Revolutionierung der alten Gesellschaft erfolgen solle, deren zukünftige Aufgabe im Aufbau des Kommunismus liege, so muss diese Frage angesichts der historischen Erfahrungen der mittlerweile vergangenen 30 Jahre Müller zufolge neu gestellt werden.[869] Vor allem Brechts „paternalistische Haltung"[870], für die – noch ohne konkrete Erfahrung der erstrebten gesellschaftlichen Konstellation – der Inhalt der zum kollektiven Lernen bestimmten Lehre von Vornherein feststand, kann Müller sich nicht mehr aneignen: „Die Programmatik ist vorausgesetzt, die Durchführung des Programms steht zur Debatte; nicht Exempel, die Proben aufs Exempel müssen durchgespielt werden."[871]

Mit diesen „Proben aufs Exempel", die Müller ab Mitte der 1960er-Jahre inszeniert, greift unweigerlich der Zweifel Raum; ausgelotet wird die „Schwierigkeit und Ambivalenz der moralischen Beurteilung"[872] von Gewalt in den politischen Ausnahmezuständen von Krieg und Revolution. Der Tod des Einzelnen, der erforderlich erscheint zum Schutz oder zur Durchsetzung eines Gemeinwesens, das das Töten nicht mehr kennt, dieses aber zugleich korrumpiert, enthüllt sich als tragisches Paradox, das zugleich durch den Schrecken, den es hervorbringt,

---

866 HMW 12, S. 517. Vgl. dazu auch Stalins Monolog in Müllers ‚Germania 3 Gespenster am Toten Mann' (HMW 5, S. 257): „Was ist, wenn unsre Saat nicht aufgeht, Lenin. / [...] / [...] Immer stirbt nur einer / War deine Rede, wenn dich wer gefragt hat / Nach deinen Leichen. Hast du sie gezählt. / Ich bin dein Tod, ich kann sie nicht mehr zählen. / Weil sie der Boden sind, den wir begehn / Auf unserm Weg in deine lichte Zukunft."
867 HMW 4, S. 259.
868 Vgl. Silberman 2003, S. 141.
869 Vgl. Tragelehn, B. K.: Nachwort. In: Brecht, Bertolt: Die Lehrstücke. Hrsg. von Tragelehn, B. K. Leipzig 1978, S. 194–204, hier S. 199 f.
870 Silberman 2003, S. 141.
871 Tragelehn 1978, S. 196.
872 Silberman 2003, S. 141.

Möglichkeiten gesellschaftlichen Lernens eröffnen soll. Während bei Brecht die Zurücknahme des (bürgerlichen) Individuums gegenüber dem Kollektiv eingeübt werden soll, zeigt Müller gerade die tragische Dimension auf, die ihre Verabsolutierung beinhaltet. Müllers zentraler Topos des Tragischen, die Auseinandersetzung zwischen Körper und Idee, Theorie und Praxis,[873] findet somit ihren Spiegel in den brechtschen Lehrstücken. Indem er darüber hinaus durch die der brechtschen Lehrstücktheorie entnommene Formel vom *Lernen durch Schrecken* die wirkungsästhetischen Implikationen von Lehrstück und Tragödie miteinander verzahnt, treten beide Gattungen auch in seinem Werk in eine enge Beziehung.

Neben der Hinwendung zum Tragischen erfolgt allerdings auch die Annäherung an das brechtsche Lehrstück nicht als vollkommener Bruch mit dem Vorangegangenen. Vielmehr weist die Schreiben und Theaterpraxis verknüpfende Arbeitsweise, in der ,Die Umsiedlerin' über zwei Jahre hinweg an der Hochschule für Ökonomie entsteht, bereits auf das künstlerische Produktion und Rezeption zusammenspannende Lehrstückmodell voraus. Müller und Tragelehn begreifen ihre Arbeit ebenso wie die Studenten „als revolutionäres Kunstexperiment, als ,Experiment in der Theaterarbeit' und als ,neue[n] Weg in der Laienkunst'", mit dem „[e]ine andere Form künstlerischer Kommunikation" erprobt werden soll.[874] Mit Blick auf ein sozialistisches Volkstheater, das „ein neues Verhältnis zwischen Theater und Gesellschaft in der Einheit von Konsum und Produktion"[875] herstellen und keinen Unterschied zwischen Kunst und Alltag mehr machen will, erscheint Müller die Arbeit mit den Laienschauspielern der Studentenbühne dabei als programmatisch. Tragelehn wiederum schreibt in einem Text für die Wochenzeitung ,Sonntag', der den Titel ,Volkstheater' trägt und nach der Uraufführung nicht gedruckt werden durfte: „Der Mensch ist erst wirklich Mensch, wenn er auch Künstler ist"[876] und nimmt damit Bezug auf das auch für Brecht bedeutsame Marx-

---

873 Vgl. dazu Ostheimer 2002, S. 66 ff. Ostheimer leitet Müllers Tragikverständnis, vermittelt über Hegel, Hölderlin und Nietzsche vollständig aus der Antike ab. Ohne dieser These in ihrem Kern widersprechen – Müller selbst hat auf sein frühes Interesse für die antike Dramatik hingewiesen – oder auf eine Vorgängigkeit bestehen zu wollen – die stark an Hölderlin orientierte Ödipus-Bearbeitung, eine Auftragsarbeit für das deutsche Theater, entsteht erst 1966 (vgl. dazu Hauschild 2003, S. 257 ff.) –, so scheint doch Ostheimers vollständige Ausblendung des Zusammenhangs von Tragödie und Lehrstück bei Müller zumindest problematisch.
874 Streisand 1986, S. 1364. Streisand zitiert hier aus der Archiv der Hochschule für Ökonomie, Nr. 7762.
875 HMW 10, S. 40. Müllers Bemerkung bezieht sich eigentlich auf ,Horizonte', den ersten Akt des ,Waldstücks', kann aber ohne Einschränkung auf die ,Umsiedlerin' übertragen werden.
876 Tragelehn 1988a, S. 224. Vgl. dazu auch folgende programmatische Bemerkung (ebd., S. 222): „Das ,Erstürmen der Höhen der Kultur' ist Teil des historischen Bewußtwerdens der Menschen ,als Schöpfer ihrer selbst'. In dem Maße, wie die Massen der Produzierenden vom Objekt zum Subjekt

Zitat aus der ‚Deutschen Ideologie', dass es „[i]n einer kommunistischen Gesellschaft [...] keine Maler" mehr gebe, „sondern höchstens Menschen, die unter Anderm auch malen"[877].

Müllers und Tragelehns Experiment gingen die Forderungen der ersten Bitterfelder Konferenz vom 24. April 1959 voraus, die der Entfremdung von Kunst und Leben durch eine Annäherung der werktätigen Bevölkerung an die Kunst entgegenwirken, die bürgerliche Vorherrschaft im ästhetischen Bereich durch „Kunst von Werktätigen für Werktätige"[878] brechen wollte. Aufnahme fand das kulturpolitische Programm etwa in den von bekannten DDR-Autoren unterstützten Zirkeln schreibender Arbeiter oder durch den „gewaltigen Aufschwung" der Amateurtheaterbewegung, in deren Umfeld auch das ‚Umsiedlerin'-Projekt zu verorten ist.

> Dabei standen Überlegungen Pate, die vom XXI. Parteitag der KPdSU (1959) ausgegangen waren: Gründung von „Volkstheatern", das heißt von Spitzenkollektiven innerhalb der breiten Laientheaterbewegung, die zunehmend die Bedeutung und den künstlerischen Rang von Berufstheatern erlangen sollten, damit die kulturellen Bedürfnisse der Werktätigen befriedigt werden könnten, wenn die Arbeitszeit künftig sinken würde.[879]

Vorteilhaft kommt im Falle der ‚Umsiedlerin' hinzu, dass die Studentenbühne der Hochschule sich sozusagen aus ‚Experten' zusammensetzt – „fast 80 % der Darsteller sind proletarischer, landproletarischer oder kleinbäuerlicher Herkunft"[880] – und somit eher einem Arbeitertheater gleicht. Die lebensweltliche Kompetenz der Studenten bietet Müller und Tragelehn also die Möglichkeit, den Text inhaltlich wie sprachlich sofort von Akteuren überprüfen zu lassen, die das behandelte Milieu aus eigener Anschauung kennen, und damit dem angestrebten Ideal eines realistischen

---

der Geschichte werden, in dem Maße, wie auch nicht mehr Politik für sie gemacht wird, sondern sie selber unmittelbar Politik machen, mitplanen und mitregieren, umfaßt ihr Alltagsleben auch die Künste; und die politische Kraft oder die künstlerische ist dann nicht mehr isoliert, sondern Teil der einen ganzen menschlichen Kraft. In dem Maße, wie die assoziierten Produzenten den Stoffwechsel mit der Natur unter Kontrolle bringen, kann dann der Übertritt sich vollziehen aus dem Reich der Notwendigkeit ins Reich der Freiheit, wo die menschliche Kraftentwicklung sich als Selbstzweck gilt. Dort ist die wahre Heimat der Künste. Die Selbstbetätigung der Menschen wird ihr Alltagsleben, nicht mehr subsumiert unter die Teilung der Arbeit eignen sie sich ihr universelles Wesen an auf universelle Art, als totale Menschen; so sind sie eben auch Schauspieler. Das Theater steht heute in dieser Perspektive."
877 MEW 3, S. 379.
878 Streisand 1986, S. 1364 f.
879 Ebd., S. 1363.
880 Tragelehn 1988a, S. 222.

Volkstheaters sehr nahe zu kommen.⁸⁸¹ So findet der „gegen das professionelle, bürgerliche Theater [ge]richtete" Impuls, der, gespeist von der „Hoffnung auf eine andere (Theater)-Kultur", in der Produktion und Rezeption eine Einheit bilden, auch das brechtsche Lehrstückmodell bestimmt,⁸⁸² in der ‚Umsiedlerin' eine erste Ausgestaltung. An die kann Müller mit seiner Lehrstückversuchsreihe nahtlos anknüpfen – auch wenn den Stücken erneut keine entstehungsgeschichtlich relevante Bühnenwirksamkeit in der DDR zugebilligt wird.⁸⁸³

Was Müllers ästhetischer Schwenk vom realistischen Drama zum abstrakten Lehrstück, von der Komödie zur Tragödie aber unweigerlich verschiebt, das ist sein Zugriff auf das Groteske.⁸⁸⁴ Ist er in der ‚Umsiedlerin' überwiegend geprägt von einer ambivalenten Komik, die, wie gebrochen auch immer, Revolution als Karnevalsgeschehen feiert, das die alte gewaltvoll-entfremdete Gesellschaft zugunsten einer befreiten, solidarischen auszutreiben sucht, so wächst dem Lachen mit Müllers Hinwendung zur Tragödie und deren auf den Schrecken zielender Wirkungsabsicht eine neue Dimension zu. Nun scheinen jene Facetten des Grotesken virulent zu werden, über die Müller zwar bereits in den 1950er-Jahren verfügen kann – man erinnere sich an die ‚Legende vom großen Sargverkäufer' – und die im Zuge seiner Shakespeare-Rezeption neu aktiviert wurden, für deren Verwendung im Drama er aber bislang offenbar keinen (gesellschaftlich motivierten) Anlass sah:

> Hanns Eisler sagte 1961 nach dem Lesen meiner verbotenen Komödie DIE UMSIEDLERIN ODER DAS LEBEN AUF DEM LANDE: eine große Begabung, leider eine dumpfe. Sein Maßstab war Brecht. Heute weiß ich, daß die Dumpfheit im Erfahrungsdruck des „sozialistischen Lagers" meine Produktionsbedingung war. Auch ich nahm damals, gegen Faulkner und

---

881 Vgl. ebd., S. 223: „Zum bürgerlichen Schauspieler ist ein größerer Gegensatz als der Laienschauspieler nicht denkbar. Er ist viel weniger beweglich; das heißt: er kann nur machen, was, für ihn, stimmt. Zwar nimmt er meist, auch wenn er animiert wird zu widersprechen, erst alles hin, was der Spezialist, der Kunstfachmann ihm vorschlägt [...], aber wenn er es dann nicht machen kann [...], kann der Spezialist sicher sein, daß er auf dem Holzweg war. Der Laienschauspieler braucht so auch mehr Zeit; es dauert, bis er sich den Text zurechtgelegt hat: er muß ihn erst begreifen, ehe er ihn sprechen kann; das ist auch eine Prüfung für den Text: was nicht begriffen wird, ist vielleicht nicht begriffen worden. Kurz: Der Laienschauspieler ist Realist a priori, naiv, unbewußt."
882 Silberman 2003, S. 142.
883 Die DDR-Erstaufführung von ‚Philoktet' erfolgt erst im Jahr 1977 (Regie: Alexander Lang/Christian Grashof/Roman Kaminski), die des ‚Horatier' erst 1988 durch Müller selbst. ‚Mauser' bleibt in der DDR gleich ganz verboten. Vgl. HMW 3, S. 548 bzw. HMW 4, S. 568 und 572.
884 Ludwig etwa, die nur die schwarz-romantische Facette des Grotesken in den Blick nimmt, verortet Müllers erste Annäherung an das Groteske an dieser Stelle und verkennt so den sich aus dem Karnevalesken speisenden Charakter der ‚Umsiedlerin' (vgl. Ludwig 2012, S. 69).

Kafka, Brecht als den Meister des Machbaren an, ein Triumph des Handwerks, der es denkbar machte, die Maschine der Literatur an die Maschine der Politik anzuschließen.[885]

Faulkner und Kafka stehen in Müllers Universum für eine literarische Linie, in der das Irrationale, der Wahnsinn, der Rausch und der Traum ihren Platz haben, und die dadurch mit der des brechtschen Rationalismus kollidiert, an der er sich bis zur ‚Umsiedlerin', wenn auch nicht kritiklos, orientiert. Erfolgt nun im ‚Philoktet' auch kein vollständiger Abschied vom Modell des Brecht-Theaters – zeitlebens wird Müllers Auseinandersetzung mit dem Vorgänger sich in wechselnden Anziehungs- und Abstoßungsbewegungen vollziehen –, so verschwinden doch mit dem Einbezug der von Brecht verfemten Tragödie (des tragischen Todes) sowohl die greifbare Lösung als auch der zum Bild geronnene utopische Ausblick. Erstmals wird das „utopische Moment" des Textes in die Form verlegt, findet sich nun „in der (Vers-)Sprache aufgehoben [...] wie das Insekt im Bernstein".[886] Zugleich öffnet sich der Text für jene Momente des Irrationalen, die gemeinhin als Elemente der schwarz-romantischen Groteske gelten und bei Brecht nur im Kontext der von Müller favorisierten „gotischen" Unterströmung anzutreffen sind. Im Zuge dessen erhält auch das Komische in Müllers Werk „einen anderen Ort". Mit dem Aussetzen seiner positiven Verkörperung „in Figuren" verliert es auch einen Großteil seiner utopisch gerichteten karnevalesken Ambivalenz und erscheint fortan „in der Struktur der Vertretung. Die Stelle des Lachens wird ‚vertreten' durch Aggression, durch Tod-Ernst."[887] Wie ‚Leben Gundlings' gezeigt hat, ist das Lachen, wo es noch auftritt, nun meist unmittelbar mit Erniedrigung und Gewalt verknüpft. In das zuvor meist von karnevalesker Komik bestimmte Groteske bricht ein nächtlicher Schrecken ein, der sich erstmals im Prolog des ‚Philoktet' bemerkbar macht. Zugleich wird dort, wie bei Müller üblich, die Wende im Zugriff auf das Groteske selbstreflexiv gespiegelt:

Darsteller des Philoktet, in Clownsmaske.
Damen und Herren, aus der heutigen Zeit
Führt unser Spiel in die Vergangenheit
Als noch der Mensch des Menschen Todfeind war
Das Schlachten gewöhnlich, das Leben eine Gefahr.
Und daß wirs gleich gestehn: es ist fatal
Was wir hier zeigen, hat keine Moral

---

[885] HMW 8, S. 429 f.
[886] Ebd., S. 260. Vgl. auch Ludwig 2012, S. 66 f., die feststellt, dass ab dem ‚Philoktet' „[d]ie Utopie [...] bei Müller nur noch in ihrer Negation zu haben [ist]", quasi als „‚Flaschenpost' (Adorno)".
[887] Greiner 2006, S. 414. Vgl. dazu auch Zenetti 2012, S. 261.

> Fürs Leben können sie bei uns nichts lernen.
> Wer passen will, der kann sich jetzt entfernen.
> *Saaltüren fliegen auf.*
> Sie sind gewarnt.
> *Saaltüren zu. Der Clown demaskiert sich: sein Kopf ist ein Totenkopf.*
> Sie haben nichts zu lachen
> Bei dem, was wir jetzt miteinander machen.[888]

Erinnert sei hier an den ‚Prolog des Hanswurstes zu der Tragödie: der Mensch' aus den ‚Nachtwachen von Bonaventura', dessen Dichter ebenfalls in shakespearescher Manier den Clown (bzw. Hanswurst oder Narren) anstatt des Chores in die Tragödie einführt, um seine Ästhetik des Schreckens zu begründen.[889] Die Tatsache, dass Müller mit dem ‚Philoktet'-Prolog offenbar direkt an diesen ästhetischen Metatext des Grotesken anschließt, macht klar, dass er sich schon einige Zeit vor der mit Beginn der 1970er-Jahre verstärkt einsetzenden Romantik-Rezeption in der DDR[890] mit deren schwarzer Linie auseinanderzusetzen beginnt. Gerade das auch bei Klingemann prominent vertretene Masken-Motiv enthüllt die Richtung, die er von nun an ästhetisch einschlägt:

> Gegen die Maskeneinführung habe ich mich nicht gesperrt, denn je mehr Masken über einander, um desto mehr Spaß, sie eine nach der andern abzuziehen bis zur vorletzten satirischen, der hypokratischen und der lezten verfestigten, die nicht mehr lacht und weint – dem Schädel ohne Schopf und Zopf, mit dem der Tragikomiker am Ende abläuft.[891]

Im ambivalenten Motiv der Maske, hinter der sich gerade in den ‚Nachtwachen' „eine schreckenerregende Leere, das ‚Nichts'" verbirgt, offenbart sich für Bachtin das Wesen des Grotesken. Während die Maske im *grotesken Realismus* der Renaissance stets die „Unerschöpflichkeit und Vielgestaltigkeit des Lebens" im Auge habe, verliere sie in der Romantik „fast völlig ihren erneuernden Impuls".[892] Bei Müller sind die Masken, um auf die revolutionäre Poetik des verarmten, selbstmörderischen Poeten bei Klingemann zurückzukommen, bis zur vorletzten, der satirischen, die die karnevalesken Clownerien der ‚Umsiedlerin' noch bereithielten, bereits abgeworfen. Im ‚Philoktet' reißt sich der Clown nun auch noch diese „liebäugelnde[] Larve" vom Gesicht, hinter der, als letzter Maske des Menschen,

---

[888] HMW 3, S. 291.
[889] Vgl. Klingemann 1974, S. 103 ff.
[890] Vgl. dazu Emmerich 2000, S. 334–347 und Mittenzwei 2003, S. 264.
[891] Klingemann 1974, S. 108. Unter dem „Tragikomiker" darf hier angesichts der Motivwahl durchaus der dem Grotesken zugewandte Dramatiker verstanden werden.
[892] Bachtin 1995, S. 91.

der seinem Täuschungsspiel bis zum Schluss nicht entkommen kann, „[d]er Todtenkopf [nie] fehlt".[893] Der Clown demaskiert sich als verkörperter Tod, sein komisches Potential verschiebt sich von der Revitalisierung des Utopischen hin zu dessen Zerstörung: „Sie haben nichts zu lachen / Bei dem, was wir jetzt miteinander machen."

Indem auf die Gegenwart übertragen werden kann, was Müllers Clown, noch maskiert, als finstere, barbarische Vorzeit des Menschen ausgibt, wird, wo der historische Fortschritt der hegelschen Geschichtsphilosophie seinen Platz haben sollte, nur eine Leerstelle offenbar.[894] Gerade in den Knittelversen des Prologs, die jedes klassische Kunstideal verlachen, zeichnet sich die Parodie ab. Mit seiner Demaskierung stellt der Spaßmacher, wie Müller Jahre später anmerkt, seiner Funktion gemäß „den Zirkus in Frage". Als „Gespenst der Komödie", der keine utopische Perspektive mehr zu entlocken ist, „denunziert" er die hegelsche „List der Vernunft", die im ‚Philoktet' ihre Verkörperung in Odysseus erfährt, „als Treppenwitz"[895] – der Mensch wird bar aller historischen Teleologie wieder auf sich selbst zurückgeworfen und für seine Entwicklung in die Verantwortung genommen. Nicht dem Schicksal untersteht die historische Bewegung, der Mensch selbst beschwört durch seine Unfähigkeit, aus der Geschichte zu lernen, die Tragödie herauf.[896] Hier schließt sich der Kreis zu Klingemanns armen Poeten, dessen nicht überlieferte Tragödie bezeichnenderweise den Titel ‚Der Mensch' trägt. Müller tradiert ihre verlorengegangene Schreckens-Dramaturgie, indem er sie, dem Vorbild entsprechend, durch den Clown in seine Tragödie einführen lässt, der statt der üblichen besänftigenden Kommentare des Chores die Aufwiegelung heftiger Affekte im Publikum leisten soll – ein Verfahren, das Müller

---

[893] Klingemann 1974, S. 107.
[894] Die beißende Satire des klingemannschen Hanswurst, der in seinem fiktiven Prolog die Stichhaltigkeit der darwinschen Theorie von der animalischen Vergangenheit des Menschen belegt, kann geradezu als Kommentar zum Rekurs des Müller-Clowns auf die barbarische Vorzeit des Menschen gelesen werden. Nicht zuletzt die groteske Mensch-Tier-Ambivalenz, die zu den zentralen Motiven der müllerschen Anthropologie gehört, findet hier einen Vorläufer (Klingemann 1974, S. 104): „Ich trete als Vorredner des Menschen auf. Ein respektives zahlreiches Publikum wird es leichter übersehen, daß ich meiner Handthierung nach ein Narr bin, wenn ich für mich anführe, daß nach Doktor Darwin eigentlich der Affe, der doch ohnstreitig noch läppischer ist als ein bloßer Narr, der Vorredner und Prologist des ganzen Menschengeschlechts ist, und daß meine und ihre Gedanken und Gefühle sich nur bloß mit der Zeit etwas verfeinert und kultiviert haben, obgleich sie ihrem Ursprunge gemäß doch immer nur Gedanken und Gefühle bleiben, wie sie in dem Kopfe und Herzen eines Affen entstehen konnten."
[895] HMW 8, S. 266. Vgl. dazu auch Ostheimer 2002, S. 133.
[896] Zu Müllers von Schuld und Verantwortung geprägten Tragödienbegriff vgl. Ostheimer 2002, S. 22 ff.

hinfort, ob mit oder ohne Clown, als zentrales Element seiner Schockdramaturgie nutzt.[897] So stößt er durch eine reizvolle intertextuelle Volte in den Bereich der romantischen Groteske vor und will parallel das lehrhafte Potential des Schreckens aktivieren – gleichwohl der Clown, so bissig wie provokant, von der Möglichkeit historischen Lernens schon nicht mehr ausgeht.

Im Prolog zum ‚Philoktet', der das brechtsche Lehrstückmodell mit der Schockdramaturgie der fiktiven romantischen Tragödie bei Klingemann verknüpft, wird somit der Grundstein zu Müllers *Lernen durch Schrecken* als zentralem Bestandteil seiner *Poetik des Grotesken* gelegt. Die selbstreflexive Spiegelung dieser ästhetischen Wende im intertextuellen Bezug zu den ‚Nachtwachen von Bonaventura' weist Klingemanns Groteske als Schlüsseltext für ihn aus.[898] Dass Müller eine Nähe zu Klingemann entdeckt, der, anders als etwa E. T. A. Hoffmann, weit davon entfernt war, den Ursprung des Grotesken in einer unheimlichen metaphysischen Schicksalsmacht zu suchen, verwundert bei näherem Hinsehen kaum. Im Autor der ‚Nachtwachen' erkennt Müller einen Grenzgänger, der in seiner bissigen Satire die romantische Ästhetik mit einem aufklärerischen Impuls verknüpft und daher immer schon den Menschen selbst als Urheber des Grotesken im Blick hat.[899] Ihre ästhetischen Projekte besitzen somit in vielerlei Hinsicht Ähnlichkeiten.

Müllers Hinwendung zu den unheimlichen Facetten des Grotesken wird im Folgenden allerdings nicht an ‚Philoktet', sondern an ‚Mauser' exemplifiziert, dem letzten Teil der Lehrstückversuchsreihe, von dessen historischem Ort aus Müller nachträglich die drei Stücke zu einem Zyklus zusammenzieht. Auf das groteske Potential des ‚Philoktet' weist nicht nur der Prolog, sondern auch Müller selbst hin, indem er das „Strukturproblem des Stücks" im „Umschlag der Tragödie in die Farce, bzw. in die von Schiller sogenannte tragische Satire" verortet, ausgelöst „durch den Gedankensprung des Odysseus von der Unersetzlichkeit des lebenden zur Verwertung des toten Philoktet, mit dem eine neue Spezies die

---

897 Vgl. nochmals Klingemann 1974, S. 103. Auch Raddatz kommt, allerdings ohne den Bezug zu den ‚Nachtwachen' herzustellen, zu einem ähnlichen Ergebnis (Raddatz 2010, S. 165): „Die Verwindung seiner Dramatik des Schreckens in die Tragödie ist eines der wichtigsten Anliegen müllerscher Theoriebildung."
898 Insofern wäre es interessant, Müllers Tragödienverständnis und das vom schillerschen Tragödienideal beeinflusste des Braunschweiger Literaten und Theaterdirektors August Klingemann einem detaillierten Vergleich zu unterziehen, was an dieser Stelle nicht möglich ist. Vgl. zu Klingemanns Tragödienbegriff Schillemeit, Jost: Nachwort. In: Klingemann, August: Nachtwachen von Bonaventura. Hrsg. und mit einem Nachwort versehen von Schillemeit, Jost. Frankfurt am Main 1974, S. 205–220, hier S. 216.
899 Vgl. ebd., S. 212 f.

Bühne betritt, das politische Tier".⁹⁰⁰ Scheint sich das Groteske dort, wie Müller andeutet, erneut an den Fundamenten der Gattung, diesmal der Tragödie, zu schaffen zu machen, so lässt sich ein ähnliches Phänomen auch in ‚Mauser' beobachten. Der letzte Teil der Versuchsreihe bietet sich als Gegenstand nicht zuletzt an, weil dort das Revolutionsthema – nach dem ‚Lohndrücker', der die Phase des sozialistischen Aufbaus in der Industrie, und der ‚Umsiedlerin', die mit Bodenreform und Kollektivierung eine abgeschlossene revolutionäre Etappe auf dem Lande behandelt – ein weiteres Mal seinen Niederschlag findet. Mit dem russischen Bürgerkrieg wendet sich Müller nun einer Revolution im offenen Vollzug zu, was ihn einerseits aus dem engeren DDR-Kontext hinaus, andererseits an die Ursprünge des gesamten sozialistischen Projekts in Osteuropa heranführt. In ‚Mauser' reflektiert Müller außerdem sowohl die gewaltsame Unterjochung der Prager Reformbewegung (1968) wie auch die Niederschlagung der Streikbewegungen in Gdańsk und Szczecin (1970). Darüber hinaus zeigt der Text eindrücklich, wie Müllers groteske Schockdramaturgie sich aus seinen karnevalesken Anfängen entwickelt, indem sie diese in der Konfrontation mit dem Tod durch die Kappung ihrer vitalistischen Ambivalenz – die Ketzer-Figur der ‚Umsiedlerin' liefert davon einen Vorgeschmack – ins Schwarze wendet. Das Karnevaleske und das schwarz-romantisch Groteske erweisen sich somit als wesentlich enger verwandt, als Bachtin und Kayser wohl bereit wären zuzugeben.

IV.5.4 Vom lichten zum *Schwarzen Karneval* – ‚Mauser' als Lehrstück und Tragödie

In ‚Mauser' erkennt Wolfgang Rothe eine Art „Palimpsest"⁹⁰¹; nicht nur Brechts ‚Maßnahme' (1929/30), deren Kritik in Theorie und Praxis Müllers Revolutions-

---

900 HMW 8, S. 265. Der Begriff der „tragische[n] Satire" stellt, wie Ostheimer herausgearbeitet hat, eine von Müllers zahlreichen poetologischen Anverwandlungen dar und existiert in Schillers ästhetischen Schriften nicht (vgl. Ostheimer 2002, S. 122 f.). Allerdings, und hierauf scheint Müller anzuspielen, findet sich dort eine *„strafende*, oder pathetische" Satire, die Schiller von der *„scherzhafte[n]"* abgrenzt (Schiller [1795/96], S. 442). Definitorisch scheint diese Unterscheidung sich ähnlich zu verhalten wie die zwischen dem Karnevalesken und dem schwarz-romantisch Grotesken, erweist sich doch für Schillers pathetische Satire als charakteristisch, „daß sie die Abneigung gegen die hinter dem Ideal zurückbleibende Welt auf ernsthafte Weise und mit Affekt zum Ausdruck bringt", wobei „das Ideal nicht selbst positiv dargestellt, sondern nur als ‚der Horizont der ästhetischen Darstellung der schlechten Wirklichkeit bewußt'" wird (Ostheimer 2002, S. 123 f. bzw. Homann, Renate: Erhabenes und Satirisches. Zur Grundlegung einer Theorie ästhetischer Literatur bei Kant und Schiller. München 1977, S. 96).
901 Rothe 1989, S. 236.

spiel gewidmet ist,[902] sondern auch der in Müllers früheren Stücken bereits „vielfach diskutierte Widerspruch, eine bessere Zukunft mit den grausamen Methoden der Vergangenheit aufbauen zu müssen"[903], werde überschrieben und zugespitzt. Beleg dafür ist schon der mehrdeutige Titel, der sowohl auf die „nach ihrem schwäbischen Konstrukteur benannte Pistole"[904] als auch auf den „Federwechsel der Vögel"[905] anspielt und damit die Revolution als ‚Mauser' des Menschen charakterisiert.[906] Zudem klingt in ‚Mauser' Majakowskis Gedicht ‚Linker Marsch' an, das vom „‚Genosse[n] Mauser' als Mitstreiter der Revolution"[907] spricht und vor allem den Spieler A als Personifikation des Revolutionsrevolvers ausweist – eine Assoziation, die sich an seiner im Text beschriebenen Körperlichkeit belegen lässt. Immer wieder werden in diesem Zusammenhang auch die Verset-ähnlichen freien Verse des Stücks als „maschinengewehrartig"[908] hämmernd apostrophiert, obwohl es sich bei der bevorzugten Waffe der Bolschewiki im russischen Bürgerkrieg um eine Pistole vom Typ C96 handelte, nicht um eine vollautomatische Waffe. Müller stellt allerdings der „trockene[n] faktische[n] Sprache" der brechtschen ‚Maßnahme' tatsächlich den maschinenartigen, „harten, schlagenden Rhythmus" einer „liturgie-ähnlichen" Wechselrede von Einzelnem und Chor gegenüber,[909] der es ermöglicht, den gesamten Text – ähnlich wie ‚Hamletmaschine' – als unablässig rotierende Maschine zu interpretieren, die den Rezipienten in ihr Getriebe reißt:

> [I]n MAUSER ist die Möglichkeit für den Einzelnen, sich zu formulieren, auch gestisch, sich politisch präzis auszudrücken, ja nicht gebunden an die Figur oder an den Moment, sondern jede Artikulierung, jede Formulierung in MAUSER ist ein Ausdruck auch der Maschine, die da arbeitet. Das Individuelle kann sich nicht formulieren unabhängig von der Maschine.

---

902 Vgl. HMW 4, S. 259.
903 Hauschild 2003, S. 294 f.
904 Ebd., S. 293.
905 Schulz 1980, S. 108; Lehmann, Hans-Thies/Winnacker, Susanne: Mauser. In: Heiner Müller Handbuch. Hrsg. von Lehmann, Hans-Thies/Primavesi, Patrick. Stuttgart 2003, S. 252–255, hier S. 254.
906 Fuhrmann hingegen unterstellt Müller eine Ideologisierung des „revolutionären Schrecken[s] zur ‚Mauser' der Menschheit" (Fuhrmann 1997, S. 29) – ein Beleg für seine, auch was die paradoxe Frage nach der Möglichkeit einer makellosen, revolutionären Gewalt angeht, wenig dialektische Rezeption des Stücks.
907 Hauschild 2003, S. 293 f.; Schulz 1980, S. 108. Vgl. die erste Strophe des Majakowski-Gedichts: „Entrollt euren Marsch, Burschen von Bord! / Dem Zank und Geflunker jetzt – Pause. / Still, ihr Redner! / Du / hast das Wort, / rede, Genosse Mauser." Zitiert nach Majakowski [1918], S. 9.
908 Etwa Schulz 1980, S. 108, Lehmann/Winnacker 2003, S. 255.
909 Silberman 2003, S. 141.

IV.5 Mit Brecht zu Shakespeare – Die Auswicklung der *Poetik des Grotesken* — **419**

> Diese Maschine hat eine Schönheit, ganz formal gesehen. Sie hat noch einen historischen Anspruch, der nicht widerlegt und nicht entwertet ist. Daraus kommt die Geschlossenheit auch in der Form, wo kaum Details rauszubrechen sind.[910]

Schulz spricht angesichts der von Leitmotiven (Arbeit, Tod, Revolution/Revolver, Gras, Hand, Blut etc.) durchsetzten, „fugenartig komponierten Themenblöcke[]" des Textes, von einer Nähe zum „Rollengedicht",[911] Rothe gar von einem „Geschichtsoratorium"[912]. Verstärkt wird der Eindruck einer geistlich-musikalischen Form auch durch die – in Brechts ‚Maßnahme' oder ‚Mutter' vorgeprägte – biblisch anmutende Sprache,[913] die ihre Wirkung sowohl aus den zahlreichen Wiederholungen ganzer Verszeilen und Leitmotive, als auch aus der häufigen Verwendung der Konjunktion „und" bzw. „aber" am Zeilenbeginn bezieht. Lehmann und Winnacker vermuten dementsprechend mittelalterliche bzw. barocke Einflüsse auf die „rhetorische Form" des Stücks; die massiv übersteigerte „Verdichtung und Verknappung" der müllerschen Sprache erinnert sie „an die serielle argumentative Rhetorik in Trauerspielen des 17. Jahrhunderts".[914]

Mit der geschlossenen Form, die den Aufbewahrungsort des „historischen Anspruch[s]" der Revolution, mithin des Utopischen verkörpert, verbindet sich die für Müller neue Erfahrung, für die Umsetzung des Textes keine theatrale Phantasie mehr entwickeln zu können. Dieses Phänomen, das ihm mit ‚Mauser' zum ersten Mal begegnet, soll sich sieben Jahre später bei der Arbeit an ‚Hamletmaschine' wiederholen – und bezeichnet nicht die letzte Gemeinsamkeit beider

---

[910] HMW 10, S. 379. Durch die Anspielung auf die Stadt Witebsk, den Ort der Gründung der Künstlervereinigung UNOWIS (1919), die durch die Forderung nach einer „vollkommen neue[n], in der Gesellschaft verankerte[n] kollektive[n] Kunstpraxis" hervortrat, rückt Müller sein Stück zudem formal in den Kontext der russischen Avantgarde (Chagall, Malewitsch, El Lissitzky), zu deren „Basisthemen" die auch in ‚Mauser' wiederkehrenden Motive „Entpersönlichung, Instrumententechnik, Revolver, Mechanik, Gewalt und Kollektiv" gehören (Lehmann/Winnacker 2003, S. 255).
[911] Schulz 1980, S. 109.
[912] Rothe 1989, S. 242. Seiner denunziatorischen Analyse des ‚Mauser' entsprechend, deren Polemik sie leider selbst dort nahezu unbrauchbar macht, wo sie positive Ergebnisse zeitigt, versteht Rothe die sprachliche Form des Stücks als Ausdruck der Wut des Kommunisten Müller, der den verlorenen Glauben nicht aufgeben will (ebd., S. 253): „In ‚Mauser' äußert sich besagte ‚Wut' [...] in einem hämmernden Versrhythmus, einem wie zusammengepressten, präzise ziselierten Sprach-‚Leib', in einem Katarakt von Sprachmaterie, die kein überflüssiges Wort, praktisch keine veränderbare Zeile aufweist, Regieanmerkungen, abgeschlossene Szenen, Dialoge, Pausen usw. nicht kennt. Alles stürzt von Anbeginn unerbittlich auf ein – unerbittliches – Ende zu."
[913] Vgl. dazu Lehmann/Winnacker 2003, S. 252.
[914] Ebd., S. 255.

Stücke. Methodisch nähert er sich damit, wie er 1985 bemerkt, erstmals der Ästhetik Artauds:

> [D]as sind Stücke oder Texte, deren einziger Schauplatz zum Beispiel mein Gehirn ist oder mein Kopf. In diesem Schädel werden die gespielt. Wie macht man das auf dem Theater? Das ist im Grunde der Kern dieser Theaterprovokation von Artaud, die ja kaum eine Theorie ist, nur eine Methode geworden ist. Also, ein Theater aus Gehirnströmen, aus Schädelnerven.[915]

Mit ‚Mauser' treibt Müller das Modellhafte seiner Lehrstückversuchsreihe somit noch über das Muster des ‚Philoktet' hinaus, wenn er auch gegenüber dem ‚Horatier', der als „einziger Vers-Block ohne Unterteilung in verschiedene Sprecher und ohne Bühnenanweisungen"[916] schon auf die offene Dramaturgie der ‚Wolokolamsker Chaussee' vorausweist, wieder mehr Zugeständnisse an das Theater zu machen scheint.[917] Besaß der ‚Philoktet' noch eine „geradlinige Parabel"[918], so ähnelt die Kreisdramaturgie des ‚Mauser' – das ganze Stück besteht aus einer einzigen in sich selbst mündenden Exekutionsszene[919] – eher an das Modell der brechtschen ‚Maßnahme'. Auch inhaltlich handelt es sich bei Müllers Text um ein „Lehrstück über die revolutionäre Gewalt"[920] – wobei „das Problem des Tötens"[921] allerdings nicht am chinesischen, sondern am russischen Bürgerkrieg exemplifiziert wird. Müller kann so durch einen Vorstoß zu den Wurzeln des revolutionären Terrors indirekt das Problem des Stalinismus zur Sprache bringen, das zu reflektieren Brechts Modell noch nicht in der Lage war – obwohl er zu Beginn der 1930er-Jahre durchaus glaubte, schon an die äußersten Fragestellungen kommunistischer Ethik zu rühren:

> MAUSER bedeutet in erster Linie eine Kritik der Art und Weise, wie Brechts Lehrstücke aufgenommen wurden. Es ist auch ein Versuch, „Die Maßnahme" neu zu schreiben unter Berücksichtigung der Ereignisse während der Jahrzehnte, die zwischen der „Maßnahme" 1929/30 und MAUSER 1970 liegen. Und damit eine Art, die „Maßnahme" zu kritisieren. Das heißt im Klartext: unter Kenntnis der Probleme, die mit dem stalinschen Komplex zusammenhängen. Die Konsequenz daraus ist augenscheinlich eine Verlagerung des Hauptak-

---

915 HMW 12, S. 805.
916 Kalb, Jonathan: Der Horatier. In: Heiner Müller Handbuch. Hrsg. von Lehmann, Hans-Thies/Primavesi, Patrick. Stuttgart 2003, S. 233–235, hier S. 234.
917 Im ursprünglichen Plan waren sowohl ‚Horatier' als auch ‚Mauser' noch in „fünf Abschnitte" unterteilt, im ‚Horatier' sollten durchaus mehrere Sprechrollen unterschieden werden (vgl. Silberman 2003, S. 141).
918 Ebd.
919 Vgl. Schulz 1980, S. 109.
920 Ebd., S. 108.
921 Lehmann/Winnacker 2003, S. 252.

zentes auf die Ereignisse relativ zum Subjekt – zur subjektiven Sache. Zwischen der „Maßnahme" und MAUSER gibt es die „Schauprozesse" (…).⁹²²

Die dramatische Konstellation wird in ‚Mauser' gegenüber derjenigen Brechts in einer Weise zugespitzt, dass sie seine Unterweisung in revolutionärer Ethik von ihren Voraussetzungen her – dem Glauben an die durch den Umsturz zu erreichende Verwirklichung einer humanistischen Gesellschaft – in Zweifel zieht. Dieser Zweifel bildet laut Schulz den „Dreh- und Angelpunkt des Textes"⁹²³.

Revolutionär A, ein ehemaliger Henker des Revolutionstribunals, ist innerlich an seiner Aufgabe zerbrochen und dem Blutrausch verfallen. Bevor er nun aber selbst als Feind der Revolution exekutiert werden soll, wird ihm vom der Revolution (dem Chor)⁹²⁴ als letzte Arbeit das Einverständnis zu seiner Hinrichtung abverlangt: A soll sterben lernen und so die Revolution um diese notwendige Erfahrung bereichern. In einer Rückblende rekapituliert A mit Hilfe des Chores seine persönliche Entwicklung von der Übernahme des Auftrags bis hin zur eigenen Verurteilung. Am Ende dieses Durchgangs durch alle Etappen seiner Agonie ist er schließlich in der Lage, selbst das Hinrichtungskommando zu sprechen.⁹²⁵ Der Chor, der bei Brecht noch als gutheißende, selbst lernende Instanz dem Herausarbeiten einer revolutionären Ethik dient, tritt dabei als urteilende Gerichtsbarkeit auf, die Exekution des Henkers A wird zum alltäglichen Vorgang. Schon As erste Aufgabe in seiner Funktion als Henker gilt der Hinrichtung seines Vorgängers B, der aus Mangel an revolutionärem Bewusstsein, ähnlich wie Brechts Junger Genosse, zur Unzeit dem Mitleid verfällt und so der Revolution nicht mehr von Nutzen sein kann.

Bei Brecht erweist sich die Maßnahme der vier Agitatoren noch als Entscheidung, die einer singulären Zwangslage geschuldet ist. Einerseits stellt sie das unvermeidliche Resultat eines Fehlers des Jungen Genossen dar, andererseits erscheint sie durch den glücklichen Verlauf der Revolution in China nachträglich gerechtfertigt:

---

922 HMW 10, S. 750.
923 Schulz 1980, S. 110.
924 Der Chor ist mehrfach als Stimme der Partei interpretiert worden (vgl. Schulz 1980, S. 108–117, Rothe 1989, S. 234–256, Lehmann/Winnacker 2003, S. 252–356). Der Text selbst identifiziert den Chor allerdings mit der Revolution, was einen gravierenden Unterschied darstellt.
925 Schulz hingegen meint, dass As Kommando am Schluss nicht eindeutig als Einverständnis zu werten sei (vgl. Schulz 1980, S. 108). Allerdings spricht A nicht nur selbst das Kommando: Nachdem er vom Chor mit der „Angst", die er als letztes Eigentum betrachten darf, ein Zugeständnis an Subjektivität erhalten hat, hört er auf zu schreien, erhebt sich „vom Boden" und stellt sich an die Wand (HMW 4, S. 258).

> DIE VIER AGITATOREN
> [...] Also beschlossen wir: jetzt
> Abzuschneiden den eigenen Fuß vom Körper.
> Furchtbar ist es, zu töten.
> Aber nicht andere nur, auch uns töten wir, wenn es nottut.
> Da doch nur mit Gewalt diese tötende
> Welt zu ändern ist, wie
> Jeder Lebende weiß.
> Noch ist es uns, sagten wir
> Nicht vergönnt, nicht zu töten. Einzig mit dem
> Unbeugbaren Willen, die Welt zu verändern, begründeten wir
> Die Maßnahme.[926]

In Müllers ‚Mauser' hingegen lässt sich weder ein vermeidbarer Fehler des Revolutionärs A nachweisen, noch ist das sinnstiftende Moment der Verurteilung – der Sieg der Revolution und das Hervortreten des neuen ‚Menschen' – abzusehen. Das singuläre tragische Opfer des Jungen Genossen verwandelt sich bei Müller in ein kollektives, das angesichts der ungeheuren Bedrängnis der Revolution durch den Feind weder auf individuelle Schuld zurückgeführt werden kann,[927] noch einen größeren Stellenwert einnimmt:

> CHOR [...] Tausend Hände an unsrer Kehle haben wir
> Keinen Atem, zu fragen nach Schuld oder Unschuld
> Jede Hand an unsrer Kehle, oder nach Herkunft
> Ob sie zerarbeitet ist oder nicht zerarbeitet
> Ob das Elend sie um unsern Hals krümmt und die
> Unwissenheit über die Wurzel des Elends
> Oder die Furcht vor der Revolution, die es ausreißt
> Mit der Wurzel[928]

Indem Müller die Unterscheidung zwischen notwendigem und sinnlosem Opfer aussetzt, die Brecht in ‚Der Jasager und Der Neinsager' (1929/30) diskutiert hat,

---

[926] GBA 3, S. 124.
[927] Vgl. HMW 9, S. 246: „Die These von Carl Schmitt in ‚Theorie des Partisanen' ist, dass mit der Revolution das totale Feindbild entsteht. [...] Mit den totalen Weltverbesserungsprogrammen entsteht das totale Feindbild. Wer Ausbeutung als ein Phänomen des Lebendigen akzeptiert, braucht kein absolutes Feindbild."
[928] HMW 4, S. 252. Müller entlehnt dieses Motiv offenbar aus Wsewolod Wischnewskis ‚Optimistischer Tragödie', wo einer der kommentierenden Ältesten eindringlich zur Erinnerung an die harten Auseinandersetzungen des Bürgerkriegs auffordert (Wischnewski, Wsewolod: Optimistische Tragödie. Berlin/Weimar 1977, S. 25): „Erinnert euch der Feinde, der Konterrevolution! Sie steckte in jeder Ritze – sie hat uns Tag und Nacht verraten. Sie hat uns eingekreist und an der Gurgel gepackt."

verschiebt er das tragische Opfer nicht nur auf die kollektive Ebene, sondern macht – angesichts des historischen Wissens um den Roten Terror und die stalinistischen Schauprozesse – die Revolution und ihre humanistische Zielsetzung selbst als mögliches Opfer des revolutionären Kampfes aus. Während Brechts „revolutionäre Gewalt" noch „eine Figur der Rationalität" war, verliert sie angesichts des bei Müller formulierten radikalen Zweifels nahezu „jeden positiven Inhalt", erlangt vielmehr, wie Schulz feststellt, „von neuem mythische Dimension".[929] Folgerichtig wird somit ihr Sinn von dem an seinen humanistischen Idealen scheiternden Revolutionär B in Frage gestellt, der, anders als der Junge Genosse oder A, das Einverständnis zu seiner eigenen Hinrichtung nicht erteilen kann:

> B Wozu das Töten und wozu das Sterben
> Wenn der Preis der Revolution die Revolution ist
> Die zu Befreienden der Preis der Freiheit.[930]

Im Gegensatz zu Brecht verzichtet Müller auf jede Herleitung des Geschehens in Form einer Parabel. Er erörtert das historische Paradox des Ineinandergleitens von Revolution und Reaktion in ‚Mauser' vielmehr „durch die Darstellung eines zum Stillstand gebrachten Moments der Geschichte"[931]. Dabei geht es ihm nicht mehr darum, im Spielvollzug „das Einverständnis des Kollektivs" einzuüben – auch wenn Brecht nicht explizit eine Lösung vorgibt, so stellt sich in der ‚Maßnahme' doch der Eindruck der Rezeptionslenkung ein –, stattdessen soll „das Nachdenken des Kollektivs über den Preis der revolutionären Gewalt" stimuliert werden,[932] ohne dass dabei von Seiten des Autors eine Wertung vorgenommen würde.[933] Eine „übergeordnete Instanz der Gewissheit und damit des Urteils"[934], die auch bei Brecht schon verschwimmt, gibt es bei Müller nicht mehr:

> Daß die Antwort des Kontrollchors der „Maßnahme" („Wir sind einverstanden mit eurer Arbeit") eine positive Rechtfertigung der Partei darstellt, ist möglich aus zwei Gründen: einerseits führt die Gewaltsamkeit dieser Rechtfertigung gerade durch ihre extreme Härte zum Zweifel (Brecht relativiert so durch ein ästhetisches Moment das ideologische), andererseits wäre es dem Autor der „Maßnahme" keinen Augenblick lang in den Sinn gekommen, die Mittel der Revolution könnten deren Gestalt selbst vernichten.[935]

---

929 Schulz 1980, S. 114.
930 HMW 4, S. 249.
931 Silberman 2003, S. 141 f.
932 Ebd., S. 142.
933 Vgl. Schulz 1980, S. 115; Rothe 1989, S. 252; Hauschild 2003, S. 294 f.
934 Lehmann/Winnacker 2003, S. 253.
935 Schulz 1980, S. 109 f.

Mit dem Verschwinden der Partei als oberster Wahrheitsinstanz stellt sich für Müller hingegen vierzig Jahre nach der ‚Maßnahme' die „fundamentale künstlerische und politische Frage": „Wer kontrolliert den ‚Kontrollchor'?"[936] Mit dem Lehrstück ‚Mauser' entwickelt er ein Spielmodell, das zuallererst diese Problematik reflektiert und ein komplexes System der gegenseitigen Überprüfung von Spielern und Publikum etabliert:

> Aufführung vor Publikum ist möglich, wenn dem Publikum ermöglicht wird, das Spiel am Text zu kontrollieren und den Text am Spiel, durch Mitlesen der Chorpartie, oder der Partie des ersten Spielers durch eine andere Zuschauergruppe, wobei das nicht Mitzulesende im Textbuch unkenntlich gemacht ist, oder andere Maßnahmen; wenn die Reaktionen des Publikums kontrolliert werden durch Asynchronität von Text und Spiel, Nichtidentität von Sprecher und Spieler.[937]

Der Chor hat in ‚Mauser' somit keinerlei didaktische Funktion mehr, vielmehr erscheint er nach dem Modell der antiken Tragödie als „Instrument der Dialektik"[938]. Dem Revolutionär A an Wissen nicht überlegen („Du weißt was wir wissen, wir wissen was du weißt"[939]), dient er nur dazu, diesem ein seinem Wissen adäquates Verhalten abzuverlangen. Die ungeheure Provokation des müllerschen Modells liegt dabei gerade in der Tatsache, dass A, trotz der wesentlich radikaleren Konstellation und obwohl „[d]as revolutionäre Subjekt [...] ohne positive Sicherheit" im Hinblick auf das gesellschaftliche Ziel und „ohne festen Glauben an die letzte Wahrheit der Partei auskommen" muss,[940] sich letztlich doch mit dem eigenen Tod einverstanden erklärt. Der Mechanismus der Revolutionsmaschine wird nicht durchbrochen, stattdessen erscheinen As Einwilligung und die Vollstreckung des Urteils immer noch als wechselseitiger Vollzug einer revolutionären Ethik, der nicht mit herkömmlichen moralischen Kategorien beizukommen ist:

> CHOR [...] Die Revolution gibt dich nicht auf. Lern sterben.
> Was Du lernst, vermehrt unsre Erfahrung.
> Stirb lernend. Gib die Revolution nicht auf.[941]

---

936 HMW 10, S. 752.
937 HMW 4, S. 259.
938 HMW 12, S. 25.
939 HMW 4, S. 254, 255, 258.
940 Schulz 1980, S. 114.
941 HMW 4, S. 257.

IV.5 Mit Brecht zu Shakespeare – Die Auswicklung der *Poetik des Grotesken* — 425

Müller geht es offenbar nicht in erster Linie um eine Anklage der terroristischen Praxis der Revolution und ihrer Folgen, sondern vielmehr um den „historischen Anspruch"[942] des Kommunismus, der durch diese in seinem Wesen nicht angefochten wird: „‚Mauser' [ist] kein Stück gegen die Revolution, auch keines gegen die kommunistische Partei: Mauser [gemeint ist A; M. M.] behält gegen sie nicht recht – aber es fällt auch kein Glanz auf sie."[943] Gerade die Tatsache, dass hier nicht unbedingt ein Individuum gegen das richtende Kollektiv steht, sondern A und der Chor laut Rollenspiegel in den entscheidenden Fällen gemeinsam sprechen können, zeigt, dass das Kollektiv als solches nicht aufgegeben ist.[944] Als entscheidend für den Charakter des Verhältnisses von Kollektiv und Individuum – so Müller 1974 – erweist sich insofern, wie schon bei Brecht, die jeweilige Perspektive auf den Tod:

> Es gibt einen anderen Aspekt, unter dem ich die Lehrstücke wichtig finde: Es geht da nicht mehr um das Drama des Individuums. Solange es sich um das Drama der Individuen handelt, ist der Tod etwas ungeheuer Wichtiges. Die Komödie ist ja nur die Verdrängung der Angst vor dem individuellen Tod. In der Tragödie wird die Angst verklärt. Aber nur für das Individuum ist der Tod wichtig, für das gesellschaftliche Kollektiv ist das eine aufhebbare Angelegenheit. Und im ganzen – das klingt jetzt vielleicht etwas metaphysisch – geht es uns doch darum, ein Gattungsbewußtsein zu produzieren.[945]

Um zu einem Gattungsbewusstsein zu kommen, gilt es laut Müller, sich gerade im Hinblick auf den Tod vom (bürgerlichen) Individuum und seinen Eigentumsbegriff zu verabschieden. Das Erreichen der „kleinste[n] Größe"[946], das nicht nur die Überwindung einer Vorstellung von individueller Bedeutsamkeit sondern auch die der Todesfurcht einschließt, stellt schon in Brechts ‚Badener Lehrstück vom Einverständnis' den entscheidenden Schritt zur Einnahme der kollektiven Perspektive dar. In der Anmerkung zu ‚Mauser' wird diese Hypothese provokant mit der dort zum ersten Mal formulierten und von Müller mehrfach wiederholten

---

942 HMW 10, S. 379.
943 Schulz 1980, S. 115. In der ersten Fassung des Textes, der 1976 in der Zeitschrift ‚Alternative' (Heft 110, S. 182–191) erschien, trug die Figur A noch den Namen „Mauser", die Figur B war als „A" gekennzeichnet.
944 Vgl. auch Hauschild 2003, S. 295: „Seine Spannung erhält es [das Stück; M. M.] aus der nicht vermittelbaren Konfrontation beider Perspektiven: Auf der einen Seite die radikaler nicht denkbare Selbstverleugnung des einzelnen im Interesse der vom regelsetzenden Kollektiv vertretenen Notwendigkeit des geschichtlichen Fortschritts; auf der anderen Seite den Widerstand des Subjekts gegen seine Substitution unter ein lebensfeindliches Gesetz."
945 HMW 10, S. 651.
946 GBA 3, S. 41.

Sentenz über die dialektische Verklammerung von Tod und Leben, Zerstörung und Erneuerung verbunden:

> [D]er Extremfall [ist] nicht Gegenstand, sondern Beispiel, an dem das aufzusprengende Kontinuum der Normalität demonstriert wird; der Tod, auf dessen Verklärung in der Tragödie bzw. Verdrängung in der Komödie das Theater der Individuen basiert, eine Funktion des Lebens, das als Produktion gefasst wird, eine Arbeit unter anderen, vom Kollektiv organisiert und das Kollektiv organisierend. DAMIT ETWAS KOMMT MUSS ETWAS GEHEN DIE ERSTE GESTALT DER HOFFNUNG IST DIE FURCHT DIE ERSTE ERSCHEINUNG DES NEUEN DER SCHRECKEN.[947]

Indem Müller das A abverlangte Sterben-Lernen, die Überwindung der individuellen Todesfurcht, als zur Produktion des neuen Lebens, des neuen ‚Menschen', notwendige Arbeit auffasst, setzt er sich über Brechts Selbstkritik hinweg, der dem „Sterben" im ‚Badener Lehrstück' „im Vergleich zu seinem doch wohl nur geringen Gebrauchswert zuviel Gewicht beigemessen" sieht.[948] Mit dem Tod als „Arbeit" greift er vielmehr ein Motiv aus Wsewolod Wischnewskis ‚Optimistischer Tragödie' (1933/34) auf,[949] die „[i]n einem frühen Entwurf der Textanmerkung"[950] neben Michail Scholochows Jahrhundertepos ‚Der stille Don' (1928/40) als Vorlage für ‚Mauser' genannt ist. Müllers Interesse an Wischnewski speist sich wohl vor allem aus der Tatsache, dass dieser das Tragische – entgegen dem allgemeinen Tenor in der sozialistischen Ästhetik – durch die „große[] Zeitenwende der Oktoberrevolution" nicht überholt sieht, sondern im Gefolge seiner ‚Optimistischen Tragödie' einen völlig neuen Zugriff auf die „Einheit von Alltäglichkeit, Geschichtlichkeit und Ewigkeit des Tod-Leben-Konflikts"[951] fordert. In einem Brief

---

947 HMW 4, S. 259, vgl. auch HMW 8, S. 212 und HMW 10, S. 687 f., 755. Im ‚Brief an den Regisseur' (1983) nähert sich Müller der gleichen Überlegung anhand der nietzscheschen Metapher von der „Zerreißung" des Individuums, die durch das Theater als „Lusthaus und Schreckenskammer der Verwandlung" simuliert werde, von der tragödientheoretischen Seite (HMW 9, S. 261. Vgl. dazu Nietzsche, Friedrich: Nachgelassene Fragmente 1869–1874. Kritische Studienausgabe. Bd. 7. Hrsg. von Colli, Giorgio/Montinari, Mazzino. 8. Aufl. München 2002, S. 178). Dass das bei Nietzsche „ursprünglich metaphysische Moment" seiner Tragödientheorie, das die Wiederherstellung der Einheit von Mensch und Welt verbürgen soll, von Müller dabei nicht einfach „mit einer teleologischen Geschichtstheorie überschr[ieben]" wird (Ostheimer 2002, S. 72), die vor dem „Horizont revolutionärer Selbstbefreiung des Menschen" (ebd., S. 79) gelesen werden muss, hat sich bereits gezeigt.
948 GBA 3, S. 26.
949 Vgl. Wischnewski 1977, S. 70.
950 HMW 4, S. 571.
951 Düwel, Gudrun: Die „Optimistische Tragödie" und Wsewolod Wischnewskis Beitrag zur Konzeptionsbildung der sozialistischen Literatur. In: Wischnewski, Wsewolod: Optimistische Tragödie. Berlin/Weimar 1977, S. 227–258, hier S. 254.

an A. J. Tairow schreibt Wischnewski über den kathartisch aufgeladenen Heldentod seines weiblichen Kommissars: „Schließlich ihre Entscheidung: in den Tod zu gehen, weil es keinen anderen Ausweg gibt, doch der Tod – das ist unter diesen Umständen die beste Parteiarbeit ... Es gibt keinen Tod, weil die Zukunft unser ist."[952] Gegenüber der Komplexität der Problemkonstellation in Brechts ‚Maßnahme' allerdings bleibt Wischnewskis Text in seiner sozialistischen Auslegung der christlich-idealistischen Tragödientradition[953] weit zurück. Die Kommissarin kommt zum einen nicht durch das Exekutionskommando der eigenen Partei ums Leben, sondern in den Kampfhandlungen gegen die Weißgardisten, zum anderen ist die lichte Zukunft als Voraussetzung des Stücks bereits gegeben.[954]

Provokant allerdings wird Müllers Rückgriff auf die Produktivität des Sterbens in ‚Mauser' nicht nur durch die Absenz einer letzten, Sinn versprechenden Gewissheit, sondern vor allem mit Blick auf die selbstzerstörerischen Potenzen der Revolution. Sie lassen die Frage virulent werden, ob mit Kampf und Tod des Individuums für die politische Sache, nicht zugleich dessen Verdinglichung und Entfremdung voranschreiten.[955] Gerade die kollektive Perspektive ist es also, die

---

[952] Wischnewski 1977, S. 180.
[953] Vgl. ebd., S. 210 bzw. Düwel 1977, S. 254 f. und Marcuse [1954].
[954] Vgl. den ersten Auftritt der beiden Ältesten, die den Chor der ‚Optimistischen Tragödie' verkörpern (Wischnewski 1977, S. 9): „ERSTER *betrachtet die Leute im Saal:* Wer sind die? / ZWEITER: Das Publikum. Unsere Nachkommen. Unsere Zukunft, die wir herbeigesehnt haben, damals auf den Schiffen, weißt du noch?"
[955] Diese Frage bildet auch den Ansatz für Raddatz' Interpretation des Textes. Er allerdings erblickt in der durch die Überwindung der Todesfurcht begründeten Moral die „Antizipation einer revolutionären Todesidee" (Raddatz 1991, S. 138), die ‚Mauser' als ein „Theater der Initiation" (ebd., S. 162) im naturphilosophischen Sinne charakterisiere. Erst mit der Überwindung der individuellen Todesangst, so deutet Raddatz Müller, werde es möglich, zu einem wahrhaft befreiten Bewusstsein vorzudringen und einen neuen „Utopiebegriff" jenseits der eurozentristischen Identität von Rationalismus und gesellschaftlicher Emanzipation (als den Menschen deformierender Naturbeherrschung) zu begründen, „in dem sich Freiheit und Naturversöhnung verbinden" (ebd., S. 146). Raddatz schließt: „Die [kollektive Überwindung der Todesangst; M. M.] ist insofern naturgemäßer, als damit auf die Konstitution des Menschlichen in den sogenannten primitiven Gesellschaften rekurriert wird, denn dies bildet nichts anderes nach als den *Initiationsritus*, durch den sich die ‚primitiven' Kollektive, wie auch mit dem Inzesttabu von einer animalischen Gemeinschaft scheiden" (ebd., S. 146). Was die Herkunft der individuellen Todesfurcht angeht, verstrickt sich Raddatz allerdings in Widersprüche: Mal erscheint sie im Sinne Baudrillards als ein verinnerlichtes gesellschaftliches Phänomen, das ihre Überwindung als Naturversöhnung plausibel werden lässt (ebd., S. 134), mal mit Hegel als vegetative Reaktion, die den Menschen gerade als Naturwesen ausweist (ebd., S. 145) und so die umgekehrte Schlussfolgerung impliziert. Von ihrem Fazit aus betrachtet, erweist sich Raddatz' Interpretation somit wohl als Reflex auf die mit den 1960er-Jahren einsetzende, in linksintellektuellen Kreisen west-

in das Paradox zurückführt, das ‚Mauser' konstituiert: Sofern sich das revolutionäre Kollektiv aus Subjekten konstituiert, die ihre individuellen Erfahrungen in die Gemeinschaft einbringen, scheint es unter dem Druck der Verhältnisse für dieses rational notwendig, sich jener Mitglieder zu entledigen, deren Bewusstsein einer Menschlichkeit im Sinne des kommunistischen Ideals nicht gewachsen ist. Ob sich jedoch angesichts jener mörderischen Praxis der Revolution je eine solche Gemeinschaft wird konstituieren können, und aus welchen, von Gewalterfahrung freien, historisch nicht geprägten Individuen – dem noch unbekannten ‚Menschen'– sie bestehen kann, bleibt eine offene Frage. Die Utopie des dazu notwendigen gesellschaftlichen Nullpunkts bleibt unter den gegebenen Umständen eine Leerstelle. In seiner Autobiographie kommentiert Müller dieses Paradox folgendermaßen:

> Denken ist lebensfeindlich. Es gibt eine Differenz zwischen Denken und Sein, zwischen Denken und Leben. Das ist das Paradox der menschlichen Existenz. Flaubert hat gesagt, der Individualismus ist die Barbarei. Die Konsequenz ist der Gedanke von Foucault, der Humanismus ist die Barbarei, weil Humanismus auch Ausschließung, Selektion bedeutet. Die Menschheit setzt sich einen Zweck, der Weg zu dem Ziel erfordert Kontrolle, Organisation, Disziplinierung, Selektion. [...] Ich glaube, Kunst ist ein Angriff auf dieses Paradox, auf jeden Fall eine Provokation, die auf dieses Paradox hinweist. Das ist eine Funktion von Kunst, eine vielleicht asoziale oder zumindest antisoziale, aber moralische Funktion von Kunst. Moral ist nicht sozial, das kann man nicht gleichsetzen. [...] Gegenstand der Kunst ist jedenfalls, was das Bewußtsein nicht mehr aushält, dieses schwer zu ertragende Paradox der menschlichen Existenz, die Unerträglichkeit des Seins.[956]

Insofern ist es in ‚Mauser' auch die kollektive Perspektive, die durch die Offenbarung des Widerspruchs von Theorie und Praxis den Blick auf das Subjekt zurückwirft, und so die tragische bzw. groteske Dimension des Lehrstücks öffnet – wechselweise sowohl im Hinblick auf das Opfer des Individuums als auch auf das des Kollektivs. Der Schrecken, der in ‚Mauser' von der Produktion des neuen ‚Menschen' ausgeht, ist somit von anderer Art als bei Brecht oder Wischnewski.[957]

---

licher wie östlicher Provenienz vehemente Idealisierung revolutionärer Bewegungen der Dritten Welt (vgl. dazu Ludwig, Janine: Heiner Müller, Ikone West. Das dramatische Werk Heiner Müllers in der Bundesrepublik – Rezeption und Wirkung. Frankfurt am Main 2009, S. 283). Damit verkennt sie allerdings die Tatsache, dass sich Müller, wäre es ihm nur um den Lehr- bzw. Lerninhalt eines durch die Überwindung der Todesfurcht zu etablierenden, kollektiven Bewusstseins gegangen, nicht sonderlich über die historische Position Brechts oder Wischnewskis hinausbewegt hätte.
956 HMW 9, S. 246 f.
957 Vgl. Ostheimer 2002, S. 86 bzw. 96.

Müller forciert diese Bewegung, indem er die Kritik an der ‚Maßnahme' in ‚Mauser' als „Variation auf ein Thema aus Michail Scholochows Roman DER STILLE DON"[958] anlegt und so die subjektive Perspektive auf die Gewalt in den Text einspielt. Explizit bezieht er sich dabei auf die Geschichte des Revolutionärs Buntschuk (vor allem im 20. und 30. Kapitel des fünften Teils), der als Wachkommandant beim Gericht des Revolutionskomitees im Dongebiet die physische und psychische Belastung der nächtlichen Exekutionen kaum einen Monat ertragen kann. Wie sehr und wie lange Müller diese Figur beschäftigt haben muss, zeigen zwei Prosafragmente aus den 1950er-Jahren und zwei Gedichte aus derselben Zeit, in denen bereits die für ‚Mauser' relevanten Themen ausgebreitet sind: die Unvereinbarkeit von Sexualität und Vernichtung (‚Buntschuk I') sowie das Motiv des heroischen Todes für die Revolution (‚Buntschuk II').[959] Bei Scholochow magert Buntschuk nicht nur binnen einer Woche nach Erteilung seines Auftrags ab und wird „erdfahl im Gesicht"[960]; als seine Freundin Anna sich neben ihn legt, spürt er zudem „mit Schrecken und unendlicher, sein ganzes Bewußtsein überflutender Scham, daß er kraftlos"[961] ist. Müllers Revolutionär A ergeht es ebenso.[962] Es ist der Widerspruch von Tod und Leben, der den Autor interessiert: „Bei Scholochow kommt in diese ‚Maßnahme'-Geschichte eine Dimension, die in Brechts Lehrstücken immer ausgeklammert ist: das Biologische oder das Sexuelle, die Verbindung von Sexualität und Gewalt."[963] Interessanterweise scheint das in ‚Mauser' litaneiartig wiederholte Leitmotiv: „das Gras noch / Müssen wir ausreißen, damit es grün bleibt" ebenfalls von Scholochow entlehnt zu sein. Dort sucht sich Buntschuk mit einem ähnlich vitalistischen Bild für seine mörderische Aufgabe zu motivieren: „Alle wollen in blühenden Gärten lustwandeln, aber – hol sie der Teufel – bevor man Blumen und Bäume pflanzt, muß man erst den Dreck forträumen. Düngen muß man. Sich die Hände schmutzig machen."[964]

---

958 HMW 4, S. 259.
959 Vgl. HMW 2, S. 33 und S. 157 bzw. HMW 1, S. 79 und 80.
960 Scholochow, Michail: Der stille Don. 2. Bde. Berlin 1964, hier Bd. 1, S. 787.
961 Ebd., S. 791.
962 Vgl. HMW 4, S. 251.
963 HMW 12, S. 515.
964 Scholochow 1964, Bd. 1, S. 788. Vgl. auch Wieghaus 1981, S. 74 f.; Hauschild 2003, S. 295. Außerdem ist ein ähnliches Motiv in wesentlich weniger radikaler Form auch im Choral ‚Ändere die Welt, sie braucht es' in der brechtschen ‚Maßnahme' enthalten (GBA 3, S. 116): „Mit wem säße der Rechtliche nicht zusammen / Dem Recht zu helfen? / Welche Medizin schmeckte zu schlecht / Dem Sterbenden? / Welche Niedrigkeit begingest du nicht, um / Die Niedrigkeit auszutilgen? / Könntest du die Welt endlich verändern, wofür / Wärest du dir zu gut? / Wer bist du? / Versinke in Schmutz / Umarme den Schlächter, aber / Ändere die Welt: sie braucht es!"

Buntschuk will zunächst seinen Posten nicht verlassen. Er hat seine „Arbeit", ähnlich wie A, von einem kurz zuvor hingerichteten Vorgänger übernommen, der offenbar im Exekutionskommando seine sadistischen Anlagen ausgelebt hatte, und ist sich der Verantwortung bewusst, in die ihn die Partei gestellt hat:

> Es ist einen schmutzige Arbeit, aber es gilt auch hier, das Gefühl der Verantwortung vor der Partei zu wahren, das Gefühl [...] der Menschlichkeit zu wahren. Die Umstände zwingen uns, die Konterrevolutionäre physisch zu vernichten, aber man darf keinen Zirkus daraus machen![965]

Während Buntschuk sich jedoch am Ende versetzen lassen kann, wird As Bitte auf Entlassung bei Müller nicht stattgegeben – auf die Schwächen des einzelnen Individuums kann und darf im Kampf um das Überleben des Kollektivs keine Rücksicht genommen werden: „Der Kern des Problems ist, daß man Töten denken kann. Wenn man es für notwendig hält, hat man nicht das Recht, es selbst nicht zu tun: es nur zu delegieren, wäre unmoralisch."[966] A jedoch, der ebenso wie Buntschuk in der Lage ist, die eigene Todesfurcht zu überwinden und aufrecht in den Tod zu gehen,[967] ist von der Aufgabe überfordert, das Töten mit der notwendigen Demut auszuführen, die die Revolution ihm abverlangt und die von ihm nur als Entfremdung erlebt wird:

> CHOR Aber als deine Hand eins wurde mit dem Revolver
> Und du wurdest eins mit deiner Arbeit
> Und hattest kein Bewusstsein mehr von ihr
> Daß sie getan werden muß hier und heute
> Damit sie nicht mehr getan werden muß und von keinem
> War dein Platz an der Front eine Lücke
> Und für dich kein Platz mehr in unserer Front.
> Schrecklich ist die Gewohnheit, tödlich das Leichte[968]

In der Forderung nach einem „Töten mit Demut", so Müller in seiner Autobiographie, trete „der theologische Glutkern des Terrorismus" zutage. Dabei handle es sich gerade um jenes „menschliche Paradox", das man aushalten, dem man sich künstlerisch nicht durch Moral entziehen dürfe.[969] Ob es allerdings in der

---

965 Scholochow 1964, Bd. 1, S. 787.
966 HMW 9, S. 245.
967 Vgl. HMW 4, S. 260 bzw. Scholochow 1964, Bd. 1, S. 868.
968 HMW 4, S. 257.
969 HMW 9, S. 247, vgl. auch ebd., S. 244. Grotesk verschärft wird dieses Paradox dadurch, dass eine ähnliche Argumentation, wenn auch unter umgekehrt-selektiven Prämissen, die sich statt am ‚Menschen' am ‚Herrenmenschen' orientiert, auch die Vernichtungsideologie der Nationalsozia-

winzigen Spanne „[z]wischen Finger und Abzug", „[z]wischen Hand und Revolver",[970] wie es in ‚Mauser' heißt, überhaupt ein Sein für das Individuum gibt oder die Anforderungen der Revolution seine Kräfte nicht grundsätzlich übersteigen, und daher die Selbstzerstörung ihrem Vollzug immanent ist, bleibt die unablässig bohrende Frage des Textes.[971] Wie Lehmann und Winnacker hervorheben, ist „das im Roman rational nachvollziehbare Motiv" der Drecksarbeit, die dem Säen des neuen Lebens vorangehen muss, „bei Müller zum tragischen oder grotesken Paradox geworden" und unterstellt die Fortschreibung des brechtschen Lehrstücks, indem es die revolutionäre Aktion als Kreislauf des Tötens enthüllt, derselben „Tendenz".[972] Dass es sich dabei um eine antike Form der Tragik handelt, die, indem sie auf die Nicht-Identität von Theorie und Praxis, kollektiver und subjektiver Wahrheit hinweist, in ihrer ‚Trost-losigkeit'[973] etwa an die des Ödipus erinnert, darauf weist neben Ostheimer auch Schulz eindringlich hin:

> Die Tragik besteht wie in der Antike darin, daß die Wahrheit (der Partei, des Gottes), obwohl dem Wortlaut nach unverändert, mit ihrem Subjekt ihre Bedeutung ändert. Die Brutalität gegen die Lebenden kann als Element revolutionärer Praxis einer Maschine (dem Parteiapparat) zugestanden werden. Gleicht das Subjekt sich ihr an, wird aus einer Logik des Kampfes um Befreiung die sadistische Menschenverachtung des Henkers. „Mauser" stellt die Frage nach dem Ort, dem Subjekt revolutionärer Wahrheit und fragt zugleich, ob der einzelne überhaupt sich anders verhalten kann als A.[974]

---

listen bestimmt, wie Heinrich Himmlers Geheimrede auf der SS-Gruppenführertagung in Posen vom 4. Oktober 1943 zeigt: „Von Euch werden die meisten wissen, was es heißt, wenn 100 Leichen beisammen liegen, wenn 500 daliegen oder wenn 1000 daliegen. Dies durchgehalten zu haben, und dabei – abgesehen von Ausnahmen menschlicher Schwächen – anständig geblieben zu sein, das hat uns hart gemacht. Dies ist ein niemals geschriebenes und niemals zu schreibendes Ruhmesblatt unserer Geschichte [...]. [...] Wir wollen nicht am Schluss, weil wir einen Bazillus ausrotteten, an dem Bazillus krank werden und sterben. Ich werde niemals zusehen, dass hier auch nur eine kleine Fäulnisstelle entsteht oder sich festsetzt. Wo sie sich bilden sollte, werden wir sie gemeinsam ausbrennen. Insgesamt aber können wir sagen, dass wir diese schwerste Aufgabe in Liebe zu unserem Volk erfüllt haben. Und wir haben keinen Schaden in unserem Inneren, in unserer Seele, in unserem Charakter daran genommen." Vgl. Himmler, Heinrich: Rede des Reichsführers SS bei der SS-Gruppenführertagung in Posen am 4. Oktober 1943. In: 100(0) Schlüsseldokumente zur deutschen Geschichte im 20. Jahrhundert. URL: http://www.1000dokumente.de/index.html?c=dokument_de&dokument=0008_pos&object=translation&st=REDE DES REICHSFüHRERS SS&l=de (eingesehen am 18.11.2017).
970 HMW 4, S. 257.
971 Vgl. Schulz 1980, S. 115 f.
972 Lehmann/Winnacker 2003, S. 255.
973 Vgl. Marcuse [1954], S. 104.
974 Schulz 1980, S. 112. Vgl. auch Ostheimer 2002, S. 66 ff.

Diese Frage nach dem „Ort, dem Subjekt revolutionärer Wahrheit" ist es, die im Spiel zur körperlichen Erfahrung werden soll und so „die radikalste Idee Brechts"[975] vom Lehrstück aufnimmt, in der aus dem Lehr-Stück ein Lern-Stück geworden ist.[976] Hier nimmt das *Lernen durch Schrecken* seinen Ausgang und erhält seinen eigentlichen, utopischen Sinn: Keine feste Lehre wartet auf Akteure wie Publikum. Die Überwindung der Todesfurcht und das Einüben des Einverständnisses mit dem eigenen Tod, die in der brechtschen ‚Maßnahme' und in Wischnewskis ‚Optimistischer Tragödie' noch mit einem zuversichtlichen Blick in die Zukunft verbunden waren, verlieren in ‚Mauser' ihr stabilisierendes Fundament und bringen so die alles zermalmende Maschine der Revolution zum Vorschein. Das Lernen gilt der Fahndung nach einem Ausweg aus diesem Dilemma.

Was auf der Strukturebene des Lehrstücks als tragisches Paradox erscheint, kann auf der Ebene der damit verbundenen Motive auch als grotesk beschrieben werden, wie Lehmann und Winnacker vorschlagen. Im Zentrum steht in diesem Fall die Produktion des neuen ‚Menschen', die unmittelbar mit dem Tod als Motiv der Zerstörung und Erneuerung verbunden ist. Nicht zu Unrecht ist ‚Mauser' immer wieder als „radikalisiertes ‚Produktionsstück'" interpretiert worden, das das „Töten als Parteiauftrag und Arbeit in dem Kontext ‚Entfremdung' oder ‚Verdinglichung' im Sozialismus" thematisiere.[977] Die Rede vom Tod bzw. Töten als Arbeit im Dienste der Erneuerung der Gesellschaft baut Müller in ‚Mauser' zum zentralen Leitmotiv aus. Nicht nur die Themen Krieg und Revolution, die beide in ihrer hierarchische Ordnung wie etabliertes Recht verkehrenden Funktion als Karnevalsereignisse beschrieben werden können, deuten somit auf das groteske Potential des Stücks hin, auch das Todesmotiv scheint in seiner Verknüpfung mit der Produktion von neuem Leben an ihm teilzuhaben:

> Der Tod ist bei Rabelais und in seinen volkstümlichen Quellen ein ambivalentes Motiv, weshalb er auch heiter sein kann. Das Todesmotiv fixiert den einen (individuellen) sterbenden Körper, doch zugleich erfaßt es den Rand eines anderen Körpers, den des geborenwerdenden jungen. [...] Wo Tod ist, ist auch Geburt, Ablösung, Erneuerung. Umgekehrt ist auch das Motiv der Geburt ambivalent; es erfaßt den Rand des sterbenden Körpers.[978]

---

975 Lehmann/Winnacker 2003, S. 252.
976 Vgl. Müllers Kommentar zur Ambivalenz des Begriffs: „Lernstück, von ‚lernen', wäre richtiger als Lehrstück, von ‚lehren'" (HMW 10, S. 752).
977 Schulz 1980, S. 110. Vgl. dazu auch Bathrick, David/Huyssen, Andreas: Producing Revolution. Heiner Müller's „Mauser" as a Learning Play. In: New German Critique 8 (1976), S. 110 – 121 sowie Schivelbusch, Wolfgang: Sozialistisches Drama nach Brecht. Drei Modelle: Peter Hacks – Heiner Müller – Hartmut Lange. Darmstadt/Neuwied 1974, S. 217 f.
978 Bachtin 1995, S. 455 f.

Allerdings fehlt dem Tod in Müllers Revolutionsstück nicht nur das Merkmal der Heiterkeit, das ihn dem Karnevalesken annähern würde – das ungebärdige Karnevalslachen ist in ‚Mauser' grundsätzlich verschwunden; mit dem Zweifel an der Geburt des neuen ‚Menschen' wird auch der ambivalente Charakter des Todes fragwürdig.[979] Vor das Problem, was vom karnevalesken Tod übrigbleibt, wenn die von Bachtin beschriebene Ambivalenz verloren geht, sieht sich mit Blick auf die Holocaust-Literatur auch Danow gestellt:

> What if there is no [...] ambivalence? What if „regeneration" appears distinctly absent, yielding no corresponding image of a „reborn world"? In that case we are left in the firm, unrelenting grip of one extreme form among the two polarities delineated by the Russian theorist.[980]

Er plädiert in diesem Zusammenhang für eine gegenüber Bachtin neutralere Interpretation des literarischen Karnevals, die nur von einer „säkularen Blasphemie", einer „Umkehrung etablierter Wertesysteme" spricht.[981] Bei Müller allerdings wird die Neugeburt der Welt bzw. des Menschen zwar einem fundamentalen Zweifel unterzogen, als utopisches Potential aber dennoch nicht gänzlich aufgegeben. Mit der Skepsis gegenüber der Erneuerung erfolgt gleichwohl eine Depotenzierung des bachtinschen Vitalismus, die dem Motiv des Todes keine heitere Facette erlaubt. Revolution gerät, indem sie diesseits ihres utopischen Anspruchs statt neuem Leben einzig Tod produziert, zum verkehrten, zum *Schwarzen Karneval*. Als Wirkungsbereich des Todes vertritt sie – hier ließe sich ein Vergleich

---

[979] Auch Raddatz berührt in seiner widersprüchlichen Analyse von Müllers ‚Mauser' die mittelalterlichen Todesbilder. Müller, so der Autor, stelle der in der Renaissance begründeten, individualisierten, durch Angst bestimmten Todesvorstellung eine kollektive gegenüber, die sich im Verweis auf volkstümliche und vergnügliche Ikonographien des Todes im Mittelalter, wie sie auch bei Bachtin zu finden sind, durch ihr „unmittelbares emanzipatorisches Potential" (Raddatz 1991, S. 134) auszeichne. Allerdings eignet dem vermeintlich erneuernden Tod im mörderischen Kontext des Terrors, den Raddatz eigentümlicherweise völlig ausblendet, weder etwas Vergnügliches, noch ist sein emanzipatorisches Potential fraglos gesichert. Verräterisch für den Idealismus seiner Deutung ist dabei vor allem, dass in ihr das Wort „Gewalt" mit all seinen konkreten Konnotationen, seinen physisch und psychisch deformierenden Realitäten faktisch nicht vorkommt.
[980] Danow 1995, S. 36.
[981] Vgl. ebd., S. 105 sowie seine Definition des Karnevalesken auf S. 63 f.: „Let us call it, in deservedly paradoxical, oxymoronic fashion, ‚secular blasphemy'. [...] [A]n irresolvable paradox that is seemingly universal and archetypal, that subverts an established value system in order to institute one of its own, that corrupts language and behavioural codes in the work of creating new ones seemingly designed exclusively to displace old ones, and that superimposes one paradox upon another until the original remains forever hidden, undisturbed, and unseen."

zum Nachtstück der Romantik ziehen – die „Nachtseite" des in Aussicht gestellten neuen Lebens.[982]

Sichtbar wird dies vor allem an der Körperlichkeit der Figuren, deren gestisches Vokabular auch in ‚Mauser' ein großes Reservoir an Möglichkeiten des Grotesken bereithält. Dabei nutzt Müller erstmals, vor allem was den Revolutionär A angeht, das groteske Potential des schwarz-romantischen Automatenmotivs. A hat, ursprünglich für die geistliche Laufbahn bestimmt, beizeiten das christliche gegen das säkulare sozialistische Himmelreich getauscht. „In den Gefängnissen von Omsk bis Odessa" wurde ihm in Folge seiner illegalen Parteiarbeit die Losung der Revolution, „PROLETARIER ALLER LÄNDER VEREINIGT EUCH / Mit Faust und Kolben, mit Stiefelabsatz und Schuhspitze" gewaltsam „auf den Leib geschrieben":

> A [...] In Versammlungen, Demonstrationen, Streiks
> Niedergeritten von rechtgläubigen Kosaken
> Von trägen Beamten lustlos gefoltert
> Lernte ich nichts über das Leben nach dem Tod.[983]

A kommt also nicht als unbeschriebenes Blatt zu seinem Auftrag. Körperlich und seelisch von Gewalt und andauernder Verfolgung gezeichnet, hat er das Töten als Arbeit begreifen gelernt, die als moralische Pflicht – dies unterstreicht der intertextuelle Verweis auf den Zweiten Brief des Paulus an die Thessalonicher: „Wer nicht arbeiten will, der soll auch nicht essen"[984] – in den alltäglichen revolutionären Kampf integriert ist:

> A [...] Töten lernte ich in den langdauernden Kämpfen
> Gegen die Umklammerung, zur Zeit des Stirb oder Töte
> Wir sagten, wer nicht töten will, soll auch nicht essen
> Das Bajonett in einen Feind rennen
> Kadett, Offizier, oder Bauer, der nichts begriffen hat
> Wir sagten: es ist eine Arbeit wie jede andre
> Schädel einschlagen und schießen.[985]

---

982 Vgl. dazu Leopoldseder 1973, S. 87. Über das Romanfragment ‚Schwärmerei und Edelmut' aus den ‚Nachtstücken' des Johann Franz Ludwig Schwarz (1795) schreibt Leopoldseder (ebd., S. 69): „In dem sinnlosen Wüten der französischen Revolution zeigt sich die Nachtseite des Lebens. Geblendet von den Idealen der Revolutionsbewegung wird der Mensch seinem Wesen entfremdet: Mord, Tod und Verrat sollen dazu beitragen, daß die Ideale der Revolution durchdringen. Der Mensch als eigentliches Wesen geht verloren."
983 HMW 4, S. 246.
984 2. Thessalonicher 3, 10.
985 HMW 4, S. 246.

Diese körperlich-seelische Vorprägung ist es, die ihm seine Aufgabe im Revolutionstribunal („Und dieses Töten war ein anderes Töten / Und es war eine Arbeit wie keine andre"[986]) in anderer Weise zum Verhängnis werden lässt als dem Revolutionär B. Während B, der letztlich an seinem Mitleid mit den Delinquenten zugrunde geht, die Pistole noch als „dritte Hand"[987] betrachten kann, als zusätzliches Körperteil, das einer dem menschlichen Leib ursprünglich nicht unmittelbar zukommenden Funktion gehorcht, verschmilzt As Hand vollständig mit ihrer neuen Bestimmung, wird „eins [...] mit dem Revolver"[988]. Doch nicht nur seine Hand, auch Auge und Mund, als die eigentlichen Organe menschlicher Wahrnehmung und Kommunikation, verschmelzen unter der extremen Belastung mit der Waffe:

> A [...] Und sie hatten keine Hände und kein Gesicht
> Sondern das Auge mit dem ich sie ansah
> Und der Mund, mit dem ich redete zu ihnen
> War der Revolver und mein Wort die Kugel[989]

Selbst vor seinem Geschlecht macht die Wandlung nicht halt. A wird nicht nur impotent und kann den vitalsten Akt schlechthin nicht mehr vollziehen – aus der Zeugung von Leben wird stattdessen im Wortsinne die Zeugung von Tod:

> A [...] Und in der Nacht war ich kein Mann, beschwert
> Mit den Getöteten von sieben Morgen
> Mein Geschlecht der Revolver, der den Tod austeilt
> An die Feinde der Revolution, Gesicht zum Steinbruch.[990]

Während er seine Opfer entindividualisiert („Und sie hatten keine Hände und kein Gesicht"), um dem bohrenden Zweifel an der Rechtmäßigkeit des eigenen Tuns zu entgehen, mutiert As Körper selbst fast vollständig zur Tötungsmaschine.[991] Die von Bachtin beschriebene Exzentrik der „Akte des Körperdramas" (Koitus, Zeu-

---

986 Ebd., S. 247.
987 Ebd., S. 248.
988 Ebd., S. 257.
989 Ebd., S. 250.
990 Ebd., S. 251. Als „Zeugungsinstrument" bezeichnet den Revolver auch der Regisseur Christoph Nel. Vgl. Nel, Christoph/Troller, Urs u. a.: Über die Schwierigkeit zu sagen, was die Revolution ist. Der Beginn der Arbeit an MAUSER am Schauspiel Köln im Januar 1980. In: Explosion of a Memory Heiner Müller DDR. Ein Arbeitsbuch. Hrsg. von Storch, Wolfgang. Berlin 1988, S. 122–133, hier S. 124.
991 Vgl. Schulz 1980, S. 108.

gung, Ausscheidung) zielt so nicht mehr auf die vitale Entgrenzung des individuellen Leibes, sondern auf die Auslöschung des (feindlichen) Gegenübers; die karnevaleske Ambivalenz von Zerstörung und Erneuerung verliert ihren vitalen dialektischen Widerpart. Zur Verschmelzung mit der Welt, die als ewiger Kreislauf des Tötens erscheint,[992] kommt es bei A nicht durch die Erneuerung, sondern durch die Vernichtung von Leben. Ihren Ausdruck findet diese Entgrenzung von Mensch und Welt im Blutrausch – letztlich also in einer Form des Wahnsinns. Hier schlägt Revolution, verstanden als Karnevalsgeschehen, in jenen tödlichen Exzess um, der – obgleich historisch wiederholt belegt[993] – in Bachtins Theorie systematisch ausgeblendet wird. Deutet das die Verschmelzung von Mensch und Revolver beherrschende Automatenmotiv, das die karnevaleske Mensch-Tier-Ambivalenz in ‚Mauser' vollkommen verdrängt hat, schon auf ein Überhandnehmen der schwarz-romantischen Topoi hin, so kippt der müllersche Karnevalismus spätestens mit dem erstmaligen Auftreten des Wahnsinns, dem zentralen psychophysischen Motiv der romantischen Groteske, ins Schwarze.[994]

Den endgültigen Umbau zur Exekutionsmaschine verhindern jedoch As letzte vitale Regungen. Das Lebendige bäumt sich auf gegen seine Totalverleugnung und lässt A als radikalisierten Wiedergänger des Flint aus der ‚Umsiedlerin' erscheinen. Weder seiner Bitte auf Entlassung aus dem Auftrag kann allerdings stattgegeben werden, noch ist es A möglich, sich der Sinnhaftigkeit seiner „Arbeit" zu vergewissern. So bleibt ihm nur übrig, die Entmenschlichung und Verdinglichung der Delinquenten zum Äußersten zu treiben, um seiner Pflicht noch gerecht werden zu können: Er degradiert sie zum fühllosen Gegenstand, zum „Etwas"[995] – wobei die Parallele zur ideologischen Praxis der Nationalsozialisten erschreckend ist.[996] Mit der Dehumanisierung seiner Opfer jedoch geht bei A eine Art Persönlichkeitsspaltung einher.[997] Er kann sein Tun nicht mehr mit der eigenen Identität in Übereinstimmung bringen, das „Ich" wird depersonalisiert und in ein „Er" ausgelagert. Mit diesem Alter Ego ‚rettet' sich A aus der Gewissensqual in den Blutrausch:

A [...] Er sagte: (CHOR) Ich habe meine Last abgeworfen
In meinem Nacken die Toten beschweren mich nicht mehr

---

[992] Vgl. HMW 4, S. 253.
[993] Vgl. dazu Reinhardt 2009 bzw. Hilker 2006, S. 14.
[994] Auch Philoktet und der Horatier zeigen bereits wahnhafte Züge, die die tragische Verstrickung der jeweiligen Handlung mit bedingen (Vgl. HMW 3, S. 319 ff. bzw. HMW 4, S. 75 f.). Doch erst in ‚Mauser' kommt das Motiv in seinem grotesken Potential restlos zur Geltung.
[995] HMW 4, S. 254.
[996] Vgl. Schulz 1980, S. 111.
[997] Vgl. ebd., S. 110.

IV.5 Mit Brecht zu Shakespeare – Die Auswicklung der *Poetik des Grotesken* —— **437**

> Ein Mensch ist etwas, in das man hineinschießt
> Bis der Mensch aufsteht aus den Trümmern des Menschen.
> Und als er geschossen hatte wieder und wieder
> Durch die aufplatzende Haut in das blutige
> Fleisch, auf splitternde Knochen, stimmte er
> Mit den Füßen ab gegen den Leichnam.[998]

In seiner Agonie, die letztlich ihre Lösung in einer Spaltung des Bewusstseins erfährt, erscheint A als Verkörperung der Psychomachie, jenes Zweikampfs von Gut und Böse, Chaos und Ordnung in der menschlichen Seele, der sowohl die Figuren der mittelalterlichen Moralitätsspiele als auch die der shakespeareschen Tragödien umtreibt. In der wahnhaften Abspaltung eines animalisch-kannibalischen[999] „Er" kommt nun – freilich in nochmaliger Verkehrung – ein weiteres traditionell mittelalterliches Motiv des Grotesken zum Vorschein: der Totentanz.

> A (CHOR) Ich nehme unter den Stiefel was ich getötet habe
> Ich tanze auf meinen Toten mit stampfendem Tanzschritt
> Mir nicht genügt es zu töten, was sterben muß
> Damit die Revolution siegt und aufhört das Töten
> Sondern es soll nicht mehr da sein und ganz nichts
> Und verschwunden vom Gesicht der Erde
> Für die Kommenden ein reiner Tisch.[1000]

Nicht die Toten vollführen hier einen – ursprünglich als „drastisches Memento mori"[1001] entworfenen – grotesken Reigen oder Springtanz, vielmehr tanzt A als verkörperter Tod selbst auf seinen Opfern. Statt nach sittlichem Eingedenken steht ihm der Sinn nach vollkommener Auslöschung der Geschichte (die sich in den Toten metaphorisch verkörpert[1002]), um so den historischen Nullpunkt, den der Übergang zum Neuen erfordert, vorzubereiten.[1003] Mit der ekstatischen Lust am Töten geht allerdings eine Regression ins Archaisch-Animalische einher,[1004] durch die A sich jenen Barbaren gesellt – von Brecht „Menschenfresser"[1005] genannt –, deren Bekämpfung sich die Revolution verschrieben hat:

---

[998] HMW 4, S. 254.
[999] Vgl. Schulz 1980, S. 112.
[1000] HMW 4, S. 254.
[1001] Wilpert 2001, S. 839.
[1002] Vgl. HMW 10, S. 514.
[1003] Vgl. dazu auch Nel/Troller 1988, S. 131 f.
[1004] Vgl. Schulz 1980, S. 110.
[1005] GBA 21, S. 272.

> CHOR Wir hörten sein Brüllen und sahen was er getan hatte
> Nicht in unserem Auftrag, und er hörte nicht auf zu schrein
> Mit der Stimme des Menschen der den Menschen frißt.
> Da wußten wir, daß seine Arbeit ihn aufgebraucht hatte
> Und seine Zeit war abgelaufen und führten ihn weg
> Einen Feind der Revolution wie andre Feinde
> Und nicht wie andre, sondern sein eigener Feind auch[1006]

As „Brüllen" verweist auf einen Rückfall ins Prae- oder Inhumane, das die barbarische „Vorgeschichte", die zu überwinden er angetreten ist, erneut verlängert. Zudem stellt es einen intertextuellen Bezug zu Brechts Jungem Genossen her, der die Differenz zwischen dem körperlichen Aufbegehren beider gegen die rationale Verfastheit der Revolution scharf konturiert:

> DER JUNGE GENOSSE Dann sind die Klassiker also nicht dafür, daß jedem Elenden gleich und sofort und vor allem geholfen wird?
> DIE DREI AGITATOREN Nein.
> DER JUNGE GENOSSE Dann sind die Klassiker Dreck, und ich zerreiße sie; denn der Mensch, der lebendige, brüllt, und sein Elend zerreißt alle Dämme der Lehre. Darum mache ich jetzt die Aktion, jetzt und sofort; denn ich brülle und ich zerreiße die Dämme der Lehre. *Er zerreißt die Schriften.*[1007]

Während der Junge Genosse sich „als Vertreter des Spontaneismus" mit seinem markerschütternden Protest auch physisch auf die Seite der Unterdrückten stellt, um auf die Dringlichkeit der Aufhebung ihrer Leiden aufmerksam zu machen, besitzt A, neben dem wahnhaften Versuch der Überwindung von Geschichte, keine „eigene politische Logik".[1008] In der Regression „zum Tier, genauer zum Raubtier"[1009], dem einzigen Ausweg aus der physischen und psychischen Überforderung, verkörpert er vielmehr selbst die Gebrechlichkeit des Individuums, das offenbar weder dem rationalen Absolutheitsanspruch der Revolution noch den Merkmalen eines (noch unbekannten) Ideals vom ‚Menschen' genügen kann. Der Mensch, wie er sich bislang konstituiert, erscheint in ‚Mauser' als ewige Störung, als „Fehler"[1010], der sowohl als Gegner wie als Mitstreiter der Revolution ihren Anspruch beständig torpediert. Angesichts der durch die Revolution erfahrenen Totalenteignung, die ihn seiner Identität als Mensch beraubt, sucht A somit Zuflucht in den äußersten Grenzräumen des Menschlichen: Doch weder kann er den

---

1006 HMW 4, S. 254 f.
1007 GBA 3, S. 119.
1008 Schulz 1980, S. 111.
1009 Raddatz 1991, S. 141.
1010 HMW 4, S. 245.

fühllosen Zustand der perfekten Revolutionsmaschine erreichen – ein Wunsch, den der Hamletdarsteller in Müllers ‚Hamletmaschine' in ähnlicher Form wiederholen wird –, noch rettet ihn die animalische Regression. Auch die Verschmelzung mit dem mythischen Schoß der Erde, in den sich A mit dem Schrei der geschundenen Kreatur in Todesangst verkrallt, scheitert.[1011] In der Logik der Revolution ist er ein unfertiges Wesen, eine „Mischung" aus „Tier und Maschine",[1012] dem, da es seinem natürlichen Ursprung entfremdet und vom rational antizipierbaren Ideal unerreichbar weit entfernt ist, nichts anderes bleibt als die Selbstauslöschung: Zwar kann sich A schließlich – ähnlich dem Jungen Genossen in der ‚Maßnahme' – durch die Überwindung seiner Angst, die ihm die Revolution als letztes Eigentum, letztes Moment von Identität zugesteht (für Hegel ist das Durchlaufen der Furcht notwendig zur Konstitution des Selbstbewusstseins)[1013], wieder mit der Revolution verbinden und das Einverständnis zu seiner Exekution erteilen; „[I]m Niemandsland der Revolutionszeit"[1014] allerdings lautet das Schicksal des Individuums bei Müller „Wahnsinn, Versteinerung, Selbstentfremdung, Selbstannihilierung"[1015]. Dabei verhallt nicht nur „die Frage nach dem geschichtlichen Sinn des Opfers [...] ohne Antwort"[1016], das Opfer selbst scheint das Ziel mit auszuhebeln. Die Qualität des müllerschen Lehrstücks besteht gerade darin, diesen grotesken Widerspruch nicht aufzulösen.

Auch der Chor, der als Verlängerung des individuellen Körpers in ‚Mauser' den sichtbaren Kollektivkörper repräsentiert, erweist sich nicht als Statthalter jenes vital-utopischen Prinzips, für das er bei Bachtin steht. Als Gesamtheit der revolutionären Individuen, der zudem mit urteilender und richtender Funktion ausgestattet ist, erscheint er – der Gleichklang von Revolution und Revolver, der im Titel ‚Mauser' mitschwingt, unterstreicht dies – als ebenso von mechanischer Gewalt und Vernichtung geprägt und in seiner Identität gespalten, wie die ihn konstituierenden Einzelnen. Entsprechend trägt die Revolution zugleich mit ihren utopischen Zügen die monströsen des eigenen inneren Feindes:

CHOR (DIE SPIELER DER DREI BAUERN) [...]
Denn unsers gleichen ist nicht unsers gleichen
Und wir sind es nicht, die Revolution selbst
Ist nicht eins mit sich selber, sondern der Feind mit
Klaue und Zahn, Bajonett und Maschinengewehr

[1011] Vgl. ebd., S. 257 f.
[1012] Schulz 1980, S. 112.
[1013] Vgl. HW 3, S. 153 ff.
[1014] Schulz 1980, S. 112.
[1015] Lehmann/Winnacker 2003, S. 252.
[1016] Ebd.

Schreibt in ihr lebendes Bild seine schrecklichen Züge
Und seine Wunden vernarben auf unserm Gesicht.[1017]

Indem Revolution und Reaktion im tötenden und getötet werdenden Kollektivkörper des Chors eine untrennbare Einheit eingehen, erweist er sich als „Zwilling der von ih[m] bekämpften Wirklichkeit"[1018], die durch „Rad Galgen Strick Halseisen Knute Katorga"[1019] repräsentiert ist. Ihre notwendige Läuterung kann die Revolution somit nur durch neues Blut erfahren und erneuert damit das sie konstituierende Paradox: „Mit A tilgt sie ihre eigene Blutspur", beide, Revolutionär und Revolution, sind „Täter und Opfer zugleich".[1020] Revolution, als Instrument des notwendigen Laufs der Geschichte (nach Marx), gerät bei Müller – das barocke bzw. romantische Motiv liegt offen zutage – zum „selbsttätigen Mechanismus"[1021]. Als groteske, allesverschlingende Maschine,[1022] die sich durch den ihr inhärenten Kreislauf der Gewalt stetig reproduziert, degradiert sie den Einzelnen zum austauschbaren „‚Rädchen und Schräubchen'"[1023] in ihrem Getriebe. In ‚Mauser' gilt die Suche somit jener „Lücke im System"[1024], die es ermöglicht, die ewige Wiederkehr des Gleichen in der Mechanik der Revolution zu durchbrechen: Es ist die Fahndung nach dieser „Lücke", an der sich das Spiel des Lehrstücks ausrichten muss; fokussiert auf das *Lernen durch Schrecken* darf es,

---

1017 HMW 4, S. 249.
1018 Lehmann/Winnacker 2003, S. 255.
1019 HMW 4, S. 252.
1020 Schulz 1980, S. 112. Vgl. HMW 4, S. 256.
1021 Vgl. Schulz 2003, S. 285: „Der Marxismus ermöglicht in der Tat, Geschichte als Getriebe und *Maschine* zu denken, wie nur das mechanistische Denken des 17. Jahrhunderts es tat. Seine politische Analyse, ‚objektivistisch' gewendet, macht den Menschen zum bloßen Bestandteil eines selbsttätigen Mechanismus." Im Kontext von ‚Mauser' setzt Schulz somit, durchaus legitim, „Geschichte" und „Revolution", als Verkörperung ihres im marxschen Sinne notwendigen Fortschritts, in eins.
1022 Nel hingegen begreift die Revolution in ‚Mauser' noch im Sinne Bachtins als ambivalente, fressende und gebärende Instanz zugleich. Die Revolution verleibt sich A ein und schafft ihn gleichzeitig neu (Nel/Troller 1988, S. 125): „[D]ieses Bild: Du bist mein Körper, unsere beiden Körper sind eins, das ist ganz bestimmt das Bild von Kannibalismus, von dem Walfisch, der den Jonas verschluckt. Auf der anderen Seite ist das aber auch das Bild von in dem Bauch der Revolution befindlich sein. Also ein Kind der Revolution sein. Und der Fraß der Revolution."
1023 Lenin, Wladimir Iljitsch: Parteiorganisation und Parteiliteratur [1905]. In: Lenin: Werke. Bd. 10. Hrsg. vom Institut für Marxismus-Leninismus beim ZK der KPdSU. Berlin 1970, S. 29–34, hier S. 30.
1024 HMW 8, S. 261.

IV.5 Mit Brecht zu Shakespeare – Die Auswicklung der *Poetik des Grotesken* —— **441**

wie Müller ausdrücklich betont, nicht als einfaches „Repertoirestück"[1025] missverstanden werden.

Seine Chiffre findet dieses „Loch in der Ewigkeit", wie es später in Müllers ‚Bildbeschreibung' heißen wird, in der Vokabel „Mensch"[1026]. Sie bezeichnet sowohl jenen zweiten Kollektivkörper, der in ‚Mauser' dem revolutionären Chor als dessen noch nicht eingelöster, utopischer Anspruch gegenübersteht, als auch die diesen konstituierenden Individuen. Als Ideal des bestehenden Menschen soll dieser neue ‚Mensch' all jene Eigenschaften in sich konzentrieren, an denen es Ersterem noch gebricht. Im Zentrum des Prozesses revolutionärer Erneuerung, von dem ‚Mauser' erzählt, steht somit die Frage nach dem eigentlichen Wesen des Menschen[1027] und seinem Ort im Getriebe der Revolution: „Der Satz des Kapitalisten aus der ‚Maßnahme', ‚Weiß ich was ein Mensch ist', wird in ‚Mauser'", so folgerichtig wie provokant, der Revolution „in den Mund gelegt", die ebenfalls nur über den Preis des ‚Menschen', nicht aber über seinen ursprünglichen Charakter Auskunft geben kann[1028]:

> CHOR Nicht eh die Revolution gesiegt hat endgültig
> In der Stadt Witebsk wie in anderen Städten
> Werden wir wissen, was das ist ein Mensch.[1029]

Für das Individuum A jedoch ist es eine existentielle Notwendigkeit, sich mit der Frage nach dem Menschen der eigenen Identität wie seiner revolutionären Möglichkeiten zu versichern. Durch seine Erfahrungen im Prozess der Revolution lernt er das Wesen des Menschen im Raum zwischen seinen vital-animalischen und rational-mechanischen Anteilen zu verorten:

> A […] Ich wusste, wenn man in einen Menschen hineinschießt
> Fließt Blut aus ihm wie aus allen Tieren
> Wenig unterscheidet die Toten und
> Nicht lang das Wenige. Aber der Mensch ist kein Tier.[1030]
> A […] Ich bin ein Mensch. Der Mensch ist keine Maschine.

1025 HMW 4, S. 259.
1026 Vgl. Raddatz 1991, S. 143.
1027 Müller radikalisiert damit Wischnewskis Forderung, dass die Tragödie „den Menschen" als ihr „generelle[s] Thema" finden müsse (vgl. Wischnewski 1977, S. 98). Erinnert sei hier zudem nochmals an die fiktive Tragödie des armen Poeten in Klingemanns ‚Nachtwachen von Bonaventura', die ebenfalls den Titel ‚Der Mensch' trägt.
1028 Schulz 1980, S. 114. Vgl. HMW 4, S. 245 und GBA 3, S. 115.
1029 HMW 4, S. 256.
1030 Ebd., S. 250.

> Töten und töten, der gleiche nach jedem Tod
> Konnte ich nicht. Gebt mir den Schlaf der Maschine.[1031]

Vor allem mit der letzten Erkenntnis sucht sich A gegen das Todesurteil der Revolution zu verteidigen, die ihm in seinen Augen mit der Forderung nach einem Töten ohne emotionale Beteiligung Unmenschliches abverlangt. Die Revolution wiederum kann diesen Einwand nicht gelten lassen, da sie As Definition des „Menschen" nicht akzeptiert. Ohne ihm gegenüber auf einem Wissensvorsprung zu beharren, belehrt sie A doch über ein entscheidendes Merkmal des neuen ‚Menschen', dem nicht zu genügen, seine Verurteilung rechtfertigt:

> CHOR [...] Der Mensch ist mehr als seine Arbeit
> Oder er wird nicht sein. Du bist nicht mehr
> Sondern deine Arbeit hat dich aufgebraucht
> Du musst verschwinden vom Gesicht der Erde.[1032]

Die Utopie vom ‚Menschen', der die Revolution anhängt, charakterisiert „[d]as Ich [...] zugleich als Instrument übergeordneter Rationalität und als Ort der Differenz des subjektiven Gewissens"[1033] – es ist im Gegensatz zu A also in der Lage, seine Arbeit „[z]wischen Finger und Abzug" mit Bewusstsein zu versehen. Im Zentrum dieser Utopie steht die Überwindung des „Entfremdungsmechanismus"[1034], allerdings nicht im Hinblick auf eine vitale „Naturversöhnung", wie Raddatz meint, sondern im Sinne eines verabsolutierten Rationalismus. Er manifestiert sich in eben dem A überfordernden, paradoxen Verlangen nach einem Töten mit Demut, in dem Müller den „theologischen Glutkern" der Revolution ausmacht und der gleichzeitig das Auseinanderfallen von Theorie und Praxis in ihrem Vollzug markiert.

As Argumentation, die den Menschen in einem Dazwischen – zwischen Tier und Maschine, den äußersten Ausprägungen seiner möglichen grotesken Deformation – verortet, geht vom Bestehenden aus und verweist somit auf „den immer neu bedrohten und neu zu erobernden Freiraum zwischen Tier und Maschine", in dem für Müller „die Utopie einer menschlichen Gemeinschaft aufscheint".[1035] Die

---

1031 Ebd., S. 256.
1032 Ebd. Vgl. dazu auch ein Motiv aus der ‚Bergpredigt' (Matthäus 6, 25): „Ist nicht das Leben mehr als die Nahrung und der Leib mehr als die Kleidung?" Auf die zahlreichen Bibelmotive in ‚Mauser' wird noch genauer eingegangen.
1033 Lehmann/Winnacker 2003, S. 253 f.
1034 HMW 12, S. 70.
1035 HMW 8, S. 261.

IV.5 Mit Brecht zu Shakespeare – Die Auswicklung der *Poetik des Grotesken* —— **443**

Revolution hingegen ist in ‚Mauser' auf ein utopisches Ideal des ‚Menschen' ausgerichtet, das mit dem bestehenden Menschen nichts gemein hat. Sie erkennt ihn nicht als den „vielleicht erlösende[n] FEHLER"[1036] – ein weiteres Mal sei hier Müllers ‚Bildbeschreibung' zitiert –, in dessen Unvollkommenheit der Keim für das Neue gesucht werden und dessen Stellenwert und Funktion im revolutionären Prozess sich gerade in der wiederholten „Durchkreuzung der ehernen Rationalität durch die Spontaneität der Gefühle und des Körpers"[1037] kundtun könnte, für die die Subjekte A und B stehen. Stattdessen widmet sie sich der Produktion eines noch unbekannten, neuen ‚Menschen', der der existierenden entfremdeten „Menschheit"[1038] gegenüber gestellt wird. Ihm gilt der umgekehrte Zeugungs- bzw. Geburtsakt der Revolution, der als Vollzug tödlicher Gewalt den alten Menschen zerreiben soll. Seine Freiheit von Entfremdung zeigt sich darin, dass er seine gesamten gewaltgeprägten Erfahrungen, mithin seine Geschichte abgestreift und alle Unvollkommenheiten des bekannten, störanfälligen, grotesk entstellten Menschen überwunden hat:

> CHOR [...] Nämlich er ist unsre Arbeit, der unbekannte
> Hinter den Masken, der begrabene im Kot
> Seiner Geschichte, der wirkliche unter dem Aussatz
> Der lebendige in den Versteinerungen
> Denn die Revolution zerreißt seine Maske, tilgt
> Seinen Aussatz, wäscht aus dem steinharten Kot
> Seiner Geschichte sein Bild, der Mensch, mit
> Klaue und Zahn, Bajonett und Maschinengewehr
> Auferstehend aus der Kette der Geschlechter
> Zerreißend seine blutige Nabelschnur
> Im Blitz des wirklichen Anfangs erkennend sich selber
> Einer den andern nach seinem Unterschied
> Mit der Wurzel gräbt aus dem Menschen den Menschen.[1039]

Da diesem neuen ‚Menschen' keinerlei Vorbild in der Wirklichkeit eignet, wird seine Erscheinung unter Aufbietung sämtlicher mythopoetischer Muster des Anfangs imaginiert: als neuerlicher Urknall, als Rückkehr in den Stand der Un-

---

[1036] HMW 2, S. 118.
[1037] Schulz 1980, S. 31.
[1038] HMW 4, S. 254.
[1039] Ebd., S. 253. Das Motiv, dass sich der Mensch erst im Moment seiner Neuschöpfung als Individuum selbst erkennt, „[e]iner den andern nach seinem Unterschied", findet sich vorgeprägt in der Beschreibung des fünften und sechsten Schöpfungstags der ‚Genesis', an denen Gott die Tiere des Wassers, des Himmels und der Erde schuf, „ein jedes nach seiner Art" (1. Mose 1, 21 und 24).

schuld, als Geburt und Auferstehung, als umgekehrte Schöpfungsgeschichte.[1040] Schon Brecht hatte in der ‚Maßnahme' versucht „die revolutionäre Politik mit dem Heiligen zu synthetisieren, indem er den Opfertod Christi und den Mythos der Auferstehung [...] der kommunistischen Revolution und ihre[r] Vorbereitung zugrunde legt[e]" und damit, ähnlich wie Benjamin oder Georges Bataille, „den ekstatischen Todesbegriff des frühen Christentums für die Arbeiterbewegung gewinnen wollte".[1041] Müller radikalisiert diesen Ansatz, indem er die Revolution grundsätzlich mit der Produktion von Tod in eins setzt und so provokant den Schrecken des massenhaften Tötens zur Voraussetzung für die avisierte Auferstehung des neuen ‚Menschen' macht: „DAMIT ETWAS KOMMT MUSS ETWAS GEHEN DIE ERSTE GESTALT DER HOFFNUNG IST DIE FURCHT DIE ERSTE ERSCHEINUNG DES NEUEN DER SCHRECKEN."[1042] Der Vollzug der Revolution erscheint so als umgekehrte Schöpfungsgeschichte, in der aus der Vernichtung des alten Menschen der ‚neue' hervorgeht: ‚Mauser' beschreibt eine *säkulare Apokalypse*.[1043]

Unterstützt wird diese Lesart nicht nur durch die biblische Diktion des Textes, sondern auch durch Müllers Rückgriff auf zahlreiche, zum Teil grotesk verkehrte Bibelmotive, die bevorzugt der ‚Genesis' (1. Mose), der ‚Bergpredigt' (Matthäus 5–7) und ‚Leiden, Sterben und Auferstehung Jesu' (Matthäus 26–28) entlehnt sind und die Revolution als Erlöserin charakterisieren, die das säkulare Himmelreich verspricht. Das vom Revolutionär A und dem Chor gebetsmühlenartig

---

1040 Vgl. dazu auch Raddatz 1991, S. 143.
1041 Ebd., S. 161. Vgl. auch Benjamin, Walter: Über den Begriff der Geschichte. In: Benjamin: Gesammelte Schriften. Bd. I/2: Abhandlungen. Hrsg. von Tiedemann, Rolf/Schweppenhäuser, Hermann. Frankfurt am Main 1991, S. 691–704, hier S. 701 ff. und Bataille, Georges: Das theoretische Werk – Die Aufhebung der Ökonomie. München 1975, S. 29.
1042 HMW 4, S. 259. Natürlich ist Müllers Anmerkung ambivalent und kann sowohl mit Blick auf die Produktion des neuen ‚Menschen' als auch auf das utopische Potential des *Lernens durch Schrecken* gelesen werden, das durch diese Provokation evoziert werden soll.
1043 Dies scheint auch Holk Freitag erkannt zu haben, der ‚Mauser' 1980 in Moers gemeinsam mit der ‚Offenbarung des Johannes' auf die Bühne bringt (vgl. HMW 4, S. 572). Urs Troller interpretiert die Passage ebenso (vgl. Nel/Troller 1988, S. 127). In einem Kommentar zu seiner eigenen ‚Mauser'-Inszenierung am Deutschen Theater Berlin (zusammen mit ‚Quartett' und ‚Wolokolamsker Chaussee V: Der Findling') verortet auch Müller selbst sein Stück in einem theologischen Kontext (HMW 12, S. 53 f.): „Nachdem die drei Hauptstücke feststanden, kam ich auf die Idee, daß das in seiner Struktur etwas mit Dante zu tun haben könnte. [...] Wenn wir sagen: QUARTETT sei die Hölle menschlicher Leidenschaften, MAUSER das Fegefeuer des revolutionären Terrors, so kann man das sicher nachvollziehen. Das (Arbeiter-)Paradies bei ‚Findling' ist natürlich mit Anführungszeichen zu lesen, ein ironischer Titel. Aber zum Selbstverständnis der DDR-Spitze gehörte ja schon immer, daß wir hier das Paradies auf Erden schaffen."

wiederholte Leitmotiv des Textes versammelt dabei die prominentesten Anklänge an die Bibel auf engstem Raum:

> CHOR [...] Du hast den Tod ausgeteilt in der Stadt Witebsk
> An die Feinde der Revolution mit unserm Auftrag
> Wissend, das tägliche Brot der Revolution
> In der Stadt Witebsk wie in andern Städten
> Ist der Tod ihrer Feinde, wissend, das Gras noch
> Müssen wir ausreißen, damit es grün bleibt.[1044]

Indem der Tod in der Liturgie der Revolution zu deren „täglich[] Brot"[1045] wird, erscheint er nicht nur als Erzeugnis der im Neuen Testament zur Formel geronnenen ‚biblischen' Arbeitspflicht, die in ‚Mauser' dem Töten gilt, er wird darüber hinaus als eine Art Grundnahrungsmittel von den Revolutionären inkorporiert. Was bei Paulus auf die Reproduktion von Leben und den geduldigen Erwerb des Himmelreichs gerichtet ist, dient bei Müller dem gewaltsamen Herbeizwingen des weltlichen Paradieses. Die groteske Inkorporation der beschädigten alten Welt, die mit ihrer Vernichtung einhergeht, soll die Geburt der neuen verbürgen. Dem Thema aus dem ‚Vater unser' gesellt sich zudem ein Verweis auf das letzte Abendmahl: Der Tod wird von den Revolutionären an ihre Feinde „ausgeteilt", wie Christus zum Zeichen des himmlischen Bundes das Brot an seine Jünger austeilt, die sich dieses wiederum einverleiben[1046] – die Revolution und ihr (innerer) Feind verschmelzen somit nicht nur zu einer untrennbaren Einheit, als groteske Nachbildung des biblischen Erlösers nimmt sie zudem die Gestalt eines „Blutmessias"[1047] im büchnerschen Sinne an. Nicht zuletzt der durch die Auslautverhärtung reine Reim zwischen „Tod" und „Brot" untermauert diesen Eindruck. Dass sich die Revolution in ‚Mauser' ferner durch ihr eigenes Blut von Schuld reinwäscht und sich damit auf bizarre Weise Christi Versprechen an die Menschheit zu eigen macht, sie durch sein Opfer von der Sünde zu befreien, macht ihre messianische Ausrichtung restlos kenntlich.[1048]

[1044] HMW 4, S. 245.
[1045] Vgl. Matthäus 6, 11 und Lukas 11, 3.
[1046] Vgl. Matthäus 26, 26.
[1047] Vgl. dazu Büchner, Georg: Dantons Tod. In: Büchner: Werke und Briefe. Münchner Ausgabe. Hrsg. von Pönnbacher, Karl/Schaub, Gerhard u. a. München 1988, S. 90: „ROBESPIERRE. (allein) Ja wohl, Blutmessias, der opfert und nicht geopfert wird. – Er hat sie mit seinem Blut erlöst und ich erlöse sie mit ihrem eigenen. Er hat sie sündigen gemacht und ich nehme die Sünde auf mich. Er hat die Wollust des Schmerzes und ich habe die Qual des Henkers." Zu weiteren Büchner-Bezügen in Müllers ‚Mauser' vgl. Nel/Troller 1988, S. 125 ff.
[1048] Vgl. Matthäus 26, 28.

Doch der Anspielungscharakter des Topos „Blut" im Kontext des von Müller akzentuierten apokalyptischen Zerstörungs- und Erneuerungsmotivs reicht noch weiter. Die intertextuelle Verbindung zu Scholochows Buntschuk, der darauf insistiert, dass erst gedüngt werden müsse, bevor man „in blühenden Gärten lustwandeln" könne, vermengt die biblische Konnotation des Blutes als „Quelle und Sitz des Lebens"[1049] in ‚Mauser' mit der eines grotesken Fruchtbarkeitsmotivs. Schon bei Rabelais entdeckt Bachtin eine Version der *Genesis*, die mit dieser Bedeutung ihr karnevaleskes Spiel treibt. Dort *„erneuert"* Abels Tod, *„der erste Tod"* überhaupt, *„die Fruchtbarkeit der Erde"*, indem sein Blut den Boden düngt,[1050] während in der Bibel, wo Gott den Mörder Kain verdammt, von dem umgekehrten Vorgang die Rede ist: „Verflucht seist du auf der Erde, die ihr Maul aufgetan und deines Bruders Blut von deinen Händen empfangen. Wenn du den Acker bebauen wirst, soll er dir hinfort seinen Ertrag nicht geben."[1051] Müller spielt in ‚Mauser' die beiden möglichen Konnotationen des Blutes, das den Boden düngen wie veröden kann, wieder zusammen und spiegelt sie zudem metaphorisch in dem paradoxen Leitmotiv vom Gras, das noch ausgerissen werden müsse, „damit es grün bleibt".

Das paradoxe Schlussbild des hämmernden Refrains enthält zudem noch einen weiteren Verweis auf die ‚Bergpredigt', die mit dem ‚Vater unser' bereits motivisch berührt wurde. „Wenn dich dein rechtes Auge zum Abfall verführt, so reiß es aus und wirf's von dir. Es ist besser für dich, dass eins deiner Glieder verderbe und nicht der ganze Leib in die Hölle geworfen werde"[1052], heißt es dort im Abschnitt über das Ehebrechen. Das hier empfohlene, gewaltsame Ausreißen des verräterischen Körperteils, das offenbar ein groteskes Eigenleben besitzt, erinnert ebenfalls an die Prozedur, mit der in ‚Mauser' symbolisch dem Gras zu Leibe gerückt wird. Indem „Gras" zugleich als Metapher für Abtrünnige wie Mitstreiter der Revolution herhalten muss, zeigt sich die gegenüber der ‚Bergpredigt' gesteigerte Radikalität: Die Revolution ‚reißt' zur Selbstreinigung statt eines Körperteils (im übertragenen Sinne etwa des falschen Bewusstseins) gleich den ganzen fehlerhaften Menschen ‚aus'. Interessant ist dies angesichts der Tat-

---

1049 Die Bibel. Nach der Übersetzung von Martin Luther. Hrsg. von der Deutschen Bibelgesellschaft. Stuttgart 1999, Anhang S. 307. Vgl. auch Reclams Bibellexikon. Hrsg. von Koch, Klaus u. a. 7. Aufl. Stuttgart 2004, S. 97.
1050 Bachtin 1995, S. 369. Vgl. auch Rabelais 1994, S. 189 f.: „[A]m Anfang der Welt, bald nachdem Abel von seinem Bruder Kain erschlagen worden war, [kam] ein gewisses Jahr [...], wo die Erde, von dem Blute des Gerechten getränkt, allerlei Früchte in unglaublicher Fülle hervorbrachte [...]."
1051 1. Mose 4, 11–12.
1052 Matthäus 5, 29.

sache, dass Müller, wie er 1990 preisgibt, im „Programm von Marx" – gemeint ist das ‚Kommunistische Manifest' – „nichts weiter als eine Säkularisierung der Bergpredigt" erkennt.[1053] Dass er somit zwanzig Jahre zuvor für die Darstellung der paradox-grotesken Auswüchse, die die revolutionäre Umsetzung bzw. Beschleunigung dieses Programms zeitigte, bevorzugt Motive aus der ‚Bergpredigt' entlehnt, umwertet und dadurch ihr groteskes Potential ausstellt, dient nicht zuletzt der Befragung des Programms selbst in seinen messianisch-theologischen Zügen.

Aber auch auf der Ebene des Individuums findet sich ein biblisches Motiv, das die Revolution in Frage stellt und ‚Mauser' zugleich als umgekehrte Schöpfungsgeschichte lesbar macht. Die göttliche Kreation der Welt spiegelt sich im Bewusstwerdungsprozess des Henkers A:

> A [...] Am siebten Morgen sah ich ihre Gesichter
> Auf ihrem Rücken die Hände, gebunden mit Stricken
> Mit den Spuren ihrer verschiedenen Arbeit
> Wenn sie warteten, Gesicht zum Steinbruch
> Auf den Tod aus meinem Revolver, und Platz nahm
> Zwischen Finger und Abzug der Zweifel[1054]

Während Gott der ‚Genesis' zufolge seine Schöpfung am siebten Tage dadurch vollendet, dass er von ihr ruht und sein Werk mit Wohlgefallen betrachtet,[1055] fällt A, als er am siebten Morgen ein erstes Mal in seiner mörderischen Arbeit innehält, der Zweifel an. Rückblickend offenbart sich ihm sein Werk, ganz im Gegensatz zu seinem Anspruch, als Anti-Schöpfung. Ihre Manifestation erfährt diese Einsicht dadurch, dass er in derselben Nacht – zugleich mit der grotesken Imagination seines Geschlechtsteils als Revolver – seine Zeugungskraft verliert. Dass der Revolution, da Individuum und Kollektiv immer als aufeinander bezogen gedacht werden müssen, ein ähnliches Schicksal droht, dass sich hinter der säkularen Apokalypse, wenn sie überhaupt einen Ausgang findet, statt des irdischen Paradieses und des neuen ‚Menschen' die Leere bzw. der Abgrund des Absurden auftut – die bezwingende groteske Bildlichkeit des ‚Mauser' legt es nahe.

Indem die Revolution sich dort – im Gegensatz zum ‚Lohndrücker' und zur ‚Umsiedlerin', wo ihre vital-erneuernden Facetten noch nicht zum bloßen Anspruch, zur bloßen Behauptung verkommen sind – als *Schwarzer Karneval* und apokalyptisches Szenario entpuppt, wird deutlich, dass Müller sich nun erstmals

---

1053 HMW 11, S. 732 bzw. 615.
1054 HMW 4, S. 250.
1055 Vgl. 1. Mose 2, 2.

ausschließlich jener dunklen Seite des Grotesken zuwendet, die ihm in den 1970er-Jahren dazu dient, der Verabsolutierung der Vernunft als Kehrseite der Aufklärung den Spiegel vorzuhalten. Die schwarz-romantischen Motive des Grotesken verschieben die in ‚Lohndrücker' und ‚Umsiedlerin' bereits erkennbare Auseinandersetzung zwischen Theorie und Praxis, Körper und Idee auf eine Ebene, die die weit fortgeschrittene Verdinglichung und Entfremdung in den sozialistischen Gesellschaften entlarvt. Durch die wechselseitige Spiegelung der Schicksale von revolutionärem Individuum (Wahn und Selbstauslöschung) und Revolution (Rationalisierung, Mechanisierung und Selbstzerstörung) versucht Müller den Wurzeln dieser Entfremdung auf die Spur zu kommen. Da er Revolution auch in ‚Mauser' als Karnevalsgeschehen begreift, wird das Motivarsenal zur Darstellung der Deformationen der Revolution aus dem karnevalesken Fundus (körperliche Exzentrik, Fruchtbarkeitsmotive, Askese und Exzess, Zerstörung und Erneuerung) entwickelt und durch die Elimination seiner Ambivalenz in ein schaurig-groteskes verwandelt. Dies liefert nebenbei auch einen Beleg für die enge Beziehung karnevalesker und schwarz-romantischer Motivkomplexe zueinander:

> Chaos, lunacy, nightmare – perhaps these are the defining terms of the carnivalesque spirit subverted and contorted from its original playful aspect into its most deadly manifestation. What makes it deadly is [...] underscored by the writer's insistence on the absence of choice. If choice, as existential philosophers have forcefully argued, is at the core of human existence, then submission to the demands of „organized cruelty" defines the subversion not only of the carnivalesque spirit but also of the human spirit.[1056]

Was Danow auf Eli Wiesels Holocaust-Roman ‚The Gates of the Forest' bezieht, lässt sich auch an ‚Mauser' eindrücklich zeigen. Dort ist es ebenfalls die totale Unterwerfung des Subjekts und seiner vitalen Regungen unter die reibungslos arbeitende Revolutionsmaschine, die Aufgabe der Freiheit zur Selbstbestimmung, die den tödlichen Kreislauf in Gang setzt. Als Herrscherin über Leben und Tod schwingt sich die Revolution so zu einem neuen Fatum auf, wie es sonst nur die antiken Tragödien kennen. Das Erhabene, das ihr als rationalem Instrument eines teleologisch oder auch nur humanistisch gerichteten Modells von Geschichte eignet, wird von Müller durch eben die grotesken Deformationen – die Annahme der dämonischen Züge des Feindes, das entsetzliche Gepräge der alles zermahlenden Maschine, der Charakter eines apokalyptischen „Blutmessias" – dekonstruiert, die ihr Erscheinungsbild bestimmen. Das Opfer des Einzelnen für die Gesellschaft kippt unter diesen Umständen selbst ins Groteske und hebelt so die

---

[1056] Danow 1995, S. 63.

Tragödie aus. Dieses dramaturgische Modell nimmt Schulz für die gesamte Lehrstückversuchsreihe in Anspruch:

> Müller hat mit *Philoktet*, *Mauser* und *Horatier* drei dramatische Texte über den Sozialismus an der Macht, den „Stalinismus" geschrieben, die das Modell Tragödie aufnehmen, zitieren, um ihm jedes Mal die Möglichkeit zu nehmen, eine Haltung des Erhabenen zu wecken. Das schlechthin Große wird zur monströsen Konstellation der Geschichte, die gespenstische Deckungsgleichheit von Theorie und Praxis in totalitärer Politik läßt keinen Sprung zur Selbstbesinnung des Subjekts auf seine Autonomie mehr zu. Die Instanz, auf die hin Handlung in Gang gesetzt, das Opfer gebracht, die Argumentation ausgerichtet wird, bleibt leer.[1057]

Das Groteske erweist sich also auch in ‚Mauser' als subversives ästhetisches Element, das als Sprengsatz ans Fundament der Gattung Tragödie gelegt wird. Indem der für das (antike bzw. christlich-teleologische) tragische Empfinden notwendige Sinnhorizont, der neue ‚Mensch', durch die Methoden seiner Schöpfung nicht nur zweifelhaft wird und verschwimmt, sondern in unerreichbare Ferne rückt, können weder der individuelle noch der kollektive Tod mit Blick auf ein Erhabenes ihre „Verklärung" erfahren. Zurück bleibt nur das groteske „Kontinuum der Normalität", das „aufzusprengen[]" die Voraussetzung für eine utopische Perspektive wäre.[1058] Durch diesen Ausfall des kathartischen Moments, der die selbstreflexive Unterwanderung des Tragödienfundaments beinhaltet, erweist sich auch ‚Mauser' als Beispiel für Müllers *Poetik der Überschreitung:* Die Welt passt nicht mehr in die Gattung, die Tragödie gerät zur *Metatragödie.*

Was die Tragödie nicht leisten kann, daran arbeitet ‚Mauser' allerdings – mit Unterstützung des Grotesken – als Lehrstück. Hier nun erhält Müllers ambivalente Anmerkung – „DAMIT ETWAS KOMMT MUSS ETWAS GEHEN DIE ERSTE GESTALT DER HOFFNUNG IST DIE FURCHT DIE ERSTE ERSCHEINUNG DES NEUEN DER SCHRECKEN"[1059] –, die in der Folge den zentralen dramaturgischen Impulslieferanten für sein Werk darstellen wird, ihren eigentlichen Sinn. Der Schrecken, der sich als kollektive psychophysische Erfahrung angesichts des grotesken Erscheinungsbilds der Revolution bei Spielern und Publikum niederschlagen soll, bildet für Müller den Ausgangspunkt für Katharsis, für ein Aufbrechen des Kontinuums der Gewalt.[1060] Hier manifestiert sich zum ersten Mal explizit die müllersche Schockdramaturgie, die im *Lernen durch Schrecken* ihren tieferen Sinn erfährt. Das Utopische, auf das das Durchstoßen der ewigen Wiederkehr des

---

[1057] Schulz 1989, S. 765.
[1058] HMW 4, S. 259.
[1059] Ebd.
[1060] Vgl. auch Lehmann/Winnacker 2003, S. 253.

Gleichen gerichtet ist, erhält mit der Chiffre ‚Mensch' zwar noch einen Namen, gegenüber dem unerreichbaren, rational verabsolutierten Idealbild, das ihr eignet, bleibt es jedoch unspezifisch verortet im „immer neu bedrohten und neu zu erobernden Freiraum zwischen Tier und Maschine"[1061]. Vorbereitet liegt darin bereits das Bilderverbot, mit dem Müller das Utopische ab Mitte der 1970er-Jahre schließlich belegen wird.

Der *Deterritorialisierung der Gattung*, die das Groteske in Bezug auf die Tragödie leistet, arbeitet mit Blick auf das Utopische neben dem Lehrstückgedanken auch die Geschlossenheit der Form entgegen. Indem ‚Mauser' die entgrenzende Tendenz des Grotesken nicht – wie etwa ‚Germania Tod in Berlin', ‚Gundling' oder ‚Hamletmaschine' – durch synthetische Fragmentierung weiter stützt, sondern ihr mit der erhabenen Geschlossenheit eines mit maschinenhafter Präzision in sich kreisenden Versdramas begegnet, bleibt, wie Müller betont, der „historische[] Anspruch"[1062] der Revolution gegenüber ihrer desavouierenden Praxis bewahrt. Das inhaltlich dekonstruierte Erhabene wird formal rekonstruiert. Die ebenso schmerzhafte wie notwendige Auseinandersetzung über den Vollzug der Revolution wird nicht aufgegeben. ‚Mauser' zeugt – auch im Hinblick auf Müllers eigene Erfahrungen mit der DDR – im Wortsinne „von der äußersten Anstrengung, das Bild des Kommunismus, ‚mit Blut gewaschen', immer wieder der Maschine der Vanitas abzutrotzen"[1063]:

> Für meine Literatur war das Leben in der DDR etwas wie die Erfahrung Goyas in der Zange zwischen seiner Sympathie für die Ideen der Französischen Revolution und dem Terror der napoleonischen Besatzungsarmee, zwischen der Bauernguerilla für Monarchie und Klerus und dem Schrecken des Neuen, das vor seinen Augen die Züge des Alten annahm, die Taubheit seiner Waffe gegen die arge Erkenntnis, weil das Auge die Blindheit verweigerte.[1064]

Der Schrecken über das Feindbild im Spiegel,[1065] den ‚Mauser' im kulturpolitischen Kontext der DDR offenbar auslöst, führt nicht nur dazu, dass für ihn als einzigen Text Müllers ein schriftliches Verbot erlassen wird, während man sich bei seinen übrigen unliebsamen Stücken mit subtileren Verhinderungstaktiken begnügte. Noch zehn Jahre nach seiner Entstehung ruft er bei einer Lesung im P.E.N-Zentrum selbst unter Schriftstellerkollegen (darunter Müllers enger Freund Stephan Hermlin) heftige Abwehrreaktionen hervor.[1066] Seine Uraufführung – 1975

1061 HMW 8, S. 261.
1062 HMW 10, S. 379.
1063 Schulz 1980, S. 47.
1064 HMW 9, S. 286.
1065 Vgl. HMW 10, S. 503.
1066 Vgl. HMW 9, S. 203 f.

durch eine Studententheatergruppe des German Department der University of Texas (Regie: Fred Behringer) – und Publikation[1067] erfährt ‚Mauser' somit nur im westlichen Ausland. Erst am 10. November 1989, einen Tag nach dem Fall der Mauer, reicht der Henschelverlag das Stück beim Ministerium für Kultur zur Genehmigung ein.[1068]

Mit der Verkehrung der ‚Die Umsiedlerin' prägenden karnevalesk-vitalen Motive ins Schwarze – dem Herausarbeiten des barocken bzw. romantischen Automatenmotivs, von Wahnsinn und Verdinglichung, Alptraum und Apokalypse – hat sich Müller in seiner Lehrstückversuchsreihe auf einen Weg begeben, der ein Jahr nach ‚Mauser' in ‚Germania Tod in Berlin' (und in seiner ‚Macbeth'-Bearbeitung) erstmals zur exzessiven Verknüpfung von Karnevalismus und Nächtlichkeit führen wird.[1069] Müllers historisches Erleben und seine persönliche Erfahrung mit dem stalinistischen Erbe der DDR, das Bewusstsein einer nicht mehr gelingenden Vermittlung von Subjekt und Wirklichkeit, lassen es jetzt nicht nur zu, Welt mit Hilfe jener nächtlichen Motive des Grotesken zu beschreiben, die in den 1950er-Jahren – obwohl bereits erkennbar (‚Legende vom großen Sargverkäufer', ‚Nachtstück') – noch keinen historisch-ästhetischen Ort beanspruchen konnten: Die finsteren Bilder drängen sich nun regelrecht auf. Über die Rezeption Shakespeares und Bonaventuras werden, zugleich mit der zunehmenden Modellhaftigkeit von Müllers dramatischen Texten und seiner Hinwendung zu Lehrstück und Tragödie, die zurückgestellten nächtlichen Potenziale des Grotesken aktiviert. Im Gegensatz zu ‚Germania Tod in Berlin' allerdings, wo die Verquickung von karnevalesken und schwarz-romantischen Motiven dazu dient, das Grauen der Lächerlichkeit preiszugeben, sprich komisch zu überwinden, löst das Groteske in ‚Mauser' – wie auch schon im ‚Philoktet' – eine imaginäre Gegenbildlichkeit aus, um nicht am Abgrund des Absurden stehen zu bleiben. So kann mittels ‚bestimmter Negation' nicht nur der durch die Revolution hervorgebrachte, vollkommen entfremdete Mensch mit seinem befreiten Doppelgänger kontrastiert werden, auch der groteske Charakter der Revolution erfährt seine Beschwörung – unterstützt durch die ästhetische Geschlossenheit des Versdra-

---

[1067] ‚Mauser' erscheint im Frühjahr 1976 zweisprachig (deutsch/englisch in der Übersetzung von Helen Fehervary und Marc Silberman) in ‚New German Critique' (No. 8, S. 122–149), kurz darauf in der ‚Alternative' (Heft 110/111, S. 182–191).
[1068] Vgl. Hauschild 2003, S. 298.
[1069] Silberman hingegen begreift diesen Wandel in Müllers Zugriff auf die Motivik des Grotesken als „Anzeichen einer formalen Neuorientierung in den nächsten Jahren" (Silberman 2003, S. 142), während er doch im Vergleich mit den Stücken bis zur ‚Umsiedlerin' schon als Beleg für ein bereits vollzogenes formales Umdenken – vom gegenwartsbezogenen ‚realistischen' zum modellhaften Drama, von der Komödie zur Tragödie – angesehen werden muss.

mas – vor dem Gegenbild ihrer ursprünglich humanistischen Intention. Als seelisch-körperliche und mentale Erfahrung soll der Schrecken lehrhaft wirken und die „soziale Phantasie"[1070] der Rezipienten in Gang setzten, die künstlerische Artikulation des Grauens also letztlich dazu führen, seiner habhaft zu werden. Was das Groteske im ‚Gundling' schließlich fast vollständig verliert: Die Möglichkeit seiner utopischen Perspektivierung über das bloße Abbild eines grotesken Weltzustandes hinaus, diese Kraft dem Absurden zu widerstehen, ist in der grotesken Negativität von ‚Mauser' noch sichtbar aufgehoben.

[1070] HMW 8, S. 176.

V Von ‚Die Umsiedlerin' über ‚Leben Gundlings' zur ‚Wolokolamsker Chaussee' – Wandlungen der müllerschen *Poetik des Grotesken* als einer *Poetik der Utopie*

Zum Schluss bleibt noch die Auswicklung der müllerschen *Poetik des Grotesken* zu rekapitulieren, die bis in die späten 1970er-Jahre vollständig erfolgt ist. Die 1980er-Jahre bergen dagegen, was die Erkenntnisse über Müllers *Arbeit am Grotesken* angeht, kaum mehr Neues, sodass ein konziser Ausblick seine weiteren ästhetischen Entscheidungen hinreichend spiegelt. Zugleich erfolgt anhand dieses poetischen Kondensats und seiner synchronen und diachronen literarhistorischen Bezüge eine Einordnung des müllerschen Werkes in seine *„„literarische Reihe"'*, die Bestimmung *„seine[r] geschichtliche[n] Stelle und Bedeutung im Erfahrungszusammenhang der Literatur"*.[1] Besonderes Interesse gilt dabei dem Problematisch-Werden der dramatischen Gattung überhaupt, dem Müller spätestens ab Mitte der 1970er-Jahre – anders als Dürrenmatt nach 1945 – auch mit dem Grotesken nichts mehr entgegensetzen kann. Im Gegenteil ist es gerade das Groteske, das zum Seismographen seiner zunehmenden Skepsis wird, einer zutiefst grotesken Realität mit der dramatischen Form (Komödie wie Tragödie und ihren Mischformen) ästhetisch noch beikommen, sie transzendieren zu können und nicht bei ihrer bloßen Abbildung stehenzubleiben.

Am Entstehungsprozess der ‚Umsiedlerin' lässt sich ablesen, wie sich Müller zwischen Ende der 1950er- und Beginn der 1960er-Jahre, nachdem er schon im ‚Lohndrücker' mit der kritischen Aufnahme brechtscher Vorlagen begonnen hat, mit Brecht zu Shakespeare bewegt und in der Verschränkung dieser Rezeptionsleistung seine spezifische *Poetik des Grotesken* entwickelt. Da ‚Der Lohndrücker' noch anstrebt, einen historischen Prozess im aktuellen Vollzug nicht nur abzubilden, sondern künstlerisch zu unterstützen, liegt der Akzent dort ausdrücklich auf der Lösbarkeit der adressierten Konflikte. Müller entwickelt allerdings schon in seinem Erstling ein beachtliches Gespür für die Widersprüche, denen Brechts Parabeldramaturgie in den 1950er-Jahren nicht mehr gerecht werden kann. Indem er sich nicht scheut, gegenüber der brechtschen Dialektik auf die Paradoxien einer bereits stalinistisch beschädigten Revolution in der DDR hinzuweisen und dem Kollektiv gegenüber das Subjekt und seine Ansprüche zu stärken, wird – neben der schon dort anzutreffenden Gleichsetzung von Revolution und Karne-

---

[1] Jauß 1992, S. 189 ff.

val – in bestimmten Schlüsselsituationen des ‚Lohndrücker' das Groteske bereits virulent. Müller kitzelt somit nicht nur von Beginn an geglättete Widersprüche aus dem brechtschen Werk, er legt auch die darin enthaltene Unterströmung des Emotionellen (der Tragik, des Schreckens) wieder frei und verhilft dadurch der brechtschen Ästhetik, der sein künstlerischer Anspruch ein Leben lang verpflichtet bleibt, zu neuer Vitalität:

> Von vornherein war Müllers Brecht ein selektiv entstandenes Gebilde, ein Autor und ein Werk in der Epochenkollision zwischen Vergangenheit und Zukunft. Er verstand vor allem Brechts Historizität als Vermittler zwischen Altem und Neuem in einer Zeit des Umbruchs.[2]

Mit der Arbeit an der ‚Umsiedlerin'-Komödie und der ihr zugrunde liegenden Beschäftigung mit Shakespeare verstärkt sich diese Stoßrichtung der kritischen Brecht-Rezeption Müllers. Die Hinwendung zu Shakespeare verbindet sich mit der Betrachtung einer abgeschlossenen revolutionären Etappe (von der Bodenreform bis zur Kollektivierung) und bedient sich dabei ausgiebig einer *Karnevalisierung des Alltags*, die zu den zentralen Merkmalen shakespearescher Dramatik gehört: Revolution wird als Karnevalsgeschehen dargestellt. ‚Die Umsiedlerin' entwickelt ein wahres Feuerwerk an karnevalesker Komik, mit der satirisch die überwundene Epoche verabschiedet wird, ohne die grotesken Gebrechen der neuen zu verleugnen – was zu einer eigenwilligen Verknüpfung von Komik und Tragik führt. Hatte Müller schon im ‚Lohndrücker' begonnen, sich für Brechts asoziale Figuren zu interessieren, deren vitale Energien für das sozialistische Projekt – so es nicht scheitern soll – gewonnen werden müssten, setzt er diesen nun mit seinem Fondrak, der die Charaktereigenschaften von Brechts Baal und dessen Fatzer mit denen der shakespeareschen Narrenfiguren verknüpft, ein Denkmal. Neben seiner überbordenden körperlichen Exzentrik erfasst die Karnevalisierung im polyphonen Wechsel von hohem und niedrigem Ton, Blankvers und Prosa auch seine Sprache, was auf die übrigen Figuren des Personals abstrahlt. Im Gegensatz zu Raddatz, der Müllers Ablösung von Brecht und seine Hinwendung zu Shakespeare erst in die 1970er-Jahre datiert und mit Blick auf die ‚Verabschiedung des Lehrstücks' mit der „blockierte[n] historische[n] Dynamik"[3] in Zusammenhang bringt, zeigt sich gerade an der ‚Umsiedlerin', dass Brecht und Shakespeare zum einen bereits seit Ende der 1950er-Jahre im müllerschen Universum die gleiche Bedeutung besitzen, zum anderen, dass seine Orientierung an Brecht von Beginn an spezifischen, an die historische Situation gebundenen Kriterien folgt. Bestimmte Facetten seiner Brecht-Rezeption – wie die Affinität zu Figuren des

---

2 Silberman 2003, S. 145.
3 Raddatz 2010, S. 89.

Asozialen und das Interesse für das Deutsche bzw. Gotische (das Böse), die deutliche Schnittmengen mit dem Grotesken aufweisen – sind, wie im übrigen auch Raddatz konzedieren muss, im gesamten Werk nachweisbar.[4]

In der ‚Umsiedlerin' nun spitzt Müller die Widersprüche mit Hilfe des Grotesken derart zu, dass sie die Komödie als ästhetische Gattung an die Grenze ihrer (versöhnenden) Kapazitäten treiben. Schon hier findet ein Erinnerungsdiskurs statt, der den – von Brecht ausgesparten – Opfern der neuen Verhältnisse Anerkennung zollt und den „Dialog mit den Toten"[5], der spätestens ab der Lehrstückversuchsreihe in Müllers Werk virulent wird, vorbereitet. Die Scheinlösungen der Komödienkonflikte, die dieses Eingedenken zeitigt, kommen durch ihren selbstreflexiven Aspekt einer Sprengung der Gattung gefährlich nahe, ohne deren utopisches Moment jedoch völlig auszuheben: ‚Die Umsiedlerin' entpuppt sich als *Metakomödie*. Müller funktioniert die Gattung somit nicht nur für seine ästhetisch-revolutionären Zwecke um, er revolutioniert sie selbst – unter anderem durch den Rückgriff auf den zeitgenössischen westlichen Komödiendiskurs –, um auch die tragischen und grotesken Aspekte der jüngsten Umwälzungen in der DDR in den gesellschaftlichen Diskurs einbringen zu können, denen in der sozialistischen Ästhetik durch die Ablehnung der Tragödie kein oder nur ein marginaler Platz zugebilligt wurde. Der Autor entwickelt somit durch den Einsatz der entgrenzenden Motive, Texturen und Strukturen des Grotesken schon Ende der 1950er-, Anfang der 1960er-Jahre eine *Poetik der Überschreitung*, die der poststrukturalistischen Theorie der *Deterritorialisierung*, die Deleuze und Guattari in den 1970er-Jahren theoretisch niederlegen, merklich vorausgeht.

Durch den Skandal um ‚Die Umsiedlerin' und die damit verbundene persönliche wie historisch-politische Erfahrung, bleibt das Stück allerdings Müllers einzige wahre Komödie[6] und erweist sich zugleich als unfreiwilliger ästhetischer Wendepunkt in seiner Dramaturgie. Die daraus folgende, notwendige Abwendung vom ‚Realismus' in Form eines konkreten zeitgenössischen Stoffes und die damit einhergehende Verlagerung seines Interesses auf die abstrakten, modellhaften Gattungen von Lehrstück und Tragödie bringt erstmals, vor allem in ‚Philoktet' und ‚Mauser', die prominente Auseinandersetzung mit den nächtlichen, irrationalen Facetten des Grotesken hervor. Die damit verbundenen Moti-

---

4 Vgl. ebd., S. 21.
5 HMW 10, S. 514.
6 Müller, der noch Mitte der 1970er-Jahre betont, dass man sich in der DDR „eine wirkliche Komödie über [die eigenen] Verhältnisse" gar nicht leisten könne (Baumbach 1978, S. 33), bemerkt 1985, als sich mit Gorbatschow eine neue geschichtliche Bewegung andeutet, gerne wieder eine Komödie schreiben zu wollen, doch falle ihm nichts ein und er sei „überdies [...] sicher, [s]ich beim Schreiben zu langweilen" (HMW 10, S. 797).

ve – zu denen die Verschmelzung von Menschlichem und Mechanischem, der Wahnsinn, der Rausch, der Traum und die Apokalypse gehören –, mit denen er bereits zu Beginn der 1950er-Jahre experimentiert hatte („Legende vom großen Sargverkäufer', ‚Nachtstück'), erhalten nun ihren historisch-ästhetischen Ort in Müllers Werk. Ihre Revitalisierung dürfte sowohl durch seine Shakespeare-Rezeption als auch durch die Beschäftigung mit Klingemanns ‚Nachtwachen von Bonaventura' befördert worden sein. Durch die produktive Rezeption der Schwarzen Romantik Mitte der 1960er-Jahre erweist sich Müller somit als Pionier der Romantik-Rezeption in der DDR, die dort verstärkt eigentlich erst im Zuge der fortschreitenden gesellschaftlichen Desillusionierung zu Beginn der 1970er-Jahre einsetzt. Das schwarz-romantische Motivarsenal in ‚Mauser' stellt insofern auch eine Reaktion auf die gewaltsame Unterdrückung der Prager Reformbewegung (1968) und die Niederschlagung der Streikbewegungen in Gdańsk und Szczecin (1970) dar, die als Folgen der unreflektierten Dialektik der Revolution kenntlich werden. Die dort von Müller verwendeten Motive geben sich hauptsächlich als ihrer Ambivalenz beraubte karnevaleske Motive, als *Schwarzer Karneval* zu erkennen und belegen so nicht nur die enge Beziehung zwischen karnevalesken und nächtlichen Motiven des Grotesken, die schon in Renaissance und Romantik zu beobachten ist, sondern auch, dass Müller von dem ästhetischen Prinzip, Revolution als Karnevalsgeschehen darzustellen, auch in ‚Mauser' nicht ablässt. Nun legt er allerdings den Finger in die schwärende Wunde des Sozialismus, dass Revolution in ihrer Dialektik – ähnlich wie der Karneval – die notwendige gesellschaftliche Erneuerung verfehlen, gar in einen irreversiblen blutigen Exzess kippen kann. Im Rekurs auf Brechts ‚Maßnahme' sowie die barock-romantischen Motive des Grotesken zeigt sich dabei erneut, wie eng Brecht-Kritik und Shakespeare-Rezeption in der Auswicklung von Müllers *Poetik des Grotesken* miteinander verschränkt sind.

 Lag die Affinität des Grotesken zur Komödie in deren strukturellem Changieren zwischen Formung und Auflösung, dem steten Versuch der Bändigung der episodischen komischen Handlungen in einer übergreifenden „anderweitigen Handlung" (Warning), dem das Groteske als ästhetische Kategorie, die selbst das Widersprüchliche zu vereinen sucht, sowohl entgegenkommen als ihn auch torpedieren kann, so besteht die Beziehung zwischen der Tragödie und dem Grotesken offenbar in beider Neigung zum Paradoxen. Dafür spricht, dass in Müllers dramatischem Werk sowohl Tragisches als auch Groteskes wesentlich auf die Auseinandersetzung und den Widerspruch zwischen Theorie und Praxis, Körper und Idee verweisen, was sich wiederum darin abbildet, dass das zentrale Motiv des Tragisch-Grotesken der Mensch-Maschine-Komplex darstellt, während das Karnevaleske primär durch die Mensch-Tier-Ambivalenz bestimmt ist. Kennzeichnet das Groteske ein Paradox auf der motivischen Ebene, das durch strukturelle Merkmale und Textur-Eigenschaften des Textes gestützt werden kann, so entspricht dem die Tragödie als strukturell paradox verfasste Gattung, die allerdings – wie sich an Müllers ‚Mauser' zeigt – durchaus vom Grotesken ausgehebelt werden kann, wenn dieses den Sinnhorizont selbst dekonstruiert, vor dem sich das tragische Paradox entfaltet. Der von jeder tragischen Verklärung Abstand nehmende Schrecken, der sich dadurch beim szenischen Akteur wie beim Rezipienten einstellt, bildet den Kern von Müllers Aufnahme und Kritik des brechtschen Lehrstückmodells. Das *Lernen durch Schrecken* soll nun die Katharsis wie die utopische Perspektivierung leisten, zu der die Tragödie in ihrer selbstreflexiven ‚Trost-losigkeit' – als *Metatragödie* – nicht mehr fähig ist.

In ‚Germania Tod in Berlin' schließlich werden karnevaleske und schwarzromantische Motive des Grotesken verschränkt. Müller probt hier die Überwindung des nächtlichen Grauens durch die karnevaleske Komik, die Aufhebung des Schreckens durch die ästhetische Form. Angesichts der ungeheuren Dimension des Grauens in Faschismus und Stalinismus, welche der ‚Gundling' als Erbschaft der preußischen Erziehungsdiktatur und deren Zweckrationalismus' vorführt, versagt dieses Modell ihm jedoch bereits Mitte der 1970er-Jahre – schon in ‚Schlacht' deutet sich dies an – den Dienst. Der ‚Gundling' reflektiert so eine erneute Wende in Müllers *Poetik des Grotesken*, indem er vom ästhetisch kalkulierten Bild Abschied nimmt, das dem Autor, statt ein ideelles Gegenbild zu evozieren, immer mehr zum Abbild einer künstlerisch kaum einzuholenden grotesken Welt gerät. Demgegenüber sucht Müller das verlorengegangene utopische Potential des Grotesken, das das Scheitern der Vermittlung von Subjekt und Welt zugleich indizieren wie auch überwinden sollte, durch neue wirkungsästhetische Strategien aufzuheben. Indem er – beginnend mit dem Lessing-Triptychon – den Rationalisierungsvorgang im ästhetischen Formungsprozess auf ein Minimum beschränkt, versucht er über ebenso hermetische wie polyphone Zeichensysteme jene Provokation der herkömmlichen Muster von Wahrnehmung zu erreichen, die zuvor dem Grotesken oblag. ‚Hamletmaschine' und schließlich ‚Bildbeschreibung' radikalisieren diesen Prozess. Als differenzierte ästhetische Erfahrung lässt sich auf das Groteske in diesen Texten zwar noch zugreifen, angesichts der dort erfolgenden narrativen Dekontextualisierung und Demokratisierung der Metapher verschiebt sich diese allerdings fast vollständig in den Bereich des Subjektiven.

Doch nicht nur das Groteske als zumindest noch in Maßen objektiv kategorisierbares kalkuliertes ästhetisches Medium stellt Müller Mitte der 1970er-Jahre zurück. Mit der ‚Verabschiedung des Lehrstücks' löst er sich angesichts der diagnostizierten historischen Stagnation vorübergehend auch von einer dem Grotesken seit ‚Philoktet' eng verbundenen Gattung – ja, der Begriff der dramatischen Gattung selbst gerät ins Wanken. Im Vergleich von ‚Mauser' und ‚Hamletmaschine' beschreibt Müller diese Erfahrung – inzwischen unabhängig von einem teleologischen Geschichtsbild – als die Entkoppelung von subjektiver und historischer Zeit, die die bedrückende Erkenntnis beinhaltet, die erstrebte gesellschaftliche Veränderung wohl selbst nicht mehr zu erleben:

> Das führt uns zu einer Frage, die allgemeiner auf beide Stücke – HAMLETMASCHINE und MAUSER – anzuwenden ist; das ist die Verschiebung zwischen der Zeit des Subjekts und der Zeit der Geschichte. Dieser Abstand ist das zentrale Thema aller meiner Werke. Das ist eine fundamentale Erfahrung, die man hier macht – *eine physische (körperliche) Erfahrung* [...]. Man kann sagen, daß mit der Zeit, zumindest was das Bewußtsein des Autors betrifft, sich der zeitliche Abstand zwischen der Zeit des Subjekts und der Zeit der Geschichte vergrößert von MAUSER zur HAMLETMASCHINE. Die Geburt der Verzweiflung ist dann, wenn dieser Abstand eine solche Proportion erreicht, daß er die Identität des Subjekts zerstört.[7]

Die Erfahrung des Auseinanderdriftens von subjektiver und geschichtlicher Zeit schlägt sich ästhetisch ab dem zweiten Teil des ‚Gundling' in einer Zersetzung der dramatischen Handlung, der Auflösung von Dialog und Figuren nieder, die die erneute Revolutionierung der Gattung, ihre Verschiebung hin zur polyphonen Textfläche, zum Rhizom beinhaltet. Mit der Entwicklung dieser vielstimmigen Schreibweise, deren Ursprünge ebenfalls in Renaissance und Romantik – als den Schlüsselepochen der Moderne – liegen, verabschiedet sich Müller allerdings keineswegs vom utopiegespeisten ‚Projekt der Moderne' (Habermas), wie gerne unterstellt wird. Fern aller postmodernen Beliebigkeitsästhetik – die letztlich von der Müller völlig fremden geschichtsphilosophischen Prämisse des „Posthistoire" (Fukuyama) ausgeht – scheut er sich jedoch nicht, postmoderne Schreibweisen in den dramatischen Diskurs einzubeziehen. Sein Schreiben sucht auf allen Ebenen nach Möglichkeiten der Tradierung subversiver wirkungsästhetischer Errungenschaften der literarischen Moderne – im Speziellen der alle Formen von Macht unterlaufenden Qualitäten des Grotesken. In den 1970er-Jahren werden diese ersetzt durch die polyphone Dekonstruktion jeder hierarchischen Ordnung, sei sie inhaltlicher, formaler oder sprachlicher Art. Mit der damit verbundenen Kritik an der Repräsentation (des Theaters, des Dramas, der Figur, des Zeichens) wird auch der selbstreferentielle Widerspruch des Grotesken umgangen, als ästhetische Kategorie Hierarchien und Ordnungen unterlaufen zu wollen und sie zugleich doch innerhalb ihres Zeichensystems fassbar machen zu müssen. Die Texte lösen sich von einer spezifischen Deutbarkeit ihrer Bilder und unterstellen so auch die Utopie letztlich einem Bilderverbot. Im subversiven, anarchischen Raum des sinnstreuenden Schreibens bleibt sie jedoch performativ aufgehoben.

---

[7] HMW 10, S. 752 f.

,Hamletmaschine' bzw. ,Bildbeschreibung' allerdings stellen für Müller den „Endpunkt oder Nullpunkt"[8] einer Phase dar, nach der theaterästhetisch wieder neu bzw. anders angesetzt werden muss. Die ästhetischen Strategien der Postmoderne erweisen sich mit Blick auf die Zukunft der dramatischen Gattung schnell als Sackgasse. Schon im ,Auftrag' verwendet Müller wieder dramatische Strukturen (Handlung, feste Figurencharaktere, szenische Dialoge) und damit auch kalkulierte Motive des Grotesken – sowohl karnevalesker als auch schwarzromantischer Herkunft –, auf die er in ,Hamletmaschine' noch verzichtet hatte. Mit der 1985 erfolgenden Wahl Gorbatschows zum Generalsekretär der KPdSU scheint für Müller Geschichte wieder in Bewegung zu kommen, was in ,Wolokolamsker Chaussee' die erneute Beschäftigung mit dem Lehrstück und der Tragödie erlaubt.[9] Auch die enge Verbindung von ,Trost-loser' Tragödie und Groteskem, von der ,Mauser' bestimmt war, zeigt sich erneut, ebenso wie die damit einhergehende Aussetzung der tragischen Katharsis und ihre Aufhebung im Lehrstückgedanken.

Mit der Rückbesinnung auf genuin dramatische Strukturen geht für Müller offenbar auch die Rückbesinnung auf die Potenzen des Grotesken einher, das in den 1980er-Jahren allerdings gegenüber seiner strukturbestimmenden Dimension in den 1970er-Jahren nur unterstützende Funktion besitzt. Da Müller, wie das Satyrspiel ,Kentauren' und seine Aufhebung durch die tragische Konstellation des ,Findling' zeigen, anders als Dürrenmatt nicht mehr an die apotropäische Wirkung der karnevalesken Komik glaubt, dient das Groteske in ,Wolokolamsker Chaussee' vornehmlich dazu, den tragischen bzw. lehrhaften Schrecken zu stützen. Was Müllers *Poetik des Grotesken* angeht, halten die 1980er-Jahre somit wenig Neues bereit, sind sie doch wesentlich von der Suche nach einem Neuansatz für das Dramatische geprägt. Müllers ästhetische Strategien und der unmittelbar mit ihnen einhergehende Einsatz des Grotesken haben bis zur ,Hamletmaschine' – in der Bewegung von einer stringenten dramatischen Handlung zum Fragmentarischen, vom Dialogischen zum Monologischen, von festen Figurencharakteren hin zu polyphon organisierten Figurenhüllen – ihre vollständige Auswicklung erfahren und werden nun entsprechend der historisch-politischen Gegebenheiten und der damit verbundenen Wirkungsintentionen variabel eingesetzt. Seinem Anspruch, dass sich Kunst „durch Neuheit" zu legitimieren habe und ins Parasitäre abrutsche, sobald sie „mit Kategorien gegebener Ästhetik beschreibbar" sei,[10] wird dieses Vorgehen der 1980er-Jahre nur noch bedingt gerecht und vollzieht somit den partiellen Abschied von einer radikalen ästhetischen Avantgarde.

---

8 Ebd., S. 457.
9 Vgl. ebd., S. 463 f.
10 HMW 8, S. 174.

Welchen Weg Müllers *Arbeit am Grotesken* allerdings nach ‚Wolokolamsker Chaussee' genommen hätte, lässt sich nicht rekonstruieren, da sein Plan für ein Hitler-Stalin-Stück der historischen Zäsur von 1989/90 zum Opfer gefallen ist. ‚Germania 3 Gespenster am Toten Mann', Müllers einziges Nachwendestück, das sich auf den zweiten Blick als Kompilation einzelner Szenen aus diesem Stückplan und einer ganzen Reihe nachweislich in anderen Kontexten entstandener Bilder entpuppt, erlaubt darüber keine Aussage – abgesehen von der Tatsache, dass das dort verwendete ästhetische Modell auf den gewaltigen historischen Rückschritt verweist, den der Zusammenbruch des Sozialismus für Müller bedeutete: Als synthetisches Fragment kombiniert es erneut karnevaleske und schwarz-romantische Motive des Grotesken auf eine Weise, die an ‚Germania Tod in Berlin' oder den ersten Teil des ‚Gundling' erinnert. Müller verwendet damit irritierenderweise wieder eine Technik, von der er sich aufgrund ihrer Untauglichkeit, der Welt ästhetisch noch beizukommen, ohne sie bloß abzubilden, längst verabschiedet hatte.

Mit der Rekapitulation der müllerschen *Arbeit am Grotesken* in den ersten drei Werkphasen ist somit auch der Umriss seiner Poetik vollständig geleistet: Eine Einordnung des Werkes in den literarhistorischen Kontext kann erfolgen. Im Einklang mit den Prinzipien der literarischen Avantgarde zeichnet sich Müllers dramatisches Schreiben stark durch inhaltliche wie formale Provokation, ästhetische Innovation bzw. Transgression und Selbstreflexivität aus.[11] Dabei befindet es sich stets in ebenso kritischer wie produktiver Auseinandersetzung mit den literarischen Traditionen des Grotesken in Renaissance (vor allem Shakespeare) und Romantik (Bonaventura, E. T. A Hoffmann, Edgar Allan Poe) wie auch mit seinen Spielarten in der historischen Avantgarde (Expressionismus, Surrealismus, Brecht) und den ästhetischen Strömungen seiner eigenen Zeit – auch und vor allem im westeuropäischen Raum (Dürrenmatt, Beckett, französischer Poststrukturalismus). Durch die Verknüpfung dieser synchronen und diachronen literarischen Bezüge – die sich alle in dem Anspruch treffen, den jeweiligen (ästhetischen) Herrschaftsdiskurs von den Rändern her zu unterwandern – mit einem materialistisch-realistischen Literaturbegriff, der die stetige Orientierung an der gesellschaftlichen Wirklichkeit und den Versuch ihrer ästhetischen Überwindung beinhaltet, entwickelt Müller seine einzigartige *Poetik des Grotesken*.

> Müller versteht sich in dieser Erfahrungssubstanz keinesfalls als Theoretiker, auch nicht gegenüber seiner eigenen Dichtung; ebenso wenig zielt sein Denken auf einen vordergründig

---

11 Vgl. van den Berg, Hubert/Fähnders, Walter: Die künstlerische Avantgarde im 20. Jahrhundert – Einleitung. In: Metzler Lexikon Avantgarde. Hrsg. von van den Berg, Hubert/Fähnders, Walter: Stuttgart/Weimar 2009, S. 1–19, hier S. 14–18.

auszumachenden Systemzusammenhang theoretischer Begriffe. Müller schreibt an keiner geschlossenen Ästhetik. [...] Dagegen richtet sich sein eigenes Denken – vagabundierend – auf gerade solche Felder alternativer Denkbilder oder Kompositionsprinzipien der Dichtung, der Musik, Malerei, des Films oder der Fotografie, aber eben auch der Philosophie, die sich außerhalb der Grenzen geschlossener Systeme bewegen und genau darin ihren Eigensinn behaupten – wie er selbst.[12]

In dieser Offenheit, die sich stets auf der Suche nach subversiven, herrschaftszersetzenden Impulsen befindet, konstituiert sich Müllers Ästhetik explizit als Wirkungsästhetik, die sich beim Rezipienten die Beteiligung der Affekte an der Kanalisation der Wahrnehmung, der historischen und individuellen Gedächtnisbildung und der primären Motivation zunutze machen will[13]:

> Gedächtnis ist ja für Leute, die Kunst machen, etwas ganz anderes. Es geht nicht primär um das Erinnern von Ereignissen. Das können Maschinen letztlich vielleicht besser: das Erinnern von Fakten. Es geht um das Erinnern von Emotionen, von Affekten, die im Zusammenhang mit Ereignissen stehen. Um ein emotionales Gedächtnis. Und das ist es, was das Erinnerte zu Material in dem Sinne macht, daß man über dieses emotionale Gedächtnis Traditionen bilden und Erfahrungen tradieren kann.[14]

Es ist die durch eine mit dem Paradox spielende Ästhetik der „Zerrissenheit, Disharmonie und Auflösung" hervorgerufene „Irritation der Gefühle", die Müllers *Poetik des Grotesken* wesentlich bestimmt. Sie gehört für ihn zum „notwendigen *Dialog mit den Toten*", der im Zentrum von Lehrstück und Tragödie steht.[15] Als einer der wenigen Dramatiker scheut sich Müller nach der historischen Katastrophe des Zweiten Weltkriegs nicht, zusammen mit dem grotesken Paradox auch das Tragische und die Tragödie, in einem kritischen Verhältnis zu ihrer christlich-idealistischen, später auch ihrer antiken Tradition, für die Bühne wiederzubeleben und für ein sozialkritisch-utopisches Theater des Kollektiven produktiv zu machen[16] – im Gegensatz zu Dürrenmatt, dem nach 1945 wohl pro-

---

12 Hörnigk, Frank: Editorische Notiz. In: HMW 8, S. 625–631, hier S. 629.
13 Vgl. dazu Meyer-Sickendiek 2005, S. 10.
14 HMW 12, S. 723 f.
15 Hauschild 2003, S. 7 f. Vgl. auch HMW 11, S. 547.
16 Wertschätzung für die Tragödie äußert im deutschsprachigen Raum nach 1945 fast nur Rolf Hochhuth, der in seinen Essays sowohl von „welthistorischen Tragödien" spricht, wie er auch „Tragödie" als Untertitel für seine Stücke ‚Soldaten' (1967) und ‚Guerillas' (1970) wählt. Später kommen Günther Rühle und mit Einschränkungen Botho Strauß hinzu (vgl. dazu Tragödientheorie. Texte und Kommentare. Vom Barock bis zur Gegenwart. Hrsg. von Profitlich, Ulrich. Reinbek bei Hamburg 1999, S. 319 f.). Zweifel und Ablehnung der Autoren beschränken sich dabei oft auf das „Tragödie" genannte dramatische Genre, während die fortdauernde Existenz des Tragischen ebenso wenig in Frage gestellt wird wie die Wünschbarkeit und Möglichkeit seiner

duktivsten Theoretiker und Praktiker des Grotesken, der dieses im dramatischen Kontext jedoch explizit mit der Komödie verknüpft. Müller befindet sich damit nicht nur im Widerspruch zu Brecht und den Forderungen des Sozialistischen Realismus, die beide, wenn auch mit unterschiedlichen Argumenten, die in der Tragödie abgebildeten gesellschaftlichen Antagonismen für überholt erklären, sondern auch zur westdeutschen Nachkriegsliteratur, die sich, wie Drewitz schon 1965 ausführt, ähnlich wie Dürrenmatt nach 1945 dem Grotesken zuwendet. Als ihre Kennzeichen – etwa bei Hans Magnus Enzensberger, Günter Grass oder Martin Walser – macht Drewitz „Nüchternheit, Präzision in den Details, Spiel um des Spiels willen und Verwendung grotesker Mittel" aus, die allerdings „ohne Vertrauen auf ihre moralkritische Funktion" eingesetzt werden und somit zur „Intellektualisierung" und Entpolitisierung tendieren.[17] Zudem beobachtet sie bei den Autoren eine „Aversion gegen den Schmerz"[18], das Grauen und das Entsetzen, wodurch „Tod, Eros und Metaphysik" – und damit auch die Tragödie – bewusst oder unbewusst „aus[ge]klammert"[19] werden und sich die Literatur, wie sie vermutet, hinter eine „Wand" der Abgeklärtheit zurückzieht, „hinter der zu leben man" nach der historischen Katastrophe des Nationalsozialismus ohne große Selbstinfragestellung „neu versuchen will"[20]:

> Das Bewußtsein der Schuld, das immer auch ein solches der Tragödie impliziert, wird, wenn es auch nicht fehlt, so doch verschwiegen und dafür der Kleinbürger, diese graue Inkarnation des Bösen, die das Jahrhundert aufs Podium gestellt hat, vor den Hohlspiegel gezerrt. Der Effekt ist doppelt negativ: das Gelächter legitimiert den Lachenden, ohne den Belachten zu treffen. Der Manieriertheit solchen Gelächters entspricht diejenige der grotesken Mittel, die, ohne Hoffnung auf kritische Wirksamkeit eingesetzt, zum Spiel um des Spieles willen verführen.[21]

In einer anderen Strömung der Nachkriegsliteratur – etwa bei Wolfgang Hildesheimer, Tankred Dorst und Reinhard Lettau – entdeckt Drewitz demgegenüber eine Rettung des Grotesken im Absurden, die es zwar entschärft, gleichzeitig aber zur Erhaltung seiner Gesellschaftskritik beiträgt. Doch auch diese Linie entgeht der Intellektualisierung nicht („der absurde Text", so Drewitz, „ist die Groteske für

---

literarischen Darstellung außerhalb der Tragödie. Vgl. zudem Dürrenmatt [1955], S. 59 f., der von der Möglichkeit spricht, das Tragische aus der Komödie heraus zu erzielen und es so nah ans Groteske heranrückt.
17 Drewitz 1965, S. 346.
18 Ebd., S. 344.
19 Ebd., S. 342, 344.
20 Ebd., S. 344.
21 Ebd., S. 346.

den Intellektuellen"²²), ihr fehlt ähnlich wie Becketts absurden Spielen jeder utopische Ausblick:

> Die groteske Perspektive aber, die keinen tiefen Schatten mehr vorauswirft, weil sie ein Bewußtsein von Zukunft überhaupt ausspart, kann der Gefahr des intellektuellen Spiels nicht entgehen. Selbst die schwarze Utopie [...] fordert ja die Abwehr des Angeklagten heraus; der Verzicht auf jede Utopie hingegen, die als ein Symptom der deutschen Gegenwartsliteratur gelten muß, fördert ihre Resignation.²³

Demgegenüber konstituiert sich Müllers *Poetik des Grotesken* in der intertextuellen Auseinandersetzung mit Brecht, Beckett und Dürrenmatt und ihrer materialistischen Rückbindung an das sozialistische Projekt von Beginn an als zukunftsbezogen – und schreibt sich in ihrer wirkungsästhetischen Ausrichtung gerade die emotionale Konfrontation mit den Schrecken von Faschismus und Stalinismus auf die Fahnen. Ohne schonungslose Aufarbeitung der Vergangenheit und ihrer Auswirkungen auf die unmittelbare Gegenwart kann es, so Müller, keine wirkliche Option auf Zukunft geben. Die Intention seiner *Poetik des Grotesken* gilt somit bis in die Mitte der 1970er-Jahre hinein dessen apotropäischer Wirkung, der Beschwörung und Bannung des historischen Grauens, welche ab der Lehrstückversuchsreihe durch die Idee der Selbstbespiegelung von Akteuren und Publikum, Müllers ästhetische Strategie vom *Lernen durch Schrecken*, ergänzt wird. Gebannt werden soll dabei nicht ein unheimliches, metaphysisches „Es"²⁴, wie Kayser zufolge in der romantischen Groteske, sondern das für die Katastrophen des 20. Jahrhunderts verantwortliche Dämonisch-Unheimliche im Menschen selbst,²⁵ dessen vitalistische Schöpferkraft, auf die Bachtin seine Theorie des Karnevalesk-Grotesken stützt, angesichts der Vernichtungsmaschinerie der zwei Weltkriege und ihrer Folgen nahezu verloren gegangen scheint. Nach 1976 wird Müller zwar das ästhetische Medium des Grotesken problematisch, nicht aber seine angestrebte Wirkung: Sie soll nun durch die subversiven, polyphonen Techniken der Postmoderne aufgehoben werden, deren Ursprünge ebenfalls in der grotesken Tradition von Renaissance und Romantik zu suchen sind. Selbst dort also, wo das Groteske als künstlerisches Mittel abgelehnt wird, bleiben Müllers ästhetische Verfahren auf sein Wirkungsspektrum und damit auf die existentielle Verunsicherung herkömmlicher Muster von Wahrnehmung und die Transzendenz der Wirklichkeit bezogen. Müllers *Poetik des Grotesken* ist somit zugleich – ob sie sich das Potential des Grotesken nun exzessiv zu eigen macht

---

22 Ebd., S. 345.
23 Ebd., S. 343 f.
24 Kayser [1957], S. 199.
25 Vgl. Dietrich 1974, S. 703; Heidsieck 1969, S. 95.

oder vollkommen in Frage stellt – immer auch eine *Poetik der Utopie*. Ausgerichtet bleibt sie dabei stets auf das Subversive, Randständige, Asoziale, auf die Unterbrechung durch den Schrecken, die ein Eingreifen in den scheinbar immer gleichen Ablauf der Geschichte ermöglichen soll:

> Eine nichtmystifizierte Vorstellung vom Bruch der Kontinuität, von der „Lücke im Ablauf" – die Müller im Gegensatz zu Dürrenmatt herbeisehnt, der gerade die „Panne" als katastrophalen Zufall fürchtet – erweist sich dann allein als Zeichen der Radikalität und Universalität Müllerscher Kulturkritik.[26]

Müller selbst formuliert 1981: „Ich glaube, das ist die wesentliche Funktion von Kunst überhaupt, Wert- und Denksysteme in Frage zu stellen, sie unter Umständen auch zu sprengen. Ganz simpel formuliert: Die Funktion von Kunst ist es, die Wirklichkeit unmöglich zu machen."[27] Zu verstehen ist das, wie der Autor selbst ergänzt, durchaus in dem implizierten „Doppelsinn: philosophisch-utopisch und auch wie man es im Jargon oft sagt: Den mach ich jetzt total unmöglich."[28] Das wesentliche ästhetische Mittel, das in all seinen Varianten zum ‚Unmöglich-Machen' der Wirklichkeit in Müllers dramatischem Werk herangezogen wird – das hat die vorliegende Arbeit gezeigt –, ist das Groteske. In ständiger produktiver Auseinandersetzung mit den literarischen Traditionen und zeitgenössischen Traditionsaufnahmen des Grotesken in der europäischen Moderne (und Postmoderne) bestimmt es Müllers einzigartigen Beitrag zu der epochemachenden *Arbeit am Grotesken* im 20. Jahrhundert. *Arbeit am Grotesken*, am Schrecken und seiner ästhetischen Bändigung, ob im positiven oder negativen Sinne, ist für Müller immer auch *Arbeit an der Utopie*, die aus den versteinerten Verhältnissen der Vergangenheit gesprengt werden soll. Für das Überleben der dramatischen Gattung ist das von existentieller Bedeutung. Der Verlust der Utopie, den Müller spätestens nach 1989/90 beklagt, zeichnet nicht nur für die Schreibkrise seiner letzten Jahre verantwortlich, sondern auch – das zeigt die Bestandsaufnahme der letzten 25 Jahre – für den beispiellosen Niedergang des Dramatischen, der seither vor allem in der literarischen Landschaft Westeuropas zu beobachten ist.

---

26 Mieth 1994, S. 161.
27 HMW 10, S. 156.
28 Ebd., S. 297. Vgl. dazu auch die dialektische Verwendung des Begriffs „Greuelmärchen" im Untertitel von ‚Leben Gundlings' (HMW 4, S. 509) und ‚Wolokolamsker Chaussee IV: Kentauren' (HMW 5, S. 229).

Siglenverzeichnis

GBA 1–30 Brecht, Bertolt: Werke. Große kommentierte Berliner und Frankfurter Ausgabe. 30 Bde. Hrsg. von Hecht, Werner u. a. Berlin u. a. 1988–2000.
HMA Heiner Müller-Archiv der Akademie der Künste Berlin.
HMTT Müller, Heiner: Traumtexte. Hrsg. von Ahrens, Gerhard. Frankfurt am Main 2009.
HMW 1–12 Müller, Heiner: Werke. 12 Bde. und ein Registerband. Hrsg. von Hörnigk, Frank. Frankfurt am Main 1998–2011.
HW 1–20 Hegel, Georg Wilhelm Friedrich: Werke. 20 Bde. Frankfurt am Main 1986.
MEW Marx, Karl/Engels, Friedrich: Werke. 43 Bde. Hrsg. vom Institut für Marxismus-Leninismus beim ZK der SED. 4. Aufl. Berlin 1977.
TOS Shakespeare, William: The Complete Works (The Oxford Shakespeare). Ed. by Wells, Stanley/Taylor, Gary. New York 1998.

Bibliographie

Quellen

Adorno, Theodor W.: Engagement. In: Adorno: Gesammelte Schriften. Bd. 11. Noten zur Literatur III. Hrsg. von Tiedemann, Rolf. 3. Aufl. Frankfurt am Main 1990, S. 409–430.
Adorno, Theodor W.: Ist die Kunst heiter? In: Adorno: Gesammelte Schriften. Bd. 11. Noten zur Literatur IV. Hrsg. von Tiedemann, Rolf. 3. Aufl. Frankfurt am Main 1990, S. 599–606.
Adorno, Theodor W./Benjamin, Walter: Briefwechsel 1928–1940. Hrsg. von Lonitz, Henri. Frankfurt am Main 1994.
Artaud, Antonin: Das Theater und sein Double. Werke Bd. 8. Berlin 2012.
Bahro, Rudolf: Die Alternative. Zur Kritik des real existierenden Sozialismus. Köln/Frankfurt am Main 1977.
Baierl, Helmut: Die Feststellung [1958]. In: Baierl: Stücke. Berlin 1969, S. 5–38.
Baierl, Helmut: Frau Flinz [1961]. In: Baierl: Stücke. Berlin 1969, S. 39–120.
Roland Barthes: Der Tod des Autors. In: Barthes: Das Rauschen der Sprache. Frankfurt am Main 2005, S. 57–63.
Bataille, Georges: Das theoretische Werk – Die Aufhebung der Ökonomie. München 1975.
Baudelaire, Charles: Vom Wesen des Lachens und allgemein von dem Komischen in der bildenden Kunst [1855]. In: Baudelaire: Sämtliche Werke/Briefe. Hrsg. von Kemp, Friedhelm/Pichois, Claude. Bd. I: Juvenilia – Kunstkritik 1832–1846. München/Wien 1977, S. 284–305.
Beckett, Samuel: Spiel ohne Worte 1 und 2. In: Beckett: Fünf Spiele. Frankfurt am Main/Hamburg 1970, S. 75–85.
Benjamin, Walter: Gesammelte Schriften. Bd. I–VII. Hrsg. von Tiedemann, Rolf/Schweppenhäuser, Hermann. Frankfurt am Main 1991.
Berger, Uwe: Siemens Plania. In: Berger u. a.: Begeistert von Berlin. Gedichte. Berlin 1952, S. 14–17.
Bergson, Henri: Das Lachen. 2. Aufl. Meisenheim am Glan 1948.
Bloch, Ernst: Das Prinzip Hoffnung. In fünf Teilen. 5. Aufl. Frankfurt am Main 1998.
Brecht, Bertolt: Werke. Große kommentierte Berliner und Frankfurter Ausgabe. 30 Bde. Hrsg. von Hecht, Werner u. a. Berlin u. a. 1988–2000.
Breton, André: Erstes Manifest des Surrealismus 1924. In: Breton: Die Manifeste des Surrealismus. Deutsch von Ruth Henry. Reinbek bei Hamburg 1977, S. 9–43.
Büchner, Georg: Werke und Briefe. Münchner Ausgabe. Hrsg. von Pönnbacher, Karl/Schaub, Gerhard/Simm, Hans-Joachim/Ziegler, Edda. München 1988.
Carroll, Lewis: Alice's Adventures in Wonderland [1865]. London 2006.
Carrouges, Michel: Gebrauchsanweisung [1975]. In: Junggesellenmaschinen. Hrsg. von Reck, Hans Ulrich/Szeemann, Harald: Erw. Neuausgabe. Wien/New York 1999, S. 74–103.
Carrouges, Michel: Les Machines Célibataires. Paris 1954.
Clairvaux, Bernhard von: Apologia ad Guillelmum abbatem. In: Clairvaux: Sämtliche Werke lateinisch/deutsch. Bd. 2. Hrsg. von Winkler, Gerhard B. Innsbruck 1992, S. 145–201.
Claudius, Eduard: Menschen an unserer Seite. Berlin 1951.
Claudius, Eduard: Vom schweren Anfang [1950]. In: Claudius: Salz der Erde. Erzählungen. Halle an der Saale 1969, S. 300–390.
Conrad, Joseph: Heart of Darkness [1899]. With an introduction by Craig Raine. London 1990.

Deleuze, Gilles/Guattari, Felix: Anti-Ödipus. Kapitalismus und Schizophrenie I. Frankfurt am Main 1974.
Deleuze, Gilles/Guattari, Felix: Kafka. Für eine kleine Literatur. Frankfurt am Main 1976.
Deleuze, Gilles/Guattari, Felix: Rhizom. In: Deleuze/Guattari: Tausend Plateaus. Kapitalismus und Schizophrenie II. Berlin 1997, S. 11–42.
Die Bibel. Nach der Übersetzung von Martin Luther. Hrsg. von der Deutschen Bibelgesellschaft. Stuttgart 1999.
Dürrenmatt, Friedrich: Anmerkungen zur Komödie [1952]. In: Dürrenmatt: Gesammelte Werke. Bd. 7. Zürich 1996, S. 22–27.
Dürrenmatt, Friedrich: Dramaturgische Überlegungen zu den „Wiedertäufern" [1967]. In: Dürrenmatt: Gesammelte Werke. Bd. 7. Zürich 1996, S. 94–105.
Dürrenmatt, Friedrich: Theaterprobleme [1955]. In: Dürrenmatt: Gesammelte Werke. Bd. 7. Zürich 1996, S. 28–69.
Elias, Norbert: Über den Prozess der Zivilisation. Bd. 1. 16. Aufl. Frankfurt am Main 1976.
Fanon, Franz: Die Verdammten dieser Erde [1961]. Frankfurt am Main 1981.
Freud, Sigmund: Abriss der Psychoanalyse [1938]. In: Freud: Gesammelte Werke. 17. Bd.: Schriften aus dem Nachlass. Hrsg. von Freud, Anna u. a. Frankfurt am Main 1941, S. 63–138.
Freud, Sigmund: Eine Schwierigkeit der Psychoanalyse [1917]. In: Freud: Gesammelte Werke. 12. Bd.: Werke aus den Jahren 1917–1920. Hrsg. von Freud, Anna u. a. Frankfurt am Main 1947, S. 1–12.
Gobard, Henri: L'aliénation linguistique, analyse tétraglossique. Paris 1976.
Goethe, Johann Wolfgang: Die Leiden des jungen Werthers. In: Goethe: Sämtliche Werke nach Epochen seines Schaffens. Münchner Ausgabe. Bd. I.2. Hrsg. von Sauder, Gerhard. München 1987, S. 196–299.
Grünberg, Karl: Hans Garbe – Der Mann im feurigen Ofen. In: Helden der Arbeit. Hrsg. von Grünberg, Karl/Greulich, E. R. Berlin 1951, S. 9–28.
Habermas, Jürgen: Die Moderne – ein unvollendetes Projekt. In: Wege aus der Moderne. Schlüsseltexte der Postmoderne-Diskussion. Hrsg. von Welsch, Wolfgang: Weinheim 1988, S. 177–192.
Hacks, Peter: Der Müller von Sanssouci [1957]. In: Hacks: Werke. Bd. 2: Die frühen Stücke. Berlin 2003, S. 195–250.
Hacks, Peter: Die Maßgaben der Kunst. Gesammelte Aufsätze. In: Hacks: Werke. Bd. 13–15. Berlin 2003.
Hacks, Peter: Einige Gemeinplätze über das Stückeschreiben. In: Neue deutsche Literatur 4 (1956), Heft 9, S. 119–126.
Hacks, Peter: Moritz Tassow [1961]. In: Hacks: Werke. Bd. 3: Die Dramen I. Berlin 2003, S. 85–202.
Hauptmann, Gerhardt: Der Biberpelz. Eine Diebskomödie. In: Hauptmann: Sämtliche Werke. Bd. 1: Dramen. Hrsg. von Hass, Hans-Egon. Berlin 1996, S. 481–542.
Hegel, Georg Wilhelm Friedrich: Werke. 20 Bde. Frankfurt am Main 1986.
Heine, Heinrich: Deutschland. Ein Wintermährchen [1843]. In: Heine: Historisch-kritische Gesamtausgabe der Werke. Bd. 4. Hamburg 1985, S. 89–157.
Himmler, Heinrich: Rede des Reichsführers SS bei der SS-Gruppenführertagung in Posen am 4. Oktober 1943. In: 100(0) Schlüsseldokumente zur deutschen Geschichte im 20. Jahrhundert. URL: http://www.1000dokumente.de/index.html?c=dokument_

de&dokument=0008_pos&object=translation&st=REDE DES REICHSFüHRERS SS&l=de (eingesehen am 18. 11. 2017).
Hölderlin, Friedrich: Sämtliche Werke. Bd. 2.1: Gedichte nach 1800. Hrsg. von Beissner, Friedrich. Stuttgart 1951.
Hofmannsthal, Hugo von: Was ist die Welt? In: Hofmannsthal: Sämtliche Werke. Kritische Ausgabe. Bd. I. Gedichte 1. Hrsg. von Weber, Eugene. Frankfurt am Main 1984, S. 7.
Horkheimer, Max/Adorno, Theodor W.: Dialektik der Aufklärung. Philosophische Fragmente. 14. Aufl. Frankfurt am Main 2003.
Ionesco, Eugène: Die Geburt der Sängerin [1959]. In: Ionesco: Argumente und Argumente. Schriften zum Theater. Neuwied/Berlin 1964, S. 178–181.
Jarry, Alfred: Le Surmâle [1902]. Roman moderne. Paris 1990.
Kafka, Franz: Die Verwandlung [1912]. In: Kafka: Schriften, Tagebücher, Briefe. Kritische Ausgabe. Bd. 3.1: Drucke zu Lebzeiten. Hrsg. von Kittler, Wolf u. a. Frankfurt am Main 1994, S. 113–200.
Kafka, Franz: In der Strafkolonie [1914]. In: Kafka: Schriften, Tagebücher, Briefe. Kritische Ausgabe. Bd. 3.1: Drucke zu Lebzeiten. Hrsg. von Kittler, Wolf u. a. Frankfurt am Main 1994, S. 201–248.
Kant, Immanuel: Beantwortung der Frage: Was ist Aufklärung? [1784]. In: Kant: Schriften zur Anthropologie, Geschichtsphilosophie, Politik und Pädagogik 1. Werkausgabe Bd. XI. Hrsg. von Weischedel, Wilhelm. Frankfurt am Main 1977, S. 51–61.
Kant, Immanuel: Der Streit der Fakultäten [1798]. In: Kant: Schriften zur Anthropologie, Geschichtsphilosophie, Politik und Pädagogik 1. Werkausgabe Bd. XI. Hrsg. von Weischedel, Wilhelm. Frankfurt am Main 1977, S. 261–393.
Kant, Immanuel: Kritik der praktischen Vernunft [1788]. In: Kant: Kritik der praktischen Vernunft/Grundlegung zur Metaphysik der Sitten. Werkausgabe Bd. VII. Hrsg. von Weischedel, Wilhelm. 14. Aufl. Frankfurt am Main 1998, S. 103–302.
Kant, Immanuel: Kritik der Urteilskraft [1790]. In: Kant: Werkausgabe Bd. X. Hrsg. von Weischedel, Wilhelm. Frankfurt am Main 1974.
Kinder- und Hausmärchen gesammelt durch die Brüder Grimm. Hrsg. von Rölleke, Heinz. Frankfurt am Main 1999.
Kleist, Heinrich von: Sämtliche Werke und Briefe. Zweibändige Ausgabe in einem Band. Hrsg. von Sembdner, Helmut. München 2001.
Klingemann, August: Nachtwachen von Bonaventura. Hrsg. und mit einem Nachwort versehen von Schillemeit, Jost. Frankfurt am Main 1974.
Kristeva, Julia: Pouvoirs de l'horreur. Essai sur l'abjection. Paris 1980.
La Mettrie, Julien Offray de: L'homme machine (franz./dt.). Hamburg 1990.
Lange, Hartmut: Senftenberger Erzählungen oder Die Enteignung [1960]. In: Lange: Theaterstücke 1960–72. Reinbek bei Hamburg 1973, S. 15–42.
Lenin, Wladimir Iljitsch: Parteiorganisation und Parteiliteratur [1905]. In: Lenin: Werke. Bd. 10. Hrsg. vom Institut für Marxismus-Leninismus beim ZK der KPdSU. Berlin 1970, S. 29–34.
Lichtenberg, Georg Christoph: Schriften und Briefe. Bd. 1: Sudelbücher. 6. Aufl. Frankfurt am Main 1998.
Lukács, Georg: Es geht um den Realismus [1938]. In: Lukács: Werke. Bd. 4: Probleme des Realismus I. Essays über Realismus. Neuwied/Berlin 1971, S. 313–343.
Majakowski, Wladimir: Linker Marsch [1918]. In: Majakowski: Linker Marsch. Ausgewählte Gedichte und Poeme. Nachdichtung von Hugo Huppert. Berlin 1959, S. 9–10.

Mann, Thomas: Betrachtungen eines Unpolitischen [1918]. In: Mann: Große kommentierte Frankfurter Ausgabe. Werke – Briefe – Tagebücher. Bd. 13/1. Hrsg. von Detering, Heinrich u. a. Frankfurt am Main 2009.

Mann, Thomas: Vorwort zu Joseph Conrads Roman ‚Der Geheimagent' [1926]. In: Mann: Werke. Das essayistische Werk. Bd. 1: Schriften und Reden zur Literatur, Kunst und Philosophie. Hrsg. von Bürgin, Hans. Frankfurt am Main 1968, S. 262–271.

Marx, Karl/Engels, Friedrich: Werke. 43 Bde. Hrsg. vom Institut für Marxismus-Leninismus beim ZK der SED. 4. Aufl. Berlin 1977.

Matusche, Alfred: Die Dorfstraße. Berlin 1955.

Moritz, Karl Philipp: Anton Reiser. In: Moritz: Sämtliche Werke. Kritische und kommentierte Ausgabe. Bd. 1. Hrsg. von Wingertszahn, Christof. Tübingen 2006.

Müller, Heiner: Mauser. In: Die Alternative, Heft 110/111 (1976), S. 182–191.

Müller, Heiner: Mauser (dt./engl.). Übersetzt von Helen Fehervary und Marc Silberman. In: New German Critique 8 (1976), S. 122–149.

Müller, Heiner: Traumtexte. Hrsg. von Ahrens, Gerhard. Frankfurt am Main 2009.

Müller, Heiner: Werke. 12 Bde. und ein Registerband. Hrsg. von Hörnigk, Frank. Frankfurt am Main 1998–2011.

Nietzsche, Friedrich: Also sprach Zarathustra. Kritische Studienausgabe. Bd. 4. Hrsg. von Colli, Giorgio/Montinari, Mazzino. 8. Aufl. München 2002.

Nietzsche, Friedrich: Nachgelassene Fragmente 1869–1874. Kritische Studienausgabe. Bd. 7. Hrsg. von Colli, Giorgio/Montinari, Mazzino. 8. Aufl. München 2002.

Pauen, Michael: Was ist der Mensch? Die Entdeckung der Natur des Geistes. München 2007.

Poe, Edgar Allan: The Pit and the Pendulum [1842]. In: Poe: Selected Tales. Oxford 2008, S. 135–148.

Rabelais, François: Gargantua und Pantagruel. Hrsg. von Heintze, Horst und Edith. 8. Aufl. Frankfurt am Main/Leipzig 1994.

Paul, Jean: Vorschule der Aesthetik nebst einigen Vorlesungen in Leipzig über die Parteien der Zeit. In: Paul: Werke. Historisch-Kritische Ausgabe. Bd. V. Hrsg. von Bambeck, Florian. Berlin u. a. 2015.

Rülicke, Käthe: Hans Garbe erzählt. Berlin 1952.

Sakowski, Helmut: Die Entscheidung der Lene Mattke [1960]. Berlin 1963.

Sartre, Jean-Paul: Vorwort [1961]. In: Fanon, Franz: Die Verdammten dieser Erde. Frankfurt am Main 1981, S. 7–28.

Sartre, Jean-Paul: Was ist Literatur? 6. Aufl. Reinbek bei Hamburg 2006.

Schiller, Friedrich: Tragödie und Comödie [aus dem Nachlass, entst. 1792/93?]. In: Schiller: Werke. Nationalausgabe. Bd. 21. Philosophische Schriften. 2. Teil. Hrsg. von von Wiese, Benno. Weimar 1963, S. 91–93.

Schiller, Friedrich: Über das Erhabene [1801]. In: Schiller: Werke. Nationalausgabe. Bd. 21. Philosophische Schriften. 2. Teil. Hrsg. von von Wiese, Benno. Weimar 1963, S. 38–54.

Schiller, Friedrich: Über naive und sentimentalische Dichtung [1795/96]. In: Schiller: Werke. Nationalausgabe. Bd. 20. Philosophische Schriften. 1. Teil. Hrsg. von von Wiese, Benno. Weimar 1962, S. 413–503.

Schlegel, Friedrich: Athenäumsfragmente. In: Kritische Friedrich Schlegel Ausgabe. Bd. II. Hrsg. von Eichner, Hans. München u. a 1967, S. 165–255.

Schlegel, Friedrich: Lessings Gedanken und Meinungen [1804]. In: Kritische Friedrich Schlegel Ausgabe. Bd. III. Hrsg. von Eichner, Hans. München u. a 1975, S. 46–102.

Schlegel, Friedrich: Lucinde. In: Kritische Friedrich Schlegel Ausgabe. Bd. V. Hrsg. von Eichner, Hans. München u. a 1962.
Schmitt, Carl: Theorie des Partisanen. Zwischenbemerkung zum Begriff des Politischen. 3. Aufl. Berlin 1992.
Scholochow, Michail: Der stille Don. 2 Bde. Berlin 1964.
Schumpeter, Joseph: Kapitalismus, Sozialismus und Demokratie [1942]. Stuttgart 1993.
Seghers, Anna: Die Umsiedlerin. In: Seghers: Erzählungen 1945–1951. Berlin/Weimar 1977, S. 272–279.
Seghers, Anna: Friedensgeschichten. In: Seghers: Der Bienenstock. Gesammelte Erzählungen in drei Bänden. Bd. III. Berlin 1953, S. 5–26.
Seghers, Anna: Der Kopflohn. Roman aus einem deutschen Dorf im Spätsommer 1932. In: Seghers: Der Kopflohn. Der Weg durch den Februar. Gesammelte Werke in Einzelausgaben. Bd. II. Berlin 1952.
Shakespeare, William: The Complete Works (The Oxford Shakespeare). Ed. by Wells, Stanley/Taylor, Gary. New York 1998.
Strittmatter, Erwin: Katzgraben. Szenen aus dem Bauernleben. In: Strittmatter: Stücke. Berlin/Weimar 1966, S. 5–137.
Szeemann, Harald: Junggesellenmaschinen [1975]. In: Junggesellenmaschinen. Erw. Neuausgabe. Hrsg. von Reck, Hans Ulrich/Szeemann, Harald. Wien/New York 1999, S. 57–67.
Theweleit, Klaus: Männerphantasien. Bd. 1: Frauen, Fluten, Körper, Geschichte. Frankfurt am Main 1977.
Vollmer, Gerhard: Die vierte bis siebte Kränkung des Menschen. Gehirn, Evolution und Menschenbild. In: Aufklärung und Kritik 1 (1994), S. 81–92.
Weber, Max: Die protestantische Ethik und der Geist des Kapitalismus. In: Weber: Gesammelte Aufsätze zur Religionssoziologie I. Tübingen 1988, S. 17–205.
Weiss, Peter: Die Verfolgung und Ermordung Jean Paul Marats dargestellt durch die Schauspielgruppe des Hospizes zu Charenton unter Anleitung des Herrn de Sade. In: Weiss: Stücke I. Frankfurt am Main 1976, S. 155–255.
Wiesel, Elie: The Gates of the Forest. New York 1967.
Wischnewski, Wsewolod: Optimistische Tragödie. Berlin/Weimar 1977.
Wolf, Friedrich: Bürgermeister Anna [1949]. In: Wolf: Gesammelte Werke in sechzehn Bänden. Bd. 6: Dramen. Hrsg. von Wolf, Else/Pollatschek, Walther. Berlin 1960, S. 195–281.

Forschungsliteratur

Arntzen, Helmut: Satire in der deutschen Literatur. Geschichte und Theorie. Bd. 1. Vom 12. bis zum 17. Jahrhundert. Darmstadt 1989.
Bachtin, Michail: Das Wort im Roman. In: Bachtin: Die Ästhetik des Wortes. Hrsg. von Grübel, Rainer. Frankfurt am Main 1979, S. 154–300.
Bachtin, Michail: Die groteske Gestalt des Leibes [1969]. In: Das Groteske in der Dichtung. Hrsg. von Best, Otto F. Darmstadt 1980, S. 195–202.
Bachtin, Michail: Rabelais und seine Welt. Volkskultur als Gegenkultur. Hrsg. von Lachmann, Renate. Frankfurt am Main 1995.

Bathrick, David/Huyssen, Andreas: Producing Revolution. Heiner Müller's „Mauser" as a Learning Play. In: New German Critique 8 (1976), S. 110–121.

Baumbach, Gerda: Dramatische Poesie für Theater. Leipzig 1978.

Berendse, Gerrit-Jan: Karneval in der DDR. Ansätze postmodernen Schreibens 1960–1990. In: Postmoderne Literatur in deutscher Sprache: Eine Ästhetik des Widerstands? Hrsg. von Harbers, Henk. Amsterdam/Atlanta GA 2000, S. 233–256.

Bertaux, Pierre: Friedrich Hölderlin. Eine Biographie. Frankfurt am Main/Leipzig 2000.

Best, Otto F.: Einleitung. In: Das Groteske in der Dichtung. Hrsg. von Best, Otto F. Darmstadt 1980, S. 1–22.

Bischof, Rita: Teleskopagen, wahlweise. Der literarische Surrealismus und das Bild. In: Das Abendland. Forschungen zur Geschichte europäischen Geisteslebens. Hrsg. von Heftrich, Eckhard. Neue Folge 29. Frankfurt am Main 2001.

Bock, Stephan: Müller spielen ‚Brecht' erinnern. Auszug aus dem Brief-Essay *FATZER MASSNAHME / WOLOKOLAMSKER CHAUSSEE I–V*. In: Explosion of a Memory Heiner Müller DDR. Ein Arbeitsbuch. Hrsg. von Storch, Wolfgang. Berlin 1988, S. 155–157.

Bohn, Volker: Germania Tod in Berlin. In: Heiner Müller Handbuch. Hrsg. von Lehmann, Hans-Thies/Primavesi, Patrick. Stuttgart 2003, S. 207–214.

Brandt, Reinhard: Arkadien in Kunst, Philosophie und Dichtung. Freiburg im Breisgau/Berlin 2005.

Braun, Matthias: Drama um eine Komödie. Das Ensemble von SED und Staatssicherheit, FDJ und Ministerium für Kultur gegen Heiner Müllers „Die Umsiedlerin oder das Leben auf dem Lande" im Oktober 1961. Analysen und Dokumente 4. Berlin 1995.

Breuer, Ingo: Theatralität und Gedächtnis: Deutschsprachiges Geschichtsdrama seit Brecht. Köln u. a. 2004.

Bunge, Hans: Aus einem Gespräch mit Wolfgang Storch in Berlin im Februar 1988. In: Explosion of a Memory Heiner Müller DDR. Ein Arbeitsbuch. Hrsg. von Storch, Wolfgang. Berlin 1988, S. 224–226.

Celant, Geramo: Andy Warhol: A Factory. In: Warhol, Andy: A Factory. Ostfildern bei Stuttgart 1998, unpaginiert.

Clayborough, Arthur: Ein psychologisch orientierter Ansatz [1965]. In: Das Groteske in der Dichtung. Hrsg. von Best, Otto F. Darmstadt 1980, S. 138–140.

Coronato, Rocco: Jonson versus Bakhtin. Carnival and the Grotesque. Amsterdam/New York 2003.

Cramer, Thomas: Hoffmanns Poetik der Groteske [1970]. In: Das Groteske in der Dichtung. Hrsg. von Best, Otto F. Darmstadt 1980, S. 229–235.

Danow, David K.: The spirit of carnival. Kentucky 1995.

Dembowski, Gerd: Gilles Deleuze als Souffleur. Die Müller-Maschine dockt an. In: Das Universum des Gilles Deleuze. Eine Einführung. Hrsg. von Chlada, Marvin. Aschaffenburg 2000, S. 53–78.

Dietrich, Margret: Das moderne Drama. Stuttgart 1974.

Doctor, Jens Aage: Shakespeare's Karneval. Aarhus 1994.

Domdey, Horst: „Der Tod eine Funktion der Lebens". Stalinmythos in Texten Heiner Müllers. In: Dialektik des Anfangs. Spiele des Lachens. Literaturpolitik in Bibliotheken. Über Texte von Heiner Müller, Franz Fühmann, Stefan Heym (Jahrbuch zur Literatur in der DDR Bd. 5). Hrsg. von Klussmann, Paul-Gerhard/Mohr, Heinrich. Bonn 1986, S. 65–89.

Domdey, Horst: „Ich lache über den Neger" – Das Lachen des Siegers in Heiner Müllers Stück „Der Auftrag". In: Die Schuld der Worte. (Jahrbuch zur Literatur in der DDR Bd. 6). Hrsg. von Klussmann, Paul-Gerhard/Mohr, Heinrich. Bonn 1987, S. 220–234.
Domdey, Horst: ‚Maschine' in späteren Texten Heiner Müllers. In: Domdey: Produktivkraft Tod: das Drama Heiner Müllers. Köln 1998, S. 180–194.
Domdey, Horst: Sinnstiftung. Zur Funktion des Grotesken in Texten Heiner Müllers. In: Momentum Dramaticum. Festschrift für Eckehard Catholy. Hrsg. von Dietrick, Linda S. Waterloo 1990, S. 535–552.
Drewitz, Ingeborg: Groteske Literatur – Chance und Gefahr. In: Merkur. Deutsche Zeitschrift für europäisches Denken, Heft 205 (1965), 19. Jg., S. 338–347.
Dshiwelegow, A. K.: Commedia dell'arte. Die italienische Volkskomödie. Berlin 1958.
Duden. Das Herkunftswörterbuch. Etymologie der deutschen Sprache. In: Der Duden in zwölf Bänden. Hrsg. von der Dudenredaktion. Bd. 7. 4. Aufl. Mannheim u. a. 2006.
Düwel, Gudrun: Die „Optimistische Tragödie" und Wsewolod Wischnewskis Beitrag zur Konzeptionsbildung der sozialistischen Literatur. In: Wischnewski, Wsewolod: Optimistische Tragödie. Berlin/Weimar 1977, S. 227–258.
Eckardt, Thomas: Leben Gundlings Friedrich von Preußen Lessings Schlaf Traum Schrei. In: Heiner Müller Handbuch. Hrsg. von Lehmann, Hans-Thies/Primavesi, Patrick. Stuttgart 2003, S. 239–243.
Eco, Umberto: Die Geschichte der Schönheit. München 2006.
Eibl, Karl: Abgrund mit Geländer. Bemerkungen zur Soziologie der Melancholie und des ‚angenehmen Grauens' im 18. Jahrhundert. In: Die Kehrseite des Schönen. Hrsg. von Eibl, Karl. Hamburg 1994, S. 3–14.
Eke, Norbert Otto: Heiner Müller. Stuttgart 1999.
Eke, Norbert Otto: Körperspuren im Theater der Geschichte. Heiner Müllers Anthropologie des Körpers. In: Heiner Müller: Probleme und Perspektiven. Bath-Symposion 1998. Hrsg. von Labroisse, Gerd u. a. Amsterdam 1998, S. 69–88.
Emmerich, Wolfgang: Der Alp der Geschichte. „Preußen" in Heiner Müllers Leben Gundlings ... In: Deutsche Misere einst und jetzt. Die deutsche Misere als Thema der Gegenwartsliteratur. Das Preußensyndrom in der Literatur der DDR (Jahrbuch zur Literatur in der DDR Bd. 2). Hrsg. von Klussmann, Paul-Gerhard/Mohr, Heinrich. Bonn 1982, S. 115–158.
Emmerich, Wolfgang: Gleichzeitigkeit. Vormoderne, Moderne und Postmoderne in der Literatur der DDR [1988]. In: Emmerich: Die andere deutsche Literatur. Aufsätze zur Literatur in der DDR. Opladen 1994, S. 129–150.
Emmerich, Wolfgang: Gotthold Ephraim Lessing. In: Heiner Müller Handbuch. Hrsg. von Lehmann, Hans-Thies/Primavesi, Patrick. Stuttgart 2003, S. 129–131.
Emmerich, Wolfgang: Kleine Literaturgeschichte der DDR. Berlin 2000.
Fehervary, Helen: „Die gotische Linie" [1995/98]. In: Hermand/Fehervary: Mit den Toten reden. Fragen an Heiner Müller. Köln u. a. 1999, S. 113–135.
Fehervary, Helen: Heiner Müllers Brigadestücke [1971]: In: Hermand/Fehervary: Mit den Toten reden. Fragen an Heiner Müller. Köln u. a. 1999, S. 1–38.
Fiebach, Joachim: Inseln der Unordnung. Fünf Versuche zu Heiner Müllers Theatertexten. Berlin 1990.
Fiebach, Joachim: Nachwort. In: Heiner Müller: Die Schlacht/Traktor/Leben Gundlings ... Berlin 1981, S. 112–138.

Foster, Ludmilla A.: Das Groteske. Eine analytische Methode. Anhand von Beispielen aus der russischen Literatur [1967]. In: Das Groteske in der Dichtung. Hrsg. von Best, Otto F. Darmstadt 1980, S. 116–123.

Freud, Sigmund: Das Unheimliche [1919]. In: Freud: Studienausgabe. Bd. IV: Psychologische Schriften. Hrsg. von Mitscherlich, Alexander/Strachey, James/Richards, Angela. 7. Aufl. Frankfurt am Main 1989, S. 241–274.

Freud, Sigmund: Der Humor [1927]. In: Freud: Studienausgabe. Bd. IV: Psychologische Schriften. Hrsg. von Mitscherlich, Alexander/Strachey, James/Richards, Angela. 7 Aufl. Frankfurt am Main 1989, S. 275–282.

Freud, Sigmund: Der Witz und seine Beziehung zum Unbewußten [1905]. In: Freud: Studienausgabe. Bd. IV: Psychologische Schriften. Hrsg. von Mitscherlich, Alexander/Strachey, James/Richards, Angela. 7. Aufl. Frankfurt am Main 1989, S. 9–219.

Freud, Sigmund: Die Traumdeutung [1900]. In: Freud: Studienausgabe. Bd. II. Hrsg. von Mitscherlich, Alexander/Strachey, James/Richards, Angela. 8. Aufl. Frankfurt am Main 1989.

Fürst, Artur/Moszkowski, Alexander: Das Buch der 1000 Wunder. München 1920.

Gronemeyer, Andrea: Theater. Köln 1995.

Fuhrmann, Helmut: Warten auf „Geschichte": der Dramatiker Heiner Müller. Würzburg 1997.

Girshausen, Theo: Baal, Fatzer und Fondrak. Die Figur des Asozialen bei Brecht und Müller. In: Dramatik der DDR. Hrsg. von Profitlich, Ulrich. Frankfurt am Main 1987, S. 327–343.

Gordon, Linda: The Surrealist Grotesque. In: Seriously Weird. Papers on the grotesque. Hrsg. von Mills, Alice. New York 1999, S. 193–205.

Greiner, Bernhard: Die Komödie. Eine theatralische Sendung: Grundlagen und Interpretationen. 2. Aufl. Tübingen/Basel 2006.

Greiner, Bernhard: „Jetzt will ich sitzen wo gelacht wird": Über das Lachen bei Heiner Müller. In: Dialektik des Anfangs. Spiele des Lachens. Literaturpolitik in Bibliotheken. Über Texte von Heiner Müller, Franz Fühmann, Stefan Heym (Jahrbuch zur Literatur in der DDR Bd. 5). Hrsg. von Klussmann, Paul-Gerhard/Mohr, Heinrich. Bonn 1986, S. 29–63. [1986a].

Greiner, Bernhard: Über das Lachen und die Komödie, mit ständiger Rücksicht auf die Dramatik Heiner Müllers. In: Greiner: Literatur der DDR in neuer Sicht. Studien und Interpretationen. Frankfurt am Main u. a. 1986, S. 181–223. [1986b].

Günther, Hans: Der Helden- und Feindmythos in der totalitären Kultur. Tübingen 1994.

Günther, Hans: Die Verstaatlichung der Literatur. Entstehung und Funktionsweise des sozialistisch-realistischen Kanons in der sowjetischen Literatur der 30er Jahre. Stuttgart 1984.

Harpham, Geoffrey Galt: On the Grotesque. Strategies of Contradiction in Art and Literature. Princeton 1982.

Hauschild, Jan-Christoph: Heiner Müller oder das Prinzip Zweifel. Berlin 2003.

Heeg, Günther: Heiner Müller – ein Autor zu entdecken. In: Theatrographie. Heiner Müllers Theater der Schrift. Hrsg. von Heeg, Günther/Girshausen, Theo. Berlin 2009, S. 11–14.

Hegemann, Werner: Das steinerne Berlin [1930]. 3. unveränd. Aufl. Braunschweig/Wiesbaden 1979.

Heidsieck, Arnold: Das Groteske und das Absurde im modernen Drama. Stuttgart 1969.

Heidsieck, Arnold: Die Travestie des Tragischen im deutschen Drama [1970]. In: Tragik und Tragödie. Hrsg. von Sander, Volkmar. Darmstadt 1971, S. 456–481.

Heiner Müller inszenieren. Unterhaltung im Theater. Hrsg. von der Dramaturgischen Gesellschaft. Berlin 1987.
Heise, Wolfgang: Beispiel einer Lessing-Rezeption: Heiner Müller. In: Explosion of a Memory Heiner Müller DDR. Ein Arbeitsbuch. Hrsg. von Storch, Wolfgang. Berlin 1988, S. 87–89.
Heise, Wolfgang: Hegel und das Komische. In: Sinn und Form 16 (1964), S. 811–830.
Henniger, Gerd: Zur Genealogie des Schwarzen Humors [1966]. In: Das Groteske in der Dichtung. Hrsg. von Best, Otto F. Darmstadt 1980, S. 124–137.
Hermand, Jost: Braut, Mutter oder Hure? Heiner Müllers Germania und ihre Vorgeschichte [1979]. In: Hermand/Fehervary: Mit den Toten reden. Fragen an Heiner Müller. Köln u. a. 1999, S. 52–69.
Hermand, Jost: Fridericus Rex. In: Dramatik in der DDR. Hrsg. von Profitlich, Ulrich. Frankfurt am Main 1987, S. 266–296.
Hermand, Jost: Regisseure unter sich. Ein Gespräch über Müllers Lohndrücker [1989]. In: Hermand/Fehervary: Mit den Toten reden. Fragen an Heiner Müller. Köln u. a. 1999, S. 81–93.
Herzinger, Richard: Der Tod ist die Maske der Utopie. Heiner Müller und die Mission des romantischen Modernismus. In: Heiner Müller. Text und Kritik III. Hrsg. von Arnold, Heinz Ludwig. München 1997, S. 51–71.
Herzinger, Richard: Masken der Lebensrevolution. Vitalistische Zivilisations- und Humanismuskritik in Texten Heiner Müllers. München 1992.
Hilker, Annette: Karnevalisierung als Medium der Aufklärung. Fontenelle – Fénelon – Voltaire – Diderot. Hannover 2006.
Hörnigk, Frank: Bilder des Krieges und der Gewalt. Heiner Müller: Wolokolamsker Chaussee. In: DDR-Literatur '89 im Gespräch. Hrsg. von Rönisch, Siegfried. Berlin/Weimar 1990, S. 67–75.
Hörnigk, Frank: „Ich sehe Müllers Werk als ein aufklärerisches". In: Ludwig, Janine: Ich ist ein Anderer. Heiner Müller in den Augen der Anderen. Freunde, Weggefährten, Wissenschaftler im Interview. Berlin 2003, S. 11–29.
Hoffmann, Gerhard: Perspektiven der Sinnstiftung: Das Satirische, das Groteske, das Absurde und ihre Reduktion zur „freien Komik" durch Spiel und Ironie. In: Der zeitgenössische amerikanische Roman: Von der Moderne zur Postmoderne. Hrsg. von Hoffmann, Gerhard. Bd. 1: Elemente und Perspektiven. München 1988, S. 225–307.
Homann, Renate: Erhabenes und Satirisches. Zur Grundlegung einer Theorie ästhetischer Literatur bei Kant und Schiller. München 1977.
Hutcheon, Linda: A Poetics of Postmodernism. History, Theory, Fiction. New York/London 1988.
Iser, Wolfgang: Das Komische als Kipp-Phänomen. In: Das Komische. Hrsg. von Preisendanz, Wolfgang/Warning, Rainer. München 1976, S. 398–402.
Isaacsohn: Gundling. In: Allgemeine Deutsche Biographie. Hrsg. durch die historische Commission bei der königlichen Akademie der Wissenschaften. Bd. 10. Leipzig 1879, S. 126–129.
Jauß, Hans Robert: Die klassische und die christliche Rechtfertigung des Häßlichen in mittelalterlicher Literatur [1968]. In: Das Groteske in der Dichtung. Hrsg. von Best, Otto F. Darmstadt 1980, S. 143–178.
Jauß, Hans Robert: Literaturgeschichte als Provokation der Literaturwissenschaft. 10. Aufl. Frankfurt am Main 1992.

Jauß, Hans Robert: Über den Grund des Vergnügens am komischen Helden. In: Das Komische. Hrsg. von Preisendanz, Wolfgang/Warning, Rainer. München 1976, S. 103–132.
Jourdheuil, Jean: Die Hamletmaschine. In: Heiner Müller Handbuch. Hrsg. von Lehmann, Hans-Thies/Primavesi, Patrick. Stuttgart 2003, S. 221–227.
Kahler, Erich: Untergang und Übergang der epischen Kunstform. In: Die Neue Rundschau 1 (1953), S. 1–44.
Kalb, Jonathan: Der Horatier. In: Heiner Müller Handbuch. Hrsg. von Lehmann, Hans-Thies/Primavesi, Patrick. Stuttgart 2003, S. 233–235.
Karschnia, Alexander: William Shakespeare. In: Heiner Müller Handbuch. Hrsg. von Lehmann, Hans-Thies/Primavesi, Patrick. Stuttgart 2003, S. 164–171.
Kaufmann, Ulrich: „Noch immer rasiert Woyzeck seinen Hauptmann …" Zum Problem des Fragmentarischen bei Georg Büchner und Heiner Müller. In: Das zwanzigste Jahrhundert im Dialog mit dem Erbe. Hrsg. von Schmutzer, Ernst. Jena 1990, S. 150–156.
Kayser, Wolfgang: Das Groteske. Seine Gestaltung in Malerei und Dichtung. Nachdruck der Ausgabe von 1957. Tübingen 2004
Kayser, Wolfgang: Das sprachliche Kunstwerk. Eine Einführung in die Literaturwissenschaft. 9. Aufl. Bern/München 1963.
Keim, Katharina: Vom Theater der Revolution zur Revolution des Theaters. Bemerkungen zur Dramen- und Theaterästhetik Heiner Müllers seit den späten siebziger Jahren. In: Heiner Müller. Text und Kritik III. Hrsg. von Arnold, Heinz Ludwig. München 1997, S. 86–102.
Keller, Andreas: Drama und Dramaturgie Heiner Müllers zwischen 1956 und 1988. Frankfurt am Main u. a. 1992.
Kirsch, Sebastian: Die Rundköpfe und die Spitzköpfe. In: Brecht Lexikon. Hrsg. von Kugli, Ana/Opitz, Michael. Stuttgart/Weimar 2006, S. 89–90.
Kirsch, Sebastian: Wie es bleibt ist es nicht, oder: Die Fülle in der Immanenz. Heiner Müllers barockes Schreiben. In: Theatrographie. Heiner Müllers Theater der Schrift. Hrsg. von Heeg, Günther/Girshausen, Theo. Berlin 2009, S. 312–324.
Kittsteiner, Heinz-Dieter: Und draußen ging die Welt an uns vorbei. Überlegungen zu Heiner Müllers Stück Wolokolamsker Chaussee. In: Spiele und Spiegelungen von Schrecken und Tod. Zum Werk von Heiner Müller. Sonderband zum 60. Geburtstag des Dichters. Hrsg. von Klussmann, Paul Gerhard/Mohr, Heinrich. Bonn 1990, S. 11–28.
Klein, Christian: Der Intellektuelle und die Intelligenz. In: Heiner Müller Handbuch. Hrsg. von Lehmann, Hans-Thies/Primavesi, Patrick. Stuttgart 2003, S. 27–30.
Klein, Christian: „Drama kann man nicht im Sitzen schreiben". Die Sprache des Körpers im Theater Heiner Müllers. In: Heiner Müller – Rückblicke, Perspektiven. Hrsg. von Buck, Theo/Valentin, Jean-Marie. Frankfurt am Main 1995, S. 153–166.
Klein, Thomas: Gundling. In: Neue Deutsche Biographie. Hrsg. von der historischen Kommission bei der Bayerischen Akademie der Wissenschaften. Bd. 7. Berlin 1966, S. 317–318.
Kluge, Friedrich: Etymologisches Wörterbuch der deutschen Sprache. 24. Aufl. Berlin/New York 2001.
Koebner, Thomas: Apokalypse trotz Sozialismus. Anmerkungen zu neueren Werken von Günter Kunert und Heiner Müller. In: Apokalypse. Weltuntergangsvisionen in der Literatur des 20. Jahrhunderts. Hrsg. von Grimm, Gunter E. u. a. Frankfurt am Main 1986, S. 268–293.
Komödientheorie. Texte und Kommentare. Vom Barock bis zur Gegenwart. Hrsg. von Profitlich, Ulrich. Reinbek bei Hamburg 1998.

Korte, Hermann: Traum und Verstümmelung. Heiner Müllers Preußen. In: Heiner Müller. Text und Kritik III. Hrsg. von Arnold, Heinz Ludwig. München 1997, S. 72–85.
Krenzlin, Leonore: Gegenwart und Utopie. Brechts *Büsching*-Fragment und *Moritz Tassow* von Peter Hacks. In: Gute Leute sind überall gut. Hacks und Brecht. Hrsg. von Köhler, Kai. Berlin 2010, S. 59–75.
Kristeva, Julia: Bachtin, das Wort, der Dialog und der Roman. In: Texte zur Literaturtheorie der Gegenwart. Hrsg. von Kimmich, Dorothee/Renner, Rolf Günther/Stiegler, Bernd. Stuttgart 1972, S. 334–348.
Krömer, Wolfram: Die italienische Commedia dell'arte. 3. Aufl. Darmstadt 1990.
Küchenmeister, Wera und Claus: „Eine Begabung muß man entmutigen ...". Wera und Claus Küchenmeister, Meisterschüler bei Brecht, erinnern sich an die Jahre der Ausbildung. Hrsg. von Buchmann, Ditte. Berlin 1986.
Lachmann, Renate: Vorwort. In: Bachtin, Michail: Rabelais und seine Welt. Volkskultur als Gegenkultur. Hrsg. von Lachmann, Renate. Frankfurt am Main 1995, S. 7–46.
Lehmann, Hans-Thies: Müllers Gespenster. In: Lehmann: Das politische Schreiben. Essays zu Theatertexten. 2. erw. Aufl. Berlin 2012, S. 329–346.
Lehmann, Hans-Thies: Postdramatisches Theater. Frankfurt am Main 1999.
Lehmann, Hans-Thies/Winnacker, Susanne: Mauser. In: Heiner Müller Handbuch. Hrsg. von Lehmann, Hans-Thies/Primavesi, Patrick. Stuttgart 2003, S. 252–255.
Ludwig, Janine: „Die Vergötzung des Konflikts". Peter Hacks, Heiner Müller und die Komödie. In: Heitere Spiele über den Ausgang der Geschichte. Peter Hacks und die Komödie im Kalten Krieg. Hrsg. von Jäger, Andrea. Berlin 2012, S. 47–73.
Ludwig, Janine: Heiner Müller, Ikone West. Das dramatische Werk Heiner Müllers in der Bundesrepublik – Rezeption und Wirkung. Frankfurt am Main 2009.
Leopoldseder, Hannes: Groteske Welt. Ein Beitrag zur Entwicklungsgeschichte des Nachtstücks. Bonn 1973.
Mahlke, Stefan: Die Ökonomie der Rede. Zu Komik und Gewalt bei Heiner Müller. In: Theater der Zeit 1 (1997), S. XIV–XVIII.
Maier-Schaeffer, Francine: „Noch mehr Fragment als das Fragment". Zur Fragmentarisierung in Heiner Müllers Theaterarbeit. In: Aspekte des politischen Theaters und Dramas von Calderón bis Georg Seidel. Hrsg. von Turk, Horst/Valentin, Jean-Marie. Bern u. a. 1996, S. 367–387.
Marcuse, Ludwig: Die marxistische Auslegung des Tragischen [1954]. In: Tragik und Tragödie. Hrsg. von Sander, Volkmar. Darmstadt 1971, S. 99–108.
Matt, Peter von: Das letzte Lachen. Zur finalen Szene in der Komödie. In: Theorie der Komödie – Poetik der Komödie. Hrsg. von Simon, Ralf. Bielefeld 2001, S. 127–140.
Mattheus, Bernd: „Das Theater der Grausamkeit": Ein kapitales Missverständnis. In: Artaud, Antonin: Das Theater und sein Double. München 1996, S. 223–232.
Menzies, Janet: Beckett's bicycles. In: Journal of Beckett Studies No. 6 (1980), S. 97–105.
Müller, Ernst: Romantisch/Romantik. In: Ästhetische Grundbegriffe. Hrsg. von Barck, Karlheinz u. a. Bd. 5. Stuttgart 2003, S. 315–344.
Meuser, Mirjam: Die Utopie liegt in der Form – Groteske Motive und ihre Funktion in LEBEN GUNDLINGS FRIEDRICH VON PREUSSEN LESSINGS SCHLAF TRAUM SCHREI. Magisterarbeit zur Erlangung des akademischen Grades Magistra Artium im Fach Neuere Deutsche Literatur. Eingereicht an der Humboldt-Universität zu Berlin am 6. 12. 2006.

Meyer-Sickendiek, Burkhard: Affektpoetik. Eine Kulturgeschichte literarischer Emotionen. Würzburg 2005.
Mieth, Matias: Die Masken des Erinnerns. Zur Ästhetisierung von Geschichte und Vorgeschichte der DDR bei Heiner Müller. Frankfurt am Main 1994.
Mittenzwei, Werner: Die „exekutive" Kritik des Heiner Müller. Das Frühwerk. In: Berghahn, Klaus L. u. a.: Responsibility and Commitment. Ethische Postulate der Kulturvermittlung. Festschrift für Jost Hermand. Frankfurt am Main u. a. 1996, S. 193–207.
Mittenzwei, Werner: Die Intellektuellen. Literatur und Politik in Ostdeutschland 1945–2000. Berlin 2003.
Müller-Schöll, Nikolaus: Das Theater des „konstruktiven Defaitismus". Lektüren zur Theorie eines Theaters der A-Identität bei Walter Benjamin, Bertolt Brecht und Heiner Müller. Frankfurt am Main/Basel 2002.
Müller-Schöll, Nikolaus: Tragik, Komik, Groteske. In: Heiner Müller Handbuch. Hrsg. von Lehmann, Hans-Thies/Primavesi, Patrick. Stuttgart 2003, S. 82–88.
Naumann, Manfred: Autor – Adressat – Leser. In: Naumann: Blickpunkt Leser. Literaturtheoretische Aufsätze. Leipzig 1984, S. 139–148.
Naumann, Manfred: Zum Problem der „Wirkungsästhetik" in der Literaturtheorie. In: Naumann: Blickpunkt Leser. Literaturtheoretische Aufsätze. Leipzig 1984, S. 149–170.
Nel, Christoph/Troller, Urs u. a.: Über die Schwierigkeit zu sagen, was die Revolution ist. Der Beginn der Arbeit an MAUSER am Schauspiel Köln im Januar 1980. In: Explosion of a Memory Heiner Müller DDR. Ein Arbeitsbuch. Hrsg. von Storch, Wolfgang. Berlin 1988, S. 122–133.
Neubert, Werner: Die Wandlung des Juvenal. Satire zwischen gestern und morgen. Berlin 1966.
Neuland, Brunhild: „Arbeit an der Differenz". Zu Heiner Müllers Dramaturgie von „Lessings Schlaf Traum Schrei". In: Das zwanzigste Jahrhundert im Dialog mit dem Erbe. Hrsg. von Schmutzer, Ernst. Jena 1990, S. 138–149.
Oesterle, Günther: Zur Intermedialität des Grotesken. In: Kayser, Wolfgang: Das Groteske. Seine Gestaltung in Malerei und Dichtung. Nachdruck der Ausgabe von 1957. Tübingen 2004, S. VII–XXX.
Ostheimer, Michael: „Mythologische Genauigkeit". Heiner Müllers Poetik und Geschichtsphilosophie der Tragödie. Würzburg 2002.
Pietzcker, Carl: Das Groteske [1971]. In: Das Groteske in der Dichtung. Hrsg. von Best, Otto F. Darmstadt 1980, S. 85–102.
Raddatz, Frank Michael: Dämonen unterm roten Stern. Zur Geschichtsphilosophie und Ästhetik Heiner Müllers. Stuttgart 1991.
Raddatz, Frank Michael: Der Cluster der Toten. In: Kalkfell für Heiner Müller. Arbeitsbuch. Hrsg. von Hörnigk, Frank u. a. Berlin 1996, S. 83–88.
Raddatz, Frank Michael: Der Demetriusplan oder wie sich Heiner Müller den Brechtthron erschlich. Berlin 2010.
Reclams Bibellexikon. Hrsg. von Koch, Klaus u. a. 7. Aufl. Stuttgart 2004.
Reiners, Ludwig: Friedrich. München 1952.
Reinhardt, Volker: Blutiger Karneval. Der Sacco die Roma 1527 – eine politische Katastrophe. Darmstadt 2009.
Rischbieter, Henning: Der Lohndrücker. In: Heiner Müller Handbuch. Hrsg. von Lehmann, Hans-Thies/Primavesi, Patrick. Stuttgart 2003, S. 243–246.

Roebling, Irmgard: Groteske. In: Historisches Wörterbuch der Philosophie. Hrsg. von Ritter, Joachim. Bd. 3. Basel 1974, S. 900–902.
Roeck, Bernd: „Traumwerck". Die Kunst der Groteske im konfessionellen Zeitalter. In: Melancholie und Heiterkeit. Hrsg. von Borchmeyer, Dieter. Heidelberg 2007, S. 55–80.
Romantik-Handbuch. Hrsg. von Schanze, Helmut. Stuttgart 1994.
Rosen, Elisheva: Grotesk. In: Ästhetische Grundbegriffe. Hrsg. von Barck, Karlheinz u. a. Bd. 2. Stuttgart 2001, S. 876–900.
Rothe, Wolfgang: Deutsche Revolutionsdramatik seit Goethe. Darmstadt 1989.
Rühle, Günther: Zeit für Komödien? In: Vorwort Nr. 8 (1987). Hrsg. vom Schauspiel Frankfurt, S. 3.
Safranski, Rüdiger: Die Kunst, das Böse und das Nichts. In: Sinn und Form 3 (1997), S. 397–409.
Safranski, Rüdiger: Romantik. Eine deutsche Affäre. 2. Aufl. München 2007.
Scheidweiler, Alexander: Maler, Monstren, Muschelwerk. Wandlungen des Grotesken in Literatur und Kunsttheorie des 18. und 19. Jahrhunderts. Würzburg 2009.
Schillemeit, Jost: Nachwort. In: Klingemann, August: Nachtwachen von Bonaventura. Hrsg. und mit einem Nachwort versehen von Schillemeit, Jost. Frankfurt am Main 1974, S. 205–220.
Schivelbusch, Wolfgang: Sozialistisches Drama nach Brecht. Drei Modelle: Peter Hacks – Heiner Müller – Hartmut Lange. Darmstadt/Neuwied 1974.
Schnabel, Stefan: Adler Flieg, In: Kalkfell Zwei. Hrsg. von Hörnigk, Frank. Berlin 2004, S. 97–105.
Scholl, Dorothea: Von den „Grottesken" zum Grotesken: die Konstituierung einer Poetik des Grotesken in der italienischen Renaissance. Münster 2004.
Schulz, Genia: Die Umsiedlerin/Die Bauern. In: Heiner Müller Handbuch. Hrsg. von Lehmann, Hans-Thies/Primavesi, Patrick. Stuttgart 2003, S. 280–286.
Schulz, Genia: Gelächter aus toten Bäuchen – Dekonstruktion und Rekonstruktion des Erhabenen bei Heiner Müller. In: Merkur. Deutsche Zeitschrift für Europäisches Denken, Heft 9/10 (1989), 43. Jg., S. 764–777.
Schulz, Genia: Heiner Müller. Stuttgart 1980.
Schulze-Reimpell, Werner: Im Westen nie angekommen. Der Dramatiker Schütz nach der Ausreise. In: Text und Kritik 134. Stefan Schütz. Hrsg. von Arnold, Heinz Ludwig. München 1997, S. 11–19.
Schumacher, Ernst: Die Marxisten und die Tragödie. In: Theater der Zeit 11 (1977), S. 4–6.
Schumacher, Ernst: Er wird bleiben. In: Neue deutsche Literatur 4 (1956), Heft 10, S. 18–28.
Schwarz, Gottfried: Racine: Britannicus. In: Kindlers Literatur Lexikon. Hrsg. von Jens, Walter. Bd. 13. München 1988, S. 874–875.
SED-Schauspiel. Stachanow kriegt Prügel. In: Der Spiegel Nr. 31 (1958), S. 42–43.
Silberman, Marc: Bertolt Brecht. In: Heiner Müller Handbuch. Hrsg. von Lehmann, Hans-Thies/Primavesi, Patrick. Stuttgart 2003, S. 136–146.
Simon, Ralf: Theorie der Komödie. In: Theorie der Komödie – Poetik der Komödie. Hrsg. von Simon, Ralf. Bielefeld 2001, S. 47–66.
Simon, Ralf: Vorwort. Theorie der Komödie – Poetik der Komödie. In: Theorie der Komödie – Poetik der Komödie. Hrsg. von Simon, Ralf. Bielefeld 2001, S. 7–12.
Sinic, Barbara: Die sozialkritische Funktion des Grotesken. Frankfurt am Main 2003.

Spitzer, Leo: Besprechung von: Wolfgang Kayser: Das Groteske. Seine Gestaltung in Malerei und Dichtung [1958]. In: Das Groteske in der Dichtung. Hrsg. von Best, Otto F. Darmstadt 1980, S. 50–68.
Steig, Michael: Zur Definition des Grotesken: Versuch einer Synthese [1970]. In: Das Groteske in der Dichtung. Hrsg. von Best, Otto F. Darmstadt 1980, S. 69–84.
Steinbeck, Wolfram: Scherzo. In: Die Musik in Geschichte und Gegenwart. Allgemeine Enzyklopädie der Musik. Hrsg. von Finscher, Ludwig. 2. Ausg. Sachteil 8. Kassel u. a. 1998, S. 1054–1063.
Stollmann, Rainer: Groteske Aufklärung. Studien zu Natur und Kultur des Lachens. Stuttgart 1997.
Streisand, Marianne: Chronik einer Ausgrenzung. Der Fall Heiner Müller – Dokumente zur „Umsiedlerin". In: Sinn und Form 3 (1991), S. 429–486. [1991a].
Streisand, Marianne: Die Korrektur. In: Heiner Müller Handbuch. Hrsg. von Lehmann, Hans-Thies/Primavesi, Patrick. Stuttgart 2003, S. 235–238.
Streisand, Marianne: Erfahrungstransfer. Heiner Müllers „Die Umsiedlerin oder Das Leben auf dem Lande". In: Der Deutschunterricht 5 (1996), S. 18–28.
Streisand, Marianne: Fondrak bei Heiner Müller und die Volkstheatertradition. In: Lach- und Clownstheater. Hrsg. von Koch, Gerd/Vaßen, Florian. Frankfurt am Main 1991, S. 186–192. [1991b].
Streisand, Marianne: Heiner Müllers „Die Umsiedlerin oder Das Leben auf dem Lande". Entstehung und Metamorphosen des Stückes. In: Weimarer Beiträge 8 (1986), S. 1358–1384.
Swenson, G. R.: What is Pop Art? Answers from 8 painters, part I. In: Art News 62 (1963), No. 7, S. 24–27.
Symmank, Markus: Karnevaleske Konfigurationen in der deutschen Gegenwartsliteratur. Würzburg 2002.
Teraoka, Arlene Akiko: The Silence of Entropy or Universal Discourse. The Postmodernist Poetics of Heiner Müller. New York u. a. 1985.
Thälmann, Ernst: Thälmann ruft: Kampf der Bauernnot! Die Rede des Führers der deutschen Kommunisten in Oldenburg – Für das Kampfbündnis der Arbeiter und werktätigen Bauern. In: Thälmann: Reden und Aufsätze 1930–33. Bd. 1. Köln 1975, S. 251–271.
Theater in der Zeitenwende. Zur Geschichte des Dramas und des Schauspieltheaters in der Deutschen Demokratischen Republik 1945–1968. Hrsg. vom Institut für Gesellschaftswissenschaften beim ZK der SED. 2. Bde. Berlin 1972.
Thomson, Philip: Funktionen des Grotesken [1972]. In: Das Groteske in der Dichtung. Hrsg. von Best, Otto F. Darmstadt 1980, S. 103–115.
Tragelehn, B. K.: Nachwort. In: Brecht, Bertolt: Die Lehrstücke. Hrsg. von Tragelehn, B. K. Leipzig 1978, S. 194–204.
Tragelehn, B. K.: Volkstheater. In: Explosion of a Memory Heiner Müller DDR. Ein Arbeitsbuch. Hrsg. von Storch, Wolfgang. Berlin 1988, S. 222–224. [1988a].
Tragelehn, B. K.: „Zeig mir ein Mausloch und ich fick die Welt". In: Explosion of a Memory Heiner Müller DDR. Ein Arbeitsbuch. Hrsg. von Storch, Wolfgang. Berlin 1988, S. 240–243. [1988b].
Tragödientheorie. Texte und Kommentare. Vom Barock bis zur Gegenwart. Hrsg. von Profitlich, Ulrich. Reinbek bei Hamburg 1999.

Trommler, Frank: Komödie und Öffentlichkeit nach dem Zweiten Weltkrieg. In: Die deutsche Komödie im 20. Jahrhundert. Hrsg. von Paulsen, Wolfgang. Heidelberg 1976, S. 154–168.
Tschizewskij, Dimitri: Satire oder Groteske. In: Das Komische. Hrsg. von Preisendanz, Wolfgang/Warning, Rainer. München 1976, S. 269–278.
van Den Berg, Hubert/Fähnders, Walter: Die künstlerische Avantgarde im 20. Jahrhundert – Einleitung. In: Metzler Lexikon Avantgarde. Hrsg. von van den Berg, Hubert/Fähnders, Walter. Stuttgart/Weimar 2009, S. 1–19.
Vaßen, Florian: Bildbeschreibung. In: Heiner Müller Handbuch. Hrsg. von Lehmann, Hans-Thies/Primavesi, Patrick. Stuttgart 2003, S. 197–200.
Vaßen, Florian: Das Lachen und der Schrei oder Herr Schmitt, die Clowns und die Puppe. Versuch über die Krise der Komödie im 20. Jahrhundert. In: Lach- und Clownstheater. Hrsg. von Koch, Gerd/Vaßen, Florian. Frankfurt am Main 1991, S. 158–183.
Warning, Rainer: Theorie der Komödie. Eine Skizze. In: Theorie der Komödie – Poetik der Komödie. Hrsg. von Simon, Ralf. Bielefeld 2001, S. 31–46.
Webb, Janeen/Enstice, Andrew: Domesticating the Monster. In: Seriously Weird. Papers on the grotesque. Ed. von Mills, Alice. New York 1999, S. 89–103.
Weitin, Thomas: Notwendige Gewalt. Die Moderne Ernst Jüngers und Heiner Müllers. Freiburg im Breisgau 2003.
Wieghaus, Georg: Heiner Müller. München 1981.
Wilke, Sabine: „Auf Kotsäulen [ruht] der Tempel der Vernunft". Heiner Müllers Lessing. In: Lessing Yearbook 22 (1990), S. 143–157.
Wilpert, Gero von: Sachwörterbuch der Literatur. 8. Aufl. Stuttgart 2001.
Zenetti, Thomas: Das Drama im Bauch der Komödie. Komik in Heiner Müllers *Die Umsiedlerin oder Das Leben auf dem Lande*. In: treibhaus. Jahrbuch zur Literatur der fünfziger Jahre. Bd. 8: Komik, Satire, Groteske. Hrsg. von Häntzschel, Günter/Hanuschek, Sven/Leuschner, Ulrike. München 2012, S. 247–261.

Personenregister

Adorno, Theodor W.   5, 82, 101, 104–106, 111, 116, 147, 190, 330f., 364, 366f., 413
Ahrens, Gerhard   137
Aristophanes   335f.
Arndt, Ernst Moritz   68
Arnim, Achim von   105
Arntzen, Helmut   28
Artaud, Antonin   109, 140, 144f., 177, 203, 375, 420
Augustinus   14

Bachtin, Michail   7, 9, 13, 16–18, 30, 37f., 40, 49–57, 77f., 80, 82, 87f., 91f., 95, 105, 110, 113, 115, 117, 149f., 171, 177, 189, 206, 211, 229, 232, 243, 250, 252, 261, 278, 291, 307, 314, 325, 333, 369, 414, 417, 432, 435f., 439f., 446, 463
Bahro, Rudolf   261, 352
Baierl, Helmut   227, 316, 398
Barbieri, Giovanni Francesco   140
Bataille, Georges   444
Bathrick, David   432
Baudelaire, Charles   113, 117, 121, 134, 374
Baumbach, Gerda   406, 455
Beckett, Samuel   1, 83, 180–183, 208, 213, 364, 460, 463
Benjamin, Walter   33, 91, 134, 143, 283, 360, 364–367, 444
Benn, Gottfried   5, 364
Berendse, Gerrit-Jan   45, 111, 203f., 226, 314
Berg, Alban   1
Berger, Uwe   376
Berghaus, Ruth   147, 402
Bergson, Henri   243
Bernhard von Clairvaux   14
Bertaux, Pierre   75
Best, Otto F.   13, 27, 37, 51, 92f., 119, 126, 135, 137, 216, 218
Biermann, Wolf   35, 184, 400
Bischof, Rita   194
Bloch, Ernst   36, 110, 129f., 135
Boccaccio, Giovanni   16f., 202

Bock, Stephan   376
Böcklin, Arnold   1
Böhme, Jakob   23
Bohn, Volker   176, 179, 181
Böll, Heinrich   1
Bonaventura (*siehe* Klingemann, August)
Bosch, Hieronymus   3, 14, 39, 232, 276
Brandt, Reinhard   140
Braun, Eva   265
Braun, Matthias   33, 297, 402
Braun, Volker   184
Brecht, Bertolt   1, 3f., 6, 12, 33, 36f., 42, 44, 48f., 66f., 103, 118, 122, 127f., 130, 132f., 135, 139, 146, 155–157, 166, 169f., 174, 180f., 186, 212, 222, 224–229, 232, 243–245, 256, 259, 262, 271f., 274, 281–283, 288, 312, 316–320, 323–325, 340f., 344, 349, 354, 356–385, 392, 394, 396–399, 408–410, 412f., 416–423, 425–429, 431f., 437f., 444, 453–457, 460, 462f.
Breton, André   138f.
Breuer, Ingo   48, 73, 77, 187, 189
Breughel, Pieter (der Ältere)   232
Bronzino, Agnolo   15
Buchmann, Ditte   378
Büchner, Georg   20, 121, 127, 136, 224, 227, 271, 349, 359, 445
Bunge, Hans   223, 340
Buñuel, Luis   179
Buonarroti, Michelangelo   15

Carroll, Lewis   69
Carrouges, Michel   193f.
Celant, Geramo   193
Cervantes, Miguel de   16–18, 119
Chagall, Marc   419
Chaplin, Charlie   123f., 179, 225
Chirico, Giorgio de   1
Claudius, Eduard   376
Clayborough, Arthur   37
Conrad, Joseph   1, 200
Coronato, Rocco   53f., 56f.

Cramer, Thomas 216
Cranach, Lucas (der Ältere) 231 f., 239, 276, 288, 291

Dalí, Salvador 1
Danow, David K. 56, 202, 230, 433, 448
Deleuze, Gilles 41, 109, 168, 186–189, 193, 200–202, 319, 322, 356, 455
Dembowski, Gerd 186, 189
Dietrich, Margret 5, 30, 120, 362, 463
Dix, Otto 1
Doctor, Jens Aage 16, 19, 155, 369
Domdey, Horst 35, 44, 79, 86, 109, 116–118, 124, 135, 161–164, 170 f., 184, 192, 212 f., 298
Dorst, Tankred 462
Drewitz, Ingeborg 5, 462
Dshiwelegow, A. K. 245, 247, 253, 279 f.
Ducasse, Isidore Lucien 87, 109, 121, 143, 149, 162
Dürer, Albrecht 291
Dürrenmatt, Friedrich 1–5, 34, 37, 314 f., 331, 334, 348, 356, 360, 453, 459–464
Düwel, Gudrun 426 f.

Eckardt, Thomas 47 f.
Eco, Umberto 12, 14, 22–24
Eibl, Karl 24
Eke, Norbert Otto 31, 43, 45, 58, 60 f., 64, 73 f., 78 f., 340, 347, 380
Elias, Norbert 95
Emmerich, Wolfgang 45, 58–61, 63–67, 69 f., 72–77, 80 f., 83 f., 86, 88 f., 98 f., 102–104, 108, 110, 128, 139, 142–145, 149, 184, 190 f., 224, 227, 376–378, 381, 388, 414
Engel, Erich 232
Engels, Friedrich 347
Ensor, James 1
Enstice, Andrew 99
Enzensberger, Hans Magnus 462
Ernst, Max 1, 138
Euripides 208

Fähnders, Walter 460
Fanon, Franz 200
Faulkner, William 374, 412 f.

Fehervary, Helen 45, 133, 222, 231 f., 239, 245, 262, 274, 276, 288, 291, 319 f., 329, 377 f., 380 f., 384 f., 396 f., 405, 451
Fellini, Federico 1
Fiebach, Joachim 88, 109, 115, 132, 148, 197
Fischer, Herbert 315 f.
Foster, Ludmilla A. 126, 150
Foucault, Michel 188, 208, 428
Freud, Sigmund 6, 37, 63, 75, 91 f., 101, 111, 113, 119, 121, 123, 134, 137–139, 143 f., 374
Friedrich II. von Preußen 39–41, 47 f., 58–74, 76, 79 f., 82, 89, 94 f., 98–101, 115–118, 121 f., 128 f., 131, 140 f., 144 f., 151, 153–157, 159, 161, 163, 166, 168, 174–176, 197, 218, 237, 260, 265
Friedrich Wilhelm von Preußen 58–63, 67, 69, 79, 95 f., 98, 115, 121, 199
Fuhrmann, Helmut 83, 178, 180, 182, 184, 208, 381, 405, 418
Fürst, Artur 254

Garbe, Hans 375–378, 380
Genet, Jean 1
Girshausen, Theo 33, 45, 263, 271–273, 283, 337, 340 f., 365–367, 379, 384 f.
Gleim, Johann Wilhelm Ludwig 68
Gobard, Henri 319
Goebbels, Joseph 67, 122
Goethe, Johann Wolfgang 19 f., 23, 107, 208, 224, 325, 359
Göring, Hermann 67
Gordon, Linda 137 f.
Grass, Günter 1, 462
Greiner, Bernhard 45, 110–119, 121, 174, 226, 249 f., 263, 270, 281, 285, 297, 304, 314, 330, 332, 335 f., 349 f., 354, 372, 413
Grimm, Jacob und Wilhelm 65
Grimmelshausen, Hans Jakob Christoffel von 18
Gronemeyer, Andrea 250
Grosz, George 1, 232
Grünberg, Karl 376
Guattari, Felix 41, 109, 186–189, 193, 200–202, 319, 322, 356, 455

Gundling, Jacob Paul von 58–64, 73, 79, 89, 95–98, 103, 115 f., 151 f., 199
Günther, Hans 230, 258

Habermas, Jürgen 190, 458
Hacks, Peter 4, 158, 174 f., 184, 227, 314, 320–323, 333, 340 f., 357, 407, 432
Hales, Alexander von 14
Harpham, Geoffrey Galt 383
Hauptmann, Elisabeth 315
Hauptmann, Gerhardt 20, 224, 349, 353
Hauschild, Jan-Christoph 63, 83, 128 f., 138, 158, 225, 227, 271, 308, 359, 374, 376, 380–382, 398–404, 408, 410, 418, 423, 425, 429, 451, 461
Heeg, Günther 33, 190, 263
Hegel, Georg Wilhelm Friedrich 20, 27, 82, 102, 110, 127, 147, 152–154, 171, 212, 218, 226, 256, 330, 332 f., 346 f., 366, 392, 410, 415, 427, 439
Hegemann, Werner 58, 65, 68, 72
Heidsieck, Arnold 2 f., 28–30, 48, 57, 70 f., 93 f., 125, 137, 141, 143, 155–157, 180 f., 212 f., 229, 331, 346, 360, 463
Heine, Heinrich 176, 208, 226
Heise, Wolfgang 36, 104, 143, 333, 362 f.
Hemingway, Ernest 374
Henniger, Gerd 119–124
Hermand, Jost 45, 137, 140, 177, 183, 222, 377, 384, 403
Hermlin, Stephan 312, 450
Herzinger, Richard 35, 161, 170
Hildesheimer, Wolfgang 462
Hilker, Annette 16–18, 50, 52, 56, 105, 436
Himmler, Heinrich 67, 431
Hitchcock, Alfred 208
Hitler, Adolf 2, 43, 67, 70, 155, 157, 239, 245, 265, 281, 292, 322, 359 f., 366, 387, 460
Hoffmann, Ernst Theodor Amadeus 25, 91, 105, 178, 188, 216, 416, 460
Hoffmann, Gerhard 141
Hofmannsthal, Hugo von 324
Hölderlin, Friedrich 75, 136, 196, 317, 319, 410
Homann, Renate 417
Homer 208, 325

Horaz 15, 71
Horkheimer, Max 101, 104–106, 111, 116, 147, 366
Hörnigk, Frank 31, 81, 207, 235, 390, 461
Hugo, Victor 7, 113, 214, 218
Hutcheon, Linda 314
Huyssen, Andreas 432

Ionesco, Eugène 1, 329, 332, 345
Iser, Wolfgang 296

Jarry, Alfred 121, 194
Jauß, Hans Robert 4 f., 28, 92, 111, 115, 215, 218, 300 f., 306, 310 f., 334, 453
Jourdheuil, Jean 193, 195 f., 198, 203 f., 368 f.
Jünger, Ernst 45, 163, 374

Kafka, Franz 1, 109, 140, 143, 187, 194, 200, 213, 226, 233, 319, 356, 364, 374, 413
Kahler, Erich (von) 144
Kalb, Fritz von 75
Kalb, Charlotte von 75
Kalb, Jonathan 420
Kant, Immanuel 2, 20, 94, 97, 99, 102, 152–154, 175, 217 f., 417
Karschnia, Alexander 318 f., 357, 359, 368–372, 380
Kaufmann, Ulrich 127
Kayser, Wolfgang 2, 6, 13, 15, 24, 27–30, 37 f., 80, 82, 86, 90–92, 94 f., 103, 124, 128, 135, 137 f., 142, 144, 149, 171, 177, 188, 204, 211, 216, 218, 417, 463
Keim, Katharina 217
Keller, Andreas 4, 31 f., 133 f., 176, 242 f., 270, 278, 282, 294, 296, 299–301, 306, 308, 323, 333 f., 342, 354, 357, 365, 368, 380–382, 392
Keller, Herbert 398
Kirsch, Sebastian 48, 263, 271, 274, 276 f., 282, 284
Kittsteiner, Heinz-Dieter 43
Klein, Christian 77, 152
Klein, Thomas 59

Kleist, Heinrich von   20, 47, 61, 67, 80–82, 89, 106 f., 136, 140, 169, 171, 316, 359, 364
Klingemann, August   21, 25, 89, 97, 102, 104 f., 112 f., 124, 128, 136, 142, 178, 188, 204, 414–416, 441, 451, 456, 460
Kluge, Friedrich   393
Koebner, Thomas   133
Korte, Hermann   131–133
Krenzlin, Leonore   340
Kristeva, Julia   134, 189, 191
Kroitzsch, Igor   329
Krömer, Wolfram   250
Küchenmeister, Wera und Claus   378

La Mettrie, Julien Offray de   74
Lachmann, Renate   7, 16, 18, 50, 52–55, 91
Lange, Hartmut   227, 432
Lautréamont (siehe Ducasse, Isidore Lucien)
Lehmann, Hans-Thies   3, 33, 48, 83, 91, 152, 176, 190, 193, 195–200, 203, 207 f., 222, 227, 236, 318, 376, 418–421, 423, 431 f., 439 f., 442, 449
Lenin, Wladimir Iljitsch   199, 269, 293, 409, 440
Lenz, Jakob Michael Reinhold   136, 359, 374
Leopoldseder, Hannes   25, 27, 30, 60, 77, 90, 92, 95, 97, 102 f., 112 f., 124, 137, 142, 178 f., 434
Lessing, Gotthold Ephraim   22, 47, 83–85, 88 f., 104, 107–109, 131, 148, 166 f., 169, 186, 198, 200, 208
Lettau, Reinhard   462
Lichtenberg, Georg Christoph   160, 208
Lissitzky, El (= Eliezer)   419
Ludwig XIV.   72
Ludwig, Janine   31, 175, 262, 269, 274, 280, 285, 332 f., 343–345, 356, 407, 412 f., 428
Ludwig, Otto   208
Lukács, Georg   5, 226
Lynch, David   1

Magritte, René   208
Mahlke, Stefan   233, 360
Maier-Schaeffer, Francine   128
Majakowski, Wladimir   265, 418

Malewitsch, Kasimir Sewerinowitsch   419
Mann, Thomas   1 f., 4 f., 214, 216, 311
Marcuse, Herbert   82
Marcuse, Ludwig   43, 427, 431
Marx, Karl   91, 223, 225 f., 247, 260, 283, 287, 332, 337, 347, 361, 363, 367, 370, 410 f., 440, 447
Matt, Peter von   240 f., 264, 278, 351–354
Mattheus, Bernd   145
Matusche, Alfred   222, 239, 348 f.
Maurus, Hrabanus   14
Menzies, Janet   180 f.
Meyer-Sickendiek, Burkhard   134, 461
Michelangelo (siehe Buonarotti, Michelangelo)
Mieth, Matias   43, 45, 47, 111, 114, 159, 174–176, 178, 183, 464
Mittenzwei, Werner   402 f., 408, 414
Molière (= Jean-Baptiste Poquelin)   240, 299, 335 f., 349 f.
Monmousseau, Gaston   225
Moritz, Karl Philipp   66
Morus, Thomas   18
Moszkowski, Alexander   254
Müller, Ernst   23
Müller, Inge   84, 398, 401
Müller-Schöll, Nikolaus   3, 33 f., 44, 80, 124 f., 158, 190, 192, 225, 229, 277 f., 346
Munch, Edvard   1

Naumann, Manfred   27 f.
Nel, Christoph   435, 437, 440, 444 f.
Neubert, Werner   226
Neuland, Brunhild   86, 89, 108, 127, 139, 146, 148 f.
Nietzsche, Friedrich   50, 87, 112 f., 118, 144, 162, 209, 367, 410, 426

Oesterle, Günther   6, 30, 82 f., 91, 94, 124, 135, 149, 218 f.
Ostheimer, Michael   407, 410, 415, 417, 426, 428, 431

Pauen, Michael   6
Paul, Jean   29, 135

Pietzcker, Carl 27f., 78, 107, 123, 125, 211f., 335
Platon 102
Poe, Edgar Allan 121, 194, 374, 460
Poussin, Nicolas 140
Profitlich, Ulrich 2f., 140, 271, 329–334, 342, 361, 406, 461

Quevedo, Francisco de 18

Rabelais, François 7, 16–18, 37, 49f., 54–57, 119, 225, 314, 325, 432, 446
Raddatz, Frank Michael 4, 45, 59–62, 64f., 67, 69, 74, 76f., 96–99, 101–104, 134f., 146, 148, 161, 164–166, 192, 235, 362–364, 367, 371, 416, 427, 433, 438, 441f., 444, 454f.
Rajk, László 196
Ravel, Paul 1
Reiners, Ludwig 59f.
Reinhardt, Volker 11, 436
Rimbaud, Arthur 109
Rischbieter, Henning 376, 387, 389–392, 395–398, 402
Roebling, Irmgard 27, 29, 92, 211
Roeck, Bernd 13
Röhm, Ernst 122
Rosen, Elisheva 1, 13, 15, 20, 23, 26f., 38, 46, 52, 137, 189, 214f., 217f.
Rothe, Wolfgang 20, 408, 417, 419, 421, 423
Rotterdam, Erasmus von 18
Rousseau, Jean-Jacques 100
Rubens, Peter Paul 140
Rühle, Günther 332, 461
Rülicke, Käthe 376–380

Sade, Donatien Alphonse François de (= Marquis de Sade) 75, 121
Safranski, Rüdiger 20–22, 25, 94
Sakowski, Helmut 227
Sartre, Jean-Paul 5, 200, 374
Schanze, Helmut 137
Scheidweiler, Alexander 21, 26, 37, 54, 383
Schiele, Egon 1
Schillemeit, Jost 21, 416

Schiller, Friedrich 2, 20, 72, 89, 98, 316, 325, 330, 332f., 339, 416f.
Schivelbusch, Wolfgang 432
Schlegel, Friedrich 19f., 22–24, 138, 188
Schmitt, Carl 422
Schnabel, Stefan 81
Scholl, Dorothea 10, 12–15, 18f., 26, 29, 37, 40, 46, 53–56, 82, 91f., 106, 131, 217
Scholochow, Michail 426, 429f., 446
Schulz, Genia 45, 47, 63f., 66, 74f., 78, 80, 83, 89, 94–96, 100, 102, 107f., 141, 144, 158, 173–179, 195–200, 203, 207, 217–219, 221, 227, 230, 243, 261–263, 265, 267–271, 273, 276, 278, 281–283, 285–287, 291, 344, 347, 358, 368, 370, 372f., 383–392, 403f., 406f., 418–421, 423–425, 431f., 435–441, 443, 449f.
Schulze-Reimpell, Werner 136
Schumacher, Ernst 361, 407
Schumpeter, Joseph 283
Schütz, Stefan 136
Schwarz, Gottfried 65
Seghers, Anna 221, 227f., 231, 245, 255, 287f., 290, 293, 320, 338, 348, 364
Shakespeare, William 7, 16f., 19, 42, 44, 90f., 103, 119, 151f., 155–157, 159, 189, 195f., 199f., 203, 208, 224, 227, 232, 260, 271, 277f., 282, 305, 316–320, 324, 328, 335f., 338, 349f., 356–359, 364, 367–374, 380, 387, 399, 403, 412, 414, 437, 451, 453f., 456, 460
Silberman, Marc 222, 340f., 358, 364, 381f., 408f., 412, 418, 420, 423, 451, 454
Simon, Ralf 240, 315, 342f., 345, 347f., 351
Sinic, Barbara 27, 29, 37, 50, 82, 104, 123, 126, 135, 141, 143, 151, 155, 211, 219
Sophokles 364
Spitzer, Leo 13, 92
Stalin, Josef Wissarionowitsch 2, 43, 73, 163, 199, 201, 366, 409, 420, 460
Steig, Michael 27, 92f., 112, 257
Steinbeck, Wolfram 203
Stollmann, Rainer 11, 52f., 55f., 62, 111, 114, 116f., 142, 150, 179, 213, 218
Storch, Wolfgang 104, 221, 340, 370, 376, 435

Streisand, Marianne 45, 221–224, 228–232, 236, 239, 255, 257, 260, 262f., 271–273, 276, 278, 281–283, 287f., 290f., 296, 298f., 303–305, 312f., 316–318, 336f., 339f., 342, 345–347, 349, 355, 357, 370, 400–403, 410f.
Strittmatter, Erwin 222, 224, 227f., 230, 243–245, 267f., 273, 293, 316f., 321, 328, 348, 357
Swenson, G. R. 193
Symmank, Markus 16, 18, 28, 152, 189
Szeemann, Harald 194

Tarantino, Quentin 1
Teraoka, Arlene Akiko 30, 33, 35, 80, 90, 140f., 143, 161, 166–168, 186, 190, 192
Thälmann, Ernst 303f.
Thate, Hilmar 315
Theweleit, Klaus 64f.
Thomson, Philip 27f., 121, 126, 129, 135
Tieck, Ludwig 20, 105
Tito, Josip Broz 322
Tragelehn, B. K. 221–223, 259, 261, 287, 312, 338f., 355–357, 370, 376, 395, 401f., 407, 409–411
Trier, Lars von 1
Troller, Urs 435, 437, 440, 444f.
Trotzki, Leo 401
Trommler, Frank 331
Tschizewskij, Dimitri 301, 312
Tscholakowa, Ginka 208

van den Berg, Hubert 460

Vaßen, Florian 179–182, 208, 210, 262, 298, 305, 309, 331, 361, 365, 371
Velázquez, Diego de 208
Vollmer, Gerhard 6

Wagner, Richard 364
Walser, Martin 462
Warhol, Andy 193
Warning, Rainer 111, 296, 301, 315, 334f., 341, 355, 456
Webb, Janeen 99
Weber, Max 21
Weber, Ronald 4
Wedekind, Frank 374
Weiss, Peter 1, 75
Weitin, Thomas 45, 62, 77, 80f., 84–87, 102, 109–111, 146f., 149, 161, 168–172, 177f., 183, 185f., 192f., 195, 197, 199–201, 205
Wieghaus, Georg 83, 429
Wiesel, Elie 448
Wilke, Sabine 84, 104, 148
Wilpert, Gero von 150f., 155, 247, 257, 345, 404, 437
Wilson, Robert 208
Winnacker, Susanne 418–421, 423, 431f., 439f., 442, 449
Wischnewski, Wsewolod 422, 426–428, 432, 441
Wolf, Christa 191
Wolf, Friedrich 227

Zenetti, Thomas 45, 182, 227, 264f., 285, 297, 304, 334, 339, 347, 413

www.ingramcontent.com/pod-product-compliance
Lightning Source LLC
Chambersburg PA
CBHW020603300426
44113CB00007B/489